创业投资基金合规风控理论与实务

龙　超◎著

THE THEORY AND PRACTICE OF

VENTURE CAPITAL FUND

COMPLIANCE AND RISK MANAGEMENT

法律出版社
LAW PRESS·CHINA
北京

图书在版编目(CIP)数据

创业投资基金合规风控理论与实务 / 龙超著. -- 北京:法律出版社,2023
ISBN 978 -7 -5197 -7720 -3

Ⅰ. ①创… Ⅱ. ①龙… Ⅲ. ①创业投资基金-法律-基本知识-中国 Ⅳ. ①D922. 287

中国国家版本馆 CIP 数据核字(2023)第 050469 号

创业投资基金合规风控理论与实务
CHUANGYE TOUZI JIJIN HEGUI FENGKONG LILUN YU SHIWU

龙超 著

策划编辑 谢瑞忠
责任编辑 冯雨春 谢瑞忠
装帧设计 李 瞻

出版发行 法律出版社
编辑统筹 法律应用出版分社
责任校对 张 颖
责任印制 刘晓伟
经 销 新华书店

开本 710 毫米×1000 毫米 1/16
印张 33.5 **字数** 460 千
版本 2023 年 8 月第 1 版
印次 2023 年 8 月第 1 次印刷
印刷 天津嘉恒印务有限公司

地址:北京市丰台区莲花池西里 7 号(100073)
网址:www. lawpress. com. cn
投稿邮箱:info@ lawpress. com. cn
举报盗版邮箱:jbwq@ lawpress. com. cn

销售电话:010 -83938349
客服电话:010 -83938350
咨询电话:010 -63939796

书号:ISBN 978 -7 -5197 -7720 -3
定价:136. 00 元

凡购买本社图书,如有印装错误,我社负责退换。电话:010 -83938349

作者简介

龙超先生，现任五星控股旗下江苏星合投资管理有限公司（星纳赫资本）首席财务官，负责财务及合规封控工作。历任世界五百强企业美的集团下属美的创业投资管理有限公司董事、首席风控官和投委会委员，深圳市东方富海投资管理股份有限公司的风控总监、风控委秘书处秘书长和投委会委员，并曾在深圳证券交易所从事上市公司监管工作。在过去十多年中，龙超先生先后在独立财务投资机构、CVC(产业基金)和监管机构从事创业投资相关法律、财务、税务和资本市场领域的专业工作，其在创投基金和CVC的合规运营、风险控制、投资决策、投后管理、项目退出及上市公司监管等方面有丰富的实践经验。

龙超先生毕业于中国政法大学，拥有民商法学硕士学位，持有法律执业资格、注册会计师（非执业）资格和基金从业资格、英语专业八级证书，曾被评为“深圳市高层次人才”、深圳市福田区“福田英才”。

关于本书

本书以人民币创业投资基金（“创投基金”）的合规运营和项目投资为中心。作者以其在东方富海、美的资本和深交所等财务投资机构、产业投资基金和监管机构超过十年的合规风控经验、教训和思考为基础，在传统法律规范和裁判规则分析之上，以财务投资、产业投资和监管视角的多重视角结构化解析创投基金合规运营和项目投资背后商业逻辑、监管逻辑和法律逻辑。作者以满足商业实践需求、解决实际问题为出发点，从财务、法务、投资、合规风控管理等多个角度深入分析了超过200个精心挑选的基金、项目投资、行政监管、判决或仲裁案例等典型案例，并辅以大量行业实践前沿，探寻相关基金管理和项目投资所涉及重要问题的商业本质、解决路径和可行方案。这得到多位知名法学学者、产业集团和人民币基金专业人士的高度评价。

本书分为三篇，分别为创投基金基础要点、基金的合规风控和项目投资的风险控制三个部分。其中，第一篇主要包括人民币创投基金的概况，典型架构、主要参与者和核心要素等内容。第二篇主要包括人民币创投基金募集、备案、运营和退出中合规风控。第三篇从尽职调查、交易结构、投资条款、投后服务和项目退出的角度全部展示了创投基金的全过程。

序　一

时至今日，创新已成为提升社会生产效率和国家竞争力的重要要素。从2016年起，建设创新型国家，以创新驱动发展已正式成为中国的国家战略。如何将更多社会资源有效配置到创新主体，支持其创新，进而提高社会生产效率，事关国家经济持续发展和国家竞争力提升。毫无疑问，企业是最主要的创新主体。2018年6月，中国人民银行行长易纲在第十届陆家嘴论坛上指出："从我国的实践来看，改革开放以来，尤其是最近几年，中小企业、小微企业的发展非常迅速……他们贡献了全国80%的就业、70%左右的专利发明权、60%以上的GDP和50%以上的税收。"由此可见，中小企业已经成为我国主要创新主体，并在经济发展中发挥了重要作用。但现实情况，企业特别是中小企业融资难、融资贵是我国几十年经济发展始终无解的难题，是我国企业挥之不去的痛。与此相对应的是，经过数十年改革开放，我国社会公众已积累了巨额储蓄，但受限于各种原因这些储蓄中绝大部分只能存储于银行或在各种理财产品中做有限选择。因此，如何将更多社会储蓄更有效率的配置到创新型中小企业就具有重要意义。

在实践中，我们可以看到"创新、创业＋创投"这种社会资源配置方式，即社会资金通过创投基金投资到中小企业，以支持其创新。从公司治理角度来看，这需要解决两个层面的问题。一是需要构建一个完善的创投基金治理机制，以维护基金投资者合法权利，降低创投基金运行制度性成本，提高创投基金的资金募集和运营效率，从而提振基金投资者信心，为创投基金提供更多“活水”，进而给中小企业更多投资。二是需要不断完善创业企业的公司治理机制，维护创投基金这类专业投资者作为“小股东”的股东权利，从制度上降低其投资成本和投资风险，通过发挥创投基金的专业能力提高投资效率，为基金投资者创造更好收益。两者相辅相成，缺一不可。通过持续的制度设计和创新，不断提高创投基金资源配置效率，使更多社会资源通过创投基金以更高效率投入到中小企业，支持其创新。同时，这还有助于将中国社会储蓄高效转化为有效投资，扩大直接融资比例，防范和分散我国的金融风险。在这个过程中，我们可以看到商事法律，特别是公司法、合伙企业法和合同法在其中发挥的重要作用，这也是我们需要持续修改和完善相关法律的重要意义之所在。

我们可以看到，我们的创业投资是来自于美国硅谷的舶来品。时至今日，我们依然可以在大量创投基金及其项目投资的法律文本中看到“舶来品”影子。如何在中国《民法典》、《公司法》和《合伙企业法》框架下将其“本地化”是对中国法律人的一大考验。我们很欣喜看到，作者作为一名法律人，以创投基金专业合规风控人员的身份在现有法律法规框架内对“本地化”所作深入思考和不懈实践。更可喜的是，作者在法律视角之外还从商业本质出发探究创业投资实践背后商业逻辑。我们知道，很多商法规则脱胎于商业实践。只有这样才能不仅知其然，还能知其所以然。值得一提的是，对创投投资的研究者而言，公开案例缺乏是研究工作中主要疼点和难点。因为创投基金“私募”本质决定了信息的保密性。作者利用曾从事上市公司监管工作的经验优势，系统整理和深入分析上市公司和司法判决中公开披露的大量基金和项目典型案例，在传统法律规范和裁判规则分析之外，以财务投资、产业投资和监管视角的多重视角进行深入分析。这也是本书主要特点和创新之一。

当然，我们也要看到，中国创投基金治理和创业企业公司治理还有众多不完善之处。如何在中国法律框架下构建和完善一个可以将更多社会资源有效配置到创新的机制？这是一个值得我们法律人深入思考的问题，也是一个可以体现我们法律人社会价值的问题，更是一个我们法律人可以持续为之努力的问题。

是以为序。

中国政法大学教授、博士生导师

中国法学会商法学研究会会长

2023 年 4 月

序　二

本书作者是我回国后指导的较早的研究生之一。在校期间，他曾参加我主持的一个关于如何解决科技型中小企业融资难问题的课题，其中涉及到创业投资基金。机缘巧合，他毕业后进入了创投行业，学以致用，在财务投资机构、产业基金、监管机构等一干就是十多年，是人民币基金第一批专业合规风控人员。

霍姆斯大法官说："法律的生命不在于逻辑，而在于经验"。创业投资是一项实践性很强的综合性业务，涉及投资、法律、财务、税务和资本市场等众多专业领域，对从业者的综合素质提出了很高要求。我很高兴地看到，作者在本书中的研究不仅涉及法律和合规，而且扩展到财务、税务和资本市场等相关领域，还从财务投资机构、产业基金、监管机构多重视角进行讨论，不仅关注投资风险，更追求投资风险和投资收益的均衡。这与作者在相关机构的工作经历及其在法律、财务、税务和资本市场等众多领域的钻研和积累是分不开的。

创业投资兴盛于硅谷，风靡于世界，为创新性中小企业融资的重要方式。当今世界，创业投资需具国际视野，向一切优秀者学习，汲取别人的经验和教训，方能行稳致远。在我国，如何充分借鉴他人的成功经验，并在现有法律环境下落地，做好"本土化"，是对创业投资领域法律从业者的挑战。这也是该领域纠纷频发的主要原因。在本书中，作者以满足商业实践需求、解决实际问题为出发点，在现行法律框架内，在分析实际案例的基础上，参考国际最佳实践，探寻相关法律问题的解决路径和可行方案。

作者一直勤奋好学，善于钻研。本书是他基于其多年自身实践经验的思考与总结。我作为其导师，看到作者在专业领域的成长与进步，异常高兴，由衷乐见此书的面世，相信理论界和实务界一定能从中受益。特作此序，祝贺该书问世。

中国政法大学教授、博士生导师

2023 年 4 月于澳大利亚悉尼

序　三

中国创业投资行业近20年从一个非常小的行业快速发展。2022年，全行业募资额近2.2万亿元，备案的创投基金规模累积达到10.8万亿元，私募股权、创投基金管理人1.4万余家，从业人员约18.30万人。20年的时间，中国创投基金行业规模有500倍的增长，向战略新兴产业投资近9万多亿元，涉及投资项目数量9万多个。2022年一年，中国创投基金投资总量多达9000多亿元，投资了一万多个项目。近年来，国际国内形势复杂，在不确定的环境中，我国战略新兴产业发展变得愈发重要。但战略新兴产业风险高、投入大、周期长，因此通过创业投资筛选、发掘、培育相关领域具有高潜力的创新企业，并在其成长过程中持续提供资金支持以及多维度的投后服务，来扶持创新企业发展壮大尤为重要。

2013年6月，中央机构编制委员会办公室明确将私募基金划归证监会管理。从此，中国创投基金进入中国证监会统一监管下的规范发展阶段。从2014年开始，证监会和中基协密集出台了一系列法规和自律规范性文件，涵盖募投管退各个环节，近年来还在不断修订、补充和完善中，行业监管及现场检查的力度不断加强，创投基金的合规风控要求和成本也随之不断提高。我作为资深律师都深感应接不暇，深感行业特别需要专业书籍参考。在此背景下，作者基于10多年合规风控实战经验及系统深入研究而成的本书就价值不菲了。

作者是我带过优秀年轻人中的代表。2011年暑假，作者在我的指导下在金杜律师事务所实习，他的优秀专业能力和踏实努力工作态度给我留下了深刻印象。2012 年，我跨界到了东方富海负责风控工作；作者正好研究生毕业，我力邀他加入东方富海风控部门工作。我们一起从一点一滴逐步建立健全公司全流程的风控体系。经过数年努力，我们建立了一个高水平合规风控体系和一支强有力团队。工作中，作者展现了卓越的专业素养和职业精神，作者好学习、爱钻研，独立思考、决断能力强，尤为难能可贵的是他主动学习精神和能力——他主动学习和钻研法律、财务、税务和资本市场专业知识，还通过自学通过注册会计师考试。

作者从事创投基金合规风控工作已超 10 年，堪称 10 年磨一剑，期间还曾在深交所从事监管工作，又在产业资本美的资本担任首席风控官和投委会委员，集财务投资、产业投资和监管经验于一身，叠加其法律、财务、税务和资本市场复合型专业能力，颇为难得。作者扎实的理论基础、对合规风控和投资逻辑的深入理解奠定了本书专业基础。我阅读完本书，深感本书内容全面、系统、翔实，实操性强，精心选取并深度剖析的 200 多个典型案例非常具有代表性。本书堪称创投行业红宝书，对创投行业人员有很强的学习和参考价值。

是以为序。

深圳市东方富海投资管理股份有限公司董事　合伙人

2023 年 4 月

推 荐 语

读了很多投资书籍，有一种挠不到痒处，以至越挠越痒的感觉，本书较好的解决了这个问题。那些人不是在故弄玄虚，就是在自说自话。直到我读到本书书稿，才终于畅快。你想要了解什么？在别的书里找不到的东西，在本书中几乎都可以找到。投资条款一般都设计得相当复杂，局外人看得是一头雾水，业内人员起草时有的照抄照搬，结果知其然不知其所以然者甚众。本书有所不同，如，书中对领售权的设置目的和情形的解惑，就可以让您顿感“原来如此!”书中还引用了大量第一手案例，脱敏后抽象出来作为前车之鉴或者经验教训，可以作为未来项目的食材，原汁原味，营养丰富，可以随手取用。

研究问题、分析问题、解决问题。就像读书一样，要读得进去，还要读得出来。既能深入理解，又能深度应用，是一种境界。本书不仅资料详实，而且思考深入，纵横脉络理得清清楚楚，形成系统，这是作者功力的体现。例如，法务合同的反向解码，以发现企业价值与交易地位，就深邃而敏锐。本书回答了一些一线投资人员长期想得到答案，但没人能说清或不愿说清的问题。如，对创业团队的考察，到底是艺术还是科学?

快餐时代，从业人员认认真真著书立说，本已不易，一字一句都出自亲身经历的，更是难能可贵。淡泊名利，只为对自己十年合规风控生涯做一个总结，这确实是一种境界。即使只是常规的东西，也能讲出自己的味道，不讲官话、套话，接地气去有事说事，有感而发，这是一本很好的法律实务指导书。深入浅出、通俗易懂、精准深刻，不用深奥的术语，也不用假装深沉和专业，只有问题弄得通透的人才能做到。作为一名从业30余年的法律工作者，我向读者郑重推荐此书。

陈　敏
美的集团原全球法务总监
中国国际商会原驻欧盟总代表
中国国际经济贸易仲裁委员会原副秘书长

作者从事创投基金合规风控工作已超10年，堪称10年磨一剑。除了在东方富海工作之外，作者还曾在深交所从事监管工作，又在产业资本美的资本担任首席风控官和投委会委员，集财务投资、产业投资和监管经验于一身，叠加其法律、财务、税务和资本市场复合型专业能力，颇为难得。作者扎实的理论基础、对合规风控和投资逻辑的深入理解奠定了本书专业基础。我阅读完本书，深感本书内容全面、系统、翔实，实操性强，精心选取并深度剖析的200多个典型案例非常具有代表性。本书堪称创投行业红宝书，对创投行业人员有很强的学习和参考价值。

宋萍萍
深圳市东方富海投资管理股份有限公司　合伙人

作为私募基金行业的从业人员，为博众家之所长，为获得哪怕是一点点灵感和启发，我每年都会阅读市面上新出版的关于创投基金的各类书籍。拿到作者写的这本书，仅仅简单浏览几段，就让我眼前一亮，爱不释手。

这本书不仅系统全面，涵盖了创投基金募投管退各个业务环节，更是对于其中所涉及的各重要问题都进行了深入剖析，特别是提出了可操作性极强的合规管理方案、尽职调查方案、风险控制或处置方案。这本书不仅具有理论深度，更是具有非常强的实务指导作用，其中很多内容可谓是作者这十余年宝贵实践经验的智慧结晶。作者在这本书中还充分发挥了其复合型人才优势，不只是简单地从法律角度或合规角度看问题，更是从法律、财务、投资、经济等综合角度全面审视问题，基于“法律、财务”但又不限于此，作者追求的是在风控合规基础上探寻目标企业价值和创投基金价值。

总之，作者这本书对于风控合规人员和职业律师提升自身专业段位具有直接的帮助作用，其中很多内容对于投资线业务人员也具有非常强的启发意义。这本书能够公开出版，确系作者的无私奉献，值得我们从业人员细细研读。

舒保华

达晨财智创业投资管理有限公司　合伙人

本书深入探讨了创业投资基金在合规和风险管理方面的理论及实践方法。对于长期从事创投基金行业风控工作的专业人士来说，如何在确保合规的基础上获取收益是至关重要的课题。尤其是在当下不断变化的市场环境和风险挑战中，投资决策中的风险控制环节显得尤为关键。

本书从创投基金的理论基础出发，遵循“募集、投资、管理、退出”的全流程，对创投基金的合规与风险控制进行了详尽而易于理解的解析。作者在创作过程中结合了丰富的实际操作案例，将自身在风险管理领域的认知和实践经验进行了系统性的梳理和总结。

总之，本书是一本实用性极强的风控教材，对于从事私募基金管理、私募基金风控和合规人员具有极高的实用价值，同时也为私募基金投资经理、律师、会计师等相关领域的专业人士提供了有益的参考。

林　良

前海方舟资产管理有限公司　风险控制部总经理

作者在创投行业有超过10年的法务及合规从业经验，正是凭自身丰富的从业经验及扎实的法律理论功底，对创投基金的基础架构、核心要素、运作模式等作了全面而详实的介绍；对基金的募、投、管、退等各环节的风险控制、合法合规等进行了深刻的阐述；对创投行业监管法律法规、监管理念演变及历史沿革进行了十分的清晰的梳理。此外，本书还附上了大量的案例，可以帮助读者加深对创投业务的理解及提升实务操作能力。无论是创投行业的从业者，或者想了解创投行业的人士，本书都值得一读。

唐忠诚

深圳同创伟业资产管理股份有限公司　管理合伙人

作者师从法学名师，法律功底深厚。其又先后在多家知名创投机构负责创业投资基金合规风控事务，积累了大量的实务经验。难得的是，作者于百忙之中将其丰富的实践经验进行了系统性的总结和深化，形成了这本内容详实的专业著作。我相信，创投基金业者，不仅仅限于合规风控人士，都将从此书中获益匪浅。

赵亮

深圳市松禾资本管理有限公司　合伙人

目　录

CONTENTS

第一篇　创业投资基金基础篇

第二篇 创业投资基金的合规管理篇

第三篇　项目投资的风险控制篇

Chapter 01

第一篇

创业投资基金基础篇

▶ 第一章 ◀

创业投资基金概况

第一节 创业投资基金的定义

1998 年，在时任民建中央主席成思危先生的领衔下，民建中央在全国政协九届一次会议上提交了《关于尽快发展我国风险投资事业的提案》。该提案被列为当年政协会议的第一号提案，这就是中国创投圈赫赫有名的“一号提案”。该议案揭开了中国风险投资大发展的序幕。[①] “风险投资”是一个典型舶来品，源自于英文“Venture Capital”翻译。关于“Venture Capital”是应该翻译成“风险投资”还是“创业投资”甚至“产业投资基金”，行业内进行过激烈讨论。[②] 2016 年 9 月，国务院发布《关于促进创业投资持续健康发展的若干意见》（国发〔2016〕53 号），也就是行业内常说的“创投国十条”。该意见出台终于明确了“创业投资”这一译法的正统地位。在大力推动“大众创业万众创新”的背景下，“创投国十条”将创业投资提高到了“创业、创新、创投”的历史性新高度。

“创投国十条”明确了创业投资的定义，即“创业投资是指向处于创建或重建过程中的未上市成长性创业企业进行股权投资，以期所投资创业企业发育成熟或相对成熟后，主要通过股权转让获取资本增值收益的投资方式”，

---

① 民建中央：《“一号提案”〈关于尽快发展我国风险投资事业的提案〉》，载中国民主建国会官网 2022 年 9 月 30 日，http：//www. cndca. org. cn/mjzy/ztzl/hdlzt/jnggkf40zn/_1309887/1330569/index. html。

② 参见刘健钧：《创业投资原理与方略：对“风险投资”范式的反思与超越》，中国经济出版社 2003 年版，第一章。

而且投资方式是“股权投资”。该定义明确了创业投资的对象限于“未上市成长性创业企业”。“创投国十条”还明确“天使投资是包含在创业投资之内，是创业投资的组成部分之一”。

根据《私募投资基金监督管理暂行办法》（以下简称《私募基金监督暂行办法》）第22条的规定，同一基金管理人管理不同类别私募基金的，应当坚持专业化管理原则。① 在实际操作中，中国证券投资基金业协会（以下简称中基协）要求“基金管理人在申请登记时，应仅选择一类机构类型及业务类型进行登记；基金管理人只可备案与本机构已登记业务类型相符的私募基金，不可管理与本机构已登记业务类型不符的私募基金；同一基金管理人不可兼营多种类型的私募基金管理业务”。② 从2023年5月1日开始，该要求进一步明确为：“私募基金管理人应当遵循专业化运营原则，主营业务清晰，基金投资活动与私募基金管理人登记类型相一致，除另有规定外不得兼营或者变相兼营多种类型的私募基金管理业务”③，从而确立了以基金管理人登记业务类别确定基金产品范围的基本规则。

从实务来看，我们主要从交易方式和交易标的来区分基金类型。私募证券投资基金主要以上市公司集中竞价交易、大宗交易、协议转让、参与定向发行等为主要交易方式。私募股权基金的投资范围包括未上市企业股权，非上市公众公司股票，上市公司向特定对象发行的股票，大宗交易、协议转让等方式交易的上市公司股票，非公开发行或者交易的可转换债券、可交换债券，市场化和法治化债转股，股权投资基金份额，以及中国证监会认可的其他资产。④ 与创业投资基金的交易范围限于“未上市成长性创业企业”相比，私募股权投资基金的投资范围更广一些。由于对上市公司和非上市公司的投资在流动性、尽职调查方式、交易方式、内幕交易防范、信息披露等均存在

① 《私募投资基金监督管理暂行办法》第22条规定，“同一私募基金管理人管理不同类别私募基金的，应当坚持专业化管理原则；管理可能导致利益输送或者利益冲突的不同私募基金的，应当建立防范利益输送和利益冲突的机制”。

② 《私募基金登记备案相关问题解答（十三）》［该规定自2023年5月1日起被《私募投资基金登记备案办法》（中基协发〔2023〕5号）废止］。

③ 《私募投资基金登记备案办法》（中基协发〔2023〕5号）第19条。

④ 《私募投资基金登记备案办法》（中基协发〔2023〕5号）第31条。

较大差异，因此本书主要针对创业投资基金，以非上市公司股权为主要投资标的的私募股权投资基金，具体包含在中基协备案为“创业投资基金”和虽然在中基协被备案为“私募股权投资基金”但也包括主要投资非上市公司股权的私募股权投资基金在内。

第二节　创业投资基金的组织形式

《证券投资基金法》第2条规定，“在中华人民共和国境内，公开或者非公开募集资金设立证券投资基金……适用本法”，故证券投资基金可分为“公开募集基金”（以下称公募基金）和“非公开募集基金”（以下称私募基金）两类，并且私募基金可依据《证券投资基金法》的规定以基金合同为依据成立。[①] 针对私募基金而言，《私募基金监督暂行办法》第2条第3款规定，“非公开募集资金，以进行投资活动为目的设立的公司或者合伙企业……适用本办法”。也就是说，私募基金还可以公司或者合伙企业组织形式存在。据此，根据组织形式不同，目前私募基金可以分为契约型基金、公司型基金和合伙型基金。根据《合伙企业法》第2条的规定，合伙企业分为“普通合伙企业”和“有限合伙企业”两类。普通合伙企业由于其所有合伙人均需对合伙企业债务承担无限连带责任，难以给投资者提供有限责任保护，故在实务中很少使用。从创投基金的实务来看，创投基金主要组织形式可分为公司型、有限合伙型和契约型三类。[②] 三类组织结构主要差异如下：

---

① 《证券投资基金法》第3条。

② 理论上，创业投资基金还可以选择信托计划、资产管理计划等组织结构或者法律形式。(1) 根据《信托公司私人股权投资信托业务操作指引》（银监发〔2008〕45号）第2条规定，信托公司可发起设立私人股权投资信托的方式投资于未上市企业股权、上市公司限售流通股或中国银监会批准可以投资的其他股权的信托业务。在实务中，由于信托公司主体资格限制、信托计划成本较高等问题，创业投资基金很少使用信托计划这一形式。(2) 根据《证券期货经营机构私募资产管理业务管理办法》第2条和第37条的规定，证券公司、公募基金管理公司、期货公司及前述机构依法设立的子公司可以设立资产管理计划投资非上市公司股权。其中，私募保险基金（包括股权投资计划）和资产管理计划可视为特定范围内的信托计划。从法律本质上来说，资产管理计划、契约型基金和信托计划的法律性质基本一致。在本书中不详述。

从实务来看，私募证券投资基金以契约型为主，私募股权基金和创投基金以有限合伙型为主。根据中基协的统计，在已备案私募股权和创投基金中，基金数量和基金规模占比最高的均为合伙型基金。截至2019年年末，私募股权投资基金中的合伙型基金数量和规模占比分别为73.88%和78.39%，创投基金中合伙型基金数量和规模占比分别为86.34%和83.12%。[①] 到2020年年末，私募股权投资基金中合伙型基金数量和规模占比分别上升至77.2%和79.7%。[②] 与此相对应的是，私募证券投资基金中的契约型在数量和规模上皆占绝对多数，占比均超过98%。[③]

契约型基金本身不具备法律实体地位，其与基金管理人的关系为信托关系，因此契约型基金无法采用自我管理，需由基金管理人代其行使相关民事权利。基金管理人须先登记为私募基金管理人，再由已登记的私募基金管理人履行契约型基金备案手续。

公司型基金本身是一个独立的法人实体，公司股东以其出资额为限承担有限责任，并共同参与公司治理。因此，公司型基金多采用自我管理，该自我管理的公司型基金应作为私募基金管理人登记手续，其后由其履行私募基金备案手续。公司型基金也可以委托专业基金管理机构作为受托人具体负责投资运作，采取受托管理的，其管理机构须先登记为私募基金管理人，再由已登记的私募基金管理人履行公司型基金备案手续。

合伙型基金本身也不是一个法人主体，其执行事务合伙人为普通合伙人（以下简称GP），GP负责合伙事务并对基金承担无限责任。从基金管理方式上，GP可以自任为私募基金管理人，也可以另行委托专业私募基金管理机构作为管理人具体负责投资管理运作。GP担任基金管理人的，由GP进行私募

---

① 参见中国证券投资基金业协会编著：《中国证券投资基金业年报（2020）》，中国金融出版社2020年版，第142页、第158页和第164页。

② 参见中国证券投资基金业协会：《2020年私募基金统计分析简报》，载中国证券投资基金业协会官网2021年10月29日，https：//www.amac.org.cn/researchstatistics/report/zgsmjjhysjbg/202106/P02021 0625357218469626.pdf。

③ 参见中国证券投资基金业协会编著：《中国证券投资基金业年报（2020）》，中国金融出版社2020年版，第142页、第158页和第164页；中国证券投资基金业协会：《2020年私募基金统计分析简报》，载中国证券投资基金业协会官网2021年10月29日，https：//www.amac.org.cn/researchstatistics/report/zgsmjjhysjbg/202106/P020210625357218469626.pdf。

基金管理人登记后，再由其进行合伙型基金备案；另行委托专业基金管理机构作为受托人具体负责投资运作的，该专业基金管理机构应先登记为私募基金管理人，并由其履行私募基金备案手续。

实践中，不同组织形式私募基金的客观存在具有历史合理性。契约型基金具有易标准化、设立简便、份额转让便利等优势，对决策效率要求高的证券类基金较为适用；公司型基金具有投资者参与基金治理和投资决策程度高，法律保障充分等优势，实践中私募股权投资基金特别是创投基金也较常采用该组织形式；有限合伙型基金与美元基金等国际通行做法接轨、具有“先分后税”的税收政策、对未上市企业的投资工商确权清晰等优势，较适合股权投资基金和创投基金。此外，公司型基金需要在基金层面缴纳企业所得税（25%）、在分红给个人合伙人时还需要另行征收个人所得税（20%），整体税率达到40%［1－（1－25%）×（1－20%）］。相对于公司型基金而言，根据中国税法规定，有限合伙型基金不征收企业所得税，仅针对个人合伙人征收个人所得税，一般情况下适用适用5%～35%超额累进税率，符合特定要求的基金个人合伙人的个人所得税税率为20%。

2020年8月，为了解决公司型基金双重纳税问题，国务院同意在中关村国家自主创新示范区（以下简称中关村示范区）开展公司型创投企业所得税优惠政策试点，在试点期限内，对符合条件的公司型创投企业按照企业年末个人股东持股比例免征企业所得税，鼓励长期投资。① 为了落实该批复，2020年12月29日，财政部、税务总局、发展改革委和证监会联合发布《关于中关村国家自主创新示范区公司型创业投资企业有关企业所得税试点政策的通知》。根据该通知要求，自2020年1月1日起，在中关村示范区内试行公司型创业投资企业的企业所得税优惠政策。对中关村示范区内公司型创业投资企业，转让持有3年以上股权的所得占年度股权转让所得总额的比例超过50%的，按照年末个人股东持股比例减半征收当年企业所得税；转让持有5年以上股权的所得占年度股权转让所得总额的比例超过50%的，按照年末

① 《国务院关于深化北京市新一轮服务业扩大开放综合试点建设国家服务业扩大开放综合示范区工作方案的批复》（国函〔2020〕123号）。

个人股东持股比例免征当年企业所得税。[①] 该项政策有望在试点成熟后推向全国，这就意味着公司型基金双重纳税问题有望部分或者全部解决，公司型基金可能会成为更有吸引力的组织形式。当然，我们也需要注意，双重纳税只是公司型基金需要解决问题之一。公司治理结构和基金业务契合性、公司分红的强制要求等事项均会影响公司型基金的运作。

在本书中，如果没有特殊说明，我们主要以有限合伙型创投基金为主要分析对象。

① 《关于中关村国家自主创新示范区公司型创业投资企业有关企业所得税试点政策的通知》（财税［2020］63号）。

▶ 第二章 ◀

基金架构

在实务中，出于各种交易目的和相关因素考虑，市场参与方会以有限合伙企业框架为基础设计各式各样的创投基金架构。各种架构纷繁复杂，各具特色。相对于公司而言，有限合伙企业灵活的治理架构为创投基金预留了充足差异化制度空间。这也是创投基金更偏向于选择有限合伙形式的原因之一。

第一节　基金架构的核心要素

在实务中，我们可以看到各式各样的创投基金架构。基金架构各式各样、各具特色。透过纷繁复杂的基金架构，我们发现创投基金架构设置主要围绕“基金利益分配”“基金控制权”“基金风险分配”“基金运营需要”四个维度展开。下面我们以有限合伙型创投基金为例，从上述四个维度来分析各种基金结构。

一、基金利益分配维度

基金利益分配是基金管理人在设计基金架构时需要考虑的最重要的因素之一。对基金管理人而言，基金利益主要涉及管理费和业绩报酬两部分的计算和提取。

对于基金管理费，根据中基协的要求，基金管理费为私募基金管理人项下的专属费用科目，其他执行事务合伙人不得以“基金管理费”名义收取相关费用。[①] 也就是说，基金管理费只能由基金管理人收取，不担任基金管理人的普通合伙人或者执行事务合伙人不得收取基金管理费。[②] 在此情况下，管理费的收取主体一般是基金管理人。而且，中基协要求私募投资基金的管理人不得超过一家。[③] 此外，基金管理人还需要通过中基协的登记之后方可发起设立基金。因此，在管理费收取主体、数量和资质受到严格限制的前提下，通过基金架构设置来安排基金管理费利益的空间也会受限。因此，在实务中，关于管理费安排一般会在管理人层面而非基金层面安排。例如，管理人收到基金管理费之后通过对外支付咨询费或者服务费或者分配管理人的股权或者财产份额等方式来分配管理费。

对于基金的业绩报酬，根据现有监管规定，基金业绩报酬的收取主体、数量和资质均无特别限制，因此通过基金架构设置来安排基金业绩报酬的空间较大。从实务来看，基金业绩报酬分配架构可以通过以下方式实现，具体包括：

1. 在管理人层面进行业绩报酬分配安排，即基金业绩报酬先分配到管理人，再由管理人通过对外支付咨询费、服务费或者分配管理人的股权或者财产份额、发放奖金等方式来分配业绩报酬。在该种方式下，存在管理人履约风险、税赋成本高等问题。

2. 在基金层面进行业绩报酬分配安排，即在基金支付业绩报酬时就将业绩报酬支付给指定主体。相对于管理人层面进行业绩报酬分配安排，基金层面的业绩报酬分配安排稳定性更强、履行风险更低并且税收筹划安排空间更大。常见的业绩报酬分配模式如下：

（1）对于单一 GP 的基金，基金业绩报酬支付给 GP，但是相关方通过分

---

① 参见中国证券投资基金业协会：《私募基金备案案例公示（2022 年第 1 期 总第 2 期）》，载《关于发布私募基金备案案例公示的通知》，载中国证券投资基金业协会官网 2022 年 4 月 28 日，https：//www. amac. org. cn/businessservices _ 2025/privatefundbusiness/gzdt/202204/t20220419 _ 13432. html。

② 参见中基协私募基金知识库：除了管理人允许收取管理费外，另外的普通合伙人可以收取费用吗?，载中国证券投资基金业协会官网 2022 年 4 月 28 日，https：//km. amac. org. cn/kmsWeb/InfoPage/showArticlePage？ docId = 5ff22596dbc94bd2b9750aa9f55d679d&defaultCityId = 310000。

③ 《私募投资基金备案须知》（2019 年版）第 3 条。

配 GP 的股权分配业绩报酬，即在基金合同中约定全部业绩报酬均支付给 GP，相关方再通过分配 GP 股权或者合伙份额分配来间接分配基金业绩报酬。

（2）对于多 GP 的基金，基金业绩报酬按照约定比例支付给各 GP，即在基金合同中直接约定各普通合伙人分配业绩报酬的比例。以风能开发产业基金（宁夏）合伙企业（有限合伙）为例，该基金有两个普通合伙人，根据该基金基金合同约定，业绩报酬在两个普通合伙人之间按照 50%：50% 比例分配。①

（3）引入 1 个或者多个特殊有限合伙人作为业绩报酬分配主体，基金业绩报酬按照约定比例支付给各 GP 和特殊有限合伙人，或者在各特殊有限合伙人之间进行分配。其中有限合伙人在其中承担员工跟投、业绩报酬分配角色。从分配业绩报酬角度来看，特殊有限合伙人可以承担与普通合伙人一样的角色。除此之外，特殊有限合伙人还常单独和或者额外承担员工跟投角色。

以无锡国寿成达股权投资中心（有限合伙）为例。② 2021 年 12 月，上市公司中国人寿保险股份有限公司（以下简称中国人寿、股票代码：601628）作为有限合伙人投资无锡国寿成达股权投资中心（有限合伙）。该基金的普通合伙人为国寿成达（上海）健康医疗股权投资管理有限公司（以下简称国寿成达），管理人为国寿股权投资有限公司（以下简称国寿投资），并且国寿成达是国寿投资的全资子公司。另外，成达沣致（上海）企业管理中心（有限合伙）（以下简称成达沣致）是该基金特殊有限合伙人。成达沣致是管理人国寿投资的员工跟投平台，其普通合伙人为国寿成达，其有限合伙人份额均由国寿股权的员工持有。国寿投资已在中基协完成私募基金管理人登记，登记编号为 P1033329。该基金的主要有限合伙人有中国人寿、中国人寿财产

① 参见宁夏嘉泽新能源股份有限公司：《关于风能开发产业基金的进展情况公告》，载巨潮资讯网，http：//www. cninfo. com. cn/new/disclosure/detail？plate = sse&orgId = 9900031909&stockCode = 601619&announcementId = 1210572250&announcementTime = 2021 – 07 – 27。

② 参见中国人寿保险股份有限公司：《关联交易公告》，载巨潮资讯网，http：//www. cninfo. com. cn/new/disclosure/detail？plate = sse&orgId = 9900001881&stockCode = 601628&announcementId = 1211933505&announcementTime = 2021 – 12 – 17；中国人寿保险股份有限公司：《关于投资无锡国寿成达股权投资中心（有限合伙）的关联交易信息披露公告》，载中国人寿官网，https：//www. e – chinalife. com/c/2022 – 01 – 06/523192. shtml。

保险股份有限公司（以下简称人寿财险）和无锡丰润投资有限公司（以下简称无锡丰润）和成达沣致等。该基金的具体架构如图 2－1：

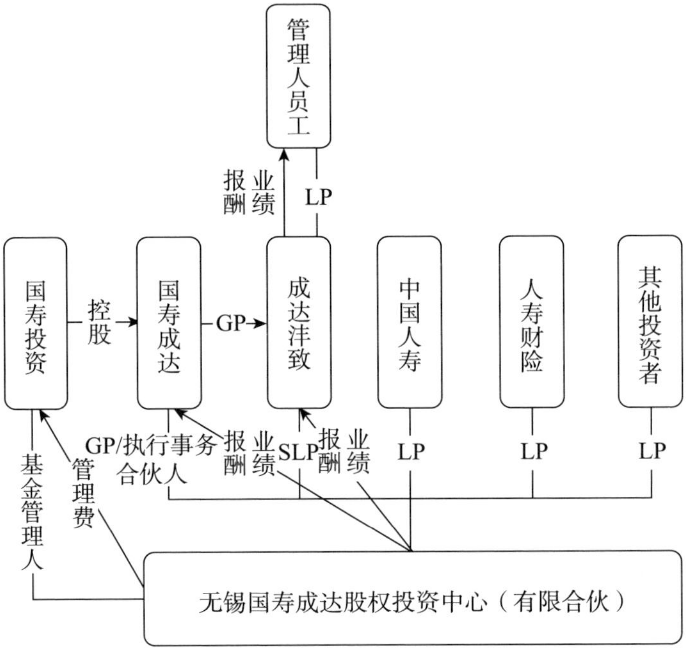

图 2－1　无锡国寿成达股权投资中心具体架构

我们可以看到，特殊有限合伙人在此承担了两个角色，分别是作为员工跟投主体，管理人员工通过特殊有限合伙人成达沣致间接投资基金，从而实现管理人员工与基金共担风险，共享收益；作为业绩报酬收取主体。根据基金合同约定，20% 的业绩报酬向特殊有限合伙人和普通合伙人分配。也就是说，特殊有限合伙人和普通合伙人一样也是部分业绩报酬收取主体，公司员工作为其有限合伙人可以根据约定分享该部分业绩报酬。

综上所述，我们可以看到基金利益分配可以在基金层面和管理人层面安排，结合管理人、普通合伙人和特殊有限合伙人的多种角色根据具体情况实施。

二、基金控制权维度

基金控制权是相关方除了基金利益维度之外另一个核心关注要点，也是基金架构设计主要考量点之一。基金控制权主要体现为基金投资决策权的分配，而基金投资决策权分配往往与投资决策委员会（以下简称投委会）紧密相关。投委会的组成体现的是基金投资决策权利的分配。投委会委员的提名权和任命权分配直接决定了基金投资决策，是基金投资决策关键之所在。在基金架构设计时，管理人独享控制权的安排比较清晰，而管理人与第三方分享控制权架构一般通过合资 GP、双 GP 甚至多 GP 的架构体现。具体包括：

1. 管理人和第三方成立合资公司或者合资合伙企业作为基金普通合伙人，根据约定执行合伙事务和组建投委会，共同管理基金；

2. 管理人和第三方同时作为基金普通合伙人，根据约定执行合伙事务和组建投委会，共同管理基金；

3. 管理人和第三方通过组建投委会，双方或者多方根据约定提名各自投委会委员，共同进行投资决策，或者赋予第三方对投委会决议一票否决权。

相关事项见本书第一篇第四章“投委会”部分，在此不再累述。

三、基金风险分配维度

根据《合伙企业法》第 2 条和第 3 条的规定，在合伙基金中，普通合伙人对合伙企业债务承担无限连带责任，有限合伙人以其认缴的出资额为限对合伙企业债务承担责任。同时，法律禁止国有独资公司、国有企业、上市公司以及公益性的事业单位、社会团体成为普通合伙人。因此部分主体担任普通合伙人资格是受到限制的，以防止其对合伙企业债务承担无限连带责任。因此，这些主体是不能承担作为合伙型创投基金普通合伙人连带责任风险的。此外，法律要求有限合伙人不执行合伙事务，不得对外代表合伙企业。① 监管部门还进一步要求，基金合同不得作出有限合伙人以任何直接或间接方式，

---

① 《合伙企业法》第68条规定，有限合伙人不执行合伙事务，不得对外代表有限合伙企业。有限合伙人的下列行为，不视为执行合伙事务：（1）参与决定普通合伙人入伙、退伙；（2）对企业的经营管理提出建议；（3）参与选择承办有限合伙企业审计业务的会计师事务所；（4）获取经审计的有限合伙企业财务会计报告；（5）对涉及自身利益的情况，查阅有限合伙企业财务会计账簿等财务资料；（6）在有限合伙企业中的利益受到侵害时，向有责任的合伙人主张权利或者提起诉讼；（7）执行事务合伙人怠于行使权利时，督促其行使权利或者为了本企业的利益以自己的名义提起诉讼；（8）依法为本企业提供担保。

参与或变相参与超出法定规定的八种不视为执行合伙事务行为的约定。[①] 如果有限合伙人执行合伙事务，使得第三人有理由相信有限合伙人为普通合伙人并与其交易的，该有限合伙人对该笔交易承担与普通合伙人同样的责任。[②] 基于风险隔离的考虑，有限合伙人一般通过其关联方来担任普通合伙人、提名投委会委员或者行使其对投委会决议的一票否决权等。

在实务中，结构化基金是典型的需要明确考虑风险分配因素的基金。在结构化基金中，一般会对有限合伙人进行分级，不同级别的合伙人承担不同风险。以乌鲁木齐经开新动能企业纾困一号基金合伙企业（有限合伙）为例，[③] 该基金的合伙人分为普通合伙人、优先级有限合伙人和劣后级有限合伙人三类。根据该基金的基金合同的约定，不同合伙人根据其各自角色不同承担不同的收益和风险，主要包括：

1. 在该基金分配时，以达到优先级合伙人实缴出资额的5%/年为预期利润基准，5%（含）以内的利润部分优先分配给优先级有限合伙人，劣后级有限合伙人不参与分配，超出5%的利润部分由劣后级有限合伙人及普通合伙人按9：1的比例分配。

2. 在基金亏损时，首先以基金的财产予以承担，基金财产不足清偿其全部债务时，由劣后级有限合伙人承担80%，优先级有限合伙人共同承担剩余20%，普通合伙人就合伙企业的财产不足以弥补亏损的部分承担无限连带责任。

我们可以从这个基金看到，相关方可通过对有限合伙人进行分级的方式在不同投资者之间分配不同风险和收益。这是结构化基金的主要特点。因此，基金的风险分配也是影响基金架构设计的重要因素，需要在基金设计予以特别考虑。

---

① 《私募投资基金合同指引3号（合伙协议必备条款指引）》第（5）条。

② 《合伙企业法》第76条第1款规定，第三人有理由相信有限合伙人为普通合伙人并与其交易的，该有限合伙人对该笔交易承担与普通合伙人同样的责任。

③ 参见吉艾科技集团股份公司：《关于参与投资设立投资基金的公告》，载巨潮资讯网，http：//www.cninfo.com.cn/new/disclosure/detail? plate = szse&orgId = 9900021900&stockCode = 300309&announcementId = 1210182883&announcementTime = 2021 – 06 – 08。

四、基金运营需要维度

基金运营需要也是基金架构设置中需要重点考虑的因素之一。从实务来看，常见的运营需要考虑的因素包括基金主要股东出资比例限制、基金注册地、基金投资者分类管理、内部管理效率等。我们常见的联接基金和平行基金架构往往就是满足前述要求而生，具体内容见本章的相关部分，在此不再累述。

第二节　典型的基金架构

在实务中，常见的基金架构有GP和管理人合一基金、GP和管理人分离基金、多GP基金、联接基金和平行基金等基金类型。我们以有限合伙型创投基金为例，结合具体案例分析各种不同架构基金的特点及其主要适用情形。

一、GP和管理人合一基金

GP和管理人合一基金是指基金的管理人担任普通合伙人及执行事务合伙人的基金。该类基金的最大特点是基金管理人、普通合伙人和执行事务合伙人三合一。在此情况下，基金管理人是基金合伙人，其以基金执行事务合伙人的身份管理基金事务。

以北京达晨财智中小企业发展基金合伙企业（有限合伙）① 为例。2022年6月，上市公司广东凯普生物科技股份有限公司（以下简称凯普生物股票代码：300639）全资子公司潮州凯普生物化学有限公司（以下简称凯普化学）作为有限合伙人投资北京达晨财智中小企业发展基金合伙企业（有限合伙）。该基金的普通合伙人为深圳市达晨财智创业投资管理有限公司（以下简称达晨财智），已中选为国家中小企业发展基金有限公司（以下简称国家

---

① 参见广东凯普生物科技股份有限公司：《关于全资子公司以自有资金参与投资北京达晨财智中小企业发展基金合伙企业（有限合伙）暨对外投资的公告》，载巨潮资讯网，http：//www.cninfo.com.cn/new/disclosure/detail？plate = szse&orgId = 9900030883&stockCode = 300639&announcementId = 1213590966&announcementTime = 2022 - 06 - 02。

中小企业发展基金）第三批子基金拟合作管理机构。达晨财智已在中基协完成私募基金管理人登记，登记编号：P1000900。该基金的主要有限合伙人有国家中小企业发展基金、湖南电广传媒股份有限公司（以下简称广电传媒）和凯普化学等。该基金是国家中小企业发展基金第三批子基金。该基金的具体架构如图2－2：

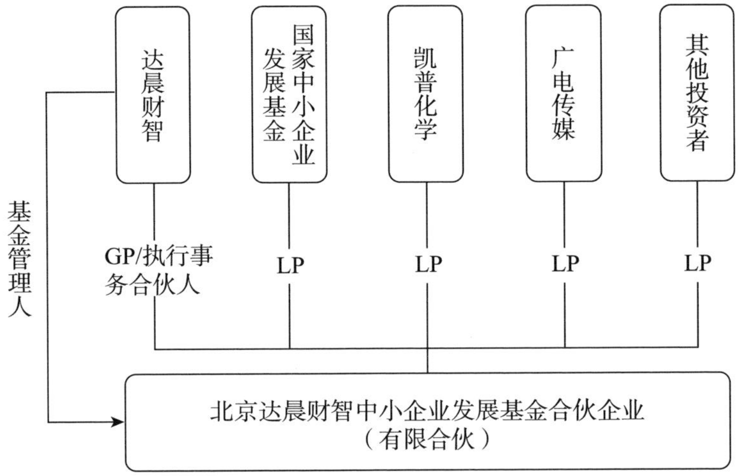

图2－2　北京达晨财智中小企业发展基金合伙企业具体架构

从已披露的信息来看，该基金架构具有以下特点：

1. 基金只有一个普通合伙人，普通合伙人即执行事务合伙人，同时执行事务合伙人也兼任基金管理人。也就是说，普通合伙人、执行事务合伙人和基金管理人三位一体，均由达晨财智担任。

2. 基金普通合伙人达晨财智对基金债务承担连带责任；全部有限合伙人以其认缴出资额为限对基金债务承担有限责任。

3. 基金管理人收取全部管理费和业绩报酬，即基金的全部管理费和业绩报酬均支付给达晨财智。

4. 基金决策权由基金管理人达晨财智独立行使。根据该基金的基金合同的约定，达晨财智设立专门的投委会，作为该基金投资、退出等事项的决策机构。投委会由达晨财智指定专职人员担任，有限合伙人不得影响执行事务合伙人投资决策的效率、专业性和独立性，不得委派投委会委员。

从法律结构上看，该基金的结构比较简单，达晨财智作为基金管理人，同时兼任普通合伙人和执行事务合伙人负责执行合伙事务，独立行使基金决策权并且收取全部管理费和业绩报酬，基金运营的权责利均归于同一主体。这是一种经典的 GP 和管理人合一基金结构。

二、GP 和管理人分离基金

GP 和管理人分离基金是指基金管理人不担任普通合伙人及执行事务合伙人的基金，即管理人和普通合伙人（执行事务合伙人）由不同法律主体担任的基金。在此情况下，管理人基于合伙人委托行使管理权，其中管理人和执行事务合伙人之一应当具有关联关系。根据汉坤律师事务所对其 2019 年参与人民币基金统计，GP 和管理人分离人民币基金占比为 52.94%，GP 和管理人合一人民币基金占比为 49.23%。[①]

以深圳龙珠股权投资基金合伙企业（有限合伙）[②] 为例。2021 年 7 月，上市公司好想你健康食品股份有限公司（以下简称好想你、股票代码：002582）作为有限合伙人投资深圳龙珠股权投资基金合伙企业（有限合伙）。该基金的普通合伙人为深圳市美珠企业管理有限责任公司（以下简称深圳美珠），管理人为宁波梅山保税港区美兴投资管理有限公司（以下简称美兴投资），并且美兴投资是深圳美珠的控股股东。美兴投资已在中基协完成私募基金管理人登记，登记编号为：P1063706。该基金的主要有限合伙人有深圳市腾讯产业投资基金有限公司（以下简称腾讯产业基金）、深圳市创新投资集团有限公司（以下简称深创投）和好想你等，该基金还有一个特殊有限合伙人。该基金的具体架构如图 2－3：

---

① 参见汉坤律师事务所、36Kr、中华有限合伙人联合会：《汉坤 2019 年度基金募集项目数据分析报告》，载 https://www.hankunlaw.com/downloadfile/newsAndInsights/3f4ea84cd59faf0c43d9503e6627a574.pdf，第 7 页。

② 参见好想你健康食品股份有限公司：《关于参与认购股权投资基金份额的公告》，载巨潮资讯网，http://www.cninfo.com.cn/new/disclosure/detail?plate=szse&orgId=9900019704&stockCode=002582&announcementId=1210467006&announcementTime=2021-07-13。

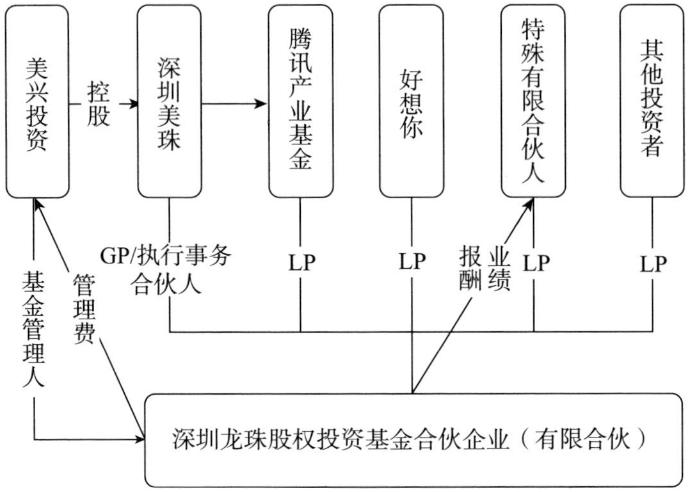

图2-3　深圳龙珠股权投资基金合伙企业具体架构

从已披露的信息来看，该基金架构具有以下特点：

1. 基金只有一个普通合伙人，普通合伙人即执行事务合伙人，均由深圳美珠担任。同时，由美兴投资担任基金管理人，并由其控股子公司深圳美珠担任基金的普通合伙人。这是行业内常见的安排。

2. 基金普通合伙人深圳美珠对基金债务承担连带责任；全部有限合伙人以其认缴出资额为限对基金债务承担有限责任。

3. 基金管理费和业绩报酬收取主体出现了分离。根据该基金的基金合同约定，基金管理人收取管理费，而业绩报酬收取主体为特殊合伙人，即由管理人指定特殊合伙人收取业绩报酬。

4. 基金决策权由普通合伙人深圳美珠独立行使。根据该基金的基金合同的约定，基金设投委会，负责根据管理人的投资建议，就合伙企业投资、退出等作出决策。投委会成员全部由普通合伙人深圳美珠委派。

从法律结构上看，该基金的结构比较复杂，基金运营的权责利所对应主体出现了高度分离，具体包括：

1. 美兴投资作为基金管理人管理基金，该管理行为是基于委托管理协议。作为提供基金管理服务的对价，美兴投资向基金收取基金管理费，但其并非基金合伙人。

2. 基金管理人美兴投资的控股子公司深圳美珠担任普通合伙人和执行事务合伙人，负责执行合伙事务，对基金债务承担连带责任。同时，基金普通合伙人深圳美珠负责委派投委会成员，独立行使基金决策权。

3. 美兴投资指定其关联方担任特殊有限合伙人，和其他有限合伙人一样以其认缴出资额为限对基金债务承担有限责任。但是，特殊有限合伙人还负责收取基金的业绩报酬。

在实务中，该 GP 和管理人相互分离的基金架构中，一般由管理人收取管理费，由普通合伙人收取业绩报酬。以北京小米智造股权投资基金合伙企业（有限合伙）为例，该基金的普通合伙人是管理人的全资子公司。该基金的基金合同约定，管理费由基金管理人收取，业绩报酬则全部支付给基金普通合伙人。①

我们可以看到，在该种架构下，基金决策权、所应承担责任和相应利益分享机制出现了高度分离，分别由管理人、普通合伙人和特殊合伙人三个主体承担和享有。从实务来看，管理人一般利用三种主体分离来进行相关利益分配、税务筹划和内部激励机制等事项。

三、多 GP 基金

多 GP 基金是指基金存在 1 个以上普通合伙人的基金。根据现有监管规定，基金只能有 1 个管理人，但是可以有 1 个以上普通合伙人。在实务，设置多个普通合伙人一般基于管理人分享基金管理权、决策权和利益分配的安排。

以风能开发产业基金（宁夏）合伙企业（有限合伙）② 为例，2021 年 7 月，上市公司宁夏嘉泽新能源股份有限公司（以下简称嘉泽新能、股票代码：601619）作为有限合伙人投资风能开发产业基金（宁夏）合伙企业（有

---

① 参见北京兆易创新科技股份有限公司：《关于参与投资私募股权投资基金的公告》，载巨潮资讯网，http：//www. cninfo. com. cn/new/disclosure/detail？plate = sse&orgId = 9900026561&stockCode = 603986&announcementId = 1214006272&announcementTime = 2022 – 07 – 12。

② 参见宁夏嘉泽新能源股份有限公司：《关于风能开发产业基金的进展情况公告》，载巨潮资讯网，http：//www. cninfo. com. cn/new/disclosure/detail？plate = sse&orgId = 9900031909&stockCode = 601619&announcementId = 1210572250&announcementTime = 2021 – 07 – 27。

限合伙）。该基金有两位普通合伙人，分别为中车基金管理（北京）有限公司（以下简称中车基金）和开弦资本管理有限公司（以下简称开弦资本）。同时，两位普通合伙人均担任执行事务合伙人。但是该基金管理人仅为中车基金。中车基金已在中基协完成私募基金管理人登记，登记编号：P1065410。该基金的主要有限合伙人有中车资本控股有限公司（以下简称中车控股）、中国电建集团山东电力建设有限公司（以下简称山东电建）和嘉泽新等，该基金还有一个特殊有限合伙人。该基金的具体架构如图 2－4：

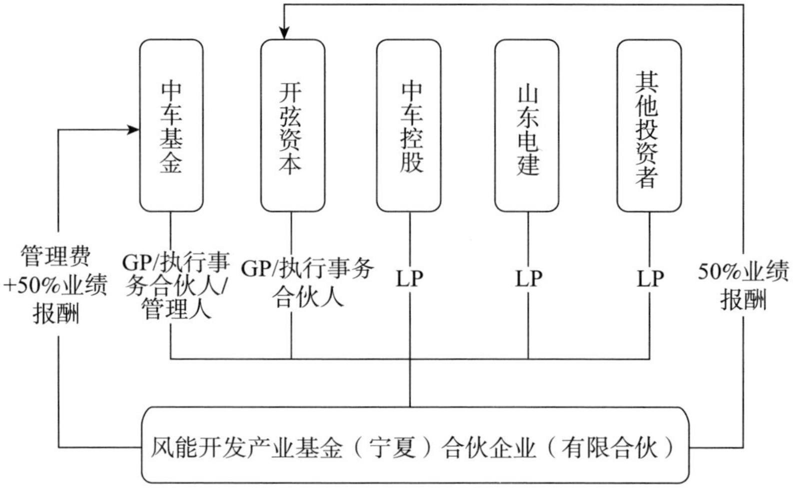

图 2－4　风能开发产业基金（宁夏）合伙企业具体架构

从已披露的信息来看，该基金架构具有以下特点：

1. 基金有 2 个普通合伙人和 2 个执行事务合伙人，1 个基金管理人。其中，普通合伙人和执行事务合伙人均由中车基金和开弦资本共同担任。此外，中车基金担任基金管理人。也就说，在该基金中，中车基金担任基金管理人，并且兼任普通合伙人和执行事务合伙人，同时扮演 3 个角色；而开弦资本只担任普通合伙人和执行事务合伙人，不担任基金管理人。

2. 基金普通合伙人中车基金和开弦资本均对基金债务承担连带责任，即双方对此承担连带责任；全部有限合伙人以其认缴出资额为限对基金债务承担有限责任。

3. 基金管理费和业绩报酬收取主体出现了分离。根据该基金的基金合同约定，基金管理人收取管理费的主体是基金管理人中车基金，即由中车基金收取全部管理费；而业绩报酬收取主体是中车基金和开弦资本。根据基金合同的约定，业绩报酬在中车基金和开弦资本之间根据 50%：50% 比例分配。

4. 基金决策权和管理权均由普通合伙人中车基金和开弦资本共同行使。根据该基金的基金合同约定，中车基金和开弦资本共同组建投委会，投委会由 5 名委派的人员组成（中车基金提名 2 名、开弦资本提名 1 名、嘉泽新能提名 1 名、山东电建提名 1 名）。中车基金和开弦资本对投委会决策过程中所审议事项各拥有一票否决权。此外，除基金合同另有约定外，该基金合伙事务应当由中车基金和开弦资本共同协商一致后执行。

从法律结构上看，该基金的结构相对复杂，基金运营的权责利对应主体出现了较大分离，具体包括：

1. 中车基金作为基金管理人管理基金，该管理行为是基于委托管理协议。作为提供基金管理服务的对价，中车基金向基金收取基金管理费，同时其也是基金合伙人。

2. 中车基金和开弦资本两者共同担任基金普通合伙人和执行事务合伙人，共同执行合伙事务，对基金债务承担连带责任。两者同时共同委派投委会成员，共同行使基金决策权和管理权。

3. 中车基金和开弦资本作为基金普通合伙人按照 50%：50% 的比例共同分享基金的业绩报酬。在 GP 和管理人相互分离的基金架构中，这是典型的由管理人收取管理费，由普通合伙人收取业绩报酬安排。

我们可以看到，在该种架构下，基金决策权、所应承担责任和相应利益分享机制出现了高度分离，基金的管理权和决策权、基金的收益和风险以管理人、普通合伙人和执行事务合伙人三种不同角色分别由两个不同主体承担。从实务来看，管理人一般利用不同主体分离来进行安排相关利益分配安排、税务筹划和内部激励机制等事项。

四、联接基金

连接基金，也称“联接基金”，一般是指由同一管理人管理的专项投资于该管理人管理的特定主基金，并通过主基金对外投资的专项母基金。从法律本质上看，联接基金是一种专项母基金，并且其和主基金均由同一管理人管理。

以首都大健康产业（北京）基金（有限合伙）① 为例。2022 年 4 月，上市公司葵花药业集团股份有限公司（以下简称葵花药业、股票代码：002737）作为有限合伙人投资宁波梅山保税港区华盖利晟股权投资合伙企业（有限合伙）（以下简称联接基金），华盖利晟基金的基金管理人和普通合伙人均为华盖医疗投资管理（北京）有限公司（以下简称华盖医疗）。华盖医疗的控股股东为华盖资本有限责任公司（以下简称华盖资本）。该基金的主要有限合伙人有北京北陆药业股份有限公司（以下简称北陆药业）、北京优禾鼎新股权投资管理有限公司（以下简称优禾鼎新）、北京爱博诺德投资管理有限公司（以下简称爱博诺德）和葵花药业等。根据基金合同的约定，华盖利晟的目的是作为有限合伙人投资于首都大健康产业（北京）基金（有限合伙）（以下简称主基金）。

主基金的普通合伙人为北广华盖私募基金管理（北京）有限公司（以下简称北广华盖），华盖医疗持有其 35% 的股权。主基金的基金管理人为华盖资本。该基金的主要有限合伙人有北京合音投资中心（有限合伙）（以下简称合音投资）、北京亦庄国际新兴产业投资中心（有限合伙）（以下简称亦庄国际）、奇安信（北京）网络科技有限公司（以下简称奇安信）和浙江康恩贝制药股份有限公司（以下简称康恩贝制药）等。华盖医疗和华盖资本均已在中基协登记为私募基金管理人，其登记编号分别为 P1002607 和 P1001926。主基金和联接基金的具体架构如图 2 –5：

---

① 参见葵花药业集团股份有限公司：《关于参与认购基金份额的公告》，载巨潮资讯网，http：//www. cninfo. com. cn/new/disclosure/detail？plate = szse&orgId = 9900023185&stockCode = 002737&announcementId = 1212885379&announcementTime = 2022 –04 –12。

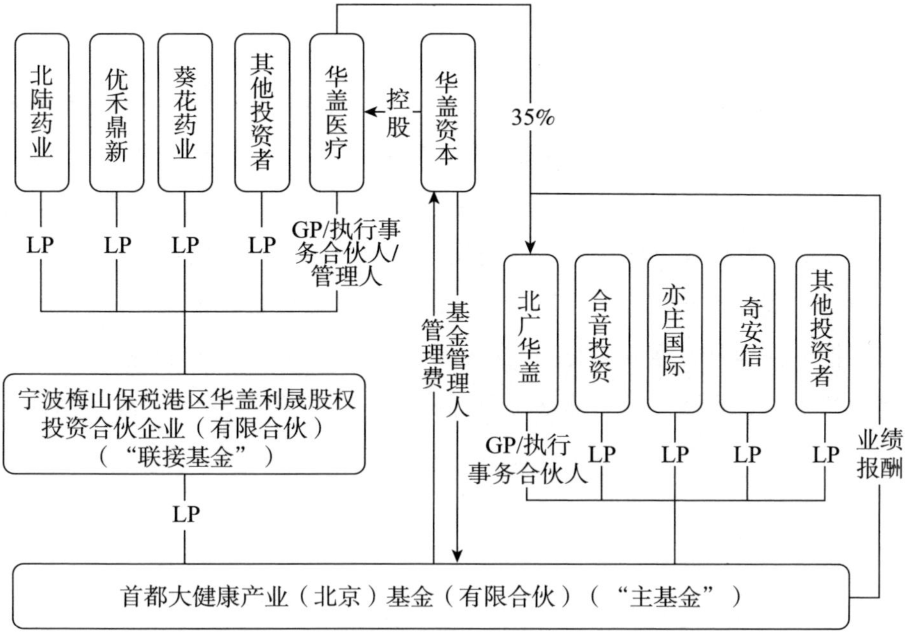

图2－5　首都大健康产业（北京）基金具体架构

从已披露的信息来看，该基金架构具有以下特点：

1. 从主基金和联接基金两者关系来看，以主基金为主，基金投资决策权、管理费和业绩报酬等都在主基金层面落实，主基金也是对外投资的主体。相对而言，联接基金可以看做一个集中投资者资金的工具。

2. 主基金和联接基金均由华盖资本或其下属控股子公司华盖医疗作为管理人。从行业实践来看，主基金和联接基金一般都由同一管理人或者其关联方管理。这是联接基金区别与一般母基金的核心差异点之一。

3. 联接基金的目的在于投资主基金，即联接基金的主要作用在于联接投资者和主基金。具体到该基金而言，该基金的唯一投资目的在于投资而且仅投资主基金，并通过主基金实施投资活动以实现投资目的。

4. 联接基金需要避免重复收费的问题，在实务中，连接基金一般不额外收取管理费或者业绩报酬，管理人一般在主基金层面提取管理费和业绩报酬。在本案例中，根据主基金和联接基金的基金合同，管理人不在联接基金层面向联接基金的合伙人收取管理费和业绩报酬，但联接基金应按照主基金合伙协议的要求承担相应的管理费和业绩报酬。在联接基金层面体现为不收取管理费和业绩报酬，其分配一般按照合伙人实缴出资比例进行。

5. 联接基金和主基金的基金架构可以存在差异，以满足不同商业需求。在本案例中，我们看到联接基金是 GP 和管理人合一的基金，而主基金是 GP 和管理人合一分离的基金。联接基金由于不涉及管理费和业绩报酬，也不涉及后续投资决策权等事项，往往结构比较简单；而主基金的投资决策则不一样。根据主基金的基金合同，管理人专门为主基金设置投委会，向管理人提出有关投资及其退出等事项的决策意见。也就说，管理人控制其投资决策权，但是主基金收取业绩报酬主体是普通合伙人北广华盖，主基金管理人的控股子公司只持有其 35% 的股权，也就说对应业绩报酬的 35% 。很明显其中有利益分配的安排。

在实务中，联接基金由于其本身特点及其在基金架构的角色特殊性被广泛运用。结合现有的监管要求和实践需要来看，联接基金主要特点和作用如下：

1. 联接基金可以解决投资者人数合并计算问题。对合伙型基金而言，根据《合伙企业法》第 61 条的规定，有限合伙企业由 2 个以上 50 个以下合伙人设立。有限合伙企业至少应当有 1 个普通合伙人。也就是说，合伙型基金的有限合伙人数量最多为 49 个。因此，在实务中，部分基金存在投资者人数过多的问题。根据现有监管规定，在中基协备案后的基金视为 1 个合格投资者，不再穿透核查最终投资者是否为合格投资者和合并计算投资者人数。①也就是说，经过备案后联接基金的投资者将视为一个整体在计算主基金投资者人数时视为 1 个投资者。

2. 联接基金可以解决单一投资者比例限制问题。例如，国家科技成果转化引导基金对子基金的出资比例为子基金总额的 10% ~30% ，但是不能作为子基金的第一大股东或出资人。② 上海市创业投资引导基金也明确要求其在所投资创业投资企业中的投资比例一般不超过 25% ，且不能成为第一大

① 《私募投资基金监督管理暂行办法》第 13 条和《关于加强私募投资基金监管的若干规定》第 7 条。

② 《国家科技成果转化引导基金管理暂行办法》（财教〔2021〕176 号）第 9 条。

出资人。[①] 因此，在实务中，管理人可以通过联接基金的方式将部分投资者资金集中起来，作为主基金最大单一投资者，从而满足单一投资者比例限制要求。

3. 联接基金可以满足投资者分类管理需求。不同投资者会有不同需求，如金融机构和个人高净值客户会存在很大差异，可以利用联接基金作为投资者分类管理工具。例如，1 个基金可能有 30 个高净值个人投资者出资 1/3，剩余 5 个机构投资者出资 2/3。管理人可以安排 30 个高净值个人投资者投资联接基金，再由联接基金和 5 个机构投资者组成主基金。通过这种架构，管理人可以在主基金层面管理机构投资者，在联接基金层面管理个人投资者，同时还可以在不同层面去处理工商登记、税务筹划等事项。

五、平行基金

平行基金一般是指管理人或其关联方同时发起的具有相同投资策略、投资范围和投资阶段的多只基金。其中每支基金互为平行基金。其主要特点在于由同一管理人或其关联方管理、具有相同的投资策略、投资范围和投资阶段，并且基金是同时运作的。

以北极光人民币四期基金[②]为例。2021 年 6 月，上市公司金地（集团）股份有限公司董事会（以下简称金地集团、股票代码：600383）的下属公司全资子公司拉萨稳裕企业管理有限公司（以下简称拉萨稳裕）作为有限合伙人投资重庆极创沣源私募股权投资基金合伙企业（有限合伙）（以下简称重庆极创沣源基金），重庆极创沣源基金的基金管理人为苏州同源创业投资管理有限公司（以下简称同源创投），普通合伙人为重庆极创沥源私募股权投资基金管理合伙企业（有限合伙）（以下简称重庆极创沥源），其中同源创投是重庆极创沥源的普通合伙人和执行事务合伙人。该基金的主要有限合伙人有中国财产再保险有限责任公司（以下简称中再保险）、中国大地财产保险

① 《上海市创业投资引导基金申报指南（2021 年度）》第 1 条第 3 款第 4 项，载 https：//www.vcgfsh.org.cn/index/notice/detail/id/122.html，最后访问日期：2022 年 7 月 5 日。

② 参见金地（集团）股份有限公司：《关于认购私募基金份额的公告》，载巨潮资讯网，http：//www.cninfo.com.cn/new/disclosure/detail?plate = sse&orgId = gssh0600383&stockCode = 600383&announcementId = 1209713678&announcementTime = 2021 – 04 – 17。

股份有限公司（以下简称大地保险）和拉萨稳裕等。

该基金有一个平行基金苏州极创欣源创业投资合伙企业（有限合伙）（以下简称苏州极创欣源基金）。苏州极创欣源基金的普通合伙人和管理人分别为苏州沛源创业投资合伙企业（有限合伙）（以下简称苏州沛源）和同源创投，并且同源创投是苏州沛源的普通合伙人和执行事务合伙人。该基金的主要有限合伙人有苏州市创新产业引导基金（有限合伙）（以下简称苏州引导基金）、苏州高新创业投资集团有限公司（以下简称苏州高新投）和苏州科技城发展集团有限公司（以下简称苏州科技城）等。该公司未披露苏州极创欣源基金管理费和业绩报酬支付安排。同源创投已在中基协登记为私募基金管理人，其登记编号是P1000749。重庆极创沣源基金和苏州极创欣源基金两个平行基金共同组成了北极光人民币四期基金。北极光人民币四期基金的具体架构如图2－6：

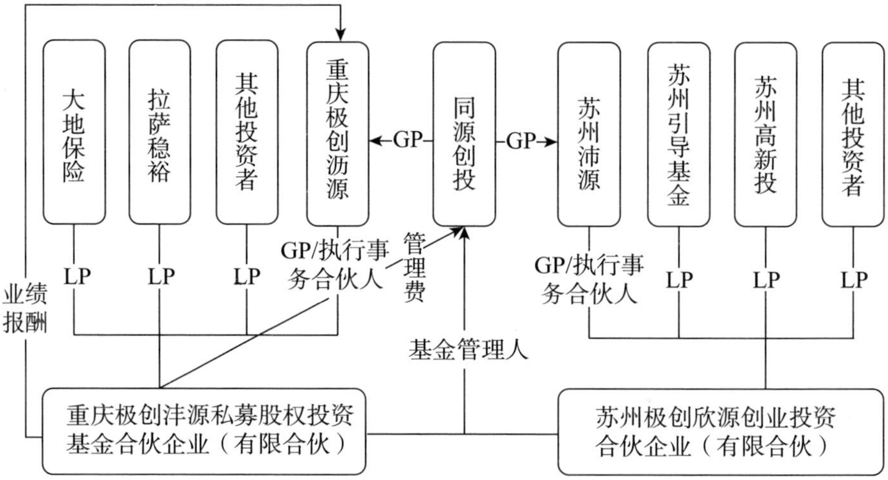

图2－6　北极光人民币四期基金具体架构

平行基金由于其本身特点及其在基金架构的角色特殊性在实务被广泛运用。结合现有的监管要求和实践需要来看，平行基金主要特点和作用如下：

1. 从两者平行基金的关系来看，平行基金的投资目的一般相同，一般通过联合投资方式进行投资。在北极光人民币四期基金中，原则上两支平行基金应共同投资。

2. 从行业实践来看，平行基金一般都由同一管理人或者其关联方管理。在本案例中，2 个平行基金为同一管理人，一般共享投委会。

3. 平行基金架构可以存在差异，以满足不同商业需求。在本案例中，我们看到两支平行基金均是 GP 和管理人合一分离的基金，由同一管理人管理，但是其 GP 各不相同，也就是可以在不同 GP 上面设置不同利益安排。

4. 平行基金可以解决基金间利益冲突问题。为防范基金见利益冲突，中基协要求在已设立的创投基金尚未完成认缴规模 70% 的投资（包括为支付基金税费的合理预留）之前，除经全体投资者一致同意或经全体投资者认可的决策机制决策通过之外，管理人不得设立与前述基金的投资策略、投资范围、投资阶段均实质相同的新基金。[①] 平行基金可以认为是共同组成了同一个基金，因此可以避免该限制。

5. 平行基金可以解决多地注册问题。在实务中，很多地方政府引导基金要求其子基金在当地注册。因此，接受多个地方引导基金投资的基金可以利用平行基金多地注册优势满足引导基金当地注册要求。例如，在本案例中，一支基金注册在重庆、另一支基金注册在苏州。

6. 平行基金可以满足跨境投资的需求。在实务中，有管理人利用在境内外设立平行基金的方式同时进行跨境投资。

以阿尔法基金为例，考虑到人民币及美元项目的投资需要及阿尔法基金管理团队在境内及境外市场的发展需求，阿尔法基金同时设立了阿尔法人民币基金及美元基金两支平行基金，分别为宁波梅山保税港区阿尔法天成股权投资合伙企业（有限合伙）（以下简称阿尔法人民币基金）和 Alpha Startup Fund LP（以下简称阿尔法美元基金）。在该平行架构模式下，阿尔法基金的投资人在阿尔法美元基金和阿尔法人民币基金均有出资主体，但可选择性在两边实体实际出资，最终收益的权益按照统一的认缴出资比例来操作，且可有权获得相应份额的阿尔法基金投资项目退出的全部收益。[②]

---

① 《私募投资基金备案须知》（2019 年版）第 36 条。

② 参见科大讯飞股份有限公司：《关于对外投资的公告》，载巨潮资讯网，http://www.cninfo.com.cn/new/disclosure/detail?plate=szse&orgId=9900004565&stockCode=002230&announcementId=1204309221&announcementTime=2018-01-06，最后访问日期：2023 年 3 月 10 日。

综上所述，通过不同架构满足相关方对基金不同需求是基金架构设计的主要目的之所在。需要注意的时，实务中相关方可以通过混合使用多种架构的全部或者部分特点来满足相关方要求。如此以来，基金架构将更为多样，也更为复杂。

▶ 第三章 ◀

基金主要参与者

合伙型创投基金募集、运作和监管中涉及多方，包括但不限于基金管理人、投资者（有限合伙人）、托管人、份额登记机构、律师事务所、会计师事务所等专业服务机构。当然，还有相关的监管机构和自律机构，例如发改委、中国证监会及其派出机构、中基协、市场监督管理局、税务局等。以下我们将从参与者角度来分析创投基金。

第一节　基金管理人

一、基金管理人登记程序

根据《私募基金监督暂行办法》第 7 条和《关于加强私募投资基金监管的若干规定》第 2 条的规定，私募基金管理人在初次开展资金募集、基金管理等私募基金业务活动前，应当按照规定在中基协完成登记。否则，不得从事私募投资基金管理业务活动。[①] 因此，向中基协进行私募基金管理人登记是在中国境内开展私募基金管理业务的前提。根据中基协颁布的服务指南，其仅受理在中华人民共和国境内注册的公司或者合伙企业申请私募基金管理人登记申请。[②]

① 参见《关于加强私募投资基金监管的若干规定》（中国证监会公告〔2020〕71 号）第 2 条。

② 中基协：《登记备案事项服务指南 – 私募基金管理人登记业务办理》。

关于私募基金管理人登记的法律性质，实务中存在争议。中国证监会认为，私募基金管理人登记不属于行政许可事项。中基协为已登记私募基金管理人机构颁发登记证书，只是对私募基金管理人机构履行完登记手续给予事实确认，不意味对私募基金管理人实行牌照管理。[①] 但实务中，也有人认为既然管理人登记是授予特定主体从事私募基金管理业务的资格，其与其他金融牌照并不存在本质上差异。

在实务操作中，中基协会给每个履行完登记手续的管理人分配一个管理人编码。根据中基协出台的基金合同指引，私募基金管理人需要在基金合同中保证其在募集资金前已在中基协登记为私募基金管理人，并列明管理人编码。[②] 因此，在获得中基协分配的管理人编码之前，基金管理人是不能签署基金合同的。

从 2014 年开始，中基协为履行完登记程序的管理人出具私募基金管理人登记书面和电子证明。但从 2016 年 2 月 5 日起，一是中基协不再出具私募基金管理人登记电子或者资质证明，二是通过中基协网站（http：//www.amac. org. cn/）进行公示。中基协此前发放的纸质私募基金管理人登记证书、私募基金管理人登记电子证明不再作为办理相关业务的证明文件。[③]

二、基金管理人分类和要求

根据《私募基金监督暂行办法》第 22 条的规定，同一私募基金管理人管理不同类别私募基金的，应当坚持专业化管理原则；管理可能导致利益输送或者利益冲突的不同私募基金的，应当建立防范利益输送和利益冲突的机制。即在按照不同业务设立专业团队，建立必要的防范利益输送和利益冲突机制的前提下，同一基金管理人可以管理不同类别私募基金。

目前，中基协将基金管理人分为私募证券投资基金管理人、私募股权

---

① 中国证监会：《2014 年 3 月 28 日新闻发布会》，载中国证监会官网 2022 年 10 月 3 日，http：//www. csrc. gov. cn/csrc/c100029/c1000293/content. shtml。

② 见《私募投资基金合同指引 1 号（契约型私募基金合同内容与格式指引）》第 10 条、《私募投资基金合同指引 2 号（公司章程必备条款指引）》第 4 条和《私募投资基金合同指引 3 号（合伙协议必备条款指引》第 4 条。

③ 《关于进一步规范私募基金管理人登记若干事项的公告》（中基协办〔2016〕4 号）。

（创业投资）基金管理人、其他私募证券投资基金管理人和私募资产配置基金管理人四类。[①] 在实务操作中，私募基金管理人在申请登记时，应当在前述四类机构类型中，以及与机构类型关联对应的业务类型中，仅选择一类机构类型及业务类型进行登记；私募基金管理人只可备案与本机构已登记业务类型相符的私募基金，不可管理与本机构已登记业务类型不符的私募基金。同一私募基金管理人不可兼营多种类型的私募基金管理业务。若私募基金管理机构确有经营多类私募基金管理业务的实际、长期展业需要，可设立在人员团队、业务系统、内控制度等方面满足专业化管理要求的独立经营主体，分别申请登记成为不同类型的私募基金管理人。[②] 除私募资产配置基金管理人之外，基金管理人不能管理跨投资种类的私募基金。也就是说，同一基金管理人仅能登记为一种私募基金管理人，不得同时登记为多种类型的私募基金管理人。具体到创投基金的管理人，其应当登记为"私募股权、创业投资基金管理人"。如果基金管理人希望同时管理多种类型基金的，需要以不同法律主体分别申请登记。

三、基金管理人的业务范围

对从事直接投资业务的私募股权、创业投资基金管理人而言，其能申请备案的基金包括股权投资基金和创业投资基金两类。其中，私募股权基金的投资范围包括未上市企业股权，非上市公众公司股票，上市公司向特定对象发行的股票，大宗交易、协议转让等方式交易的上市公司股票，非公开发行或者交易的可转换债券、可交换债券，市场化和法治化债转股，股权投资基金份额，以及中国证监会认可的其他资产。[③]

私募股权投资基金与私募证券投资基金的主要差异是后者可以通过集中竞价（公开交易）方式购买上市公司股票，而私募股权投资基金不能通过集中竞价（公开交易）方式购买上市公司股票。

---

① 自2023年3月1日起，中基协在私募股权投资基金类型项下增设"不动产私募投资基金"产品类型。符合特定要求的私募股权投资基金管理人可以发起设立不动产私募投资基金［参见《不动产私募投资基金试点备案指引（试行）》（中基协发〔2023〕4号）第5条］。

② 《私募基金登记备案相关问题解答（十三）》。

③ 《私募投资基金登记备案办法》（中基协发〔2023〕5号）第31条。

相对于私募股权投资基金而言，创业投资基金的投资范围更为狭窄，创业投资基金对企业的投资仅限于未上市企业。但是所投资的未上市企业上市后，创业投资企业所持股份的未转让部分及其配售部分不在此限。[①] 创投基金的闲置资金可以通过存放银行、购买国债或其他固定收益类的证券进行现金管理。

四、基金管理人的资格要求

中基协对私募股权投资和创投基金的基金管理人申请时提出了一系列要求。

（一）基金管理人的法律形式要求

私募基金管理人必须由依法设立的公司或者合伙企业担任。根据《证券投资基金法》的规定，基金管理人由依法设立的公司或者合伙企业担任，但该规定只适用于在中华人民共和国境内公开或者非公开募集资金设立证券投资基金。[②] 私募股权投资基金和创投基金的基金管理人也必须由中国境内依法设立的公司或者合伙企业担任。[③] 并且，管理人的公司章程/合伙协议是申请管理人登记必备材料。[④] 自然人不能登记为私募基金管理人。而且，从2023年5月1日起，中基协还明确要求提请办理私募基金管理人登记的公司、合伙企业应当以开展私募基金管理业务为目的而设立，并在市场主体工商登记之日起12个月内提请办理私募基金管理人登记，但因国家有关部门政策变化等情形需要暂缓办理登记的除外。[⑤]

（二）基金管理人的名称和经营范围要求

中基协为落实《私募基金监督暂行办法》关于私募基金管理人的专业化管理要求，要求私募基金管理人的名称和经营范围中应当包含“基金管理”

---

① 参见《创业投资企业管理暂行办法》第14条和《私募投资基金登记备案办法》（中基协发〔2023〕5号）第45条。

② 《证券投资基金法》第2条和第12条。

③ 《私募投资基金监督管理暂行办法》第7条和《私募投资基金登记备案办法》（中基协发〔2023〕5号）第8条。

④ 《私募投资基金登记备案办法》（中基协发〔2023〕5号）第22条和《私募股权、创业投资基金管理人登记申请材料清单》（2022年版）。

⑤ 《私募基金管理人登记指引第1号——基本经营要求》（中基协发〔2023〕6号）第2条。

"投资管理""资产管理""股权投资""创业投资"等相关字样，对于名称和经营范围中不含"基金管理""投资管理""资产管理""股权投资""创业投资"等相关字样的机构，中基协将不予登记。① 自2021年1月8日起，向中基协申请管理人登记的私募基金管理人应当在名称中标明"私募基金""私募基金管理""创业投资"字样，并在经营范围中标明"私募投资基金管理""私募证券投资基金管理""私募股权投资基金管理""创业投资基金管理"等体现受托管理私募基金特点的字样。已完成登记的管理人于2021年1月8日后发生实际控制人变更，自主申请工商注册名称或经营范围变更的，其名称和经营范围也需要符合上述要求。② 从2023年5月1日起，中基协进一步要求私募基金管理人应当在名称中标明"私募基金""私募基金管理""创业投资"字样，不得包含"金融""理财""财富管理"等字样，法律、行政法规和中国证监会另有规定的除外。未经批准，基金管理人不得在名称中使用"金融控股""金融集团""中证"等字样，不得在名称中使用与国家重大发展战略、金融机构、知名私募基金管理人相同或者近似等可能误导投资者的字样，也不得在名称中使用违背公序良俗或者造成不良社会影响的字样。同时，中基协还要求私募基金管理人必须在经营范围中标明"私募投资基金管理""私募证券投资基金管理""私募股权投资基金管理""创业投资基金管理"等体现受托管理私募基金特点的字样，不得包含与私募基金管理业务相冲突或者无关的业务。而且，私募基金管理人应当遵循专业化运营原则，其经营范围应当与管理业务类型一致。③ 此外，中基协还要求如果私募基金管理人的名称、经营范围发生变更的，私募基金管理人应当自变更之日起10个工作日内向中基协履行变更手续。④

同时，从专业化经营和防范利益冲突角度出发，私募基金管理人不得兼

---

①《私募基金管理人登记须知》(2019年版) 第4条第2项［该规定自2023年5月1日起被《私募投资基金登记备案办法》(中基协发〔2023〕5号) 废止］。

②《关于适用中国证监会〈关于加强私募投资基金监管的若干规定〉有关事项的通知》(中国证券投资基金业协会2021年1月26日公布)。

③《私募基金管理人登记指引第1号——基本经营要求》(中基协发〔2023〕6号) 第3条和第4条。

④《私募投资基金登记备案办法》(中基协发〔2023〕5号) 第47条第(1)项。

营与私募基金可能存在冲突的业务、与买方“投资管理”业务无关的卖方业务以及其他非金融业务。私募基金管理人不得直接或者间接从事民间借贷、担保、保理、典当、融资租赁、网络借贷信息中介、众筹、场外配资等任何与私募基金管理相冲突或者无关的业务。[①] 2023 年 5 月 1 日起，中基协进一步将“冲突业务”范围明确为：“民间借贷、民间融资、小额理财、小额借贷、担保、保理、典当、融资租赁、网络借贷信息中介、众筹、场外配资、房地产开发、交易平台等与私募基金管理相冲突的业务，中国证监会、协会另有规定的除外。”[②] 中基协还进一步提出了明确要求，将相关冲突业务要求从申请机构本身范围扩大到其主要出资人和高级管理人员，具体要求如下：[③]

1. 申请机构自身应当符合《关于加强私募投资基金监管的若干规定》相关要求，不得直接或间接从事民间借贷、担保、保理、典当、融资租赁、网络信贷信息中介、众筹、场外配资、民间融资、小额理财、小额借贷、P2P、P2B、房地产开发、交易平台等任何与私募基金管理相冲突或无关的业务。申请机构关联方从事小额贷款、融资租赁、商业保理、融资担保、互联网金融、典当等冲突业务需提供相关主管部门正式许可文件。

2. 申请机构主要出资人（出资比例≥25%）、实际控制人应当符合相关要求，不得曾经从事或目前实际从事与私募基金管理相冲突业务。申请机构其他出资人中，涉及冲突业务的合计出资比例不得高于 25%。中基协将穿透核查出资人、实际控制人相关情况。申请机构主要出资人、实际控制人为自然人的，最近 5 年不得从事与私募基金管理相冲突业务。

3. 申请机构高管人员最近 5 年不得从事与私募基金管理相冲突业务。

从 2023 年 5 月 1 日起，中基协从多个方面对私募基金管理人及其相关方从事冲突业务提出了更严格要求，主要要求包括：

（1）私募基金管理人本身不得直接或者间接从事冲突业务，也不得通过设立子公司、合伙企业或者担任投资顾问等形式，变相开展冲突业务。[④]

---

① 《关于加强私募投资基金监管的若干规定》（中国证监会公告〔2020〕71 号）第 4 条。
② 《私募投资基金登记备案办法》（中基协发〔2023〕5 号）第 88 条第（5）项。
③ 《私募股权、创业投资基金管理人登记申请材料清单》（2022 年版）。
④ 《私募基金管理人登记指引第 1 号——基本经营要求》（中基协发〔2023〕6 号）第 13 条。

（2）最近5年从事过冲突业务的，不得担任私募基金管理人的控股股东、实际控制人、普通合伙人、主要出资人（持有25%以上股权或者财产份额的股东或者合伙人）。[①] 而且，私募基金管理人非主要出资人从事冲突业务的，其直接或者间接持有的私募基金管理人的股权或者财产份额合计不得高于25%。[②]

于此同时，中基协要求私募基金管理人披露受同一控股股东、实际控制人、普通合伙人直接控制的冲突业务机构的工商登记信息、业务开展情况等基本信息。私募基金管理人如果有从事小额贷款、融资租赁、商业保理、融资担保、互联网金融、典当等冲突业务的关联方，中基协要求会要求其提供相关主管部门批复文件，并要求私募基金管理人完善防火墙等隔离机制，与从事冲突业务的关联方采取办公场所、人员、财务、业务等方面的隔离措施，切实防范内幕交易、利用未公开信息交易、利益冲突和利益输送。[③]

（3）最近5年从事过冲突业务的，不得担任私募基金管理人的法定代表人、高级管理人员（包括总经理、副总经理、合规风控负责人和公司章程规定的其他人员）、执行事务合伙人或其委派代表。[④]

（4）如果私募基金管理人开展或者变相开展冲突业务，私募基金管理人的股东、合伙人、实际控制人有被中基协可以采取书面警示、要求限期改正等自律管理或者纪律处分措施的风险；情节严重的，还有被采取公开谴责、限制相关业务活动等自律管理或者纪律处分措施的风险。[⑤]

（三）基金管理人的注册资本和办公场所要求

在2023年5月1日前，中基协并未对基金管理人注册资本提出明确数额要求，只要求私募基金管理人应当具备适当资本，以能够支持其基本运营，

---

① 《私募投资基金登记备案办法》（中基协发〔2023〕5号）第9条、第15条和第88条第（4）项。

② 《私募基金管理人登记指引第2号——股东、合伙人、实际控制人》（中基协发〔2023〕7号）第6条。

③ 《私募基金管理人登记指引第2号——股东、合伙人、实际控制人》（中基协发〔2023〕7号）第18条、第19条和《私募投资基金登记备案办法》（中基协发〔2023〕5号）第13条。

④ 《私募投资基金登记备案办法》（中基协发〔2023〕5号）第10条和第88条第（1）项。

⑤ 《私募投资基金登记备案办法》（中基协发〔2023〕5号）第67条。

中基协要求管理人申请机构根据自身运营情况和业务发展方向，确保有足够的资本金保证机构有效运转。相关资本金应覆盖一段时间内机构的合理人工薪酬、房屋租金等日常运营开支。律师事务所应当对私募基金管理人是否具备从事私募基金管理人所需的资本金、资本条件等进行尽职调查并出具专业法律意见。针对私募基金管理人的实收资本/实缴资本不足 100 万元或实收/实缴比例未达到注册资本/认缴资本的 25% 的情况，中基协将在私募基金管理人公示信息中予以特别提示，并在私募基金管理人分类公示中予以公示。①

从 2023 年 5 月 1 日起，中基协实质性提高了私募基金管理人的资本要求，覆盖了管理人登记开始后的全生命周期，主要要求如下：

（1）中基协要求除专门管理创业投资基金的私募基金管理人另有规定外，私募基金管理人应当财务状况良好，实缴货币资本不低于 1000 万元人民币或者等值可自由兑换货币，并要求其持续符合前述要求，以确保有足够的资本金保证机构有效运转。同时明确要求私募基金管理人的资本金应当以货币出资，不得以实物、知识产权、土地使用权等非货币财产出资。境外出资人应当以可自由兑换的货币出资。②

私募基金管理人应当不存在大额应收应付、大额未清偿负债或者不能清偿到期债务等可能影响正常经营的情形。如果私募基金管理人存在大额长期股权投资的，应当建立有效隔离制度，保证私募基金财产与私募基金管理人固有财产独立运作、分别核算。私募基金管理人与关联方存在资金往来的，应当就是否存在不正当关联交易进行说明。③

（2）中基协还要求私募基金管理人保持资本充足，满足持续运营、业务发展和风险防范需要，私募基金管理人的股东、合伙人不得虚假出资或者抽逃出资，且私募基金管理人的股东、合伙人、实际控制人应具有与私募基金管理人经营状况相匹配的持续资本补充能力。④

---

① 《私募基金管理人登记须知》（2019 年版）第 2 条第 2 项。

② 《私募投资基金登记备案办法》（中基协发〔2023〕5 号）第 8 条第（1）项和《私募基金管理人登记指引第 1 号——基本经营要求》（中基协发〔2023〕6 号）第 5 条。

③ 《私募基金管理人登记指引第 1 号——基本经营要求》（中基协发〔2023〕6 号）第 7 条。

④ 《私募投资基金登记备案办法》（中基协发〔2023〕5 号）第 9 条第（2）项和 20 条。

（3）如果私募基金管理人资本金发生变化的，私募基金管理人应当自变更之日起10个工作日内向中基协履行变更手续。[①]

如果私募基金管理人的资本实力与其业务方向、发展规划和管理规模不匹配的，中基协可能会对私募基金管理人拟备案的私募基金采取提高投资者要求、提高基金规模要求、要求基金托管、要求托管人出具尽职调查报告或者配合询问、加强信息披露、提示特别风险、额度管理、限制关联交易，以及要求其出具内部合规意见、提交法律意见书或者相关财务报告等措施。情节严重的，中基协可能会采取暂停办理其私募基金备案的自律管理措施。[②]

中基协还要求基金管理人的办公场所应当具备独立性，不存在不稳定或者不独立的情形。如果基金管理人工商注册地和实际经营场所不在同一个行政区域的，应充分说明分离的合理性。基金管理人应对有关事项如实填报，律师事务所需做好相关事实性尽职调查，说明基金管理人的经营地、注册地分别所在地点，是否确实在实际经营地经营等事项。[③] 从2023年5月1日起，中基协对基金管理人的基金经营场所提出了更严格和更细致要求，主要要求包括：

（1）私募基金管理人应当具有独立、稳定的经营场所，不得使用共享空间等稳定性不足的场地作为经营场所，不得存在与其股东、合伙人、实际控制人、关联方等混同办公的情形。经营场所系租赁所得的，自提请办理登记之日起，剩余租赁期应当不少于12个月，但有合理理由的除外。私募基金管理人注册地与经营地分离的，应当具有合理性并说明理由。有符合要求经营场所和基金管理业务相关设施是基金管理人登记条件之一。[④]

（2）如果有从事冲突业务的关联方的，私募基金管理人应当完善防火墙等隔离机制，与从事冲突业务的关联方采取办公场所等方面的隔离措施。[⑤]

（3）如果私募基金管理人的注册地址、办公地址等基本信息发生变更

---

① 《私募投资基金登记备案办法》（中基协发〔2023〕5号）第47条。

② 《私募投资基金登记备案办法》（中基协发〔2023〕5号）第44条。

③ 《私募基金管理人登记须知》（2019年版）第2条第3项和第8条。

④ 《私募投资基金登记备案办法》（中基协发〔2023〕5号）第8条第6项和《私募基金管理人登记指引第1号——基本经营要求》（中基协发〔2023〕6号）第8条。

⑤ 《私募投资基金登记备案办法》（中基协发〔2023〕5号）第13条。

的，私募基金管理人应当自变更之日起10个工作日内向中基协履行变更手续。①

（4）如果基金管理人场所设施等与其业务方向、发展规划和管理规模等不匹配的，中基协可能会对私募基金管理人拟备案的私募基金采取提高投资者要求、提高基金规模要求、要求基金托管、要求托管人出具尽职调查报告或者配合询问、加强信息披露、提示特别风险、额度管理、限制关联交易，以及要求其出具内部合规意见、提交法律意见书或者相关财务报告等措施。情节严重的，中基协可能会采取暂停办理其私募基金备案的自律管理措施。中基协明确要求还可以采取查看基金管理人的经营场所的方式进行自律检查。②

（四）高级管理人员的资格和人员要求

中基协并未强制要求私募股权投资和创投基金管理人的普通投资人员或者风控人员都具有基金从业资格，仅要求至少有2名高管人员取得基金从业资格，并且法定代表人/执行事务合伙人（委派代表）、合规风控负责人必须取得基金从业资格。同时，合规风控负责人不得从事投资业务。高管人员的资格主要通过基金从业资格考试和满足特定条件认定的方式取得。③ 此外，申请机构的高管人员应当具备3年以上与拟任职务相关的股权投资、创业投资、投行业务、资产管理业务、会计业务、法律业务、经济金融管理、拟投领域相关产业科研等工作经历，具有与拟任职务相适应的管理经历和经营管理能力。其中负责投资的高级管理人员应当具备3年以上股权投资、创业投资等相关工作经历，并应提供其在曾任职机构主导的至少2起投资于未上市企业股权的项目证明材料，所有项目初始投资金额合计原则上不低于1000万。④ 而且，申请机构的高级管理人员在最近3年不得存在重大失信记录，或最近3年被中国证监会采取市场禁入措施，并且最近5年不得从事与私募

① 《私募投资基金登记备案办法》（中基协发〔2023〕5号）第47条第（1）项。
② 《私募投资基金登记备案办法》（中基协发〔2023〕5号）第44条和64条。
③ 《关于进一步规范私募基金管理人登记若干事项的公告》（中基协发〔2016〕4号）第4条。
④ 《私募股权、创业投资基金管理人登记申请材料清单》（2022年版）。

基金管理相冲突业务。① 同时，申请机构的高管人员应当勤勉尽责、恪尽职守，合理分配工作精力，应当遵守以下要求：②

1. 不得在非关联的私募机构兼职。

2. 不得在与私募业务相冲突业务的机构兼职。

3. 除法定代表人外，其他高管人员原则上不应兼职；若有兼职情形，应当提供兼职合理性相关证明材料（包括但不限于兼职的合理性、胜任能力、如何公平对待服务对象、是否违反竞业禁止规定等材料），同时兼职高管人员数量应不高于申请机构全部高管人员数量的1/2。

4. 申请机构的兼职高管人员应当合理分配工作精力，中基协将重点关注在多家机构兼职的高管人员任职情况。

5. 对于在1年内变更2次以上任职机构的高管人员，中基协将重点关注其变更原因及诚信情况。

6. 申请机构的高管人员应当与任职机构签署劳动合同，并上传所涉高管的劳动合同及社保证明。

7. 申请机构高管人员应当持续符合相关任职要求，切实履行职责，保持任职稳定性。负责投资的高管人员未在申请机构出资的，申请机构应说明如何通过制度安排或激励机制等方式保证其稳定性。申请机构不得临时聘请挂名人员。

从2023年5月1日起，中基协从信用记录、专业胜任能力和工作经验、甚至持股要求、稳定性等方面，对私募基金管理人的法定代表人、董事、监事、高级管理人员、执行事务合伙人或其委派代表提出了更严格的任职要求，实质上大幅提高了私募基金管理人登记的核心人员要求。相对而言，新规定更明确、更具体、可操作性更强，但是其具体操作口径和实际效果有待观察。具体要求如下：

---

① 《私募基金登记备案相关问题解答（十四）》［该规定自2023年5月1日起被《私募投资基金登记备案办法》（中基协发〔2023〕5号）废止］和《私募股权、创业投资基金管理人登记申请材料清单》（2022年版）。

② 《私募基金管理人登记须知》（2019年版）第3条第4项和《私募股权、创业投资基金管理人登记申请材料清单》（2022年版）。

第一、具有符合要求的相关工作经验是担任私募基金管理人的法定代表人、高级管理人员、执行事务合伙人或其委派代表的必备条件。[①] 中基协对相关工作经验工作时间和任职要求提出了明确和细致要求，具体包括：

（1）私募股权基金管理人法定代表人、执行事务合伙人或其委派代表、经营管理主要负责人以及负责投资管理的高级管理人员应当具有5年以上股权投资管理或者相关产业管理等工作经验，并且该工作经验需要满足下列情形之一：[②]

①在商业银行、证券公司、基金管理公司、期货公司、信托公司、保险公司及相关资产管理子公司等金融机构从事资产管理、自有资金股权投资、发行保荐等相关业务，并担任基金经理、投资经理、信托经理、保荐代表人等以上职务，或者担任前述金融机构高级管理人员或者具有相当职位管理经验；

②在地市级以上政府及其授权机构控制的企业、上市公司从事股权投资管理相关工作并担任投资负责人，或者担任高级管理人员或者具有相当职位管理经验；

③在私募股权基金管理人从事股权投资并担任基金经理以上职务，或者担任高级管理人员，其任职的私募基金管理人应当运作正常、合规稳健，任职期间无重大违法违规记录；

④在受境外金融监管部门监管的资产管理机构从事股权投资等相关业务，其任职的资产管理机构应当具备良好的国际声誉和经营业绩；

⑤在运作良好、合规稳健并具有一定经营规模的企业担任股权投资管理部门负责人，或者担任高级管理人员或者具有相当职位管理经验，或者在具备一定技术门槛的大中型企业担任相关专业技术职务，或者是科研院校相关领域的专家教授、研究人员；

---

① 《私募投资基金登记备案办法》（中基协发〔2023〕5号）第8条第1款第（4）项和第10条。

② 《私募投资基金登记备案办法》（中基协发〔2023〕5号）第10条第3款和《私募基金管理人登记指引第3号——法定代表人、高级管理人员、执行事务合伙人或其委派代表》（中基协发〔2023〕8号）第5条。

⑥在政府部门、事业单位从事经济管理等相关工作，并具有相应的管理经验，或者在本条第 1 款第 1 项规定的金融机构担任其他业务部门负责人；

⑦在经中国证监会备案的律师事务所、会计师事务所从事证券、基金、期货相关的法律、审计等工作，并担任合伙人以上职务不少于 5 年；

⑧中国证监会、协会规定的其他情形。

对负责投资管理的高级管理人员而言，中基协还要求其应当具备前款第①项至第⑤项规定的相关工作经验之一。

（2）私募基金管理人合规风控负责人应当具有 3 年以上投资相关的法律、会计、审计、监察、稽核，或者资产管理行业合规、风控、监管和自律管理等相关工作经验，并且该工作经验需要满足下列情形之一。①

①在商业银行、证券公司、基金管理公司、期货公司、信托公司、保险公司及相关资产管理子公司等金融机构从事投资相关的合规管理、风险控制、监察稽核、法律事务等相关工作；

②在私募基金管理人从事合规管理、风险控制、监察稽核、法律事务等相关工作，其任职的私募基金管理人应当运作正常、合规稳健，任职期间无重大违法违规记录；

③在律师事务所、会计师事务所从事证券、基金、期货相关的法律、审计等工作，或者在上市公司从事投资相关的法律事务、财务管理等相关工作；

④在金融管理部门及其派出机构从事金融监管工作，或者在资产管理行业自律组织从事自律管理工作；

⑤中国证监会、协会规定的其他情形。

第二、私募基金管理人负责投资管理的高级管理人员还应当具有符合要求的投资管理业绩。该投资管理业绩，是指最近 10 年内至少 2 起主导投资于未上市企业股权的项目经验，投资金额合计不低于 3000 万元人民币，且至少应有 1 起项目通过首次公开发行股票并上市、股权并购或者股权转让等方式退出，或者其他符合要求的投资管理业绩。其中主导投资是指相关人员主持

① 《私募投资基金登记备案办法》（中基协发〔2023〕5 号）第 10 条第 4 款和《私募基金管理人登记指引第 3 号——法定代表人、高级管理人员、执行事务合伙人或其委派代表》（中基协发〔2023〕8 号）第 6 条第 1 款。

尽职调查、投资决策等工作。上述业绩要求应当提供尽职调查、投资决策、工商确权、项目退出等相关材料。同时，该项目经验不包括投向国家禁止或者限制行业的股权投资、投向与私募基金管理相冲突行业的股权投资、作为投资者参与的项目投资等其他无法体现投资管理能力或者不属于股权投资的相关项目经验。①

第三、私募基金管理人的法定代表人、高级管理人员、执行事务合伙人或其委派代表应当保证有足够的时间和精力履行职责，对外兼职的应当具有合理性。私募基金管理人的法定代表人、高级管理人员、执行事务合伙人或其委派代表不得在非关联私募基金管理人、冲突业务机构等与所在机构存在利益冲突的机构兼职，或者成为其控股股东、实际控制人、普通合伙人。

合规风控负责人应当独立履行对私募基金管理人经营管理合规性进行审查、监督、检查等职责，不得从事投资管理业务，不得兼任与合规风控职责相冲突的职务；除集团化私募管理人外，不得在其他营利性机构兼职。同时，合规风控负责人不得担任私募基金管理人的总经理、执行董事或者董事长、执行事务合伙人或其委派代表等职务。②

除此之外，中基协还对私募基金管理人的法定代表人、高级管理人员、执行事务合伙人或其委派代表以外的其他从业人员兼职提出要求，要求其应当以所在机构的名义从事私募基金业务活动，不得在其他营利性机构兼职，集团化私募基金管理人除外。③

当然，下列情况的兼职，不在被禁止或者被限制的兼职范围之内：①在高等院校、科研院所、社会团体、社会服务机构等非营利性机构任职；②在其他企业担任董事、监事；③在所管理的私募基金任职；④中基协认定的其

① 《私募投资基金登记备案办法》（中基协发〔2023〕5号）第10条第5款和《私募基金管理人登记指引第3号——法定代表人、高级管理人员、执行事务合伙人或其委派代表》（中基协发〔2023〕8号）第8条。

② 《私募投资基金登记备案办法》（中基协发〔2023〕5号）第11条和《私募基金管理人登记指引第3号——法定代表人、高级管理人员、执行事务合伙人或其委派代表》（中基协发〔2023〕8号）第6条第2款。

③ 《私募投资基金登记备案办法》（中基协发〔2023〕5号）第12条。

他情形。[①]

第四、为了增强私募基金管理人和核心人员利益一致性，中基协还对部分基金管理人提出持股要求，即要求部分私募基金管理人的法定代表人、执行事务合伙人或其委派代表、负责投资管理的高级管理人员直接或者间接合计持有私募基金管理人一定比例的股权或者财产份额，并且明确该持股要求标准是指法定代表人、执行事务合伙人或其委派代表、负责投资管理的高级管理人员均直接或者间接持有私募基金管理人一定比例的股权或者财产份额，且合计实缴出资不低于私募基金管理人实缴资本的20%，或者不低于私募基金管理人最低实缴资本的20%。其中，除对专门管理创业投资基金的私募基金管理人外，私募基金管理人最低实缴出资不低于1000万元。[②]

需要注意的是，对于商业银行、证券公司、基金管理公司、期货公司、信托公司、保险公司等金融机构控制的私募基金管理人，政府及其授权机构控制的私募基金管理人，受境外金融监管部门监管的机构控制的私募基金管理人以及其他符合规定的私募基金管理人，核心人员持股的规定并非强制性要求。[③] 中基协作为一个行业自律组织，对私募基金管理人的股权分配提出强制要求的合法性、合理性均有待商榷，其具体操作口径和实践效果均有待观察。

第五、中基协重点关注私募基金管理人的从业人员，尤其是高级管理人员的稳定性，无论是在管理人登记和后续管理中均对此提出明确要求，具体要求包括：

（1）在私募基金管理人登记时，私募基金管理人不得聘用挂靠人员，不得通过虚假聘用人员等方式办理私募基金管理人登记。私募基金管理人的高级管理人员24个月内在3家以上非关联单位任职的，或者24个月内为2家以上已登记私募基金管理人提供相同业绩材料的，前述工作经验和投资业绩

---

① 《私募基金管理人登记指引第3号——法定代表人、高级管理人员、执行事务合伙人或其委派代表》（中基协发〔2023〕8号）第10条。

② 《私募投资基金登记备案办法》（中基协发〔2023〕5号）第8条第1款第（3）项和《私募基金管理人登记指引第1号——基本经营要求》（中基协发〔2023〕6号）第6条。

③ 《私募投资基金登记备案办法》（中基协发〔2023〕5号）第8条第2款。

不予认可。如果私募基金管理人聘用短期内频繁变更工作岗位的人员作为负责投资管理的高级管理人员的，应当对其诚信记录、从业操守、职业道德进行尽职调查。①

（2）在私募基金管理人登记完成后，私募基金管理人应当保持管理团队和相关人员的充足、稳定。高级管理人员应当持续符合本办法的相关任职要求。尤其是当私募基金管理人及其法定代表人、董事、监事、高级管理人员、执行事务合伙人或其委派代表或者从业人员等因重大违法违规行为受到行政处罚、行政监管措施和纪律处分措施，或者因违法犯罪活动被立案调查或者追究法律责任；私募基金管理人应当在10个工作日内向协会报告。原高级管理人员离职后，私募基金管理人应当按照公司章程规定或者合伙协议约定，由符合任职要求的人员代为履职，并在6个月内聘任符合岗位要求的高级管理人员，不得因长期缺位影响内部治理和经营业务的有效运转。

私募基金管理人在首支私募基金完成备案手续之前，不得更换法定代表人、执行事务合伙人或其委派代表、经营管理主要负责人、负责投资管理的高级管理人员和合规风控负责人。②

（3）如果私募基金管理人的法定代表人、高级管理人员、执行事务合伙人或其委派代表发生变更的，私募基金管理人应当自变更之日起10个工作日内向中基协履行变更手续。③

第六、中基协还列举了私募基金管理人的法定代表人、高级管理人员、执行事务合伙人或其委派代表任职资格系列负面清单，以限制或者禁止相关人员成为私募基金管理人的核心人员。

有下列情形之一的，不得担任私募基金管理人的董事、监事、高级管理人员、执行事务合伙人或其委派代表④：

（1）因犯有贪污贿赂、渎职、侵犯财产罪或者破坏社会主义市场经济秩

① 《私募基金管理人登记指引第3号——法定代表人、高级管理人员、执行事务合伙人或其委派代表》（中基协发〔2023〕8号）第11条。

② 《私募投资基金登记备案办法》（中基协发〔2023〕5号）第21条和第62条第1款第（5）项。

③ 《私募投资基金登记备案办法》（中基协发〔2023〕5号）第47条第2项。

④ 《私募投资基金登记备案办法》（中基协发〔2023〕5号）第16条。

序罪，被判处刑罚；

（2）最近3年因重大违法违规行为被金融管理部门处以行政处罚；

（3）被中国证监会采取市场禁入措施，执行期尚未届满；

（4）最近3年被中国证监会采取行政监管措施或者被协会采取纪律处分措施，情节严重，包括[①]：①被中国证监会及其派出机构认定为不适当人选或者被协会采取加入黑名单的纪律处分措施，期限尚未届满；②被中国证监会撤销基金从业资格或者被协会取消基金从业资格；③其他社会危害性大，严重损害投资者合法权益和社会公共利益的情形；

（5）对所任职的公司、企业因经营不善破产清算或者因违法被吊销营业执照负有个人责任的董事、监事、高级管理人员、执行事务合伙人或其委派代表，自该公司、企业破产清算终结或者被吊销营业执照之日起未逾5年；

（6）因违法行为或者违纪行为被开除的基金管理人、基金托管人、证券期货交易场所、证券公司、证券登记结算机构、期货公司等机构的从业人员和国家机关工作人员，自被开除之日起未逾5年；

（7）因违法行为被吊销执业证书或者被取消资格的律师、注册会计师和资产评估等机构的从业人员、投资咨询从业人员，自被吊销执业证书或者被取消资格之日起未逾5年；

（8）因违反诚实信用、公序良俗等职业道德或者存在重大违法违规行为，引发社会重大质疑或者产生严重社会负面影响且尚未消除；对所任职企业的重大违规行为或者重大风险负有主要责任未逾3年；

（9）因提供有虚假记载、误导性陈述或者重大遗漏的信息、材料，通过欺骗、贿赂或者以规避监管、自律管理为目的与中介机构违规合作等不正当手段办理相关业务、未经登记开展基金募集、投资管理等私募基金业务活动而被终止私募基金管理人登记的机构的控股股东、实际控制人、普通合伙人、法定代表人、执行事务合伙人或其委派代表、负有责任的高级管理人员和直接责任人员，自该机构被终止私募基金管理人登记之日起未逾3年；

---

① 《私募基金管理人登记指引第3号——法定代表人、高级管理人员、执行事务合伙人或其委派代表》（中基协发〔2023〕8号）第2条。

（10）因《私募投资基金登记备案办法》第77条所列情形被注销登记的私募基金管理人的控股股东、实际控制人、普通合伙人、法定代表人、执行事务合伙人或其委派代表、负有责任的高级管理人员和直接责任人员，自该私募基金管理人被注销登记之日起未逾3年；①

（11）所负债务数额较大且到期未清偿，或者被列为严重失信人或者被纳入失信被执行人名单；

（12）法律、行政法规、中国证监会和协会规定的其他情形。

除了私募基金管理人的董事和监事外，对于私募基金管理人的法定代表人、高级管理人员、执行事务合伙人或其委派代表而言，中基协还在前述要求基础之上提出了更多的要求，具体要求包括：

（1）如果有下列情形之一的，不得担任私募基金管理人的法定代表人、高级管理人员、执行事务合伙人或其委派代表：

①最近5年从事过冲突业务；

②不符合中国证监会和协会规定的基金从业资格、执业条件；

③没有与拟任职务相适应的经营管理能力，或者没有符合要求的相关工作经验；

④法律、行政法规、中国证监会和中基协规定的其他情形。②

（2）如果私募基金管理人的法定代表人、高级管理人员、执行事务合伙人或其委派代表最近3年有下列情形之一的，中基协加强核查，并可以视情

① 《私募投资基金登记备案办法》第77条规定，私募基金管理人有下列情形之一的，协会注销其私募基金管理人登记：（一）因非法集资、非法经营等重大违法犯罪行为被追究法律责任；（二）存在本办法第二十五条第一款第六项规定的情形（即私募基金管理人提供有虚假记载、误导性陈述或者重大遗漏的信息、材料，通过欺骗、贿赂或者以规避监管、自律管理为目的与中介机构违规合作等不正当手段办理相关业务）；（三）金融管理部门要求协会注销登记；（四）因失联状态被协会公示，公示期限届满未与协会取得有效联系；（五）采取拒绝、阻碍中国证监会及其派出机构、协会及其工作人员依法行使检查、调查职权等方式，不配合行政监管或者自律管理，情节严重；（六）未按照本办法第七十三条、第七十四条的规定（即协会可以要求私募基金管理人按照相关规定，委托律师事务所出具专项法律意见书就整改情况进行核验，并就其是否符合相关要求出具法律意见；协会也可以要求出现重大经营风险，严重损害投资者利益或者危害市场秩序的私募基金管理人委托律师事务所出具专项法律意见书）提交专项法律意见书，或者提交的法律意见书不符合要求或者出具否定性结论；（七）中国证监会、协会规定的其他情形。

② 《私募投资基金登记备案办法》（中基协发〔2023〕5号）第10条。

况征询相关部门意见：

①被中国证监会及其派出机构采取公开谴责、责令处分有关人员等行政监管措施；

②被协会采取公开谴责、不得从事相关业务等纪律处分措施；

③在因提供有虚假记载、误导性陈述或者重大遗漏的信息、材料，通过欺骗、贿赂或者以规避监管、自律管理为目的与中介机构违规合作等不正当手段办理相关业务、未经登记开展基金募集、投资管理等私募基金业务活动而被终止登记的私募基金管理人担任主要出资人、未明确负有责任的高级管理人员；

④在因《私募投资基金登记备案办法》第七十七条[①]所列情形被注销登记的私募基金管理人担任主要出资人、未明确负有责任的高级管理人员；

⑤在存在重大风险或者严重负面舆情的机构、被协会注销登记的机构任职；

⑥需要加强核查的其他情形。

第七、中基协还会关注私募基金管理人特定身份问题，要求其符合相关法律法规任职规定、告知或者获得相关机构的同意。

如果私募基金管理人聘用从公募基金管理人、证券期货经营机构离职的负责投资管理的高级管理人员、基金经理或者投资经理，从事投资、研究、交易等相关业务，应当符合中国证监会的相关规定。[②] 例如公募基金员工离职静默期制度。

---

① 《私募投资基金登记备案办法》第 77 条规定，私募基金管理人有下列情形之一的，协会注销其私募基金管理人登记：（一）因非法集资、非法经营等重大违法犯罪行为被追究法律责任；（二）存在本办法第二十五条第一款第六项规定的情形（即私募基金管理人提供有虚假记载、误导性陈述或者重大遗漏的信息、材料，通过欺骗、贿赂或者以规避监管、自律管理为目的与中介机构违规合作等不正当手段办理相关业务）；（三）金融管理部门要求协会注销登记；（四）因失联状态被协会公示，公示期限届满未与协会取得有效联系；（五）采取拒绝、阻碍中国证监会及其派出机构、协会及其工作人员依法行使检查、调查职权等方式，不配合行政监管或者自律管理，情节严重；（六）未按照本办法第七十三条、第七十四条的规定（即协会可以要求私募基金管理人按照相关规定，委托律师事务所出具专项法律意见书就整改情况进行核验，并就其是否符合相关要求出具法律意见；协会也可以要求出现重大经营风险，严重损害投资者利益或者危害市场秩序的私募基金管理人委托律师事务所出具专项法律意见书）提交专项法律意见书，或者提交的法律意见书不符合要求或者出具否定性结论；（七）中国证监会、协会规定的其他情形。

② 《私募基金管理人登记指引第 3 号——法定代表人、高级管理人员、执行事务合伙人或其委派代表》（中基协发〔2023〕8 号）第 9 条。

私募基金管理人的普通合伙人和法定代表人、高级管理人员、执行事务合伙人或其委派代表担任上市公司高级管理人员的，应当出具该上市公司知悉相关情况的说明材料。如果私募基金管理人的高级管理人员及其他从业人员在金融机构任职的，应当符合金融机构相关规定。①

如果法律、行政法规、国家有关部门对相关人员出资或者执业有限制的，相关人员在限制期限内不得成为私募基金管理人的股东、合伙人、实际控制人，或者担任私募基金管理人的董事、监事、高级管理人员及从业人员。②

从2021年6月起，中基协对私募基金管理人员工总数提出了要求，其要求申请私募基金管理人登记的申请机构员工总人数不应低于5人，申请机构的一般员工不得兼职。同时要求不符合相关员工人数要求的存量私募基金管理人在3个月内完成整改，否则可能会面临中基协的进一步自律措施。③ 从2023年5月1日起，中基协要求，除集团化管理私募基金管理人外，私募基金管理人的专职员工不少于5人，并且明确“专职员工”是指与私募基金管理人签订劳动合同并缴纳社保的正式员工，签订劳动合同或者劳务合同的外籍员工、退休返聘员工，以及国家机关、事业单位、政府及其授权机构控制的企业委派的高级管理人员。④

（五）风险管理和内部控制要求

根据中基协的要求，申请机构应当建立健全内部控制机制，明确内部控制职责，完善内部控制措施，强化内部控制保障，持续开展内部控制评价和监督。申请机构的工作人员应当具备与岗位要求相适应的职业操守和专业胜任能力。⑤ 其中，申请机构必备的风险管理和内部控制制度，主要包括运营风险控制制度、信息披露制度、机构内部交易记录制度、防范内幕交易、利益冲突的投资交易制度、合格投资者风险揭示制度、合格投资者内部审核流

---

① 《私募基金管理人登记指引第2号——股东、合伙人、实际控制人》（中基协发〔2023〕7号）第3条和第4条。

② 《私募基金管理人登记指引第1号——基本经营要求》（中基协发〔2023〕6号）第17条。

③ 《关于加强私募基金管理机构从业人员资格注册有关事项的通知》。

④ 《私募投资基金登记备案办法》（中基协发〔2023〕5号）第8条第（4）项和《私募基金管理人登记指引第1号——基本经营要求》（中基协发〔2023〕6号）第9条。

⑤ 《私募基金管理人登记须知》（2019年版）第2条第1项。

程及相关制度、私募基金宣传推介、募集相关规范制度等配套管理制度。[①]此外，中基协要求申请机构建立健全财务制度。申请机构提交私募登记申请时，不应存在到期未清偿债务、资产负债比例较高（负债超过净资产50%）、大额或有负债等可能影响机构正常运作情形。申请机构与关联方存在资金往来的，应保证资金往来真实合理。[②]

从2023年5月1日起，中基协明确要求私募基金管理人需要持续满足"内部治理结构健全、风控合规制度和利益冲突防范机制等完善"[③]的总要求，并且对内部控制、风险控制、合规管理、风险隔离制度、突发事件处理预案机制等方面提出更明确要求，主要要求如下[④]：

（1）私募基金管理人应当建立健全内部控制、风险控制和合规管理等制度，保持经营运作合法、合规，保证内部控制健全、有效。

私募基金管理人应当按照中国证监会和中基协相关要求，建立健全风险控制机制，完善风险控制措施，保持经营运作合法、合规，保证内部控制健全、有效。

私募基金管理人应当建立科学合理、运转有效的内部控制、风险控制和合规管理制度，包括运营风险控制、信息披露、机构内部交易记录、关联交易管理、防范内幕交易及利益输送、业务隔离和从业人员买卖证券申报等制度，以及私募基金宣传推介及募集、合格投资者适当性、保障资金安全、投资业务控制、公平交易、外包控制等制度。

（2）私募基金管理人应当完善防火墙等隔离机制，有效隔离自有资金投资与私募基金业务，与从事冲突业务的关联方采取办公场所、人员、财务、业务等方面的隔离措施，切实防范内幕交易、利用未公开信息交易、利益冲突和利益输送。

如果私募基金管理人存在大额长期股权投资的，应当建立有效隔离制度，

---

① 《关于进一步规范私募基金管理人登记若干事项的公告》（中基协发〔2016〕4号）之"私募基金管理人登记法律意见书指引"。

② 《私募基金管理人登记须知》（2019年版）第2条第4项和第8条。

③ 《私募投资基金登记备案办法》（中基协发〔2023〕5号）第8条第1款第（5）项。

④ 《私募投资基金登记备案办法》（中基协发〔2023〕5号）第13条和《私募基金管理人登记指引第1号——基本经营要求》（中基协发〔2023〕6号）第7条第2款、第10条和第11条。

保证私募基金财产与私募基金管理人固有财产独立运作、分别核算。

(3) 私募基金管理人应当建立突发事件处理预案，对严重损害投资者利益、影响正常经营或者可能引发系统性风险的突发事件的处理机制作出明确安排。发生前述突发事件时，私募基金管理人应当按照预案妥善处理，并及时向注册地所在的中国证监会派出机构和中基协报告。

(六) 股东和股权要求

在实务中，中基协对申请机构的出资人、实际控制人及其关联方、股权稳定性等方面提出一系列合规要求，主要要求如下:①

1. 申请机构的实际控制人不得曾经从事或目前实际从事与私募基金管理相冲突业务。如果申请机构实际控制人为自然人的，最近 5 年不得从事与私募基金管理相冲突业务；如果该自然人不具备 3 年以上金融行业、投资管理或拟投领域相关产业、科研等方面工作经历的，申请机构应提供材料说明实际控制人如何履行职责。中基协会穿透核查实际控制人相关情况。② 实际控制人应一直追溯到最后自然人、国资控股企业或集体企业、上市公司、受国外金融监管部门监管的境外机构，而且申请机构的出资人、实际控制人不得为资产管理产品。如果没有实际控制人，应由其第一大股东承担实际控制人相应责任。

同一实际控制人下再有新申请机构的，中基协还额外提出了一系列要求，主要包括：(1) 申请机构需要说明设置多个私募基金管理人的目的与合理性、业务方向区别、如何避免同业化竞争等问题，应提交同一控制下关于各私募基金管理人的合规风控安排；(2) 该实际控制人及其控制已登记关联私募基金管理人需书面承诺，在新申请机构展业中出现违法违规情形时，应当承担相应的合规连带责任和自律处分后果；(3) 申请机构的第一大股东及实际控制人应当书面承诺在完成私募基金管理人登记后，继续持有申请机构股权或实际控制不少于 3 年。

---

① 《私募基金管理人登记须知》(2019 年版) 第 5 条和第 6 条；《私募股权、创业投资基金管理人登记申请材料清单》(2022 年版)。

② 《私募股权、创业投资基金管理人登记申请材料清单》(2022 年版)。

2. 申请机构股权架构应简明清晰，不应出现股权结构层级过多、循环出资、交叉持股等情形，不得存在为规避监管要求而进行特殊股权构架设计。出资人通过特殊目的载体（SPV）间接持有申请机构股权的，应详细说明设立合理性、必要性。同时，申请机构应保证不应当存在股权代持情形。中基协将对申请机构的股权进行穿透核查，并重点关注其合法合规性。

申请机构出资人应当以货币财产出资。出资人应当保证资金来源真实合法且不受制于任何第三方。出资人应具备与其认缴资本金额相匹配的出资能力，并提供相应的证明材料。

申请机构应专注主营业务，确保股权的稳定性。对于申请登记前 1 年内发生股权变更的，申请机构应详细说明变更原因。中基协将对申请机构为规避出资人相关规定而进行特殊股权设计根据实质重于形式原则进行审慎核查。

3. 申请机构若存在子公司（持股 5% 以上的金融机构、上市公司及持股 20% 以上的其他企业）、分支机构、关联方（受同一控股股东/实际控制人控制的金融机构、私募基金管理人、投资类企业、冲突业务企业、投资咨询及金融服务企业等），法律意见书应明确说明相关子公司、分支机构和关联方工商登记信息等基本资料、相关机构业务开展情况、相关机构是否已登记为私募基金管理人、与申请机构是否存在业务往来等。

如果申请机构的子公司、分支机构或关联方中有私募基金管理人的，申请机构应在子公司、分支机构或关联方中的私募基金管理人实际展业并完成首只私募基金备案后，再提交基金管理人登记申请。如果申请机构的子公司、分支机构或关联方存在已从事私募基金业务但未登记为私募基金管理人的情形，申请机构应先办理其子公司、分支机构或关联方私募基金管理人登记。

同时，中基协会对申请机构为规避关联方相关规定而进行特殊股权设计的情形根据实质重于形式原则进行审慎核查。

从 2023 年 5 月 1 日起，中基协对私募基金管理人的出资架构，股东、合伙人和实际控制人信用记录，控股股东、实际控制人和普通合伙人相关经验等方面大幅提高了要求，明确提出了私募基金管理人“出资架构清晰、稳定，股东、合伙人和实际控制人具有良好的信用记录，控股股东、实际控制人、普通合伙人具有符合要求的相关经验”的总体要求。① 在此基础上，中基协明确了穿透核查原则、持续信息披露要求、实际控制人及相关经验认定标准等具体要求，主要事项如下：

第一、中基协对私募基金管理人出资架构首要要求是“清晰”，并需要持续满足。在此过程中，中基协会对私募基金管理人进行穿透核查。② 为了落实前述要求，中基协从嵌套层数、披露要求等多个方面提出了具体要求，具体包括：

（1）私募基金管理人的出资架构应当简明、清晰、稳定，不存在层级过多、结构复杂等情形，无合理理由不得通过特殊目的载体设立两层以上的嵌套架构，不得通过设立特殊目的载体等方式规避对股东、合伙人、实际控制人的财务、诚信和专业能力等相关要求。③

（2）在申请私募基金管理人登记时，申请机构的股东、合伙人、实际控制人的基本信息及其相关受益所有人信息是登记必须提供材料。④

登记完成后，如果私募基金管理人的股东、合伙人、关联方发生变更的，私募基金管理人应当自变更之日起10个工作日内向中基协履行变更手续。也就是说，私募基金管理人需要持续履行信息披露义务。⑤

（3）如果未以合法自有资金出资，以委托资金、债务资金等非自有资金出资，违规通过委托他人或者接受他人委托方式持有股权、财产份额，存在循环出资、交叉持股、结构复杂等情形，隐瞒关联关系；或者治理结构不健全，运作不规范、不稳定，不具备良好的财务状况，资产负债和杠杆比例不适当，不具有与私募基金管理人经营状况相匹配的持续资本补充能力的，不

---

① 《私募投资基金登记备案办法》（中基协发〔2023〕5号）第8条第1款第2项。

② 《私募投资基金登记备案办法》（中基协发〔2023〕5号）第8条第1款第2项和第4条第3款。

③ 《私募基金管理人登记指引第2号——股东、合伙人、实际控制人》（中基协发〔2023〕7号）第2条。

④ 《私募投资基金登记备案办法》（中基协发〔2023〕5号）第22条第（4）项和第（5）项。

⑤ 《私募投资基金登记备案办法》（中基协发〔2023〕5号）第47条、第48条和《私募基金管理人登记指引第1号——基本经营要求》（中基协发〔2023〕6号）第16条。

得担任私募基金管理人的股东、合伙人、实际控制人。同时，私募基金管理人的股东、合伙人不得虚假出资或者抽逃出资。[①]

在基金管理人登记之后，私募基金管理人的控股股东、实际控制人、普通合伙人、主要出资人业务运营、财务状况发生重大变化，可能引发私募基金管理人经营风险，严重损害投资者利益时，私募基金管理人应当在10个工作日内向中基协报告。[②]

第二、中基协对私募基金管理人出资架构第二个要求是"稳定"，也需要持续满足。为了落实前述要求，中基协从限售期、转让要求、披露义务和变更程序等多个方面提出了具体要求，具体包括：

（1）私募基金管理人的控股股东、实际控制人、普通合伙人所持有的股权、财产份额或者实际控制权，自登记或者变更登记之日起3年内不得转让。也就说，私募基金管理人的控股股东、实际控制人、普通合伙人有3年禁售期义务。

当然存在下列情形之一的可以例外：①股权、财产份额按照规定进行行政划转或者变更；②股权、财产份额在同一实际控制人控制的不同主体之间进行转让；③私募基金管理人实施员工股权激励，但未改变实际控制人地位；④因继承等法定原因取得股权或者财产份额；⑤法律、行政法规、中国证监会和中基协规定的其他情形。[③]

（2）如果私募基金管理人的控股股东、实际控制人、普通合伙人等发生变更的，私募基金管理人应当自变更之日起30个工作日内向中基协履行变更手续，并且中基协将通过官方网站对私募基金管理人变更的相关事项和办理结果等信息进行公示。[④] 需要注意的是，申请办理该项变更需要满足以下监管要求[⑤]：

---

① 《私募投资基金登记备案办法》（中基协发〔2023〕5号）第20条、第9条第1款第（1）项和第（2）项。

② 《私募投资基金登记备案办法》（中基协发〔2023〕5号）第62条。

③ 《私募投资基金登记备案办法》（中基协发〔2023〕5号）第20条。

④ 《私募投资基金登记备案办法》（中基协发〔2023〕5号）第48条和第50条。

⑤ 《私募投资基金登记备案办法》（中基协发〔2023〕5号）第48条、第49条和《私募基金管理人登记指引第1号——基本经营要求》（中基协发〔2023〕6号）第16条。

①相关方需要履行相应告知、调查和决策程序。私募基金管理人的股东、合伙人、实际控制人拟转让其所持有的股权、财产份额或者实际控制权的，应当充分了解受让方财务状况、专业能力和诚信信息等，并向其告知担任股东、合伙人、实际控制人的相关监管和自律要求。

私募基金管理人的股东、合伙人、实际控制人拟发生变更导致实际控制权发生变更的，应当及时将相关情况告知私募基金管理人，私募基金管理人应当及时向投资者履行信息披露义务，并按照基金合同约定履行相关内部决策程序。①

②私募基金管理人应向中基协提交专项法律意见书，就控股股东、实际控制人、普通合伙人的变更事项出具法律意见。如果涉及实际控制权变更的，私募基金管理人应当就变更后是否全面符合私募基金管理人登记的要求提交法律意见书，中基协会按照新提交私募基金管理人登记的要求对其进行全面核查。

当然，股权、财产份额按照规定进行行政划转或者变更，或者在同一实际控制人控制的不同主体之间进行转让等情形，不视为实际控制权变更。

③私募基金管理人的实际控制权发生变更的，变更之日前 12 个月均管理规模应当持续不低于 3000 万元人民币，并且中基协可能视情况要求私募基金管理人就前述管理规模提交经中国证监会备案的会计师事务所出具的专项审计报告。也就是说，管理规模低于 3000 万元人民币的私募基金管理人是不能申请实际控制权变更的。

（3）私募基金管理人的控股股东、实际控制人、普通合伙人发生变更但未在中基协完成变更手续的过渡期间内，私募基金管理人应审慎开展新增业务，提高信息披露要求；在过渡期间募集资金的，私募基金管理人应当向投资者揭示变更情况，以及可能存在无法完成变更登记和基金备案手续的合规风险。②

（4）中基协在私募基金管理人变更登记材料齐备之日起 20 个工作日内

---

① 《私募投资基金登记备案办法》（中基协发〔2023〕5 号）第 49 条。
② 《私募投资基金登记备案办法》（中基协发〔2023〕5 号）第 54 条。

办结变更手续，并就私募基金管理人变更后是否符合相关规定的登记要求进行核查。①

如果私募基金管理人的控股股东、实际控制人、普通合伙人发生变更，未按规定向中基协履行变更手续，或者虽履行变更手续但不符合要求的，中基协采取暂停办理其私募基金备案的自律管理措施。②

第三、控股股东、实际控制人、普通合伙人的规范性和稳定性对私募基金管理人的运作有重大影响。因此，中基协要求其控股股东、实际控制人、普通合伙人具有符合要求的相关经验或者符合相关要求，并根据具体情况的不同确定相应标准，主要规则如下：

（1）私募基金管理人的控股股东、实际控制人、普通合伙人需具有经营、管理或者从事资产管理、投资、相关产业等相关经验，且相关经验不少于5年。③

同时，控股股东、实际控制人、普通合伙人、主要出资人还不得在非关联私募基金管理人任职，在最近5年也没有从事过冲突业务。④ 需要注意的是，该项要求还从控股股东、实际控制人、普通合伙人拓展到了主要出资人。

（2）根据上市公司、金融机构、自然人和资管产品的具体情况，确定其各自作为私募基金管理人控股股东、实际控制人的要求，主要规则如下：

①私募基金管理人的控股股东、实际控制人为上市公司或者上市公司实际控制人的，该上市公司应当具有良好的财务状况，并按照规定履行内部决策和信息披露程序，建立业务隔离制度，防范利益冲突。

私募基金管理人的控股股东、实际控制人、普通合伙人担任上市公司高级管理人员的，应当出具该上市公司知悉相关情况的说明材料。⑤

②私募基金管理人出资行为涉及金融管理部门、国有资产管理部门等其他主管部门职责的，应当符合相关部门的规定。私募基金管理人的股东、合

① 《私募投资基金登记备案办法》（中基协发〔2023〕5号）第50条。

② 《私募投资基金登记备案办法》（中基协发〔2023〕5号）第53条。

③ 《私募投资基金登记备案办法》（中基协发〔2023〕5号）第9条第1款第（3）项。

④ 《私募投资基金登记备案办法》（中基协发〔2023〕5号）第9条第1款第（4）项。

⑤ 《私募基金管理人登记指引第2号——股东、合伙人、实际控制人》（中基协发〔2023〕7号）第3条。

伙人、实际控制人在金融机构任职的，应当出具该金融机构知悉相关情况的说明材料，并符合相关竞业禁止要求。①

③由于资产管理产品稳定性较弱，为了维护出资稳定性，中基协要求除省级以上政府及其授权机构出资设立的私募基金管理人外，资产管理产品不得成为私募基金管理人的实际控制人，也不得作为私募基金管理人主要出资人，并且资产管理产品对私募基金管理人直接或者间接出资比例合计不得高于25%。②

④私募基金管理人的主要出资人不得从事冲突业务，也就是私募基金管理人的出资人从事冲突业务的，其直接或者间接持有的私募基金管理人的股权或者财产份额合计不得高于25%。③

⑤如果私募股权基金管理人的实际控制人为自然人的，中基协要求其自然人在私募基金管理人担任重要职务，即除另有规定外，其应当担任私募基金管理人的董事、监事、高级管理人员，或者执行事务合伙人或其委派代表。④ 此外，中基协还进一步要求作为实际控制人的自然人必须具备相应工作经验，并且明确其工作经验应当属于以下情形之一⑤：

1）在商业银行、证券公司、基金管理公司、期货公司、信托公司、保险公司及相关资产管理子公司等金融机构从事资产管理、自有资金股权投资、发行保荐等相关业务，或者担任部门负责人以上职务或者具有相当职位管理经验；

2）在地市级以上政府及其授权机构控制的企业、上市公司从事股权投资管理相关工作，或者担任高级管理人员或者具有相当职位管理经验；

3）在私募股权基金管理人从事股权投资或者担任高级管理人员，其任

---

① 《私募基金管理人登记指引第2号——股东、合伙人、实际控制人》（中基协发〔2023〕7号）第4条。

② 《私募基金管理人登记指引第2号——股东、合伙人、实际控制人》（中基协发〔2023〕7号）第5条。

③ 《私募基金管理人登记指引第2号——股东、合伙人、实际控制人》（中基协发〔2023〕7号）第6条。

④ 《私募投资基金登记备案办法》（中基协发〔2023〕5号）第9条第2款。

⑤ 《私募基金管理人登记指引第2号——股东、合伙人、实际控制人》（中基协发〔2023〕7号）第10条。

职的私募基金管理人应当运作正常、合规稳健，任职期间无重大违法违规记录；

4）在受境外金融监管部门监管的资产管理机构从事股权投资等相关业务，其任职的资产管理机构应当具备良好的国际声誉和经营业绩；

5）在运作良好、合规稳健并具有一定经营规模的企业担任股权投资管理部门负责人，或者担任高级管理人员或者具有相当职位管理经验，或者在具备一定技术门槛的大中型企业担任相关专业技术职务，或者是科研院校相关领域的专家教授、研究人员；

6）在政府部门、事业单位从事经济管理等相关工作，并具有相应的管理经验；

7）在经中国证监会备案的律师事务所、会计师事务所从事证券、基金、期货相关的法律、审计等工作，并担任合伙人以上职务不少于5年；

8）中国证监会、中基协规定的其他相关工作经验。

此外，如果法律、行政法规、国家有关部门对相关人员出资或者执业有限制的，相关人员在限制期限内不得成为私募基金管理人的股东、合伙人、实际控制人。①

（3）私募基金管理人的实际控制人应当追溯至自然人、国有企业、上市公司、金融管理部门批准设立的金融机构、大学及研究院所等事业单位、社会团体法人、受境外金融监管部门监管的机构等。在此基础上，中基协根据股权控制、合伙企业份额或者协议控制等方式确定了不同的实际控制人认定和追溯要求，主要规则如下②：

①私募基金管理人为公司的，按照下列路径依次认定实际控制人：

1）持股50%以上的；

2）通过一致行动协议实际行使半数以上股东表决权的；

3）通过行使表决权能够决定董事会半数以上成员当选的或者能够决定执行董事当选的。

---

①《私募基金管理人登记指引第1号——基本经营要求》（中基协发〔2023〕6号）第17条。

②《私募基金管理人登记指引第2号——股东、合伙人、实际控制人》（中基协发〔2023〕7号）第11条、第12条、第13条、第15条、第16条和第17条。

②私募基金管理人为合伙企业的，认定其执行事务合伙人或者最终控制该合伙企业的单位或者自然人为实际控制人；执行事务合伙人无法控制私募基金管理人的，结合合伙协议约定的对合伙事务的表决办法、决策机制，按照能够实际支配私募基金管理人行为的合伙人路径进行认定。

③政府及其授权机构控制的私募基金管理人的实际控制人应当追溯至有效履行相关职责的相关主体，包括追溯至财政部、各地财政厅（局）或者国务院国资委、各地方政府、各地国资委等直接控股企业主体。

因层级过多或者股权结构复杂，导致前款主体无法履行实际控制人职责的，应当充分说明合理性和必要性，追溯至能够实际有效履行实际控制人责任的主体；因行政管理需要导致实际控制人认定的股权层级与行政管理层级不一致的，应当提供相关说明。

④通过公司章程或者合伙协议、一致行动协议以及其他协议或者安排共同控制的，共同控制人签署方应当按照第②项和第③项的规定，同时穿透认定私募基金管理人的共同实际控制人。

无合理理由不得通过直接认定单一实际控制人的方式规避实际控制人的相关要求。

通过一致行动协议安排认定实际控制人的，协议不得存在期限安排。不得通过任何方式隐瞒实际控制人身份，规避相关要求。不得滥用一致行动协议、股权架构设计等方式规避实际控制人认定，不得通过表决权委托等方式认定实际控制人。

⑤私募基金管理人应当根据相关规定和内部决策实际情况，客观、审慎、真实地认定实际控制人，无合理理由不得认定为无实际控制人。

私募基金管理人出资分散无法按照第①项的规定认定实际控制人的，应当由占出资比例最大的出资人按照相关穿透认定并承担实际控制人责任，或者由所有出资人共同指定一名或者多名出资人，穿透认定并承担实际控制人责任，且满足实际控制人相关要求。

私募基金管理人无实际控制人的，应当建立健全内部决策机制和内部治理制度，保证控制权结构不影响私募基金管理人的良好运行。

⑥私募基金管理人的股东、合伙人、实际控制人不得通过股权或者出资

份额质押、委托第三方行使表决权等方式变相转移对私募基金管理人的实际控制权。

第四、中基协还对私募基金管理人控股股东、实际控制人、普通合伙人、主要出资人设定了负面清单。如果其涉及前述负面清单事项的，将直接影响其私募基金管理人的初始登记和变更登记，具体要求如下：

（1）在拟登记机构初始登记和变更登记时，如果其控股股东、实际控制人、普通合伙人、主要出资人有下列情形之一的，中基协会中止办理私募基金管理人登记或者变更登记，并说明理由①：

①拟登记机构或者私募基金管理人的控股股东、实际控制人、普通合伙人、主要出资人因涉嫌违法违规被公安、检察、监察机关立案调查，或者正在接受金融管理部门、自律组织的调查、检查，尚未结案；

②拟登记机构或者私募基金管理人的的控股股东、实际控制人、普通合伙人、主要出资人出现可能影响正常经营的重大诉讼、仲裁等法律风险，或者可能影响办理私募基金管理人登记的重大内部纠纷，尚未消除或者解决；

③拟登记机构或者私募基金管理人的的控股股东、实际控制人、普通合伙人、主要出资人、关联私募基金管理人出现重大负面舆情，尚未消除。

前款所列情形消失后，拟登记机构或者私募基金管理人的可以提请恢复办理私募基金管理人登记或者变更登记，办理时限自恢复之日起继续计算。

（2）在拟登记机构初始登记和变更登记时，如果其控股股东、实际控制人、普通合伙人、主要出资人有下列情形之一的，中基协会终止办理私募基金管理人登记，退回登记材料并说明理由②：

①被中止办理超过 12 个月仍未恢复，即因为控股股东、实际控制人、普通合伙人、主要出资人所导致中止登记事项在 12 个月内未能有效解决的；

②拟登记机构或者私募基金管理人的控股股东、实际控制人、普通合伙人、主要出资人、关联私募基金管理人出现重大经营风险（如果是变更登记的，按照金融管理部门认可的风险处置方案变更除外）。

---

① 《私募投资基金登记备案办法》（中基协发〔2023〕5 号）第 24 条和第 51 条。
② 《私募投资基金登记备案办法》（中基协发〔2023〕5 号）第 25 条和第 52 条。

第五、中基协还对私募基金管理人股东、合伙人，特别是控股股东、实际控制人、普通合伙人、主要出资人提出了一系列配合要求，具体要求如下：

（1）私募基金管理人的股东、合伙人、实际控制人应当配合私募基金管理人履行信息披露义务，不得组织、指使或者配合私募基金管理人实施违反信息披露相关规定的行为。①

（2）私募基金管理人出现重大经营风险，严重损害投资者利益或者危害市场秩序的，应当妥善处置和化解风险，切实履行管理人职责，维护投资者合法权益。其控股股东、实际控制人、普通合伙人、主要出资人应当积极配合相关风险处置和化解工作，承担补充实缴出资以及维持私募基金管理人运营、清收基金资产和安抚基金投资者等风险化解的责任。

中基协可以采取要求前述主体报送自查报告、提交风险处置方案、定期报告风险化解情况、委托律师事务所出具专项法律意见书、提交经会计师事务所审计的财务报告、鉴证报告、商定程序报告等措施，并可视情况暂停办理私募基金管理人登记信息变更和私募基金备案。②

第六、对集团化运作的基金管理人的特殊要求。针对同一控股股东、实际控制人控制两家以上私募基金管理人的情况，在通用性规范要求之外，中基协对此予以特别关注和增加特别规范，主要要求如下③：

（1）同一控股股东、实际控制人控制两家以上私募基金管理人的，应当符合中国证监会和协会的规定，具备充分的合理性与必要性，其控制的私募基金管理人应当持续、合规、有效展业。

控股股东、实际控制人应当合理区分各私募基金管理人的业务范围，并就业务风险隔离、避免同业化竞争、关联交易管理和防范利益冲突等内控制度作出合理有效安排。

（2）同一控股股东、实际控制人控制两家以上私募基金管理人的，应当建立与所控制的私募基金管理人的管理规模、业务情况相适应的持续合规和

① 《私募投资基金登记备案办法》（中基协发〔2023〕5号）第59条。

② 《私募投资基金登记备案办法》（中基协发〔2023〕5号）第74条。

③ 《私募投资基金登记备案办法》（中基协发〔2023〕5号）第17条、第18条和第第61条第1款第（1）项。

风险管理体系，在保障私募基金管理人自主经营的前提下，加强对私募基金管理人的合规监督、检查。

中基协根据私募基金管理人的业务开展情况、投资管理能力、内部治理情况和合规风控水平，对私募基金管理人实施分类管理和差异化自律管理。

（3）集团化管理的私募基金的管理人审计要求更高，无论其管理规模如何，其报送的年度财务报告应当经中国证监会备案的会计师事务所审计。而对非集团化运作的私募基金管理人而言，只有当其管理规模超过一定金额才会有如此要求。

第七、对私募基金管理人的控股股东、实际控制人、普通合伙人或者主要出资人的禁止性要求。中基协为私募基金管理人设定了一系列负面清单，并且该项要求同样适用其控股股东、实际控制人、普通合伙人或者主要出资人，请参加本章第一节。①

（七）其他合规要求

此外，中基协还要求申请机构披露其其自身、主要出资人、实际控制人、高管人员合法合规及诚信信息，要求申请机构、主要出资人、实际控制人、高管人员说明是否存在以下情况：②

1. 是否因犯有贪污、贿赂、侵占财产、挪用财产或破坏社会主义经济秩序罪被判处刑罚，或因犯罪被剥夺政治权利；

2. 最近3年是否受到证监会的行政处罚、被证监会采取行政监管措施，或被证监会采取市场禁入措施执行期满未逾3年；

3. 最近3年是否受到其他监管部门的行政处罚；

4. 最近3年是否被中基协或其他自律组织采取自律措施；

5. 最近3年是否曾在因违反相关法律法规、自律规则被中基协注销登记或不予登记机构担任法定代表人、执行事务合伙人（委派代表）、负有责任的高管人员，或者作为实际控制人、普通合伙人、主要出资人；

6. 最近3年是否在受到刑事处罚、行政处罚或被采取行政监管措施的机

---

① 《私募投资基金登记备案办法》（中基协发〔2023〕5号）第15条。

② 《私募股权、创业投资基金管理人登记申请材料清单》（2022年版）。

构任职；

7. 最近3年是否被纳入失信被执行人名单；

8. 最近1年是否涉及重大诉讼、仲裁；

9. 最近3年是否存在其他违法违规及诚信情况。

如果申请机构、主要出资人、实际控制人、高管人员存在上述情形，或存在严重负面舆情、经营不善等重大风险问题，中基协可能会采用征询相关部门意见、加强问询等方式进一步了解情况。对于申请机构主要出资人、实际控制人最近3年存在重大失信记录的，中基协将结合相关情况实质性及影响程度，审慎办理登记业务。

中基协还要求申请机构不得存在违反《证券投资基金法》《私募基金监督暂行办法》关于资金募集相关规定，在申请登记前违规发行私募基金，且存在公开宣传推介、向非合格投资者募集资金行为的，也要求申请机构不得提供，或申请机构与律师事务所、会计师事务所及其他第三方中介机构等串谋提供虚假登记信息或材料；提供的登记信息或材料不得存在误导性陈述、重大遗漏。①

为了确保申请机构落实各项要求，中基协要求申请登记的创投基金管理人聘请中国律师事务所出具《私募基金管理人登记法律意见书》，并且要求申请机构在中基协反馈意见后6个月内补充提交登记申请材料。②

从2023年5月1日起，中基协从多个方面对私募基金管理人提出了负面清单，要求有下列情形之一的，不得担任私募基金管理人。需要注意的该要求同样适用于私募基金管理人的控股股东、实际控制人、普通合伙人或者主要出资人③：

（1）有《私募投资基金登记备案办法》第16条规定情形④；

---

① 《私募基金登记备案相关问题解答（十四）》。

② 《关于进一步规范私募基金管理人登记若干事项的公告》（中基协发〔2016〕4号）之“私募基金管理人登记法律意见书指引”和《私募基金管理人登记须知》（2019年版）第8条。

③ 《私募投资基金登记备案办法》（中基协发〔2023〕5号）第15条。

④ 《私募投资基金登记备案办法》第16条规定，有下列情形之一的，不得担任私募基金管理人的董事、监事、高级管理人员、执行事务合伙人或其委派代表：（一）因犯有贪污贿赂、渎职、侵犯财产罪或者破坏社会主义市场经济秩序罪，被判处刑罚；（二）最近3年因重大违法违规行为被金融

（2）被中基协采取撤销私募基金管理人登记的纪律处分措施，自被撤销之日起未逾3年；

（3）因《私募投资基金登记备案办法》第25条第1款第6项、第8项所列情形被终止办理私募基金管理人登记的机构及其控股股东、实际控制人、普通合伙人，自被终止登记之日起未逾3年①；

（4）因《私募投资基金登记备案办法》第77条所列情形被注销登记的私募基金管理人及其控股股东、实际控制人、普通合伙人，自被注销登记之日起未逾3年②；

（5）存在重大经营风险或者出现重大风险事件；

管理部门处以行政处罚；（三）被中国证监会采取市场禁入措施，执行期尚未届满；（四）最近3年被中国证监会采取行政监管措施或者被协会采取纪律处分措施，情节严重；（五）对所任职的公司、企业因经营不善破产清算或者因违法被吊销营业执照负有个人责任的董事、监事、高级管理人员、执行事务合伙人或其委派代表，自该公司、企业破产清算终结或者被吊销营业执照之日起未逾5年；（六）因违法行为或者违纪行为被开除的基金管理人、基金托管人、证券期货交易场所、证券公司、证券登记结算机构、期货公司等机构的从业人员和国家机关工作人员，自被开除之日起未逾5年；（七）因违法行为被吊销执业证书或者被取消资格的律师、注册会计师和资产评估等机构的从业人员、投资咨询从业人员，自被吊销执业证书或者被取消资格之日起未逾5年；（八）因违反诚实信用、公序良俗等职业道德或者存在重大违法违规行为，引发社会重大质疑或者产生严重社会负面影响且尚未消除；对所任职企业的重大违规行为或者重大风险负有主要责任未逾3年；（九）因本办法第二十五条第一款第六项、第八项所列情形被终止私募基金管理人登记的机构的控股股东、实际控制人、普通合伙人、法定代表人、执行事务合伙人或其委派代表、负有责任的高级管理人员和直接责任人员，自该机构被终止私募基金管理人登记之日起未逾3年；（十）因本办法第七十七条所列情形被注销登记的私募基金管理人的控股股东、实际控制人、普通合伙人、法定代表人、执行事务合伙人或其委派代表、负有责任的高级管理人员和直接责任人员，自该私募基金管理人被注销登记之日起未逾3年；（十一）所负债务数额较大且到期未清偿，或者被列为严重失信人或者被纳入失信被执行人名单；（十二）法律、行政法规、中国证监会和协会规定的其他情形。

① 《私募投资基金登记备案办法》第25条规定，有下列情形之一的，协会终止办理私募基金管理人登记，退回登记材料并说明理由：……（六）提供有虚假记载、误导性陈述或者重大遗漏的信息、材料，通过欺骗、贿赂或者以规避监管、自律管理为目的与中介机构违规合作等不正当手段办理相关业务；……（八）未经登记开展基金募集、投资管理等私募基金业务活动，法律、行政法规另有规定的除外；……

② 《私募投资基金登记备案办法》第77条规定，私募基金管理人有下列情形之一的，协会注销其私募基金管理人登记：（一）因非法集资、非法经营等重大违法犯罪行为被追究法律责任；（二）存在本办法第二十五条第一款第六项规定的情形；（三）金融管理部门要求协会注销登记；（四）因失联状态被协会公示，公示期限届满未与协会取得有效联系；（五）采取拒绝、阻碍中国证监会及其派出机构、协会及其工作人员依法行使检查、调查职权等方式，不配合行政监管或者自律管理，情节严重；（六）未按照本办法第七十三条、第七十四条的规定提交专项法律意见书，或者提交的法律意见书不符合要求或者出具否定性结论；（七）中国证监会、协会规定的其他情形。

（6）从事的业务与私募基金管理存在利益冲突；

（7）有重大不良信用记录尚未修复；

（8）法律、行政法规、中国证监会和中基协规定的其他情形。

此外，从 2023 年 5 月 1 日起，中基协对私募基金管理人拟申请机构中介机构资格提出了更严格要求，对会计师事务所和律师事务所均提出了在中国证监会备案的要求，即要求基金管理人提交的财务报告由经中国证监会备案的会计师事务所审计和法律意见书由经中国证监会备案的律师事务所出具。同时，中基协要求律师事务所、会计师事务所接受委托为私募基金管理人履行登记手续出具法律意见书、审计报告等文件，应当恪尽职守、勤勉尽责，审慎履行核查和验证义务，保证其出具文件的真实性、准确性、完整性。①

五、基金管理人的登记时间

根据《私募投资基金登记备案办法》第 23 条的规定，中基协会自私募基金管理人登记材料齐备之日起 20 个工作日内办结登记手续。拟登记机构提交的登记信息、材料不完备或者不符合要求的，应当根据中基协的要求及时补正，或者作出解释说明或者补充、修改。拟登记机构对登记信息、材料进行解释说明或者补充、修改的时间和中基协核查、研判的时间，不计入办理时限。

中基协会通过官方网站对私募基金管理人的基本信息、办理进度和办理结果等信息进行公示。私募基金管理人应当于登记完成之日起 10 个工作日内向中国证监会派出机构报告。

在实务操作中，由于中基协在办理管理人登记时往往会对申请材料提出审核和补充资料要求，同时还存在大量的窗口指导意见，管理人登记实际时间难以准确控制和预期。

六、基金管理人的信息披露

在基金管理人完成登记之后，基金管理人还需要满足监管部门的持续信

---

① 《私募投资基金登记备案办法》（中基协发〔2023〕5 号）第 22 条第 1 款第（8）项和第 22 条第 3 款。

息披露要求。中基协要求私募基金管理人建立信息报送制度，明确负责信息报送的高级管理人员及相关人员职责，依法依规履行信息报送义务，加强信息报送质量复核，保证信息报送的及时、真实、准确和完整。私募基金管理人的股东、合伙人、实际控制人应当配合私募基金管理人履行信息披露义务，不得组织、指使或者配合私募基金管理人实施违反信息披露相关规定的行为。如果中基协要求私募基金管理人的股东、合伙人、实际控制人提供与私募基金管理人经营管理、投资运作有关的资料、信息，前述主体应当配合。① 根据现有监管要求，基金管理人需要履行定期信息更新、经审计的年度财务报表报送和重大事项报告等信息披露义务，具体要求如下：

1. 管理人的定期信息更新。根据现有规定，私募基金管理人应当根据中基协的规定，及时填报并定期更新管理人及其从业人员的有关信息、所管理私募基金的投资运作情况和杠杆运用情况，保证所填报内容真实、准确、完整。② 在2023年5月1日前，中基协要求基金管理人应当于每年度结束之日起20个工作日内，更新基金管理人、股东或合伙人、高级管理人员及其他从业人员、所管理的私募基金等基本信息。③ 从2023年5月1日起，中基协要求基金管理人“报送所管理的私募基金的投资运作情况”，但是其具体报送要求尚未明确。④ 同时，根据中基协要求，基金管理人每年应至少进行一次基金管理人信息更新，每年最多可以进行四次管理人信息更新。在实践中，基金管理人信息在该年度没有发生变化的，也需要在中基协备案系统中进行操作，以确保相关信息的准确性。⑤

2. 管理人经审计的年度财务报表报送。私募基金管理人应当于每个会计年度结束后的4个月内，向中基协报送经会计师事务所审计的年度财务报告

---

① 《私募投资基金登记备案办法》（中基协发〔2023〕5号）第59条、第60条和第62条。

② 《私募投资基金监督管理暂行办法》第25条。

③ 《私募投资基金管理人登记和基金备案办法（试行）》（该规定自2023年5月1日起废止）第21条，但是该条款执行是否会发生变化还有待观察。

④ 《私募投资基金登记备案办法》（中基协发〔2023〕5号）第61条第1款第（2）项。

⑤ 中国证券投资基金业协会编著：《私募股权投资基金合规管理手册2021》，中国财政经济出版社2021年版，第252页。

和所管理私募基金年度投资运作基本情况。[①] 从2023年5月1日起，基金管理人需要在每一会计年度结束之日起4个月内，报送其相关财务、经营信息以及符合规定的会计师事务所审计的年度财务报告；管理规模超过一定金额以及集团化运作的私募基金管理人等，其年度财务报告应当经中国证监会备案的会计师事务所审计。[②] 也就是说，对管理规模超过一定金额以及集团化运作的私募基金管理人等而言，审计师要求进一步提高，即要求审计其年度财务报告的会计师事务所还必须经过中国证监会备案。

如果管理人未按时提交经审计年度财务报告的，该管理人将被认为信息报送异常，并将对外公示。管理人一旦被列入信息报送异常机构，须自整改完毕之日起6个月后方可取消公示。[③]

3. 管理人重大事项报告。根据现有规定，从2023年5月1日起，有下列情形之一的，私募基金管理人应当在10个工作日内向中基协报告：[④]

（1）私募基金管理人及其管理的私募基金涉及重大诉讼、仲裁等法律纠纷，可能影响正常经营或者损害投资者利益；

（2）出现重大负面舆情，可能对市场秩序或者投资者利益造成严重影响；

（3）私募基金触发巨额赎回且不能满足赎回要求，或者投资金额占基金净资产50%以上的项目不能正常退出；

（4）私募基金管理人及其控股股东、实际控制人、普通合伙人、主要出资人业务运营、财务状况发生重大变化，或者出现重大信息安全事故，可能引发私募基金管理人经营风险，严重损害投资者利益；

（5）私募基金管理人及其法定代表人、董事、监事、高级管理人员、执行事务合伙人或其委派代表或者从业人员等因重大违法违规行为受到行政处罚、行政监管措施和纪律处分措施，或者因违法犯罪活动被立案调查或者追

① 《私募投资基金监督管理暂行办法》第25条。

② 《私募投资基金登记备案办法》（中基协发〔2023〕5号）第61条第1款第（1）项。

③ 《关于加强私募基金信息报送自律管理与优化行业服务的通知》（中基协字〔2021〕107号）第5条。

④ 《私募投资基金监督管理暂行办法》第25条和《私募投资基金登记备案办法》（中基协发〔2023〕5号）第62条。

究法律责任；

（6）中国证监会、中基协规定的其他情形。

当然，中国证监会、中基协也有可能要求管理人报送临时报告和其他信息。特别是当私募基金管理人存在严重损害投资者利益、危害市场秩序等风险的，中基协可能会视情况调整其信息报送的范围、内容、方式和频率等。例如，当私募基金管理人出现重大经营风险，严重损害投资者利益或者危害市场秩序时，中基协可能会要求管理人及其控股股东、实际控制人、普通合伙人、主要出资人采取报送自查报告、提交风险处置方案、定期报告风险化解情况等相关信息披露和报告措施。①

此外，从 2023 年 5 月 1 日起，如果基金管理人的下列登记信息发生变更的，私募基金管理人应当自变更之日起 10 个工作日内向中基协履行变更手续②：

（1）名称、经营范围、资本金、注册地址、办公地址等基本信息；

（2）股东、合伙人、关联方；

（3）法定代表人、高级管理人员、执行事务合伙人或其委派代表；

（4）中国证监会、协会规定的其他信息。

私募基金管理人的控股股东、实际控制人、普通合伙人等发生变更的，私募基金管理人应当自变更之日起 30 个工作日内向协会履行变更手续，提交专项法律意见书，就变更事项出具法律意见。③

此外，中基协已建立信息报送常态化核查机制，自 2021 年第二季度起，针对基金管理人疑似错报、漏报信息行为，中基协将通过 AMBERS 系统站内信、邮件等方式，向管理人及其相关负责人发送信息核查通知，进行私募行业信息报送常态化核查。管理人应当自接到信息核查通知之日起 3 个工作日内按要求办结通知所列事项，逾期未办结者，将被列入信息报送异常机构在中基协官网对外公示。每季度信息报送开始前，管理人须确保前期所有信息

① 《私募投资基金登记备案办法》（中基协发〔2023〕5 号）第 74 条.

② 《私募投资基金登记备案办法》（中基协发〔2023〕5 号）第 47 条；作者认为，登记信息变更本身也是一种信息披露，而且是更严格的信息披露要求，因为登记信息变更需要符合更严格要求。

③ 《私募投资基金登记备案办法》（中基协发〔2023〕5 号）第 48 条第 1 款。

核查事项均已办结。管理人在办结信息核查事项后，方可办理新设基金备案等其他手续。中基协将针对重点管理人同步采取线下约谈、限期全面自查整改等措施。管理人一旦被列入信息报送异常机构，须自整改完毕之日起6个月后方可取消公示，同时，中基协将同步公示管理人信息报送异常的具体事项以及整改情况。①

七、基金管理人的相关方

在有限合伙型创投基金中，会有多种参与方牵涉其中，主要涉及普通合伙人、有限合伙人、执行事务合伙人、执行事务合伙人委派代表、管理人等相关方。这些参与方在其中扮演着不同的角色，既有区别又有联系。以下笔者将分别说明不同参与方的角色。

（一）普通合伙人与执行事务合伙人、执行事务合伙人委派代表的区别与联系

实务中，创投基金普遍使用有限合伙企业的法律形式。根据《合伙企业法》的规定，有限合伙企业由普通合伙人和有限合伙人组成，有限合伙企业至少有1个普通合伙人（也可以有多个普通合伙人），也至少有1个有限合伙人。否则，有限合伙企业依法应当解散或者转为普通合伙企业。② 实务中，有限合伙企业合伙人的组成包括：（1）1个普通合伙人加上1个有限合伙人；（2）1个普通合伙人加上多个有限合伙人；（3）多个普通合伙人加上多个有限合伙人；（4）多个普通合伙人加上1个有限合伙人。

根据《合伙企业法》的相关规定，有限合伙企业由普通合伙人执行合伙事务，有限合伙人不执行合伙事务，也不得对外代表有限合伙企业。③ 按照合伙协议的约定或者经全体合伙人决定，有限合伙企业可以委托一个或者多个普通合伙人对外代表合伙企业，执行合伙事务。该执行合伙事务的普通合伙人即执行事务合伙人，而且执行事务合伙人是合伙企业商事登记的必备登

① 《关于加强私募基金信息报送自律管理与优化行业服务的通知》（中基协字〔2021〕107号）第3条、第5条和《私募投资基金登记备案办法》（中基协发〔2023〕5号）第72条第1款第（2）项。

② 《合伙企业法》第2条、第61条和第75条。

③ 《合伙企业法》第67条、第68条和第26条。

记事项。[①] 从法律逻辑上来看，普通合伙人和执行事务合伙人的主要关系可以总结为：

1. 执行事务合伙人必须是普通合伙人，即作为普通合伙人的身份是担任执行事务合伙人的前提条件，合伙企业不能选择有限合伙人作为执行事务合伙人。

2. 普通合伙人不必然是执行事务合伙人。合伙企业可以有多个普通合伙人，也可以有不超过普通合伙人数量的多个执行事务合伙人。在有限合伙企业有多个普通合伙人的情况下，合伙企业可委托部分或者全部普通合伙人担任执行事务合伙人执行合伙事务，因此可能出现多个执行事务合伙人共同执行合伙事务的情况。当然，在有限合伙企业只有 1 个普通合伙人的情况下，当且仅能选择该普通合伙人担任执行事务合伙人，普通合伙人必然是执行事务合伙人。

在实务中，由于执行事务合伙人作为普通合伙人必须对有限合伙企业债务承担无限连带责任。[②] 出于风险隔离的需要，有限合伙创投基金的执行事务合伙人往往由公司或者合伙企业来担任。作为合伙人的公司或者合伙企业执行合伙事务的，由执行事务合伙人委派的代表执行，即由特定的自然人执行合伙事务，该代表也就是所谓的“执行事务合伙人委派代表”。因为在具体合伙事务执行中，无论是公司还是合伙企业，作为法律拟制主体都必须借助具体自然人行为才能完成具体合伙事务执行工作。同时，在此情况下，执行事务合伙人委派代表还是商事登记的必备事项。[③] 执行事务合伙人委派代表与有限合伙企业的法律关系类似于公司的法定代表人与公司的关系。执行事务合伙人委派代表应当在授权范围内以有限合伙名义执行合伙事务行为，但合伙企业对执行事务合伙人委派代表授权限制不能对抗善意第三人。[④]

（二）执行事务合伙人和管理人的区别与联系

根据《合伙企业法》第 31 条的规定，除合伙协议另有约定外，经全体

---

① 《市场主体登记管理条例》第 8 条和《市场主体登记管理条例实施细则》第 6 条。

② 《合伙企业法》第 2 条。

③ 《合伙企业法》第 26 条和《市场主体登记管理条例实施细则》第 6 条。

④ 《合伙企业法》第 37 条。

合伙人一致同意，合伙企业可聘任合伙人以外的人担任合伙企业的经营管理人员，即经法定程序授权非合伙人也能执行合伙事务。因此，执行事务合伙人和基金管理人既可以是重合的也可以是分离的，即基金管理人可以由执行事务合伙人担任，也可以由合伙人以外的主体担任。

在基金管理人由执行事务合伙人担任，且只有一个执行事务合伙人的情况下，由于创投基金的业务往往集中于股权投资，有限合伙对执行事务合伙人的授权和其基金管理人的授权往往是重合的或者融于一体的。从理论上讲，有限合伙企业最多可以由 49 个普通合伙人（执行事务合伙人）和 1 个有限合伙人组成。① 但是在实务中，由于普通合伙人需要对合伙企业的债务承担连带责任，有限合伙企业的普通合伙人的数量往往都很少。

在基金管理人由非合伙人担任的情况下，会出现基金管理人和执行事务合伙人分离的情形。与基金管理人由执行事务合伙人担任的情形相比两者存在较大差异：

1. 两者获得授权的法律基础不同。在后者中，执行事务合伙人执行合伙事务的法律基础是合伙协议中对执行事务合伙人授权，而在前者中基金管理人执行合伙事务的法律基础是其与合伙企业签署的委托管理协议。

2. 两者的身份基础不同。在后者中，执行事务合伙人必须是合伙人，而且必须是普通合伙人。在前者中，基金管理人不是合伙人，只是委托管理协议的受托人。

在实务中，中基协并不要求基金管理人必须由执行事务合伙人担任，也可以由合伙人以外的主体担任，即基金管理人必须在中基协完成管理人登记手续，而对执行事务合伙人是否完成管理人登记在所不问。② 在此情况下，市场上存在个别没有经过登记的主体意图通过聘请已登记的管理人担任基金管理人的方式实现“借通道”目的。在创投基金备案的过程中，中基协很关注该类结构中是否存在“借通道”的情况，要求执行事务合伙人和基金管理

① 《合伙企业法》第 61 条。

② 《私募投资基金合同指引 3 号（合伙协议必备条款指引）》第 3 条。

人必须是关联方，否则基金备案可能存在障碍。[1]

（三）实务关注事项

在存在多个普通合伙人的创投基金中，特别需要关注执行事务合伙人和其他普通合伙人的职权划分和利益分配，需要在基金合同非常明确划分两者的职权和利益，非常忌讳出现两者职权和利益划分不清的情况。在基金管理人由非合伙人担任的情况下，也同样需要特别关注执行事务合伙人和基金管理人的职权和利益划分，需要在基金合同中非常明确地划分两者的职权和利益，也同样非常忌讳出现两者职权和利益划分不清的情况。

在上述情况中，职权划分必须满足逻辑上周延性，二分法就是可供选择的方式之一。除此之外，还可以考虑预先设置职权不清晰时的程序性解决机制，即在此情况下，如出现争议时需要提交哪个机构确定，比方由合伙人会议、投委会或者顾问委员会决定。否则后续容易因后续权责不分和利益纠葛引发争议。

八、基金管理人的关键人士

基金管理人提供的基金管理服务本质上是一项专业服务，该项服务的质量与核心团队的道德品质、专业能力及其经验高度相关。因此，很多投资者会要求在基金合同中锁定核心管理团队为基金服务，即基金合同的关键人士条款。需要注意的是，关键人士的限制期间一般限于基金投资期，而非基金整个期间。因为基金投资期中关键人士的作用至关重要。基金合同中是否设置关键人士条款及其关键人士的绑定强度，通常可以看出投资者对特定核心团队的依赖度。根据汉坤律师事务所对其 2019 年参与基金统计，约有 50% 的基金有关键人士条款，50% 的基金没有关键人士条款。[2] 关于关键人士条款，我们主要关注以下方面：

1. 关键人士认定和要求。在实务中，基金合同往往通过直接指定关键人

---

① 参见《VC/PE 可以松口气了：我是“双 GP”基金，我现在不慌了》，载凤凰网 2022 年 10 月 3 日，http：//finance. ifeng. com/a/20180814/16447679_0. shtml。

② 参见汉坤律师事务所、36Kr、中华有限合伙人联合会：《汉坤 2019 年度基金募集项目数据分析报告》，载 https：//www. hankunlaw. com/downloadfile/newsAndInsights/3f4ea84cd59faf0c43d9503e6627a574. pdf，第 13 页。

士的方式明确基金关键人士。以兴微（广州）产业投资合伙企业（有限合伙）为例，该基金的基金合同约定，张某杰、杨某、夏某禹对于该基金的投资及运营至关重要，为该基金的关键人士。在该基金存续期间或该基金已投资项目全部退出前（以两者孰早时间为准），关键人士将持续服务于该基金或已投企业之管理运营。[①] 此外，基金合同还可能会对关键人士任职提出要求。例如，要求关键人士必须担任投委会委员等重要职位。以北京翠湖原始创新二号创业投资基金（有限合伙）为例，该基金合同约定，基金管理人设立投委会，对基金的所有项目投资及投资标的退出作出投资决策。投委会委员中必须包含全部关键人士。[②] 而江苏疌泉亚威沣盈智能制造产业基金（有限合伙）的基金合同也要求其执行事务合伙人委派代表应为关键人士之一。[③]

2. 关键人士事件。在实务中，基金合同一般会在关键人士条款中定义关键人士事件，作为关键人士条款的触发事项。常见的关键人士事件主要包括如下方面：

（1）关键人士不再担任基金投委会委员等重要职位。以苏州湖杉华芯创业投资合伙企业（有限合伙）为例。该基金的基金合同约定，苏某宏为基金管理团队的关键人士。关键人士应对该基金的投资管理投入合理必要的时间。如在该基金的投资期内，未经咨询委员会同意，关键人士不再担任投委会成员的，则构成关键人士事件。[④]

（2）任一或者约定比例以上关键人士不在管理人及其关联方任职或者不能继续服务的。常见情形就是关键人士从管理人离职或者不能继续工作的。

---

① 参见富士康工业互联网股份有限公司：《关于参与设立投资基金的公告》，载巨潮资讯网，http：//www. cninfo. com. cn/new/disclosure/detail？plate = sse&orgId = 9900036731&stockCode = 601138& announcementId = 1212721558&announcementTime = 2022 - 03 - 30。

② 参见航天宏图信息技术股份有限公司：《关于参与设立产业投资基金暨关联交易公告》，载巨潮资讯网，http：//www. cninfo. com. cn/new/disclosure/detail？plate = sse&orgId = fzqy1026111&stockCode = 688066&announcementId = 1211847035&announcementTime = 2021 - 12 - 09。

③ 参见江苏亚威机床股份有限公司：《关于拟与专业投资机构合作投资设立产业基金暨关联交易的公告》，载巨潮资讯网，http：//www. cninfo. com. cn/new/disclosure/detail？plate = szse&orgId = 9900018387&stockCode = 002559&announcementId = 1204165498&announcementTime = 2017 - 11 - 25。

④ 参见上海晶丰明源半导体股份有限公司：《关于对外投资暨关联交易的公告》，载巨潮资讯网，http：//www. cninfo. com. cn/new/disclosure/detail？plate = sse&orgId = 9900036061&stockCode = 688368&announcementId = 1209418020&announcementTime = 2021 - 03 - 20。

以杭州华睿嘉银股权投资合伙企业（有限合伙）为例。该基金关键人士为宗某民和张某伟。如任一关键人士出现停止任职、死亡或是永久性的丧失工作能力等不能继续为该基金进行服务的情形，则构成“关键人士事件”。[①] 再如合肥石溪产恒二期集成电路创业投资基金合伙企业（有限合伙）。该基金的基金合同规定，基金关键人士共三人：孙某、高某和朱某。普通合伙人应确保基金存续期间关键人士在普通合伙人任职。如关键人士中任意超过 1/3（不含本数）的人数同时不再任职于普通合伙人，或发生关键人士连续超过 90 天怠于行使关键人士职权，丧失民事行为能力等实质性无法投入本职工作的情形，则触发关键人士条款。[②]

3. 关键人士事件触发后的程序和后果。一旦关键人士事项发生，就面临关键人士替换问题。常见要求如下：

（1）关键人士事件发生后，管理人应当提出替代人选，在此期间或者约定时间后，基金投资期中止。

（2）关键人士的替代方案应按照约定提交合伙人会议或者咨询委员会（顾问委员会）审议。

（3）如果关键人士的替代方案审议通过，基金投资期恢复并相应延长；如果关键人士的替代方案没有被通过，基金投资期终止，基金进入退出期。

以无锡尚贤湖博尚投资合伙企业（有限合伙）为例。该基金的基金合同约定，基金的关键人士为徐某博、张某才和李某。在投资期内，如 1 名关键人士发生关键人士事件（单一关键人士事件），普通合伙人应当于知悉或应当知悉发生该等单一关键人士事件之日立即通知全体有限合伙人，经持有 50% 的有限合伙权益的有限合伙人同意，基金应进入投资中止期；如 2 名及

---

① 参见万兴科技集团股份有限公司：《关于杭州华睿嘉银股权投资合伙企业（有限合伙）的进展公告》，载巨潮资讯网，http://www.cninfo.com.cn/new/disclosure/detail?plate=szse&orgId=9900035179&stockCode=300624&announcementId=1207338352&announcementTime=2020-03-02 18:56。

② 参见上海新阳半导体材料股份有限公司：《关于参股合伙企业对外投资参与创业投资基金的公告》，载巨潮资讯网，http://www.cninfo.com.cn/new/disclosure/detail?plate=szse&orgId=9900019391&stockCode=300236&announcementId=1210167402&announcementTime=2021-06-04 17:43。

以上关键人士发生关键人士事件（多数关键人士事件），普通合伙人应当于知悉或应当知悉发生该等多数关键人士事件之日立即通知合伙企业全体有限合伙人，且自普通合伙人发出该等通知之日起，该基金立即自动进入投资中止期（以下简称投资中止期）。自投资中止期开始之日起6个月内，普通合伙人可提出关键人士替代方案并提交顾问委员会审议。如关键人士替代方案经顾问委员会同意，则投资期立即恢复，且投资中止期经过的期间应被加至并相应延长投资期，如在前述期限内普通合伙人未能提出关键人士替代方案并获得顾问委员会同意，则该基金投资期终止，该基金进入退出期。①

我们可以看到关联人士条款还可能影响基金管理费的计算和提取。以南京华泰紫金新兴产业基金合伙企业（有限合伙）为例。该基金的基金合同约定，发生本协议约定的关键人士事件，基金投资期中止的，投资期中止期间内，管理人不收取管理费，但如投资期按照基金合同的约定继续并相应延长，在该等延长的期限内，合伙人按照相应约定缴纳管理费。②

我们可以看到基金关键人士对基金运营会产生重大影响，会直接影响基金管理费收取和投资进展，因此值得管理人和投资者重点关注。

第二节　基金投资者

投资者是创投基金的最主要参与者之一。创投基金基本运作模式是“管理人出人力 + 投资者出资本”。在此框架下，投资者提供了创投基金最重要资源之一——资本。离开投资者的支持，创业投资也就成为无源之水。从人民币基金发展轨迹和特点来看，

① 参见英科医疗科技股份有限公司：《关于参与投资无锡尚贤湖博尚投资合伙企业（有限合伙）的公告》，载巨潮资讯网，http：//www. cninfo. com. cn/new/disclosure/detail? plate = szse&orgId = 9900032727&stockCode = 300677&announcementId = 1212317976&announcementTime = 2022 - 02 - 07 15：41。

② 参见北京掌趣科技股份有限公司：《关于公司与专业投资机构投资设立基金的进展公告》，载巨潮资讯网，http：//www. cninfo. com. cn/new/disclosure/detail? plate = szse&orgId = 9900022022&stockCode = 300315&announcementId = 1212101421&announcementTime = 2022 - 01 - 05 16：30。

投资者的来源和特点对人民币基金投资策略、运营和风格等产生了重大影响。在某种程度上讲，有怎样的投资者就有怎样的创投基金。根据中基协的统计，截止2019年年末，私募股权投资基金的各位投资者中，居民投资者（个人投资者）的数量占比为81.69%，出资额占比仅为11.15%，企业投资者数量占比仅为3.41%，出资额占比达到53.52%，各类资管计划投资者数量占比仅为3.41%，出资额占比达到31.82%。在创业投资基金中，居民投资者（个人投资者）数量占比达62.67%，相关资金占比仅为16.44%；企业投资者数量占比达29.34%，但相关资金占比达49.54%；各类资管计划投资者数量占比仅为6.71%，相关资金占比达24.63%。在2019年备案的创业投资基金的投资者中，主要投资者为企业投资者，占全部出资的48.44%，其中境内公司等法人机构出资最高，占当年出资总额的40.48%，较2018年年末增长4.25%，创业投资基金投资者继续呈现机构化、专业化发展趋势。[①]

一、基金投资者分类

投资者在创投基金中扮演了极为重要的角色。投资者为创投基金提供了资金，这是创投基金对外投资的基础；同时，创投基金的核心价值就是为投资者创造收益，这也是其最终目的。因此，投资者既是创投基金这一商业模式的起点，也是其终点。相对于美元基金，人民币基金很多特点都根源于其投资者特殊属性、投资偏好和成熟度。例如，人民币基金分期缴款模式、较短的基金期限和投资者参与基金运营偏好等。在某种程度上，我们可以说，投资者的成熟度直接决定了创投基金的成熟度，两者直接相关。

从实务来看，包含创投基金在内的人民币股权投资基金的主要投资者包括高净值个人、金融机构、政府引导基金和引导基金及企业等。根据清科研究中心统计，近十年在中基协备案股权投资基金的投资者中，金融机构、政府机构和政府引导金、企业资金（含非上市企业 & 上市企业）成为前三大主

---

① 参见中国证券投资基金业协会编著：《中国证券投资基金业年报（2020）》，中国金融出版社2020年版，第161页、第166页和第167页。其中，居民包含自然人（非员工跟投）和自然人（员工跟投）。企业投资者包含境内法人机构（公司等）、境内非法人机构（一般合伙企业等）、管理人跟投。资管计划投资者包含私募基金、信托计划、证券公司及其子公司资管计划、基金公司及其子公司资管计划、期货公司及其子公司资管计划、保险资管计划、商业银行理财产品。

要投资者，合计出资额占比近70%；但随着资管新规的落地，金融机构出资比例近几年有所下滑，而以引导基金、国企 & 央企为代表的国资 LP 出资步伐显著加快。按投资笔数来看，富有家族及个人投资者活跃度最高，投资数量占比高达72.9%。[①] 需要注意的是，在实务中，很多高净值个人投资者会以所控制企业对外投资，所以前述统计数据中个人投资者和企业投资者划分的数据很可能并不能准确反应现实情况。我们知道，不同投资者具有不同特点和属性，对此我们分类分析如下：

（一）高净值个人投资者

高净值个人投资者一直是创投基金的重要投资者之一。特别是在中国创投基金发展早期，高净值个人投资者甚至是最重要的投资者。随着政府和金融机构逐渐加大对创投基金的投资，高净值个人投资者的重要性在逐渐下降，但依然是重要投资者之一。高净值个人投资者主要是民营企业家、高级知识分子、专业人士等。从美国创业投资的发展历史来看，富有个人及其家族是创投基金早期发展阶段最主要的资金来源。例如，作为投资英特尔、苹果公司等知名科技企业的创投基金文洛克创投的创始人就是洛克菲勒的孙子并且该基金长期从洛克菲勒家族获得大量资金。[②] 其表现出来的是其家族将其从成熟行业所累积财富用于资助科技创新，推动科技发展和社会进步，并追求社会效应和财富传承的统一。从历史来看，社会财富能否持续从成熟行业转移到创新行业及其转移效率在某种程度上决定了社会能否实现可持续发展。

随着中国富有个人资产配置理念的提升，高净值个人投资者参与创投基金的热度一直较高。根据清科研究中心统计，2020年新募集人民币基金投资者中，高净值个人投资者累计出资次数约占到73.4%，投资金额比例占到11.5%。[③] 当然，从实质看，应当将高净值个人投资者所实际控制的企业出资也纳入其中，在此情况下，高净值个人投资者的投资次数和投资金额占比

① 清科研究中心：《2021年度中国股权投资基金出资人研究报告》，第15页。

② 参见［美］汤姆·尼古拉斯：《风投——看懂巨头的投资倾向》，田轩译，中信出版集团股份有限公司2020年版，第189~197页。

③ 清科研究中心：《2021年度中国股权投资基金出资人研究报告》，第19页。

将更高。毫无疑问，高净值个人投资者依然是中国创投基金投资者的重要力量之一。

一般来说，相对于金融机构，高净值个人投资者的决策效率更高，出资要求往往较少、投资收益目标要求更高、预期收益实现时间更短且目的更单一；但是其出资能力、出资稳定性和可持续性相对较弱。这些特点是人民币基金分期缴付、基金期限相对较短等特征的根本原因。

（二）政府引导基金

政府引导基金起源于美国的小企业投资公司计划（Small Business Investment Company），是美国国会于 1958 年通过《小企业投资法案》设立的。[①] 2008 年 10 月，经国务院同意，国务院办公厅转发了国家改革委、财政部、商务部制定的《关于创业投资引导基金规范设立与运作的指导意见》。该指导意见确定了中国创业投资引导基金（以下简称引导基金）的性质和宗旨、设立和运作的基本原则和要求。[②] 该指导意见奠定了引导基金框架并对引导基金及其子基金的运作产生了重要影响，主要方面包括：

1. 明确引导基金的性质和宗旨。引导基金性质是由政府设立并按市场化方式运作的政策性基金，主要通过扶持创业投资企业发展，引导社会资金进入创业投资领域。其本身不直接从事创业投资业务。引导基金的宗旨是发挥财政资金的杠杆放大效应，增加创业投资资本的供给，克服单纯通过市场配置创业投资资本的市场失灵问题。特别是通过鼓励创业投资企业投资处于种子期、起步期等创业早期的企业，弥补一般创业投资企业主要投资于成长期、成熟期和重建企业的不足。

2. 引导基金应按照“政府引导、市场运作，科学决策、防范风险”的原则进行投资运作。引导基金应当监督所扶持创业投资企业按照规定的投资方向进行投资运作，但不干预所扶持创业投资企业的日常管理。很多引导基金

---

① 《美国政府引导基金的经验及启示》，载《声音》（2020 年第 23 期，总第 158 期），网址 https：//www. amac. org. cn/researchstatistics/publication/cbwxhsy/202010/P020201021613861907003. pdf，访问日期：2022 年 7 月 14 日。

② 《国务院办公厅转发发展改革委等部门关于创业投资引导基金规范设立与运作指导意见的通知》（国办发〔2008〕116 号）。

对子基金的投资中小企业的比例要求、事前、事中和事后的监督要求是该项要求的表现。

3. 以参股方式发起设立创业投资企业的，可在符合相关法律法规规定的前提下，事先通过公司章程或有限合伙协议约定引导基金的优先分配权和优先清偿权，以最大限度控制引导基金的资产风险。很多引导基金对子基金各项风控特殊要求即该项要求的表现。

4. 引导基金不得从事贷款或股票、期货、房地产、基金、企业债券、金融衍生品等投资以及用于赞助、捐赠等支出。闲置资金只能存放银行或购买国债。很多引导基金对子基金投资和资金使用的特殊要求即该项要求的表现。

经过十多年的持续发展，引导基金已经成为人民币创投基金的最重要投资者之一。引导基金绝大部分以母基金形式存在。根据清科研究中心的统计，截至2021年年底，中国母基金市场共设立2693支母基金，其中包括市场化母基金1788支，占比达66.4%，已披露的募集规模合计1.84万亿元；政府引导母基金设立数量达905支，已披露的规模约3.34万亿元，规模占比达64.5%。[①] 同时，我们也可以看到，引导基金宗旨和运作机制也发生了重大变化，从主要支持中小企业融资拓展到资本招商、地方政府产业扶持等各领域。引导基金的目的拓展给基金运营带来了很多变化。

从实务来看，引导基金主要采取申请制度。引导基金管理机构往往会对申请的管理人注册资本、管理团队、过往业绩、退出记录等方面提出具体要求。由于各地引导基金的要求不仅各不相同而且还在动态变化中，我们在此就不再详述。在引入引导基金作为创投基金的投资者时，管理人需要关注以下要点或者要求：

1. 注册地要求。实务中，引导基金要求子基金或者管理人在当地注册的要求称为“落地”。一般有“单落地”和“双落地”两类，前者是要求子基金在引导基金所在地注册；后者是要求子基金及其管理人均在引导基金所在地注册。根据投中研究院对120家引导基金的统计，其中59%的引导基金要求子基金注册在其所对应的的省、市、区或县以内。而且，在未规定子基金

① 清科创业、河南农开基金：《2022年中国股权投资母基金行业发展研究报告》，第16页。

注册地的引导基金中，56%为省级及以上级别基金；其中14%的政府引导基金对子基金和子基金管理人“双落地”提出要求。[①] 如果引入多家不具有隶属关系的行政区域内的引导基金，为了满足基金在多地注册的要求，管理人可以搭建平行基金架构。

2. 出资要求。为了控制风险，一方面，很多引导基金对子基金出资比例规定了上限，主要体现：引导基金在子基金出资不能超过特定比例，而且不能成为第一大投资者。根据投中研究院对120家引导基金的统计，其中72%的政府引导基金对出资比例上限进行了规定。其中，不超过子基金认缴金额30%的比例最高，占样本总数的28%；其次为不超过子基金认缴金额的25%和不超过子基金认缴金额的20%，占比合计为30%。[②] 以江苏疌泉亚威沣盈智能制造产业基金（有限合伙）为例，该基金引入江苏省政府投资基金（有限合伙）。该基金的基金合同约定，在基金认缴出资总额中，江苏省政府投资基金（有限合伙）认缴出资比例原则上不超过30%且在基金存续期内不成为最大出资人。[③]

另一方面，很多引导基金要求将其他投资者实缴出资作为其实缴出资的前提条件。以厦门吉相天成创业投资合伙企业（有限合伙）为例。该基金引入厦门市产业引导基金代表金圆集团和厦门市集美区引导基金代表集美产投。该基金的基金合同约定，基金执行事务合伙人将向集美产投发出书面缴款通知并根据合伙协议约定提供相关凭证，集美产投将在收到该等书面通知和相关凭证后，根据合伙协议约定缴纳其认缴出资额。除金圆集团外的各方足额向基金募集资金结算专用账户缴款后，执行事务合伙人将向金圆集团发出书面缴款通知，并提供相关凭证，金圆集团将在收到该等书面通知和其他合伙人足额缴款凭证后根据合伙协议约定缴纳其认缴出资额。因金圆集团和集美产投出资须经引导基金相关机构的批准，故金圆集团和集美产投不承担延迟出资或不

---

① 投中研究院：《2021年政府引导基金专题研究报告》，第25页。

② 投中研究院：《2021年政府引导基金专题研究报告》，第28页。

③ 参见江苏亚威机床股份有限公司：《关于拟与专业投资机构合作投资设立产业基金暨关联交易的公告》，载巨潮资讯网，http://www.cninfo.com.cn/new/disclosure/detail?plate=szse&orgId=9900018387&stockCode=002559&announcementId=1204165498&announcementTime=2017-11-25。

能出资的违约责任。[①] 值得特别关注的是，引导基金出资顺序要求所带来不确定性。因为在此机制下，任一投资者不能按照约定出资均可能引起连锁反应，导致引导基金不能出资。这可能会对基金运营和投资带来严重影响。

3. 子基金的投资要求。基于引导基金的特殊属性，引导基金往往会对子基金投资提出一系列要求，主要包括投资限制性要求、返投要求等方面：

（1）子基金投资的限制性要求。这主要来源于相关法律法规对引导基金及其子基金的要求，确保其能专注创业投资，并落实国家产业政策，通过引导基金对子基金要求体现出来。例如，引导基金不得用于从事贷款或股票、期货、房地产、基金、企业债券、金融衍生品等投资以及用于赞助、捐赠等支出。[②] 创业投资企业不得从事担保业务和房地产业务，对单个企业的投资不得超过创业投资企业总资产的20%。[③] 其中，政府引导基金对子基金单个企业出资限制的意义在于避免市场化子基金在追求财务回报时对单个企业投资过多而导致风险敞口过大。[④] 当然，专项基金往往不会受到该限制。实务中，各引导基金对子基金投资的限制性要求大同小异，需要因地制宜和相应引导基金管理机构确认。

（2）子基金返投要求。返投即引导基金要求其子基金或其关联方在特定行政区域内进行投资。这一般是地方性引导基金的要求，对国家级引导基金而言，就不存在该类问题。这是由地方引导基金的资金来源所决定——地方引导基金出资主要来源于地方财政或者地方国资，希望其出资能取之于当地，撬动更多的资金投资于当地，从而为当地创造更多的税收或者就业。这也是地方政府设立引导基金的初衷。返投要求主要涉及返投口径认定及返投倍数的问题。这也是管理人和引导基金谈判关注点之一。

第一，返投口径认定问题，即符合什么样的投资可以认定为返投。随着

---

① 参见厦门吉比特网络技术股份有限公司：《关于参与发起设立投资基金的进展公告》，载巨潮资讯网，http：//www. cninfo. com. cn/new/disclosure/detail？ plate = sse&orgId = 9900028872&stockCode = 603444&announcementId = 1207842971&announcementTime = 2020 －05 －22。

② 《国务院办公厅转发发展改革委等部门关于创业投资引导基金规范设立与运作指导意见的通知》（国办发〔2008〕116号）第6条。

③ 《创业投资企业管理暂行办法》第13条和第16条。

④ 投中研究院：《2021年政府引导基金专题研究报告》，第32页。

引导基金从引导创业投资向招商引资、人才引进的功能扩展，返投口径也随之发生变化。从实务来看，主要可以分为以下三类：

第一类：引导基金子基金本身的投资才算是返投。以山东青岛华大共赢二号创业投资企业（有限合伙）为例。该基金引入了山东省省级引导基金、青岛市引导基金和青岛市西海岸新区引导基金共三级引导基金。该基金的基金合同约定，该基金拟投资于青岛市西海岸新区的资金比例不低于城发集团（青岛）产业资本管理有限公司实缴出资额的1.1倍；拟投资于青岛市内的资金比例不低于城发集团（青岛）产业资本管理有限公司与青岛市引导基金投资有限公司实缴出资额之和的1.1倍；拟投资于山东省境内的资金比例不低于山东省新动能基金管理有限公司实缴出资总额的1.5倍，其中投资山东省非青岛市区域内资金不低于山东省新动能基金管理有限公司实缴出资总额的0.75倍。① 我们可以看到，在该案例中返投认定的范围只限于该基金本身的投资。

第二类：除了引导基金子基金本身的投资，因子基金投资而直接或者间接引入引导基金所在地投资也算是返投。以深圳光远数科天使创业投资合伙企业（有限合伙）为例，该基金引入了深圳市天使投资引导基金。该基金的基金合同规定，该基金投资于在深圳市注册登记的企业资金规模将不低于基金可投资实缴资金的70%。以下情形可将基金投资于深圳市以外的被投企业的投资额计算为基金投资于在深圳注册登记企业的资金金额，具体包括：①在基金存续期内，深圳市以外的被投企业注册地迁往深圳，或被深圳注册登记企业收购（限于控股型收购）的情形；②注册在深圳以外的被投企业通过设立子公司形式将主要生产研发基地落户深圳（子公司资产须不低于合伙企业对该企业的对应投资金额）的情形。② 我们可以看到，在该案例中，子

---

① 参见深圳华大基因股份有限公司：《关于拟参与投资设立合伙企业暨关联交易的公告》，载巨潮资讯网，http：//www. cninfo. com. cn/new/disclosure/detail？plate = szse&orgId = 9900031781&stockCode = 300676&announcementId = 1210875773&announcementTime = 2021 －08 －27。

② 参见上海华峰超纤科技股份有限公司：《关于全资子公司与专业投资机构共同设立投资基金暨进行战略性投资的公告》，载巨潮资讯网，http：//www. cninfo. com. cn/new/disclosure/detail？plate = szse&orgId = 9900016351&stockCode = 300180&announcementId = 1207172258&announcementTime = 2019 －12 －17 15：40。

基金被投企业的注册地迁到引导基金所在地、被引导基金所在地企业收购和在引导基金所在地落户研发基地都被纳入返投之中。

第三类：除了第一类和第二类的范围外，还将人才引进、税收贡献等事项纳入返投范围之内。以南通鼎旭汇鑫投资合伙企业（有限合伙）为例。该基金引入了南通市创新区和南通市崇川区的引导基金。该基金的基金合同约定，该基金投资于南通创新区企业与南通市崇川区企业的返投金额的计算标准，按以下两种情形分别认定：

情形 1：基金直接投资于上述企业的金额，以及基金管理人管理的任意一支基金直接投资于上述企业的金额，均可计为返投金额。

情形 2：纯招商项目。对于基金未直接投资但居中介绍、协助招商并促成引进到南通市创新区或崇川区内的项目，分类计算返投金额：①人才项目。基金或管理人管理的任意一支基金引进人才项目到南通市创新区或崇川区内的，若其人才团队（曾）获得区级、市级、省级、国家级人才奖励，分别按照 200 万元、300 万元、500 万元和 800 万元计算返投金额。②税收项目。基金或管理人管理的任意一支基金引进到两区内的项目在本基金存续期内引进到区内的项目在基金存续期内为地方税收作出贡献，项目地方税收贡献总额计为返投金额。此外，若前述招商引进项目为有效期内高新技术企业或省高新技术企业培育库入库企业，且企业社保缴纳人数在 20 人以上，则返投金额在前述计算的基础上另行增加 50%。[①]

第二，返投比例问题，即如何确定返投目的金额。在实务中一般是引导基金的实缴出资的一定倍数。根据投中研究院的统计，存量政府引导基金返投倍数要求以 2 倍为主，[②] 即要求子基金返投金额不少于引导基金实缴出资的 2 倍。以武汉天堂硅谷东湖高新股权投资合伙企业（有限合伙）为例。该基金的投资者之一是武汉科技投资有限公司（以下简称武汉科投），武汉市人民政府国有资产监督管理委员会持有该公司 100% 股权。该基金的基金合

---

① 参见上海华铭智能终端设备股份有限公司：《关于与专业投资机构合作投资的公告》，载巨潮资讯网，http：//www.cninfo.com.cn/new/disclosure/detail？plate = szse&orgId = 9900023864&stockCode = 300462&announcementId = 1212218524&announcementTime = 2022 - 01 - 19 17：41。

② 投中研究院：《2021 年政府引导基金专题研究报告》，第 34 页。

同约定，该基金投资于武汉市企业的资金比例不低于武汉科投出资额的2倍。[①] 值得关注的是，引导基金为寻求政策引导与市场化运作新平衡，在返投机制上表现为放宽投资子基金返投比例的要求，如河北省省级政府引导基金将“子基金原则上应80%以上投资于我省相关产业”调整为“子基金实际投资于河北省的资金不低于引导基金对子基金实际出资的1.5倍”；温州市科技创新创业投资基金将子基金返投要求从原母基金出资额的1.67倍下降至1.5倍。[②]

值得关注的是，返投口径和返投比例在实务中往往是相互联动的，严格的返投口径往往对应较低的返投倍数，而宽松的返投口径往往对应较高返投倍数。这也是管理人和引导基金谈判要点之一。

4. 合规性要求。为了确保子公司在投资和分配等方面严格遵守相关约定，引导基金往往会规定严格的合规审查程序。根据审查程序介入投资决策阶段的不同，该合规性审查程序可以分为事前审查程序、事中控制程序和事后报备程序三类。

（1）第一类是事前审查程序，即子基金在项目投资决策前需要经过引导基金的事前审查，之后方能进入基金投资决策流程，也就是将事前合规审查作为基金投资决策的前置程序。以江苏疌泉亚威沣盈智能制造产业基金（有限合伙）为例，该基金引入江苏省政府投资基金（有限合伙）（以下简称省政府投资基金）。该基金的基金合同约定，该基金的拟投项目均应先提交省政府投资基金进行政策合规性审查；基金管理人应当进行自查，并将自查意见报送省政府投资基金。省政府投资基金在收到合规性自查意见后，具有与投委会或者合伙人会议相同的知情权，有权获得项目资料，并就政策合规性相关问题提出质询；认为不符合相关规定的，有权予以否决。被省政府投资基金否决的议案，基金管理人不得再提交投委会或合伙人会议表决亦不得施行，但可以根据省政府投资基金的意见进行修改后重新履行政策合规性审查

① 参见武汉东湖高新集团股份有限公司：《关于公司签署投资基金合伙企业合伙协议的公告》，载巨潮资讯网，http：//www. cninfo. com. cn/new/disclosure/detail? plate = sse&orgId = gssh0600133&stockCode = 600133&announcementId = 1208008064&announcementTime = 2020 - 07 - 07。

② 清科研究中心：《2021年政府引导基金数据盘点——基金优化整合在即》，第1页。

程序。①

（2）第二类是事中控制程序，即子基金在项目投资决策过程中需要经过引导基金的审查方能进行投资决策。一般体现为引导基金通过向子基金投委会委派代表、观察员等方式，实现对子基金投资运作的监督和控制，从而保证子基金的投资符合政府引导基金所设定的策略、领域和地域等要求。以杭州华睿嘉银股权投资合伙企业（有限合伙）为例。该基金引入浙江省产业基金和杭州市引导基金两支引导基金。该基金的基金合同规定，两支引导基金各获得一个投委会观察员席位，观察员对项目不做商业上判断，主要对项目是否属于引导基金限制产业、返投比例是否符合约定等方面行使一票否决权。②

（3）第三类是事后报备程序，即子基金的项目投资决策需要通过引导基金的审查方能执行。以深圳兼固股权投资基金企业（有限合伙）为例。该基金引入深圳市引导基金。该基金的基金合同规定，该基金投委会就拟投资相关项目作出决议后，基金管理人应在 5 个工作日内将项目投资建议书及投委会决议签署版本扫描件发送给深圳市引导基金。深圳市引导基金有权在收到基金管理人提供的拟投资项目的项目投资建议书及投委会决议后 5 个工作日内（审查期限）对合伙企业拟投资项目是否符合相关法律法规和合伙协议进行合规性审核，对不符合合伙协议规定情形的拟投资项目享有一票否决权；如通过合规性审核或不进行合规性审核，深圳市引导基金应同意该基金向托管账户划付资金并及时填写和向执行事务合伙人提供深圳市引导基金拟投资项目复核表。如深圳市引导基金在审查期限内未向基金管理人书面反馈其审查意见的，应视为该等拟投资项目已通过合规性审查。③

---

① 参见江苏亚威机床股份有限公司：《关于拟与专业投资机构合作投资设立产业基金暨关联交易的公告》，载巨潮资讯网，http：//www. cninfo. com. cn/new/disclosure/detail？ plate = szse&orgId = 9900018387&stockCode = 002559&announcementId = 1204165498&announcementTime = 2017 – 11 – 25。

② 参见万兴科技集团股份有限公司：《关于杭州华睿嘉银股权投资合伙企业（有限合伙）的进展公告》，载巨潮资讯网，http：//www. cninfo. com. cn/new/disclosure/detail？ plate = szse&orgId = 9900035179&stockCode = 300624&announcementId = 1207338352&announcementTime = 2020 – 03 – 02 18：56。

③ 参见内蒙古伊泰煤炭股份有限公司：《关于全资子公司伊泰股权投资管理有限公司参与投资有限合伙企业的公告》，载巨潮资讯网，http：//www. cninfo. com. cn/new/disclosure/detail？ plate = sse&orgId = gssh0900948&stockCode = 900948&announcementId = 1207390728&announcementTime = 2020 – 03 – 21。

5. 退出要求。引导基金退出主要源于相关法律法规规定和落实引导基金目的需要，可分为退出要求和激励性制度两部分。

（1）引导基金退出要求。相关法律法规对引导基金退出有明确要求。《国务院办公厅转发发展改革委等部门关于创业投资引导基金规范设立与运作指导意见的通知》规定，引导基金以参股方式发起设立创业投资企业的，可在符合相关法律法规规定的前提下，事先通过公司章程或有限合伙协议约定引导基金的优先分配权和优先清偿权，以最大限度控制引导基金的资产风险。[①] 此外，为了加强对设立政府投资基金或注资的预算约束，提高财政出资效益，促进政府出资基金有序运行，财政部于2020年2月下发《关于加强政府投资基金管理提高财政出资效益的通知》（财预〔2020〕7号），要求健全政府投资基金退出机制。设立基金要规定存续期限和提前终止条款，并设置明确的量化指标。基金投资项目偏离目标领域的，财政部门应会同行业主管部门及时纠正；问题严重的，报经本级政府批准后，可中止财政出资或收回资金。基金绩效达不到预期效果、投资进度缓慢或资金长期闲置的，财政出资应按照章程（协议）择机退出。基金未按约定时间完成设立、开展业务，或募集社会资本低于约定下限的，财政出资可提前退出。母基金出资设立的子基金及以下层级基金，参照执行。

以厦门坚果核力创业投资合伙企业（有限合伙）为例。该基金引入了厦门市产业引导基金出资人代表金圆集团和厦门市思明区产业引导基金的出资人代表思明产投。该基金的基金合同约定，在如下情况之一发生时，金圆集团和/或思明产投有权要求退伙或者将其权益转让给合伙人或合伙人以外的人，且不承担任何法律责任。这些情况包括：①基金方案获得引导基金理事会批准后1年内，未按规定程序完成增资手续；②引导基金出资资金拨付基金账户后，基金未开展投资超过1年的；③基金未按照合伙协议约定投资的；④基金管理人本身控制权发生变化或基金关键人发生违反合伙协议第25条的行为；⑤基金投资于厦门市企业的金额（以下简称投厦金额）、投资于厦门

① 《国务院办公厅转发发展改革委等部门关于创业投资引导基金规范设立与运作指导意见的通知》（国办发〔2008〕116号）第6条。

市思明区企业的金额、投资领域和方向不符合引导基金政策目标；⑥除金圆集团和/或思明产投以外的其他合伙人或者基金管理人发生违法、违规、违约行为的，导致基金无法正常运营超过 2 个月的。①

（2）引导基金退出激励性机制主要体现为引导基金利益让渡机制。本质上是引导基金在实现其引导目的之后对管理人和其他投资者的利益补偿。收益让渡机制和合规性审核是一个硬币的两个方面，一个是从限制角度出发、一个是从激励角度出发，其目的都是确保引导基金合规和经济目的的实现。以厦门吉相天成创业投资合伙企业（有限合伙）为例。该基金引入厦门市引导基金的出资代表金圆集团和厦门市集美区引导基金的出资代表集美产投。该基金的基金合同约定，基金清算时，在基金完成厦门市引导基金相关规定和投厦金额等约定目标且运作符合市引导基金相关规定和合伙协议要求的前提下，基金投资于厦门市企业的总退出收益中归属于金圆集团的收益部分，其中约定投厦金额部分对应的收益可让利 50% 予基金管理人；超额投厦部分对应的收益可让利 80% 于基金管理人。但让利后金圆集团的总退出年化收益率不低于让利时中国人民银行公布的同期银行存款基准利率。基金清算时，在确保让利后集美产投的总退出收益不低于集美产投总认缴出资额加让利时中国人民银行公布的同期存款基准利率收益之和的前提下，若基金对集美区项目的投资总额达到区引导基金认缴出资额的 1.2 倍，集美区引导基金在基金清算时获得的收益部分中，将获得收益的 10% 让利给基金管理人，若基金对集美区项目的投资总额达到集美区引导基金出资额的 1.5 倍及以上，集美区引导基金在基金清算时获得的收益部分中，将获得收益的 20% 让利给基金管理人。②

随着引导基金实践不断发展，引导基金的相关规范和目的也在不断拓展和变化，而且不同地区的引导基金基于其经济发展要求和产业环境不同而存

① 参见厦门吉比特网络技术股份有限公司：《关于参与设立基金管理公司及基金的进展公告》，载巨潮资讯网，http：//www. cninfo. com. cn/new/disclosure/detail？plate = sse&orgId = 9900028872&stockCode = 603444&announcementId = 1207217816&announcementTime = 2020 – 01 – 03。

② 参见厦门吉比特网络技术股份有限公司：《关于参与发起设立投资基金的进展公告》，载巨潮资讯网，http：//www. cninfo. com. cn/new/disclosure/detail？plate = sse&orgId = 9900028872&stockCode = 603444&announcementId = 1207842971&announcementTime = 2020 – 05 – 22。

在差异。因此，管理人在基金募集和投资过程中需要认真均衡基金投资收益和引导基金目的实现，以追求两者的统一。

（三）保险资金

保险资金作为长期资本，是创投基金重要投资者之一。根据清科研究中心的统计，在2022年上半年新募集人民币基金中，保险资金出资84次，出资金额368.67亿元，金额占比仅约5%。自从2021年保险资金开展股权投资的诸多限制松绑后，2022年上半年保险资金作为长期资本，继续加快对私募股权投资基金的出资。[①] 由此可见，我国保险资金监管政策会直接影响保险资金对基金的投资。需要特别注意的是，根据现有相关监管规则，对保险资金而言，其投资创投基金和股权投资基金需要遵守不同监管规定。本书主要讨论其对“创投基金”相关监管政策。

2010年7月，中国保监会发布《保险资金投资股权暂行办法》（保监发〔2010〕79号），其中明确要求保险资金“不得投资创业、风险投资基金。不得投资设立或者参股投资机构”，但可投资股权投资基金，而且对保险公司投资股权投资基金的管理人及基金本身设立了非常高的标准。[②] 之后，监管部门逐渐放松了保险资金投资股权投资基金和创投基金的限制。2014

① 清科研究中心：《2022年上半年中国股权投资市场研究报告》，第15页、第19页和第26页。

② 《保险资金投资股权暂行办法》（保监发〔2010〕79号）第12条、第10条、第13条和第15条。该办法第10条规定，保险公司投资股权投资基金，发起设立并管理该基金的投资机构，应当符合下列条件：（1）具有完善的公司治理、管理制度、决策流程和内控机制；（2）注册资本不低于1亿元，已建立风险准备金制度；（3）投资管理适用中国法律法规及有关政策规定；（4）具有稳定的管理团队，拥有不少于10名具有股权投资和相关经验的专业人员，已完成退出项目不少于3个，其中具有5年以上相关经验的不少于2名，具有3年以上相关经验的不少于3名，且高级管理人员中，具有8年以上相关经验的不少于1名；拥有不少于3名熟悉企业运营、财务管理、项目融资的专业人员；（5）具有丰富的股权投资经验，管理资产余额不低于30亿元，且历史业绩优秀，商业信誉良好；（6）具有健全的项目储备制度、资产托管和风险隔离机制；（7）建立科学的激励约束机制和跟进投资机制，并得到有效执行；（8）接受中国保监会涉及保险资金投资的质询，并报告有关情况；（9）最近3年未发现投资机构及主要人员存在重大违法违规行为；（10）中国保监会规定的其他审慎性条件。该办法第13条规定，保险资金投资的投资基金，应当符合下列条件：（1）投资机构符合本办法第10条规定；（2）投资方向或者投资标的符合本办法第12条规定及其他金融监管机构的规定；（3）具有确定的投资目标、投资方案、投资策略、投资标准、投资流程、后续管理、收益分配和基金清算安排；（4）交易结构清晰，风险提示充分，信息披露真实完整；（5）已经实行投资基金托管机制，募集或者认缴资金规模不低于5亿元，具有预期可行的退出安排和健全有效的风控措施，且在监管机构规定的市场交易；（6）中国保监会规定的其他审慎性条件。

年，中国保监会发布了《关于保险资金投资创业投资基金有关事项的通知》（保监发〔2014〕101号），放开了“保险资金不得投资创业、风险投资基金”的限制，为保险资金投资于创投基金提供了规则支持，但依然有严格限制条件，如要求保险资金投资的创投基金“单只基金募集规模不超过5亿元”。

2021年1月，中共中央办公厅、国务院办公厅印发《建设高标准市场体系行动方案》，明确提出，为促进资本市场健康发展，培育资本市场机构投资者。研究完善保险机构投资私募股权基金、创投基金的相关政策。提高保险资金等长期资金的权益投资比例，开展长周期考核。2021年11月，中国银保监会发布《关于银行业保险业支持高水平科技自立自强的指导意见》（银保监发〔2021〕46号），明确提出“在依法合规、风险可控、商业自愿前提下，支持……保险机构……等出资创投基金……为科技企业发展提供股权融资”。2021年12月，中国银保监会发布《关于修改保险资金运用领域部分规范性文件的通知》（银保监发〔2021〕47号），大幅放松保险资金投资股权投资基金和创投基金的监管限制，具体包括：一是允许保险资金投资由非保险类金融机构实际控制的股权投资基金，取消保险资金投资单只创投基金的募集规模限制，支持保险机构加强与专业股权投资机构合作，丰富创业企业长期资金来源。二是允许保险私募基金的发起人及其关联保险机构根据投资策略自主选择投资比例，简化保险公司投资保险私募基金的决策流程，提升产品市场化运作水平。①

保险资金可以投资创投基金，但是该创投基金及其管理人都需要符合一系列的监管要求。根据现有规定，保险资金投资创投基金的基金管理机构应当符合下列条件：②

1. 依法设立，公司治理、内控机制和管理制度健全有效，具有5年以上

---

① 参见中国银保监会：《中国银保监会发布〈关于修改保险资金运用领域部分规范性文件的通知〉》，载 http://www.cbirc.gov.cn/cn/view/pages/ItemDetail.html?docId=1024398&itemId=915，最后访问日期：2022年8月27日。

② 《中国保监会关于保险资金投资创业投资基金有关事项的通知》（保监发〔2014〕101号）第2条。

创业投资管理经验，历史业绩优秀，累计管理创业投资资产规模不低于 10 亿元。

2. 为创业投资基金配备专属且稳定的管理团队，拥有不少于 5 名专业投资人员，成功退出的创业投资项目合计不少于 10 个，至少 3 名专业投资人员共同工作满 5 年；投资决策人员具备 5 年以上创业投资管理经验，其中至少 2 人具有 3 年以上企业管理运营经验。

3. 建立激励约束机制、跟进投资机制、资产托管机制和风险隔离机制，管理的不同资产之间不存在利益冲突。

4. 接受中国银保监会涉及保险资金投资的质询，并报告有关情况。

5. 最近 3 年不存在重大违法违规行为。

根据现有规定，除了管理人需要符合相关要求外，保险资金投资的创投基金应当符合下列条件：①

1. 所投创业企业在境内依法设立，符合国家产业政策，具有优秀的管理团队和较强的成长潜力，企业及主要管理人员无不良记录；

2. 单只基金投资单一创业企业股权的余额不超过基金募集规模的 10%；

3. 基金普通合伙人（或基金管理人）及其关联方、基金主要管理人员投资或认缴基金余额合计不低于基金募集规模的 3%；

4. 保险资金投资的创投基金，应当不是基金管理机构管理的首只创业投资基金；

5. 投资单只创投基金的余额不超过基金募集规模的 20%。

此外，需要注意的是，根据《关于进一步明确规范金融机构资产管理产品投资创业投资基金和政府出资产业投资基金有关事项的通知》（发改财金规〔2019〕1638 号）的规定，符合该文规定的创投基金接受资产管理产品及其他私募投资基金投资时，不视为一层资产管理产品，放松了《关于规范金融机构资产管理业务的指导意见》（银发〔2018〕106 号）对金融产品多次

① 《中国保监会关于保险资金投资创业投资基金有关事项的通知》（保监发〔2014〕101 号）第 3 条、第 5 条、《中国银保监会关于修改保险资金运用领域部分规范性文件的通知》（银保监发〔2021〕47 号）第 7 条。

嵌套的限制。[①]

（四）养老基金

养老基金的长期性意味着人们需要考虑长期回报。这正好吻合创投基金的长期资本需求。事实上，发达国家的养老基金正是创投基金主要资金来源之一。根据经合组织的统计，在经合组织地区，2018 年，积累制公共养老金和私人养老金计划的资产总额超过 42 万亿美元。美国拥有 OECD 成员国中最大的养老金市场，资产规模达 27. 5 万亿美元，占总量的 64. 8%。[②] 其中，著名的加州公务员养老基金（CalPERS）就投资了不少创投基金。在这些国家，体量极其庞大的养老基金只要拿出很少一部分资金投向创投基金，就能为创投基金提供大量资金来源。

在中国，养老基金可以分为强制性养老基金和自愿性养老基金两类，前者主要是社保基金，后者主要是指年金。相比西方发达国家，中国的社保基金起步较晚，可以用于投资的体量就少得多。中国社保基金投资股权投资基金，特别是创投基金的案例和金额就很少。截至 2022 年 6 月月末，全国社会保障基金对私募股权基金累计投资约 800 亿元，主要投向先进制造、新能源、新一代信息技术、节能环保、生物技术等为代表的战略新兴产业，占比超过 56%。[③] 这仅占到其管理的资产总量极小比例。不过从 2021 年开始，全国社会保障基金加大了对股权投资基金和创业投资基金的投资，先后投资了先进

---

① 参见《关于进一步明确规范金融机构资产管理产品投资创业投资基金和政府出资产业投资基金有关事项的通知》（发改财金规〔2019〕1638 号）第 1 条规定，适用本通知的创业投资基金应同时满足以下条件：（1）符合《创业投资企业管理暂行办法》（发展改革委 2005 年第 39 号令）或者《私募投资基金监督管理暂行办法》（证监会 2014 年第 105 号令）关于创业投资基金的有关规定，并按要求完成备案；（2）基金投向符合产业政策、投资政策等国家宏观管理政策；（3）基金投资范围限于未上市企业，但所投资企业上市后基金所持股份的未转让及其配售部分除外；（4）基金运作不涉及债权融资，但依法发行债券提高投资能力的除外；（5）基金存续期限不短于 7 年；对基金份额不得进行结构化安排，但政府出资设立的创业投资引导基金作为优先级的除外；（6）基金名称体现“创业投资”字样或基金合同和基金招募说明书中体现“创业投资”策略。

② 参见中国证券投资基金业协会：《声音（2020 年第 2 期）：2019 年全球养老金发展概览——OECD 和 G20 国家》，第 30 页。

③ 参见全国社会保障基金理事会：《社保基金会有关部门负责人就〈全国社会保障基金理事会实业投资指引〉答记者问》，载全国社会保障基金理事会官网 2022 年 11 月 3 日，http：//www. ssf. gov. cn/portal/tzyy/webinfo/2022/09/1665925793588195. htm。

制造产业投资基金二期（有限合伙）、[①] 海富半导体创业投资（嘉兴）合伙企业（有限合伙）[②] 和中金启元国家新兴产业创业投资引导基金（有限合伙）[③]。毫无疑问，全国社会保障基金对基金及其管理人的要求都是非常高的。2022 年 9 月，全国社会保障基金出台《全国社会保障基金理事会实业投资指引》，决定扩大市场化股权基金投资规模。[④]

我国在强制养老保险之外还有补充养老保险，即企业年金和职业年金（以下合称年金基金），前者针对企业职工，后者是针对机关事业单位工作人员。截止 2021 年年底，中国全国企业年金余额是 2.64 万亿元，参加职工 2875.24 万人，参加企业 11.75 万个。[⑤] 2021 年年末，全国职业年金基金投资运营规模 1.79 万亿元。[⑥] 为了保证年金基金财产的安全性、收益性和流动性，监管部门对企业年金和职业年金的对外投资范围进行了严格限制。根据现有监管规定，企业年金基金财产限于境内投资和香港市场投资。其中，境内投资范围包括银行存款、标准化债权类资产、债券回购、信托产品、债权投资计划、公开募集证券投资基金、股票、股指期货、国债期货、养老金产品。[⑦] 其中，企业年金基金投资股权投资试点仅有一个项目——中国石化销售有限公司增资入股项目。[⑧]

---

① 参见全国社会保障基金理事会：《积极助力制造业高质量发展全国社保基金会投资先进制造二期基金》，载 http：//www. ssf. gov. cn/portal/tzyy/webinfo/2022/07/1660045051828654. htm，最后访问日期：2022 年 9 月 4 日。

② 参见全国社会保障基金理事会：《支持自主创新，社保基金会投资海富半导体基金》，载 http：//www. ssf. gov. cn/portal/tzyy/webinfo/2022/07/1658728181764803. htm，最后访问日期：2022 年 9 月 4 日。

③ 参见全国社会保障基金理事会：《支持双创战略，助力产业升级 全国社保基金签约投资中金启元国家引导基金》，载 http：//www. ssf. gov. cn/portal/tzyy/webinfo/2021/12/1640069486348785. htm，最后访问日期：2022 年 9 月 4 日。

④ 《全国社会保障基金理事会实业投资指引》第 3 条第 4 项。

⑤ 参见人力资源社会保障部社会保险基金监管局：《2021 年度全国企业年金基金业务数据摘要》，第 2 页。

⑥ 参见中华人民共和国人力资源和社会保障部：《2021 年度人力资源和社会保障事业发展统计公报》第 6 页。

⑦ 《人力资源社会保障部关于调整年金基金投资范围的通知》（人社部发〔2020〕95 号）第 2 条。

⑧ 《人力资源社会保障部关于企业年金基金股权和优先股投资试点的通知》（人社部发〔2014〕64 号）第 1 条。

如果年金基金的投资范围能拓展到股权投资基金和创投基金，可以有效拓展创投基金的资金来源。

（五）商业银行及其下属企业

根据中国人民银行的统计，2021 年年末，我国金融业机构总资产为 381.95 万亿元，同比增长 8.1%。其中，银行业机构总资产为 344.76 万亿元，同比增长 7.8%；证券业机构总资产为 12.3 万亿元，同比增长 21.2%；保险业机构总资产为 24.89 万亿元，同比增长 6.8%。[①] 我们可以看到，银行业机构在我国金融机构中一支独大，其资产规模占到金融机构总资产的 90%。但是根据《商业银行法》（2015 年修正）第 43 条的规定，商业银行在中华人民共和国境内不得向非银行金融机构和企业投资，但国家另有规定的除外。因此，商业银行本身在境内投资私募股权投资基金和创投基金是有法律障碍的，除非能获得监管部门的批准。以国家绿色发展基金股份有限公司为例，该基金的股东就有中国银行、工商银行、建设银行、农业银行等多家银行。以工商银行为例，该行对国家绿色发展基金股份有限公司的投资就得到了中国银保监会批准。根据《中国银保监会关于工商银行参与投资设立国家绿色发展基金股份有限公司的批复》（银保监复〔2021〕308 号），中国银保监会同意工商银行参与投资设立国家绿色发展基金股份有限公司，投资金额 80 亿元人民币，持股比例 9.0395%，所需资金从工商银行的资本金中拨付。[②] 也就是说，其具体出资金额、比例和出资来源都有明确规定。由于商业银行“资本金约束”的监管要求，从资本金中拨付出资对商业银行来说是非常严格的要求。

2018 年 4 月之前，商业银行主要通过其表外的银行理财借道信托产品通道大量投资到股权基金和创投基金。2018 年 4 月，《关于规范金融机构资产

---

① 参见中国人民银行：《2021 年末我国金融业机构总资产 381.95 万亿元》，载 http://www.pbc.gov.cn/goutongjiaoliu/113456/113469/4507972/index.html，最后访问日期：2022 年 9 月 4 日。

② 参见中国银行保险监督管理委员会：《中国银保监会关于工商银行参与投资设立国家绿色发展基金股份有限公司的批复》（银保监复〔2021〕308 号），载中国银保监会官网 2022 年 10 月 3 日，http://www.cbirc.gov.cn/cn/view/pages/govermentDetail.html? docId = 980784&itemId = 865&generaltype = 1。

管理业务的指导意见》（银发〔2018〕106号）发布，银行理财投资股权基金和创投基金被严格限制。在此之后，商业银行主要通过以下两种方式投资股权投资基金和创投基金：一是商业银行通过境外子公司在国内投资股权基金和创投基金，从而规避商业银行本身在境内投资股权基金和创投基金的限制。国内市场上常见的有工银国际、建银国际、中银国际等主要银行境外子公司及其在国内的下属企业。二是商业银行设立具有独立法人资格的理财子公司，通过其投资股权基金和创投基金。以珠海市铁建亚投股权投资合伙企业（有限合伙）为例，该基金的普通合伙人和管理人为工银亚投股权投资管理（深圳）有限公司（以下简称工银亚投）。这是工商银行间接全资持有，并在中基协登记的基金管理人。其中，工银理财有限责任公司（以下简称工银理财）作为有限合伙人之一，认缴出资354,167万元，占比25.2958%。工银理财是工商银行全资持有，以其发行并经备案的理财产品作为有限合伙人认购基金份额；另一有限合伙人是工银国际投资管理有限公司（以下简称工银国际），其认缴出资354,167万元，占比25.2958%。工银国际是工商银行的香港全资子公司工银国际控股有限公司在英属维尔京群岛成立的全资公司。[①] 在这支基金中，我们看到工商银行通过其境外子公司（包括其境外内的下属企业）及理财子公司投资股权基金。

根据《关于规范金融机构资产管理业务的指导意见》的要求，为强化银行理财业务风险隔离，推动银行理财回归资管业务本源，逐步有序打破刚性兑付，实现“卖者有责”基础上的“买者自负”，监管部门要求“商业银行应当通过具有独立法人地位的子公司开展理财业务，即设立银行理财子公司”。[②] 银行理财子公司是指商业银行经国务院银行业监督管理机构批准，在中华人民共和国境内设立的主要从事理财业务的非银行金融机构。银行理财子公司可以面向不特定社会公众公开发行理财产品（以下简称公募银行理

---

① 参见中国铁建股份有限公司：《关于下属子公司参与认购基金份额的公告》，载巨潮资讯网，http://www.cninfo.com.cn/new/disclosure/detail?plate=sse&orgId=9900004347&stockCode=601186&announcementId=1211876397&announcementTime=2021-12-11。

② 中国银保监会：《中国银保监会有关部门负责人就〈商业银行理财子公司管理办法〉答记者问》，载http://www.gov.cn/zhengce/2018-12/03/content_5345361.htm，最后访问时间：2022年9月4日。

财），也可以面向合格投资者非公开发行理财产品（私募银行理财），对受托的投资者财产进行投资和管理。其中，公募银行理财主要投资于标准化债权类资产以及上市交易的股票，不得投资于未上市企业股权，但私募银行理财可以投资私募股权基金或者创投基金。银行理财子公司可以选择符合以下条件的私募基金管理人担任理财投资合作机构：（1）在中基协登记满1年、无重大违法违规记录的会员；（2）担任银行理财子公司投资顾问的，应当为私募证券投资基金管理人，其具备3年以上连续可追溯证券、期货投资管理业绩且无不良从业记录的投资管理人员应当不少于3人；（3）金融监督管理部门规定的其他条件。[①] 截至目前，已经有多家商业银行被批准设立理财子公司。

2021年1月，中共中央办公厅、国务院办公厅印发《建设高标准市场体系行动方案》，明确提出，为促进资本市场健康发展，培育资本市场机构投资者。鼓励银行及银行理财子公司依法依规与符合条件的创业投资基金、政府出资产业投资基金合作。2021年11月，中国银保监会发布《关于银行业保险业支持高水平科技自立自强的指导意见》（银保监发〔2021〕46号），明确提出“在依法合规、风险可控、商业自愿前提下，支持商业银行具有投资功能的子公司……出资创业投资基金、政府产业投资基金等，为科技企业发展提供股权融资”。预计银行理财子公司有望成为创投基金重要投资者之一。

二、投资者出资方式

根据《合伙企业法》的规定，投资者出资可分为认缴出资额和实缴出资额两类。投资者认缴出资额数额、出资方式和缴付期间由有限合伙协议约定。[②] 在美元基金和人民币基金中，投资者的出资存在较大差异。其中美元基金投资者常见出资方式是通知缴款（call capital），人民币基金投资者常见

---

① 根据《商业银行理财子公司管理办法》（银保监会令2018年第7号）第2条、第24条、第26条和第32条。

② 见《合伙企业法》第18条：合伙协议应当载明下列事项：……合伙人的出资方式、数额和缴付期限……；《合伙企业法》第66条：有限合伙企业登记事项中应当载明有限合伙人的姓名或者名称及认缴的出资数额。

出资方式是分期出资。call capital 一般是针对项目投资需求由 GP 按投资者认缴出资的比例向投资者发函，由投资者将项目出资缴付给基金，再由基金对外投资；而人民币基金的分期出资是指投资者在基金对外投资前先缴付一定比例的认缴出资额（如50%或者30%的出资额），再由基金支付项目投资款。两者区别主要体现在：

1. 两者存在本质差异。call capital 主要是以项目投资、支付管理费等维度出资，所以其基金账户在大部分时间内不会留存大量现金资产。普通合伙人只在基金需要支付项目投资款或者相应税费时才要求投资者出资。在同等情况下，和分期出资相比，call capital 是出资频率高、每次出资金额小。

分期出资本质上是以基金为维度出资，类似分期付款的安排，由投资人按照一定比例出资后，基金逐步支付给投资项目，在投资过程中基金将留存大量现金资产。在同等情况下，和 call capital 相比，分期出资出资频率低、每次出资金额大。

2. 差异的主要原因。实务中出现这两种模式的核心原因在于美元基金和人民币基金投资者的差异。美元基金背后以养老基金、家族办公室、金融机构为主，其资金实力、资金流动性管理、出资效率能满足 call capital 对创投基金出资确定性、出资及时性的要求。相对而言，人民币基金投资者以高净值个人，民营企业、国有企业或者引导基金为主，高净值个人，民营企业的出资确定性往往受到其企业经营、资金需求的影响，在频繁出资时其出资确定性较低，而国有企业或者引导基金投资者往往每次出资都有很复杂的审批程序，出资耗时很长，难以满足出资效率要求。所以人民币创投基金倾向于通过分期出资，以牺牲部分资金使用效率为代价换取投资者出资确定性。

3. 在实务操作中的影响。call capital 和分期出资两者模式对基金管理实务操作和投资者要求及影响差异很大。首先，分期出资将给予投资者较强出资可预期性。在实务中，投资者往往可以获得每期出资的时间表和对应出资比例，投资者资金管理压力较小；对比而言，call capital 因为每次项目投资金额和节奏可预期性较差，加上实际出资时间较短，对投资者的资金管理特别是流动性要求较高。其次，不同模式会对基金收益率产生影响。在同等情况下，在 call capital 模式下，基金资金闲置时间较短，资金利用效率高，有利于提高基金的投资收益率；在分期出资的情况下，部分资金将闲置，而且基本上只能用于现金管理，其收益率会比门槛收益率低很多，所以将影响基金整体收益率。

4. 实务操作的核心点。在实务中，为了提高出资可预期性，很多人民币基金的投资者会要求在出资安排明确每期出资比例和每期出资的间隔，每期出资比例和间隔往往与基金规模、投资策略、管理团队投资能力和投资者资金管理等因素相关。例如，基金分为两期出资，每次出资比例为50%，两期出资间隔不少于12个月。此外，当存在引导基金性质等类似的投资者时，由于该类投资者往往有撬动社会资本进行投资的目标，所以其对单一基金常设定按照特定出资比例进行投资的政策目标，且还对单一基金有最高出资比例（认缴出资比例和实缴出资比例）限制，如不能超过基金总出资额的20%或者30%；如果其他投资者不能按照约定出资，这使得整个基金实缴出资总额缩水，进而导致引导基金实缴出资比例被动增加，存在其出资比例超限风险。有些还存在出资顺序的问题，即引导基金需要在其他投资者当期出资到位之后才能出资。因此，过程控制也就成为一种可能的解决方案，常见操作就是管理人需要提供其他投资者出资到账证明之后，才能要求引导基金性质的投资者出资。在此情况下，这类投资者出资操作时间往往很长，效率较低，这是基金管理人在进行出资计划、匹配投资计划时应该关注的问题。

三、投资者出资违约分类

在分期出资的情况下，投资者实缴出资要横跨较长时间，往往会有2年~3年之久甚至更久。在此期间，投资者可能发生各种变化，常见变化包括投资者的财务状况恶化甚至破产、机构投资者实际控制人变化、个人投资者发生继承等事项，上述变化均可能影响其出资承诺的履行。对基金而言，投资者出资是基金赖以开展投资业务的基础。投资者不能按承诺出资，管理人将面临无米之炊的困境，也直接导致投资者成立基金的“合同目的”存在落空风险。对外而言，投资者出资是基金对外履行投资承诺的基础。基金管理人往往会依据投资者的出资承诺安排基金的对外投资，如果投资者出资不能如约进行，这可能直接导致基金难以履行其已对被投资企业作出的投资承诺，进而丧失相应投资机会甚至引发基金对被投资企业的违约责任。因此，投资者出资违约条款往往成为基金合同重要组成部分之一。投资者出资违约条款一般包括以下几个重要方面。

（一）投资者出资违约分类

根据具体情况不同，在存在分期出资的前提下，投资者出资违约可以分为首次出资违约和后续出资违约两类。首次出资违约是指投资者在基金合同签署后第一次出资时即未按照约定出资的行为；后续出资违约是指投资者第一次出资时按照约定出资但是后续出资未按照约定出资的行为。在分期出资的情况下，由于基金合同签署和出资之间存在一定时间间隔，且后续出资和首次出资与基金合同签署时间间隔不一样。相对而言，后者时间间隔更久。只要存在时间间隔，投资者的投资意愿和投资能力就有发生变化的可能，主要包括投资意愿、财务状况、投资预期等变化导致投资者不愿或者不能按照约定出资。间隔越长，投资者的投资意愿和投资能力发生变化的可能性和概率就越大。所以，从实务来看，后续出资违约比首次出资违约的发生概率更大。此外，相对首期出资违约而言，后续出资违约还涉及已有出资部分的处理问题，相关违约处理将更为复杂。因此，基金合同往往会对首期出资违约和后续出资违约进行区别处理。

根据投资者身份性质不同，可将投资者违约分为普通合伙人的违约和有限合伙人违约。在实务中，普通合伙人是基金管理人或者基金管理人的关联方。相比有限合伙人违约，普通合伙人出资违约更值得关注。在行业惯例中，普通合伙人一般会按照不低于整个基金规模的1%出资，这是普通合伙人对基金的信心及其资金实力的直接体现。如果普通合伙人出资违约，这将引起有限合伙人对基金的信心不足和普通合伙人能否长期经营的疑虑。更重要的是，在基金管理行业，有限合伙人对基金出资的基础是其对普通合伙人和基金管理人的高度信任，能否信守出资承诺是普通合伙人诚实守信最直接和最基本的体现。普通合伙人出资违约可能将动摇有限合伙人对基金出资的信任基础，进而危及基金长期稳定运作。因此，在基金合同中往往会对普通合伙人出资违约和有限合伙人出资违约进行区别处理，并且对普通合伙人出资违约会约定更为严格的责任和制裁措施。

（二）投资者出资违约影响

投资者的出资违约可能会对基金运营、投资者之间关系和基金投资产生一系列影响。这些影响因违约投资者性质、投资者出资安排、违约出资金额等因素不同而不同。投资者的出资违约可能产生的重要影响包括但不限于：

1. 投资者的出资违约对其是否符合合格投资者标准的影响。理论上看，在分期出资的基金中，存在投资者因为后续违约导致其不再符合投资者资格要求的可能。根据《私募基金监督暂行办法》的规定，私募基金的合格投资者需要具备相应风险识别能力和风险承担能力，投资于单只私募基金的金额不低于100万元。[①] 除当然合格投资者外，如果投资者认缴出资不少于100万元，但因其出资违约导致其对单只基金的出资额少于100万元的，该投资者将丧失合格投资者资格，不具备继续作为私募基金投资者资格。当然，中基协为了尽量避免该种情况出现，要求除管理人及其员工、社会保障基金、政府引导基金、企业年金等养老基金、慈善基金等社会公益基金外，要求私募基金在申请备案前已认缴公司型或合伙型私募投资基金的投资者均已完成不低于100万元的首轮实缴出资且实缴资金已进入基金财产账户，意图从根本上规避该问题。[②]

2. 投资者的出资违约对基金投资策略或者基金风险的影响。基金投资策略往往是与基金规模紧密联系的。基石投资者的违约往往会对基金投资策略和基金风险产生重大影响。例如，一只预期规模为10亿元的基金基石投资者出现违约，导致该基金规模缩小到6亿元，在原有投资策略不变情况下，该基金的可投资项目数量将大幅降低。这将对该基金的风险分散度产生重大影响。如果保持计划投资数量不变，单个项目的平均投资金额将大幅下降，进而对投资策略产生重要影响。

3. 投资者的出资违约对其他投资者出资影响，即部分投资者出资违约可能导致其他投资者出资前提条件改变，从而影响其他投资者对基金的出资，

① 《私募投资基金监督管理暂行办法》第12条。

② 《私募投资基金登记备案办法》（中基协发〔2023〕5号）第39条和《私募投资基金备案须知》（2019年版）第10条。

进而影响整个基金规模。在实务中，主要存在以下情形：

第一种，部分投资者是承诺按照一定比例对基金进行出资或者其出资比例不能超过特定比例限制。实务中，部分引导基金、基石投资者或者国有企业可能会有此类要求。例如，假如一只基金规模为 10 亿元，A 投资者承诺对基金出资 20%，即人民币 2 亿元。如果其他出资者出现违约导致 1 亿元出资不能按照约定到位，A 投资者对基金出资将被迫相应减少 0.25 亿元［$(2-x)/(9-x)=20\%$］，即减少到 1.75 亿元，整个基金规模将降低到 8.75 亿元。

第二种，部分基金投资者出资存在先后次序，部分投资者出资以其他投资者出资为前提。在实务中，部分引导基金作为有限合伙人时会提出类似要求，即在其他投资者出资到位之后，引导基金才能出资。在此情况下，如果其他投资者出资违约，可能导致引导基金出资前提条件难以满足，进而难以出资。

4. 投资者的出资违约对基金运营的影响。在没有有效补救措施的前提下，投资者的出资违约将直接导致基金规模缩小。进而对基金管理团队管理费、人员稳定性等各方面都会产生影响。

5. 投资者的出资违约对基金投资的影响。在没有有效补救措施的前提下，如果基金管理人基于投资者出资承诺与被投资企业签署相关协议，投资者的出资违约可能直接导致基金对被投资企业的违约；如果尚未签署投资协议，基金可能因为部分出资不能到位丧失相应投资机会。对专项基金而言，部分投资者违约可能导致基金投资特定投资项目目的落空，甚至影响基金的成立。

四、投资者出资违约预防

投资出资违约对基金会产生各种重大影响，也是相关方不愿意看到的，因此如何有效预防投资者出资违约就显得尤为重要了。正如前述，在分期出资较长期间内，投资者出资意愿和财务状况可能会发生各种变化。如何针对前述各种变化设置合理违约防范机制就成为基金合同谈判中重要内容，其主要目的是针对后期出资不确定，给予投资者合理流动性安排时间和空间，主要内容如下：

1. 明确基金分期出资计划。在分期出资情况下，如果基金合同完全授权管理人决定后续出资的金额和时间，理论上来说投资者需要随时满足基金管理人提出的后续出资要求，这会对投资者的资产流动性管理提出很高要求。为了提高投资者后续出资的可预期性，方便投资者的资产流动性管理，明确基金分期出资计划也就成为防范投资者出资违约风险的一种选择。常见的主要措施包括：（1）明确投资者的后续出资比例，如投资者逐次出资的比例分别为50%和50%，或者是30%、40%和30%；（2）明确每次出资之间间隔时间不低于一定时间，如两次出资时间间隔不低于6个月或者12个月；（3）设定投资进度作为后续出资的前提条件，如要求管理人已完成基金实缴出资金额的70%投资或者项目签约之后才能要求下一次出资；（4）要求设定更为具体的出资计划，如要求明确具体后续出资要求和比例要求。常见于国有企业或者有严格预算控制的机构。因为该类机构需要将其出资计划与其投资预算一一匹配。当然，这些措施可以有单项或者多项选择适用。从实务来看，这类安排也需要平衡投资者流动性需求和基金投资两者之间的关系，既要满足投资者的流动性需求，也需要给予管理人投资业务必要空间和弹性安排，因为基金投资业务并非完全可预期和控制的。否则，可能出现因为基金后续出资刚性约定导致基金错失投资机会情况，这也是不利于投资者利益的。

2. 明确投资者具体出资时限安排，即投资者在接到管理人符合约定的出资通知后多少时间内完成后续出资，如投资者应当在收到管理人出资缴付通知之日起10个工作日内完成出资缴付。从投资者的角度看，后续出资时限越长越好；从基金运作的效率来看，后续出资时限越短越好。这需要在投资者流动性管理需要和基金运营效率之间取得平衡。

从实务来看，管理人和投资者之间的非正式沟通往往会发挥重要的作用。有经验的基金管理人常常会在决定是否发出后期出资缴付通知之前和投资者特别是主要投资者就后续出资计划进行非正式沟通，对后续出资安排可行性进行摸底，给予投资者充足的流动性管理和资金调拨时间，从而最大限度降低投资者因为流动性管理而导致出资违约可能性。

除了投资者流动性问题之外，投资者后续出资的出资能力问题更难解决。一般通过安排其他投资者承接其出资义务的方式解决。

五、投资者出资违约处置

既然投资者违约对基金运作存在重大影响，基金合同对投资者违约处置约定就很重要了。从逻辑上讲，基金违约的处置目的在于减缓或者消除其可能造成的影响。由于普通合伙人的出资违约和有限合伙人的出资违约存在较大差异，所以两者出资违约的处理也存在很大差异。在实务中，一般有两种不同出资违约处理规则：第一种安排是普通合伙人的出资违约和有限合伙人的出资违约适用完全不同的规则。第二种安排是首先约定合伙人（不仅仅是有限合伙人）的出资违约一般性规则，在此基础之上再约定普通合伙人的出资违约处理特殊规则，即普通合伙人出资违约不仅仅适用一般性出资违约规则，还要适用更为严格的处理规则。两种安排皆有利弊，相对而言，第一种安排规则适用逻辑关系更为清晰，但是内容上重复多；第二种安排内容上相对简化，但是适用逻辑关系较为复杂，需要在设置时特别关注和明确一般性出资违约规则和仅适用普通合伙人的特殊规则之间的逻辑关系和适用范围。我们以下主要基于第二种安排讨论出资违约规则。我们首先讨论一般性的出资违约规则。

（一）投资者出资违约治愈机会

对投资者而言，基金合同项下的出资义务往往会跨越 3 年 ~5 年的时间周期，是一项长期履行合同义务。相对于即时履行合同而言，影响合同履行的因素会较为复杂，因此设置一定的出资违约治愈机制也是必要的。结合实务来看，这主要是给投资者因为流动性管理或流程问题导致短时间内出资延迟的补救机会。常见情况包括：投资者资金流动性管理和内部审批程序延迟，因为汇款账户名称、账号和开户行等支付操作失误、托管银行审批延误和反洗钱审核延迟等情况导致投资者出资短时间延误。这类违约非实质性违约，也一般不会给基金运营带来实质性重大影响。常见的出资违约治愈主要包括以下安排：（1）违约投资者能通过支付一定违约金治愈违约，例如，投资者按照每逾期一日按照应付未付金额的万分之五支付违约金。（2）限制出资违约治愈期间，例如，该期间不得超过 10 个工作日，即投资者在出资违约 10 个工作日有治愈其违约出资机会，超过该时限，不得再适用该约定。（3）明确出资违约措施的后果，如果投资者在出资违约治愈期间采取了治愈措施，则不影响其根据基金合同所享有的其他投资者权利（如表决权、分配权、后续出资权利等权利）的行使；如果投资者在出资违约治愈期间未按照约定采取相应的治愈措施，该投资者出资将被认定为实质性违约，将承担更为严格的违约责任。（4）授予管理人一定酌情豁免投资者出资违约责任的权利，为投资者非故意违约处理预留合理空间和弹性。在投资者已在出资违约治愈期间内按照约定履行出资义务前提下，由于投资者可能是出于各种客观情况所导致违约，该违约时间短，对基金影响也较小，因此基金合同往往会授予管理人根据具体情况酌情豁免投资者出资违约责任的权利，例如，管理人有权豁免已在出资违约治愈期间按照约定履行出资义务的投资者支付违约金的义务。这有利于维护管理人和投资者及投资者之间良好合作关系。

（二）投资者出资违约的法律责任

在基金合同关系中，根据对象不同，投资者的关系可以分为投资者和其他投资者关系、投资者和基金的关系两类。对应前述两种关系，投资者出资违约责任主要可以分为以下几类：

1. 违约投资者对守约投资者的违约责任。常见的违约责任是按照一定比例或者金额向守约投资者支付违约金。例如，违约投资者按照其应缴未缴金额的20%支付违约金并由守约投资者按照出资比例进行分配，并且该分配不能纳入管理人计提业绩报酬的范围，因为这是违约投资者对守约投资者赔偿，并非因为管理人经营管理而产生的基金收益。

2. 违约投资者对基金的违约责任。违约投资者对基金的责任主要包括以下几个方面。一是因为违约投资者对基金的违约导致基金对拟投资项目的违约，因此该违约投资者需要承担赔偿基金，所遭受的损失。如果基金需要通过借款来履行其对被投资企业的投资义务，违约投资者需要承担相应的借款利息及其他费用；二是违约投资者的表决权处理问题。因为违约投资者已经实质性违反了出资义务，因此在实务中往往限制其后续表决权行使。例如，要求违约投资者不能行使表决权，不计入表决权基数，基金的决策由守约合伙人按照基金合同的约定行使。三是违约投资者出资的处理，主要涉及是否接受违约投资者后续出资及违约投资者现有出资的处理问题。针对违约投资者后续出资问题，实务中的常见处理是投资者丧失后续出资的权利，并授权管理人引进新投资者填补违约投资者出资缺口或者缩减相应出资规模。针对违约投资者现有出资的处理问题，主要有两种处置方式，第一种是将违约投资者除名，例如，经过合伙人会议决议，将违约投资者除名并按照约定退还相应的退伙财产（扣除相应违约金和赔偿金）。该类处置核心在于退伙财产价值的确定。实务中，常见的确定方法包括按照违约投资者已实缴出资、由第三方评估和基金最近一期估值等方式确定。按照违约投资者已实缴出资作价存在不考虑该投资者已出资部分时间价值、可能的增值或者亏损等问题；而由第三方评估和基金最近一期估值作价也存在评估公允性、评估时间和费用成本等问题。而且，基金还面临是否有足够现金资产退还违约投资者的退伙财产问题。第二种是保留违约投资者合伙人身份，但是禁止其进行后续出资，基金在按照约定扣除相应的违约金和赔偿金之后按照违约投资者已出资部分对其进行分配，同时剥夺表决权。该方式能避免退伙财产价值确定和基金流动性难题，但是也存在违约投资者在基金后续运营不配合的问题。

第三节　基金销售机构

基金募集即基金销售是基金业务起点，也就涉及基金销售机构的问题。根据相关规定，私募基金管理人可以自行募集其设立的私募基金，在中国证监会注册取得基金销售业务资格并已成为中基协会员的机构（以下简称基金销售机构）也可以受私募基金管理人的委托募集私募基金。其他任何机构和个人不得从事私募基金的募集活动。① 根据该规定，创投基金的基金销售机构可以分为两类：

1. 基金管理人自行销售其管理的基金。基金管理人能且只能销售由其管理的基金，不能为第三方代销基金。在实务中，基金管理人可以通过发起设

---

①《私募投资基金登记备案办法》（中基协发〔2023〕5号）第26条和《私募投资基金募集行为管理办法》第2条。

立母基金的方式投资第三方管理人管理的基金。这在法律性质上依然属于基金管理人自行销售其管理基金的行为。

2. 基金管理人委托在中国证监会注册取得基金销售业务资格并已成为中基协会员的机构进行销售，即具有公募基金销售资格并成为中基协会员的机构才有资格受托销售创投基金。对此，中基协的解释是私募基金的募集/销售应当比公募基金销售具有更高的标准。[①]

中基协会在其官方网站上通过“公募基金销售机构公示”栏目公示具有基金销售资质机构的名单。从其分类来看，基金销售机构分为商业银行、证券公司、期货公司、证券投资咨询机构、保险公司、保险代理公司和保险经纪公司、公募基金管理公司销售子公司和独立基金销售机构几大类。[②] 从实务来看，与创投基金合作的基金销售机构主要是商业银行和独立基金销售机构。

既然涉及委托募集，也就涉及基金销售机构和基金管理人的权利和义务划分的问题，相关合规要求见本书第二篇第二章相关内容，在此不再累述。我们需要关注基金管理人和基金销售机构的利益划分。作为一个商业机构，基金销售机构提供基金销售服务是需要获得报酬的。在实务中，一般分为固定费用和业绩报酬分成两部分。我们分别分析如下：

第一类是固定费用，一般按照其募集金额的一定比例支付。该费用可以由基金支出，也可以由管理人从其管理费中支出。例如，苏州优格华欣创业投资中心（有限合伙）就规定“有限合伙企业成立后，应向普通合伙人支付有限合伙企业的认缴出资总额的1%，作为有限合伙企业之募集、组建、设立相关的费用。包括但不限于募集顾问费用、筹建费用、法律、财务等专业顾问咨询费用等”。[③] 其中，募集顾问费往往是其中最主要的部分。

---

① 中国证券投资基金业协会：《中国基金业协会关于发布〈私募投资基金募集行为管理办法〉的通知》之附件3《〈私募投资基金募集行为管理办法〉起草说明》。

② 参见 https：//www. amac. org. cn/informationpublicity/institutionalpublicity/gmjjxsjggs/，最后访问日期2021年9月30日。

③ 厦门吉比特网络技术股份有限公司：《厦门吉比特网络技术股份有限公司关于认购投资基金份额的公告》，载巨潮资讯网，http：//www. cninfo. com. cn/new/disclosure/detail？plate = sse&orgId = 9900028872&stockCode = 603444&announcementId = 1209263720&announcementTime = 2021 －02 －10。

第二类是业绩报酬分成，主要体现的是管理人将其从基金中获得业绩报酬部分支付给基金销售机构。这部分一般与基金销售机构的募集资金直接挂钩并且是在基金管理人获得业绩报酬之后支付。这同时也是很多母基金管理人与子基金管理人的利益分配模式。这种分配是基于业绩报酬的分配，基金表现越好，基金管理人提取的业绩报酬越多则基金销售机构获得分成越大。

第三类是第一类和第二类的混合，即部分固定费用加上部分业绩报酬分成。从商业逻辑上来看，两者是有一定互斥关系的，固定费用和业绩报酬分成比例往往是反向变动的，即固定费用越高，业绩报酬分成比例就越低，反之亦然。这主要由管理人和基金销售机构基于其各自的风险偏好、话语权、对现金需求等因素博弈而成。

第四节　基金托管人和募集账户监督机构

创投基金的托管制度起源于国家发改委于 2011 年 12 月发布、现已失效的《关于促进股权投资企业规范发展的通知》（发改办财金〔2011〕2864 号）。该通知第 9 条规定，股权投资企业的资产应当委托独立的托管机构托管。但是，经所有投资者一致同意可以免于托管的除外。同时该通知第 21 条还规定，股权投资企业申请备案，应当提供委托托管协议作为必须提交的备案文件之一。所有投资者一致同意可以免于托管的，应当提供所有投资者联名签署的同意免于托管函作为备案资料。该规定奠定了创投基金托管制度框架。根据相关规定，金融机构从事基金托管业务，应当经中国证监会核准，依法取得基金托管资格，申请基金托管资格的金融机构应当符合《证券投资基金托管业务管理办法》要求。截至 2019 年 12 月 31 日，共 47 家托管人经中国证监会核准，依法取得基金托管业务资格，其中，包括 28 家银行、17 家证券公司以及 2 家其他类型托管机构。[①]

① 参见中国证券投资基金业协会编著：《中国证券投资基金业年报（2020）》，中国金融出版社 2020 年版，252 页。

《私募基金监督暂行办法》第21条规定，除基金合同另有约定外，私募基金应当由基金托管人托管。基金合同约定私募基金不进行托管的，应当在基金合同中明确保障私募基金财产安全的制度措施和纠纷解决机制。在此基础上，中基协公布的相关自律规则细化了基金合同托管相关安排，具体包括：

1. 将托管账户进行功能拆分。首先，明确基金托管账户和基金募集结算资金专用账户分开，并且明确私募基金应开立募集结算资金专用账户，用于统一归集基金募集结算资金、向投资者分配收益、给付赎回款项以及分配基金清算后的剩余基金财产等，确保资金原路返还。[①] 也就是说，募集结算资金专用账户主要是用于基金与投资者之间往来"对内账户"，而托管账户主要是用于基金对外投资和收回投资款的"外部账户"。相对于托管账户是可选项，基金募集结算资金专用账户是必须开立的，基金募集结算资金专用账户监督协议是私募基金备案必备的材料。[②]

其次，明确基金募集结算资金专用账户应由第三方监督机构监督，对募集结算资金专用账户实施有效监督，承担保障私募基金募集结算资金划转安全的连带责任。监督机构指已成为中基协会员的中国证券登记结算有限责任公司、取得基金销售业务资格的商业银行、证券公司以及中基协规定的其他机构。同时，中基协要求基金管理人报送基金募集结算资金专用账户及其监督机构信息。[③]

最后，明确基金募集结算资金专用资金属于基金投资者，而非基金财产，要求不得将基金募集结算资金归入其自有财产，不得以任何形式挪用私募基金募集结算资金，并且在管理人、基金销售机构、基金销售支付机构或者基金份额登记机构破产或者清算时，基金募集结算资金不属于其破产财产或者清算财产。[④]

---

① 中国证券投资基金业协会：《中国基金业协会关于发布〈私募投资基金募集行为管理办法〉的通知》第12条。

② 中国证券投资基金业协会：《关于公布私募投资基金备案申请材料清单的通知》（2020年3月20日发布）附件2：《私募基金备案材料清单（非证券类）》。

③ 《私募投资基金登记备案办法》（中基协发〔2023〕5号）第39条和中国证券投资基金业协会：《中国基金业协会关于发布〈私募投资基金募集行为管理办法〉的通知》第13条。

④ 中国证券投资基金业协会：《中国基金业协会关于发布〈私募投资基金募集行为管理办法〉的通知》第14条。

从法理和实务操作来看，募集结算资金专用账户的监督机构和托管人可以分离，也可以同一机构担任。在实务中，对已托管的基金来说，募集结算资金专用账户的监督机构和托管人大多是同一家机构，因为相比于跨机构的支付结算，同一机构内的收付结算效率往往较高，沟通成本也较低而且有利于节约费用。

2. 托管人可以根据相关法律法规和基金合同约定复核管理人编制的基金定期报告，并定期出具书面意见，出具托管报告。[①] 因此，一般来说，已托管基金会将托管人出具托管报告作为定期报告的附件向投资者进行披露。

3. 在实务中，托管人的选择一般在基金合同中约定，由管理人在有资质的托管人中选择或者由管理人推荐，合伙人会议决定。中基协会在其官网的“基金托管人机构公示”栏目上披露有资格托管人名单。如果基金托管人发生变化，作为基金重大事项，基金管理人应当按照基金合同的约定及时向投资者披露，并在 5 个工作日内向中基协报告。[②] 从 2023 年 5 月 1 日起，如果创投基金托管人发生变化的，基金管理人应当在变更之日起 10 个工作日内向中基协履行变更手续。[③]

创投基金托管和不托管其他具体合规要求见本书第二篇第三章的相关内容，在此不再累述。

① 参见《中国基金业协会关于发布私募投资基金合同指引的通知》附件 1:《私募投资基金合同指引 1 号（契约型私募基金合同内容与格式指引)》第 25 条第 7 项和第 8 项。

② 《私募投资基金管理人登记和基金备案办法（试行)》第 23 条和《私募投资基金信息披露管理办法》第 18 条。

③ 《私募投资基金登记备案办法》(中基协发〔2023〕5 号）第 55 条。

第四章

基金核心要素

对有限合伙型创投基金而言，其基金合同往往非常复杂，一般洋洋洒洒数十页，甚至上百页之多。如果我们仔细分析其内容，会发现其主要围绕一些核心要素展开。例如，基金决策机制、基金分配机制、基金费用、基金规模、基金期限等。这些核心因素会对基金募集、基金运营和基金分配等产生重大影响。我们逐项分析如下：

第一节　基金决策机制

从实务来看，有限合伙制基金的决策机制一般会涉及合伙人会议、立项委员会、投委会和咨询委员会等机构中一个或者多个。这些机构的定位、职能、议事规则和决策机制都各有不同。我们将分项阐述：

一、合伙人会议

有限合伙制创投基金在法律形式上属于合伙企业，属于“非法人组织”范畴。[①] 无论是《民法典》还是《合伙企业法》，都没有关于“合伙人会议”的明确规定，也就是说，合伙人会议并非合伙企业强制要求设立的机构。与此相对比的是《民法典》明确要求“营利法人应当设权利机构”。合伙企业的一大特点就是其赋予合伙人充分决定其内部机构设置的自主权。

---

① 《民法典》第102条。

具体到基金领域，根据《证券投资基金法》的规定，证券投资基金应当设立基金份额持有人大会，基金份额持有人大会由全体基金份额持有人组成，行使下列职权：（1）决定基金扩募或者延长基金合同期限；（2）决定修改基金合同的重要内容或者提前终止基金合同；（3）决定更换基金管理人、基金托管人；（4）决定调整基金管理人、基金托管人的报酬标准；（5）基金合同约定的其他职权。[①] 从职权来看，证券投资基金份额持有人大会实质上承担着类似营利法人的权利机构角色。具体到有限合伙制的创投基金，基金份额持有人大会就是由持有合伙份额的合伙人组成的合伙人会议。根据《私募投资基金合同指引3号》第5条第6项的规定，有限合伙制基金的合伙协议应列明合伙人会议的召开条件、程序及表决方式等内容。其前提就是该基金应当设立合伙人大会。从实务来看，有限合伙制基金往往设立合伙人会议，作为其权利机构。以珠海市铁建亚投股权投资合伙企业（有限合伙）为例，该基金合伙协议明确规定，该基金设合伙人会议，合伙人会议由全体合伙人组成，是该基金的最高权力机构。[②]

创投基金设立合伙人会议的主要功能在于通过合伙人会议决议的方式形成该创投基金意思。决议行为是我国法定民事法律行为之一，是指法人、非法人组织基于共同的意思表示而意图实现一定法律效果的民事法律行为。虽然合伙企业作决议时，是通过合伙人会议进行的，但该决议行为是合伙企业的行为，而非单个合伙人的行为。对于合伙人会议决议行为，应当把握如下特征：第一，决议是按多数决方式形成合伙企业的意思。典型的多数决的方式是按照少数服从多数规则，以多数人的意思代表合伙企业的意思。[③] 合伙人会议决议一旦依法或者合伙协议的约定作出，就对所有合伙人具有约束力，即使有合伙人对此持有反对意见。当然，如果合伙协议要求一致同意方能作出合伙人会议决议，也可以是一致决方式形成合伙企业的意思。第二，决议

---

① 《证券投资基金法》（2015年修正）第2条和第47条。

② 参见中国铁建股份有限公司：《关于下属子公司参与认购基金份额的公告》，载巨潮资讯网，http://www.cninfo.com.cn/new/disclosure/detail? plate = sse&orgId = 9900004347&stockCode = 601186&announcementId = 1211876397&announcementTime = 2021 - 12 - 11。

③ 参见最高人民法院民法典贯彻实施工作领导小组主编：《中华人民共和国民法典总则编理解与适用》，人民法院出版社2020年版，第690页。

行为一般需要依一定的程序才能设立，决议行为的设立应当依照法律或者合伙协议规定的议事方式和表决程序。第三，决议行为原则上仅适用于合伙企业组织内部的决议事项。① 从商业实践来看，决议机制特别是多数决机制符合商业行为效率要求，可以实现尊重合伙人意思自治、资本民主和决策效率之间的平衡。

对于设立投委会和咨询委员会的创投基金而言，合伙人会议与两者之间的关系也是需要关注的。对比中国公司法上公司（股东会-董事会-监事会）治理架构，可以类似将投委会和咨询委员会分别视为合伙人会议下设的执行机构和监督机构，即投委会和咨询委员会分别在合伙人会议授权之下行使投资决策和监督职能。相对前述两个委员会，合伙人会议一般拥有对这两个部门授权的解释权和修改权，即如果相关授权不明确时，可以由合伙人会议决议方式予以明确，必要时还可以通过合伙人会议决议方式予以修改。以珠海市铁建亚投股权投资合伙企业（有限合伙）为例，该基金的合伙协议明确约定，全体合伙人一致同意设立投委会，负责合伙企业资产的对外投资及投资退出等事宜，并对合伙人会议负责。② 从实务来看，合伙协议一般会约定合伙人大会的下列事项：（1）召集人和召集方式；（2）召开会议的通知时间、通知内容、通知方式；（3）出席会议的方式；（4）议事内容与程序；（5）决议形成的条件、表决方式、程序；（6）基金合同约定的其他事项。③ 我们分别讨论如下：

（一）合伙人会议的召集

从实务来看，创投基金合伙人大会的召集人一般包括以下一个或者多个主体：（1）普通合伙人或者执行事务合伙人；（2）单独或者合计持有一定比

---

① 参见黄薇主编：《中华人民共和国民法典释义》，法律出版社 2020 年版，第 266 页。

② 参见中国铁建股份有限公司：《关于下属子公司参与认购基金份额的公告》，载巨潮资讯网，http://www.cninfo.com.cn/new/disclosure/detail?plate=sse&orgId=9900004347&stockCode=601186&announcementId=1211876397&announcementTime=2021-12-11。

③ 参见《私募投资基金合同指引1号》第31条规定，根据《证券投资基金法》和其他有关规定订明基金份额持有人大会及/或日常机构的下列事项：（1）召集人和召集方式；（2）召开会议的通知时间、通知内容、通知方式；（3）出席会议的方式（基金份额持有人大会可以采取现场方式召开，也可以采取通讯等方式召开）；（4）议事内容与程序；（5）决议形成的条件、表决方式、程序；（6）基金合同约定的其他事项。

例合伙份额的有限合伙人；（3）合伙人大会下属机构，如投委会、咨询委员会等；（4）基金托管人。以济南山高半岛投资合伙企业（有限合伙）为例。该基金合伙协议规定，基金合伙人会议分为年度会议和临时会议。年度会议每年召开一次；临时会议由普通合伙人或代表有限合伙人实际出资额 1/3 以上的有限合伙人提议方可召开。①

（二）合伙人会议的通知

部分创投基金会的合伙协议会明确约定合伙人会议通知时间、通知内容和通知方式，以给予合伙人充分准备时间、确保其在会议前获取充分信息。以广州祥鑫英飞远见创新科技创业投资合伙企业（有限合伙）为例。该基金合伙协议约定，基金管理人应当在定期合伙人会议召开的 7 日前书面通知合伙人会议召开的时间、地点及审议事项（同时提供审议事项足够的背景和信息，以便合伙人能作出决定，不得讨论未经通知的事项）；对于临时合伙人会议，则应在会议召开的 3 日前书面通知上述事项。②

（三）出席合伙人会议的方式和要求

部分创投基金合伙协议会进一步明确合伙人会议的召开方式和要求，以规范合伙人会议召开，常见要求是对参会合伙人比例要求，以确保多数合伙人能有效参与合伙人会议。以济南山高半岛投资合伙企业（有限合伙）为例。该基金合伙协议规定，基金合伙人会议由全体合伙人半数以上出席方能举行。③ 再以深圳博鑫睿华投资合伙企业（有限合伙）为例，该基金的基金合同约定，合伙人会议由全体合伙人委派的代表组成，依照基金合同的规定

---

① 参见山东高速路桥集团股份有限公司：《关于设立济南山高半岛投资合伙企业（有限合伙）的对外投资公告》，载巨潮资讯网，http：//www. cninfo. com. cn/new/disclosure/detail？plate = szse&orgId = gssz0000498&stockCode = 000498&announcementId = 1210358090&announcementTime = 2021 – 06 – 29 08：03。

② 参见祥鑫科技股份有限公司：《关于与专业投资机构共同投资设立合伙企业的公告》，载巨潮资讯网，http：//www. cninfo. com. cn/new/disclosure/detail？plate = szse&orgId = 9900030905&stockCode = 002965&announcementId = 1214385373&announcementTime = 2022 – 08 – 25。

③ 参见山东高速路桥集团股份有限公司：《关于设立济南山高半岛投资合伙企业（有限合伙）的对外投资公告》，载巨潮资讯网，http：//www. cninfo. com. cn/new/disclosure/detail？plate = szse&orgId = gssz0000498&stockCode = 000498&announcementId = 1210358090&announcementTime = 2021 – 06 – 29 08：03。

行使职权。各合伙人以书面委托形式确定一名代表出席合伙人会议。合伙人会议决议经全体合伙人以书面形式表示同意的，可以不召开合伙人会议，直接作出合伙人会议决议。①

（四）议事内容与程序

对创投基金而言，议事内容与程序及决议形成的条件、表决方式、程序往往是夹杂在一起的。实务中，表决内容因基金而异，特别还涉及与投委会、咨询委员会的职权划分问题，没有统一范式。针对表决机制，一般来说，有限合伙型创投基金一般按照投资者的实缴出资比例来分配表决权，当然也有按照合伙人人数来分配表决权的。例如，《合伙企业法》第30条第1款规定，合伙协议未约定或者约定不明确的，实行合伙人一人一票并经全体合伙人过半数通过的表决办法。

针对表决程序来看，从实务看，常见的表决程序主要有以下两类：一是所有事务均适用统一表决规则。例如，所有事项均需要获得2/3以上表决权合伙人同意。二是根据事项不同，适用不同的表决规则。例如，部分事项是多数决，部分事项是一致决。以杭州泰鲲股权投资基金合伙企业（有限合伙）为例，该基金合伙协议约定，除非法律法规另有强制规定或合伙协议另有约定，合伙人会议审议决定以下事项：（1）合伙协议约定的超出投资限制的投资情况；（2）任何合伙人退伙或转让其在合伙企业的全部或部分合伙权益；（3）普通合伙人与有限合伙人的转化；（4）接纳新的普通合伙人；（5）以实物方式作出分配；（6）变更合伙企业的名称或注册地址；（7）接纳新的有限合伙人；（8）审议合伙企业投委会、顾问委员会的议事规则；（9）法律法规或合伙协议约定或全体合伙人一致同意由全体合伙人或合伙人会议进行审议的其他事项。合伙人根据其各自实缴出资比例行使表决权（在首次交割日前，如涉及需由合伙人会议决议的事项，各合伙人按照其各自的认缴出资比例行使表决权）。除上述第5项事项应当经全体合伙人一致同

---

① 参见桂林三金药业股份有限公司：《关于与专业投资机构共同投资的公告》，载巨潮资讯网，http：//www. cninfo. com. cn/new/disclosure/detail？plate = szse&orgId = 9900007027&stockCode = 002275&announcementId = 1213571198&announcementTime = 2022 – 06 – 01。

意方可通过之外，其余合伙人会议审议事项应当经代表合计 2/3 以上表决权的合伙人同意方可通过。① 此外，很多基金的合伙协议会明确关联方回避原则。以深圳顺融泽鹏创业投资合伙企业（有限合伙）为例，该基金的基金合同约定，合伙人与合伙人会议所议事项存在关联、利益冲突时，应回避表决，所持表决权不计入表决权总数。②

对合伙制创投基金而言，合伙协议具有宪章性质，如何重视都不为过。其中的合伙人会议部分亦是非常重要的，也值得高度关注。

二、立项委员会

在基金投资流程中，立项是一个重要节点。一般来说，立项是项目投资进入创投基金正式投资流程的标志，也是开展后续尽职调查的前提。由于基金立项并非基金的终极决策环节，所以其不像项目投资决策环节受到关注。从整个流程来看，立项可以视为一个项目初步决策环节。通过该环节，可以起到两个作用：一是排除部分达不到基金投资标准或者不符合基金投资策略的项目，提高提交投委会审核的项目质量；二是降低管理人需要进行尽职调查项目数量，节约相应的人力、物力和财力，提高基金管理的效率。

既然是一种决策机制，立项的决策机制就很重要。从实务看，立项的决策机制主要有以下几种类型：

1. 由投委会进行立项决策，即基金或者管理人不再设立立项决策机构，立项和投资决策均由投委会按照相同的规则进行，两者功能均由投委会行使。该模式的特点是投委会要对每个项目进行两次及以上重复决策，决策效率可能会受到影响。以兴微（广州）产业投资合伙企业（有限合伙）为例，该基金设投委会，负责对拟投资项目的立项、投资、项目投资退出进行审议并作出决定。投决会在基金合同约定范围内对基金拟投项目的立项和投资决策拥

---

① 参见杭州泰格医药科技股份有限公司：《关于发起设立生物医药产业基金的公告》，载巨潮资讯网，http：//www. cninfo. com. cn/new/disclosure/detail？ plate = szse&orgId = 9900022262&stockCode = 300347&announcementId = 1210468205&announcementTime = 2021 － 07 － 13。

② 参见深圳市利和兴股份有限公司：《关于与专业投资机构共同投资的公告》，载巨潮资讯网，http：//www. cninfo. com. cn/new/disclosure/detail？ plate = szse&orgId = gfbj0834013&stockCode = 301013&announcementId = 1214408423&announcementTime = 2022 － 08 － 26。

有最终决策权，负责对基金管理人投资团队提交的投资项目进行审议并作出决定。①

2. 设立独立立项决策机构，负责项目的立项决策。常见的立项计策机构是立项委员会。一般来说，立项委员会和投委会在委员任命、标准和决策标准上可能存在差异的，相对于后者，立项标准和决策规则一般比较宽松。以湖北骆驼新能源汽车产业投资基金合伙企业（有限合伙）为例。该基金设立独立的立项委员会，其立项委员会成员由管理人总经理办公会聘任，主要负责审核投资部门提交的拟投资目标公司立项申请资料，把控项目风险及质量，就是否立项做出判断。同时，该基金还设立投委会，由董事会直接聘任，负责投资目标公司的决策，制定投资策略，对基金的投资与退出作出决策。②

3. 直接指定管理人的内设机构作为立项决策机构，本质上是全权授权管理人内部机构独立决定是否立项。以东南数字化转型股权投资（莆田）合伙企业（有限合伙）为例，项目投资需经由项目立项、投资决策后进行交割，其中项目立项由管理人总经理决策，投资决策由投委会按规则决策。③

总体来看，基金立项环节一般在基金募集时受到重视较少，甚至在基金合同中不会有专门约定。但是，立项环节本身对基金运营和投资决策的效率有重要影响，值得相关方给予必要关注。

三、投资决策委员会

在实务中，基金合同一般会明确约定设立投委会，来负责基金的投资决策。投委会是从 Investment Committee 翻译而来的，也就是行内人常说的“IC”。投委会作为委员会制机构，一般多采取“多数决”甚至“一致决”

---

① 参见富士康工业互联网股份有限公司：《关于参与设立投资基金的公告》，载巨潮资讯网，http：//www. cninfo. com. cn/new/disclosure/detail？ plate = sse&orgId = 9900036731&stockCode = 601138& announcementId = 1212721558&announcementTime = 2022 – 03 – 30。

② 参见骆驼集团股份有限公司：《关于参与设立湖北骆驼新能源汽车产业并购基金暨关联交易的公告》，载巨潮资讯网，http：//www. cninfo. com. cn/new/disclosure/detail？ plate = sse&orgId = 9900019962&stockCode = 601311&announcementId = 1204040277&announcementTime = 2017 – 10 – 14。

③ 参见富士康工业互联网股份有限公司：《关于参与设立投资基金的公告》，载巨潮资讯网，http：//www. cninfo. com. cn/new/disclosure/detail？ plate = sse&orgId = 9900036731&stockCode = 601138&announcementId = 1210791314&announcementTime = 2021 – 08 – 20。

的决策机制，即投委会由多位委员组成，投委会作出决策需要获得多数投委会委员甚至全部委员的同意方能通过。因此投委会对基金运营来说至关重要。投委会的设立和职权来源于基金合伙人会议的授权。相对与公司法对公司的董事会（执行董事）、监事会（监事）等强制性要求。有限合伙企业的一大特点就是其治理结构灵活性大，并无强制性治理机构规定。因此，有限合伙的利益相关者可以根据实际情况的需要创设各种决策、运营和监督机构。对创投基金而言，最重要的工作就是投资决策，行业内的通行做法就是设立投委会，负责基金的投资决策。

（一）投委会的职责

投委会的职责正如其名称所标识的一样是进行投资决策。创投基金的项目投资往往是长周期的，单个项目的投资往往会延续数年甚至更久。投资决策也是覆盖整个项目周期的。以招商中外运产业创新私募股权投资基金合伙企业（有限合伙）为例，该基金设立投委会，对基金投资项目的运营、投资、管理、退出等重要事项进行决策。[①] 在实务中，一般通过在基金合同中概括性约定加上投委会议事规则方式来细化投委会的具体职权。从项目投资、投后管理和投资退出分阶段来看，投资决策往往包含以下内容：

1. 决定是否对特定项目进行投资、交易对手方、投资金额及投资的主要条件和条款，主要包括投资估值或者估值区间、投资金额、交易对手方、投资方式（如增资、股权转让、参与定向增发、债转股等）、付款条件、对赌条款、回购条款、反稀释条款等主要投资要素。

2. 在投后管理过程中对投资的主要条件和条款变更进行决策。根据法理原则，既然投资的主要条件和条款由投委会决定，其后续变更也应当由其决定，除非其明确授权给管理人或者相应组织行使相应权利。

3. 对投资退出进行决策，决定是否退出特定项目、交易对手方、退出数量、退出金额及退出的主要条件和条款、收款条款和收款方式、或有法律风

① 参见中国外运股份有限公司：《关于与关联方共同投资设立投资基金的关联交易公告》，载巨潮资讯网，http：//www. cninfo. com. cn/new/disclosure/detail？ plate = sse&orgId = gshk0000598&stockCode = 601598&announcementId = 1210224159&announcementTime = 2021 －06 －12。

险或责任承担等主要退出要素。

此外，部分基金还会将决定项目估值或者确定对项目估值方法的权力赋予投委会。

（二）投委会的组成

投委会的组成体现的是基金投资决策权的分配。投委会委员提名权和任命权的分配直接决定了基金投资决策，是基金投资决策之关键。因此，投委会的组成往往是相关方谈判焦点。在实务中，主要采用以下几种模式：

1. 投委会委员的提名权和任命权均归属于管理人，即管理人负责组建投委会，并负责提名和任命全部投委会委员。也就是说，基金投委会全部委员的选择、变更、评价均由管理人独立进行，即基金的投资决策权由管理人独立行使。这是投资者高度信任管理人的投资决策能力表现，是创投基金主流运作模式之一。以龙珠股权投资基金合伙企业（有限合伙）为例，该基金设投委会，负责根据管理人的投资建议，就基金投资、退出等作出决策。该基金的投委会成员全部由普通合伙人委派。[①] 也就是说该基金全部投资决策权利均由管理人独立行使。

2. 区分投委会委员的提名权和任命权，提名权归属于管理人，任命权归属于合伙人会议。即管理人负责组建投委会，并负责向合伙人会议提名委员候选人，由合伙人会议综合考虑候选人经验、背景、专业能力等因素来决定是否通过任命。也就是说，基金合伙人会议保留了对管理人提名不合格候选人的否决权。这有利于促使管理人更谨慎的提名基金投委会委员。当然，如果合伙人会议与管理人对委员候选人长期不能达成一致，或者不能对委员候选人任命尽快作出决策。例如，原有委员因为工作变动、身体健康等原因不能再履行委员职务而合伙人会议不能对管理人新提名委员作出决策。在此情况下，投委会在此期间可能会难以作出决策，这无疑会影响基金投资决策效率，进而影响基金运作。

---

① 参见好想你健康食品股份有限公司：《关于参与认购股权投资基金份额的公告》，载巨潮资讯网，http：//www. cninfo. com. cn/new/disclosure/detail? plate = szse&orgId = 9900019704&stockCode = 002582&announcementId = 1210467006&announcementTime = 2021 – 07 – 13。

3. 区分投委会委员的提名权和任命权，并且部分委员的提名权归属于管理人，部分委员的提名权归属于管理人以外的第三方，任命权归属于合伙人会议或者管理人。该制度的本质上管理人与第三方分享投资决策权利。该第三方一般是基金主要投资者或者其关联方。即该第三方通过任命投委会委员的方式参与投委会的投资决策。在实务中，往往基石投资者通过该种制度参与基金的投委会决策。此外，这对多GP的基金而言，多GP分享投委会委员的提名权或者任命权也是其中典型情形之一。结合投委会决议不同决策机制，投委会委员的提名和任命权对投委会决策具有重要影响。以上海瑞力文化科创股权投资基金合伙企业（有限合伙）为例，该基金的投委会由不少于5名委员组成；其中，管理人推荐1名，有限合伙人1推荐2名，有限合伙人2推荐2名；全部委员均由执行事务合伙人正式任命或免职。投委会主席由有限合伙人推荐的人员担任。基金投资项目需由投委会1/2以上（必须包括投委会主席）委员表决同意方能立项；投资项目的最终投资决策及其他投资相关的重要决策事项需经3/5以上（且必须包括投委会主席）委员表决同意方能通过。① 因此有限合伙人拥有该基金投委会决策的否决权，有限合伙人通过该安排实现了对基金投资决策的控制。

（三）投委会的决策机制

在投资决策时，投委会委员一般是一人一票，投委会决议需要获得约定比例以上投委会委员的同意方可通过。投委会决策的主要问题包括：

1. 每位委员的投票是否是等效的。在实务中，投委会委员们一般是一人一票。作为委员会机构典型特点，一般会设置一位召集人，类似董事会中的董事长，负责召集和主持投委会会议。在人民币基金，这个召集人一般叫做投委会主任或者主席。在实务中，投委会主任的权限一般会有几类设置：第一类在投委会决策形成平局时，主任委员还有再投一票的权利，从而提高投委会决策效率。例如：在6位委员组成的投委会中，3位委员投赞成票、3位

---

① 参见上海实业发展股份有限公司：《关于参与认购基金暨关联交易事项的公告》，载巨潮资讯网，http：//www.cninfo.com.cn/new/disclosure/detail？plate = sse&orgId = gssh0600748&stockCode = 600748&announcementId = 1210839837&announcementTime = 2021 - 08 - 25。

委员投反对票。在此情况下，主任委员还有权再投一票，从而决定是否通过该决议。第二类是主任委员对投委会决议具有一票否决权，即只有在主任委员赞成前提下，投委会才能通过决议。因为主任委员一般是基金管理团队中的关键人士，授予主任委员一票否决权本质上是投资者对关键人士决策能力的信任。以上海瑞力文化科创股权投资基金合伙企业（有限合伙）为例，该基金投委会作出投资项目立项和最终投资决策及其他投资相关的重要决策事项除要求特定比例的委员同意外，还要求该同意委员中必须包含投委会主席在内，即授予投委会主席对基金项目立项和投资决策一票否决权。①

2. 投资决策的多数决和一致决问题。投委会作为委员会机制机构，其决策机制非常重要。一般有多数决和一致决两种机制之分。所谓多数决机制，即投委会作出决策需要获得多数委员同意方可通过。至于设置多高比例，一般会与投委会委员提名权和任命权相互关联，特别是在委员的提名权和任命权由多方分享的情况下，这种比例的设置尤为重要。以银鞍岭秀新材料产业基金合伙企业（有限合伙）为例，该基金要求执行事务合伙人成立投委会，投委会对合伙企业的项目投资、项目退出等投资事项进行专业的决策。投委会由 3 名委员组成，并选举 1 名主任委员。对于投委会所议事项，投委会委员一人一票，投委会会议所作决策需经过 2/3 的委员同意方能通过。② 该基金投委会实行的就是典型多数决机制。

所谓一致决机制，即投委会作出决策需要获得全部委员同意方可通过，即任何一名委员对投资决策均具有否决权。这大幅提高投资决策难度。以青岛蓝色星空股权投资基金（有限合伙）为例，该基金关于投资的立项、投资及退出等所有投资事项须经全体投委会委员同意方可作出决议。③

---

① 参见上海实业发展股份有限公司：《关于参与认购基金暨关联交易事项的公告》，载巨潮资讯网，http：//www. cninfo. com. cn/new/disclosure/detail？ plate = sse&orgId = gssh0600748&stockCode = 600748&announcementId = 1210839837&announcementTime = 2021 - 08 - 25。

② 参见中化国际（控股）股份有限公司：《关于与投资方设立投资基金暨关联交易的公告》，载巨潮资讯网，http：//www. cninfo. com. cn/new/disclosure/detail？ plate = sse&orgId = gssh0600500&stockCode = 600500&announcementId = 1205232086&announcementTime = 2018 - 07 - 27。

③ 参见广东新会美达锦纶股份有限公司：《关于参与发起设立军民融合产业投资基金 暨关联交易的公告》，载巨潮资讯网，http：//www. cninfo. com. cn/new/disclosure/detail？ plate = szse&orgId = gssz0000782&stockCode = 000782&announcementId = 1208501868&announcementTime = 2020 - 09 - 28 07：45。

在实务中，存在将委员的提名权和任命权及多数决机制综合考虑，从而通过多数决机制来实现一致决效果的安排。以招商中外运产业创新私募股权投资基金合伙企业（有限合伙）为例，该投委会由 6 名委员组成，管理人委派 3 名委员、中国外运股份有限公司委派 3 名委员。投委会按一人一票制表决，对所议事项的决议须经全体投委会成员的 2/3 以上（不包括本数）同意，方为有效通过。① 单纯从表决机制上看，该基金投委会实行多数决。但是结合投委会组成和决策机制来看，如果没有获得有限合伙人中国外运股份有限公司委派委员的同意，基金投委会不可能作出有效决策。中国外运股份有限公司可以通过其任命的 3 名委员投票来否决投委会议案，其本质上拥有投委会的否决权。

3. 分层决策机制。为了满足各方对参与投资决策需求、平衡投资决策效率和投资决策谨慎性，实务中部分人民币基金也会设置分层决策机制，即根据不同标准设置不同的决策机制。常用标准包括投资金额、投资金额占基金总规模比例，项目估值金额、项目投资性质（如控股收购和参股投资）等。

以四川川沪合作创新股权投资基金合伙企业（有限合伙）为例，该基金的投委会，由 5 名委员组成，其中基石投资者 1 委派 2 名，基石投资者 2 委派 2 名，管理人委派 1 名。单个项目累计投资金额在人民币 5000 万元（含）以下的，经投委会 3/5（含）以上通过；单个项目累计投资 5000 万以上且不超过该基金认缴出资总额的 20% 或涉及关联交易，项目表决需投委会 4/5（含）以上通过。② 根据该决策机制，单个项目累计投资金额在人民币 5000 万元（含）以下且不涉及关联交易的，该基金投委会获得管理人、基石投资人 1 和基石投资人 2 三方中的任意两方委派委员同意即可作出决策。单个项目累计投资 5000 万以上或超过该基金认缴出资总额的 20% 或涉及关联交易，该基金投委会只有在基石投资人 1 和基石投资人 2 委派委员均同意才可能作

---

① 参见中国外运股份有限公司：《关于与关联方共同投资设立投资基金的关联交易公告》，载巨潮资讯网，http：//www. cninfo. com. cn/new/disclosure/detail？ plate = sse&orgId = gshk0000598&stockCode = 601598&announcementId = 1210224159&announcementTime = 2021 – 06 – 12。

② 参见上海实业发展股份有限公司：《关于参与设立基金暨关联交易事项的公告》，载巨潮资讯网，http：//www. cninfo. com. cn/new/disclosure/detail？ plate = sse&orgId = gssh0600748&stockCode = 600748&announcementId = 1208772579&announcementTime = 2020 – 11 – 21。

出决策，决策通过难度大幅提高，本质上赋予了基石投资人1和基石投资人2对单个项目累计投资5000万以上或超过该基金认缴出资总额的20%或涉及关联交易项目决策一票否决权。

4. 关联交易的投资决策问题。在投资决策中，关联交易因为可能涉及利益输送，其投资决策往往会受到重点关注。基金投资的关联交易一般涉及与基金管理人的关联交易和投委会委员的关联交易两类。常见关联交易包括从基金管理人关联的其他基金受让股权、投委会委员作为股东或者董事的企业等。两者处理方案一般存在差异。一般而言，对因为单个委员或其近亲属持股或者任职而形成的关联交易，可以通过该委员回避表决，由没有关联关系委员按照既定规则进行决策。对于因为管理人的原因形成关联交易，一般通过将该交易提交咨询委员会或者合伙人会议（一般管理人及其关联方需要回避表决）审议的方式进行决策，从而确保交易公允性。

5. 独立委员和非独立委员问题。部分人民币基金会要求部分投委会委员具有独立性，即部分委员应该是独立于管理人及其关联方的，指不在管理人或者基金担任除投委会委员外的其他职务，并与基金管理人及其主要股东不存在可能妨碍其进行独立客观判断的关系的委员。要求该类委员的目的主要在于利用其独立性和专业性提高投委会决策客观性、专业性和公正性。该设置与上市公司董事会独立董事机制很类似。该类机制常见于国有基金出于合规要求设置独立委员、针对特定技术领域基金引进独立行业专家委员和多方分享管理权的基金为平衡投委会委员分配而引进的独立委员等情况。以广州老字号振兴基金合伙企业（有限合伙）为例，该基金投委会由5名委员组成，其中3名由管理人推荐，2名由外部专家担任。合伙企业的其他合伙人有权派观察员列席投委会会议，但不享有投票权。投委会各委员一人一票，投资决策必须获得全体委员4/5以上（含本数）同意方能通过。也就是说该基金至少要获得一名专家委员的支持才能作出投委会决议。[①] 独立委员的优势在于其独立性和专业性，从理论上讲，因为与被决策事项没有利益关系，

① 参见广州珠江钢琴集团股份有限公司：《关于参与投资设立广州老字号振兴基金的公告》，载巨潮资讯网，http：//www. cninfo. com. cn/new/disclosure/detail? plate = szse&orgId = 9900022739&stockCode = 002678&announcementId = 1210808185&announcementTime = 2021 - 08 - 21。

独立委员在投资决策时能发表更为客观的决策意见；因为独立委员往往是某些领域的专业人士，独立委员的存在能提高投资决策专业性。实务中，独立委员绝大多数都是兼职委员，难以确保其有足够时间和精力有效地履行独立委员的职责。同时，也正是因为独立委员的独立性要求，导致独立委员的投资决策意见与与其个人经济利益无关，独立委员能否慎重和周全考虑其投资决策方方面面，甚至发出反对意见均完全有赖于独立委员的职业操守。相对而言，来源基金管理团队内部成员的投委会委员由于是专职委员，其工作时间和精力往往更有保证，而且这些委员的绩效、业绩和直接经济利益往往与基金业绩直接相关，该部分委员的激励和约束机制更为明确。基于此，独立委员能否实现既定目标一直是实务中不断被提起的问题。

6. 主要投资者参与投资决策的问题。从实务来看，部分基金的主要投资者参与基金投资决策是人民币基金发展和不断成熟过程中面临的重要问题之一。主要原因在于部分人民币基金管理人运营基金规范性、专业性和声誉不足，导致部分投资者对管理人的信任不够，进而希望参与甚至控制基金的投资决策。

根据《合伙企业法》第 68 条和第 76 条第 1 款的规定，[①] 在法定八种情况外，投资者作为有限合伙人不得执行合伙事务，不得对外代表有限合伙企业。而且，中基协要求基金合同不得做出有限合伙人以任何直接或间接方式参与或变相参与超出前款规定的八种不视为执行合伙事务行为的约定。[②] 如果投资者作为有限合伙人以创投基金的投资决策参与者身份出现导致第三方有理由相信投资者为普通合伙人并与其交易的，该投资者对该笔交易有承担与普通合伙人同样责任的法律风险。

---

① 《合伙企业法》第 68 条规定，有限合伙人不执行合伙事务，不得对外代表有限合伙企业。有限合伙人的下列行为，不视为执行合伙事务：（1）参与决定普通合伙人入伙、退伙；（2）对企业的经营管理提出建议；（3）参与选择承办有限合伙企业审计业务的会计师事务所；（4）获取经审计的有限合伙企业财务会计报告；（5）对涉及自身利益的情况，查阅有限合伙企业财务会计账簿等财务资料；（6）在有限合伙企业中的利益受到侵害时，向有责任的合伙人主张权利或者提起诉讼；（7）执行事务合伙人怠于行使权利时，督促其行使权利或者为了本企业的利益以自己的名义提起诉讼；（8）依法为本企业提供担保；《合伙企业法》第 76 条第 1 款规定，第三人有理由相信有限合伙人为普通合伙人并与其交易的，该有限合伙人对该笔交易承担与普通合伙人同样的责任。

② 参见《私募投资基金合同指引 3 号（合伙协议必备条款指引）》第 5 条第 5 项。

在实务中，主要投资者往往通过提名投委会委员、甚至要求以合伙人会议作出投资决策前置程序、投资决策事后备案等方式介入甚至控制基金的投资决策。从实务结果来看，这类安排效果和效率均有待验证。部分基金的投委会设置“投委会观察员”，由主要投资者代表出任。与投委会委员相比，投委会观察员具有出席会议和或其相应资料的权利，但不具有投票权，本质上是投资者通过参与会议的方式行使其对基金投资决策的知情权，也是投资者监督投资决策规范运作的一种监督手段。我们也看到越来越多具有优秀业绩、规范运营和较强专业能力的人民币基金管理人坚持独立决策。随着人民币创投基金不断成熟，投资者参与投资决策现象有望不断减少。

（四）投委会的程序

作为一个委员会机构，议事规则对投委会规范和有效率运作也是非常重要的。首先涉及决策规则制定权归属问题，即由谁来决定决策规则。在实务中，主要有授权管理人决定投资决策规则及管理人决定规则，合伙人会议通过两种模式。前者将决策规则制定权全部授予管理人，即管理人可以根据需要对决策规则进行调整；后者由合伙人会议决定投资决策规则，即管理人首次制定或者变更投资决策规则需要获得合伙人会议同意。

从内容来看，投委会议事规则主要涉及会议准备、会议召集、主持和表决、资料保存等事项。

1. 会议准备要求。因为投资决策较为复杂，投委会议事规则往往会规定会议资料要求，常见的会议资料包括投资建议书、业务财务和法务尽职调查报告等。一般要求管理人在发出会议通知的同时发出相应会议资料。

2. 会议时间要求，即在会议召开前要求提前一定时间通知参会者，以确保参会者有充足时间分析会议资料、对相关事项履行内部程序并做出表决意见和做好参会准备。例如，根据现有监管要求，上市公司召开年度股东大会的，需要提前20日以公告方式通知各股东，召开临时股东大会的，需要提前15日前以公告方式通知各股东。[①] 当然，投委会委员人数一般较少，出于投资效率考虑提前通知时间会大幅缩短。在实务中，往往要求提前3天~5天

① 参见《上市公司章程指引》（2022年修订）第55条。

提前通知。特殊情况下，涉及上市公司交易，出于信息保密等需要，经投委会主任或者委员多数同意还可以缩短或者豁免提前通知要求。

3. 投资决策时间要求，即在投委会会议后，投委会委员应当在约定时间投票，以免投资决策长期拖而不绝而影响投资决策效率。在实务中，一般会要求委员在会后1天~3天内投票。如果部分委员未能按照约定投票，部分基金的议事规则会规定投委会委员在预定期间内未投票的，该委员视为投弃权票或者赞成票，或者视同其回避表决。

四、咨询委员会（顾问委员会）

除投委会外，基金运作中往往还有一个常设的委员会，也就是有限合伙人咨询委员会（Limited Partner Advisory Committees，LPACs），一般简称"咨询委员会"或者"顾问委员会"。需要注意的是并非每个基金都设置咨询委员会。从咨询委员会的权利来源来看，其主要源于合伙人会议的授权，即合伙人会议将部分权利授予咨询委员会行使。从某种意义来说，咨询委员会可以视为一个监督机构，监督投委会部分工作是否符合基金合同要求。如果不设置咨询委员会，相应职权往往由合伙人会议行使。根据汉坤律师事务所的统计，多数盲池直投基金会设置咨询委员会，而单项目基金设置咨询委员会的情形较少。[①] 关于咨询委员会的主要事项如下：

（一）咨询委员会的组成

咨询委员会作为一个委员会具有委员会机构的基本特征，由多位委员组成，通过会议方式进行决议。相较于投委会，咨询委员会有一个鲜明的特征，就是咨询委员会往往由有限合伙人代表构成。这一要求是由其职责所决定的。为此，管理人及其关联方代表（包括作为管理人关联方的有限合伙人之内）往往会被明确不具有担任咨询委员会委员的资格。在人民币基金的实务中，咨询委员会委员的提名和任命的主要方式如下：

1. 基金合同直接约定主要投资者有任命一定数量咨询委员会委员的权

---

① 参见汉坤律师事务所、36Kr、中华有限合伙人联合会：《汉坤2019年度基金募集项目数据分析报告》，载 https://www.hankunlaw.com/downloadfile/newsAndInsights/3f4ea84cd59faf0c43d9503e6627a574.pdf，第17页。

利，咨询委员会委员直接由特定投资者委任和更换。在实务中，该种权利往往会赋予给承诺出资金额排名前列的投资者，也即赋予了主要投资者通过咨询委员会对基金运营相关重大事项进行监督的权利。以北京君联惠康股权投资合伙企业（有限合伙）为例，该基金的顾问委员会由普通合伙人邀请的有限合伙人代表组成，每个认缴出资额不低于2亿的有限合伙人有权提名1名顾问委员会委员；对于任何认缴出资额不足2亿的有限合伙人，经普通合伙人提议，并经认缴出资额不低于2亿的有限合伙人委派的顾问委员会委员中过半数认可，亦有权提名1名顾问委员会委员。[①] 而上海上实生物医药创新转化私募投资基金合伙企业（有限合伙）的咨询委员会就是由有限合伙人（不包括特别有限合伙人）各委派1名代表组成。[②]

2. 基金投资人提名，合伙人会议任命，即全部或者部分投资者有权向合伙人会议提名委员候选人，由合伙人会议综合考虑候选人独立性、经验、背景、专业能力等因素来决定是否通过任命。也就是说，基金合伙人会议保留了对投资者提名不合格候选人的否决权。这将促使投资者谨慎提名基金咨询委员会委员。

3. 管理人提名，合伙人会议任命，即管理人有权在投资者代表中选择合适人选向合伙人会议提名委员候选人，由合伙人会议综合考虑候选人独立性、经验、背景、专业能力等因素来决定是否通过任命。也就是说，该机制赋予管理人从投资者代表中选择候选人的权利，基金合伙人会议保留了对管理人提名候选人独立性审查权和不合格候选人的否决权。这将促使管理人更为谨慎的提名基金咨询委员会委员。在此情况下，基金合同一般会要求管理人应披露候选人是否在管理人及其关联方（该基金除外）具有直接或者间接利益，并要求候选人就其不在管理人及其关联方（该基金除外）具有直接或者

---

① 参见北京键凯科技股份有限公司：《关于参与认购私募投资基金份额的公告》，载巨潮资讯网，http：//www.cninfo.com.cn/new/disclosure/detail？plate = sse&orgId = 9900042296&stockCode = 688356&announcementId = 1210475002&announcementTime = 2021 - 07 - 14。

② 参见上海医药集团股份有限公司：《关于参与设立上海上实生物医药创新转化私募基金合伙企业（有限合伙）暨关联交易的公告》，载巨潮资讯网，http：//www.cninfo.com.cn/new/disclosure/detail？plate = sse&orgId = gssh0600849&stockCode = 601607&announcementId = 1210563295&announcementTime = 2021 - 07 - 24。

间接利益进行承诺。

（二）咨询委员会的职责

基于咨询委员会作为投委会监督机构的定位，咨询委员会的职权往往限于对投委会特定事项进行复核。咨询委员会的常见职权包括：

1. 基金关联交易事项。一般要求投委会对关联交易决策之后，再经过咨询委员会同意方可生效。基金的关联交易主要涉及基金与基金管理人及其关联方之间的交易。根据中基协的定义，关联交易是指私募投资基金与管理人、投资者、管理人管理的私募投资基金、同一实际控制人下的其他管理人管理的私募投资基金、或者与上述主体有其他重大利害关系的关联方发生的交易行为。[①] 例如，基金受让基金管理人或者其管理的其他基金的持有被投企业股权、投资管理人管理的其他基金已投资企业。对第一种情况而言，基金和管理人及其关联方是直接交易对手方，管理人存在利益冲突；对第二种情况而言，基金投资管理人管理的其他基金在已投资企业中已经存在利益，其投资独立性可能被既有利益所影响。关联交易主要涉及公允性、审核程序合规性两方面。对创投基金而言，非上市公司的价值评估是一个世界性难题，其公允性评估难度很大。其本质是通过要求管理人将关联交易提交咨询委员审议的程序性要求，来敦促其充分证明关联交易的必要性和公允性，进而维护投资者的利益。以上海上实生物医药创新转化私募投资基金合伙企业（有限合伙）为例，该基金的咨询委员会主要审议基金的利益冲突事项、关联交易事项、关键人士事项、对单一最终被投资载体超过限额的议案、对外举债的议案以及基金再投资金额超过限额的议案。[②]

2. 基金超比例投资事项。大部分创投基金进行组合投资，从而达到分散投资风险的目的。当创投基金拟对特定项目的投资金额超过基金的一定比例时，创投基金通过组合投资分散风险的功能将大大减弱甚至丧失，该创投基

① 《私募投资基金备案须知》（2019 年版）第 19 条。

② 参见上海医药集团股份有限公司：《关于参与设立上海上实生物医药创新转化私募基金合伙企业（有限合伙）暨关联交易的公告》，载巨潮资讯网，http：//www. cninfo. com. cn/new/disclosure/detail? plate = sse&orgId = gssh0600849&stockCode = 601607&announcementId = 1210563295&announcementTime = 2021 – 07 – 24。

金的投资风险将很大程度上集中于单一项目。为了有效控制单一项目对基金整体收益的影响，创投基金的基金合同往往会对创投基金对单一被投企业的投资金额进行限制。《创业投资企业管理暂行办法》第 16 条规定，创业投资企业对单个企业的投资不得超过创业投资企业总资产的 20%。因此，当创投基金拟对特定项目的投资金额超过基金的一定比例时，投委会通过该交易后需要提交咨询委员会复核。以北京君联惠康股权投资合伙企业（有限合伙）为例，该基金对同一投资组合项目进行超过基金总认缴出资额 15% 的项目投资，须经顾问委员会同意。①

3. 基金与关联方联合投资，即基金和管理人管理的其他基金分享投资机会，进行共同投资。如果管理人多支基金同时投资一个项目，管理人可能存在“厚此薄彼”的可能，即通过区别对待进行利益输送。因此在此情况下，往往会要求咨询委员会对此进行复核。在实务中，为了提高投资决策效率，符合特定条件的共同投资也会豁免咨询委员会审核，主要包括：第一，平行基金的共同投资，平行基金在设立时即约定与相应基金按照特定规则（如按照约定比例）进行联合投资的；第二，符合“同股同权”“同进同出”原则的方式进行联合投资，如按照同等实质性条件进行投资、并按照同等条件和进度进行退出的投资可以豁免提交咨询委员会审核。

4. 基金期限延长相关事项。对基金运营来说，基金期限对投资者回收流动性及其流动性安排有非常重要的意义。因此，在实务中，基金期限延长事项一般需要提交合伙人会议或者顾问委员会审议。例如，北京君联惠康股权投资合伙企业（有限合伙）的期限是自首次交割日起满 8 年。根据基金的经营需要，普通合伙人可独立决定将基金期限延长 1 年。之后，经普通合伙人提议并经顾问委员会同意，基金的期限可再延长 1 年，此后经普通合伙人提议并经 2/3 合伙人同意，基金的期限可以继续延长。② 该基金将决定延长基

---

① 参见北京键凯科技股份有限公司：《关于参与认购私募投资基金份额的公告》，载巨潮资讯网，http：//www. cninfo. com. cn/new/disclosure/detail？plate = sse&orgId = 9900042296&stockCode = 688356&announcementId = 1210475002&announcementTime = 2021 – 07 – 14。

② 参见北京键凯科技股份有限公司：《关于参与认购私募投资基金份额的公告》，载巨潮资讯网，http：//www. cninfo. com. cn/new/disclosure/detail？plate = sse&orgId = 9900042296&stockCode = 688356&announcementId = 1210475002&announcementTime = 2021 – 07 – 14。

金第一年、第二年和之后期限的权利分别赋予了普通合伙人、顾问委员会和合伙人会议。而南京祥仲创业投资合伙企业（有限合伙）则将延长期限的权利主要赋予了顾问委员会。该基金的期限自本合伙企业的成立日起算，至首次交割日的第六个周年日为止。经咨询委员会同意，可延长存续期限两次，每次壹年。①

（三）咨询委员会的决策机制

一般而言，相对投委会投资决策机制的复杂性，由于咨询委员会一般仅针对特定事项，所以其决策机制一般相对简单，实行单一决策机制。相对于合伙人会议一般根据其持有基金份额决定相应投票权的方式，咨询委员会一般实行一人一票制度，实行多数决。当然，也有部分创投基金的咨询委员会实行一致决，即要求咨询委员会全体委员一致同意方可作出决议。以上海上实生物医药创新转化私募投资基金合伙企业（有限合伙）为例，该基金的咨询委员会会议须由 1/2 及以上的有表决权成员参加方为有效，所有决议须经过 1/2 及以上有表决权的咨询委员会成员同意方为有效。与表决事项有利益冲突或关联关系的有限合伙人委派的咨询委员会成员应当回避表决，其持有的表决票不计入表决票总数。②

第二节　基金分配机制

一、基金分配简介

基金分配条款是基金条款中最重要的条款之一，也是各方最关注的要点

---

① 参见鸿合科技股份有限公司：《关于认购南京祥仲创业投资合伙企业（有限合伙）基金份额暨关联交易的公告》，载巨潮资讯网，http://www.cninfo.com.cn/new/disclosure/detail?plate=szse&orgId=9900037182&stockCode=002955&announcementId=1208900510&announcementTime=2020-12-15。

② 参见上海医药集团股份有限公司：《关于参与设立上海上实生物医药创新转化私募基金合伙企业（有限合伙）暨关联交易的公告》，载巨潮资讯网，http://www.cninfo.com.cn/new/disclosure/detail?plate=sse&orgId=gssh0600849&stockCode=601607&announcementId=1210563295&announcementTime=2021-07-24。

之一。该条款涉及基金利益分配及现金流分配问题，也是管理团队激励约束机制的重要组成部分，因此也是基金合同中最为复杂的问题。从本质上看，基金分配条款是合伙人关于基金现金流分配的安排。根据基金的分配主体不同，可以分为对有限合伙人分配和普通合伙人的分配两类。其中，对普通合伙人分配相对而言较为简单，一般是按照其持有基金份额比例（一般是实缴出资比例）进行分配。而对有限合伙人的分配，涉及对基金管理人的业绩激励，所以相对而言会复杂很多。在行业内，基金管理人的报酬一般由两部分组成：（1）管理费，用以补偿管理人发生的管理成本；（2）业绩报酬，按照管理人创造的增值收益中按比例提取，这是管理人的激励。[①] 其中管理人业绩报酬计算和分配是基金分配中的核心问题，主要涉及管理人业绩报酬范围和金额计算模式、分配次序和保障措施等问题。

根据基金分配款来源差异，可以将基金分配款按照不同收入分为主动管理收入和被动管理收入两类，两者具体差异如下：

1. 主动管理收入是基金因管理人主动管理工作而产生的与基金投资业务相关的收入，该部分收入的产生及金额与管理人的投资决策和基金管理工作息息相关，管理人不同的投资决策和基金管理工作将对该类收入产生实质性影响，主要包括股权转让款、基金获得项目方的对赌补偿款、项目分红款和股权回购款等。以基金的股权转让款为例，基金能否获得股权转让款与管理人的决策息息相关，即管理人具体投资项目选择、具体投资估值、投资金额与投后管理及增值服务等均会对股权转让款产生重要影响。

2. 被动管理收入是指基金投资业务之外收入，这类收入有一个特点即该部分收入产生及具体金额与管理人主动管理工作相关性不大，管理人不同投资决策和基金管理工作对该类收入的影响很小，主要包括基金闲置资金理财收入，投资者给基金支付违约金等。其中，以投资者违约而产生违约金收入最为典型。这是由投资者违约行为决定，当投资者发生约定行为，其对基金支付违约金的法律义务即产生，这与管理人管理工作基本无关。

---

① 参见大卫·F. 史文森：《机构投资的创新之路（典藏版）》，张磊等译，中国人民大学出版社2015年版，第221页、第215页和第253页。

从人民币基金实务来看，从是否区分主动管理收入和被动管理收入来看存在以下两种模式：

1. 管理人业绩报酬只限于基金主动管理收入，不包含被动管理收入。在此情况下，基金收入需要区分主动管理收入和被动管理收入，从业绩报酬定义和目的来看，管理人提取业绩报酬基础在于其通过管理行为创造价值，主动管理收入正是基于管理人管理行为而产生，所以其可以作为业绩报酬提取基础；而被动管理收入与业绩报酬定义和目的并无相符，不将其纳入业绩报酬计算基础，一般按照所有投资者持有基金份额比例进行分配。

2. 管理人业绩报酬不区分主动管理收入和被动管理收入，基金所有收入均纳入业绩报酬计算基数之内，适用统一的核算和分配约定。

这两种模式各有优劣，其中第一种模式更为精准，但是会降低基金合同谈判效率、提高基金核算复杂度，操作更为复杂。因为每次分配需要根据收入性质进行分别核算和分配，还可能会存在部分收入性质争议等问题；其中第二种模式更为简化，操作也更为简便，但是也存在精细化不够的问题。整体来看，在正常情况下，两者差异一般较小。因为基金被动收入一般占基金收入比例很小。所以，在实务中很多人民币基金选择简易做法，不区分主动管理收入和被动管理收入，而适用统一的核算和分配规则，以提高基金合同的谈判效率、减低基金核算、分配和操作的复杂度。

二、基金分配本质及主要问题

如果从现金流角度来看基金分配，基金分配本质就是基金现金流分配问题，主要涉及以下问题：

1. 基金分配维度，是以基金整体还是以项目作为分配维度；

2. 普通合伙人和有限合伙人收回投资本金次序问题，即两者同时收回投资本金还是有限合伙人优先于普通合伙人收回投资本金的问题；

3. 门槛收益的问题，该问题可以进一步拆分为三个小问题：（1）是否有门槛收益率问题；（2）门槛收益率高低问题（收益率比例和单复利问题）；（3）有限合伙人是否优先普通合伙人收到门槛收益问题。

4. 普通合伙人收取业绩报酬问题。该问题又可以进一步分拆为以下小问题：（1）业绩报酬的范围问题，即普通合伙人是否针对有限合伙人门槛收益部分计提业绩报酬的问题（追补收益的问题）；（2）普通合伙人提取业绩报酬比例问题。

在前述内容中，有两项内容涉及具体比率问题，分别为门槛收益率和业绩报酬比例。这两个比率均直接关系到管理人和投资人的利益划分的问题，因而也是重要谈判点。

（一）门槛收益率

在人民币基金实务中，门槛收益率一般是6%/年～8%/年单利。① 当然也有复利的。在汉坤律师事务所2019年参与人民币基金中，有58.82%的基金设立了门槛收益。其中，较为普遍的门槛收益率为单利5%/年～8%/年。② 门槛收益率与基金投资者所在地银行存款利率紧密相关，一般以银行存款基准利率为基础加上风险补偿利率，再由管理人和投资者协商而成。可以理解为投资者为放弃银行存款的机会成本，加上投资者投资创业投资基金比银行存款风险更高而需要获得风险补偿，再由双方协商确定，其中基石投资者在此过程中会发生重要作用。

从人民币基金发展情况来看，随着中国银行存款基本利率下降，人民币基金门槛收益率有下降趋势。单利8%/年的门槛收益率是笔者在现阶段能看到占比最高的门槛收益率。我们可以看到单利6%/年的门槛收益率占比正在逐步提升。从最新上市公司所投资的人民币基金案例来看，珠海华实创业实体产业发展投资基金（有限合伙）③ 等基金的门槛收益率是单利6%/年；湖

① 参见中国证券监督管理委员会北京监管局、中国证券投资基金业协会和北京基金小镇投资者教育基地：《私募基金投资者保护手册（第1版）》，载https：//www.amac.org.cn/industrydynamics/guoNeiJiaoLiuDongTai/ffzty/yingzhiyinghui/202102/P020210208604416743226.pdf，最后访问日期：2021年9月1日。

② 参见汉坤律师事务所、36Kr、中华有限合伙人联合会：《汉坤2019年度基金募集项目数据分析报告》，载https：//www.hankunlaw.com/downloadfile/newsAndInsights/3f4ea84cd59faf0c43d9503e6627a574.pdf，第16页。

③ 参见珠海华发实业股份有限公司：《关于与关联方共同投资暨关联交易的公告》，载巨潮资讯网，http：//www.cninfo.com.cn/new/disclosure/detail？plate=szse&orgId=gssz0000532&stockCode=000532&announcementId=1206336716&announcementTime=2019-06-06。

南中启洞鉴私募股权投资合伙企业（有限合伙）、① 湖南盈峰机器人产业基金合伙企业（有限合伙）② 和创合制造业转型升级新材料基金（有限合伙）③ 等基金门槛收益率是单利8%/年；四川川沪合作创新股权投资基金合伙企业（有限合伙）④ 等基金的门槛收益率是单利9%/年；南京银鞍岭英新能源产业投资基金合伙企业（有限合伙）⑤、共青城金汇贵燃产业投资管理中心（有限合伙）⑥ 的门槛收益率是单利10%/年；而海南云锋基金中心（有限合伙）、⑦ 南京祥仲创业投资合伙企业（有限合伙）、⑧ 上海瑞力文化科创股权投资基金合伙企业（有限合伙）⑨ 等基金的门槛收益率是复利8%/年。

（二）业绩报酬比率

在基金行业，业绩报酬比率一般是20%。大家常说的“二八分成”

---

① 参见中化国际（控股）股份有限公司：《关于认购投资基金份额暨关联交易的公告》，载巨潮资讯网，http：//www. cninfo. com. cn/new/disclosure/detail？ plate = sse&orgId = gssh0600500&stockCode = 600500&announcementId = 1205676798&announcementTime = 2018 – 12 – 19。

② 参见盈峰环境科技集团股份有限公司：《关于参与投资机器人产业基金暨关联交易公告》，载巨潮资讯网，http：//www. cninfo. com. cn/new/disclosure/detail？ plate = szse&orgId = gssz0000967&stockCode = 000967&announcementId = 1207199366&announcementTime = 2019 – 12 – 27。

③ 参见厦门钨业股份有限公司：《关于公司拟参与发起设立新材料基金暨关联交易的公告》，载巨潮资讯网，http：//www. cninfo. com. cn/new/disclosure/detail？ plate = sse&orgId = gssh0600549&stockCode = 600549&announcementId = 1208875876&announcementTime = 2020 – 12 – 10。

④ 参见上海实业发展股份有限公司：《关于参与设立基金暨关联交易事项的公告》，载巨潮资讯网，http：//www. cninfo. com. cn/new/disclosure/detail？ plate = sse&orgId = gssh0600748& stockCode = 600748&announcementId = 1208772579&announcementTime = 2020 – 11 – 21。

⑤ 参见中化国际（控股）股份有限公司：《关于公司投资新能源产业基金暨关联交易的公告》，载巨潮资讯网，http：//www. cninfo. com. cn/new/disclosure/detail？ plate = sse&orgId = gssh0600500&stockCode = 600500&announcementId = 1206102000&announcementTime = 2019 – 04 – 26。

⑥ 参见贵州燃气集团股份有限公司：《关于参与投资产业并购基金暨关联交易的公告》，载巨潮资讯网，http：//www. cninfo. com. cn/new/disclosure/detail？ plate = sse&orgId = GD150574&stockCode = 600903&announcementId = 1206969561&announcementTime = 2019 – 10 – 10。

⑦ 参见分众传媒信息技术股份有限公司：《关于参与投资基金暨关联交易的公告（一）》，载巨潮资讯网，http：//www. cninfo. com. cn/new/disclosure/detail？ plate = szse&orgId = gssz0002027&stockCode = 002027&announcementId = 1209614883&announcementTime = 2021 – 04 – 02。

⑧ 参见鸿合科技股份有限公司：《关于认购南京祥仲创业投资合伙企业（有限合伙）基金份额暨关联交易的公告》，载巨潮资讯网，http：//www. cninfo. com. cn/new/disclosure/detail？ plate = szse& orgId = 9900037182&stockCode = 002955&announcementId = 1208900510&announcementTime = 2020 – 12 – 15。

⑨ 参见上海实业发展股份有限公司：《关于参与认购基金暨关联交易事项的公告》，载巨潮资讯网，http：//www. cninfo. com. cn/new/disclosure/detail？ plate = sse&orgId = gssh0600748&stockCode = 600748&announcementId = 1210839837&announcementTime = 2021 – 08 – 25。

（20%：80%）中的“二”就是指管理人获得业绩报酬20%，即管理人有权获得基金实现约定基础收益率（如门槛收益率）后收益的20%。20%是传统的业绩报酬比例，也是现阶段最常见的业绩报酬比率。在汉坤律师事务所2019年参与的上百个基金中，有接近87.50%的基金设置了单一业绩报酬比例，多层业绩报酬比例占比仅为12.50%。在设定单一业绩报酬比例的基金中，20%业绩报酬比例又占到其中大多数，占比达到58.44%。[①] 当然在实务中会有各种不同安排，常见安排包括不同比例或者多层业绩报酬比率。

第一类就是提高或者降低20%的业绩报酬比例。例如，上海科创中心二期股权投资基金合伙企业（有限合伙）[②] 和上海众源文化产业投资基金二期（有限合伙）[③] 等基金的业绩报酬比例只有10%；上海皓骏创业投资合伙企业（有限合伙）[④] 的业绩报酬比例则是15%；杭州网新花港股权投资合伙企业（有限合伙）[⑤] 的业绩报酬比例则是18%。

第二类就是根据基金的收益率达到一定数值，实行累计制或者多层业绩报酬比例。增量分成机制是常见机制，即随着基金收益率提高，管理人获得的业绩报酬比例呈阶梯状提高，以激励管理人为投资者创造更高回报。从另一个角度看，这也能体现管理人对该基金的信心。从投资者角度来看，因为这是一个增量分成机制，而非存量博弈，也并非不能接受。从笔者经验来看，

---

① 参见汉坤律师事务所、36Kr、中华有限合伙人联合会：《汉坤2019年度基金募集项目数据分析报告》，网址：https：//www. hankunlaw. com/downloadfile/newsAndInsights/3f4ea84cd59faf0c43d9503e6627a574. pdf，第17页。

② 参见上海国际港务（集团）股份有限公司：《关于参与投资上海科创中心二期股权投资基金合伙企业（有限合伙）的关联交易公告》，载巨潮资讯网，http：//www. cninfo. com. cn/new/disclosure/detail？plate = sse&orgId = 9900001281&stockCode = 600018&announcementId = 1208927160&announcementTime = 2020 - 12 - 18。

③ 参见上海新华传媒股份有限公司：《关于参与设立众源文化产业投资基金二期暨关联交易的公告》，载巨潮资讯网，http：//www. cninfo. com. cn/new/disclosure/detail？plate = sse&orgId = gssh0600825&stockCode = 600825&announcementId = 1209105221&announcementTime = 2021 - 01 - 15。

④ 参见上海复旦微电子集团股份有限公司：《关于对外投资产业基金暨关联交易的公告》，载巨潮资讯网，http：//www. cninfo. com. cn/new/disclosure/detail？plate = sse&orgId = gshk0008102&stockCode = 688385&announcementId = 1210913878&announcementTime = 2021 - 08 - 30。

⑤ 参见浙大网新科技股份有限公司：《关于公司拟参与投资设立股权投资基金暨关联交易的公告》，载巨潮资讯网，http：//www. cninfo. com. cn/new/disclosure/detail？plate = sse&orgId = gssh0600797& stockCode = 600797&announcementId = 1209259731&announcementTime = 2021 - 02 - 09。

确定业绩报酬基准的数值往往是基金收益率或者投资者收益倍数。

特定基金收益率是常见的基准。以厦门诺惟合悦创业投资合伙企业（有限合伙）为例，该基金就是根据基金整体内部收益率确定累计制业绩报酬比例。根据该基金的基金合同，基金收入在支付完毕全体合伙人的本金以及门槛收益后，如有余额，则20%分配给普通合伙人，80%在各有限合伙人之间分配直至基金整体内部收益率（“IRR”）达到35%；当分配时基金整体IRR大于或等于35%之后，如有余额，则30%分配给普通合伙人，70%分配给有限合伙人。[①] 以银鞍岭秀新材料产业基金合伙企业（有限合伙）为例，该基金的超额收益分配设置为两个门槛，第一个门槛为该基金8%～15%超额收益部分，80%归于有限合伙人，20%归于普通合伙人；第二个门槛为经过上述分配的剩下部分超额收益，70%归于有限合伙人，30%归于普通合伙人。[②] 以厦门创益盛屯新能源产业投资合伙企业（有限合伙）为例，该基金年化收益率（单利）超过8%的部分称为超额收益。如有超额收益，则年化收益率（单利）超过8%但低于38%（含38%）的部分，其中的20%分配给普通合伙人，剩余的80%分配给全体有限合伙人；年化收益率（单利）超过38%的部分，其中的30%分配给普通合伙人，剩余的70%分配给有限合伙人。[③] 也就是说，这三支基金业绩报酬均为基金的整体IRR或者收益率达到特定比率时，业绩报酬比率是20%；该基金整体IRR或者收益率超过特定比率时，超额部分的业绩报酬比例提高到30%。

投资者收益倍数也是常见的基准之一。以深圳龙珠股权投资基金合伙企业（有限合伙）为例，该基金就是以基金投资者收回实缴出资倍数作为其业绩报酬的基准。根据该基金的基金合同，如果有限合伙人收回分配款

---

① 参见厦门吉比特网络技术股份有限公司：《关于认购投资基金份额暨关联交易的公告》，载巨潮资讯网，http://www.cninfo.com.cn/new/disclosure/detail?plate=sse&orgId=9900028872&stockCode=603444&announcementId=1209033444&announcementTime=2021-01-04。

② 参见中化国际（控股）股份有限公司：《关于与投资方设立投资基金暨关联交易的公告》，载巨潮资讯网，http://www.cninfo.com.cn/new/disclosure/detail?plate=sse&orgId=gssh0600500&stockCode=600500&announcementId=1205232086&announcementTime=2018-07-27。

③ 参见深圳盛新锂能集团股份有限公司：《关于下属企业参与投资新能源产业基金暨关联交易的公告》，载巨潮资讯网，http://www.cninfo.com.cn/new/disclosure/detail?plate=szse&orgId=9900004687&stockCode=002240&announcementId=1210652137&announcementTime=2021-08-04。

少于等于实缴出资额 4 倍，则业绩报酬比例为 20%；如果有限合伙人收回分配款是其实缴出资额 4 倍 ~7 倍，则该部分的业绩报酬比例为 25%；如果有限合伙人收回分配款超过其实缴出资额 7 倍，则超额部分的业绩报酬比例为 30%。[①] 我们可以看到，该基金的业绩报酬比例随着投资者收益倍数的提高而提高。

三、基金分配模式

在基金分配中，可以将基金分配分为两种模式，即项目分配模式和基金分配模式，即基金分配以项目为基础还是以基金为基础。简而言之，就是在单个项目退出达到预期收益率之后就按照项目收益给管理人计提业绩报酬，还是要等到整个基金退出达到预期收益率后才给管理人计提业绩报酬。主要差异：项目分配模式是以对应单个项目的投资成本为基础核算业绩报酬，在单个项目退出达到预期收益率时即计提该项目业绩报酬，即仅以该项目投资成本来（不考虑其他项目的成本和基金其他已发生费用）核算其收益率；基金分配模式是以整个基金成本为基础核算业绩报酬，在单个项目退出时不单独核算其收益亏损情况，而是在整个基金退出金额（单个或者多个项目退出累计金额）超过了基金整体成本（包括基金所有已投资项目的成本和基金所有费用支出），且达到预期收益率（门槛收益率）时才计提业绩报酬，即前期退出项目不仅要覆盖本项目的投资成本，还要覆盖其他项目的投资成本和基金已发生的所有费用。对单一投资专项基金而言，这两种模式不存在差异；但是对投资两个及以上项目的基金而言，这两种模式存在很大差异，核心差异涉及两个主要问题：（1）在既定可分配现金前提下，谁将优先获得现金流的问题；（2）项目收益分配不均的风险承担和解决措施问题。

一般而言，在项目分配模式下，管理人会比在基金分配模式下更早获得全部或者部分业绩报酬。在此情况下，业绩激励效果很明显。但是存在前期多提业绩报酬，后期需要退回的风险，为了保证管理人有能力退回多提的业

---

① 参见好想你健康食品股份有限公司：《关于参与认购股权投资基金份额的公告》，载巨潮资讯网，http://www.cninfo.com.cn/new/disclosure/detail?plate=szse&orgId=9900019704&stockCode=002582&announcementId=1210467006&announcementTime=2021-07-13。

绩报酬，会有相应业绩报酬退回保证机制，即行业内常说的勾回条款或者回拨条款。同时，在基金清算时需要统一核算整个基金业绩报酬，最终按照基金核算。因此，在项目分配模式下，分配条款将复杂得多。因为其不仅涉及单个项目投资收益核算，还涉及业绩报酬退回机制和基金核算机制。相对而言，在基金分配模式下下，基金分配核算和现金流保持一致，管理人在前期多提业绩报酬风险小，所以可以有效简化分配核算和操作。但是，由于管理人获得业绩报酬的时间将大大延迟，其对基金管理人奖励效果很可能会减弱，不利于发挥奖励效果。更重要的是，该种模式保证投资人优先获得现金流，并大幅降低管理人前期多提业绩报酬而引发勾回风险。所以对投资人更为有利。

在人民币基金实务中，针对两种基金的利弊，有些基金推出混合模式，即对基金分配模式进行改良，在基金退出金额超过投资者实缴出资额时（而不在要求投资达到约定收益率后）即计提业绩报酬，从而将管理人计提业绩报酬的时间适当提前，在保证投资者收回全部出资款的前提下，适当缓冲基金分配模式对管理人激励效果负面影响，更好地激励基金管理团队。在此模式下，由于投资者已收回全部投资款，管理人提前计提业绩报酬和勾回金额将大幅降低，因此勾回制度保证机制和执行难度也随之降低，相应条款谈判效率也可以大幅提高。从实务来看，该模式现在已被部分人民币基金管理人和投资者所接受。

（一）按基金分配模式

机构有限合伙人协会推荐，先返还全部实缴出资加优先回报的典型模式（完全返本模式）是最佳实践。① 这也是最有利于投资者利益的基金分配模式。当然，基金分配存在很多细微调整和差异以适用不同场景和需求。根据汉坤律师事务所对其 2019 年参与基金统计，对盲池直投基金而言，66.67% 基金是按基金进行分配的，30.77% 的基金按照项目进行分配，剩余 2.56%

① 参见机构有限合伙人协会：《机构有限合伙人协会（ILPA）原则 3.0 版》，第 10 页，载 https://ilpa.org/wp-content/uploads/2020/08/ILPA-Principles-3.0%E7%89%88-CN-Translation.pdf，最后访问日期：2020 年 10 月 21 日。

的基金是按照其他方式进行分配的。①

在前述的基金分配模式下，基金可分配金额可按照以下次序进行分配：

第一次序：普通合伙人和有限合伙人同时收回实缴出资额；

第二次序：普通合伙人和有限合伙人同时收回门槛收益率；

第三次序：普通合伙人收取追赶收益（catch－up），追赶收益有限合伙人门槛收益额÷80%×20%②；

第四次序：剩余可分配金额按照实缴出资分别分配给普通合伙人和有限合伙人；就分配给有限合伙人分配部分——20%分配给普通合伙人，剩余80%分配给有限合伙人。

以北京小米智造股权投资基金合伙企业（有限合伙）为例，该基金的基金合同约定，基金按分配划分比例划分归属普通合伙人的金额，应当实际分配给普通合伙人。同时，归属每一有限合伙人的金额应当按照下列顺序进行实际分配：

首先，实缴出资额返还，直至该有限合伙人累计获得的收益分配总额和获得退还的未使用出资额等于其届时缴付至合伙企业的实缴出资总额。

其次，优先回报分配。如有余额，向该有限合伙人进行分配，直至其就上述第1段下累计获得的分配额获得按照单利6%/年的回报率计算所得的优先回报。

再次，附带收益追补。如有余额，向普通合伙人进行分配，直至追补金额等于该有限合伙人根据上述第（2）段累计获得的优先回报×25%。

最后，超额收益分配。如有余额，80%分配给该有限合伙人，20%分配给普通合伙人。③

---

① 参见汉坤律师事务所、36Kr、中华有限合伙人联合会：《汉坤2019年度基金募集项目数据分析报告》，载https：//www.hankunlaw.com/downloadfile/newsAndInsights/3f4ea84cd59faf0c43d9503e6627a574.pdf，第12页。

② 该部分相当于普通合伙人对有限合伙已获得的门槛收益额收取业绩报酬。一般来说，普通合伙人是对门槛收益总额收取20%的业绩报酬，所以需要“÷80%”倒算出门槛收益总额。

③ 参见北京兆易创新科技股份有限公司：《关于参与投资私募股权投资基金的公告》，载巨潮资讯网，http：//www.cninfo.com.cn/new/disclosure/detail？plate＝sse&orgId＝9900026561&stockCode＝603986&announcementId＝1214006272&announcementTime＝2022－07－12。

需要注意的是，该基金是通过将普通合伙人和有限合伙人分配完全分离的方式约定两者分配的。其中普通合伙人一直按照实缴出资比例获得其实缴出资部分分配，然后再加上根据约定获得来源有限合伙人的业绩报酬（超额收益）部分分配。

该模式最重要的特点就是在投资者收回全部的实缴出资额和相应的门槛收益之后，管理人才提取业绩报酬。在模式下，有限合伙人获得基金现金流优先权，该模式主要特点如下：

1. 业绩报酬核算和资金分配合二为一，后续无需进行调整，可以有效简化业绩报酬的核算和分配过程。在该模式下，管理人应提取业绩报酬与资金分配顺序和金额匹配，无需二次核算和分配。与此相对的是项目分配模式，该模式在基金清算前业绩报酬核算和提取以项目为维度，但是在基金最终清算时以基金为维度核算，因为核算维度的差异导致业绩报酬核算和提取存在差异，所以在基金清算时需要对业绩报酬进行二次核算和分配，所以整个过程会复杂得多。

2. 该模式是建立在现金流分配基础上，这是一个客观标准，不受未退出项目的估值变化或者减值变化等主观因素影响。从理论上讲，未退出项目的估值和减值都涉及较强的主观判断，后续都存在变化可能，在项目分配模式下，未退出项目的估值和减值情况直接影响业绩报酬提取。但在本模式下，业绩报酬核算以现金分配金额这一客观数字为尺度，消除估值和减值等受主观判断影响因素的影响。而且，未上市公司的公允价值很难确定，项目估值和减值存在很大不确定性，同一项目估值在不同时间点可能发生非常大的变化，以此为基础计算业绩报酬将可能大幅波动，难以保证客观性和稳定性。而在实务中，基金已分配金额一般以相应银行流水为证，其客观性、准确性和可复核性都很强，而且便于保存和使用。

3. 投资者优先获得了收回投资本金和门槛收益的权利，在此之前，管理人不会提取任何业绩报酬。也就是说，在管理人提取业绩报酬之前，投资者优先收回投资本金和门槛收益，后续未退出项目的变化均不会对其已收回的投资本金和门槛收益产生不利影响，即消除了后续分配不确定性的影响。随之而来的是后续收回现金不确定风险承担问题。在此模式下，管理人将优先收回现金流的机会留给了投资者，而承担了后续现金流发生不利变化的全部风险。

在此情况下，还涉及管理人对基金出资部分收益的分配问题。[①] 在行业中，管理人对基金认缴出资额通常是1%，也有管理人对基金承诺出资高达5%。[②] 管理人对基金出资被视为管理人对基金有信心的体现，同时也是管理人愿意与其他投资者共同承担基金投资失败风险的体现。这可以有效提高管理人和其他投资者利益一致性。业绩报酬制度可以有效的激励管理人，在没有其他制度配合情况下，其利益结构决定了管理人有机会获得高额激励，产生的损失却主要由投资者承担，管理人并不承担直接经济损失（不考虑声誉损失等）。这可能会激励管理人不顾风险追求高回报而过度放大基金风险。如果管理人也需要部分出资，管理人也需要承担部分风险，基金承担的损失将直接对应为管理人的直接经济损失，可以作为抑制管理人过度冒险行为的风险抑制手段。

所以，在基金分配时，对管理人的分配实际上涉及两种分配：管理人出资部分收益和管理人应该收取的业绩报酬。[③] 原则上，管理人的出资部分和其他投资者出资部分享有同等权利，即按照出资比例与其他投资者进行分配。在实务中，也有投资者会要求管理人出资部分劣后于其他投资者分配，主要模式有（1）在有限合伙人收回全部实缴出资本金之后，才开始给管理人分配直至其收回本金，即管理人本金劣后于其他投资者本金。如果基金最终出现本金亏损的情况，首先承担亏损的是管理人直至其实缴出资额全部亏损完毕，再由其他投资者承担亏损。（2）在有限合伙人收回门槛收益之后，才开始给管理人分配直至收回其门槛收益，即管理人门槛收益劣后于其他投资者门槛收益。如果基金整体收益不能达到门槛收益，首先减少管理人收益，再减少其他投资者收益。在前述的基金分配模式下，基金收入按照以下次序进

---

① 在实务中，实际出资主体可能是管理人的关联方，该部分出资的分配也会分配给该关联方。在本书中，为了简化表述，如果没有特殊说明，我们将两者视为一体。

② 参见［美］布拉德·菲尔德、杰森·门德尔松：《风险投资交易（原书第4版）》，桂曙光译，机械工业出版社2020年版，第173页。

③ 从笔者从业经验来看，“管理人出资部分收益”在基金合同中很容易被忽略，特别是在20%：80%分配阶段，特此提醒读者注意。

行分配：

第一次序：有限合伙人收回实缴出资额；

第二次序：普通合伙人收回实缴出资额；

第三次序：有限合伙人收回门槛收益；

第四次序：普通合伙人收回门槛收益；

第五次序：普通合伙人收取追赶收益（catch－up）；

第六次序：剩余可分配金额按照实缴出资分别分配给普通合伙人和有限合伙人；就分配给有限合伙人分配部分——20%分配给普通合伙人，剩余80%分配给有限合伙人。

在此情况下，普通合伙人出资部分收益和业绩报酬收益全部劣后于有限合伙人，基金现金流的风险最大限度由普通合伙人承担，从理论上来看是最有利于有限合伙人的分配模式。我们也应该关注到其负面效果：（1）与之相对应的是普通合伙人获取现金流的时间会大幅后延，风险将提高，可能会弱化对管理及其管理团队的激励效果，反而影响业绩报酬制度核心目的实现，因为激励效果与激励时间呈反比；（2）这还会减弱普通合伙人增加出资比例的动力，不利于通过提高普通合伙人的出资比例来增加管理团队和有限合伙人利益一致性机制落实；（3）如果普通合伙人出资部分收益和业绩报酬收益迟迟难以获得分配，普通合伙人用以吸引和留住人才资金会相应受限，也不利于管理人吸引和留住优秀的人才。因此，管理人和投资者需要因地制宜，根据具体情况需要选择能满足各方需求的合适安排。这可以通过相应组合普通合伙人现金流分配次序来实现。主要可选组合包括：

（1）在第一次次序中，有限合伙人和普通合伙人均收回实缴出资额，其他不变。在该种模式下，普通合伙人出资与有限合伙人同步收回本金。普通合伙人出资仅以投资收益劣后于有限合伙人。

（2）普通合伙人出资均按照实缴出资比例分配，有限合伙人分配按照以下约定进行分配：

第一次序：有限合伙人收回实缴出资额；

第二次序：有限合伙人收回门槛收益；

第三次序：普通合伙人收取追赶收益（catch－up）；

第四次序：剩余可分配金额20%分配给普通合伙人，剩余80%分配给有限合伙人。

该模式的分配简单明了，其主要特点是首先对普通合伙人和有限合伙人按照实缴出资比例分配，然后对有限合伙人分配进行二次分配。

（二）按项目分配模式

区别于按基金分配模式，按项目分配模式是基金分配的另外一种模式。项目分配模式实质上是管理人和投资者在现金流分配机制的均衡，其最终目的是实现与按基金分配模式相同结果，而在过程中增加了额外分配安排。从这个意义上来讲，两类分配模式分配结果殊途同归，但相对于前者，后者更为复杂。从本质上看，按照项目分配模式可以视为过程更复杂的按基金分配模式。

1. 按项目分配模式的核算模式更为复杂。相对于按基金分配模式一次核算的模式，项目分配模式会涉及两次核算，即每个项目退出时的核算再加上整个基金清算时核算。

以广东粤财佛燃新能源股权投资合伙企业（有限合伙）[①] 为例，根据该基金合同的约定，对项目投资收益，基金按照"单个项目先回本后分利"的分配原则按照以下顺序在合伙人之间进行分配：

（1）单一项目退出时的项目收益的核算和分配。如果项目投资收益未超过年化8%（单利），则该项目可分配资金按照全体合伙人实缴出资比例进行分配；如果该项目的投资收益超过年化8%（单利），投资收益扣除年化8%的部分，其中80%按照全体有限合伙人实缴出资比例进行分配，剩余20%分配给基金管理人。

（2）基金清算时整个基金收益的核算和分配。在基金清算时，该基金将以整个基金为维度对有限合伙人收益进行核算。如有限合伙人的投资收益未达到其对基金累计的实缴出资以及8%年化投资收益（单利），已经计提的业

---

① 参见佛燃能源集团股份有限公司：《关于与专业投资机构共同投资设立投资基金的公告》，载巨潮资讯网，http：//www. cninfo. com. cn/new/disclosure/detail？ plate = szse&orgId = 9900023979&stockCode = 002911&announcementId = 1211685168&announcementTime = 2021 - 11 - 2。

绩报酬将回拨给有限合伙人。根据该基金合同约定，该基金设立勾回机制，在上述分配给基金管理人的超额收益中的50%留存在基金，在基金清算时如有限合伙人的投资收益未达到其对基金累计的实缴出资以及8%年化投资收益（单利），上述留存部分以及已分配至基金管理人及普通合伙人的超额收益的税后部分对差额部分进行补足，补足后如有剩余的全部分配给基金管理人。

在核算项目投资收益时，除了包括本项目的相关投资和退出现金之外，有时还需要考虑其他基金已发生的费用和可以确认的投资损失。也就是说，在该模式下，基金已发生的费用和估值会对业绩报酬核算产生直接影响。例如，机构有限合伙人协会就推荐，在该种分配模式下，项目分配应基于投资项目中已投资并退出部分项目的投资成本（并不断调整以包含未退出项目的减值和核销），以及截至该分配日所有基金费用和支出（而非仅按任何单一项目按比例对应的基金费用和支出）之和。①

2. 为了降低业绩报酬超分风险，基金往往会引入回拨机制。因为项目核算结果和基金清算时核算往往会存在差异，为了确保管理人不超分业绩报酬，往往会引入保障性条款。例如，机构有限合伙人协会就推荐，在该种分配模式下，基金应开设一个监管账户并将收益分成中相当部分（如至少30%）存放在该账户，且普通合伙人应为潜在回拨义务额外计提准备金。② 部分业绩报酬留存，加上管理人及其关联方全额补足承诺。此外，深圳市引导基金就明确要求，如果子基金按单个项目进行收益分配时，子基金管理机构获取的收益分成应设置相应的钩回（回拨）机制，即应将其收益分成在分配时按一定比例（不低于50%）留存在子基金，待确保其他出资人收回出资后再进行实际分配；若子基金其他出资人在子基金清算时不能收回投资，子基金管理

---

① 参见机构有限合伙人协会：《机构有限合伙人协会（ILPA）原则3.0版》，第10页，载https：//ilpa.org/wp-content/uploads/2020/08/ILPA-Principles-3.0%E7%89%88-CN-Translation.pdf，访问日期：2020年10月21日。

② 参见机构有限合伙人协会：《机构有限合伙人协会（ILPA）原则3.0版》，第10页，载https：//ilpa.org/wp-content/uploads/2020/08/ILPA-Principles-3.0%E7%89%88-CN-Translation.pdf，访问日期：2020年10月21日。

机构应将其已获取的收益分成退回其他出资人，以弥补其他出资人的投资损失。[①] 也就是说，在项目收益核算和计提业绩报酬时，部分业绩报酬被留存在基金中直至达到约定条件时才能提权，作为业绩报酬回拨的保证金。同时，如果留存的业绩报酬不足，管理人及其管理人还需要承诺返还其已获得分配的业绩报酬。设置回拨机制主要是因为业绩报酬提取主体往往是轻资产，甚至是为基金架构而设置的特殊目的公司，其责任资产一般较少，所以通过留存部分业绩报酬的方式降低回拨机制履行风险。常见的约定条件和时点如下：

（1）到基金清算时，基金或者有限合伙人收回现金达到约定条件。在此情况下，管理人或其关联方才能提取留存的业绩报酬。以广东粤财佛燃新能源股权投资合伙企业（有限合伙）为例。[②] 该基金设立钩回机制，在上述分配给基金管理人的超额收益中的50%留存在本合伙企业，在基金清算时如有限合伙人的投资收益未达到其对基金累计的实缴出资以及8%年化投资收益（单利），上述留存部分以及已分配至基金管理人及普通合伙人的超额收益的税后部分对差额部分进行补足，补足后如有剩余的全部分配给基金管理人。

（2）基金或者有限合伙人在单个项目中收回现金达到约定条件，管理人或其关联方就能提取留存的业绩报酬，不以基金清算为必要。以深圳洲明时代伯乐投资管理合伙企业（有限合伙）为例。根据该基金的基金合同，该基金采取按单个项目“先回本后分利”的分配原则。全体合伙人按实缴出资比例收回其单个项目对应的实缴出资后，将投资净收益的20%分配给普通合伙人，剩余的80%按照各有限合伙人的实缴出资比例进行分配，投资净收益按单个项目核算。[③]

（3）基金设立不同提取留存业绩报酬的条件。如果基金分配达到特定

---

① 深圳市政府投资引导基金：《2021年度拟参股子基金申报指南及管理机构遴选办法》。

② 参见佛燃能源集团股份有限公司：《关于与专业投资机构共同投资设立投资基金的公告》，载巨潮资讯网，http：//www. cninfo. com. cn/new/disclosure/detail？plate = szse&orgId = 9900023979&stockCode = 002911&announcementId = 1211685168&announcementTime = 2021 – 11 – 2。

③ 参见深圳市洲明科技股份有限公司：《拟对外投资成立合伙企业的公告》，载巨潮资讯网，http：//www. cninfo. com. cn/new/disclosure/detail？plate = szse&orgId = 9900019372&stockCode = 300232&announcementId = 1203037153&announcementTime = 2017 – 01 – 21。

条件，管理人或其关联方就能提取相应比例的留存业绩报酬。以两湖文化产业股权投资基金合伙企业（有限合伙）为例。根据该基金的基金合同的约定，该基金收益按照“单个项目即退即分、先回本后分利”的原则。业绩报酬分三期支付：第一期支付比例 50%，在单个项目达到提取业绩报酬时支付；第二期支付比例 30%，在基金整体收益达到年化单利 5% 之日支付；剩余 20% 为第三期，在基金清算时支付。如存续期满或所有项目处理完毕后基金整体收益率没有达到年化单利 5%，则上述已分配的业绩报酬需返还至满足 5%。①

3. 当然，也有基金简化回拨机制，仅由管理人及其关联方承诺回拨超分业绩报酬。也就说，仅仅以管理人及其关联方信誉作为其履行回拨义务的基础。以厦门汇桥科创股权投资合伙企业（有限合伙）为例，根据该基金的基金合同约定，该基金按照“单个项目先回本后分利”的原则进行分配。如果单一项目的可供分配收入所对应项目的年静态收益率（单利）超过 8% 时，则普通合伙人提取超过部分的 20% 作为业绩报酬，剩余超额收益全部归有限合伙人所有，按照各有限合伙人实缴出资比例进行分配。如果在基金最终清算时，若有限合伙人从基金处取得的全部收益总额按每笔资金实际使用天数计算的年化收益率小于 8%（单利），则普通合伙人应将之前已提取的业绩报酬用来补偿有限合伙人，按各有限合伙人实缴出资比例进行分配，直至各有限合伙人的年化收益率达到 8%（单利）时为止，补偿金额上限以普通合伙人提取的全部业绩报酬金额为限。②

我们还需要注意的是在计提和回拨过程中所涉及的税费问题。根据中国税法的规定，一旦业绩报酬收取主体收取业绩报酬后，该主体需要根据其组织类型缴纳相应的企业所得税、个人所得税等税款，而且税率非常高。因此，在计算回拨金额时，是由业绩报酬收取主体还是由基金投资者承担相应税款

---

① 参见长江出版传媒股份有限公司：《关于全资子公司拟出资设立文化产业基金的公告》，载巨潮资讯网，http://www.cninfo.com.cn/new/disclosure/detail?plate=sse&orgId=gssh0600757&stockCode=600757&announcementId=1213477621&announcementTime=2022-05-25。

② 参见上海移为通信技术股份有限公司：《关于参与投资设立股权投资产业基金的公告》，载巨潮资讯网，http://www.cninfo.com.cn/new/disclosure/detail?plate=szse&orgId=9900030831&stockCode=300590&announcementId=1207638236&announcementTime=2020-04-28。

就是很现实的问题，也是相关方谈判的主要关注点之一。常见的模式主要有以下三类：（1）回拨所产生的相关税款均由基金承担；（2）回拨所产生的相关税款由基金和管理人按照约定比例分担；（3）回拨所产生的相关税款均由管理人或其关联方承担。以新芒（珠海）股权投资基金（有限合伙）为例。该基金的基金合同约定，在该基金最后一个项目退出进行整体核算或解散清算而对基金所有项目的收益和亏损进行整体核算，若普通合伙人已获得的业绩报酬高于整体核算后普通合伙人的应得收益的，基金有权从风险账户中划扣应回拨的金额，如风险账户中的金额不足以支付回拨金额的，则普通合伙人应继续承担补偿责任，但普通合伙人不应被要求返还超过其从该基金收到的累计业绩报酬减去其就该等业绩报酬应缴付的税费后的金额。[①] 也就说，在该基金，回拨产生税务成本均由基金承担。

需要注意的是，我们是以综合性基金为基础来讨论两种分配模式差异的，如果单一项目基金，两者就不会存在前述差异。

第三节　基金费用

基金作为一个法律主体，在其正常经营中会发生一系列费用。这些费用大致上可以分为三类，第一类费用是向管理人支付管理服务的对价，狭义上的对价即管理费，广义上的对价还包含业绩报酬在内。其中，管理费是最主要的基金费用。第二类费用是基金的日常运营费用，如基金开立银行账户费用、托管费、合伙人会议费用、年度审计费用、律师费用等；第三类费用是基金投资业务的相关费用，如基金投资的交易税费、第三方中介机构服务费用。以珠海尚颀华金汽车产业股权投资基金合伙企业（有限合伙）为例。根据该基金的基金合同约定，该基金的基金费用主要包括管理人的管理费、基

① 参见浙江华策影视股份有限公司：《关于投资新芒（珠海）股权投资基金（有限合伙）暨与专业投资机构共同投资的公告》，载巨潮资讯网，http：//www. cninfo. com. cn/new/disclosure/detail?plate = szse&orgId = 9900013428&stockCode = 300133&announcementId = 1213339375&announcementTime = 2022 – 05 – 12 20：02。

金托管人的托管费和基金运营费用三部分。[①] 在此基金中，其将托管费单列，并将项目投资费用纳入基金运营费用中。基金费用分类并无通用标准。从广义上讲，基金托管费也可以纳入基金运营费用中。在本书中，我们将基金费用分为管理费和其他基金费用两类，并将其他基金费用进一步分类成基金运营费用和项目投资费用两类。

作为向基金管理人提供基金管理服务的对价，基金或者投资人会向管理人支付服务对价。在基金管理行业中，该对价一般由管理费（Management Fee）和业绩报酬（Carried Interest）组成。在实务中，管理人报酬一般是每年1.5%～2.5%的管理费＋超额收益的20%。[②] 管理费和业绩报酬在性质、用途、计算基数和支付时间等方面存在很大差异。

1. 两者的性质不一样。管理费本质上是一种确定性对价，与基金或者项目业绩无关；而业绩报酬本质上是一种附支付条件的或有对价，以基金或者项目盈利情况达到特定标准为支付前提。如果基金或者项目盈利情况未能达到特定标准，业绩报酬将不再支付。

2. 两者用途不一样。管理费的用途主要在于管理团队的日常开支，如人员薪酬、办公室租金、办公费用、差旅费等，是维持管理团队和基金管理业务正常开展的物质保证；如果不支付或者不能足额支付，可能会影响基金业务的正常进行。业绩报酬一般作为管理团队经营业绩达标后激励，其是否支付并不会影响基金管理的正常进行。

3. 两者计算基础不一样。管理费计算基数一般是基金规模，管理人的成本往往根据基金的规模配置相应管理团队和对应的物理工作环境。一般来说，管理团队人员、办公场地、差旅费用等往往与基金规模成正比，因此，管理费一般按照基金规模的一定比例定期支付。而业绩报酬一般是基金盈利部分的一定比例，所以其计算基础一般以基金盈利部分为基数以体现对基金管理

---

① 参见珠海华金资本股份有限公司：《关于投资珠海尚颀华金汽车产业股权投资基金合伙企业（有限合伙）的公告》，载巨潮资讯网，http://www.cninfo.com.cn/new/disclosure/detail?plate=szse&orgId=gssz0000532&stockCode=000532&announcementId=1205992626&announcementTime=2019-04-04。

② 参见［瑞士］西瑞尔·德马里亚：《私募股权圣经（原书第二版）》，黄嵩、郑磊译，机械工业出版社2015年版，第96～97页。

人的激励，基金盈利额越多，基金管理人能获取的业绩报酬数额将越大，从而进一步强化基金和管理人利益一致性。相对而言，管理费的确定性更高、可预测性更强；而业绩报酬的激励性更大，更能约束管理人与基金不一致的行为。

4. 两者的支付周期不一样。管理费一般是按照固定周期支付，以与费用支付需求相匹配，如按季度、按半年和按年度支付；而业绩报酬一般是在具体项目或者整体基金盈利实现之后才支付，没有固定支付周期。

一、基金管理费

管理费是基金向管理人提供基金管理服务支付对价的一种，体现为基金管理人从私募基金中收取的固定费用，用于覆盖基金日常开支和基金管理人的基础运营成本。而且，根据中基协的要求，基金管理费为基金管理人项下的专属费用科目，其他执行事务合伙人不得以“基金管理费”名义收取相关费用。[①] 也就说，基金管理费只能由基金管理人收取，不担任基金管理人的普通合伙人或者执行事务合伙人不得收取基金管理费。[②] 实务操作中，有部分基金在管理费之外会向执行事务合伙人支付执行合伙事务报酬，作为其执行合伙事务对价。

在实务中，管理费基础计算公式一般是按照管理费计算基数乘以管理费率确定，即每年管理费 = 管理费计算基数 × 管理费率/年，当然这个公式会根据基金所处期间、规模等因素进行调整。管理费一般会在基金主要周期内持续支付，因为基金的管理活动及其支出也是持续发生的。因此，管理费计算基数和管理费率是决定基金管理费的两大核心要素，也是各方关注要点之一。

当然也有部分基金管理费是一次性收取的。这种情况常见于投资单一项目的专项基金，因为在此情况下，基金管理活动及其成本相对可控和可预期。

---

① 参见中国证券投资基金业协会：《私募基金备案案例公示（2022 年第 1 期 总第 2 期）》，载《关于发布私募基金备案案例公示的通知》，https：//www. amac. org. cn/businessservices _ 2025/privatefundbusiness/gzdt/202204/t20220419_13432. html，最后访问日期：2022 年 4 月 28 日。

② 参见中基协私募基金知识库：除了管理人允许收取管理费外，另外的普通合伙人可以收取费用吗？载 https：//km. amac. org. cn/kmsWeb/InfoPage/showArticlePage？ docId = 5ff22596dbc94bd2b9750aa9f55d679d&defaultCityId = 310000，最后访问日期：2022 年 4 月 28 日。

以厦门建发金旦股权投资合伙企业（有限合伙）和厦门建发长椿股权投资合伙企业（有限合伙）为例，其管理人均向有限合伙人一次性收取其承诺出资额的3%作为基金管理费，该两只基金均为投向单一项目的专项基金。①

（一）管理费涵盖范围

从基金角度来看，基金管理费是基金经营性成本之一。众所周知，控制成本是提高收益的一种方式。基金管理费用是基金的主要费用之一。因此，基金管理费是部分投资者特别是人民币基金投资者关注重点之一，其中管理费的涵盖范围是关注重点之一，主要涉及项目投资阶段相关费用是由管理人承担还是由基金承担的问题。

基金在项目投资过程中往往会发生相应费用，常见费用有聘请参与尽职调查、协助完成交易协议及交割的会计师、律师、投资顾问、税务师、其他专业顾问（以下合称专业顾问）、办理相应政府审批手续的代理机构等及相应税费。一般来说，聘请协助管理人办理相应政府审批手续的代理机构（如投资外汇备案手续、投资审批代理机构）所产生费用及交易本身所产生的相关印花税、增值税、行政收费、银行手续费等费用一般由基金承担。这是行业内惯例，投资者与基金管理人一般很容易就此达成共识。

在人民币基金实务中，项目投资阶段所发生专业顾问费用是由基金承担还是由管理人承担，即前述费用是否包含在管理费内有时会成为投资者与基金管理人讨论问题之一。个别投资者认为基金在投资阶段聘请相关专业机构的费用已包含在向管理人支付的管理费中，应由管理人自行承担。但是这种观点值得讨论。在成熟市场，该部分费用一般由基金承担，主要理由如下：

1. 项目投资阶段所发生专业顾问费用与基金管理费的定位不符。基金管理费主要用于确保基金管理开支，支持其保持一支高素质的专业管理团队和

---

① 参见厦门建发股份有限公司：《关于认购股权投资基金暨关联交易的公告》，载巨潮资讯网，http：//www.cninfo.com.cn/new/disclosure/detail？plate = sse&orgId = gssh0600153&stockCode = 600153&announcementId = 1209726620&announcementTime = 2021 – 04 – 20；厦门建发股份有限公司：《关于认购股权投资基金暨关联交易的公告》，载巨潮资讯网，http：//www.cninfo.com.cn/new/disclosure/detail？orgId = gssh0600153&announcementId = 1209253487&announcementTime = 2021 – 02 – 06。

必要办公条件。项目投资阶段所发生专业顾问费用是支付给第三方专业服务机构的费用，如果由基金管理人从管理费支出，很可能减少其用以维持高素质的专业管理团队的支出，而一支高素质管理团队对一只基金的投资业绩具有决定性意义。

2. 业绩报酬机制本身就是控制项目投资阶段专业顾问费用支出有效制约机制。根据业绩报酬机制，基金管理人需要在基金或者项目达到特定盈利条件之后方能提取一定比例业绩报酬。项目投资阶段所发生专业顾问费用支出越多，基金或项目盈利就越少，管理人能提取的业绩报酬就越少。业绩报酬机制决定了项目投资阶段所发生专业顾问费用与管理人能提取的业绩报酬是“此消彼长”关系，即基金项目投资阶段所发生专业顾问费用每增加一分，管理人能提取的业绩报酬就会同比例减少相应金额。因此，管理人有充分动力控制项目投资阶段发生专业顾问费用，而非大手大脚支出该项费用。

3. 限制项目投资阶段所发生必要的专业顾问费用有可能损害基金投资者利益。在基金管理业务中，涉及众多法律、财务、税务等专业问题，加上项目投资节奏和需求多变性，管理人完全配备足额专业人员往往是不经济的，而且难以做到。因此，管理人引入第三方专业服务也是合理和必要的。如果该项目费用由管理人承担，管理人有可能从自身费用控制角度控制该项支出或者削减该项支出费用使其不能支付足够费用以获得合格第三方专业服务，从而影响第三方专业服务质量，进而影响基金业绩和投资者利益实现。此外，基金管理人也可能让被投资企业承担相应费用，但作为交换条件，基金管理人可能在其他谈判条件上让步，从而影响基金整体利益实现。

4. 整体来看，项目投资阶段所发生专业顾问费用在数额上只是基金盈利的极少部分，所换取的第三方专业服务的质量对基金运营成功非常重要，两者具有明显不对称特点。从行业数据来看，该部分费用一般在项目投资金额的1% ~2%左右，当然具体金额与项目投资金额等有关。所以，节约一项总体占比极低却影响重大的费用很难说是理性选择，有舍本逐末之嫌。

因此，在成熟市场，项目投资阶段所发生专业顾问费用原则上由基金承担，不包含在管理费中。当然，为了促使管理人合理使用项目投资阶段所发生专业顾问费用，也会考虑增加一些限制，常见限制包括：

1. 要求单个项目投资阶段所发生专业顾问费用不超过项目投资金额的一定比例。该上限比例往往根据基金的具体情况不同而不同。在行业中，如果没有特别情况，这个比例往往是1%～2%，即基金在单个项目投资阶段所发生专业顾问费用不得超过项目投资金额的1%～2%，否则超过部分由管理人承担。从实务来看，该比例也基本可以满足绝大部分项目的需求。当然如果单个项目投资金额过小，可能导致单个项目的尽调费用过低，可以考虑适当提高比例上限。

2. 项目投资阶段所发生专业顾问费用由基金承担前提是该项目已成功投资，即已成功投资项目投资阶段所发生专业顾问费用由基金承担，未成功投资项目投资阶段所发生专业顾问费用由管理人承担。其主要目的在于敦促基金管理人审慎使用第三方专业服务。当然，这项安排可能存在一定负面作用，如果管理人在一项投资中已发生大额第三方服务费用，如果管理人有不能完成投资即需要自行承担大额费用的压力，该种压力可能对其投资决策客观性产生一定影响。因此，该类限制也是有利有弊的，需要慎重对待。

因此，在合理限制基础上授予管理人必要费用支出权限是必要的，当然防止管理人恶意滥用费用支出权限来谋取不当利益的约束也是必要的。其实，基金管理人的品行是管理人选择的最重要标准。有理想、有智慧、有道德的管理团队，成功的可能性更大。选择基金管理人时，一定要进行尽职调查，重点是其调查管理团队的品格和能力。[①] 如果一个基金管理人会滥用基金费用支出权利来谋取私利，那投资者最应担心的应是投资本金安全，而不仅仅是管理费用问题。因为无论如何，相对于投资本金而言，管理费用支出只占很小比例。

（二）管理费支付安排

管理费既然是一种费用，就涉及支付模式和支付周期问题。从支付模式

---

① 参见大卫·F、史文森：《机构投资的创新之路》，张磊等译，中国人民大学出版社2015年版，第212～224页。

来看，可按照支付主体是基金还是投资者分成两类，第一类是基金统一支付管理费；第二类是由各投资者按照约定分别向管理人支付管理费。在不考虑基金税收等影响情况下，两者模式本质上并没有差异。第一类可以视为投资者先将实缴出资支付到基金，再由基金支付给管理人，与第二种并无本质差异。在人民币基金运营而言，第一类管理更为简洁，不确定性更小，因为管理人只需要从基金中计提管理费就好，而无需针对每一个投资者一对一收取管理费，从而简化相应费用计提、增值税发票开具和沟通事宜，而且还会降低单个投资者不能按照约定支付管理费的风险。两种处理在经济实质上不存在差异。但是这也是有前提的，即各投资者适用相同的管理费率，因为管理人只能按照统一费率从基金计提管理费。在实务中，存在各投资者适用不同管理费率的可能。如果投资者适用不同的管理费率，一般通过投资者和管理人另外签署协议的方式确定，先由管理人将统一收取管理费和双方协商一致费率之间的差额返还给投资者或者由投资者另行支付给管理人。

正如前述管理费主要是用来支持基金运营的，所以管理人需要在前述费用发生前获得管理费，所以管理费支付一般体现为预付未来一段周期费用。这涉及支付周期问题，即按照多长的时间周期支付管理费，每年度、每半年度、每季度还是每月度支付管理费。主要差异体现为基金承担多大时间成本，支付周期越长，基金承担管理费的时间成本就越大。当然，这需要平衡基金运营费用支付周期、时间成本、每次开票时间和操作成本等因素来确定具体支付周期。不同支付周期会对基金运营产生一定影响。太短的管理费支付周期可能会影响管理人长期费用和支出，因此需要平衡基金管理费支付时间成本和基金运营稳定性来确定管理费支付周期。例如，国家中小企业发展基金就要求其子基金的管理费按季度支付。[①] 除了时间成本外，基金支付周期还会对管理费计算操作产生一定影响。在基金进入退出期后，基金管理费计算基数往往会根据项目退出而发生变化，项目退出可能随时发生，因此合适的支付周期能使得管理费计算基数及时反应到管理费计提基数

① 参见国家中小企业发展基金有限公司：《国家中小企业发展基金第一批子基金管理机构申报指南》，载 http：//www. csmedf. com/u/cms/www/202007/31162634net9. pdf，最后访问日期：2020 年 10 月 11 日。

中。在人民币基金运营实务中，按照季度、半年度和年度支付管理费安排较为常见。

（三）影响管理费的主要因素

基金的管理费与基金期间紧密相关。我们知道基金期限一般可以分为三个期间，即投资期、退出期和延长期，其中延长期可以视为退出期延续，本质是超过预期的退出期。在不同基金期间，管理人进行基金投资、运营和管理的工作量、人力物力财力的投入等方面存在很大差异，因此管理费也存在很大差异。

在投资期内，管理人的主要工作包括寻找项目来源、进行尽职调查和价值评估、投资决策、完成投资交易和对已投资项目的投后管理等一系列工作，和退出期相比，无论是工作量还是需要投入人力物力财力都要大得多的。与此相对应的是，管理人需要更多获得管理费才能维持基金正常运营。在退出期内，管理人原则上不再进行新投资，主要任务在于项目投后管理和退出，并且项目投后管理和退出工作量将随着项目陆续退出而同步减少，与此相对应的是管理人用以维持正常基金运营费用会不断减少。在延长期内，管理人的主要工作与退出期并无差异，主要变化是管理人的项目投后管理和退出工作量已随着项目大量退出而大幅减少，与此相对应的是管理人用以维持基金正常运营费用支出也会大幅减少。此外，在基金投资期，很多基金对管理人发起设立同类基金还存在限制。在此限制下，管理人不能从新基金中获得管理费收入。但是在基金进入退出期后，基金管理人可以通过设立新基金获得管理费收入。因此，基金在不同期限内管理费会存在差异。在汉坤律师事务所 2019 年参与的上百个基金中，有接近 70% 的基金区分投资期与退出期不同阶段，并按照不同阶段的不同标准计收管理费，但是有超过 30% 的基金在基金期限内采用统一标准计收管理费（其中以单项目基金为主）。[①] 在实务中，基金在不同期限内管理费模式如下：

---

① 参见汉坤律师事务所、36Kr、中华有限合伙人联合会：《汉坤 2019 年度基金募集项目数据分析报告》，载 https://www.hankunlaw.com/downloadfile/newsAndInsights/3f4ea84cd59faf0c43d9503e6627a574.pdf，第 14 页。

1. 在投资期，基金管理费一般按照管理费计算基数×年管理费率来确定，即基金在投资期每年支付管理费＝管理费计算基数×年管理费率，只要确定管理费基数和管理费率，投资期管理费就能确定。如果存在不足一年的情况，一般按照相应时间段进行折算。在投资期内，常见的管理费计算基数是认缴出资额，也有实缴出资额的。例如，机构有限合伙人协会推荐，投资期间，普通合伙人应确定与运营成本和外部市场动态相关的基于基金认缴出资额的费用是否合适。[①] 深圳市引导基金明确要求“参照市场惯例，以子基金认缴或实缴出资总额……”作为投资期的计算基数基础。[②] 在投资期内，基金管理费率一般是1.5%～2.5%/年，其中以2%/年最为普遍。[③] 在汉坤律师事务所2019年参与的上百个基金中，有接近83.61%的基金在投资期内管理费率为2%/年，占到绝大多数。[④]

在投资期管理费谈判中，管理费计算基数是实缴出资还是认缴出资是一个常见谈判点。在人民币基金实务中，这主要受到基金规模、投资策略（如并购基金还是创业投资基金）、投资者属性（如部分政府引导基金就要求子基金管理费计算基数为实缴出资）等因数影响。对人民币创投基金而言，在投资期按照认缴出资计算管理费主要原因如下：（1）管理费是用来支持基金日常运营的，称职的基金管理团队是根据基金预计总规模（认缴出资）来配

---

① 参见机构有限合伙人协会：《机构有限合伙人协会（ILPA）原则3.0版》，第12页，载https://ilpa.org/wp-content/uploads/2020/08/ILPA-Principles-3.0%E7%89%88-CN-Translation.pdf，最后访问日期：2020年10月21日。

② 参见深圳市财政委员会、深圳市创新投资集团有限公司：《〈关于公开发布深圳市政府投资引导基金2018年度拟参股子基金申报指南及管理机构遴选办法的通知〉之附件〈深圳市政府投资引导基金2018年度拟参股子基金申报指南及管理机构遴选办法〉》，载http://www.szvc.com.cn/main/a/20180709/2484.shtml，最后访问日期：2020年10月11日。

③ 参见［瑞士］西瑞尔·德马里亚：《私募股权圣经（原书第二版）》，黄嵩、郑磊译，机械工业出版社2015年版，第96～97页；深圳市财政委员会、深圳市创新投资集团有限公司：《〈关于公开发布深圳市政府投资引导基金2018年度拟参股子基金申报指南及管理机构遴选办法的通知〉之附件〈深圳市政府投资引导基金2018年度拟参股子基金申报指南及管理机构遴选办法〉》，载http://www.szvc.com.cn/main/a/20180709/2484.shtml，最后访问日期：2020年10月11日，该办法要求“创新创业类子基金每年最高不超过2.5%，新兴产业发展类子基金每年最高不超过2%”。

④ 参见汉坤律师事务所、36Kr、中华有限合伙人联合会：《汉坤2019年度基金募集项目数据分析报告》，载https://www.hankunlaw.com/downloadfile/newsAndInsights/3f4ea84cd59faf0c43d9503e6627a574.pdf，第15页。

置基金运营条件的，而不是根据基金实缴出资情况才逐步配置到位；而且这一策略也是不现实和不经济的，因为基金分期缴纳时间间隔较短（一般在 6 个月 ~12 个月），而且还可能因为资源配置不足影响基金运营效率和效果。特别重要的是，管理费中主要开支是管理团队人员薪酬，一支长期稳定合作管理团队对基金成功运营具有非常重要的作用，团队主要成员一般在基金设立时就已经到位，而不应该是根据基金实缴出资情况才逐步到位。（2）管理费对管理人和基金的影响是不对称的。对管理人而言，在特定期间内是按照认缴出资还是按照实缴出资计算管理费对其收入影响极大。例如，按照分三期出资（分别是 30%：40%：30%）的基金而言，管理人第一年按照实缴出资收取的管理费只有按照认缴出资的 30%。这可能会对管理人运营产生非常大的财务制约。对基金而言，按照认缴出资和按照实缴出资计算管理费的差异只在投资期一段时间内存在（一般为 2 年 ~3 年），而且两者差异会随着实缴逐步到位不断缩小直至消失，加上年管理费率一般在 1.5% ~2.5%/年，所以对基金收益影响非常有限。

2. 在退出期间内，基金的管理费一般都会减少。主要原因包括，在基金退出期中，管理团队工作量和工作投入减少，不再需要进行投资，而只需要进行投后管理和退出，相应人力物力和财力投入均会较少。[①] 此外，投资期结束后，管理团队一般可以发起新基金，拓展新管理费来源。管理费减少，可以通过管理费计算基数的减少和管理费率降低两种方式进行，可以体现为以下几种形式：

第一种是管理费计算基数减少，管理费率不变。其中，在汉坤律师事务所 2019 年参与的上百个基金中，有接近 83.33% 的基金在投资期后也采取固定费率。[②] 例如，投资期结束后管理费降低到未退出项目投资成本的一定百

---

① 参见中国证券监督管理委员会北京监管局、中国证券投资基金业协会和北京基金小镇投资者教育基地：《私募基金投资者保护手册（第 1 版）》，第 54 页，载 https：//www. amac. org. cn/industrydynamics/guoNeiJiaoLiuDongTai/ffzty/yingzhiyinghui/202102/P020210208604416743226. pdf，最后访问日期：2021 年 9 月 1 日。

② 参见汉坤律师事务所、36Kr、中华有限合伙人联合会：《汉坤 2019 年度基金募集项目数据分析报告》，载 https：//www. hankunlaw. com/downloadfile/newsAndInsights/3f4ea84cd59faf0c43d9503e6627a574. pdf，第 15 页。

分比。[①] 广州智造升级产业投资基金（有限合伙）和泰瑞加华（天津）股权投资基金合伙企业（有限合伙）就是该类安排典型。广州智造升级产业投资基金（有限合伙）在投资期内的管理费为认缴出资额的2%/年。“基金退出期内，管理费为基金未收回投资额的2%/年。基金清算期间，不收取管理费。”[②] 泰瑞加华（天津）股权投资基金合伙企业（有限合伙）在投资期内的管理费为认缴出资额的2%/年，管理费金额从各有限合伙人的实缴出资中扣除；退出期（包括延长期）内，每年度普通合伙人应取得的费用按未退出项目对应投资额之和2%逐年收取。[③] 即这两个基金在投资期内的管理费计算基数为认缴出资额，退出期管理费计算基数为未收回投资额，但是管理费率维持在2%/年。

第二种是管理费计算基数降低且管理费率降低。湖南中启洞鉴私募股权投资合伙企业（有限合伙）和上海瑞力文化科创股权投资基金合伙企业（有限合伙）就是这类安排的典型。湖南中启洞鉴私募股权投资合伙企业（有限合伙）“在投资期内，按认缴出资额之和的2%/年向普通合伙人支付管理费；自投资期结束后的下一管理费支付期间起，按实缴出资中已用于项目投资但尚未退出的投资本金的1.5%/年支付管理费”。[④] 上海瑞力文化科创股权投资基金合伙企业（有限合伙）“投资期内，管理人按2%/年的费率收取管理费，计算基数为全体有限合伙人的认缴出资总额；退出期内，管理人按1.7%/年的费率收取管理费，计算基数为进入退出期首日全体有限合伙人实缴出资总

---

① 参见机构有限合伙人协会：《机构有限合伙人协会（ILPA）原则3.0版》，第12页，载https：//ilpa.org/wp-content/uploads/2020/08/ILPA-Principles-3.0%E7%89%88-CN-Translation.pdf，最后访问日期：2020年10月21日。

② 广州越秀金融控股集团股份有限公司：《关于公司子公司参与设立基金暨关联交易的公告》，载巨潮资讯网，http：//www.cninfo.com.cn/new/disclosure/detail？plate=szse&orgId=gssz0000987&stockCode=000987&announcementId=1205515401&announcementTime=2018-10-20。

③ 参见分众传媒信息技术股份有限公司：《关于参与投资基金暨关联交易的公告（二）》，载巨潮资讯网，http：//www.cninfo.com.cn/new/disclosure/detail？plate=szse&orgId=gssz0002027&stockCode=002027&announcementId=1209614884&announcementTime=2021-04-02。

④ 中化国际（控股）股份有限公司：《关于认购投资基金份额暨关联交易的公告》，载巨潮资讯网，http：//www.cninfo.com.cn/new/disclosure/detail？plate=sse&orgId=gssh0600500&stockCode=600500&announcementId=1205676798&announcementTime=2018-12-19。

额中已用于投资项目但尚未退出的出资总额”。[①] 即该两个基金投资期管理费计算基数为认缴出资额，退出期管理费计算基数为项目投资但尚未退出的投资本金，同时管理费率从投资期的 2%/年降低到退出期的 1.5%/年或者 1.7%/年。

在第一种情况下，管理费计算基数就决定了退出期管理费。未退出项目的投资成本计量就很值得关注了。首先，需要注意的是未退出项目的投资成本不等于投资者未退出金额，前者一般指的是基金未收回投资本金，不包含投资所带来的盈利或者亏损；后者一般指的是基金投资者未收回投资本金，包含基金投资带来的盈利或者亏损在内，两者差异巨大。以投资者未退出金额为基础计算退出期管理费是不合理的，因为其中存在利益冲突，也与管理人工作付出不匹配。因为在此前提下，基金退出越好，投资者未退出金额越小，管理人收到的管理费会越少，可能会对管理人有反向激励效果，不利于鼓励管理人做好基项目退出；此外，部分项目退出盈利并不减少其他未退出项目的投后管理和退出工作，而管理人收到管理费却会因为部分项目退出盈利而减少，这是不合理的。其次，从理论上讲，就涉及未退出项目本金的确定问题，主要涉及部分项目减值损失问题，引申出部分项目是否应计提减值损失，由谁计提减值、谁来复核损失、已计提的减值损失是否应当扣减管理费基数和已计提的减值损失是否可以冲回等一系列问题。另一方面，我们也可以关注到在基金退出实务中，涉及计提减值损失的项目往往是风险项目，这些项目往往需要管理人投入大量人力物力和财力去处理，其中投入往往会比正常项目更大。如果在此期间该项目投资成本还从管理费计算基数中扣除，反而不利于鼓励管理人处置风险项目，为基金争取最大利益。最后，项目退出可能是分阶段的多次退出的，在此情况下，未退出项目本金一般按照未退出部分比例折算。

3. 在延长期，管理费收取一般会根据延长期期间有所差异。在管理人自主延长期内，人民币基金的管理人一般会按照退出期规则收取管理费；在管

---

① 上海实业发展股份有限公司：《关于参与认购基金暨关联交易事项的公告》，载巨潮资讯网，http：//www. cninfo. com. cn/new/disclosure/detail？ plate = sse&orgId = gssh0600748&stockCode = 600748&announcementId = 1210839837&announcementTime = 2021 – 08 – 25。

理人自主延长期之后，一般不再收取管理费。这与美元基金一般存在较大差异。美元基金一般在基金延长期内不收取管理费，除非有限合伙人认可该等费用。[①] 主要差异原因是人民币基金和美元基金的基金期限存在重大差异。以人民币基金常见“5 +2”模式来看，其期限由“三年投资期 + 两年退出期 + 管理人自主决定两年延长期”组成，实务中大部分创投基金很难在 2 年退出期内完成大部分项目退出，因此在管理人 2 年自主延长期内往往还有大量项目未退出，管理人还需要承担投后管理和退出工作。从本质来看，管理人自主决定 2 年延长期是对 2 年退出期过短补偿，因此基金支付一定管理费也是合理的。以美元基金常见“10 +2”模式来看，10 年时间足够大部分创投基金完成大部分投资和退出工作，因此在管理人 2 年自主延长期内工作量很少，基金不再支付管理费也具有合理性。

在投资期管理费谈判中，管理费率也是一个常见谈判点，主要由管理人和主要投资者谈判确定。一般来说，基金管理费与基金规模息息相关，基金规模越大，基金的费率一般会越低。因为大规模基金虽然管理费率降低，但是计算基数庞大，每年管理费绝对数额也足以覆盖管理人的营业费用。管理费率还和基金投资策略紧密相关，一般主动投资基金比被动投资基金管理费率要高。在人民币创投基金，年管理费率一般在 1.5% ~2.5% 。此外，也有投资者要求基金在不同期间适用不同管理费率。例如，国家中小企业发展基金就要求其子基金在投资延长期及退出期进一步降低管理费提取比例。[②] 也有基金会对投资者管理费和业绩报酬进行组合，如不同管理费率对应不同业绩报酬比例。[③]

因此，管理费计算与基金期间紧密相关，需要特别关注其中区别。特别

---

① 参见机构有限合伙人协会：《机构有限合伙人协会（ILPA）原则 3.0 版》，第 12 页，载 https：//ilpa. org/wp - content/uploads/2020/08/ILPA - Principles - 3.0% E7% 89% 88 - CN - Translation. pdf，最后访问日期：2020 年 10 月 21 日。

② 参见国家中小企业发展基金有限公司：《国家中小企业发展基金第一批子基金管理机构申报指南》，载 http：//www. csmedf. com/u/cms/www/202007/31162634net9. pdf，最后访问日期：2020 年 10 月 11 日。

③ 参见［瑞士］西瑞尔·德马里亚：《私募股权圣经（原书第二版）》，黄嵩、郑磊译，机械工业出版社 2015 年版，第 97 页。

提醒注意的是人民币基金和美元基金在此存在重大差异，需要根据具体情况具体分析，不能简单套用。

（四）实务中的常见问题

在人民币基金运营实务中，管理费还会有各种各样的常见问题或者事项值得关注。

1. 基金管理费来源及预留问题

对一个基金规模确定的基金而言，如何最大限度提高其可投资金额也是一个值得关注的事项。在基金总规模确定的前提下，基金可投资金额越多，基金可用于创造收益资金就越多，就越有利于提高基金收益。在笔者所经历项目中，就曾遇到某支基金在投资最后一个项目时，发现基金可投资金额不足，管理人毅然决定推迟管理费的收取将原本预留支付管理费资金用于投资。结果，该项目创造超过10倍回报，单个项目收益超过整个基金规模的50%，大幅提高基金收益率。

在人民币基金中，基金管理费主要由三个来源组成：（1）投资者实缴出资款；（2）基金收回被投资企业投资及其收益，主要包括项目投资本金、现金股利、补偿款、回购款和股权转让款等；（3）基金的其他收益，主要包括闲置资金现金管理收益、投资者违约金、未完成交易分手费等。其中，在投资期内，第1项和第3项为主要来源，第2项作为补充；在退出期内，第1项和第2项为主要来源，第3项作为补充。因为在投资期内，项目退出的金额往往不大，但是已实收备用投资的资金现金管理收入会比较大；而在退出期内，由于基金基本完成投资，不会有大额现金管理收入，但由于项目逐步退出，会有大量项目退出收益。由于人民币基金一般是由基金支付管理费，对管理人而言，现金作为种类物，无论来源均可以用于支付管理费。但是，对基金而言，三类资金的限制却很不相同。受限于循环投资限制，基金第2项和第3项回款均不可以循环投资，但是如其用于管理费支付，从第1项投资者实缴出资款中用于支付管理费金额将相应减少，即基金可投资金额将相应增加。也就是说，受限于循环投资限制，用投资者实缴出资支付管理费将承担机会成本，即错失将该资金用于投资获得收益的机会；而用基金第2项和第3项回款却无该项机会成本，因为其原本就不能再用于投资。因此，如何合理利用第 2 项和第 3 项收入来支付管理费，从而最大限度降低将投资者实缴出资支付管理费比例是管理人需要考虑的问题。

从人民币基金运营实务来看，第 3 项回款金额一般都比较小。在此前提下，需要重点关注的就是第 2 项回款。在项目逐渐成熟并退出的情况下，项目退出回款金额可以作为支付管理费的主要来源。基于此，需要考虑的是在投资期结束前后到项目大量退出之前的期间内管理费支付来源和预留问题。以常见“3 +2 +2”年限人民币基金而言，主要需要关注基金第 4 年和第 5 年管理费支付来源问题。常见做法是在投资者实缴出资中预留基金第 4 年和第 5 年管理费全部或者部分管理费，具体金额综合考虑已投项目退出进展、第 2 项和第 3 项回款具体情况确定。

2. 差异化管理费实现途径

在人民币基金管理实务中，不同投资者可能会支付不同管理费。常见情况是基石投资者、产业投资者等投资者可能会要求享有优惠管理费率。在管理费由基金统一而非由投资者分别支付的模式下，差异化的管理费率很难在基金统一支付时实现。因此，如何实现差异化管理费也就成为一个需要考虑的问题。在实务中，一般通过以下两种方式实现。

（1）“先收后返”模式

“先收后返”模式是指管理人首先向基金按照约定统一计提并收取管理费，然后再按照约定确定差额支付（返还）给特定投资者。对管理人而言，其中的税收安排值得注意，按照约定确定的差额一般由管理人以“咨询费”或“顾问费”的名义支付给特定投资者，并且由该投资者向管理人开具相应金额的增值税发票。如果管理人是增值税一般纳税人，对管理人而言，其可以要求投资者开具增值税专用发票以抵扣其向基金开具管理费专用发票所产生增值税，从而降低其税务成本。在实务中，如果管理费是分期收取的，差额返还一般对应分期支付。在此情况下，由于管理费返还一般与投资者的实缴出资额是紧密相关的，而投资者实缴出资义务分期履行，也存在一定不确定性，因此管理人需要关注投资者实缴出资义务履行对管理费返还的影响，并在相应协议中准确反映。

（2）多 GP 模式

多 GP 模式是指通过多个普通合伙人的方式实现差异化管理费安排。在现有监管规则下，可以由特定投资者或其关联方与管理人或其指定主体成立合资公司或者合伙企业担任基金的普通合伙人，基金向普通合伙人支付管理费，特定投资者将根据其在普通合伙人的财产份额比例间接获得约定的管理费，这部分管理费就是需要返还给该投资者的管理费，从而间接实现特定合伙人管理费返还。

从投资者角度来看，需要关注该种模式下，相应资金性质变化对投资者财务报告产生的影响。基金支付的管理费间接内含于投资者的股权投资成本之中，并非投资者直接支付的成本或者费用。根据现有的会计准则，这并不需要投资者在当期确认相应费用或者成本；而投资者或者其关联方收回的返还管理费往往作为收到的“服务费”或者“咨询费”视为当期营业收入或者被视为“分红款”被计入“投资收益”，增加投资者的利润。这会直接影响投资者的财务报告。

二、其他基金费用

除了基金管理费外，基金还会发生其他费用，可以分为基金运营费用和项目费用两类。其中，基金托管费纳入基金运营费用中。基金运营费用和项目费用分类标准是该费用能否对应具体投资项目。在实务中，一般通过单项列举 + 兜底条款 + 除外范围等方式进行明确，我们分类进行讨论。

（一）项目费用

项目费用主要是指基金在投资、持有和出资项目所发生相关税费，可以根据该税费发生阶段进行列举，主要包括：

1. 项目投资中发生的尽职调查费用、交易税费。例如，聘请律师、会计师、评估机构等第三方中介机构进行尽职调查的费用、印花税、SPV 注册的工商代理机构费用等。

2. 项目投资持有过程中发生的相关税费。例如，聘请律师维护基金权益律师费、诉讼费用、仲裁费用、对项目审计费用等。

3. 项目退出发生的相关税费。例如，出售上市公司股票的增值税、经纪费用、印花税、股权转让工商代理费用等。

在实务中，项目费用可以简化成因为进行投资、持有和退出项目所发生的相关尽职调查、审计费用、律师费及相应税款。其中尽调费用承担问题已在管理费部分有详细分析，在此不再累述。

（二）基金运营费用

基金运营费用主要是指基金设立、运营和清算过程中所发生相关税费，可以根据该税费发生阶段进行列举，主要包括：

1. 基金开办费。主要包括基金设立费用、第三方代理费用、印花税、印章刻制费等。

2. 基金募集专用账户的监管费。这是开立基金募集专用账户而向监管方支付的监管费。如果基金募集专用账户的监管方和托管方为同一家，在实务中往往将监管费并入托管费中。

3. 基金托管费。如果基金托管，需要向托管方支付托管费。

4. 基金银行相关费用，包括账户开立、维护和注销费用等。

5. 基金证券账户相关费用，如证券账户开立、交易和注销费用。

6. 基金相关会议费用，如基金顾问委员会、合伙人会议的相关会务费、打印费用等。

7. 基金运营所聘请第三方中介机构费用，如基金审计费、律师费、诉讼费用、仲裁费用等。

8. 基金运营相关税费，如印花税、企业所得税（针对公司制基金）等。

9. 基金清算费用；

10. 其他应当由基金承担的基金运营费用。

以重庆金浦医疗健康服务产业股权投资基金合伙企业（有限合伙）为例。该基金的基金合同约定，该基金费用包括基金管理人的管理费、基金托管人的托管费和基金运营费用三部分。基金费用由基金承担。其中，基金运营费用包括：（1）本基金办理注册登记、资格审查、免税手续等产生的费用以及税收与其他政府收费；（2）本基金年度内发生的基金自身的年报审计费、律师费、诉讼费、仲裁费、评估费、公证费、合伙人会议费、股权交易费、变更登记、工商年检、信息披露费及各项行政性收费等；（3）该基金终止时的清算费用；（4）合伙人会议确认应由该基金承担的其他费用。各方确认，除上述基金管理费、基金托管费和基金运营费用外，该基金不支付其他任何费用。①

第四节　基金规模

基金规模是基金管理人在基金募集时需要考虑的重要因素之一，也是投资者选择基金的重要因素之一，因为基金规模对基金的投资策略、管理团队的要求会产生直接影响。根据中基协统计，截至 2019 年年末，在中基协备案基金创投基金中，创投基金单只基金规模主要集中于 2000 万～5000 万元（不含），基金数量为 1751 只，占业投基金总数的比例为 21.95%。股权投资基金平均规模约为 3.12 亿元，单只基金规模主要集中于 2000 万～5000 万元（不含），占比为 18.97%。② 整体来看，人民币创投基金的基金规模偏小。我们可以看到基金规模会对基金多个方面产生重大影响。

1. 基金规模与基金的投资策略，特别是投资标的所处阶段紧密相关。一般来说，天使项目、成长期和 Pre-IPO 阶段项目单个投资项目的投资金额差异很大。在投资数量差不多情况之下，基金规模会有很大差异。举例来说，如果一个计划单个项目平均投资金额 500 万元的天使投资基金计划募集 10 亿元，那该基金将投资约 180 个～200 个项目，这将对管理人的投资能力和投后管理能力提出极大挑战。相对而言，如果该基金的计划单个项目平均投资金额为 5000 万元，那该基金很可能仅需要投资 18 个～20 个项目，这对管理人的投资能力和投后管理能力的要求完全不一样。从实务来看，这更具有可行性。

2. 从管理人角度来看，基金规模与管理团队要求紧密相关。从基金运营来看，一个高素质、稳定的管理团队是基金成功运营最为关键的因素之一。

---

① 参见贵州百灵企业集团制药股份有限公司：《关于参与投资产业基金的进展公告》，载巨潮资讯网，http://www.cninfo.com.cn/new/disclosure/detail?plate=szse&orgId=9900012790&stockCode=002424&announcementId=1203684458&announcementTime=2017-07-06。

② 参见中国证券投资基金业协会编著：《中国证券投资基金业年报（2020）》，中国金融出版社 2020 年版，第 157 页、第 158 页和第 163 页。

在实务中，基金管理团队在基金中出资包括人力出资和资本出资两类，其中人力出资比资本出资更为重要。因此，管理团队人员规模、人员经验、精力、时间、管理能力和管理半径等直接决定了其合适资产管理规模。在实务中，基金规模与管理团队关系主要体现在两个方面。一方面是基金规模太小导致基金管理人收取的管理费不足以吸引和保持一个高素质、稳定的管理团队；另一方面是基金规模太大，导致管理费成为基金管理人主要利润中心，使管理费已足让管理团队获得足够利润，进而使业绩报酬作为维持管理人和基金利益一致性机制重要性大幅下降。因此，一个适当基金规模对维持一个高素质、稳定和积极进取的管理团队至关重要。

3. 从投资者角度来看，基金规模与投资者定位紧密相关。基金规模和单个投资者投资金额直接决定了投资者持有基金权益比例，直接影响投资者在基金中的定位和话语权。如果一个投资者的定位是基石投资者，其对单个基金最大投资金额是 3 亿元，那投资 10 亿元规模的基金可能是一个合适的选择。因为持有一个基金 30% 的权益与基石投资者定位基本匹配，基石投资者身份可以让该投资者在基金合同谈判等方面具有一定话语权。如果该投资者去投资一个 100 亿元规模的基金，3% 的基金份额与基石投资者定位就难以匹配。

因此，如何在实务中确保基金规模按照预期计划落实是实务中的一个问题，主要在两种情况下出现：第一是在基金全部投资者尚未确定之前，部分投资者先签署基金认购协议时，即部分投资者签署基金认购协议或者基金合同时，基金规模尚未最终确定；第二是基金计划分期募集和交割，前期投资者签署基金认购协议或者基金合同时，基金规模尚未最终确定。实务中一般会约定管理人有权在一定募集期间内决定新增投资者，比方说 1 年的募集期。这个问题在分期募集的基金中更为突显，也是管理人和投资者关注和谈判点之一。因为在分期募集基金后续募集过程中，基金很可能会在后续募集中已经开始投资。如果对基金规模不加以适当限制，已出资投资者在已投项目的权益存在被过度稀释的可能。在实务中，该问题一般通过以下方式解决：

（1）在基金合同或者认购协议中直接明确基金规模的上限和下限，作为投资者认购出资的条件之一，即在该基金规模的上限和下限之内，投资者才有出资义务。

（2）在变更基金规模时需要履行基金决策程序，如需要获得不少于持有一定比例基金权益的投资者同意。比方说，变更基金规模要求获得不少于持有 1/2 表决权的投资者同意。

从 2020 年 4 月 1 日起，中基协在私募基金备案时要求已备案通过的创投基金，若同时满足特定条件，可以新增投资者或增加既存投资者的认缴出资，但增加的认缴出资额不得超过备案时认缴出资额的 3 倍。[①] 该类事项在本章第七节“基金后续募集”中有详细论述。在此不再累述。这些事项是我们在制定创投基金的募集计划时需要认真考虑的。

第五节　基金期限和期间

创投基金存在一定期限是基金与控股公司的区别之一。从创投基金运作来看，创投基金的业务是从“现金－股权－现金”的过程，本质上是一个资产流动性变化过程，创投基金通过投资将现金转化为股权，再通过处置股权获得现金分配给投资人，从而产生基金业务循环“募投管退”中的“退”这一不可或缺的环节。相对而言，控股公司的业务是从将现金转化为股权的过程，之后可以长期持有。根据中基协的统计，截至 2019 年年末，私募股权投资基金完全退出的投资案例中，持有时间为 2 年（含）至 4 年的案例数量、退出本金和实际退出金额均最多，占比分别为 34.64%、30.89% 和 36.33%。持有时间为 7 年（含）以上的退出案例数量、退出本金及实际退出金额均为最少。创投基金完全退出的投资案例中，持有时间为 2 年（含）至 4 年的案例数量和退出本金最多，占所有退出案例的比例分别为 34.14% 和 30.03%；持有时间为 4 年（含）至 7 年的实际退出金额最多，占比为 34.08%。[②]

---

① 《私募投资基金备案须知》（2019 年版）第 11 条。

② 参见中国证券投资基金业协会编著：《中国证券投资基金业年报（2020）》，中国金融出版社 2020 年版，第 190 页、195 页。

美国的创投基金存续期一般是 10 年 ~12 年。[①] 目前，人民币基金存续期以“5 +2”为主，即存续期 7 年。人民币基金存续期有进一步延长趋势，但比起美元基金“10 +2”的存续期，依然存在一定差距。在退出难的大背景下，人民币基金能在 7 年内完成清算还是少数。目前不少基金都在延期，甚至一延再延。[②] 根据中基协要求，私募投资基金应当约定明确的存续期。私募股权投资基金约定的存续期不得少于 5 年，鼓励管理人设立存续期在 7 年及以上的私募股权投资基金。[③] 这是中基协对基金备案要求。根据《创业投资企业管理暂行办法》第 19 条的规定，创业基金可以事先确定有限的存续期限，但是最短不得短于 7 年。[④] 这是创投基金享受相应政策优惠前提条件。根据汉坤律师事务所在 2019 年参与上百个境内外私募基金的统计，基金期限在 5 年 ~8 年的盲池直投基金占绝大多数，比例为 56. 58% ，基金期限在 8 年 ~10 年的盲池直投基金占比达到 22. 37% ，即基金期限在 5 年 ~10 年的基金占比约 80% 。[⑤] 根据中基协的问卷调查，创投基金存续期偏好有进一步延长的趋势。偏好新募集存续期限为 4 年及以下的创投基金管理人比例从 2018 年的 14. 48% 下降到 2020 年的 5. 85% ；偏好新募集存续期限为 5 年 ~6 年的创投基金管理人比例从 2018 年的 42. 46% 下降到 2020 年的 30. 82% ；偏好新募集存续期限为 7 年以上的创投基金管理人比例从 2018 年的 43. 06% 提高到 2020 年的 63. 32% 。[⑥]

同时，基金期限也是基金管理团队的重要约束机制之一。基金期限实质上要求基金投资在到期前退出并完成基金清算，从而为基金业绩真实和准确

---

① See Jack S. Levin，Martin D. Ginsburg，Donald E. Rocap，Russell S. Light：*Structuring Venture Capital*，*Private Equity and Entrepreneurial Transactions*（2011），Wolters Kluwer Law & Business，Chapter10，p12.

② 参见中国证券报：《创投基金存续期有进一步延长趋势》，载 http：//www. zqrb. cn/fund/jijindongtai/2019 －06 －21/A1561069949755. html，最后访问日期：2020 年 4 月 14 日。

③ 《私募投资基金登记备案办法》（中基协发〔2023〕5 号）第 36 条。

④ 《创业投资企业管理暂行办法》第 19 条。

⑤ 汉坤律师事务所、36Kr、中华有限合伙人联合会：《汉坤 2019 年度基金募集项目数据分析报告》，载 https：//www. hankunlaw. com/downloadfile/newsAndInsights/3f4ea84cd59faf0c43d9503e6627a574. pdf，第 9 页。

⑥ 参见中国证券投资基金业协会编著：《中国私募股权投资基金行业发展报告（2021）》，中国财政经济出版社 2021 年版，第 63 页。

的计量提供了前提，进而为管理人业绩报酬计提、返回和最终评价提供基础。

从实务来看，基金期限一般会进一步划分为投资期、退出期和延长期。顾名思义，投资期是指基金可以对外投资的期间；退出期是指基金处置对外投资，收回投资的期间；延长期是指基金退出期结束后期间。实务中，常见的是“4+3”模式或者“3+2+2”模式，即“4年投资期+3年退出期”或者“3年投资期+2年退出期+2年延长期”。其中一般管理人有权延长两次，每次延长一年，我们一般将这称为“管理人自主延长期”；之后再延长一般由合伙人会议或者咨询委员会决定。以厦门挑战者双鱼号创业投资合伙企业（有限合伙）为例，该基金存续期限为7年，自基金首次交割日起计算，其中前4年为投资期，投资期届满至存续期届满之日为退出期。基金可按年延长存续期限。经普通合伙人提请咨询委员会同意，基金可延长不超过2年的存续期；基金的存续期延长超过2年的，需经代表1/2以上合伙权益的有限合伙人表决通过。①

基金的投资期、退出期和延长期的三个期间划分对基金运营有重要影响，主要影响如下：

1. 对投资人出资义务影响。一般来讲，不论是美元基金还是人民币基金，投资人者原则上在投资期过后不再负有缴付出资义务。这对美元基金投资者来讲更为重要，因为美元基金投资人一般采取按照项目出资缴付出资的安排，投资期一旦结束，其缴付出资义务原则上就结束了。这有利于投资人做好自身资产配置安排。

2. 对基金运营的影响。一般来讲，基金在投资期以项目投资为主，在退出期以项目管理和退出为主，管理人在不同期间的工作重点存在很大差异。

3. 对基金管理人要求不一样。为了确保基金管理人将主要时间、精力和资源用于基金业务，基金投资者一般会要求在投资期或者主要投资任务完成之前管理人不得再设立同类型基金。根据中基协要求，在已设立的私募股权投资基金尚未完成认缴规模70%的投资（包括为支付基金税费的合理预留）

---

① 参见分众传媒信息技术股份有限公司：《分众传媒信息技术股份有限公司关于参与投资基金的公告》，载巨潮资讯网，http：//www.cninfo.com.cn/new/disclosure/detail？plate=szse&orgId=gssz0002027&stockCode=002027&announcementId=1209168346&announcementTime=2021-01-23。

之前，除经全体投资者一致同意或经全体投资者认可的决策机制决策通过之外，管理人不得设立与前述基金的投资策略、投资范围、投资阶段均实质相同的新基金。[①]

4. 对基金管理费的影响。一般来讲，基金在投资期和退出期的管理费计算会有差异，在退出期计算管理费基数一般是在管资产，管理费计算基数一般会扣除已退出项目的本金和投资人已实缴但未投资而返还给投资人出资，具体见本章的“基金费用”部分。

在投资期结束后，基金原则上不得再进行新投资，也原则上不得要求出资人再缴付后续出资。对于投资者已缴付的尚未完成投资的出资，扣除合理费用预留和已决策项目后续出资之后一般按照投资人出资比例进行返还。如果有特殊原因需要对投资期进行延长的，一般是由合伙人会议或者顾问委员会来审议。以黄山赛富旅游文化产业发展基金（有限合伙）为例。该基金的基金合同约定，该基金自首次募集完成且首次出资到位之日起 3 年内为投资期，经顾问委员会批准，投资期可以延长。[②] 当然，也有基金会授予管理人或者普通合伙人在一定期限范围内自主延长投资期和退出期的权利。以苏州丹青二期医药创新产业投资合伙企业（有限合伙）为例。根据该基金的基金合同约定，该基金自首次关账日起第 3 个周年日的期间为投资期。投资期结束之日起 4 年为退出期。根据基金的经营需要，经普通合伙人自主决定，基金的投资期可延长 1 年；经普通合伙人自主决定，基金退出期可延长 1 年；经咨询委员会同意，基金退出期可再多延长 1 年。基金的存续期限不得超过 9 年。[③]

在实务操作中，创投基金在投资期结束后原则上不得再进行投资。当然，

---

① 《私募投资基金备案须知》（2019 年版）第 36 条。

② 参见黄山旅游发展股份有限公司：《关于拟签署黄山赛富旅游文化产业发展基金（有限合伙）有限合伙协议暨对外投资的公告》，载巨潮资讯网，http：//www. cninfo. com. cn/new/disclosure/detail？plate = sse&orgId = gssh0600054&stockCode = 600054&announcementId = 1204129284&announcementTime = 2017 - 11 - 10。

③ 参见顺丰控股股份有限公司：《关于全资子公司参与投资股权投资基金的公告》，载巨潮资讯网，http：//www. cninfo. com. cn/new/disclosure/detail？plate = szse&orgId = 9900010448&stockCode = 002352&announcementId = 1204803145&announcementTime = 2018 - 04 - 27。

前述原则也有一些例外。因为前述原则主要是针对新投资，不包括对已投资项目合理商业安排。典型的例外情况包括：

1. 基金对在投资期结束前通过投委会决策或者已签署协议的项目出资，包括投资期已投资项目分期投资的后续执行，这本质上是对投资期投资行为的延续，也是合理的商业安排。例如，如果一个项目是分期投资的，这很可能是符合全体投资者利益的商业安排，不能因为投资期已过就否认该安排可行性。

2. 为了维护基金在已投资项目利益而在退出期追加的后续投资。典型情况包括但不限于：

（1）已投资项目配股。如果基金已投资项目在退出期以极低价格面向全体股东进行配股，创投基金不参与该配股则基金持有该项目股权价值将被严重稀释。

（2）已投资项目股权补偿。在人民币基金实务中，为执行对赌协议，创投基金可能需要通过低价增资或着以象征性价格受让部分股权等方式来降低已投资项目估值。这符合基金投资者利益的安排。

（3）股权架构的调整。在实务中，出于一定交易安排需要，可能需要对已投资项目股权架构进行调整。例如，为了更换上市主体，创投基金将其持有已投资项目股权调整到新法律主体。这在法律上构成对新项目投资，但实质上是基于已投资项目的后续调整，这也符合创投基金投资者利益的安排，不应当被禁止。

第六节　基金循环投资

基金循环投资是指基金在收回投资后能否使用该款项进行再投资，而不直接分配给投资者。值得注意的是，在人民币基金实务中，现金管理类投资一般会排除在基金再投资范围限制之外，因为这是为了提高基金闲置资金的有效利用效率，否则投资者已实缴未投资资金将只能作为活期存款存放在银行。为了确保基金投资在基金期限内退出，基金一般会对已投项目收回的款项再投资进行限制。根据汉坤律师事务所对其2018年和2019年参与基金统计，在2019年度，47%的基金不允许进行循环投资，44%的基金允许进行循环投资，但是设定一定限制（如只允许本金或者投资收益用于循环投资，或者对循环投资不得超过一定金额或比例）。[①] 在实务中，基金循环投资主要有三种模式。

一、原则上禁止循环投资模式

禁止循环投资模式要求"即退即分"，即创投基金从已投资项目退出的款项不能再投资，而是应分配给投资者。当然也存在例外情形。可转债投资是其中的典型情形之一。在实务中，可转债是基金常用投资工具，基金向被投资企业提供一笔可转化为被投资企业股权的债权，在约定条件成就时，基金有权将债权转化为被投资企业的股权；如果基金不行使转股权，则被投资企业需要按照约定向基金归还借款并支付相应利息。从法理上看，基金进行可转债投资可以直接转化为股权。从实务操作来看，在2014年3月1日之前，根据《公司债权转股权登记管理办法》第7条的规定，公司用以转为股权的债权，应当经依法设立的资产评估机构评估。债权转股权的作价出资金额不得高于该债权的评估值。虽然该规定已在2014年3月1日被废止。[②] 但是《公司法》要求"对作为出资的非货币财产应当评估作价，核实财产，不得高估或者低估作价"。[③] 因此在实务中，各地公司登记机关继续要求债转股需要经资产评估机构评估。而资产评估不仅耗时，还会产生不菲的评估费用。因此，在实务操作中，债转股可以通过被投资企业归还借款，然后创投基金将收回借款以"增资款"名义再支付给被投资企业。经过上述转换，创投基金的出资就是"货币出资"而非"非货币出资"，不再需要经过评估手续。从基金运营来看，创投基金收回借款和对被投资企业增资在形式上是两个独

---

① 参见汉坤律师事务所、36Kr、中华有限合伙人联合会：《汉坤2019年度基金募集项目数据分析报告》，载 https://www.hankunlaw.com/downloadfile/newsAndInsights/3f4ea84cd59faf0c43d9503e6627a574.pdf，第13页。

② 见《公司债权转股权登记管理办法》（国家工商行政管理总局令第57号公布，自2012年1月1日起生效，2014年3月1日起被国家工商行政管理总局令第64号废止）第7条。

③ 见《公司法》（2018年修订）第27条。

立法律行为，构成循环投资。如果基金合同没有特别约定，创投基金收回借款后应当分配给投资者。但从交易实质上看，这是一个整体交易的两个不可或缺的组成部分，不应当纳入循环投资禁止范围之内。

此外，创投基金投资期后的已投资项目配股、已投资项目股权补偿、股权架构的调整例外也基本如此，两者主要差异是这个循环投资可能发生在投资期也可能发生在退出期。

二、在投资期内允许循环投资模式

在退出期原则上禁止循环投资，即允许基金在投资期内将项目退出之后款项再投资新项目。一方面，这可能会延长基金退出进程；另一方面，这有利于增加基金有效投资金额，提高基金使用效率。在实务中，从创投基金运营周期来看，创投基金在 3 年 ~4 年的投资期内投资并完成退出而收回大额现金的概率并不高。此外，基金管理人有尽快收回投资，从而尽快收取业绩报酬的足够动力，因此管理人会平衡循环投资对基金退出的不利影响。基于此，很多投资者对这种模式也是支持的。以银鞍岭秀新材料产业基金合伙企业（有限合伙）为例，该基金通过处置投资项目取得的可分配收入以及其他可分配收入，在法律法规及监管机构允许分配的范围内，在 5 年投资存续期间可以再投资，也可在基金收到相应款项后尽快分配，由执行合伙人决定并通知有限合伙人。执行事务合伙人有权决定以下情况可将退还或返还的资金用于再投资：（1）因投资中止或终止等原因取得的退回投资款项；（2）基金向目标公司、目标项目发放的银行委托贷款或其他性质的过桥贷款以及其他实质性债性投资；（3）基金从投资项目中全部或部分退出的时点尚在投资期内，该等项目退出取得的收入中，该项目投资成本可用于再投资，成本以外的投资利润应按照上述分配机制进行分配。①

三、完全禁止循环投资模式

在完全禁止循环投资模式下，除非要求获得合伙人会议或者顾问委员会

---

① 参见中化国际（控股）股份有限公司：《关于与投资方设立投资基金暨关联交易的公告》，载巨潮资讯网，http：//www. cninfo. com. cn/new/disclosure/detail？plate = sse&orgId = gssh0600500&stockCode = 600500&announcementId = 1205232086&announcementTime = 2018 – 07 – 27。

同意，即循环投资事前要求合伙人会议或者顾问委员会同意后才能进行，否则所有收回的投资款均“即退即分”。以珠海和谐智赢股权投资合伙企业（有限合伙）为例，该基金就明确约定因项目投资收入或其他收入产生的可分配现金不得用于再投资（现金管理目的的短期投资除外）。① 我们需要注意的是即使基金合同没有约定合伙人会议可以决定对再投资进行决策，但是合伙人会议作为基金最高决策机构，也有权对再投资作出决策，除非基金合同已经将再投资决策权授权给其他决策机构。这实质上是将循环投资决定权，由投资者或其代表根据个案来判断和决策。当然，这在一定程度上会影响基金运营的效率。

第七节　基金后续募集

在基金运营中，存在基金投资者并非全部同步到位的情况，即部分投资者先认缴或者实缴出资，后续投资者再对基金进行认缴或者实缴出资的情况，即给予基金管理人一个可以吸收后续投资者的期间。我们常称之为“后续募集期”。以北京小米智造股权投资基金合伙企业（有限合伙）为例，该基金的基金合同约定，基金首次交割日后 18 个月内，管理人有权通过该基金向现有有限合伙人或新的投资者进行一次或数次后续募集并完成后续交割。后续募集合伙人应按照假设其亦在首次交割日入伙而累计需实缴的金额向本基金缴付出资。② 根据汉坤律师事务所对其 2018 年和 2019 年参与基金统计，就盲池直投基金而言，2018 年和 2019 年度均有 70% 以上基金设置了后续募集期，而且 2019 年度数据显示后续募集期有延长趋势，说明市场整体对基金募集期

① 参见中山华利实业集团股份有限公司：《关于与专业投资机构共同投资的公告》，载巨潮资讯网，http：//www. cninfo. com. cn/new/disclosure/detail？plate = szse&orgId = nssc1000601&stockCode = 300979&announcementId = 1210563909&announcementTime = 2021 – 07 – 23 20：13。

② 参见北京兆易创新科技股份有限公司：《关于参与投资私募股权投资基金的公告》，载巨潮资讯网，http：//www. cninfo. com. cn/new/disclosure/detail？plate = sse&orgId = 9900026561&stockCode = 603986&announcementId = 1214006272&announcementTime = 2022 – 07 – 12。

的预期拉长。①

在人民币基金中，前述情形一般体现为部分投资者的资金先到位，基金开始投资，后续投资者再对基金进行出资的情况。这就是人民币基金常说的“边募边投”的情况。由于基金投资者的决策时间、决策程序存在差异。一般来说，机构投资者的决策时间和决策程序比高净值个人投资者要长。故对基金管理人而言，分批次接受不同投资者成为一个现实的选择，从法律上来看，即先接受部分投资者入伙基金，再通过接受后续投资者入伙基金的方式逐渐扩大基金规模。从现有监管政策来看，监管机构对此持原则禁止，满足特定条件情况下有限度允许的态度。② 具体要求见本书第二篇第三章相关内容，在此不再累述。从实务来看，根据基金性质、组织形式、是否托管、所处阶段、投资集中度和后续募集资金比例等因素来限制基金后续募集是否合理一直存在争议。监管部门也未提供该政策出台的理由和论证过程。但有一点是毫无疑问的，刚性限制会影响创投基金运营效率甚至部分投资目的之实现。例如，专项基金的分期投资、后续轮次跟投等潜在需求可能因为前述限制难以实施。因为监管政策导致正常商业安排无法实现，我们有理由对该类监管政策的目的和合理性进行反思。对存在后续募集的基金而言，不同时期加入投资者的权利义务是投资者最关注问题。从后续投资者的角度来看，根据其是否参与其出资前基金已投资项目的收益分享或者风险承担可以将其分为两类。

（一）后续投资者按照实缴比例享有已投资项目的收益或者承担风险

在后续投资者按照实缴比例享有已投资项目的收益或者风险承担模式下，后续投资者和前期投资者享受了同等权利和承担同等义务。事实上创投基金已投资项目的投资均源于前期投资者的出资，而且前期投资者的出资是有时间价值的。并且，已投资项目是管理人之前工作的成果，且管理人的前期工作也是需要付出成本的。因此，基于公平原则，后续投资者需要对前期投资

---

① 参见汉坤律师事务所、36Kr、中华有限合伙人联合会：《汉坤2019年度基金募集项目数据分析报告》，载 https：//www. hankunlaw. com/downloadfile/newsAndInsights/3f4ea84cd59faf0c43d9503e6627a574. pdf，第10页。

② 《私募投资基金备案须知》（2019年版）第11条。

者和基金管理人进行补偿。在实务中，主要通过以下方式进行补偿：

1. 对前期投资者的补偿，一般采取后续投资者在实缴出资之外对按照一定利息向基金支付资金占用费，该资金占用费不计入后续投资者的实缴出资，并且由前期投资者按照实缴出资比例进行分配。从商业本质上来看，该模式下后续投资者视为从前期投资者借钱进行投资，并向前期投资者支付利息。常见资金占用费的利率包括同期银行贷款基准利率、同期银行贷款基准利率、门槛收益率等。

2. 后续投资者同步承担管理费和基金已发生的其他成本，并回溯至首次出资时。既然后续投资者和前期投资者享受了同等权利和承担同等义务，基于公平原则，后续投资者和前期投资者也应当同比例承担相应费用和成本。针对管理费而言，已投资项目是管理人之前工作的成果，且管理人的前期工作也是需要付出成本的，因此可授权管理人根据后续投资者出资补提管理费，视为其与前期投资者同步出资，确保后续投资者和前期投资者承担同等管理费。对基金已发生其他成本，由后续投资者按照其出资比例进行分摊，一般由其实缴出资中承担即可。

对前期投资者而言，同意该模式意味着自身间接持有已投资项目权益的稀释。为控制这一稀释的范围和强度，在实务中，前期投资者可能会要求对基金的后续募集进行一定限制：

1. 后续募集规模的限制，即要求后续募集规模不能超过一定上限，也就是限制基金整体规模，以防止对前期投资者权益的过度稀释。后续募资对前期投资的权益稀释主要包括以下两个方面：

（1）对前期投资者持有基金份额的稀释。投资者在基金投资时，不同比例的基金权益与投资者对投资定位、对管理团队要求和投资者话语权等要素紧密相关。如果没有后续募集规模限制，从理论上来说，前期投资者在基金中权益可能会被过度稀释，进而与前期投资者对投资定位、管理团队要求和投资者话语权基础出现偏差。

（2）对前期投资者在已投资项目中间接权益的稀释。在此模式下，后续投资者与前期投资者按照出资比例间接享有已投资项目的权益，前期投资者在已投资项目中间接权益将直接被稀释。

2. 开放期的限制，即基金合同约定管理人在一定期间内有权自行决定接纳后续投资者，超过该期间，非经合伙人会议同意，管理人不得再接纳新投资者，基金开始封闭运作。在实务中，基金的开放期一般为6个月～18个月。后续投资者在评估基金投资价值时一般会将已投资项目纳入考察范围。相对于前期投资者而言，开放期越长，基金已投资项目越多，后续投资者可以纳入基金价值评估中的项目就越多，已投资项目的后续发展情况就越明朗，基金投资不确定性就越小。因此，前期投资者和后续投资者两者的投资所面临的不确定性是存在差异的，而资产的不确定性会直接影响资产价值。开放期的存在能确保将该差异控制在可接受范围之内。

为了确保自身权益不被稀释，部分基金的基石投资者和特定投资者会要求对后续出资所引起稀释保留追加出资的权利，从而确保自身的权益能在基金后续募集中维持到一定比例。

（二）后续投资者不分享已投资项目的收益或者承担风险

在后续投资者不分享已投资项目的收益或者风险承担模式下，后续投资者和前期投资者享受不同的权利和承担不同义务，即后续投资者不享有其投资基金之前基金已投资项目的投资收益，也不承担相应的风险。从促成交易角度来看，这个架构有效解决了前期投资者对后续投资者后续增资对其间接持有已投资项目的稀释担忧，也免除了后续投资者对基金已投资项目的价值评估的作用。对应来看，后续投资者一般也不会再承担相应资金成本和管理费用。这些需要在基金合同中有明确的约定。同时，这也需要基金管理人对后续投资者和前期投资者以被投企业和基金费用为维度进行区别管理，即分别计算不同投资者在不同项目中的权益比例及承担的费用。从这个角度来看，这将增加基金运营的复杂度。

根据中基协要求，管理人不得在私募投资基金内部设立由不同投资者参与并投向不同资产的投资单元/子份额，规避备案义务，不公平对待投资者。[①] 前述商业安排是具有商业实质的，其本质是后续投资者和前期投资者对已投资资产和费用的收益和风险分担，与前述监管要求存在本质性差异。但这种安排是否会受到前述规则限制尚不明确。

① 《私募投资基金备案须知》（2019年版）第15条。

Chapter 02

第二篇

创业投资基金的合规管理篇

第一章

创业投资基金的合规管理概况

从现有实务来看，基金合规管理覆盖从基金募集到基金退出的全过程，可以细分为基金募集、基金备案、基金运营和基金退出四个阶段的合规管理，我们在本篇中将分阶段分析和讨论。

从实务来看，私募股权投资基金和创投基金违法违规的表现很多。从公开案例来看，违法违规现象覆盖私募基金“募投管退”各个环节，集中体现在基金募集和投资这两个主要环节。笔者对近年来中国证券监督管理委员会（以下简称中国证监会）及其派出机构做出的私募股权基金和创投基金的行政处罚案例所涉及的主要合规问题进行了初步统计，我们可以从中看出私募投资基金的合规现状。需要注意的是处罚案例并未区分私募股权投资基金和创投基金，在涉及合规事项上，两者基本没有差异。

一、违规募集行为

违规募集行为是创投基金违规的主要表现形式，主要包括向不特定对象宣传、向非合格投资者募集基金、突破私募产品人数限制、管理人向投资者承诺本金不受损失、未能按照要求揭示产品风险等。该类问题繁多，相应手段让人“叹为观止”，突显部分创投基金，特别是中小投资机构的募资难、合规意识单薄等现实情况。这也是中国证监会近年来的私募基金专项检查执法关注和执法重点之一，情节严重的，可能会移交司法机关以“非法吸收公众存款罪”“非法集资罪”等追究责任人的刑事责任。[①]

1. 基金募集机构向不特定对象宣传推介。例如，管理人通过电话陌生拜访、发送信息、组织客户转介绍及与第三方渠道签订推介潜在客户合同等方式直接或间接向不特定对象宣传推介；[②] 管理人通过制作和散发宣传材料、张贴海报等方式，向不特定社会公众宣传和推介基金；[③] 管理人在面向社会不特定人群的官方网站上向不特定对象宣传推介其基金产品；[④] 管理人在其运营的网站上发布投资产品介绍书，公开向不特定对象宣传基金产品有关内容，并列明其联系方式；[⑤] 管理人官网公开发布基金的产品认购流程、投资项目详细介绍、产品说明等信息，不特定投资者可登陆该公司网站浏览上述宣传推介信息；[⑥] 管理人通过广播电台公开宣传其组织的投资推广会，招揽投资者参加，并在投资推广会上向不特定对象宣传推介其正在募集基金产品。[⑦]

2. 基金募集机构向投资者承诺本金不受损失、承诺最低或保本收益。例如，基金销售机构在资金募集过程中直接承诺保本保收益，或者通过宣传以往产品按照约定收益率兑付、强调募集产品具有固定收益和地方政府背景等引导投资者形成相关产品保本保收益的预期；[⑧] 管理人在相关基金文件中明

---

① 参见中国证监会：《证监会通报2019年私募基金专项检查执法情况》，载中国证监会官网2021年12月29日，http：//www. csrc. gov. cn/csrc/c100211/c1452127/content. shtml；《证监会通报2018年私募基金专项检查执法情况》，载中国证监会官网2021年12月29日，http：//www. csrc. gov. cn/csrc/c100211/c1452130/content. shtml；《证监会通报2017年私募基金专项检查执法情况》，载中国证监会官网2021年12月29日，http：//www. csrc. gov. cn/csrc/c100211/c1452132/content. shtml；《证监会通报2016年上半年私募基金专项检查执法情况》，载中国证监会官网2021年12月29日，http：//www. csrc. gov. cn/csrc/c100211/c1452133/content. shtml。

② 中国证券监督管理委员会浙江监管局行政处罚决定书，〔2021〕7号。

③ 中国证券监督管理委员会山西监管局行政处罚决定书，〔2016〕4号。

④ 中国证券监督管理委员会湖北监管局行政处罚决定书，〔2017〕3号。

⑤ 中国证券监督管理委员会广东监管局行政处罚决定书，〔2019〕7号；中国证券监督管理委员会北京监管局行政处罚决定书，〔2019〕5号。

⑥ 中国证券监督管理委员会广东监管局行政处罚决定书，〔2017〕12号。

⑦ 中国证券监督管理委员会广东监管局行政处罚决定书，〔2019〕1号。

⑧ 中国证券监督管理委员会浙江监管局行政处罚决定书，〔2021〕7号。

确固定收益或者以回购或者担保方式承诺投资者收益；[1] 管理人通过委托代持的方式，由管理人与部分合格投资者签订基金合同，再由合格投资者与其他投资者签订《委托投资协议书》，并在其中明确固定收益；[2] 管理人签署《回购协议书》，依照投资金额等条件，约定了8% －12%的投资年化收益率；[3] 管理人在合伙协议中约定部分投资者享有一定预期最低投资收益率，并且管理人实际控制人承担差额补足及回购义务；[4] 管理人在基金的《合伙协议》中，根据投资者出资金额大小约定不同档次的预期年化收益率；[5] 管理人向基金的投资者提供由担保公司出具的《担保函》，为投资者投资本金和收益提供连带责任保证；按照投资者不同的投资金额和投资期限，与私募基金的投资者约定不同的年化收益率，并按照约定的年化收益率定期向投资者支付收益；[6] 管理人在发行基金产品过程中，与投资者签订《预约受让协议书》，约定自合伙协议或基金合同生效之日至投资期满一定期限内，如果投资者从合伙企业获得的分配款总额未超过投资者全部实缴金额，投资者有权要求管理人按照预约受让协议进行受让，保证投资者本金不受损失或获取最低收益；[7] 管理人通过管理人股东与投资者签订《回购协议》，约定如果基金未能向投资者分配出资及全部收益金额，则由管理人股东按照投资者出资金额与产品预期收益之和的价格受让投资份额；[8] 管理人向基金投资者提供《确认函》，依照投资金额等条件，明确10%左右年化收益率，并明确管理人及其法定代表人以其财产为投资者的投资本金及收益提供无限连带责任保

① 中国证券监督管理委员会浙江监管局：行政处罚决定书〔2021〕15号；中国证券监督管理委员会湖北监管局行政处罚决定书，〔2020〕5号；中国证券监督管理委员会北京监管局行政处罚决定书，〔2017〕2号；中国证券监督管理委员会广东监管局行政处罚决定书，〔2019〕1号；中国证券监督管理委员会广东监管局行政处罚决定书〔2019〕8号；中国证券监督管理委员会广东监管局行政处罚决定书，〔2019〕10号；中国证券监督管理委员会山西监管局行政处罚决定书，〔2016〕4号。

② 中国证券监督管理委员会湖北监管局行政处罚决定书，〔2017〕3号。

③ 中国证券监督管理委员会湖北监管局行政处罚决定书，〔2017〕5号。

④ 中国证券监督管理委员会安徽监管局行政处罚决定书，〔2021〕4号。

⑤ 中国证券监督管理委员会广东监管局行政处罚决定书，〔2017〕12号。

⑥ 中国证券监督管理委员会吉林监管局行政处罚决定书，〔2020〕9号。

⑦ 中国证券监督管理委员会深圳监管局行政处罚决定书，〔2019〕8号。

⑧ 中国证券监督管理委员会深圳监管局行政处罚决定书，〔2019〕9号。

证;[①] 管理人通过在产品宣传推介材料、到账确认回执中约定基准收益率、按月分配固定收益等形式向投资者承诺最低收益。[②]

3. 基金募集机构向非合格投资者募集资金。例如，投资者投资单只私募产品的金额不足100万元;[③] 管理人在基金募集过程中，通过在投资者之间签订《委托投资协议书》的方式，间接向非合格投资者募集资金。上述投资者的投资金额均不足100万元，不符合合格投资者标准。[④]

4. 基金募集机构未对投资者的风险识别能力和风险承担能力进行评估。例如，风险揭示书未经过投资者签字确认，未采取问卷调查等方式对投资者的风险识别能力和风险承担能力进行评估，未由投资者书面承诺符合合格投资者条件，或未自行或委托第三方机构对私募基金产品进行风险评级。[⑤]

5. 单只私募基金投资者人数累计超过法律规定的特定数量。例如，有限合伙型基金产品，投资者人数超过50人，违反了有限合伙企业人数

① 中国证券监督管理委员会北京监管局行政处罚决定书，〔2019〕5号。

② 中国证券监督管理委员会深圳监管局行政处罚决定书，〔2021〕6号。

③ 中国证券监督管理委员会广东监管局行政处罚决定书，〔2019〕1号；中国证券监督管理委员会广东监管局行政处罚决定书，〔2019〕8号；中国证券监督管理委员会行政处罚决定书，〔2020〕97号；中国证券监督管理委员会北京监管局行政处罚决定书，〔2019〕5号。

④ 中国证券监督管理委员会湖北监管局行政处罚决定书，〔2017〕3号；中国证券监督管理委员会湖北监管局行政处罚决定书，〔2017〕5号；中国证券监督管理委员会广东监管局行政处罚决定书，〔2017〕9号；中国证券监督管理委员会吉林监管局行政处罚决定书，〔2019〕5号；中国证券监督管理委员会吉林监管局行政处罚决定书，〔2020〕9号；中国证券监督管理委员会深圳监管局行政处罚决定书，〔2019〕8号；中国证券监督管理委员会山西监管局行政处罚决定书，〔2016〕4号。

⑤ 中国证券监督管理委员会湖北监管局行政处罚决定书，〔2017〕3号；中国证券监督管理委员会广东监管局行政处罚决定书，〔2017〕9号；中国证券监督管理委员会广东监管局行政处罚决定书，〔2017〕12号；中国证券监督管理委员会广东监管局行政处罚决定书，〔2019〕1号；中国证券监督管理委员会广东监管局行政处罚决定书，〔2019〕8号；中国证券监督管理委员会湖北监管局行政处罚决定书，〔2017〕5号；中国证券监督管理委员会北京监管局行政处罚决定书，〔2020〕13号；中国证券监督管理委员会广东监管局行政处罚决定书，〔2019〕7号；中国证券监督管理委员会广东监管局行政处罚决定书，〔2019〕1号；中国证券监督管理委员会广东监管局行政处罚决定书，〔2019〕8号；中国证券监督管理委员会广东监管局行政处罚决定书，〔2019〕10号；中国证券监督管理委员会吉林监管局行政处罚决定书，〔2017〕2号；中国证券监督管理委员会深圳监管局行政处罚决定书，〔2019〕9号；中国证券监督管理委员会山西监管局行政处罚决定书，〔2016〕4号；中国证券监督管理委员会北京监管局行政处罚决定书，〔2019〕5号。

的规定。[①]

6. 管理人未按照约定对基金进行托管或者托管不合规。例如，在基金有关出资协议中明确约定了基金托管人，负责基金的专户管理、合理支付和及时汇划的前提下，管理人在基金的实际运作过程中未按照约定对基金进行托管；[②] 管理人委托不具有基金托管人资格的机构担任基金托管人[③]。

二、损害投资者利益行为

个别基金管理人在投资时违背信义义务，通过挪用基金资产、将基金财产混同使用等方式损害投资者利益，直接违反了管理人的基本义务，这是中国证监会在近年来的私募基金专项检查执法关注和执法重点之一。[④] 主要表现形式如下：

1. 管理人挪用基金财产。例如，管理人直接将所管理的基金财产全部转移至关联公司或者个人银行账户；[⑤] 管理人将基金资金支付至第三方账户，再以银行转账、存现等方式将前述资金返还至由管理人控制的账户；[⑥] 管理人挪用基金财产转入个人银行账户供个人使用，部分资金直接用于支付管理人的房租；[⑦] 管理人未按照与投资者约定将投资者的投资资金存入专门账户，违反约定挪用投资者的部分资金、且在募集失败后未按照与投资者约定的期

① 中国证券监督管理委员会湖北监管局行政处罚决定书，〔2020〕5 号；中国证券监督管理委员会吉林监管局行政处罚决定书，〔2020〕9 号；中国证券监督管理委员会北京监管局行政处罚决定书，〔2019〕5 号。

② 中国证券监督管理委员会广东监管局行政处罚决定书，〔2019〕8 号。

③ 中国证券监督管理委员会北京监管局行政处罚决定书，〔2021〕11 号。

④ 参见中国证监会：《证监会通报 2019 年私募基金专项检查执法情况》，载中国证监会官网 2021 年 12 月 27 日，http：//www. csrc. gov. cn/csrc/c100211/c1452127/content. shtml；《证监会通报 2018 年私募基金专项检查执法情况》，载 http：//www. csrc. gov. cn/csrc/c100211/c1452130/content. shtml；《证监会通报 2017 年私募基金专项检查执法情况》，载 http：//www. csrc. gov. cn/csrc/c100211/c1452132/content. shtml；《证监会通报 2016 年上半年私募基金专项检查执法情况》，载 http：//www. csrc. gov. cn/csrc/c100211/c1452133/content. shtml。

⑤ 中国证券监督管理委员会深圳监管局行政处罚决定书，〔2019〕8 号；中国证券监督管理委员会北京监管局行政处罚决定书，〔2021〕11 号；中国证券监督管理委员会四川监管局行政处罚决定书，〔2019〕1 号。

⑥ 中国证券监督管理委员会湖北监管局行政处罚决定书，〔2020〕5 号。

⑦ 中国证券监督管理委员会北京监管局行政处罚决定书，〔2017〕2 号；中国证券监督管理委员会深圳监管局行政处罚决定书，〔2019〕9 号。

限返还投资者的投资资金;[①] 管理人采用伪造文件签字、伪造印章等手段挪用私募基金财产向其管理的其他产品“补仓”;[②] 管理人未按基金合同约定的投资范围进行投资，将其管理基金财产划转至其他个人、公司账户挪用基金资产。[③]

2. 管理人将基金财产混同使用。例如，管理人将其管理基金与管理人及其关联公司资产混同使用;[④] 管理人将他人财产混同于其所管理的基金财产从事投资活动;[⑤] 管理人使用同一银行账户从事管理人日常经营管理和接受多只基金投资者资金等的投资活动。[⑥]

3. 管理人从事损害基金财产和投资者利益的投资活动。例如，管理人在基金的初始规模不符合基金合同约定最低要求且基金管理人、基金托管人、基金份额持有人三方未协商一致变更约定的前提下，管理人没有按照基金合同的约定返还投资款项及利息，反而冒基金份额持有人之名签署补充协议，仍然成立基金并运作;[⑦] 基金管理人在基金达到基金合同约定的平仓线时，管理人在未按照约定取得投资人书面同意的情况下，始终未依合同约定平仓止损，继续运作基金，导致基金亏损严重，使基金财产与投资者利益的损失继续扩大;[⑧] 管理人管理的基金向管理人关联企业提供无息借款。[⑨]

三、基金备案及其他违规

根据现有规定，创投基金必须在中基协基金备案，基金备案也是中基协对管理人及基金进行自律监督和管理的主要管理手段。因此，备案违规也是创投基金违规重灾区之一。

1. 管理人发行基金产品未备案。例如，管理人管理私募投资基金未按照

① 中国证券监督管理委员会广东监管局行政处罚决定书，〔2019〕1 号。
② 中国证券监督管理委员会行政处罚决定书，〔2019〕43 号。
③ 中国证券监督管理委员会广东监管局行政处罚决定书，〔2021〕18 号。
④ 中国证券监督管理委员会行政处罚决定书，〔2020〕4 号。
⑤ 中国证券监督管理委员会北京监管局行政处罚决定书，〔2021〕11 号。
⑥ 中国证券监督管理委员会广东监管局行政处罚决定书，〔2021〕18 号。
⑦ 中国证券监督管理委员会北京监管局行政处罚决定书，〔2020〕13 号。
⑧ 中国证券监督管理委员会北京监管局行政处罚决定书，〔2020〕13 号。
⑨ 中国证券监督管理委员会广东监管局行政处罚决定书，〔2019〕7 号。

规定向中基协申请基金备案。[①]

2. 基金备案信息与实际情况不符或者提供虚假文件以完成备案。管理人管理基金的投资者人数、投资金额等方面在中基协的备案情况与实际不符;[②] 管理人填报的基金募集账户与实际募集账户不同，提交的基金《合伙协议》并非合伙人真实签订;[③] 管理人伪造了投资者缴纳出资的银行缴款凭证，完成基金的备案申请。[④]

3. 管理人填报虚假信息或者未及时更新登记信息。例如，管理人虚报实际缴付出资，在中基协登记填报“实缴资本”的信息为不准确信息;[⑤] 公司实际员工人数、实际经营地址与中基协登记信息不符。上述事项信息发生变动后，管理人未及时更新登记信息。[⑥]

4. 管理人未按照约定向投资披露信息。例如，管理人将其管理的一支基金投资其管理的另一支基金，但管理人未按照基金合同约定及时向投资者披露重大关联交易;[⑦] 管理人未按照约定向投资者披露年度报告、基金净值、主要财务指标以及投资组合情况等信息;[⑧] 管理人管理的基金财产被第三方保全时未向基金投资者披露该重大事项;[⑨] 管理人未向投资者披露其与基金

① 中国证券监督管理委员会浙江监管局行政处罚决定书，〔2021〕11 号；中国证券监督管理委员会湖北监管局行政处罚决定书，〔2017〕3 号；中国证券监督管理委员会湖北监管局行政处罚决定书，〔2017〕5 号；中国证券监督管理委员会北京监管局行政处罚决定书，〔2017〕2 号；中国证券监督管理委员会广东监管局行政处罚决定书，〔2017〕9 号；中国证券监督管理委员会广东监管局行政处罚决定书，〔2017〕12 号；中国证券监督管理委员会广东监管局行政处罚决定书，〔2019〕10 号；中国证券监督管理委员会吉林监管局行政处罚决定书，〔2017〕2 号；中国证券监督管理委员会吉林监管局行政处罚决定书，〔2019〕5 号；中国证券监督管理委员会吉林监管局行政处罚决定书，〔2020〕9 号；中国证券监督管理委员会深圳监管局行政处罚决定书，〔2019〕8 号；中国证券监督管理委员会深圳监管局行政处罚决定书，〔2019〕9 号；中国证券监督管理委员会行政处罚决定书，〔2020〕97 号；中国证券监督管理委员会行政处罚决定书，〔2020〕4 号；中国证券监督管理委员会北京监管局行政处罚决定书，〔2019〕5 号；中国证券监督管理委员会深圳监管局行政处罚决定书，〔2021〕6 号。

② 中国证券监督管理委员会湖北监管局行政处罚决定书，〔2020〕5 号。

③ 中国证券监督管理委员会安徽监管局行政处罚决定书，〔2021〕4 号。

④ 中国证券监督管理委员会四川监管局行政处罚决定书，〔2019〕1 号。

⑤ 中国证券监督管理委员会吉林监管局行政处罚决定书，〔2017〕2 号。

⑥ 中国证券监督管理委员会浙江监管局行政处罚决定书，〔2021〕11 号。

⑦ 中国证券监督管理委员会浙江监管局行政处罚决定书，〔2021〕14 号。

⑧ 中国证券监督管理委员会浙江监管局行政处罚决定书，〔2021〕11 号；中国证券监督管理委员会北京监管局行政处罚决定书，〔2020〕13 号。

⑨ 中国证券监督管理委员会浙江监管局：行政处罚决定书〔2021〕15 号。

项目投资对象的关联关系及明股实债的真实运作信息、收益情况等。[①]

5. 未按照要求向中基协报告相关数据或者重大事项。例如，管理人发生副总经理、总经理、董事长等高管人员信息变动，但未按规定向中基协报告并在私募基金登记备案系统填报和更新；[②] 管理人发生重大股权变更后未按规定及时向中基协报告；[③] 管理人未按要求填报季度数据，也未填报经审计的财务报告。[④]

6. 未按规定保存私募基金相关资料。例如，管理人未按照规定保存投资人同意相应资料；[⑤] 管理人未妥善保存基金合同、投资者适当性管理相关记录等有关资料，只保存了部分投资者的基金合同及与投资者适当性管理相关的记录等有关资料，其余大部分资料都已遗失。[⑥]

从上述案例来看，创投基金的合规任重道远，还有很长的路要走。这也是我们每一个从业者需要关注和努力的方向之一，毕竟合规是创投基金健康发展的基础。

---

① 中国证券监督管理委员会北京监管局行政处罚决定书，〔2019〕5 号。

② 中国证券监督管理委员会广东监管局行政处罚决定书，〔2019〕10 号。

③ 中国证券监督管理委员会湖北监管局行政处罚决定书，〔2017〕3 号。

④ 中国证券监督管理委员会安徽监管局行政处罚决定书，〔2021〕4 号；中国证券监督管理委员会吉林监管局行政处罚决定书，〔2017〕2 号。

⑤ 中国证券监督管理委员会浙江监管局行政处罚决定书，〔2021〕11 号。

⑥ 中国证券监督管理委员会广东监管局行政处罚决定书，〔2019〕1 号。

▶ 第二章 ◀

基金募集的合规管理

根据相关监管规定，私募股权基金的募集需要履行一系列程序。正是这些程序构成了私募基金合规募集的关键节点，也是其合规控制的核心控制点。不同类型的私募基金因其组织形式差异会存在一定差异。需要注意的是，创投基金的募集合规和私募股权基金的募集合规并无本质差异。因此，我们在此以私募股权基金（含创投基金）为口径分析其合规募集。结合相关实务操作，我们合伙型私募股权基金从开始募集到备案完成需要完成以下主要步骤：

1. 特定对象确定程序；
2. 基金风险评估程序；
3. 投资者适当性匹配程序；
4. 基金推介程序；
5. 基金风险揭示程序；
6. 基金合同签署程序；
7. 投资冷静期程序；
8. 投资前回访程序；
9. 投资者出资程序；
10. 工商确权程序；
11. 基金备案程序；
12. 投资后回访程序。

其中，第 1 项、第 2 项、第 3 项和第 12 项，即特定对象确定程序、基金风险评估程序、投资者适当性匹配程序和投资后回访程序共同组成了投资者适当性程序；第 7 项、第 8 项、第 9 项和第 10 项共同构成了基金合同签署后的程序。而且，部分步骤可同时进行，并无先后次序。根据现有监管规定，专业投资者可以省略部分步骤。我们以下分步骤讨论合伙型私募股权基金的募集合规相关事项。

表 2－1　合伙型私募股权基金各类型投资者的募集程序

<table>
<tr><th rowspan="3">步骤</th><th rowspan="3" colspan="2">募集程序</th><th colspan="3">投资者分类</th><th rowspan="3">备注</th></tr>
<tr><th rowspan="2">普通投资者</th><th colspan="2">专业投资者</th></tr>
<tr><th>当然专业投资者</th><th>认定专业投资者</th></tr>
<tr><td rowspan="5">1</td><td rowspan="5">特定对象确定程序</td><td>投资者信息采集</td><td>★</td><td>★</td><td>★</td><td></td></tr>
<tr><td>身份证明的提供和核验</td><td>★</td><td>★</td><td>★</td><td></td></tr>
<tr><td>资产证明的提供和核验</td><td>★</td><td>—</td><td>★</td><td></td></tr>
<tr><td>风险评测</td><td>★</td><td>—</td><td>—</td><td></td></tr>
<tr><td>合格投资者确认</td><td>★</td><td>★</td><td>—</td><td>仅部分当然合格投资者适用</td></tr>
<tr><td>2</td><td colspan="2">基金风险评估程序</td><td>—</td><td>—</td><td>—</td><td>管理人可在步骤 1 前实施</td></tr>
<tr><td rowspan="3">3</td><td rowspan="3">投资者认定和匹配程序</td><td>投资者风险匹配告知及确认</td><td>★</td><td>★</td><td>★</td><td></td></tr>
<tr><td>投资者风险不匹配警示及确认</td><td>★</td><td></td><td></td><td>根据投资者具体情况实施</td></tr>
<tr><td>投资者类型转化程序</td><td>★</td><td>★</td><td>★</td><td>根据投资者申请实施</td></tr>
<tr><td>4</td><td colspan="2">基金推介</td><td>★</td><td>★</td><td>★</td><td></td></tr>
<tr><td>5</td><td colspan="2">基金风险揭示</td><td>★</td><td>—</td><td>★</td><td></td></tr>
<tr><td>6</td><td colspan="2">基金合同签署</td><td>★</td><td>★</td><td>★</td><td></td></tr>
</table>

续表

步骤	募集程序		投资者分类			备注
			普通投资者	专业投资者		
				当然专业投资者	认定专业投资者	
7	基金合同签署后程序	投资冷静期	★	★	★	冷静期起算点可由基金合同约定
8		投资前回访	★	★	★	未强制实施
9		投资者出资	★	—	★	
10		工商确权	★	★	★	
11	基金备案		—	—	—	管理人实施
12	投资后回访		★	—	—	

注：“★”代表“适用”该类投资者；“—”代表“不适用”该类投资者。

第一节　投资者适当性和合格投资者的合规管理

投资者是创投基金的最主要参与者之一。创投基金基本运作模式是“管理人人力出资＋投资者资本出资”。在此框架下，投资者提供了创投基金最重要资源之一——资本。离开投资者的支持，创业投资将成为无源之水。从人民币基金发展轨迹和特点来看，投资者的来源和特点对人民币基金投资策略、运营和风格等产生了重大影响。在某种程度上讲，怎样的投资者就决定了怎样的创投基金。

一、投资者适当性和合格投资者制度由来

合格投资者和投资者适当性制度是资本市场的一项基础制度，是私募基金监管理念的核心与基石。[①] 投资者适当性制度和合格投资者制度是密不可

① 参见中国证券投资基金业协会编著：《私募股权投资基金合规管理手册2021》，中国财政经济出版社2021年版，第83页。

分的，前者可以看做是后者的细化和进阶。回顾中国合格投资者制度的发展历史，我们会发现合格投资者制度作为创投基金的基础制度，是与人民币基金整体制度逐步发展和完善的。

1999 年 11 月，科技部、国家计委、国家经贸委、财政部、人民银行、税务总局和证监会联合出台了《关于建立风险投资机制的若干意见》，这是笔者能找到中国中央政府出台最早关于创投基金（风险投资基金）专项政策的文件。该文件要求，为适应风险投资的特点，风险投资基金应采取私募方式，向确定（特定）的投资者发行基金份额。同时，对投资者的风险承受能力应有一定要求。[①] 这是我国合格投资者制度的起点。2006 年 3 月，《创业投资企业管理暂行办法》生效。该办法要求申请在国家发改部门备案的创投基金的“单个投资者对创业投资企业的投资不得低于 100 万元人民币”。[②] 我们注意到，这是享受相关扶持政策条件，并非强制性监管措施。未完成备案程序的创投基金，不受监管，也不享受政策扶持。[③] 该办法第一次明确提出了合格投资者投资金额标准。

2011 年 11 月，国家发展改革委出台《关于促进股权投资企业规范发展的通知》（发改办财金〔2011〕2864 号，现已失效）。该通知第 1 条第 2 项明确要求，“股权投资企业的资本只能以私募方式，向特定的具有风险识别能力和风险承受能力的合格投资者募集”。为了落实该通知的要求，国家发改委于 2012 年 6 月下发《关于印发全国股权投资企业备案管理工作会议纪要和股权投资企业备案文件指引/标准文本的通知》（发改办财金〔2012〕1595 号，现已失效），明确要求“单个投资者最低出资金额不低于 1000 万元要求，避免股权投资企业向中小投资者募资”。我们可以看到，在此期间，投资者适当性制度逐渐完善，不仅仅提出非约束性的风险承担能力标准，也考虑风险识别能力维度，体系化逐渐增强，但是还没有具体操作标准。

2014 年 3 月，中基协发布《私募基金登记备案相关问题解答（二）》，以

---

① 《国务院办公厅转发科技部等部门关于建立风险投资机制若干意见的通知》（国办发〔1999〕105 号）第 3 条第 9 项。

② 《创业投资企业管理暂行办法》第 9 条。

③ 《创业投资企业管理暂行办法》第 3 条。

问答方式明确在证监会有关规定出台之前，中基协建议私募基金管理人向符合以下条件的投资者募集资金：（1）个人投资者的金融资产不低于500万元人民币，机构投资者的净资产不低于1000万元人民币；（2）具备相应的风险识别能力和风险承担能力；（3）投资于单只私募基金的金额不低于100万元人民币。[①] 该规定是建议性规定，尚未强制实施。同年5月，中基协发布《私募基金登记备案相关问题解答（三）》，明确要求投资者应当符合协会关于合格投资者建议标准，将个人投资者的金融资产认定标准从不低于500万元降低到不低于300万元人民币，其他标准没有变化；同时要求对于合伙企业、契约等非法人形式的投资者，应当穿透核查最终投资者是否为合格投资者，并合并计算投资者数量。[②] 在这些规则中，我们可以看到第1项明确提出合格投资者的具体财产要求。

2014年8月，中国证监会公布《私募基金监督暂行办法》。这标志着中国创投行业的监管部门从发改委变更为中国证监会。该办法用了专门一章规定"合格投资者"，明确了"合格投资者"基本框架：

1. 私募基金应当向合格投资者募集；投资者转让基金份额的，受让人应当为合格投资者且基金份额受让后投资者人数应当符合前款规定。

2. 单只私募基金的投资者人数累计不得超过法律规定的特定数量。

3. 明确合格投资者具体标准。私募基金的合格投资者是指具备相应风险识别能力和风险承担能力，投资于单只私募基金的金额不低于100万元且符合下列相关标准的单位和个人：（1）净资产不低于1000万元的单位；（2）金融资产不低于300万元或者最近3年个人年均收入不低于50万元的个人。

---

① 中国证券投资基金业协会：《私募基金登记备案相关问题解答（二）》（2014年5月8日生效，于2020年8月10日被《中国证券投资基金业协会关于废止部分自律规则的公告（第一批）》（中基协字［2020］123号）废止），载 https://www.amac.org.cn/businessservices_2025/privatefundbusiness/xggz/smjjdjbzxgwt/202001/t20200101_5320.html，最后访问日期：2021年9月16日。

② 中国证券投资基金业协会：《私募基金登记备案相关问题解答（三）》（2014年3月16日生效，于2020年8月10日被《中国证券投资基金业协会关于废止部分自律规则的公告（第一批）》（中基协字［2020］123号）废止），载 https://www.amac.org.cn/businessservices_2025/privatefundbusiness/xggz/smjjdjbzxgwt/202001/t20200101_5320.html，最后访问日期：2021年9月16日。

4. 明确当然合格投资者的范围、当然合格投资者无需穿透核查和合并计算投资者人数规则。

2015 年 4 月，《证券投资基金法》完成修订，首次将私募基金纳入《证券投资基金法》管辖范围之内。当然，这次纳入《证券投资基金法》管辖的仅限于“非公开募集的证券投资基金”。[①] 修改后的《证券投资基金法》明确规定，非公开募集基金应当向合格投资者募集，合格投资者累计不得超过 200 人。合格投资者是指达到规定资产规模或者收入水平，并且具备相应的风险识别能力和风险承担能力、其基金份额认购金额不低于规定限额的单位和个人。同时明确授权中国证监会明确制定合格投资者的具体标准。[②]

2016 年 4 月，中基协公布《募集行为管理办法》，对私募基金募集的各个环节进行了系统规定，从特定对象确定 – 投资者适当性匹配 – 基金风险揭示 – 合格投资者确认 – 投资冷静期 – 回访确认等环节进行了详细规定，其中主要内容就是合格投资者标准及风险揭示。私募基金行业“合格投资者”制度第一次有了更详细的操作标准。

2016 年 12 月，中国证监会公布了《证券期货投资者适当性管理办法》（证监会令第 130 号）（以下简称《适当性管理办法》）。[③] 该规定统一投资者分类标准和管理要求（将投资者分为普通投资者和专业投资者两类）、建立产品分级机制、规定了募集机构在适当性管理各个环节应当履行的义务、突出对于普通投资者的特别保护和强化了监管自律职责与法律责任。至此，一套统一适用的投资者适当性制度以中国证监会部门规章的方式正式确立，该制度在 2017 年 7 月 1 日起正式实施。2017 年 6 月，中基协发布《关于发布〈基金募集机构投资者适当性管理实施指引（试行）〉的通知》（中基协发〔2017〕4 号），全面规定了《适当性管理办法》的实施细则和具体要求。为投资者适当性落实提供了全面的详细指引，该指引提供的参考模板也就是成

---

① 《证券投资基金法》（2015 年修正）第 87 条。

② 《证券投资基金法》（2015 年修正）第 87 条。

③ 该规定于 2020 年 10 月 30 日根据《中国证券监督管理委员会关于修改、废止部分证券期货规章的决定》（证监会令第 177 号）被修改。

为人民币基金相关文件的基础参考文本。①

2019 年 11 月，最高人民法院发布《全国法院民商事审判工作会议纪要》（以下简称《九民纪要》），该纪要第 74 条明确规定，金融服务提供者未尽适当性义务，导致金融消费者在接受金融服务后参与高风险等级投资活动遭受损失的，金融消费者可以请求金融服务提供者承担赔偿责任。这是中国司法机关第一次明确规定违反投资者适当性法律责任，并将其认定为缔约过失责任。② 而且，最高人民法院认为这适用除存款外的所有具有本金损失可能的金融产品和服务，也就是说创投基金也包含在内。③

2020 年 12 月 30 日，中国证监会公布《关于加强私募投资基金监管的若干规定》（证监会公告〔2020〕71 号），该规定进一步明确了合格投资者相关要求。

以中国证监会 2014 年 8 月公布《私募基金监督暂行办法》（证监会令第 105 号）为起点，中国的合格投资者和投资者适当性制度走向成熟，无论是投资者还是金融产品的评价维度、具体实施步骤要求、法律责任等均已成熟，并完成相关体系建立。

二、投资者适当性和合格投资者制度的区别和联系

创投基金的合格投资者制度和投资者适当性制度两者既是相互联系，又是相互区别的。很多从业人员都将这两个法律概念相互混用。因此，明确两者的区别和联系是两个制度的适用基础。创投基金合格投资者制度的基础制

---

① 2018 年 4 月，中国人民银行，中国银行保险监督管理委员会，中国证券监督管理委员会和国家外汇管理局出台《关于规范金融机构资产管理业务的指导意见》（银发〔2018〕106 号），规定资产管理产品的投资者分为不特定社会公众和合格投资者两大类，并明确合格投资者具体标准。但是该规定也明确规定“私募投资基金适用私募投资基金专门法律、行政法规，私募投资基金专门法律、行政法规中没有明确规定的适用本意见，创业投资基金、政府出资产业投资基金的相关规定另行制定”。2020 年 3 月生效的《证券法》（2019 年修订）增加“第六章投资者保护”专章，第 89 条明确要“根据财产状况、金融资产状况、投资知识和经验、专业能力等因素，投资者可以分为普通投资者和专业投资者。专业投资者的标准由国务院证券监督管理机构规定。普通投资者与证券公司发生纠纷的，证券公司应当证明其行为符合法律、行政法规以及国务院证券监督管理机构的规定，不存在误导、欺诈等情形。证券公司不能证明的，应当承担相应的赔偿责任”。根据笔者的理解，上述规定均不适用于创投基金。

② 参见最高人民法院民事审判第二庭编著：《〈全国法院民商事审判工作会议纪要〉理解与适用》，人民法院出版社 2019 年版，第 415 页。

③ 参见最高人民法院民事审判第二庭编著：《〈全国法院民商事审判工作会议纪要〉理解与适用》，人民法院出版社 2019 年版，第 415 页。

度是《私募基金监督暂行办法》。该办法是中国证监会于2014年8月以证监会令第105号公布并实施的。投资者适当性制度基础制度是《适当性管理办法》。该办法是中国证监会于2016年12月以证监会令第130号颁布。我们从法律位阶、适用范围等方面来看两者关系。

1. 从法律位阶上来看，《私募基金监督暂行办法》和《适当性管理办法》均是中国证监会以“证监会令”颁布的部门规章，① 属于同一机关制定的效力等级相同的部门规章。

2. 从生效时间和内容来看，《私募基金监督暂行办法》的生效日是2014年8月21日，《适当性管理办法》的生效日是2017年7月1日。因此，前者是旧法，后者是新法。

3. 从适用范围来看，根据《适当性管理办法》第2条的规定，公募和私募均适用该办法。而《私募基金监督暂行办法》仅适用于私募基金，② 其适用范围远小于《适当性管理办法》，只是针对其中前者众多适用对象的一项而已。因此，《适当性管理办法》是一般规定，《私募基金监督暂行办法》是特别规定。

投资者分类制度和合格投资者既有区别也有联系。专业投资者和普通投资者的分类，与现行特定市场或产品规则设置“合格投资者”等准入要求，虽然都定位于让投资者购买适合的产品，但不能将“专业投资者”直接等同于“合格投资者”。其中区别在于，一是侧重点不同。投资者分类重在规范募集机构行为，要求募集机构根据投资者类别推荐匹配的产品，履行差异化的适当性义务；而“合格投资者”等投资者准入要求，通俗地说即“门槛”，重在规定哪些投资者可以投资特定的产品或接受特定的服务。二是适用范围不同。专业、普通投资者的分类适用于所有市场、产品，而合格投资者只针对特定市场、产品适用。两者的联系在于符合规定的专业投资者，并不理所当然是可以投资特定市场、产品的“合格投资者”；募集机构在对投资者分类的基础上，对设有投资门槛的市场、产品，还要对投资者是否符合相关准入要求进行判断，只能向符合准入要求的投资者销售产品或提供服务。③

---

① 《证券期货规章制定程序规定（2020）》（证监会令第165号）第26条。

② 《私募投资基金监督管理暂行办法》第2条。

③ 参见陕西证监局：《〈证券期货投资者适当性管理办法〉问答》，载中国证监会官网：http：//www.csrc.gov.cn/shaanxi/c105609/c1305517/content.shtml，最后访问日期：2022年6月6日。

根据现有规定，投资者可以分为专业投资者和普通投资者，也可以分为合格投资者和非合格投资者。其中，根据专业投资者是法律直接规定还是属于特定条件才能认定，可以进一步分为当然专业投资者和认定专业投资者两个小类。对私募股权基金而言，由于投资者必须是合格投资者，因此我们在此只关注合格投资者。此外，我们分类标准会根据单位和个人不同而采取不同标准。笔者对私募基金的合格投资者和专业投资者、普通投资者关系进行了整理，可以组合成以下6种情况，具体关系见表2－2：

表2－2　私募基金合格投资者和专业投资者、普通投资者分类关系

序号	投资者种类		合格投资者		备注
			单位	个人	
1	专业投资者	当然专业投资者	符合下列条件之一的单位： （1）投资于所管理私募基金的私募基金管理人。 （2）经有关金融监管部门批准设立的金融机构面向投资者发行的理财产品，包括但不限于证券公司资产管理产品、基金管理公司及其子公司产品、期货公司资产管理产品、银行理财产品、保险产品、信托产品、经行业协会备案的私募基金。 （3）社会保障基金、企业年金等养老基金，慈善基金等社会公益基金，合格境外机构投资者、人民币合格境外机构投资者。	－	（1）法规依据：《证券期货投资者适当性管理办法》（2022年）第8条、《关于加强私募投资基金监管的若干规定》第7条和《私募基金监督暂行办法》第13条。 （2）经有关金融监管部门批准设立的金融机构包括证券公司、期货公司、基金管理公司及其子公司、商业银行、保险公司、信托公司、财务公司等；经行业协会备案或者登记的证券公司子公司、期货公司子公司、私募基金管理人。前述金融机构是否属于当然合格投资者尚无明确规定，存在争议。

续表

序号	投资者种类		合格投资者		备注
			单位	个人	
		认定专业投资者	同时符合下列条件的单位： （1）最近1年末净资产不低于2000万元； （2）最近1年末金融资产不低于1000万元； （3）具有2年以上证券、基金、期货、黄金、外汇等投资经历； （4）投资于单只私募基金的金额不低于100万元。	同时符合下列条件的个人： （1）金融资产不低于500万元，或者最近3年个人年均收入不低于50万元； （2）具有2年以上证券、基金、期货、黄金、外汇等投资经历，或者具有2年以上金融产品设计、投资、风险管理及相关工作经历，或者属于《证券期货投资者适当性管理办法》（2022年修正）第8条第（1）项规定的专业投资者的高级管理人员、获得职业资格认证的从事金融相关业务的注册会计师和律师； （3）投资于单只私募基金的金额不低于100万元。	（1）法规依据：《证券期货投资者适当性管理办法》（2022年）第8条和《私募基金监督暂行办法》第12条。 （2）金融资产是指银行存款、股票、债券、基金份额、资产管理计划、银行理财产品、信托计划、保险产品、期货及其他衍生产品等。
2	普通投资者		同时符合下列条件的单位： （1）具备相应风险识别能力和风险承担能力； （2）投资于单只私募基金的金额不低于100万元； （3）净资产不低于1000万元。	符合以下条件之一的个人： （1）同时符合下列条件的个人：①具备相应风险识别能力和风险承担能力；②金融资产不低于300万元或者最近三年个人年均收入不低于50万元；③投资于单只私募基金的金额不低于100万元。 （2）投资于所管理私募基金的私募基金管理人的从业人员。	（1）法规依据：《私募基金监督暂行办法》第12条和第13条。 （2）具备相应风险识别能力和风险承担能力是指其能投资者分类不低于所认购基金产品风险等级，否则要履行相应的风险警示和确认程序。

在适用合规投资者和投资者适当性相关规则时，我们需要关注以下问题：

1. 部分当然专业投资者不属于当然合格投资者的问题。如果严格对比《证券期货投资者适当性管理办法》（2022 年修正）第 8 条、《关于加强私募投资基金监管的若干规定》第 7 条和《私募基金监督暂行办法》第 13 条规定的，我们会发现《证券期货投资者适当性管理办法》（2022 年修正）第 8 条第 1 项下的“经有关金融监管部门批准设立的金融机构，包括证券公司、期货公司、基金管理公司及其子公司、商业银行、保险公司、信托公司、财务公司等；经行业协会备案或者登记的证券公司子公司、期货公司子公司、私募基金管理人”属于当然专业投资者，却不属于当然合格投资者，而是需要根据其具体情况认定其是否属于合格投资者。笔者认为这些“专业投资者”可以根据《私募基金监督暂行办法》第 13 条第 4 项下“中国证监会规定的其他投资者”规定纳入“合格投资者”范畴之内，[①] 即《适当性管理办法》第 8 条第 1 项下的“专业投资者”可以视为创投基金的合格投资者。因为根据《关于加强私募投资基金监管的若干规定》第 7 条的规定，“经有关金融监管部门批准设立的金融机构面向投资者发行的理财产品”可以视为私募股权基金的当然合格投资者，但是管理这些产品的金融机构并不属于当然合格投资者，甚至可能被认定为非合格投资者。这明显有被金融产品运作逻辑及合格投资者制度本质。

2. 对认定专业投资者而言，还需要额外满足“投资于单只私募基金的金额不低于 100 万元”的标准，因为专业投资者认定标准是面向所有公开或者私募产品而言的，“投资于单只私募基金的金额不低于 100 万元”是对私募投资基金投资者的额外准入门槛要求。

3. 对于认定为普通投资者的合格投资者而言，合格投资者标准中的“具备相应风险识别能力和风险承担能力”可以转化为创投基金产品对应风险等

① 《私募投资基金监督管理暂行办法》（证监会令第 105 号）第 13 条规定，下列投资者视为合格投资者：……中国证监会规定的其他投资者。《关于发布〈基金募集机构投资者适当性管理实施指引（试行）〉的通知》（中基协发〔2017〕4 号）第 26 条规定，专业投资者之外的，符合法律、法规要求，可以从事基金交易活动的投资者为普通投资者。从反向理解，专业投资者是可以从事基金交易活动的投资者。

级匹配要求。创投基金因存在本金损失风险、基金期限较长、流动性较差等因素，一般宜认定为风险等级为 R5 的基金产品。[①] 在实务中，创投基金一般会认定为 R4 或 R5 的基金产品。也就是说，如果创投基金被评为 R4 级的基金产品，创投基金的投资者需要是 C4 级别以上普通投资者；如果创投基金被评为 R5 级的基金产品，创投基金的投资者需要是 C5 级别普通投资者，否则需要额外履行特别警示和确认程序。[②] 特别需要注意的是，对风险承受能力最低类别投资者（C1）来说，即使增加额外履行特别警示和确认程序，也不能投资私募基金。

4. 对于“投资于单只私募基金的金额不低于 100 万元”这一要求，在基金运营实务中，根据中基协的要求，是指私募基金投资者均已完成不低于 100 万元的首轮实缴出资且实缴资金已进入基金财产账户是基金募集完成的标准。当然，部分投资者如管理人及其员工、社会保障基金、政府引导基金、企业年金等养老基金、慈善基金等社会公益基金的首轮实缴出资要求可从其公司章程或合伙协议约定。[③]

我们还需要注意一类投资者，即投资于所管理私募基金的私募基金管理人的从业人员，根据《私募基金监督暂行办法》第 13 条的规定，该类人员属于合格投资者，但是不属于当然专业投资者，如果该类人员不能满足认定专业投资者标准，则属于普通投资者。根据现有规定，需要予以特别保护。我们会发现，该类人员作为从业人员本身从事基金管理工作，当然具有相应风险识别能力，对其进行特殊保护有违普通投资者予以特殊保护的初衷。笔者建议将其纳入当然专业投资者范畴。

三、投资者适当性制度的逻辑和框架

投资者适当性义务是指卖方机构（包含创投基金在内）在向金融消费者

① 参见中国证券投资基金业协会编著：《私募股权投资基金合规管理手册 2021》，中国财政经济出版社 2021 年版，第 106 页。

② 《关于发布〈基金募集机构投资者适当性管理实施指引（试行）〉的通知》（中基协发〔2017〕4 号）第 46 条和第 48 条。

③ 《私募投资基金登记备案办法》（中基协发〔2023〕5 号）第 39 条和《私募投资基金备案须知》（2019 年版）第 10 条。

推介、销售高风险等级金融产品或者提供相关服务的过程中，必须履行的了解客户、了解产品、将适当的产品（或者服务）销售（或者提供）给适合的金融消费者等义务。在此卖方机构承担适当性义务的目的是确保金融消费者能够在充分了解相关金融产品、投资活动的性质及风险的基础上作出自主决定，并承受由此产生的收益和风险。在推介、销售高风险等级金融产品和提供高风险等级金融服务领域，适当性义务的履行是“卖者尽责”的主要内容，也是“买者自负”的前提和基础。[①] 投资者适当性的基本框架如下：

1. 了解客户（投资者），即充分了解投资者的基本情况、财产状况、金融资产状况、投资知识和经验、专业能力等相关信息。[②] 了解客户的目的在于充分评估投资者的风险识别和风险承担能力。其中，风险识别能力主要通过投资者类型、行为能力、投资知识和经验、专业能力等方面体现；风险承担能力体现为对投资损失的经济承担能力和心理承担能力，经济承担能力主要通过收入来源、财产状况和金融资产状况等方面体现，心理承担能力主要通过投资者对投资目的、投资期望、损失心理状况、风险偏好和风险容忍度等方面来体现。[③] 这是了解客户的基本框架。

从司法实务来看，实践中存在的问题主要包括：风险测评问卷设计不合理，未对投资者流动性状况、信用状况、投资状况、风险承受能力进行全面测评，不能真实反映投资者风险承受能力；风险测评流于形式，甚至未实际进行测评，由投资者在空白的风险测评表上签字，其他内容由业务人员自行代为填写；在委托合作机构销售时，对合作机构是否进行转委托销售审核不严，对合作机构如何进行风险测评、风险提示监管不到位，甚至在诉讼过程中无法举证证明进行过风险测评与提示。[④]

---

① 参见《全国法院民商事审判工作会议纪要》第 72 条。

② 参见《证券法》（2022 年修订）第 88 条。

③ 参见《证券期货投资者适当性管理办法》（2022 年修正）（2016 年 5 月 26 日中国证券监督管理委员会 2016 年第 7 次主席办公会议审议通过，根据 2020 年 10 月 30 日中国证券监督管理委员会《关于修改、废止部分证券期货规章的决定》修正）第 6 条和《关于发布〈基金募集机构投资者适当性管理实施指引（试行）〉的通知》（中基协发〔2017〕4 号）附件 1－1、1－2、1－3、1－4“投资者基本信息表参考模板”和附件 2－1、2－2“基金投资者风险测评问卷参考模板”。

④ 上海市浦东新区人民法院：《金融资产管理类案件审判情况通报（2021. 8－2022. 7）》，第 10 页。

2. 了解产品（基金产品），主要针对产品的风险因素。根据产品属性、风险因素，将产品结构、杠杆水平、投资标的流动性对基金产品进行风险等级划分，并通过产品风险等级分级制度直观体现产品风险大小。①

在此过程中，如实说明基金产品的重要内容，充分揭示投资风险也是非常重要的，是投资者能够真正了解产品的投资风险和收益的关键。司法机关是根据产品、投资活动的风险和投资者的实际情况，综合理性人能够理解的客观标准和金融消费者能够理解的主观标准来确定卖方机构是否已经履行了告知说明义务。②

3. 将合适的金融产品和服务提供给适当的金融消费者，即向投资者销售与其风险识别能力和风险承担能力相适应的产品。禁止欺诈或者误导投资者购买与其风险承担能力不匹配的基金产品。需要注意的是该风险匹配主要针对普通投资者，③ 专业投资者以金融机构、超高净值个人或者金融专业人士为主，因其具有充分的风险识别能力和风险承担能力，因此具有购买所有金融产品能力。根据匹配原则，普通投资者可以购买风险等级不高于（等于或小于）自己风险承担能力的金融产品，且基金销售机构不得主动向投资者推介高于其风险承担能力的基金产品。除风险承受能力最低类别投资者之外的投资者可以主动要求购买风险等级高于自己风险承担能力的产品，但需要履行特别警示义务。④

从司法实务来看，实践中存在的问题主要包括：有的金融机构在投资者与其投资产品风险等级不匹配甚至未进行风险测评的情况下，仅凭投资者签署的自担风险的承诺，即将高风险资管产品销售给投资者；或者向投资者提供有关风险测评问题的答案，引导投资者作出高风险承受能力的回答，甚至在投资者风险测评不合格时，私自涂改投资者风险测评问卷答案。⑤

---

① 《关于发布〈基金募集机构投资者适当性管理实施指引（试行）〉的通知》（中基协发〔2017〕4号）附件2《〈基金募集机构投资者适当性管理实施指引（试行）〉起草说明》。

② 参见最高人民法院：《全国法院民商事审判工作会议纪要》第76条。

③ 《关于发布〈基金募集机构投资者适当性管理实施指引（试行）〉的通知》（中基协发〔2017〕4号）第43条。

④ 《关于发布〈基金募集机构投资者适当性管理实施指引（试行）〉的通知》（中基协发〔2017〕4号）第46条、第48条。

⑤ 上海市浦东新区人民法院：《金融资产管理类案件审判情况通报（2021.8－2022.7）》，第11页。

四、实务操作要点

我们可以看到投资者适当性程序主要由特定对象确定程序、基金风险评估程序、投资者适当性匹配程序和投资后回访程序 4 个步骤组成。我们将逐一分析每一个步骤所涉及法律要点及相关问题。需要注意的是，负责基金募集的是基金募集机构，包含基金管理人和基金销售机构在内。[①]

（一）特定对象确定程序

根据《基金募集行为管理办法》第 17 条的规定，募集机构应当向特定对象宣传推介私募基金。未经特定对象确定程序，不得向任何人宣传推介私募基金。因此，私募基金募集的第一步是要确定潜在投资者是否为达到合格投资者标准的特定对象，即通过“特定对象确定程序”将不特定对象特定化。对于潜在投资者，募集机构应要求其填写投资者信息表，采集并了解投资者的基本信息。根据现有规定，募集机构向投资者销售产品或者提供服务时，应当了解投资者的下列信息：[②]

1. 自然人的姓名、住址、职业、年龄、联系方式，法人或者其他组织的名称、注册地址、办公地址、性质、资质及经营范围等基本信息；
2. 收入来源和数额、资产、债务等财务状况；
3. 投资相关的学习、工作经历及投资经验；
4. 投资期限、品种、期望收益等投资目标；
5. 风险偏好及可承受的损失；
6. 诚信记录；
7. 实际控制投资者的自然人和交易的实际受益人；
8. 法律法规、自律规则规定的投资者准入要求相关信息；
9. 其他必要信息。

从实际操作来看，上述信息获取和确认主要通过投资者基本信息的采集及身份信息核验、财产证明提供和核验程序、风险评测四个小步骤组成。每一个程序都有其特定目的和具体的操作要求。

---

① 《私募投资基金募集行为管理办法》第 2 条。
② 《证券期货投资者适当性管理办法》（2022 年修正）第 6 条。

1. 投资者基本信息的采集及身份信息核验①

根据投资者类型的不同，投资者可以分为自然人投资者、机构投资者、金融机构理财产品三类。中基协要求募集机构根据自然人投资者、机构投资者、金融机构理财产品的不同特点，向投资者提供具有针对性的投资者信息表，要求其如实填写相关信息，并且提供相应身份证明文件。其中，

（1）自然人投资者要提供有效身份证件、出生日期、性别、国籍等信息。

（2）机构投资者要向基金募集机构提供营业执照、开展金融相关业务资格证明、机构负责人或者法定代表人信息、经办人身份信息等资料。

（3）金融机构理财产品投资者要向募集机构提供产品成立、备案证明文件等资料及参照金融机构要求提交该产品管理人的机构信息。

与此同时，我们还会看到投资者信息表包含了一系列的承诺和保证等相关信息，具体包括以下内容：

（1）投资者或者其经办人的联系方式和住址，以方便后续沟通联系之用。

（2）投资者选择其是否具有相应的投资经历，即通过投资者承诺方式确认其是否具有相应投资经历，这也是募集机构判断其是否具有相应投资经历的基础。

（3）对自然人投资者和机构投资者而言，还需要由投资者根据实际情况选择其资产规模是否达到合格投资者和/或者达到专业投资者的标准，以确认其是否达到合格投资者标准，并作为专业投资者或者普通投资者划分的依据。该项标准还需要投资者提供相应的财产证明来证明。

（4）投资者需要承诺交易的实际受益人是否投资者本人，也即通过承诺方式确认该投资者不是为他人认购基金，防止出现代持。投资者还应确保投资资金来源合法，不得汇集他人资金购买私募基金。②

---

① 《基金募集机构投资者适当性管理实施指引（试行）》第18～21条及附表1－1《投资者基本信息表参考模板（自然人）》、附表1－2：《投资者基本信息表参考模板（机构）》和附表1－3：《投资者基本信息表参考模板（产品）》。

② 《私募投资基金备案须知》（2019年版）第7条。

（5）投资者需要确认其是否具有不良诚信记录。如果具有不良诚信记录，其提供的相关信息和所作出承诺的可信赖性就有可能被质疑。

（6）募集机构要告知投资者对其所填资料的真实性、有效性、完整性负责，并让投资者做出书面承诺，即保证“资金来源的合法性和所提供资料的真实性、有效性、准确性、完整性，并对其承担责任”。

募集机构需要执行对投资者的身份认证程序，核查投资者的投资资格，切实履行反洗钱等法律义务，基金募集机构需要核查自然人投资者本人或者代表金融机构及其产品的工作人员身份，对投资者身份信息进行核查，并在核查工作结束之日起 5 个工作日内，将结果以及投资者类型告知投资者。在实务中，我们可以通过核实投资者的身份证明；投资者为自身投资基金的承诺，即投资者应当以真实身份和自有资金购买私募基金，确保投资资金来源合法不得非法汇集他人资金进行投资；投资者所作出的出资来源合法承诺；以及要求投资者从给自身名下账户向基金出资方式等维度来核实其是否存在代持。从 2023 年 5 月 1 日起，中基协再次提高要求，要求私募基金管理人、基金销售机构应当按照规定核实投资者对基金的出资金额与其出资能力相匹配。[①] 如果投资者认缴金额与实缴金额差异较大的，中基协关注是否出具出资能力证明文件。投资者在多只基金出资的，出资能力合并计算。出资能力证明为投资者的金融资产证明或未来收入证明等文件，且满足金融资产的预计变现价值与预计未来收入的总和可覆盖投资者对基金的累计实缴出资。[②]

如果募集机构是通过互联网媒介在线向投资者推介私募基金，则应当设置在线特定对象确定程序，由投资者承诺其符合合格投资者标准。前述在线特定对象确定程序包括但不限于：投资者如实填报真实身份信息及联系方式；募集机构应通过验证码等有效方式核实用户的注册信息；投资者阅读并同意募集机构的网络服务协议；投资者阅读并主动确认其自身符合关于合格投资者的规定；投资者在线填报风险识别能力和风险承担能力的问卷调查；募集机构根据问卷调查及其评估方法在线确认投资者的风险识别能力和风险承担

① 《私募投资基金登记备案办法》（中基协发〔2023〕5 号）第 27 条第 3 款。
② 《私募股权、创业投资基金备案关注要点（2022 年 6 月版）》第 9 条。

能力。①

对认定专业投资者和普通投资者，募集机构还需要核实其财产证明，对自然人投资者而言，主要涉及其金融资产或者个人年收入是否达到标准；对机构投资者而言，涉及其净资产或者金融资产是否达到标准。另外，中基协要求募集机构关注投资者对基金的认缴金额是否与其实际出资能力相匹配。投资者认缴金额与实缴金额差异较大的，关注是否出具出资能力证明文件。投资者在多只基金出资的，出资能力合并计算。出资能力证明为投资者的金融资产证明或未来收入证明等文件，且满足金融资产的预计变现价值与预计未来收入的总和可覆盖投资者对基金的累计实缴出资。其中，自然人投资者的出资能力证明文件包括但不限于银行存款、股票、债券、基金份额、资产管理计划、银行理财产品、信托计划、保险产品、期货权益等金融资产、投资类不动产/特殊动产等非金融资产和一定时期内的薪资收入流水、分红流水、投资收益流水及其完税证明等文件。机构投资者的出资能力证明文件包括但不限于验资报告、最近年度审计报告等文件。② 值得关注的是从会计来看，前述标准中的净资产和金融资产均为时点数，而非时期数，即在某个时间点净资产或金融资产。为了防止投资者突击汇集别人资产满足资产要求。《证券期货投资者适当性管理办法》（2022 年修正）明确要求，投资者准入要求包含资产指标的，应当规定投资者在购买产品或者接受服务前一定时期内符合该指标，③ 即投资者需要在一定时间周期内保持该资产状态。从现有实践要求看，该周期可以是 2 日内，或者 1 周内或者 1 个月内，具体要求由募集机构决定，一般通过出具两个以上时间点的资产证明、审计报告等方式实现。

在此之后，募集机构需要根据相关规定，结合投资者信息表内容，对专业投资者资格进行认定。根据现有规定，投资者分为普通投资者与专业投资者，专业投资者之外的投资者为普通投资者。如果募集机构未对投资者进行分类的，视为普通投资者。普通投资者在信息告知、风险警示、适当性匹配

---

① 《私募投资基金募集行为管理办法》第 21 条。

② 《私募股权、创业投资基金备案关注要点》（2022 年 6 月版）第 9 条第 3 项。

③ 《证券期货投资者适当性管理办法》（2022 年修正）第 14 条。

等方面享有特别保护。①

当然，募集机构也可以根据专业投资者的业务资格、投资实力、投资经历等因素，对专业投资者进行细化分类和管理。基金募集机构对专业投资者进行进一步细化分类的，要向投资者提供风险测评问卷，对专业投资者的投资知识、投资经验、风险偏好进行评估，并得出相对应的风险等级。②

2. 风险评测

对根据投资者信息表及相关信息确认的普通投资者，无论是管理人自行行销售还是委托销售机构销售私募基金，都应当采取风险评测问卷调查方式对投资者的风险识别能力和风险承担能力进行评估。也就是说，如果投资者是专业投资者，募集机构可以不进行风险评测。③ 募集机构应建立科学有效的投资者问卷调查评估方法，确保问卷结果与投资者的风险识别能力和风险承担能力相匹配。募集机构需要综合考虑收入来源、资产状况、债务、投资知识和经验、风险偏好、诚信状况等因素，确定普通投资者的风险承受能力，对其进行细化分类和管理。募集机构应当在投资者自愿的前提下获取投资者问卷调查信息，问卷调查主要内容应包括但不限于以下方面：④

（1）投资者基本信息，其中自然人投资者基本信息包括身份、年龄、学历、职业、联系方式等；机构投资者基本信息包括工商登记中的必备信息、联系方式等；

（2）财务状况，其中自然人投资者财务状况包括金融资产状况、最近3年个人年均收入、收入中可用于金融投资的比例等信息；机构投资者财务状况包括净资产状况等信息；

（3）投资知识，包括金融法律法规、投资市场和产品情况、对私募基金风险的了解程度、参加专业培训情况等信息；

① 《证券期货投资者适当性管理办法》(2022年修正) 第7条和第10条、《基金募集机构投资者适当性管理实施指引（试行)》第19条、第23条和第26条。

② 《基金募集机构投资者适当性管理实施指引（试行)》第24条和第25条。

③ 《基金募集机构投资者适当性管理实施指引（试行)》第18条.

④ 参见《私募投资基金监督管理暂行办法》第16条、《证券期货投资者适当性管理办法》(2022年修正) 第10条、《基金募集机构投资者适当性管理实施指引（试行)》第18条和《私募投资基金募集行为管理办法》第19条。

（4）投资经验，包括投资期限、实际投资产品类型、投资金融产品的数量、参与投资的金融市场情况等；

（5）风险偏好，包括投资目的、风险厌恶程度、计划投资期限、投资出现波动时的焦虑状态等。

中基协已出台投资者风险识别能力和承担能力问卷及风险揭示书的内容与格式指引。①

在基金募集机构向普通投资者以纸质或者电子文档形式提供风险测评问卷，对其风险承受能力进行测试，并遵循以下程序：（1）基金募集机构要核查参加风险测评的投资者或机构经办人员的身份信息；（2）基金募集机构以及工作人员在测试过程中，不得有提示、暗示、诱导、误导等行为对测试人员进行干扰，影响测试结果。②

对普通投资者而言，基金募集机构要按照风险承受能力，将普通投资者由低到高至少分为 C1（含风险承受能力最低类别）、C2、C3、C4、C5 五种类型。具体划定标准由管理人根据具体情况确定。其中，募集机构可以将 C1 中符合下列情形之一的自然人，作为风险承受能力最低类别投资者：（1）不具有完全民事行为能力；（2）没有风险容忍度或者不愿承受任何投资损失；（3）法律、行政法规规定的其他情形。针对特定投资者，募集机构需要根据投资者信息表、风险测评问卷以及其它相关材料，对普通投资者风险等级进行综合评估，确定该投资者风险等级，并在 5 个工作日内告知其评估结果。③

投资者的评估结果有效期最长不得超过 3 年。募集机构逾期再次向投资者推介私募基金时，需重新进行投资者风险评估。同一私募基金产品的投资者持有期间超过 3 年的，无需再次进行投资者风险评估。投资者风险承担能力发生重大变化时，可主动申请对自身风险承担能力进行重新评估。④ 如果投资者信息发生重大变化的，基金募集机构要及时更新投资者信息，重新评

---

① 《基金募集机构投资者适当性管理实施指引（试行）》附表 2－1《基金投资者风险测评问卷参考模板（个人版）》和附表 2－2：《基金投资者风险测评问卷参考模板（机构版）》。

② 《基金募集机构投资者适当性管理实施指引（试行）》第 27 条。

③ 《基金募集机构投资者适当性管理实施指引（试行）》第 26 条、第 28 条和第 29 条。

④ 《私募投资基金募集行为管理办法》第 18 条。

估投资者风险承受能力，并将调整后的风险承受能力告知投资者。[①]

（二）基金产品风险评级程序

根据《证券期货投资者适当性管理办法》（2022 年修正）第 15 条的规定，募集机构应当了解所销售产品或者所提供服务的信息，根据风险特征和程度，对销售的基金产品或者提供的服务划分风险等级。基金产品风险评级的本质就是了解基金产品，主要针对基金产品的风险因素。了解投资者和了解基金产品是将合适的基金产品提供给适当的投资者的前提，在将投资者和基金产品都进行分级后，向投资者推介与其风险识别能力和风险承担能力相匹配的私募基金。[②] 对基金风险等级评估，监管部门提出了一系列要求：

1. 风险等级评估的主体要求。对基金产品进行风险等级评估的责任主体是基金募集机构。根据现有规定，基金募集机构对基金产品的风险等级划分，可以由基金募集机构完成，也可以委托第三方机构提供。如是后者，基金募集机构应当要求其提供基金产品风险等级划分方法及其说明。同时，基金募集机构落实适当性义务不因委托第三方而免除。[③]

2. 产品风险等级划分的具体分级要求。从现有监管规则来看，监管部门还对具体的评级规则提出了进一步要求，基金产品的风险等级要按照风险由低到高顺序，至少划分为 R1、R2、R3、R4、R5 五个等级。[④] 我们可以看到这是与普通投资者 C1、C2、C3、C4、C5 五个等级划分一一对应的。募集机构还可以根据实际情况在前款所列等级的基础上进一步进行风险细分。

3. 产品风险等级划分的具体因素要求。根据现有监管要求，基金募集机构对基金产品进行风险等级划分，要了解以下信息：（1）基金管理人的诚信状况、经营管理能力、投资管理能力、内部控制情况、合法合规情况；（2）基金产品的合法合规情况，发行方式，类型及组织形式，托管情况，投资范围、

① 《基金募集机构投资者适当性管理实施指引（试行）》第 49 条。

② 《证券期货投资者适当性管理办法》（2022 年修正）第 21 条和《私募投资基金监督管理暂行办法》第 17 条。

③ 《基金募集行为管理办法》第 21 条、《私募投资基金监督管理暂行办法》第 17 条和《基金募集机构投资者适当性管理实施指引（试行）》第 36 条。

④ 《基金募集机构投资者适当性管理实施指引（试行）》第 38 条。

投资策略和投资限制概况，业绩比较基准，收益与风险的匹配情况，投资者承担的主要费用及费率。①

基金产品风险等级划分要综合考虑以下因素：（1）基金管理人成立时间，治理结构，资本金规模，管理基金规模，投研团队稳定性，资产配置能力、内部控制制度健全性及执行度，风险控制完备性，是否有风险准备金制度安排，从业人员合规性，股东、高级管理人员及基金经理的稳定性等；（2）基金产品的结构（母子基金、平行基金），投资方向、投资范围和投资比例，募集方式及最低认缴金额，运作方式，存续期限，过往业绩及净值的历史波动程度，成立以来有无违规行为发生，基金估值政策、程序和定价模式，申购和赎回安排，杠杆运用情况等。

划分产品风险等级时应当综合考虑以下因素：（1）流动性；（2）到期时限；（3）杠杆情况；（4）结构复杂性；（5）投资单位产品或者相关服务的最低金额；（6）投资方向和投资范围；（7）募集方式；（8）发行人等相关主体的信用状况；（9）同类产品过往业绩；（10）其他因素。涉及投资组合的产品，应当按照产品整体风险等级进行评估。

如果基金产品存在下列因素的，要审慎评估其风险等级：

（1）存在本金损失的可能性，因杠杆交易等因素容易导致本金大部分或者全部损失的产品。

（2）产品的流动变现能力，因无公开交易市场、参与投资者少等因素导致难以在短期内以合理价格顺利变现的产品。

（3）产品的可理解性，因结构复杂、不易估值等因素导致普通人难以理解其条款和特征的产品；例如，基金产品合同存在特殊免责条款、结构性安排、投资标的具有衍生品性质等导致普通投资者难以理解的。

（4）产品的募集方式，涉及面广、影响力大的公募产品或者相关服务。

（5）产品的跨境因素，存在市场差异、适用境外法律等情形的跨境发行或者交易的产品。

---

① 《基金募集机构投资者适当性管理实施指引（试行）》第 39 条、第 40 条、第 41 条及《证券期货投资者适当性管理办法》（2022 年修正）第 16 条和第 17 条。

（6）自律组织认定的高风险产品。

（7）基金产品的投资标的流动性差、存在非标准资产投资导致不易估值的。

（8）基金产品投资杠杆达到相关要求上限、投资单一标的集中度过高的。

（9）基金管理人、实际控制人、高管人员涉嫌重大违法违规行为或正在接受监管部门或自律管理部门调查的。

（10）影响投资者利益的其他重大事项。

根据中基协的要求，对基金产品风险等级划分主要参考以下因素，具体包括：产品结构；过往业绩及净值的历史波动率；投资标的流动性；估值政策是否清晰；杠杆水平等因素。①

4. 基金评级具体评估方法要求。根据《基金募集机构投资者适当性管理实施指引（试行）》第42条的规定，基金募集机构可以通过定量和定性相结合的方法对基金产品进行风险分级。基金募集机构可以根据基金产品风险因素与风险等级的相关性，确定各项评估因素的分值和权重，建立评估分值与基金产品风险等级的对应关系。基金募集机构通过定量分析对基金产品进行风险分级时，可以运用贝塔系数、标准差、风险在险值等风险指标体系，划分基金的期限风险、流动性风险、波动性风险等。

5. 风险等级评估的信息披露要求。募集机构不仅需要负责对基金产品进行风险等级，还需要将风险等级划分方法及其说明，通过适当途径告知投资者。②

6. 基金产品风险评级及时更新要求。基金募集机构销售的基金产品信息发生变化的，要及时依据基金产品风险等级划分参考标准，重新评估其风险等级。基金募集机构还要建立长效机制，对基金产品的风险定期进行评价更新。③

私募股权投资基金因存在本金损失风险、基金期限较长、流动性较差等

① 《关于发布〈基金募集机构投资者适当性管理实施指引（试行）〉的通知》（中基协发〔2017〕4号）附表3：《基金产品或者服务风险等级划分参考标准》。

② 《基金募集机构投资者适当性管理实施指引（试行）》第37条。

③ 《基金募集机构投资者适当性管理实施指引（试行）》第50条。

因素，一般宜认定为风险等级为 R5 的基金产品。[①] 在实务中，创投基金基金常见的风险等级为 R5 或者为 R4。

（三）投资者风险匹配程序

在投资者分类和基金产品的风险等级评级都确定的基础上，需要进行投资者风险匹配程序，即明确具体投资者的分类及适合其风险承担能力的基金产品种类。根据现有规则，投资者分类和基金产品的对应关系如表 2－3：

表 2－3　投资者分类和基金产品的对应关系

序号	基金产品风险分级 投资者分类			基金产品风险分级				
				R1	R2	R3	R4	R5
1	投资者	专业投资者		√	√	√	√	√
2		普通投资者	C5	√	√	√	√	√
3			C4	√	√	√	√	
4			C3	√	√	√		
5			C2	√	√			
6			C1	√				

在实务中，一般由募集机构向投资者出具书面的《投资者风险匹配告知书》，并由投资者对募集机构的匹配意见出具书面的《投资者确认函》两个步骤组成。[②] 在《投资者风险匹配告知书》中，募集机构告知投资者其被认定的投资者分类是属于专业投资者还是普通投资者；如果是普通投资者，还需要明确其具体类别，即属于 C1、C2、C3、C4 和 C5 中具体哪一类，之后告知其对应等级基金产品。之后，由投资者通过《投资者确认函》回函来确认募集机构的前述认定结果。值得注意的是，募集机构的适当性匹配意见不表明其对产品的风险和收益做出实质性判断或者保证。投资者应当在了解产品情况，听取募集机构适当性意见的基础上，根据自身能力审慎决策，独立

① 参见中国证券投资基金业协会编著：《私募股权投资基金合规管理手册 2021》，中国财政经济出版社 2021 年版，第 106 页。

② 参见《关于发布〈基金募集机构投资者适当性管理实施指引（试行）〉的通知》（中基协发〔2017〕4 号）附表 4：《投资者类型及风险匹配告知书及投资者确认函参考模板》。

承担投资风险。[①] 需要注意的是，特定级别的投资者或者风险评级基金产品有特殊的监管要求，主要包括：

1. 最低风险承受能力类别的普通投资者不得购买高于其风险承受能力的基金产品。[②] 也就是说，即使是普通投资者主动要求，销售机构也不得向其销售高于其风险承受能力的基金产品。对创投基金而言，如果其风险评级是R4或者R5，最低风险承受能力类别的普通投资者是禁止投资该类基金的。

2. 除因遗产继承等特殊原因产生的基金份额转让之外，普通投资者主动购买高于其风险承受能力基金产品的行为，不得突破相关准入资格的限制。[③]

3. 基金募集机构在向普通投资者销售R5风险等级的基金产品时，应向其完整揭示以下事项：（1）基金产品的详细信息、重点特性和风险；（2）基金产品的主要费用、费率及重要权利、信息披露内容、方式及频率；（3）普通投资者可能承担的损失；（4）普通投资者投诉方式及纠纷解决安排。[④]

由于投资者风险承受能力或基金产品风险等级发生变化，基金募集机构要主动调整投资者分类、产品分级以及适当性匹配意见，如果投资者所持有基金产品不匹配的，基金募集机构要将不匹配情况告知投资者，并给出新的匹配意见。[⑤]

同时，如果在前述对应关系上将基金产品风险超过普通投资者风险承担能力的情况定义为风险不匹配。此时，基金募集机构不得主动向投资者推介高于投资者风险承担能力的基金产品。如果投资者主动要求购买风险等级高于其风险承受能力的产品，募集机构应就产品风险高于其承受能力进行特别的书面风险警示等一系列要求，投资者仍坚持购买的，募集机构可以向其销售相关产品或者提供相关服务，具体要求包括：[⑥]

---

① 《证券期货投资者适当性管理办法》（2022年修正）第4条。

② 《基金募集机构投资者适当性管理实施指引（试行）》第46条。

③ 《基金募集机构投资者适当性管理实施指引（试行）》第46条。

④ 《基金募集机构投资者适当性管理实施指引（试行）》第47条。

⑤ 《证券期货投资者适当性管理办法》（2022年修正）第21条和《基金募集机构投资者适当性管理实施指引（试行）》第51条。

⑥ 《证券期货投资者适当性管理办法》（2022年修正）第19条和《基金募集机构投资者适当性管理实施指引（试行）》第48条。

1. 普通投资者主动向基金募集机构提出申请，明确表示要求购买具体的、高于其风险承受能力的基金产品，并同时声明，基金募集机构及其工作人员没有在基金销售过程中主动推介该基金产品的信息；

2. 基金募集机构对普通投资者资格进行审核，确认其不属于风险承受能力最低类别投资者，也没有违反投资者准入性规定；

3. 基金募集机构向普通投资者以纸质或电子文档的方式进行特别警示，告知其该产品风险高于投资者承受能力；

4. 普通投资者对该警示进行确认，表示已充分知晓该基金产品风险高于其承受能力，并明确做出愿意自行承担相应不利结果的意思表示；

5. 基金募集机构履行特别警示义务后，普通投资者仍坚持购买该产品的，基金募集机构可以向其销售相关产品或者提供相关服务。

（四）投资者适当性的回访要求

根据《基金募集机构投资者适当性管理实施指引（试行）》第 12 条和第 13 条的规定，基金募集机构要建立健全普通投资者回访制度，对购买基金产品的普通投资者定期抽取一定比例进行回访，对持有 R5 等级基金产品的普通投资者增加回访比例和频次。回访内容包括但不限于以下信息：

1. 受访人是否为投资者本人；

2. 受访人是否已知晓基金产品的风险以及相关风险警示；

3. 受访人是否已知晓自己的风险承受能力等级、购买的基金产品或者接受的服务的风险等级以及适当性匹配意见；

4. 受访人是否知晓承担的费用以及可能产生的投资损失；

5. 基金募集机构及其工作人员是否存在《证券期货投资者适当性管理办法》（2022 年修正）第 22 条规定的禁止行为。①

---

① 《证券期货投资者适当性管理办法》（2022 年修正）第 22 条规定，基金募集机构向投资者销售基金产品或者服务时，禁止出现以下行为：（1）向不符合准入要求的投资者销售基金产品或者服务；（2）向投资者就不确定的事项提供确定性的判断，或者告知投资者有可能使其误认为具有确定性的判断；（3）向普通投资者主动推介风险等级高于其风险承受能力的基金产品或者服务；（4）向普通投资者主动推介不符合其投资目标的基金产品或者服务；（5）向风险承受能力最低类别的普通投资者销售风险等级高于其风险承受能力的基金产品或者服务；（6）其他违背适当性要求，损害投资者合法权益的行为。

基金募集机构对回访时发现的异常情况进行持续跟踪，对异常情况进行核查，存在风险隐患的及时排查，并定期整理总结，以完善投资者适当性制度。值得说明的是，区别于投资前以确认投资者真实投资意向为目的的非强制性投资前回访，投资后回访是强制性的，当然这种强制性回访仅限于普通投资者，不适用于专业投资者。

（五）投资者适当性的合规管理

为了让投资者适当性制度得以落实，监管部门对募集机构执行投资者适当性制度提出了一系列的要求，主要包括明确禁止性规范、制度要求、对销售人员管理、资料管理等，主要内容如下：

1. 履行投资者适当性制度的禁止性要求。根据现有规定，基金募集机构向投资者销售基金产品时，禁止出现以下行为：①

（1）向不符合准入要求的投资者销售基金产品；

（2）向投资者就不确定的事项提供确定性的判断，或者告知投资者有可能使其误认为具有确定性的判断；

（3）向普通投资者主动推介风险等级高于其风险承受能力的基金产品；

（4）向普通投资者主动推介不符合其投资目标的基金产品；

（5）向风险承受能力最低类别的普通投资者销售风险等级高于其风险承受能力的基金产品；

（6）其他违背适当性要求，损害投资者合法权益的行为。

2. 建立和健全投资者适当性制度的要求。健全的制度是募集机构落实投资者适当性基础，监管部门对制度要求做出了详细要求。根据现有规定，基金募集机构需要建立健全投资者适当性管理制度，明确投资者分类、产品分级、适当性匹配的具体依据、方法、流程等，严格按照内部管理制度进行分类、分级，定期汇总分类、分级结果，并对每名投资者提出匹配意见。② 基

---

① 《证券期货投资者适当性管理办法》（2022 年修正）第 22 条和《基金募集机构投资者适当性管理实施指引（试行）》第 45 条。

② 《证券期货投资者适当性管理办法》（2022 年修正）第 29 条、《基金募集机构投资者适当性管理实施指引（试行）》第 4 条和第 7 条。

金募集机构建立适当性管理制度，至少包括以下内容：（1）对基金管理人进行审慎调查的方式和方法；（2）对基金产品的风险等级进行设置、对基金产品进行风险评价的方式或方法；（3）对投资者进行分类的方法和程序、投资者转化的方法和程序；（4）对普通投资者风险承受能力进行调查和评价的方式和方法；（5）对基金产品和投资者进行匹配的方法；（6）投资者适当性管理的保障措施和风控制度，如与适当性内部管理有关的限制不匹配销售行为、客户回访检查、评估与销售隔离等风控制度，以及培训考核、执业规范、监督问责等制度机制。

3. 建立投资者投诉处理体系，妥善处理相关纠纷。根据现有规定，基金募集机构要建立完备的投资者投诉处理体系，准确记录投资者投诉内容。基金募集机构要妥善处理因履行投资者适当性职责引起的投资者投诉，及时发现业务风险，完善内控制度。同时，募集机构应当妥善处理适当性相关的纠纷，与投资者协商解决争议，采取必要措施支持和配合投资者提出的调解。募集机构履行适当性义务存在过错并造成投资者损失的，应当依法承担相应法律责任。①

4. 定期开展投资者适当性管理自查的要求，其目的在于通过自查及时发现投资者适当性管理中的问题并及时改进。根据现有规定，基金募集机构每半年开展一次投资者适当性管理自查。自查可以采取现场、非现场及暗访相结合的方式进行，并形成自查报告留存备查。自查内容包括但不限于投资者适当性管理制度建设及落实情况，人员考核及培训情况，投资者投诉处理情况，发现业务风险及时整改情况，以及其他需要报告的事项。如果发现违反《证券期货投资者适当性管理办法》（2022 年修正）规定的问题，应当及时处理并主动报告住所地中国证监会派出机构。②

5. 对基金销售人员管理合规要求。基金销售人员是落实投资者适当性的

① 《证券期货投资者适当性管理办法》（2022 年修正）第 34 条和《基金募集机构投资者适当性管理实施指引（试行）》第 14 条。

② 《证券期货投资者适当性管理办法》（2022 年修正）第 30 条和《基金募集机构投资者适当性管理实施指引（试行）》第 15 条。

主要人员之一，需要对其日常行为进行合规管理，需要从考核、监督和培训等多个角度提高其履行投资者适当性义务的专业能力和动力。根据现有规定,[①] 基金募集机构对销售人员管理主要从以下方面进行：

（1）基金募集机构要加强对销售人员的日常管理，建立管理档案，对销售人员行为、诚信、奖惩等方面进行记录。

（2）基金募集机构还要建立对销售人员的考核、监督问责、培训等机制规范销售人员履行投资者适当性工作职责的情况。

（3）基金募集机构不得采取鼓励其向投资者销售不适当基金产品的考核、激励机制或措施。

6. 对投资者适当相关信息管理和保存要求。在该方面主要包括保密要求和档案管理要求。首先，由于基金募集机构在履行投资者适当性义务中会获得投资者相关身份和财产信息，这些信息涉及投资者个人信息，因此需要严格保密。根据现有规定，基金募集机构及其销售人员要对履行投资者适当性管理职责过程中获取的投资者信息、投资者风险承受能力评价结果等信息和资料严格保密，妥善保存，防止该等信息和资料泄露或被不当利用，并接受中国证监会及其派出机构和自律组织的检查。[②] 此外，根据现有规定，投资者适当性资料需要按照法定要求长期保存。募集机构对投资者适当性管理制度、投资者信息资料、告知警示投资者资料、录音录像资料、自查报告等至少保存 20 年。[③] 这对基金募集机构非常重要，因为如果募集机构与普通投资者发生纠纷，募集机构应当提供相关资料，证明其已向投资者履行相应义务，而完善的档案管理是基金募集机构提供相关资料的前提。[④]

---

① 《基金募集机构投资者适当性管理实施指引（试行）》第 9 条和第 10 条。

② 《证券期货投资者适当性管理办法》（2022 年修正）第 32 条和《基金募集机构投资者适当性管理实施指引（试行）》第 11 条。

③ 《基金募集机构投资者适当性管理实施指引（试行）》第 17 条和《证券期货投资者适当性管理办法》（2022 年修正）第 32 条。

④ 《证券期货投资者适当性管理办法》（2022 年修正）第 34 条。

第二节 基金宣传和推介的合规管理

从实务来看，基金宣传和推介的合规管理可以分为宣传和推介方式、宣传和推介内容及推介材料的合规管理三部分内容。这三部分内容从不同角度规范了基金的宣传和推介。

一、宣传和推介方式的合规管理

根据《私募基金监督暂行办法》第 2 条第 1 款的规定，私募基金是指在中华人民共和国境内，以非公开方式向投资者募集资金设立的投资基金。其本质特征之一就是“非公开方式募集”，即所谓“私募”。所以私募基金宣传和推介方式的合规管理核心是确保符合“非公开募集”的要求，即其募集对象是符合法定要求的特定对象。也就是说，私募基金应当向合格投资者募集，即具备相应风险识别能力和风险承担能力的特定对象。① 从募集对象限制反推到过程控制，进而要求其宣传和推介对象也限制在符合法定要求的特定对象范围之内。现有监管规定从正反两个角度对私募基金的宣传和推介方式进行规范。

1. 私募基金在募集前必须采取特定对象确定程序将社会公众特定化。根据《基金募集行为管理办法》第 17 条和第 18 条的规定，在向投资者推介私募基金之前，募集机构应当采取问卷调查等方式履行特定对象确定程序，对投资者风险识别能力和风险承担能力进行评估。同时，投资者应当以书面形式承诺其符合合格投资者标准。未经特定对象确定程序，不得向任何人宣传推介私募基金。

2. 明确规定了私募基金募集中不符合“非公开方式”的禁止性情形。相关监管规定以列举方式从禁止“公开募集”的典型情形角度来界定私募基金合规募集的范围。根据逻辑二分法，“非公开募集”对应的是“公开募集”，

---

① 《私募投资基金监督管理暂行办法》第 11 条和第 12 条。

即向社会公众募集，其募集对象是社会公众，所以其宣传和推介对象也是社会公众。从私募基金违法典型犯罪“非法吸收公众存款罪”的构成来看，非法吸收公众存款罪有四个特征要件，即非法性、公开性、利诱性、社会性，这是司法实践中认定非法吸收公众存款罪的四个要件，缺一不可。[①] 其中的公开性就是指“通过网络、媒体、推介会、传单、手机信息等途径向社会公开宣传”。[②] 从现有规定来看，主要从以下三个角度确定相应禁止行为范围：(1) 不得使用公众传媒载体向不特定对象宣传推介；(2) 不得使用特定方式向不特定对象宣传推介；(3) 不得使用特定载体向不特定对象宣传推介。[③]

从已公开的相关违法违规案例来看，违法宣传和推介是私募基金违法违规的重灾区而且形式多样。例如，管理人通过电话陌生拜访、发送信息、制作和散发宣传材料、张贴海报、在网站上向不特定对象、通过广播电台等方式直接或间接向不特定对象宣传推介。相关案例见本书第二篇第一章相关内容，在此不再累述。因为正是这种违法募集行为导致了私募基金风险外溢到不具有相应风险识别和承担能力投资者，甚至诱发群体性事件。这一直是监管部门最为关注的要点。

根据现有法律法规，私募基金管理人、私募基金销售机构及其从业人员在私募基金宣传和推介中不得有以下行为：[④]

1. 报刊等公开出版资料；

2. 面向社会公众的宣传单、布告、手册、信函、传真、传单；

3. 海报、户外广告；

4. 电视、电影、电台及其他音像、互联网等公共传播媒体；

5. 公共、门户网站链接广告、博客等；

---

① 《依法惩治非法集资犯罪维护国家金融安全稳定——最高人民法院刑三庭相关负责人就非法集资刑事司法解释答记者问》，载《人民法院报》2022 年 2 月 25 日，第 3 版。

② 《最高人民法院关于审理非法集资刑事案件具体应用法律若干问题的解释》（2022 年修正）第 1 条。

③ 《关于加强私募投资基金监管的若干规定》第 6 条的规定。

④ 参见《证券投资基金法》（2015 年修正）第 91 条、《私募投资基金监督管理暂行办法》第 14 条、《私募投资基金募集行为管理办法》第 25 条和《关于加强私募投资基金监管的若干规定》第 6 条的规定。

6. 未设置特定对象确定程序的募集机构官方网站、微信朋友圈、客户端等互联网媒介；

7. 未设置特定对象确定程序的讲座、报告会、分析会；

8. 未设置特定对象确定程序的电话、短信、电子邮件、即时通讯工具等通讯媒介；

9. 法律、行政法规、中国证监会规定和中基协自律规则禁止的其他行为。

不仅如此，根据《关于加强私募投资基金监管的若干规定》第6条的规定，私募基金管理人的出资人、实际控制人、关联方不得从事私募基金募集宣传推介，不得从事或者变相从事前款所列行为。也就是说，受限范围从私募基金管理人、私募基金销售机构及其从业人员，扩展到私募基金管理人的出资人、实际控制人、关联方。同时，私募基金管理人、私募基金销售机构不到以从事资金募集活动为目的设立或者变相设立分支机构，从而以大量分支机构进行违规募集，也不得允许非本机构雇佣的人员进行私募基金推介或者推介非本机构设立或负责募集的私募基金。[①] 以广东证监局通报的案例为例，M公司及其关联私募机构虽然注册地位于A市，但主要经营地点和总部实际位于B市，并在经济发达的C、D等市设立分公司，从事产品宣传推介和募资活动，投资者群体也主要集中在B、C、D等市，由B市总部对各分公司的资金、财务、合同进行管理控制。公司成立以来，实际控制人等核心团队以收购和新设公司的方式，实际控制多家公司，以投资这些公司股权的名义设立私募基金，待资金到位后迅速转出至M公司控制的资金池内挪作他用，仅有少部分资金投向合同约定的标的项目。募集过程中，公司夸大投资收益、误导保本保息，投资金额越大，承诺收益越高，还假借与政府要员关系大肆宣传，吸引投资者尤其是自然人投资者大量涌入。通过该种运作模式，M公司及其关联私募机构共发行私募基金百余只，募集资金数十亿元，主要用于还本付息、维持高成本运营、核心团队成员挥霍等。公安机关已对M公司相关案件进行立案调查，主要涉案人员已被刑事拘留。[②]

---

① 参见《关于加强私募投资基金监管的若干规定》第6条和《私募投资基金募集行为管理办法》第24条。

② 广东证监局：《广东资本市场监管动态2022年第5期（总第11期）》。

当然，我们也可以看到，法律允许通过设置特定对象确定程序的方式向合格投资者进行私募基金进行宣传推介，其逻辑是法律法规禁止的是向非合格投资者募集，如果能通过特定程序或者技术手段确保募集接受募集信息对象限制于合格投资者，则相应的募集手段是允许的。如以下情形：[①]

1. 已设置特定对象确定程序的募集机构官方网站、微信朋友圈、客户端等互联网媒介；

2. 已设置特定对象确定程序的讲座、报告会、分析会；

3. 已设置特定对象确定程序的电话、短信和电子邮件等通讯媒介。

此外，我们还需要注意的是，限制公开宣传的范围不包括私募基金管理人基本信息和中基协公示的已备案私募基金基本信息在内。根据《基金募集行为管理办法》第16条的规定，募集机构仅可以通过合法途径公开宣传私募基金管理人的品牌、发展战略、投资策略、管理团队、高管信息以及由中基协公示已备案私募基金的基本信息。

二、宣传和推介内容的合规管理

对私募基金而言，除了宣传和推介方式外，宣传和推介内容的合规管理也是宣传和推介合规管理中的重要部分。从现有实务来看，宣传和推介内容合规主要由以下两部分组成：（1）禁止“利诱性”，即禁止刚性兑付；（2）要求宣传推介内容满足真实性、准确性和完整性要求。

1. 禁止“利诱性”，即禁止刚性兑付。参照“非法吸收公众存款罪”的构成来看，利诱性就是指“承诺在一定期限内以货币、实物、股权等方式还本付息或者给付回报”。[②] 其主要目的为增加投资者信心，吸引更多投资者投资。这违背了私募基金投资者风险自担原则。监管部门对此作出了详细规定，具体包括以下几个方面：[③]

---

① 参见《私募投资基金募集行为管理办法》第25条和《关于加强私募投资基金监管的若干规定》第6条的规定。

② 《最高人民法院关于审理非法集资刑事案件具体应用法律若干问题的解释》（2022年修正）第1条。

③ 《私募投资基金监督管理暂行办法》第15条、《基金募集行为管理办法》第24条《私募投资基金备案须知》（2019年版）第1条第13项和《关于加强私募投资基金监管的若干规定》第6条。

（1）私募基金管理人、基金销售机构及其从业人员不得向投资者承诺投资本金不受损失或者承诺最低收益、固定比例损失或限定损失金额和比例。

（2）刚性兑付承诺禁止范围不仅限于私募基金管理人、私募基金销售机构及其从业人员，还拓展到管理人实际控制人、股东、关联方，前述主体也不得作出上述承诺，以防止基金募集机构利用其实际控制人、股东、关联方来规避前述监管要求。

（3）刚性兑付承诺的禁止范围是“不得以口头、书面或者通过短信、即时通讯工具等方式直接或者间接”向投资者做出承诺，不仅包括直接以书面形式作出承诺，也包括间接方式，以及口头、短信、即时通讯工具等方式在内，以防止相关方利用间接或者非书面方式规避监管要求。

（4）监管部门还更进一步，不仅仅禁止刚性兑付承诺，还禁止可能会让给投资者带来刚性兑付预期的用词，即要求相关方不得夸大、片面宣传私募基金，包括使用安全、保本、零风险（无风险）、收益有保障、高收益、本金无忧、保证、承诺、保险、避险等可能导致投资者不能准确认识私募基金风险的表述，或者向投资者宣传预期收益、预期收益率、预计收益、目标收益率、预测投资业绩、基准收益率等相关内容等类似表述。此外，监管部门还明确要求管理人或募集机构使用“业绩比较基准”或“业绩报酬计提基准”等概念，应当与其合理内涵一致，不得将上述概念用于明示或者暗示基金预期收益，使投资者产生刚性兑付预期。

（5）最后，监管部门还对投资收益支付来源和支付方式提出要求，即要求投资者获得的收益应当与投资标的实际收益相匹配，管理人不得按照类似存款计息的方法计提并支付投资者收益。

毫无疑问，这也是私募基金监管重点之一。从现有已处罚案例来看，基金募集机构向投资者承诺本金不受损失、承诺最低或保本收益的花样繁多，数不甚数。具体案例见本书第二篇第一章相关内容，在此不再累述。

2. 要求私募基金宣传和推介内容满足真实性、完整性和准确性要求。告知说明义务的履行是投资者能够真正了解创投基金的投资风险和收益的关键，是“卖者尽责”的主要内容，还是“买者自负”的前提和基础。《基金募集行为管理办法》第24条和《关于加强私募投资基金监管的若干规定》第6

条作出详细要求，具体包括私募基金管理人、私募基金销售机构及其从业人员在私募基金募集过程中不得直接或者间接存在下列行为：

（1）向投资者宣传的私募基金投向与私募基金合同约定投向不符；

（2）宣传推介材料有虚假记载、误导性陈述或者重大遗漏，包括未真实、准确、完整披露私募基金交易结构、各方主要权利义务、收益分配、费用安排、关联交易、委托第三方机构以及私募基金管理人的出资人、实际控制人等情况；

（3）以登记备案、金融机构托管、政府出资等名义为增信手段进行误导性宣传推介，即防止不恰当利用第三方信息来误导投资者；

（4）推介或片面节选少于 6 个月的过往整体业绩或过往基金产品业绩，防止利用不完整的信息来误导投资者；

（5）登载个人、法人或者其他组织的祝贺性、恭维性或推荐性的文字，防止不恰当利用第三方信息来误导投资者；

（6）采用不具有可比性、公平性、准确性、权威性的数据来源和方法进行业绩比较，任意使用“业绩最佳”“规模最大”等相关措辞，防止利用不准确的信息来误导投资者；

（7）恶意贬低同行；

（8）监管部门要求禁止的其他行为。

三、基金推介材料的合规管理

基金推介材料是基金管理人说明义务的重要载体。投资者主要通过推介材料对基金投资进行了解，进而作出投资决策。基金推介信息的真实、准确、完整是基金募投管退的红线。[①] 基金推介材料合规管理是基金募集管理的重要方面，需要严格合规管理。根据《全国法院民商事审判工作会议纪要》第 77 条的规定，基金合同文本虽然没有关于预期收益率、业绩比较基准或者类似约定，但金融消费者能够提供证据证明产品发行的广告宣传资料中载明了

① 参见中国证券投资基金业协会：《基金仲裁典型案例（二）——私募基金募集推介材料的效力认定、基金管理人存在利益冲突的处理方式——投资者 A 诉私募基金管理人 X 合同解除、赔偿投资本金及资金占用损失案》，载 https：//mp. weixin. qq. com/s/58CqWAyZHlSNYE_fVD8xbg，最后访问日期：2022 年 5 月 16 日。

预期收益率、业绩比较基准或者类似表述的，应当将宣传资料作为合同文本的组成部分。也就是说，基金推介资料的特定事项可以纳入基金合同之中。以投资者 A 诉私募基金管理人 X 合同解除、赔偿投资本金及资金占用损失案为例，仲裁庭最终认定，基金推介材料是投资者重要的投资依据，基金的资金运用方式、担保措施如与推介材料存在重大差异，在签约时如未做特别的说明，基金管理人应对投资者的损失承担赔偿责任。① 也就是说，募集推介材料本身也是作为管理人义务来源之一。在基金推介资料管理中，我们需要关注以下事项：

1. 基金推介材料制作方应该是基金管理人，并且管理人应当确保推介材料的真实、准确、完整。同时，私募基金推介材料内容应与基金合同主要内容实质一致，不得有任何虚假记载、误导性陈述或者重大遗漏。如有不一致的，应当向投资者特别说明。此外，推介材料中的私募基金信息和投资风险相关内容应当清晰、醒目。② 当然，笔者理解，这里的“制作”是指其内容应当由管理人确定，并不排斥将相应打印、排版和印刷等事务性工作委托给第三方。清晰和显目一般是指需要以大小合适字体和涂黑、加粗、斜体等方式予以特别标识，应引起投资者的特别关注。

2. 基金推介材料的使用方只限于基金管理人和管理人委托募集的基金销售机构两类主体，其他任何机构或个人不得使用、更改、变相使用私募基金推介材料。③

3. 推介资料应当包含基金主要内容。私募基金管理人、基金销售机构向投资者募集资金，应当在募集推介材料、风险揭示书等文件中，就私募基金的管理人以及管理团队、投资范围、投资策略、投资架构、基金架构、托管情况、相关费用、收益分配原则、基金退出等重要信息，以及投资风险、运

---

① 参见中国证券投资基金业协会：《基金仲裁典型案例（二）——私募基金募集推介材料的效力认定、基金管理人存在利益冲突的处理方式——投资者 A 诉私募基金管理人 X 合同解除、赔偿投资本金及资金占用损失案》，载 https：//mp. weixin. qq. com/s/58CqWAyZHlSNYE_fVD8xbg，最后访问日期：2022 年 5 月 16 日。

② 《私募投资基金募集行为管理办法》第 22 条和第 23 条；《私募投资基金信息披露管理办法》第 13 条。

③ 《私募投资基金募集行为管理办法》第 22 条。

营风险、流动性风险等风险情况向投资者披露。[①] 在此基础上，监管部门还对推介材料提出了一系列具体的规范要求，具体内容如表2－4。[②]

表2－4　私募基金推介材料的规范要求

序号	事项	《基金募集行为管理办法》第23条	《私募投资基金信息披露管理办法》第14条	备注
1	基金信息	(1) 私募基金的名称和基金类型	(1) 基金的基本信息：基金名称、基金架构（是否为母子基金、是否有平行基金）、基金类型、基金注册地（如有）、基金募集规模、最低认缴出资额、基金运作方式（封闭式、开放式或者其他方式）、基金的存续期限、基金联系人和联系信息、基金托管人（如有）	
2	管理人信息	(2) 私募基金管理人名称、私募基金管理人登记编码、基金管理团队等基本信息	(2) 基金管理人基本信息：基金管理人名称、注册地/主要经营地址、成立时间、组织形式、基金管理人在中基协的登记备案情况	
3	公示信息	(3) 中基协私募基金管理人以及私募基金公示信息（含相关诚信信息）	(8) 基金管理人最近3年的诚信情况说明	

① 《私募投资基金登记备案办法》（中基协发〔2023〕5号）第28条第1款。

② 《基金募集行为管理办法》第23条和《私募投资基金信息披露管理办法》第14条和《私募投资基金备案须知》（2019年版）第1条第8项。

续表

序号	事项	《基金募集行为管理办法》第23条	《私募投资基金信息披露管理办法》第14条	备注
4	第三方服务商	（4）私募基金托管情况（如无，应以显著字体特别标注）、其他服务提供商（如律师事务所、会计师事务所、保管机构等），是否聘用投资顾问等 （5）私募基金的外包情况 （9）私募基金募集结算资金专用账户及其监督机构信息		
5	投资信息	（6）私募基金的投资范围、投资策略和投资限制概况	（3）基金的投资信息：基金的投资目标、投资策略、投资方向、业绩比较基准（如有）、风险收益特征等	
6	基金风险	（7）私募基金收益与风险的匹配情况 （8）私募基金的风险揭示		
7	基金合同主要条款	（10）投资者承担的主要费用及费率，投资者的重要权利（如认购、赎回、转让等限制、时间和要求等） （11）私募基金承担的主要费用及费率 （12）私募基金信息披露的内容、方式及频率	（6）基金合同的主要条款：出资方式、收益分配和亏损分担方式、管理费标准及计提方式、基金费用承担方式、基金业务报告和财务报告提交制度等	《私募投资基金备案须知》（2019年版）第1条第8项，管理人应向投资者分级安排（如有）

续表

序号	事项	《基金募集行为管理办法》第23条	《私募投资基金信息披露管理办法》第14条	备注
8	基金募集期限		(4) 基金的募集期限：应载明基金首轮交割日以及最后交割日事项（如有）	
9	基金估值		(5) 基金估值政策、程序和定价模式	
10	基金申购和赎回		(8) 基金的申购与赎回安排	
11	保密义务	(13) 明确指出该文件不得转载或给第三方传阅		
12	基金合同效力和程序	(14) 私募基金采取合伙企业、有限责任公司组织形式的，应当明确说明入伙（股）协议不能替代合伙协议或公司章程。说明根据《合伙企业法》或《公司法》，合伙协议、公司章程依法应当由全体合伙人、股东协商一致，以书面形式订立。申请设立合伙企业、公司或变更合伙人、股东的，并应当向企业登记机关履行申请设立及变更登记手续		
13	其他	(15) 中基协规定的其他内容	(9) 其他事项	

此外，募集推介材料还应向投资者详细揭示私募投资基金主要意向投资项目（如有）的主营业务、估值测算、基金投资款用途以及拟退出方式等信

息，私募证券投资基金除外。①

其中，监管部门还明确要求私募基金的宣传推介材料不得出现虚假记载、误导性陈述或者重大遗漏情形，包括未真实、准确、完整披露私募基金交易结构、各方主要权利义务、收益分配、费用安排、关联交易、委托第三方机构以及私募基金管理人的出资人、实际控制人等情况。②

四、委托募集的合规管理

根据《基金募集行为管理办法》第2条规定，私募基金的募集机构可以分为以下两类：（1）私募基金管理人，该类募集机构仅可以自行募集其设立的私募基金，其中以管理人自己名义发起的投资其他私募基金的母基金从法律上可归入到该类之中；（2）基金销售机构，独立的基金销售机构可以受私募基金管理人的委托募集私募基金。除此之外的其他任何机构和个人不得从事私募基金的募集活动。两类在资格和业务范围上的主要差异如下：

1. 从资格上看，私募基金管理人获得募集资格的前提是完成在中基协管理人登记，而基金销售机构是需要在中国证监会注册取得基金销售业务资格并已成为中基协会员。

2. 从业务范围上看，私募基金管理人仅能自行募集其设立的私募基金（包含其担任管理人的母基金在内），不得募集其他管理人管理的私募基金；而基金销售机构接受私募基金管理人的委托募集私募基金。

相对于管理人自行募集其设立的私募基金，委托募集则要复杂得多。因为相对于前者，后者的交易链条更长，关系更为复杂。根据现有规定，我们可以看到委托募集有更严格的合规要求，具体要求如下：

1. 私募基金销售机构资格的资质要求。根据现有规定，只有在中国证监会注册取得基金销售业务资格并已成为中基协会员的机构才能接受私募基金管理人的委托募集私募基金，即具有公募基金销售资格并成为中基协会员的

① 《私募投资基金备案须知》（2019年版）第1条第8项。

② 《关于加强私募投资基金监管的若干规定》第6条第6项。

机构才有资格受托销售创投基金。[①] 对此，中基协的解释是私募基金的募集/销售应当比公募基金销售具有更高的标准。[②] 如果私募基金管理人委托未取得基金销售业务资格的机构募集私募基金，中基协不予办理私募基金备案业务。[③]

中基协会会在其官方网站上通过“公募基金销售机构公示”栏目公示具有基金销售资质机构的名单。从其分类来看，基金销售机构可以分为商业银行、证券公司、期货公司、证券投资咨询机构、保险公司、保险代理公司和保险经纪公司、公募基金管理公司销售子公司和独立基金销售机构几大类。[④] 从实务来看，与创投基金合作的基金销售机构主要是商业银行和独立基金销售机构。

根据现有规定，私募基金管理人、私募基金销售机构及其从业人员不得直接或者间接委托不具有基金销售业务资格的单位或者个人从事资金募集活动，不得推介非本机构设立或负责募集的私募基金、也不得允许非本机构雇佣的人员进行私募基金推介。[⑤] 也就是说，私募基金销售机构不得推介非受托募集的基金，也不得允许本机构员工以外人员进行私募基金推介。

2. 管理人对基金销售机构的选择和审查要求。根据现有规定，私募基金管理人委托募集的，应制定募集机构遴选制度，审慎选择受托方，确认基金销售机构具备代销相关产品或者提供服务的资格和落实相应适当性义务要求的能力，应当制定并告知基金销售机构所委托产品或者提供服务的适当性管理标准和要求，基金销售机构应当严格执行切实保障募集结算资金安全；确保私募基金向合格投资者募集以及不变相进行公募。[⑥] 其中，管理人必须对基金销售机构资质进行核查和验证。

---

① 《私募基金募集行为管理办法》第2条和《私募投资基金管理人内部控制指引》第17条。

② 中国证券投资基金业协会：《中国基金业协会关于发布〈私募投资基金募集行为管理办法〉的通知》之附件3《〈私募投资基金募集行为管理办法〉起草说明》。

③ 《私募投资基金募集行为管理办法》第34条。

④ 参见 https://www.amac.org.cn/informationpublicity/institutionalpublicity/gmjjxsjggs/，最后访问日期2021年9月30日。

⑤ 《关于加强私募投资基金监管的若干规定》第6条和《基金募集行为管理办法》第24条。

⑥ 《私募投资基金管理人内部控制指引》第17条和《证券期货投资者适当性管理办法》第26条。

3. 委托募集合同形式、内容和披露要求。根据《基金募集行为管理办法》第8条的规定，私募基金管理人委托基金销售机构募集私募基金的，应当以书面形式签订基金销售协议，并将协议中关于私募基金管理人与基金销售机构权利义务划分以及其他涉及投资者利益的部分作为基金合同的附件。基金销售机构负责向投资者说明相关内容。基金销售协议与作为基金合同附件的关于基金销售的内容不一致的，以基金合同附件为准。也就是说，基金销售协议是要式合同，不能是口头合同，并且其中涉及私募基金管理人与基金销售机构权利义务划分以及其他涉及投资者利益的部分必须作为基金合同的附件向投资者披露。同时，如果存在基金委托销售的，基金销售协议是基金备案的必备文件。[①] 同时，在投资者签署基金合同之前，募集机构应在风险揭示书中将基金委托募集所涉风险作为私募基金的特殊风险向投资者进行提示，并由投资者签章确认。[②]

4. 委托募集材料的合规要求。根据《基金募集行为管理办法》第22条的规定，私募基金推介材料应由私募基金管理人制作并使用。私募基金管理人应当对私募基金推介材料内容的真实性、完整性、准确性负责。也就是说，私募基金推介材料只能由管理人制作，管理人不得将私募基金推介材料的制作工作委托给基金销售机构完成。从实务来看，管理人需要在基金销售合同明确其制作、修改和审核推介材料的权利，也就是说，未经其审核和同意，基金销售机构不得修改推介材料。当然，实务中认为这其中所谓制作和修改一般针对推介材料内容而言，不包含对其表现形式的改变。

5. 基金销售机构基金宣传和推介要求。原则上，从基金销售机构受托进行基金宣传和推介时的合规要求应不低于管理人自行销售其设立基金的合规标准。在此不再累述。[③]

6. 基金委托募集的法律责任。根据现有规定，委托基金销售机构募集私

---

① 参见中国证券投资基金业协会：《私募投资基金备案申请材料清单》之“私募投资基金备案（非证券类）申请材料清单”，载 https：//www. amac. org. cn/aboutassociation/gyxh_xhdt/xhdt_xhyw/202003/t20200320_7363. htm，最后访问日期2022年5月23日。

② 《私募基金募集行为管理办法》第26条。

③ 参见《私募投资基金募集行为管理办法》第16条和第26条。

募基金的，不得因委托募集免除私募基金管理人依法承担的受托责任。其中，对在委托销售中违反适当性义务的行为，委托销售机构和受托销售机构应当依法承担相应法律责任，并在委托销售合同中予以明确。① 加上基金销售协议中关于私募基金管理人与基金销售机构权利义务划分应作为基金合同附件向投资者披露要求，私募基金管理人与基金销售机构权利义务划分约定对投资者也是有效的，除非相关约定违反法律法规约定。

综上所述，委托募集合规性要求比管理人自行募集更为严格，基金管理人应当对委托募集进行全过程的严格管理。

第三节　风险揭示的合规管理

在完成投资者适当性程序和基金推介之后，投资者签署基金合同之前，募集机构应当向投资者说明有关法律法规，说明投资冷静期、回访确认等程序性安排以及投资者的相关权利，重点揭示私募基金风险，并与投资者签署风险揭示书。② 其背后的逻辑在于由募集机构主动告知投资风险，并由投资者书面确认其已知悉投资风险。这也就决定了风险揭示程序主要由募集机构风险告知和投资者书面确认两部分组成的逻辑结构。我们可以看到，由于金融产品的复杂性，真实、准确和完整地向投资者揭示投资风险是投资者“风险自担”的前提之一。只有投资者清晰和全面地理解投资风险，并基于此独立作出投资判断，由其自担投资风险才是公平和合理的。从这个角度看，这对募集机构和管理人也是一种保护。

风险揭示程序和投资者适当性程序的差异在于两者的适用范围是不同的。投资者适当性程序是针对投资者，适用于所有私募基金，而风险揭示程序是针对特定基金而言的。所以，投资者适当性程序可以在完成之后 3 年内有效，如果同一投资者在同一募集机构完成投资者适当性认定程序后 3 年内多次购

---

① 《证券期货投资者适当性管理办法》第 28 条和《基金募集行为管理办法》第 7 条。

② 《私募投资基金募集行为管理办法》第 26 条。

买基金产品，其无需重复履行投资者适当性程序；但其每次认购基金产品均需要履行风险揭示程序，因为每个基金所面临的投资风险可能存在差异。为了充分揭示投资风险，监管部门对风险揭示内容、适用主体、签署要求等各方面提出了一系列要求，具体包括以下内容：

1. 风险揭示书的内容要求。无论是私募基金管理人自行销售私募基金，还是委托销售机构销售私募基金，都应当制作风险揭示书，由投资者签字确认。风险揭示书的内容应当真实、准确、完整，不存在虚假记载、误导性陈述或者重大遗漏，语言应当通俗易懂；风险揭示书应当采用书面形式送达投资者，并由其通过签字、盖章等方式确认已充分理解和接受。[①] 监管部门还对风险揭示书的具体内容提出了具体且详细的要求，风险揭示书的内容包括但不限于：[②]

（1）私募基金的特殊风险，这是针对各基金具体情况所产生的对应风险。根据中基协更新后的《私募投资基金风险揭示书内容与格式指引》，管理人需要特别关注私募基金以下特殊风险：

①基金合同与中基协合同指引不一致所涉风险；

②私募基金未托管所涉风险；

③私募基金委托募集所涉风险；

④私募基金募集机构与管理人存在关联关系所涉风险；

⑤私募基金外包事项所涉风险；

⑥私募基金聘请投资顾问所涉风险；

⑦私募基金未在中基协履行登记备案手续或未能通过协会备案所涉风险；

⑧私募基金投资单一标的所涉风险；

⑨私募基金通过关联交易投资运作所涉风险；

⑩私募基金通过特殊目的载体投资所涉风险；

⑪契约型私募基金投资股权类标的存在管理人代持相关股权所涉风险。

中基协在基金备案过程中会关注风险揭示书是否参照备案系统提供的

---

① 《证券期货投资者适当性管理办法》（2022 年修正）第 24 条和《私募投资基金监督管理暂行办法》第 16 条。

② 《私募投资基金募集行为管理办法》第 26 条。

《风险揭示书模板》制定，募集机构是否向投资者披露基金的资金流动性、基金架构、投资架构、底层标的、纠纷解决机制等情况，充分揭示各类投资风险。从 2023 年 5 月 1 日起，有下列情形之一的，私募基金管理人应当通过风险揭示书向投资者进行特别提示①：

①基金财产不进行托管；

②私募基金管理人与基金销售机构存在关联关系；

③私募基金投资涉及关联交易；

④私募基金通过特殊目的载体投向投资标的；

⑤基金财产在境外进行投资；

⑥私募基金存在分级安排或者其他复杂结构，或者涉及重大无先例事项；

⑦私募证券基金主要投向收益互换、场外期权等场外衍生品标的，或者流动性较低的标的；

⑧私募基金管理人的控股股东、实际控制人、普通合伙人发生变更，尚未在协会完成变更手续；

⑨其他重大投资风险或者利益冲突风险。

此外，如果私募基金投向单一标的、未进行组合投资的，私募基金管理人应当特别提示风险，对投资标的的基本情况、投资架构、因未进行组合投资而可能受到的损失、纠纷解决机制等进行书面揭示，并由投资者签署确认。

（2）私募基金的一般风险。这是基金运作中常见的风险，主要包括资金损失风险、基金运营风险、流动性风险、募集失败风险、投资标的的风险、税收风险等。

（3）投资者需要对基金合同中投资者权益相关重要条款的逐项确认，包括当事人权利义务、费用及税收、纠纷解决方式等。这是基于风险揭示书由募集机构主动告知 + 投资者书面确认方式决定的。

基金募集机构在向普通投资者销售产品或者提供服务前，需要告知投资者下列信息：①可能直接导致本金亏损的事项；②可能直接导致超过原始本

---

① 《私募投资基金登记备案办法》（中基协发〔2023〕5 号）第 28 条第 2 款。

金损失的事项；③因募集机构的业务或者财产状况变化，可能导致本金或者原始本金亏损的事项；④因募集机构的业务或者财产状况变化，影响客户判断的重要事由；⑤限制销售对象权利行使期限或者可解除合同期限等全部限制内容；⑥适当性匹配意见。如果基金募集机构在向普通投资者销售的是R5风险等级的基金产品时，基金募集基金应进一步向投资者其完整揭示以下事项：①基金产品的详细信息、重点特性和风险；②基金产品的主要费用、费率及重要权利、信息披露内容、方式及频率；③普通投资者可能承担的损失；④普通投资者投诉方式及纠纷解决安排。[①]

2. 风险揭示书的签署主体要求。风险揭示书的目的在于向投资者揭示投资风险，以便于投资者识别投资风险。我们可以看到，当然合格投资者和经金融监管部门批准设立的金融机构天然具有相应的风险识别能力，无需通过该程序予以特殊揭示，因此可以不签署风险揭示书，相应投资者具体包括：

①社会保障基金、企业年金等养老基金，慈善基金等社会公益基金；

②依法设立并在中基协备案的私募基金产品；

③受国务院金融监督管理机构监管的金融产品；

④投资于所管理私募基金的私募基金管理人及其从业人员；

⑤经金融监管部门批准设立的金融机构；

⑥法律法规、中国证监会和中基协规定的其他投资者；其中，国务院金融监督管理部门监管的机构依法发行的资产管理产品、合格境外机构投资者、人民币合格境外机构投资者，视为当然的合格投资者。[②]

3. 风险揭示书的签署和留痕要求。监管部门对风险揭示书的签署和留痕具体操作提出了详细要求，以使得投资者能知悉、理解并慎重考虑投资风险，并确保风险揭示工作执行到位。对于风险风险揭示书的签署，投资者应当按照《基金募集行为管理办法》的相关规定，对风险揭示书中“投资者声明”

① 《证券期货投资者适当性管理办法》（2022年修正）第20条和《基金募集机构投资者适当性管理实施指引（试行）》第47条。

② 参见《关于加强私募投资基金监管的若干规定》第7条、《私募投资基金募集行为管理办法》第32条和《私募投资基金备案须知》（2019年版）第9条。

部分所列的13 项声明签字签章确认。其中，自然人投资者在每一项“投资者声明”的段尾后逐段签名，机构投资者在“投资者声明”的首页、尾页盖章，加盖骑缝章。同时，中基协议还要求管理人在进行基金季度更新时，应当及时更新上传所有投资者签署的风险揭示书。① 此外，基金募集机构通过营业网点等现场方式向普通投资者销售基金产品前对其进行风险提示的环节要录音或者录像；通过互联网等非现场方式执行的，基金募集机构及合作平台要完善信息管理平台留痕功能，记录投资者确认信息。②

第四节　基金合同的合规管理

一、基金合同内容的合规管理

有限合伙制创投基金作为有限合伙企业，其基金合同就是合伙协议，合伙协议是其宪章，是各方权利义务的核心载体。这是各方谈判重点，也是监管部门关注重点。基金合同的主要内容包括：

1. 有限合伙制创投基金的组织形式是有限合伙企业，其合伙协议需要满足其对应《合伙企业法》的要求，这也是有限合伙制创投基金进行商事登记时市场监督管理部门审查重点。

2. 中国证监会和中基协制定了一系列监管规则，涵盖基金名称、期限、管理人各项要求等内容。其中《私募投资基金合同指引3 号（合伙协议必备条款指引）》（以下简称《合同指引3 号》）、《私募投资基金登记备案办法》和《私募投资基金备案须知》（2019 年版）（以下简称《备案须知》）集中对有限合伙制创投基金合伙协议内容提出了一系列合规要求。③ 这是中基协在

---

① 《私募投资基金备案须知》（2019 年版）第9 条和《私募投资基金风险揭示书内容与格式指引》。

② 《证券期货投资者适当性管理办法》（2022 年修正）第20 条、第25 条和《基金募集机构投资者适当性管理实施指引（试行）》第16 条。

③ 根据《私募投资基金登记备案办法》（中基协发〔2023〕5 号）第29 条的规定，私募基金的基金合同应包含《证券投资基金法（2015 修正）》第92 条和93 条的内容。

基金备案时的审查重点。因此，管理人在起草基金合同时尤其值得关注，以确保基金合同符合监管要求。

3. 基金管理人、投资者和托管人等各方在创投基金发起和募集中达成的很多共识，往往会体现为基金合同的条款。例如，基金管理费和业绩报酬分配等事项，主要体现的是相关各方对基金控制权和经济利益分配安排。这也是各基金合同最为个性化之所在。

表 2－5　有限合伙型创投基金合伙协议内容相关合规要求汇总

序号	事项	《合同指引 3 号》	《私募投资基金登记备案办法》和《备案须知》
1	声明与承诺	【第 4 条】私募基金管理人及私募基金投资者应在合伙协议首页用加粗字体进行如下声明与承诺，包括但不限于： 私募基金管理人保证在募集资金前已在中国基金业协会登记为私募基金管理人，并列明管理人登记编码。私募基金管理人应当向投资者进一步声明，中国基金业协会为私募基金管理人和私募基金办理登记备案不构成对私募基金管理人投资能力、持续合规情况的认可；不作为对基金财产安全的保证。私募基金管理人保证已在签订本合同前揭示了相关风险；已经了解私募基金投资者的风险偏好、风险认知能力和承受能力。私募基金管理人承诺按照恪尽职守、诚实信用、谨慎勤勉的原则管理运用基金财产，不对基金活动的盈利性和最低收益作出承诺。 私募基金投资者声明其为符合《私募办法》规定的合格投资者，保证财产的来源及用途符合国家有关规定，并已充分理解本合同条款，了解相关权利义务，了解有关法律法规及所投资基金的风险收益特征，愿意承担相应的投资风险；私募基金投资者承诺其向私募基金管理人提供的有关投资目的、投资偏好、投资限制、财产收入情况和风险承受能力等基本情况真实、完整、准确、合法，不存在任何重大遗漏或误导	

续表

序号	事项	《合同指引 3 号》	《私募投资基金登记备案办法》和《备案须知》
2	基本情况	【第 5 条第 1 项】合伙协议应列明如下信息，同时可以对变更该等信息的条件作出说明： 1. 合伙企业的名称（标明“合伙企业”字样）； 2. 主要经营场所地址； 3. 合伙目的和合伙经营范围（应含有“基金管理”“投资管理”“资产管理”“股权投资”“创业投资”等能体现私募投资基金性质的字样）； 4. 合伙期限	【《备案须知》第 1 条第 21 项】私募投资基金的命名应当符合《私募投资基金命名指引》的规定
3	合伙人及其出资	【第 5 条第 2 项】合伙协议应列明普通合伙人和有限合伙人的姓名或名称、住所、出资方式、出资数额、出资比例和缴付期限，同时可以对合伙人相关信息发生变更时应履行的程序作出说明	【《证券投资基金法（2015 修正）》第 93 条】非公开募集基金基金合同还应载明： （一）承担无限连带责任的基金份额持有人和其他基金份额持有人的姓名或者名称、住所； （二）承担无限连带责任的基金份额持有人的除名条件和更换程序； （三）基金份额持有人增加、退出的条件、程序以及相关责任； （四）承担无限连带责任的基金份额持有人和其他基金份额持有人的转换程序

续表

序号	事项	《合同指引 3 号》	《私募投资基金登记备案办法》和《备案须知》
4	合伙人的权利义务	【第 5 条第 3 项】合伙协议应列明有限合伙人与普通合伙人的基本权利和义务	【《证券投资基金法（2015 修正）》第 92 条】非公开募集基金的基金合同应当包括下列内容： （一）基金份额持有人、基金管理人、基金托管人的权利、义务； （三）基金的出资方式、数额和认缴期限； （八）基金份额的认购、赎回或者转让的程序和方式
5	执行事务合伙人	【第 5 条第 4 项】合伙协议应约定由普通合伙人担任执行事务合伙人，执行事务合伙人有权对合伙企业的财产进行投资、管理、运用和处置，并接受其他普通合伙人和有限合伙人的监督。合伙协议应列明执行事务合伙人应具备的条件及选择程序、执行事务合伙人的权限及违约处理办法、执行事务合伙人的除名条件和更换程序，同时可以对执行事务合伙人执行事务的报酬（包括绩效分成）及报酬提取方式、利益冲突及关联交易等事项作出约定	
6	有限合伙人	【第 5 条第 5 项】有限合伙人不执行合伙事务，不得对外代表合伙企业。但有限合伙人的下列行为，不视为执行合伙事务： 1. 参与决定普通合伙人入伙、退伙； 2. 对企业的经营管理提出建议； 3. 参与选择承办合伙企业审计业务的会计师事务所； 4. 获取经审计的合伙企业财务会计报告； 5. 对涉及自身利益的情况，查阅合伙企业财务会计账簿等财务资料；	

续表

序号	事项	《合同指引3号》	《私募投资基金登记备案办法》和《备案须知》
		6. 在合伙企业中的利益受到侵害时，向有责任的合伙人主张权利或者提起诉讼； 7. 执行事务合伙人怠于行使权利时，督促其行使权利或者为了合伙企业的利益以自己的名义提起诉讼； 8. 依法为合伙企业提供担保。 合伙协议可以对有限合伙人的权限及违约处理办法做出约定，但是不得作出有限合伙人以任何直接或间接方式，参与或变相参与超出前款规定的八种不视为执行合伙事务行为的约定	
7	合伙人会议	【第5条第6项】合伙协议应列明合伙人会议的召开条件、程序及表决方式等内容	【《私募投资基金登记备案办法》第29条第（1）项】股东会、合伙人会议或者基金份额持有人大会的召集机制、议事内容和表决方式等
8	管理方式	【第5条第7项】合伙型基金的管理人可以是合伙企业执行事务合伙人，也可以委托给其他私募基金管理机构。合伙协议中应明确管理人和管理方式，并列明管理人的权限及管理费的计算和支付方式	
9	托管事项	【第5条第8项】合伙企业财产进行托管的，应在合伙协议中明确托管机构的名称或明确全体合伙人在托管事宜上对执行事务合伙人的授权范围，包括但不限于挑选托管人、签署托管协议等。全体合伙人一致同意不托管的，应在合伙协议中明确约定本合伙型基金不进行托管，并明确保障投资基金财产安全的制度措施和纠纷解决机制	

续表

序号	事项	《合同指引 3 号》	《私募投资基金登记备案办法》和《备案须知》
10	入伙、退伙、合伙权益转让和身份转变	【第 5 条第 9 项】合伙协议应列明合伙人入伙、退伙、合伙权益转让的条件、程序及相关责任，及有限合伙人和普通合伙人相互转变程序	
11	投资事项	【第 5 条第 10 项】合伙协议应列明本合伙型基金的投资范围、投资运作方式、投资限制、投资决策程序、关联方认定标准及关联方投资的回避制度，以及投资后对被投资企业的持续监控、投资风险防范、投资退出、所投资标的担保措施、举债及担保限制等作出约定	【《备案须知》第 1 条第 16 项】建议基金合同中明确约定私募投资基金投资于单一资产管理产品或项目所占基金认缴出资总额的比例。 【《私募投资基金登记备案办法》第 29 条第 2 项】关联交易识别认定、交易决策和信息披露等机制（私募基金管理人应当建立健全关联交易管理制度，在基金合同中明确约定关联交易的识别认定、交易决策、对价确定、信息披露和回避等机制。关联交易应当遵循投资者利益优先、平等自愿、等价有偿的原则，不得隐瞒关联关系，不得利用关联关系从事不正当交易和利益输送等违法违规活动。私募股权基金管理人应当在经审计的私募股权基金年度财务报告中对关联交易进行披露。）。

续表

序号	事项	《合同指引 3 号》	《私募投资基金登记备案办法》和《备案须知》
			【《备案须知》第 1 条第 21 项】管理人应当在基金合同中明示私募投资基金的投资范围、投资方式、投资比例、投资策略、投资限制、费率安排、核心投资人员或团队、估值定价依据等信息。 【《证券投资基金法(2015 修正)》第 92 条】非公开募集基金的基金合同应当包括下列内容： (二) 基金的运作方式； (四) 基金的投资范围、投资策略和投资限制
12	利润分配及亏损分担	【第 5 条第 11 项】合伙协议应列明与合伙企业的利润分配及亏损分担方式有关的事项，具体可以包括利润分配原则及顺序、利润分配方式、亏损分担原则及顺序等	【《证券投资基金法(2015 修正)》第 92 条】非公开募集基金的基金合同应当包括下列内容： (五) 基金收益分配原则、执行方式
13	税务承担	【第 5 条第 12 项】合伙协议应列明合伙企业的税务承担事项	
14	费用和支出	【第 5 条第 13 项】合伙协议应列明与合伙企业费用的核算和支付有关的事项，具体可以包括合伙企业费用的计提原则、承担费用的范围、计算及支付方式、应由普通合伙人承担的费用等	【《证券投资基金法(2015 修正)》第 92 条】非公开募集基金的基金合同应当包括下列内容： (六) 基金承担的有关费用

续表

序号	事项	《合同指引 3 号》	《私募投资基金登记备案办法》和《备案须知》
15	财务会计制度	【第 5 条第 14 项】合伙协议应对合伙企业的记账、会计年度、审计、年度报告、查阅会计账簿的条件等事项作出约定	
16	信息披露制度	【第 5 条第 15 项】合伙协议应对本合伙型基金信息披露的内容、方式、频度等内容作出约定	【《私募投资基金登记备案办法》第 29 条第（3）项】信息披露的内容、方式、频率和投资者查询途径等相关事项。 【《证券投资基金法（2015 修正）》第 92 条】非公开募集基金的基金合同应当包括下列内容：（七）基金信息提供的内容、方式
17	终止、解散与清算	【第 5 条第 16 项】合伙协议应列明合伙企业终止、解散与清算有关的事项，具体可以包括合伙企业终止、解散的条件、清算程序、清算人及任命条件、清偿及分配等	【《私募投资基金登记备案办法》第 29 条第 5 项】私募基金管理人因失联、注销私募基金管理人登记、破产等原因无法履行或者怠于履行管理职责等情况时，私募基金变更管理人、清算等相关决策机制、召集主体、表决方式、表决程序、表决比例等相关事项。 【《备案须知》第 1 条第 22 项】基金合同及风险揭示书应当明确约定，在管理人客观上丧失继续管理私募投资基金的能力时，基金财产安全保障、维持基金运营或清

续表

序号	事项	《合同指引3号》	《私募投资基金登记备案办法》和《备案须知》
			算的应急处置预案和纠纷解决机制。 【《私募投资基金登记备案办法》第41条第2款】私募基金被中基协不予备案的，私募基金管理人应当及时告知投资者，妥善处置相关财产，保护投资者的合法权益。 【《证券投资基金法（2015修正）》第92条】非公开募集基金的基金合同应当包括下列内容： （九）基金合同变更、解除和终止的事由、程序； （十）基金财产清算方式
18	合伙协议的修订	【第5条第17项】合伙协议应列明协议的修订事由及程序	
19	争议解决	【第5条第18项】合伙协议应列明争议的解决方式	
20	一致性	【第5条第19项】合伙协议应明确规定当合伙协议的内容与合伙人之间的其他协议或文件内容相冲突的，以合伙协议为准。若合伙协议有多个版本且内容相冲突的，以在中国基金业协会备案的版本为准	

续表

序号	事项	《合同指引 3 号》	《私募投资基金登记备案办法》和《备案须知》
21	份额信息备份	【第 5 条第 20 项】订明全体合伙人同意私募基金管理人、份额登记机构或其他份额登记义务人应当按照中国基金业协会的规定办理基金份额登记（全体合伙人）数据的备份	
22	报送披露信息	【第 5 条第 21 项】订明全体合伙人同意私募基金管理人或其他信息披露义务人应当按照中国基金业协会的规定对基金信息披露信息进行备份	
23	基金托管要求		【《备案须知》第 1 条第 4 项】基金合同和托管协议应当按照《证券投资基金法》《私募基金监督暂行办法》等法律法规和自律规则明确约定托管人的权利义务、职责。在管理人发生异常且无法履行管理职责时，托管人应当按照法律法规及合同约定履行托管职责，维护投资者合法权益

二、投资者人数的合规管理

在基金合同签署过程中，募集机构需要根据基金组织形式将投资者人数控制在相应数量之内，以符合相关法律对基金投资者人数的要求。根据《私募基金监督暂行办法》第 11 条的规定，单只私募基金的投资者人数累计不得超过《证券投资基金法》《公司法》《合伙企业法》等法律规定的特定数量。也就是说，私募基金的投资者人数还要符合其所适用组织法的规定。

对契约型基金而言，根据《证券投资基金法》（2015 年修正）第 87 条第

1 款的规定，非公开募集基金应当向合格投资者募集，合格投资者累计不得超过 200 人。也就是说，契约型私募基金的投资者上限是 200 人。由于管理人也纳入投资者之内，又至少需要 1 个外部投资者，因此其下限是 2 个投资者。

对有限合伙型创投基金而言，根据《合伙企业法》第 61 条的规定，有限合伙企业由 2 个以上 50 个以下合伙人设立。有限合伙企业至少应当有 1 个普通合伙人。也就是说，有限合伙企业的有限合伙人数量最多为 49 个。

对公司型基金而言，根据《公司法》（2018 年修正）第 2 条的规定，公司分为有限责任公司和股份有限公司两类。也就是说，公司制的私募基金可以以有限责任公司或者股份有限公司两种组织形式存在，而其股东数量要求是存在差异的。其中，根据《公司法》（2018 年修正）第 24 条的规定，有限责任公司由 50 个以下股东出资设立，即有限责任公司制的私募基金投资者上限是 50 人。根据《公司法》（2018 年修正）第 77 条和第 78 条的规定，根据其设立方式的不同，股份有限公司可以根据其设立方式分为采用发起设立或者募集设立两类，而发起设立的股份有限公司的发起人上限为 200 人。

表 2－6　各类型私募基金投资者人数要求简表

序号	类型		投资者人数 X（个）	备注
1	契约型基金		2≤X≤200	
2	有限合伙型基金		2≤X≤50	其中 GP≥1 个
3	公司型基金	有限责任公司	2≤X≤50	
		股份有限公司	2≤X≤200	

在中国法下，各类型私募基金投资者的数量限制本身是明确的。但在实务过程中，我们需要关注以下事项：

1. 私募基金的投资者数量限制要求是对基金全周期的要求，不仅仅在设立时需要符合，在后续基金份额转让过程中也需要符合。《私募基金监督暂行办法》第 11 条和《关于加强私募投资基金监管的若干规定》第 7 条规定，投资者转让基金份额的，受让人应当为合格投资者且基金份额受让后投资者人数应当符合《证券投资基金法》《公司法》《合伙企业法》等法律规定的特定数量。

在实务中，市场监督管理部门对有限合伙企业的合伙人数量和有限责任公司的股东数量在登记时是有限制的，超过法定数量将难以完成登记。更重要的是，上述登记也适用于投资者转让基金份额的情形，即不能因为投资者转让基金份额而导致投资者人数超过法律限制。行业最佳实践是在基金合同中授予管理人在因为转让导致投资者人数超过法律限制时否决该转让申请的权利。在基金份额的继承中，如果因为继承人数多于 1 人而导致投资者人数超过法律限制时，基金合同可以约定继承人必须共同指定 1 人作为受让基金份额的权利人。

2. 私募基金非法人投资者的数量穿透计算规则。为了防止相关方使用非法人主体恶意规避私募基金投资者数量限制，监管部门明确了合格投资者的穿透计算规则。根据《私募基金监督暂行办法》第 13 条的规定，以合伙企业、契约等非法人形式，通过汇集多数投资者的资金直接或者间接投资于私募基金的，私募基金管理人或者私募基金销售机构应当穿透核查最终投资者是否为合格投资者，并合并计算投资者人数。也就是说，穿透计算规则以是否属于法人为判断原则，即非法人投资投资者需要合并计算，而公司为主体的法人投资者不包含在其中。从实务看来，根据中国税务制度，法人需要征收企业所得税，额外的企业所得税负担使得法人作为规避手段成本高昂，可以有效抑制其规避动机。

在实务中，各类型基金穿透后是按照其对应组织形式投资者人数上限还是全部使用以 200 人为限标准？该事项尚不明确。从北京永安信股权投资基金（以下简称北京永安信基金）行政处罚一案来看，中国证监会认为各类型基金穿透后统一适用投资者人数上限 200 人标准。该基金已在中基协备案，并且该基金和永安信拓界（厦门）股权投资基金合伙企业（以下简称永安信拓界）、金华永安信股权投资企业（以下简称金华永安信）、鑫裕成（厦门）股权投资基金合伙企业（以下简称鑫裕成基金）均为同一管理人管理的合伙型私募投资基金，其中永安信拓界、金华永安信以及鑫裕成基金的投资者人数分别为 44 人、50 人和 43 人，且均未在基金业协会备案，北京永安信基金投资者人数为 80 人，其中包括永安信拓界、金华永安信以及鑫裕成基金 3 个投资人。根据《私募基金监督暂行办法》第 13 条的规定，对北京永安信基金的最终投资者应当穿透核查并合并计算人数。穿透计算后，北京永安信基金投资者人数超过《证券投资基金法》第 87 条规定的 200 人上限。①

当然，法律也规定了穿透计算例外。根据《私募基金监督暂行办法》第 13 条和《关于加强私募投资基金监管的若干规定》第 7 条的规定，下列投资者视为合格投资者，不再穿透核查最终投资者是否为合格投资者和合并计算投资者人数：

（1）社会保障基金、企业年金等养老基金，慈善基金等社会公益基金；

（2）依法设立并在中基协备案的投资计划；

（3）国务院金融监督管理部门监管的机构依法发行的资产管理产品、合格境外机构投资者、人民币合格境外机构投资者；

（4）中国证监会规定的其他投资者。

同时，监管部门还禁止任何单位和个人通过将私募基金份额或者其收（受）益权进行拆分转让，或者通过为单一融资项目设立多只私募基金等方式，以变相突破合格投资者标准或投资者人数限制。② 也就是说，通过设立多个私募基金来规避投资者人数限制也是不允许的，当然这仅针对单一融资项目而言。

第五节　基金合同签署后的合规管理

根据现有监管要求，在基金合同签署完成后，管理人还需要根据相关法律法规、自律规则和基金合同的要求完成投资前回访、投资者出资和工商确权等一系列合规程序。

一、冷静期的合规管理

根据现有规定，基金合同应当约定给投资者设置投资冷静期，以给予投

① 中国证券监督管理委员会行政处罚决定书，〔2020〕4 号。

② 《关于加强私募投资基金监管的若干规定》第 7 条和《私募投资基金备案须知》（2019 年版）第 6 条。

资者充分时间去慎重考虑其投资决定，防止投资者因为冲动进行基金投资，如果其决定中止投资的，其有权解除基金合同。从法律性质上，该条是赋予了投资者在投资冷静期内任意解除基金合同的权利，本质上属于约定合同解除权。根据现有监管规定，私募基金投资者冷静期需要注意以下几个方面：①

1. 投资冷静期起算点要求。根据现有规定，私募证券投资的投资冷静期自基金合同签署完毕且投资者交纳认购基金的款项后起算；私募股权投资基金和创投基金的私募基金合同关于投资冷静期的约定可以参照私募证券投资基金的相关要求，也可以自行约定。在实务中，常见的起算日是基金合同签署之日。

2. 投资冷静期的期限要求。投资冷静期时间应不少于24小时，防止募集机构设计过短期限以保证投资者有充足时间慎重考虑其投资决定。

3. 投资冷静期的禁止性要求。募集机构在投资冷静期内不得主动联系投资者，也就是防止募集机构在冷静期内主动进行基金推介，影响投资者作出投资决策的客观性。

4. 投资冷静期适用主体的范围。投资冷静期主要是为了防止自然人投资者的冲动投资，从而给予其的特别保护制度，对专业投资者并无特别保护的必要。根据现有规定，当然合格投资者和专业投资机构可以不适用投资冷静期规定，具体包括：（1）社会保障基金、企业年金等养老基金，慈善基金等社会公益基金；（2）依法设立并在中基协备案的私募基金产品；（3）受国务院金融监督管理机构监管的金融产品；（4）投资于所管理私募基金的私募基金管理人及其从业人员；（5）专业投资机构；（6）国务院金融监督管理部门监管的机构依法发行的资产管理产品、合格境外机构投资者、人民币合格境外机构投资者等法律法规、中国证监会和中基协规定的其他投资者。②

5. 投资者在投资冷静期解除合同的法律后果，投资者可以在投资冷静期内或者在之后的回访中行使基金合同解除权，以解除基金合同。基金合同在

---

① 《私募投资基金募集行为管理办法》第29条、第31条和第32条。

② 《关于加强私募投资基金监管的若干规定》第7条。

投资者解除合同意思表示到达管理人之日起解除，对该投资者不再具有法律约束力。在此情况下，募集机构应当按合同约定及时退还投资者的全部认购款项，而且不需要承担违约责任。投资者交纳的认购基金款项不得由募集账户划转到基金财产账户或托管资金账户，管理人不得投资运作投资者交纳的认购基金款项。①

如果投资者在投资者冷静期中未行使其合同解除权且基金合同约定投资前回访程序的，即进入投资前回访程序；否则基金合同即按照约定生效。

二、投资前回访的合规管理

在投资者冷静期结束后，进入投资前回访程序。需要注意的是该程序并非强制性程序，而是由募集机构根据具体情况实施，主要根据基金合同约定是否适用。② 该制度主要是确定投资者在投资冷静期后是否改变其投资决定，与投资者适当性回访存在本质差别。前者本质上是投资者投资意思表示在经过冷静思考后是否发生改变再确认程序，后者是向普通投资者确认投资者适当性程序合规性和是否持续满足合格投资者要求。根据现有监管规定，如果基金合同约定需要进行投资前回访，募集机构需要在投资前回访中注意以下几个方面：③

1. 投资前回访的时间要求。募集机构应当在投资冷静期满后进行，在投资冷静期内进行的回访确认无效。

2. 投资前回访的主体要求。募集机构从事投资前回访的人员必须是本机构从事基金销售推介业务以外人员，不能由本机构从事基金销售推介人员进行。具体到特定投资者，不能由向该投资者进行推介的人员进行投资前回访。

3. 投资前回访的方式要求。募集机构从事投资前回访的人员必须以录音电话、电邮、信函等适当方式进行投资回访，也就是必须以可留痕方式进行，不能以口头方式进行。

---

① 《私募投资基金募集行为管理办法》第 29 条和第 31 条。

② 参见《中国基金业协会〈关于发布私募投资基金募集行为管理办法〉的通知》，该通知规定，中国基金业协会鼓励募集机构按照该办法第 30 条（投资前回访）、第 31 条（投资前回访中后续要求）的规定实施回访制度，正式实施时间在评估相关实施效果后另行通知。

③ 《私募投资基金募集行为管理办法》第 30 条、第 31 条和第 32 条。

4. 投资前回访的方式内容要求，回访过程不得出现诱导性陈述。回访应当包括但不限于以下内容：（1）确认受访人是否为投资者本人或机构；（2）确认投资者是否为自己购买了该基金产品以及投资者是否按照要求亲笔签名或盖章；（3）确认投资者是否已经阅读并理解基金合同和风险揭示的内容；（4）确认投资者的风险识别能力及风险承担能力是否与所投资的私募基金产品相匹配；（5）确认投资者是否知悉投资者承担的主要费用及费率，投资者的重要权利、私募基金信息披露的内容、方式及频率；（6）确认投资者是否知悉未来可能承担投资损失；（7）确认投资者是否知悉投资冷静期的起算时间、期间以及享有的权利；（8）确认投资者是否知悉纠纷解决安排。

5. 投资者在投资前回访中解除合同的法律后果。投资者在可以投资前回访中行使基金合同解除权，以解除基金合同。该行为的法律效果与投资者在投资冷静期解除合同的法律后果一致，在此不再累述。

6. 投资前回访适用主体的范围。和投资冷静期一样，投资前回访也是为了防止个人投资者的冲动投资，从而给予其的特别保护制度，所以对专业投资者并无获得该种特别保护的必要。根据现有规定，当然和合格投资者和专业投资机构可以不适用投资冷静期规定。

如果投资者在投资前回访程序确认其投资意思表示的，基金合同即根据约定生效，进入投资者出资程序。

三、投资者出资的合规管理

根据现有规定，私募基金管理人应当自私募基金募集完毕之日起 20 个工作日内，向中基协办理备案手续。因此，募集完毕是启动基金备案程序前提。募集完毕是指私募基金的已认缴投资者已签署基金合同，且首期实缴募集资金已进入托管账户等基金财产账户。单个投资者首期实缴出资除另有规定外，不得低于合格投资者的最低出资要求 100 万元。①

当然部分投资者如管理人及其员工、社会保障基金、政府引导基金、企业年金等养老基金、慈善基金等社会公益基金的首轮实缴出资要求可从其公

① 《私募投资基金登记备案办法》（中基协发〔2023〕5 号）第 39 条。

司章程或合伙协议约定。[1] 而且中基协还要求，本基金有托管的，托管人开具的资金到账通知书是基金备案必备资料；本基金无托管的，会计事务所开具的验资证明或投资者将投资款打入基金账户的银行回单等第三方出具的证明作为基金备案必备资料。[2] 这本质上是要求除当然合格投资者之外的单一投资者实缴出资不低于100万元。该规定主要是防止单一投资者利用一次认缴出资、分期实缴出资导致其认缴出资达到100万元，最终实缴出资不到100万元。也就是说，除当然合格投资者外，其他投资者实缴出资100万元是对投资者出资的要求，也是基金备案的前提条件。这是管理人在起草基金合同和制定实缴出资计划所应当考虑到的。

需要注意的是，从2023年5月1日起，中基协在对单个投资者首期实缴出资提出明确要求的基础上，对整个基金的首期实缴总额也提出明确要求。该部分内容在本章第三章第三节“基金规模合规要求”中有详细分析，在此不再累述。

四、工商确权的合规管理

根据现有的监管要求，在基金合同生效后，合伙型基金需要进行工商确权，即作为市场主体依法在登记机关进行登记，未经登记，不得以市场主体名义从事经营活动。[3] 中基协也要求合伙型私募基金设立或发生登记事项变更的，应当按照《合伙企业法》规定的程序和期限要求，向工商登记机关申请办理登记或变更登记。[4] 需要注意的是，契约型基金不需要进行工商确权。在私募基金的工商确权中需要关注以下事项：

1. 已认缴合伙型私募投资基金的投资者均在签署合伙协议后进行工商确权登记是认定基金“募集完毕”的条件之一。[5] 这是基金满足备案前提之一，也是基金备案中重点关注要点之一。[6]

---

① 《私募投资基金备案须知》(2019年版) 第10条。

② 中国证券投资基金业协会:《关于公布私募投资基金备案申请材料清单的通知》(2020年3月20日发布) 附件2:《私募基金备案材料清单 (非证券类)》。

③ 《市场主体登记管理条例》第3条和第5条。

④ 《私募投资基金备案须知》(2019年版) 第20条。

⑤ 《私募投资基金备案须知》(2019年版) 第10条和第20条。

⑥ 《私募股权、创业投资基金备案关注要点》(2022年6月版) 第14条第1项。

2. 在基金申请备案过程中，管理人需要提交基金的“工商公示信息截图”（国家企业信用信息公示系统公示的企业信息页面截图）作为基金备案材料之一。工商公示信息截图需包括企业名称、统一社会信用代码、执行事务合伙人、合伙期限或营业期限、主要经营场所或住所、经营范围及全体合伙人等相关信息，其中合伙人应与投资者明细、合伙协议信息保持一致。如果合伙型发生登记事项变更，若已完成工商变更，应上传变更后的工商公示信息截图；若未完成工商变更，除上传工商公示信息截图外，还应上传包含变更信息的工商变更受理函。如确无工商变更受理函，应提交工商变更承诺函。①

3. 在备案审查中，中基协会重点关注合伙型的名称、营业期限、合伙人等是否与工商登记信息一致。投资者涉及合伙企业等非法人形式的，关注穿透后的投资者信息是否与工商登记信息一致。② 也就是说，如果投资者是需要穿透核查的，管理人还需要关注穿透后投资者的相关信息以及要与工商登记信息一致性。

在募集机构完成前述基金募集、风险揭示、基金合同签署、投资者出资和工商确权等一系列程序之后，创投基金即可进入基金备案程序。

---

① 《私募投资基金备案（非证券类）申请材料清单》。

② 《私募股权、创业投资基金备案关注要点》（2022 年 6 月版）第 14 条第 2 项。

▶ 第三章 ◀

基金备案合规管理

第一节　基金备案的性质和意义

在中国私募基金行业，基金备案是无人不知、无人不晓的话题。根据《证券投资基金法》（2015 年修正）第 94 条和《私募投资基金监督管理暂行办法》第 8 条的规定，私募基金募集完毕，私募基金管理人应当根据中基协的规定办理基金备案手续。中基协办理登记备案不表明对私募基金管理人的投资能力、风控合规和持续经营情况作出实质性判断，不作为对私募基金财产安全和投资者收益的保证，也不表明中基协对登记备案材料的真实性、准确性、完整性作出保证。投资者应当充分了解私募基金的投资范围、投资策略和风险收益等信息，根据自身风险承担能力审慎选择私募基金管理人和私募基金，自主判断投资价值，自行承担投资风险。[①] 中国证监会认为，《私募投资基金监督管理暂行办法》在市场准入环节，不对私募基金管理人和私募基金进行前置审批，而是基于中基协的登记备案信息，进行事后行业信息统计、风险监测和必要的检查。[②] 也就是说，私募股权基金和创投基金的备案并非行政许可。如果私募基金不备案或者不能备案将产生一系列后果。

---

① 参见《私募投资基金监督管理暂行办法》第 9 条和《私募投资基金登记备案办法》（中基协发〔2023〕5 号）第 5 条。

② 参见《中国证监会发布〈私募投资基金监督管理暂行办法〉》，载 http：//www. csrc. gov. cn/csrc/c100028/c1002081/content. shtml，最后访问日期：2022 年 5 月 25 日。

一、管理人管理未备案基金的法律责任

根据《关于加强私募投资基金监管的若干规定》第 6 条和第 14 条的规定，私募基金管理人不得管理未备案的私募基金，否则存在被行政处罚风险。例如，私募基金管理人深圳前海动产投资有限公司管理深圳动产壹号产业投资基金企业（有限合伙）、深圳动产三号产业投资基金企业（有限合伙）等 8 只私募基金产品，上述基金募集完毕后未依法在中基协办理备案手续。该公司及其主要责任人被中国证监会深圳监管局处以警告和罚款行政处分。①

二、基金未备案对基金运作影响

根据《基金募集行为管理办法》第 12 条、第 13 条和第 14 条的规定，私募基金必须开立私募基金募集结算资金专用账户，用来接收投资者的出资。募集机构应当与监督机构签署账户监督协议，明确对私募基金募集结算资金专用账户的控制权、责任划分及保障资金划转安全的条款。私募基金管理人应当向中基协报送私募基金募集结算资金专用账户及其监督机构信息及其监督协议。这是私募基金备案的必备信息。② 募集结算资金从投资者资金账户划出，到达私募基金财产账户或托管资金账户之前，属于投资者的合法财产。涉及私募基金募集结算资金专用账户开立、使用的机构不得将私募基金募集结算资金归入其自有财产，禁止任何单位或者个人以任何形式挪用私募基金募集结算资金。

在实务中，监管机构一般会在监督协议中明确规定，基金备案完成是其将基金财产从私募基金财产账户或托管资金账户支付到被投资企业的的前提条件。也就是说，如果基金未能备案，除了投资于银行活期存款、国债、中央银行票据、货币市场基金等中国证监会认可的现金管理工具外，③ 基金不能对外投资。部分监督机构还会要求如果在一定期间内（如 12 个月内）不

---

① 中国证券监督管理委员会深圳监管局行政处罚决定书，〔2021〕11 号。

② 参见中国证券投资基金业协会：《私募投资基金备案申请材料清单》之“私募投资基金备案（非证券类）申请材料清单”，载 https：//www. amac. org. cn/aboutassociation/gyxh_xhdt/xhdt_xhyw/202003/t20200320_7363. htm，访问日期：2022 年 5 月 23 日。

③ 《私募投资基金备案须知》（2019 年版）第 12 条。

能基金备案，监督机构将终止监督协议，将投资者出资原路退还投资者。也就是，在此情况下，创投基金将向投资者返还实缴出资，面临募集失败风险。

三、基金未备案对投资及退出影响

根据中国证监会发布的《发行监管问答——关于与发行监管工作相关的私募投资基金备案问题的解答》[①] 的规定，私募投资基金在通过以下四种方式参与证券投资：一是企业首次公开发行前私募投资基金投资入股或受让股权；二是首发企业发行新股时，私募投资基金作为网下投资者参与新股询价申购；三是上市公司非公开发行股权类证券（包括普通股、优先股、可转债等）时，私募投资基金由发行人董事会事先确定为投资者；四是上市公司非公开发行证券时，私募投资基金作为网下认购对象参与证券发行。保荐机构和发行人律师都要对上述投资者是否属于私募投资基金以及是否按规定履行备案程序进行核查并发表意见。其中第一种情况和第三种情况属于私募股权基金通过被投企业上市或者将其股权出售给上市公司退出，这是人民币基金主要退出渠道之一。在这些交易中，如果私募基金不能完成备案，将有被认定股东资格不合规而影响退出的风险。

此外，从 2018 年 1 月起，中国证券登记结算有限责任公司要求私募基金管理人应严格按照中基协有关要求履行基金备案手续，在办理证券账户开户时须提供中基协出具的备案证明和产品编码。[②] 也就是说，如果私募基金不能完成备案，将不具备在中国境内开具证券账户的前提条件，其被投企业在 A 股上市时股票或者在上市公司并购时所获得股票将面临没有证券账户而无法登记问题。

综上所述，基金备案虽然不是行政许可，但是基金合规募集和运营基础，对基金的运作、被投企业退出有极为重要的意义。当然，备案并非一次性要求，而是需要持续满足监管要求。

---

① 该规定被《监管规则适用指引——发行类第 4 号》于 2023 年 2 月 17 日起废止。

② 《关于加强私募投资基金等产品账户管理有关事项的通知》（中国结算发字〔2018〕10 号）。

第二节 基金名称和经营范围的合规管理

根据我国现有监管要求，私募投资基金的名称和经营范围需要符合法定要求。《私募投资基金备案须知》（2019 年版）第 21 条的规定，私募投资基金的命名应当符合《私募投资基金命名指引》的规定。否则，有被要求整改或者被拒绝备案的风险。根据相关规定，创投基金的名称需要符合以下要求：

1. 不同组织形式的私募投资基金需要符合其特定组织法的要求。具体而言，有限责任公司型基金，必须在公司名称中标明有限责任公司或者有限公司字样；股份有限公司型基金，必须在公司名称中标明股份有限公司或者股份公司字样。[①] 有限合伙型基金名称中应当标明“有限合伙”字样。[②] 而契约型私募投资基金名称中应当包含“私募”及“基金”字样，避免与公开募集投资基金混淆。[③] 所以，我们可以根据其名称来判断其对应基金类型。此外，有限合伙型创投基金的名称应当符合《工商总局关于印发〈企业名称禁限用规则〉〈企业名称相同相近比对规则〉的通知》（工商企注字 2017〔133〕号）相关规定。[④]

2. 私募投资基金名称应当列明体现基金业务类别的字样，且应当与基金合同、合伙协议或者公司章程约定的基金投资范围、投资方向和风险收益特征保持一致。私募股权投资基金名称中可以使用“创业投资”“并购投资”“基础设施投资”或者其他体现具体投资领域特点的字样。如未体现具体投资领域特点，则应当使用“股权投资”字样。一般来说，创投基金会使用“创业投资”或者“股权投资”等字样，而股权投资基金一般会使用“股权投资”或者“并购投资”等字样。[⑤]

---

① 《公司法》（2018 年修正）第 8 条。
② 《合伙企业法》第 62 条。
③ 《私募投资基金命名指引》第 8 条。
④ 《私募投资基金命名指引》第 12 条。
⑤ 《私募投资基金命名指引》第 7 条。

3. 监管部门还对私募投资基金名称提出了一系列禁止性要求，主要包括：（1）私募投资基金名称不得明示、暗示基金投资活动不受损失或者承诺最低收益，不得含有“安全”“保险”“避险”“保本”“稳赢”等可能误导或者混淆投资人判断的字样，不得违规使用“高收益”“无风险”等与私募投资基金风险收益特征不匹配的表述；（2）私募投资基金名称不得含有虚假记载和误导性陈述，不得对投资业绩进行预测，不得在未提供客观证据的情况下使用“最佳业绩”“最大规模”“名列前茅”“最强”“500 倍”等夸大或误导基金业绩的字样；（3）未经合法授权，私募投资基金名称中不得非法使用知名人士姓名、知名机构的名称或者商号；（4）私募投资基金名称不得使用“资管计划”“信托计划”“专户”“理财产品”等容易与金融机构发行的资产管理产品混淆的相同或相似字样。①

4. 此外，监管部门还对契约型私募投资基金名称额外提出了一系列要求，主要包括：（1）契约型私募投资基金需要列明私募投资基金管理人全称或能清晰代表私募投资基金管理人名称的简称。私募投资基金管理人聘请投资顾问的，也可以列明投资顾问机构的简称；（2）契约型私募投资基金有分级安排的，其名称中应当含有“分级”或“结构化”字样；（3）同一私募投资基金管理人管理相同策略的系列契约型私募投资基金，在系列私募投资基金名称中原则上应当使用连续的中文大小写数字、阿拉伯数字或字母进行区分。②

由于名称和经营范围是相互关联的，中基协要求有限合伙型创投基金名称应当包含“创业投资基金”，或者在合伙企业经营范围中包含“从事创业投资活动”字样。③

特别值得提醒注意的是，2016 年 4 月，为了整顿互联网金融行业，国务院办公厅印发了《互联网金融风险专项整治工作实施方案》（国办发〔2016〕21 号）。该方案第 3 条第 1 项规定，设立金融机构、从事金融活动，必须依法接受准入管理。非金融机构、不从事金融活动的企业，在注册名称和经营

---

① 《私募投资基金命名指引》第 3 条、第 4 条、第 5 条和第 6 条。

② 《私募投资基金命名指引》第 9 条、第 10 条和第 11 条。

③ 《私募投资基金登记备案办法》（中基协发〔2023〕5 号）第 45 条。

范围中原则上不得使用“资产管理”“基金”“基金管理”“投资管理”“股权投资基金”等字样。因此，很多地方市场监督管理部门据此要求有限合伙型基金必须获得地方金融主管部门认可，获得由前者出具的支持函、无异议函等文件方可开始商事主体的注册。从而，实质上将有限合伙型创投基金和股权投资基金纳入前置审批范围之内。也有个别地方市场监督管理部门将“创业投资”基金剔除在前置审批之外。由于各地的要求存在很大差异，需要在事前咨询当地的市场监督管理部门。

第三节　基金核心要素的合规管理

在私募基金的监管中，监管部门对基金核心要素提出了一系列要求。核心要素也是基金备案中被审查的重要关注点。因此，基金核心要素也需要满足一系列的监管要求。由于不同组织形式的基金的监管要求各不相同。我们在此仅介绍有限合伙型创投基金的具体要求。

一、基金架构的合规要求

根据现有规定，私募投资基金的管理人不得超过一家。[①] 管理人应当按照诚实信用、勤勉尽责原则切实履行受托管理职责，不得将应当履行的受托人责任转委托。也就是说，一个私募基金产品仅能对应一个私募基金管理人，不得实行双管理人备案。在实务操作中，中基协的备案系统不支持双管理人产品备案，只能由一家管理人填写基金备案信息。有限合伙型基金若存在双普通合伙人甚至多普通合伙人，目前中基协并未限制。[②] 所以，我们看到，可以将有限合伙型基金的管理人和普通合伙人关系分为两类：

1. 普通合伙人和管理人合一的合伙型基金。在此情况下，管理人必须担

① 《私募投资基金登记备案办法》（中基协发〔2023〕5 号）第 30 条第 2 款。

② 中基协私募基金知识库：双管理人/双 GP 的私募产品是否允许备案?，载 https://km.amac.org.cn/kmsWeb/InfoPage/showArticlePage?docId=4a907ddd25e246b993ad466820096d29&defaultCityId=310000，最后访问日期：2022 年 5 月 25 日。

任基金的普通合伙人和执行事务合伙人。[①] 当然，还可以有其他普通合伙人。

2. 普通合伙人和管理人分离的合伙型基金。在此情况下，管理人不是基金合伙人，不是普通合伙人，也不能是有限合伙人。但是，管理人和普通合伙人必须有关联关系。[②] 如果是有多个普通合伙人，其中与管理人有关联关系的普通合伙人还必须是执行事务合伙人。其目的是防止私募基金管理人通道化且保证私募基金治理一致性及运行稳定性。关联关系指根据《企业会计准则第36号——关联方披露》一方控制、共同控制另一方或对另一方施加重大影响，以及两方或两方以上同受一方控制、共同控制或重大影响的，构成关联方，同时，若普通合伙人系由基金管理人高管团队及其他关键岗位人员出资情形，同样认定存在关联关系。对普通合伙人和管理人分离的合伙型基金而言，其在基金备案时，关联关系的说明文件和委托管理协议是备案的必备文件之一。[③] 从2023年5月1日起，中基协要求，在此情况下，基金管理人应与执行事务合伙人存在控制关系或者受同一控股股东、实际控制人控制。[④] 该控制关系认定标准还有待明确。

如果GP和管理人没有关联关系，则存在被认定为借通道业务而被拒绝备案的风险。例如，私募基金管理人A提交私募股权基金B备案申请，私募基金普通合伙人为C，属于普通合伙人与私募基金管理人分离情形。关于普通合伙人与管理人的关联关系，私募基金管理人A表示，普通合伙人C出资人（控股股东）D女士为私募基金管理人清算部负责人，在私募基金管理人担任关键岗位职务，满足关联关系要求。上述案例中，D女士并非私募基金管理人高管，岗位亦为清算部负责人，不满足实际控制人或法定代表人出资要求，中基协认为普通合伙人与管理人关联关系弱，已退回要求私募基金管理人整改。[⑤]

---

① 《私募投资基金登记备案办法》（中基协发〔2023〕5号）第34条。

② 《私募股权、创业投资基金备案关注要点（2022年6月版）》第7条。

③ 参见中国证券投资基金业协会：《私募投资基金备案申请材料清单》之“私募投资基金备案（非证券类）申请材料清单”，载 https://www.amac.org.cn/aboutassociation/gyxh_xhdt/xhdt_xhyw/202003/t20200320_7363.htm，最后访问日期：2022年5月23日。

④ 《私募投资基金登记备案办法》（中基协发〔2023〕5号）第34条。

⑤ 中国证券投资基金业协会：《私募基金备案案例公示》（〔2022〕第1期总第2期）。

因此，创投基金架构安排必须在基金设立时进行合理规划，已符合相关监管要求，以免出现不能备案的风险。

二、基金类型的合规要求

根据《私募基金监督暂行办法》第22条的规定，同一私募基金管理人管理不同类别私募基金的，应当坚持专业化管理原则；管理可能导致利益输送或者利益冲突的不同私募基金的，应当建立防范利益输送和利益冲突的机制。即在按照不同业务设立专业团队，建立必要的防范利益输送和利益冲突机制的前提下，同一基金管理人可以管理不同类别私募基金。

私募股权、创业投资基金管理人是现有可登记四类基金管理人之一。该类私募基金管理人可以发起设立私募股权投资基金和创投基金。根据中基协发布的《有关私募投资基金"基金类型"和"产品类型"的说明》，私募股权、创业投资基金管理人可以备案的私募股权、创业投资基金管理人可备案基金类型和产品类型如表3－1所示：

表3－1

序号	基金类型	产品类型	备注
1	创业投资基金	–	创业投资基金，主要向处于创业各阶段的未上市成长性企业进行股权投资的基金（新三板挂牌企业视为未上市业）；（对于市场所称"成长基金"，如果不涉及沪深交易所上市公司定向增发股票投资的，按照创业投资基金案）；如果涉及上市公司定向增发的，按照私募股权投资基金中的"上市公司定增基金"备案
2	创投类FOF	–	投类FOF，主要投向创投类私募基金、信托计划、券商资管、基金专户等资产管理计划的私募基金

续表

序号	基金类型	产品类型	备注
3	私募股权投资基金①	并购基金	私募股权基金，指投资包括未上市企业和上市企业非公开发行和交易的普通股（含上市公司定向增发、大宗交易、协议转让等），可转换为普通股的优先股和可转换债等的私募基金
		房地产基金	
		基础设施基金	
		上市公司定增基金	
		其他类基金	
4	私募股权类FOF	–	私募股权类FOF，主要投向股权类私募基金、信托计划、券商资管、基金专户等资产管理计划的私募基金

从事直接股权投资业务的的股权投资基金可以选择备案为“创业投资基金”或者“私募股权投资基金”。对私募股权投资基金而言，还需要进一步选择产品类型。其中，上市公司定增基金是指主要投资于上市公司定向增发的私募股权投资基金。并购基金是指主要对处于重建期企业的存量股权展开收购的私募股权投资基金。如果以对非上市企业为主要投资标的私募股权投资基金可以选择“其他类基金”作为其产品类型。我们可以看到基金类型选择和基金投资范围是紧密相关的，主要要求包括：

1. 根据计划从事投资活动类型选择相应基金类型和产品类型。而且，选择相应基金和产品类型也会对投资业务范围和方式产生一定影响。根据现有监管规则，私募股权投资基金的投资标的包括未上市企业（包括新三板股票企业）和已上市企业非公开发行和交易的普通股（含上市公司定向增发、大宗交易、协议转让等）、可转换为普通股的优先股和可转换债等。② 相对于私募股权投资基金而言，创投基金的投资范围更为狭窄，创投基金对企业的投资仅限于未上市企业。但是所投资的未上市企业上市后，创业投资企业所持

① 自2023年3月1日起，中基协在私募股权投资基金类型项下增设“不动产私募投资基金”产品类型［参见《不动产私募投资基金试点备案指引（试行）》（中基协发〔2023〕4号）第5条］。

② 中国证券投资基金业协会就“私募股权投资基金参与上市公司并购重组”相关问题答记者问（2018年10月22日发布）。

股份的未转让部分及其配售部分不在此限。① 其中，创投基金进行对可转债投资，但其借款余额不得超过该基金实缴金额的20%。②

2. 创投基金不得从事存贷业务，因此基金投资范围不得涉及存贷事项。有下列情形之一的，中基协不予办理私募基金备案，并说明理由：（1）从事或者变相从事信贷业务，或者直接投向信贷资产，中国证监会、中基协另有规定的除外；（2）通过委托贷款、信托贷款等方式从事经营性民间借贷活动；（3）私募基金通过设置无条件刚性回购安排变相从事借贷活动，基金收益不与投资标的的经营业绩或者收益挂钩；（4）投向保理资产、融资租赁资产、典当资产等与私募基金相冲突业务的资产、资产收（受）益权，以及投向从事上述业务的公司的股权；（5）通过投资公司、合伙企业、资产管理产品等方式间接从事或者变相从事第（1）项至第（4）项规定的活动。③

三、基金规模的合规要求

从2023年5月1日起，在明确单一投资者首次实缴出资要求之上，中基协针对整个基金的初始实缴募集资金规模提出了明确要求。根据中基协的要求，私募基金应当具有保障基本投资能力和抗风险能力的实缴募集资金规模。除另有规定外，私募基金初始实缴募集资金规模要求如下④：

1. 对非专项基金而言，私募股权基金初始实缴募集资金不低于1000万元人民币；其中创业投资基金备案时首期实缴资金不低于500万元人民币，但应当在基金合同中约定备案后6个月内完成符合前述初始募集规模最低要求的实缴出资；

2. 对专项基金而言，投资单一一标的的私募股权基金初始实缴募集资金不低于2000万元人民币。

这是基金管理人在设计基金募集计划和实缴出资计划时应当考虑合规事项之一，以防止因为基金的初始实缴募集资金规模不合规而不能完成备案。

① 见《创业投资企业管理暂行办法》第14条。
② 《关于加强私募投资基金监管的若干规定》（中国证监会公告〔2020〕71号）第8条。
③ 《私募投资基金登记备案办法》（中基协发〔2023〕5号）第41条。
④ 《私募投资基金登记备案办法》（中基协发〔2023〕5号）第33条。

四、基金托管的合规要求

根据《证券投资基金法》(2015 年修正)第 88 条、《私募基金监督暂行办法》第 21 条和《私募投资基金管理人内部控制指引》第 22 条的规定，除基金合同另有约定外，私募基金应当由基金托管人托管。也就是说，合伙型私募基金可以不托管，前提是基金合同有明确约定或者全体合伙人一致同意。在基金托管中，需要关注以下事项：

1. 如果基金合同未明确约定或者全体合伙人未一致同意基金不托管的，创投基金必须托管。根据《私募基金监督暂行办法》第 8 条和《基金募集行为管理办法》第 23 条的规定，基金推介材料中需要说明私募基金托管情况。

2. 基金托管人必须具有基金托管资质。根据《证券投资基金法》(2015 年修正)第 32 条的规定，基金托管人由依法设立的商业银行或者其他金融机构担任，并且需要获得相应监管部门核准。中基协官方网址上有公布最新具有托管资质的托管人名单。根据《私募投资基金管理人内部控制指引》第 21 条的规定，私募基金管理人应建立健全私募基金托管人遴选制度，切实保障资金安全，确保所选择托管人具有法定资质是最为基础的合规要求。并且，从 2023 年 5 月 1 日起，私募基金的托管人不得超过一家。①

从现有行政处罚案例来看，管理人未按照约定对基金进行托管或者托管不合规的情形包括在基金有关出资协议中明确约定了基金托管人，负责基金的专户管理、合理支付和及时汇划的前提下，管理人在基金的实际运作过程中未按照约定对基金进行托管；② 管理人委托不具有基金托管人资格的机构担任基金托管人。③

3. 基金托管协议是要式协议，并且其内容不得免除法定义务。基金合同和托管协议应当按照《证券投资基金法》《私募投资基金监督管理暂行办法》等法律法规和自律规则明确约定托管人的权利义务、职责。根据现有要求，托管协议需要具备《私募投资基金募集行为管理办法》要求的必备内容，包

---

① 《私募投资基金登记备案办法》(中基协发〔2023〕5 号)第 32 条。

② 中国证券监督管理委员会广东监管局行政处罚决定书，〔2019〕8 号。

③ 中国证券监督管理委员会北京监管局行政处罚决定书，〔2021〕11 号。

括私募基金募集结算资金专用账户用于统一归集私募基金募集结算资金、向投资者分配收益、给付赎回款项以及分配基金清算后的剩余基金财产等，确保资金原路返还，以及对私募基金募集结算资金专用账户的控制权、责任划分及保障资金划转安全的条款。① 同时，需要在托管协议中明确，在管理人发生异常且无法履行管理职责时，托管人应当按照法律法规及合同约定履行托管职责，维护投资者合法权益。托管人在监督管理人的投资运作过程中，发现管理人的投资或清算指令违反法律法规和自律规则以及合同约定的，应当拒绝执行，并向中国证监会和中基协报告。

根据《私募投资基金备案须知》（2019 年版）第 4 条的规定，私募投资基金通过公司、合伙企业等特殊目的载体间接投资底层资产的，应当由依法设立并取得基金托管资格的托管人托管。托管人应当持续监督私募投资基金与特殊目的载体的资金流，事前掌握资金划转路径，事后获取并保管资金划转及投资凭证。管理人应当及时将投资凭证交付托管人。② 从 2023 年 5 月 1 日起，基金管理人运用基金财产进行股权投资，或者持有的被投企业股权、财产份额发生变更的，基金托管人应当督促私募基金管理人及时相应的市场主体登记或者变更登记。私募基金管理人应当及时将相关情况告知基金托管人并按照基金合同约定向投资者披露。③

4. 如果基金不托管的，需要满足一系列的要求，具体包括：（1）基金不托管的，需要在基金合同中有明确约定或者由全体合伙人以合伙人会议决议或者协议方式明确。（2）根据《基金募集行为管理办法》第 23 条的规定，如果基金不托管的，应在私募基金推介材料内容中以显著字体特别标注。（3）根据《基金募集行为管理办法》第 26 条的规定，如果基金不托管的，管理人应当在风险揭示书将“基金未托管所涉风险”作为特殊风险向投资者进行特别提示，并由投资者签章确认。④（4）根据《私募基金监督暂行办法》

---

① 《私募股权、创业投资基金备案关注要点（2022 年 6 月版）》第（13）条。

② 《私募投资基金备案须知（2019 版）》第（4）条。

③ 《私募投资基金登记备案办法》（中基协发〔2023〕5 号）第 37 条。

④ 《私募投资基金募集行为管理办法》第 26 条和《私募投资基金登记备案办法》（中基协发〔2023〕5 号）第 28 条。

第 21 条和《私募投资基金管理人内部控制指引》第 21 条的规定，基金合同约定私募基金不进行托管的，应当在基金合同中明确保障私募基金财产安全的制度措施和纠纷解决机制，并向投资者披露基本账户信息。[①]（5）如果基金不托管，将不符合基金扩募的前提要求。根据《私募投资基金备案须知》（2019 年版）第 11 条的规定，基金由依法设立并取得基金托管资格的托管人托管是基金备案后进行后续募集的前提条件之一。也就是说，基金不托管，基金备案之后就不能扩大基金规模。

尤其值得注意的是，基金在符合特定前提下是可以不托管的，但其募集结算资金专用账户是必须开立的，而且必须由第三方监督机构监督，并且基金募集结算资金专用账户监督协议是创投基金备案必备的材料之一。[②]

综上所述，基金托管涉及管理人资质选择、信息披露、风险揭示、基金合同和基金后续募集等各方面。因此，管理人需要在创投基金设立时就周全考虑。

五、基金期限的合规要求

根据中基协要求，私募投资基金应当约定明确的存续期。除另有规定外，私募股权投资基金约定的存续期不得少于 5 年，鼓励管理人设立存续期在 7 年及以上的私募股权投资基金。[③] 从现有实务来看，这里存续期包含基金投资者和退出期，不包含基金延长期在内。这是中基协对基金备案的要求。根据《创业投资企业管理暂行办法》第 19 条的规定，创投基金可以事先确定有限的存续期限，但是最短不得短于 7 年。[④] 这是创投基金享受相应政策优惠前提条件。

---

① 参见中国证券投资基金业协会：《私募投资基金备案申请材料清单》之“私募投资基金备案（非证券类）申请材料清单”，载 https：//www. amac. org. cn/aboutassociation/gyxh_xhdt/xhdt_xhyw/202003/t20200320_7363. htm，最后访问日期：2022 年 5 月 23 日。

② 《私募投资基金登记备案办法》（中基协发〔2023〕5 号）第 39 条和中国证券投资基金业协会：《关于公布私募投资基金备案申请材料清单的通知》（2020 年 3 月 20 日发布）附件 2：《私募基金备案材料清单（非证券类）》。

③ 《私募投资基金登记备案办法》（中基协发〔2023〕5 号）第 36 条和第 45 条。

④ 《创业投资企业管理暂行办法》第 19 条。

六、基金封闭运作的合规要求

私募股权基金备案完成后，投资者不得赎回或者退出。有下列情形之一的，不属于前述赎回或者退出：（1）基金封闭运作期间的分红；（2）进行基金份额转让；（3）投资者减少尚未实缴的认缴出资；（4）对有违约或者法定情形的投资者除名、替换或者退出；（5）退出投资项目减资；（5）中国证监会、中基协规定的其他情形。私募股权基金开放认购、申购或者认缴，应当符合中证监会和中基协的相关要求。[①] 已备案通过的股权投资基金，若同时满足以下条件，可以新增投资者或增加既存投资者的认缴出资，但增加的认缴出资额不得超过备案时认缴出资额的 3 倍：（1）基金的组织形式为公司型或合伙型；（2）基金由依法设立并取得基金托管资格的托管人托管；（3）基金处在合同约定的投资期内；（4）基金进行组合投资，投资于单一标的的资金不超过基金最终认缴出资总额的 50%；（5）经全体投资者一致同意或经全体投资者认可的决策机制决策通过。[②] 也就是说，如果管理人计划创投基金在备案后继续募集的，需要考虑满足一系列的条件，具体包括：

（1）扩募的规模限制，即增加的认缴出资额不得超过备案时认缴出资额的 3 倍：也就是说，最终基金规模不能超过备案时认缴出资额的 4 倍。

（2）基金的组织形式只能为公司型或合伙型，契约型基金是不能扩募的。

（3）基金由依法设立并取得基金托管资格的托管人托管；也就是说不托管的创投基金是不能扩募的。

（4）基金处在合同约定的投资期内；创投基金只能在投资期内扩募，所以其扩募的时间窗口是有限的。

（5）基金进行组合投资，投资于单一标的的资金不超过基金最终认缴出资总额的 50%；也就是说，投资单一基金的专项基金是不能扩募的。

（6）经全体投资者一致同意或经全体投资者认可的决策机制决策通过。建议在基金合同中约定相应内容。

---

① 《私募投资基金登记备案办法》（中基协发〔2023〕5 号）第 35 条。

② 《私募投资基金备案须知（2019 年 12 月）》第（11）条。

因此，如果管理人计划扩募的，需要在基金合同设计、组织形式、扩募规模、投资期限、投资策略和托管安排等方面根据监管要求予以考虑和安排。

在创投基金完成备案之后，创投基金就会获得一个备案编号，并且在中基协的网址上公示其基本信息。之后，创投基金进入投资运营阶段。

七、基金设立的反垄断合规要求

我国法定的垄断行为主要有三种，分别为（1）经营者达成垄断协议；（2）经营者滥用市场支配地位；（3）具有或者可能具有排除、限制竞争效果的经营者集中。[①] 其中，与创投基金设立有关的主要是第三类，即在设立共同控制的创投基金时的经营者集中。根据《国务院关于经营者集中申报标准的规定》（2018 年修订）第 3 条的规定，经营者集中达到下列标准之一的，经营者应当事先向国务院反垄断执法机构申报，未申报的不得实施集中：（1）参与集中的所有经营者上一会计年度在全球范围内的营业额合计超过 100 亿元人民币，并且其中至少两个经营者上一会计年度在中国境内的营业额均超过 4 亿元人民币；（2）参与集中的所有经营者上一会计年度在中国境内的营业额合计超过 20 亿元人民币，并且其中至少两个经营者上一会计年度在中国境内的营业额均超过 4 亿元人民币。需要注意的是，2022 年 6 月，为配合《反垄断法》修订，国家市场监管管理总局发布了《国务院关于经营者集中申报标准的规定（修订草案征求意见稿）》，拟调整经营者集中申报标准。[②] 从实务来看，针对经营者集中反垄断申报义务而言，设立共同控制创

---

① 《反垄断法》（2022 年修订）第 3 条。

② 根据该征求意见稿第 3 条和第 4 条的规定，经营者集中达到下列标准之一的，经营者应当事先向国务院反垄断执法机构申报，未申报的不得实施集中：（1）参与集中的所有经营者上一会计年度在全球范围内的营业额合计超过 120 亿元人民币，并且其中至少两个经营者上一会计年度在中国境内的营业额均超过 8 亿元人民币；（2）参与集中的所有经营者上一会计年度在中国境内的营业额合计超过 40 亿元人民币，并且其中至少两个经营者上一会计年度在中国境内的营业额均超过 8 亿元人民币。经营者集中未达到前述的申报标准，但同时满足下列条件的，经营者应当事先向国务院反垄断执法机构申报，未申报的不得实施集中：（1）其中一个参与集中的经营者上一会计年度在中国境内的营业额超过 1000 亿元人民币；（2）经营者合并中其他方或在经营者通过取得股权或者资产的方式取得对其他经营者的控制权及经营者通过合同等方式取得对其他经营者的控制权或者能够对其他经营者施加决定性影响中的其他经营者市值（或估值）不低于 8 亿元人民币，并且上一会计年度在中国境内的营业额占其在全球范围内的营业额比例超过 1/3。

投基金主要可以分为以下几类：

1. 投资者设立由双 GP 来共同控制的创投基金，即创投基金有多个普通合伙人和/或执行事务合伙人，并共同控制创投基金。以华宝（上海）股权投资基金管理有限公司与建信金投基金管理（天津）有限公司新设合营企业案为例。在该案中，华宝（上海）股权投资基金管理有限公司（以下简称华宝股权）和建信金投基金管理（天津）有限公司（以下简称建信金投）等公司拟设立一家有限合伙企业。本次交易后，华宝股权和建信金投均为执行事务合伙人，共同控制合伙企业。① 2022 年 2 月 15 日，该经营者集中案件获得无条件批准。②

2. 投资者共同出资设立合营 GP，由其作为普通合伙人发起创投基金。以上海双创投资管理有限公司与上海建银国际投资咨询有限公司新设合营企业案为例。在该案中，上海双创投资管理有限公司（以下简称双创）与上海建银国际投资咨询有限公司（以下简称建银国际）拟在上海设立合营企业，持股比例为双创 65%，建银国际 35%。该新设合营企业作为普通合伙人设立一家有限合伙企业，该基金将专注于科技创新领域从事私募股权领域投资，基金规模约人民币 95 亿元～105 亿元。③ 2020 年 5 月 19 日，该经营者集中案件获得无条件批准。④

3. 普通合伙人和有限合伙人设立共同控制的创投基金。以中金资本运营有限公司与湖北交投私募股权基金管理有限公司等经营者新设合营企业案为例。在该案中，中金资本运营有限公司（以下简称中金资本）和湖北交投私

---

① 参见国家市场监督管理总局反垄断执法二司：《华宝（上海）股权投资基金管理有限公司与建信金投基金管理（天津）有限公司新设合伙企业案》，载国家市场监督管理总局官网，https：//www. samr. gov. cn/fldys/ajgs/jyaj/202204/t20220424_342931. html。

② 参见国家市场监督管理总局反垄断执法二司：《2022 年 2 月 14 日 –2 月 20 日无条件批准经营者集中案件列表》，载国家市场监督管理总局官网，https：//www. samr. gov. cn/fldys/ajgs/wtjjz/202204/t20220424_343708. html。

③ 参见国家市场监督管理总局反垄断执法二司：《上海双创投资管理有限公司与上海建银国际投资咨询有限公司新设合营企业案》，载国家市场监督管理总局官网，https：//www. samr. gov. cn/fldys/ajgs/jyaj/202205/t20220517_346315. html。

④ 参见国家市场监督管理总局反垄断执法二司：《2020 年 5 月 18 日 –5 月 24 日无条件批准经营者集中案件列表》，载国家市场监督管理总局官网，https：//www. samr. gov. cn/fldys/ajgs/wtjjz/202204/t20220424_343622. html。

募股权基金管理有限公司（以下简称交投私募）等公司签署合伙协议，拟设立一家合营企业。该企业将主要在中国境内以私募基金模式从事股权投资、创业投资、投资管理等活动。本次交易后，中金资本为普通合伙人，持有合营企业 1% 份额；交投私募及其关联方为有限合伙人，共持有该企业 85% 份额；双方共同控制该合营企业。[①] 2022 年 9 月 28 日，该经营者集中案件获得无条件批准。[②]

因此，在设立涉及多方共同控制的创投基金时，如果分享控制权的投资者营业收入达到经营者集中申报条件时，需要履行相应反垄断申报义务。在获得批准前，相关交易不得实施。

① 参见国家市场监督管理总局反垄断执法二司：《中金资本运营有限公司与湖北交投私募股权基金管理有限公司等经营者新设合营企业案》，载国家市场监督管理总局官网，https：//www. samr. gov. cn/fldes/ajgs/jyaj/202209/t20220909_349944. html。

② 参见国家市场监督管理总局反垄断执法二司：《2022 年 9 月 26 日 –10 月 7 日无条件批准经营者集中案件列表》，载国家市场监督管理总局官网，https：//www. samr. gov. cn/fldes/ajgs/wtjjz/202210/t20221010_350614. html。

▶ 第四章 ◀

基金运营的合规管理

根据《证券投资基金法》（2015 年修正）第 4 条、第 9 条和《私募基金监督暂行办法》第 4 条的规定，基金管理人、基金托管人管理、运用基金财产，基金服务机构从事基金服务活动，应当恪尽职守，履行诚实信用、谨慎勤勉的义务。因此，“诚实信用”和“谨慎勤勉”是基金运营合规管理中应当遵守的基本原则。其中，“诚实信用”对应我国民法典的诚信原则。《民法典》第 7 条规定，民事主体从事民事活动，应当遵循诚信原则，秉持诚实，恪守承诺。诚信原则是民法总则规定最为重要的基本原则，被称为民法的“帝王条款”。大部分民商事单行法律都将诚信原则规定为基本原则，包括《证券投资基金法》在内。诚信原则要求所有民事主体在从事任何民事活动时，包括行使民事权利、履行民事义务、承担民事责任时，都应该秉持诚实、善意，信守自己的承诺。① 所谓“谨慎勤勉”，是指基金管理人、基金托管人处理基金事务，要像处理自己的同类事务一样周到严谨，精明细心，兢兢业业，尽心尽力，一丝不苟，认真负责。不得将自己的利益置于基金投资者的利益之上，不得用基金财产为自己或者第三人谋取利益。② 这是由私募基金“受人之托，代人理财”的本质所决定的。我们可以看到在基金合规运营中的大部分监管规则是监管部门基于这两项基本原则制定的具体规范。在当事

① 参见黄薇主编：《中华人民共和国民法典释义（上中下）》，法律出版社 2020 年版，第 23～25 页。

② 参见《中华人民共和国证券投资基金法释义》，载中国人大网，http：//www. npc. gov. cn/npc/c2213/200410/32f309c6f6634af590cd4f695517b05e. shtml，最后访问日期：2022 年 6 月 3 日。

人没有明确约定或法律没有具体规定时，我们可根据“诚信原则”和“谨慎勤勉”原则指导创投基金具体合规运营工作。

第一节　基金投资业务的合规管理

基金投资业务的要求往往各不相同，主要由投资者和基金管理人通过基金合同来约定，部分约定也会体现在基金的募集推介材料中。基金合同作为约定投资者和基金管理人等各方权利义务的书面依据，各方应严格遵照执行。基金管理人应根据诚实信用、勤勉尽责的原则履行管理和运用基金财产的义务，这也是基金投资者投资的基础。管理人违反基金合同的约定，可能导致一系列的违约和合规风险。在监管实务中，监管规则往往从强调尊重和遵从基金合同约定，再辅以禁止性清单正反两个维度进行，具体包括以下方面：

1. 投资行为需要遵守基金合同约定。创投基金募资材料中披露的有关投资目标、投资范围、投资策略、投资组合和投资限制的等重要信息是投资者投资的基础。基金管理人应根据基金合同的约定进行投资决策；如基金管理人擅自变更或者突破投资目标、投资范围、投资策略、投资组合和投资限制等，可能被认定为严重违约行为，需要承担违约责任，情节严重的甚至可能被认定为基金合同的目的不能实现，投资者据此可依法解除基金合同。同时，该违约行为还可能会导致合规风险。

根据《私募投资基金管理人内部控制指引》第 20 条的约定，私募基金管理人应当建立健全投资业务控制，保证投资决策严格按照法律法规规定，符合基金合同所规定的投资目标、投资范围、投资策略、投资组合和投资限制等要求。同时，《关于加强私募投资基金监管的若干规定》第 9 条明确规定，私募基金管理人及其从业人员从事私募基金业务，不得有下列行为：……不按照合同约定进行投资运作或者向投资者进行信息披露……。尤其对投资单一项目的专项基金而言，特定投资标的就很重要。在实务中，对组合投资基金，一般会有单一投资项目投资金额不能超过基金规模 20% 的限制，以确保基金投资组合分散度。

以投资者Y与基金管理人A私募基金合同纠纷案为例，2018年9月，投资者Y与基金管理人A、托管人B共同签订《私募基金合同》，约定投资者Y认购基金管理人A管理的基金产品100万元，并由投资者Y与基金管理人A签订《基金说明书》。投资者Y于合同签署日向案涉基金募集账户支付投资款100万元，基金管理人A向投资者Y出具基金份额确认函，确认投资者Y申购金额100万元。此后，基金管理人A在判断合同约定的案涉基金的投资标的存在风险且不宜投资后，未将所募集资金投向《基金说明书》约定的一号基金，投资于其他私募基金。因基金管理人A在合同到期后未按约定向投资者Y支付本金和收益，2020年5月投资者Y向基金管理人A、托管人B发出解除私募基金合同告知书，要求解除《私募基金合同》。2019年11月，投资者Y向仲裁机构申请仲裁，请求裁决解除《私募基金合同》、基金管理人A向其偿还其本金及利息等费用。仲裁庭认为：案例争议焦点在于基金管理人A变更投资标的是否属于根本违约，导致投资者Y的投资目的不能实现。根据投资者Y与基金管理人A签署的《基金说明书》的约定，案涉基金的主要投资标的为XX项目，但基金管理人A并未将募集资金投入上述合同约定的主要投资标的，而是在判断某项目不宜投资后，将募集资金全部投入其他私募基金，故投资者Y订立的《私募基金合同》的主要目的不能实现且基金管理人A实际投入其他私募基金，投资周期长、流动性差，不符合合同对资金闲置期的限制性约定，即“对于投资主要标的之外的其他资产仅限于资金闲置期，资金尚未投入主要投资标的或者已经从主要投资标的退出但尚未分配之前的期间，应属临时和短期的投资行为”。同时，基金管理人A未依约进行投资决策，怠于披露重大事项，违背诚实信用、勤勉尽责的原则，严重违反了《私募基金合同》约定的基金管理人的合同义务。综上，仲裁庭认为基金管理人A已根本违约，投资者Y可以解除案涉《私募基金合同》，并由基金管理人A返还投资款及占用款项期间的利息。[①]

2. 对外投资确权的要求。我们都知道，对外投资的确权对明晰基金的权

① 参见中国证券投资基金业协会：《基金仲裁典型案例（五）：变更投资标的属于基金管理人应披露的重大事项——投资者Y与基金管理人A私募基金合同纠纷案》，载https：//mp. weixin. qq. com/s/Ei1xPPWOUA0WVbYtcwH_5A，最后访问日期：2022年5月31日。

益，减少纠纷具有重要价值。从 2023 年 5 月 1 日起，中基协对基金对外投资的确权提出明确要求，即私募基金管理人运用基金财产进行股权投资，或者持有的被投企业股权、财产份额发生变更的，应当根据《公司法》《合伙企业法》等法律法规的规定，及时采取要求被投企业更新股东名册、向登记机关办理登记或者变更登记等合法合规方式进行投资确权。基金托管人应当督促私募基金管理人及时办理前款规定的市场主体登记或者变更登记。私募基金管理人应当及时将相关情况告知基金托管人并按照基金合同约定向投资者披露。①

3. 同时，监管部门还从产业政策和基金性质出发，规定了一系列禁止创投基金从事的投资活动。根据《关于加强私募投资基金监管的若干规定》第 8 条和第 10 条的规定，管理人不得直接或者间接将创投基金财产用于下列投资活动：

（1）借（存）贷、担保、明股实债等非私募基金投资活动，但是私募基金以股权投资为目的，按照合同约定为被投企业提供 1 年期限以内借款、担保（借款或者担保到期日不得晚于股权投资退出日，且借款或者担保余额不得超过该私募基金实缴金额的 20%）除外；

（2）投向保理资产、融资租赁资产、典当资产等类信贷资产、股权或其收（受）益权；

（3）从事承担无限责任的投资；

（4）不得直接或者间接投资于国家禁止或者限制投资的项目，不符合国家产业政策、环境保护政策、土地管理政策的项目；

（5）法律、行政法规和中国证监会禁止的其他投资活动。

管理人需要根据基金合同和基金募集资料的要求进行基金投资，同时其也不得从事相关监管部门禁止从事的行为。如果过程中有变化的，需要根据基金合同约定履行相应决策程序，否则将有触发相应违约责任和合规责任的风险。

① 《私募投资基金登记备案办法》（中基协发〔2023〕5 号）37 条。

第二节　基金关联交易的合规管理

在基金运营中，关联交易是基金运营合规的重要关注点之一。其主要目的是确保关联交易公允性，防止管理人通过不正当的关联交易进行利益输送。关联交易本身并不违反监管要求，但关联交易背后由于存在利益冲突，容易被操纵为利益输送工具，所以为投资者和监管部门所关注。

在我国现有规则体系内，关联交易的定义有很多种。常见的定义有《企业会计准则第 36 号——关联方披露》。该准则第 3 条和第 7 条的规定，首先定义了关联方，再定义了关联交易。《私募投资基金备案须知》（2019 年版）第 19 条继承了该条的定义思路。该条规定，关联交易是指私募投资基金与管理人、投资者、管理人管理的私募投资基金、同一实际控制人下的其他管理人管理的私募投资基金或者与上述主体有其他重大利害关系的关联方发生的交易行为。我们可以看到该定义也是以私募基金为基础，通过确定其关联方的范围，进而明确与其进行的交易行为为关联交易。根据该定义，我们可以看到，私募基金与下列主体发生的交易行为为关联交易：

1. 管理人；
2. 基金投资者；
3. 管理人管理的私募投资基金；
4. 同一实际控制人下的其他管理人管理的私募投资基金；
5. 与前四项主体有其他重大利害关系的关联方。

我们可以看到，监管部门重点关注私募基金和管理人、以及管理人及其实际控制人直接或者间接控制的基金之间的关联交易。从实务来看，一般会从决策机制、定价公允性和信息披露三个维度来规制关联交易，主要包括以下几个方面：

1. 关联交易决策程序的合规性，这是对关联交易决策程序的规范要求。在实务中，关联交易之所以需要遵循特殊的决策程序是因为决策方在交易双方中都有利益，可能存在决策偏差风险。因此往往采取排除关联方参与决策或者将决策提交非关联方决策来确保其交易公允性。例如，将关联交易提交基金合伙人会议或者顾问（咨询）委员会决策。根据《关于加强私募投资基金监管的若干规定》第 11 条的规定，使用私募基金财产与关联方进行交易的，私募基金管理人应当遵守法律、行政法规、中国证监会的规定和私募基金合同约定，防范利益冲突，投资前应当取得全体投资者或者投资者认可的决策机制决策同意。也就是说，如果基金合同对关联交易有约定特定决策机制，如提交咨询委员会或者合伙人会议审议，关联交易应提交相应机构审议；否则就应当获得全体投资者同意。

2. 关联交易定价的公允性，这是对关联交易实质性的要求，需要落实到管理人的内部控制制度之上。根据相关规定，私募基金管理人应当健全治理结构，防范不正当关联交易、利益输送和内部人控制风险，保护投资者利益和自身合法权益。私募投资基金进行关联交易的，应当防范利益冲突，遵循投资者利益优先原则和平等自愿、等价有偿的原则，并建立健全关联交易管理制度，对关联交易定价方法、交易审批程序等进行规范。这是对关联交易定价公允性要求。①

3. 关联交易信息披露的要求。对基金关联交易信息披露涉及三个阶段，分别覆盖基金募集、事中披露和事后披露，具体要求如下：（1）在基金募集阶段，基金如涉及或者可能涉及关联交易的，需要将“私募基金通过关联交易投资运作所涉风险”作为特殊风险提示详细、明确、充分揭示向投资者披露。②（2）对基金合同要求和对投资者披露，根据现有约定，基金合同中应明确约定关联交易的识别认定、交易决策、对价确定、信息披露和回避等机制。关联交易应当遵循投资者利益优先、平等自愿、等价有偿的原则。③ 实务中，管理人需要向决策机构证明交易公允性，因此需要向决策机构详细披露关联交易相关信息。（3）根据《关于加强私募投资基金监管的若干规定》

---

① 《关于加强私募投资基金监管的若干规定》第 11 条、《私募投资基金管理人内部控制指引》第 9 条和《私募投资基金备案须知》（2019 年版）第 19 条。

② 参见中国证券投资基金业协会：《私募投资基金备案申请材料清单》之“私募投资基金备案（非证券类）申请材料清单”，载 https：//www. amac. org. cn/aboutassociation/gyxh_xhdt/xhdt_xhyw/202003/t20200320_7363. htm，最后访问日期：2022 年 5 月 23 日。

③ 《私募投资基金登记备案办法》（中基协发〔2023〕5 号）第 38 条第 1 款。

第 11 条的规定，使用私募基金财产与关联方进行交易的，私募基金管理人，投资后应当及时向投资者充分披露信息。也就是说，投资者具有关联交易的知情权。从 2023 年 5 月 1 日起，私募股权基金管理人应当在经审计的私募股权基金年度财务报告中对关联交易进行披露。①

4. 涉及关联交易相关禁止性规定。根据《关于加强私募投资基金监管的若干规定》第 11 条的规定，私募基金管理人不得从事损害私募基金财产或者投资者利益的关联交易等投资活动。针对严重或者典型的损害投资利益的关联交易行为，监管部门提出一系列禁止性规定，主要包括：（1）禁止关联交易的非关联化，以防止相关方通过非关联化规避关联交易监管。根据现有规定，管理人不得隐瞒关联关系或者将关联交易非关联化，不得以私募投资基金的财产与关联方进行利益输送、内幕交易和操纵市场等违法违规活动。②（2）禁止管理人通过关联交易进行自融。根据《关于加强私募投资基金监管的若干规定》第 9 条的规定，私募基金管理人及其从业人员从事私募基金业务，不得以套取私募基金财产为目的，使用私募基金财产直接或者间接投资于私募基金管理人、控股股东、实际控制人及其实际控制的企业或项目等自融行为。

在实务中，关联交易违规是很多私募基金违法甚至犯罪的重灾区，值得管理人高度关注。

第三节　基金独立运营的合规管理

基金独立运营是基金投资者“收益自享、风险自担”的基础。因为只有做到了基金独立运营，基金财产才能独立享有收益和承担风险。在这个过程中，需要明确两层一一对应关系，即基金财产和底层资产的一一对应关系和投资者权益和基金财产的一一对应关系。如此，投资者的收益才能

① 《私募投资基金登记备案办法》（中基协发〔2023〕5 号）第 38 条第 2 款。

② 《私募投资基金登记备案办法》（中基协发〔2023〕5 号）第 38 条第 1 款和《私募投资基金备案须知（2019 版）》第 19 条。

与基金底层资产的收益和风险一一对应，否则投资者“收益自享、风险自担”将失去基础。从实务来看，监管部门主要从以下几个维度提出了明确要求：

1. 基金单独管理、单独建账和单独核算要求。管理人应当建立完善的财产分离制度，私募基金财产与基金管理人固有财产之间、不同私募基金财产之间、私募基金财产和其他财产之间要实行独立运作，分别核算，做到每只私募投资基金的资金单独管理、单独建账、单独核算。[①] 一般来看，单独管理是指对每只基金产品进行独立的投资管理。单独建账是指为每只基金产品建立投资明细账，确保投资资产逐项清晰明确。单独核算是指对每只基金产品单独进行会计账务处理，确保每只理财产品具有资产负债表、利润表等财务会计报表。[②]

2. 禁止基金财产的混同。一旦混同，相应的收益和风险将难以识别和确认，投资者“收益自享、风险自担”就无从谈起。从混同对象来看，基金财产混同可以分为三类，分别是和管理人财产、其他人财产和其他基金财产混同在一起。根据《关于加强私募投资基金监管的若干规定》第 9 条的规定，私募基金管理人及其从业人员从事私募基金业务，不得将其固有财产、他人财产混同于私募基金财产，将不同私募基金财产混同运作。

3. 禁止“资金池”运作。管理人及其从业人员从事私募基金业务，不得开展或者参与具有滚动发行、集合运作、期限错配、分离定价等特征的资金池业务。[③] 在实务中，常见的资金池业务如下：（1）不同基金进行混同运作，基金资金与底层资产无法明确对应；（2）基金未单独建账、独立核算；（3）基金脱离对应标的资产的实际收益率进行分离定价；（4）基金以后期投资者的投资资金向前期投资者兑付投资本金和收益；（5）基金所投资产发生不能按时收回投资本金和收益情形的，基金通过开放参与、退出或滚动发行的方式

---

① 参见《私募投资基金备案须知》（2019 年版）第 14 条、《私募投资基金管理人内部控制指引》第 18 条和《关于加强私募投资基金监管的若干规定》第 9 条第 1 项和第 3 项。

② 参见《商业银行理财业务监督管理办法》第 18 条。

③《关于加强私募投资基金监管的若干规定》第 9 条。

由后期投资者承担此类风险。① 从实务来看，资金池业务往往也会基金财产混同、基金集合运作等问题交织在一起。

4. 公平对待投资者。从逻辑上来看，公平对待投资者可以分为两个层面，即（1）对不同基金而言，管理人需要公平对待不同基金，也即公平对待每一只基金背后的所有投资者，其主要着力点是防范管理人管理的各私募基金之间的利益输送和利益冲突；（2）对同一只基金内的不同投资者而言，公平对待每一位投资者。现有主要监管规定包括：②（1）管理人应建立健全相关机制，防范管理的各私募基金之间的利益输送和利益冲突，公平地对待其管理的不同私募投资基金财产，以有效防范私募投资基金之间的利益输送和利益冲突，不得在不同私募投资基金之间转移收益或亏损。为了限制不同基金间利益冲突，中基协还要求，在已设立的私募股权投资基金尚未完成认缴规模70%的投资（包括为支付基金税费的合理预留）之前，除经全体投资者一致同意或经全体投资者认可的决策机制决策通过之外，管理人不得设立与前述基金的投资策略、投资范围、投资阶段均实质相同的新基金。（2）私募基金管理人及其从业人员从事私募基金业务，不得不公平对待同一私募基金的不同投资者，损害投资者合法权益。中基协还进一步要求管理人不得在基金内部设立由不同投资者参与并投向不同资产的投资单元/子份额，规避备案义务，不公平对待投资者。如果私募基金的特定投资者因受行业限制（如

---

① 参见《证券期货经营机构私募资产管理业务运作管理暂行规定》第9条的规定。该条规定，证券期货经营机构不得开展或参与具有“资金池”性质的私募资产管理业务，资产管理计划不得存在以下情形或者投资存在以下情形的其他资产管理产品：（1）不同资产管理计划进行混同运作，资金与资产无法明确对应；（2）资产管理计划在整个运作过程中未有合理估值的约定，且未按照资产管理合同约定向投资者进行充分适当的信息披露；（3）资产管理计划未单独建账、独立核算，未单独编制估值表；（4）资产管理计划在开放申购、赎回或滚动发行时未按照规定进行合理估值，脱离对应标的资产的实际收益率进行分离定价；（5）资产管理计划未进行实际投资或者投资于非标资产，仅以后期投资者的投资资金向前期投资者兑付投资本金和收益；（6）资产管理计划所投资产发生不能按时收回投资本金和收益情形的，资产管理计划通过开放参与、退出或滚动发行的方式由后期投资者承担此类风险，但管理人进行充分信息披露及风险揭示且机构投资者书面同意的除外。需要注意的是，主要适用于证券期货经营机构通过资产管理计划形式开展的私募资产管理业务。同时，为统一监管标准、避免监管套利，要求在基金业协会备案的私募证券投资基金管理人参照执行，暂不适用于私募股权投资基金和创业投资基金。

② 参见《私募投资基金备案须知》（2019年版）第14条和第36条、《私募投资基金管理人内部控制指引》第19条和《关于加强私募投资基金监管的若干规定》第9条第1项和第5项。

所在行业受外资禁止准入而投资者含有外资成分）或监管规定（如投资者受自身监管规则要求不得投资于冲突行业）等客观因素制约，无法参与基金对某一项目的投资且依照基金合同约定在特定项目上适用“投资排除”制度，这类“投资排除”的原因导致投资者持有的基金份额和基金所投资的资产无法一一对应的，既不是出于规避监管的主观恶意，基金管理人也不存在不公平对待投资者的情形，则不应属于“禁止投资单元”的情形。①

基金独立运营是基金运营合规基础环节，是其他很多合规管理基础，这是基金合规运营中必须守住的原则。

第四节　禁止刚性兑付的合规管理

在资产管理行业，打破刚性兑付已经成为社会共识。② 私募股权基金违反刚性兑付的禁止性规定是私募股权基金违法违规的重灾区，一直是监管部门重点关注点之一。在实务中，不规范的管理人利用刚性兑付去诱惑投资者投资的情形屡见不鲜。从实务来看，常见的刚性兑付的情形主要包括：（1）管理人违反真实公允确定净值原则，承诺对投资者进行保本保收益。（2）采取滚动发行等方式，使得基金的本金、收益、风险在不同投资者之间发生转移，实现基金保本保收益。（3）基金发行或者管理人自行筹集资金偿付或者委托其他机构代为偿付。③

---

① 参见中国证券投资基金业协会编著：《私募股权投资行业合规管理手册（2021）》，中国财政经济出版社 2021 年版，第 183～184 页。

② 参见《中国人民银行有关负责人就〈关于规范金融机构资产管理业务的指导意见〉答记者问》，载中国人民银行网站，http：//www. pbc. gov. cn/goutongjiaoliu/113456/113469/3529603/index. html，最后访问日期：2022 年 6 月 2 日。

③ 参见《关于规范金融机构资产管理业务的指导意见》第 19 条，经金融管理部门认定，存在以下行为的视为刚性兑付：（1）资产管理产品的发行人或者管理人违反真实公允确定净值原则，对产品进行保本保收益。（2）采取滚动发行等方式，使得资产管理产品的本金、收益、风险在不同投资者之间发生转移，实现产品保本保收益。（3）资产管理产品不能如期兑付或者兑付困难时，发行或者管理该产品的金融机构自行筹集资金偿付或者委托其他机构代为偿付。（4）金融管理部门认定的其他情形。需要注意的是该意见第 2 条第 3 款规定，私募投资基金适用私募投资基金专门法律、行政法规，私募投资基金专门法律、行政法规中没有明确规定的适用本意见，创业投资基金、政府出资产业投资基金的相关规定另行制定。

监管部门之所以一再重申私募股权基金禁止刚性兑付，主要基于以下原因：（1）刚性兑付与私募股权基金本质相冲突。从法理上看，在私募股权基金中，管理人和投资者构成信托关系。基金财产具有独立性是该制度的核心内容。按照权利义务相一致的原则，管理人管理和运用基金财产所获得的利益归于投资者，则由此产生的损失后果亦应当由投资者承受。从这个角度来说，刚性兑付背离了基金法律关系的基本原则，偏离了私募基金“受人之托，代人理财”的本质。（2）刚性兑付将本应由投资者自行承担的资产损失风险转嫁给管理人。当刚性兑付无法维持时，投资者会很快转变为对风险过度敏感，争相要求收回其投资，引起市场恐慌。（3）刚性兑付不利于资源配置和直接融资服务实体经济。刚性兑付抬高无风险收益率水平，干扰资金价格，不仅影响发挥市场在资源配置中的决定性作用，还弱化了市场纪律，导致一些投资者冒险投机，管理人不尽职尽责，道德风险较为严重。[1] 为了禁止管理人直接或者间接的进行刚性兑付，监管部门提出了一系列监管要求，具体包括：

1. 责任主体范围扩大，防止管理人通过关联方间接进行刚性兑付。根据现有监管规则，不仅要求私募基金管理人和私募基金销售机构，还要求私募基金管理人的股东、合伙人、实际控制人、关联方以及前述机构的工作人员不得以任何方式明示或者暗示基金预期收益率，不得承诺或者误导投资者投资本金不受损失或者限定损失金额和比例，或者承诺最低收益或者为刚性兑付行为提供便利。[2]

2. 禁止规范要求不仅涵盖基金募集，还延伸到分配的全过程。在基金募集阶段，私募基金管理人、私募基金销售机构及其从业人员在私募基金募集过程中不得直接或者间接以口头、书面或者通过短信、即时通讯工具等方式直接或者间接向投资者承诺保本保收益，包括投资本金不受损失、固定比例

① 参见最高人民法院民事审判第二庭编著：《〈全国法院民商事审判工作会议纪要〉理解与适用》，人民法院出版社 2019 年版，第 483～485 页；《中国人民银行有关负责人就〈关于规范金融机构资产管理业务的指导意见〉答记者问》，载中国人民银行网站，http：//www. pbc. gov. cn/goutongjiaoliu/113456/113469/3529603/index. html，最后访问日期：2022 年 6 月 1 日。

② 《私募投资基金监督管理暂行办法》第 15 条、《关于加强私募投资基金监管的若干规定》第 9 条和《私募投资基金登记备案办法》（中基协发〔2023〕5 号）第 27 条第 2 款。

损失或者承诺最低收益等情形。[①] 在基金分配阶段，投资者获得的收益应当与投资标的实际收益相匹配，管理人不得按照类似存款计息的方法计提并支付投资者收益，也不得将私募基金收益不与投资项目的资产、收益、风险等情况挂钩，包括不按照投资标的实际经营业绩或者收益情况向投资者分红、支付收益等。[②]

3. 在司法实践中，司法机构倾向于认定涉及刚性兑付的条款无效。根据《全国法院民商事审判工作会议纪要》第 92 条的规定，信托公司、商业银行等金融机构作为资产管理产品的受托人与受益人订立的含有保证本息固定回报、保证本金不受损失等保底或者刚兑条款的合同，人民法院应当认定该条款无效。受益人请求受托人对其损失承担与其过错相适应的赔偿责任的，人民法院依法予以支持。实践中，保底或者刚兑条款通常不在资产管理产品合同中明确约定，而是以"抽屉协议"或者其他方式约定，不管形式如何，均应认定无效。《九民纪要》反映出最高人民法院在金融机构受托管理的资产管理产品中的保本保收益条款的态度，即不管形式如何，均应认定无效。尽管中国现行法律法规未明确将私募基金管理人认定为金融机构，但在司法实践中已有部分法院将《九民纪要》作为裁判说理依据，认定保本保收益条款无效。

需要注意的是，认定保底承诺或者刚兑无效后，并不意味着受托人无需承担责任。《民法典》第 157 条规定："民事法律行为无效、被撤销或者确定不发生效力后，行为人因该行为取得的财产，应当予以返还；不能返还或者没有必要返还的，应当折价补偿。有过错的一方应当赔偿对方由此所受到的损失；各方都有过错的，应当各自承担相应的责任。法律另有规定的，依照其规定。"据此，在认定保底和刚兑承诺无效后，投资者可以请求管理人对其损失承担与其过错相适应的赔偿责任。[③]

① 《关于加强私募投资基金监管的若干规定》第 6 条。

② 《关于加强私募投资基金监管的若干规定》第 9 条和《私募投资基金备案须知》（2019 年版）第 13 条。

③ 参见最高人民法院民事审判第二庭编著：《〈全国法院民商事审判工作会议纪要〉理解与适用》，人民法院出版社 2019 年版，第 485 页。

综上所述，禁止刚性兑付的合规管理要求覆盖基金募集、运营和清算各个环节，违法责任重大，情形严重的，甚至可能构成刑事犯罪，因此值得特别关注。

第五节　基金信息披露的合规管理

对投资者而言，基金的信息披露是投资者识别投资风险、行使投资者权利和维护投资者利益的基础。对监管部门而言，持续的信息报送也是私募基金行政监管和自律管理体系中的一项重要基础性制度安排。① 根据现有监管规定，基金披露义务人应当按照合同约定，如实向投资者披露基金投资、资产负债、投资收益分配、基金承担的费用和业绩报酬、可能存在的利益冲突情况以及可能影响投资者合法权益的其他重大信息。信息披露义务人应当向投资者披露的信息包括：（1）基金合同；（2）招募说明书等宣传推介文件；（3）基金销售协议中的主要权利义务条款（如有）；（4）基金的投资情况；（5）基金的资产负债情况；（6）基金的投资收益分配情况；（7）基金承担的费用和业绩报酬安排；（8）可能存在的利益冲突；（9）涉及私募基金管理业务、基金财产、基金托管业务的重大诉讼、仲裁；（10）中国证监会以及中基协规定的影响投资者合法权益的其他重大信息。②

根据现有监管规定，基金运营期间信息披露可以分为定期信息更新、定期报告和重大事项报告三类。

一、定期信息更新

根据中基协要求，私募基金运行期间，信息披露义务人应当在每季度结束之日起 10 个工作日以内向投资者披露基金净值、主要财务指标以及投资组合情况等信息。③ 其中创投基金可以根据具体情况要求进行相应信息披露。

① 《关于加强私募基金信息报送自律管理与优化行业服务的通知》（中基协字〔2021〕107 号）。
② 《私募投资基金监督管理暂行办法》第 24 条和《私募投资基金信息披露管理办法》第 9 条。
③ 《私募投资基金信息披露管理办法》第 16 条。

自2021年第二季度起，每季度私募基金产品季度信息更新以及信息披露季报备份截止时间统一延长至每季度结束后的1个自然月月末。[①]

二、定期报告

从实务来看，信息披露定期报告一般可分为季度报告、半年度报告和年度报告。根据现有监管规定，创投基金的信息披露半年度报告应在当年9月月底之前完成，信息披露年度报告应在次年6月月底之前完成。也就是说，对创投基金而言，年度报告和半年度报告是强制的。中基协鼓励私募基金管理人向投资者披露季度报告（含第一季度、第三季度），季度报告不做强制要求。[②] 实务中，很多创投基金的基金合同会约定基金管理人应披露季度报告。

根据现有规定，私募基金运行期间，信息披露义务人应当披露的年度报告主要包括以下信息：（1）报告期末基金净值和基金份额总额；（2）基金的财务情况，创投基金的年度报告的财务会计报告应当经过审计；[③]（3）基金投资运作情况和运用杠杆情况；（4）投资者账户信息，包括实缴出资额、未缴出资额以及报告期末所持有基金份额总额等；（5）投资收益分配和损失承担情况；（6）基金管理人取得的管理费和业绩报酬，包括计提基准、计提方式和支付方式；（7）基金合同约定的其他信息。[④] 2016年11月，中基协发布《私募投资基金信息披露内容与格式指引2号－适用于私募股权（含创业）投资基金》，对季度报告、半年度报告和年度报告格式和内容提出了规范要求。

从2023年5月1日起，私募基金管理人应当在每一会计年度结束之日起6个月内，报送私募股权基金的相关财务信息以及符合规定的会计师事务所审计的年度财务报告；如果基金规模超过一定金额、投资者超过一定人数的私募基金等，其年度财务报告应当经中国证监会备案的会计师事务

---

① 《关于加强私募基金信息报送自律管理与优化行业服务的通知》（中基协字〔2021〕107号）第6条第2项。

② 《私募投资基金信息披露内容与格式指引2号－适用于私募股权（含创业）投资基金》。

③ 《私募投资基金备案须知》（2019年版）第25条。

④ 《私募投资基金信息披露管理办法》第17条。

所审计。[①] 其具体标准还有待明确。

三、重大事项报告

根据现有规定，发生以下重大事项的，信息披露义务人应当按照基金合同的约定及时向投资者披露：（1）基金名称、注册地址、组织形式发生变更的；（2）投资范围和投资策略发生重大变化的；（3）变更基金管理人或托管人的；（4）管理人的法定代表人、执行事务合伙人（委派代表）、实际控制人发生变更的；（5）触及基金止损线或预警线的；（6）管理费率、托管费率发生变化的；（7）基金收益分配事项发生变更的；（8）基金触发巨额赎回的；（9）基金存续期变更或展期的；（10）基金发生清盘或清算的；（11）发生重大关联交易事项的；（12）基金管理人、实际控制人、高管人员涉嫌重大违法违规行为或正在接受监管部门或自律管理部门调查的；（13）涉及私募基金管理业务、基金财产、基金托管业务的重大诉讼、仲裁；（14）基金合同约定的影响投资者利益的其他重大事项。[②] 同时，根据现有监管规定，私募基金运行期间，发生以下重大事项的，私募基金管理人应当在 5 个工作日内向中基协报告：（1）基金合同发生重大变化；（2）投资者数量超过法律法规规定；（3）基金发生清盘或清算；（4）私募基金管理人、基金托管人发生变更；（5）对基金持续运行、投资者利益、资产净值产生重大影响的其他事件。[③] 从 2023 年 5 月 1 日起，私募基金下列信息发生变更的，私募基金管理人应当自变更之日起 10 个工作日内，向中基协履行变更手续：（1）基金合同约定的存续期限、投资范围、投资策略、投资限制、收益分配原则、基金费用等重要事项；（2）私募基金类型；（3）私募基金管理人、私募基金托管人；（4）负责份额登记、估值、信息技术服务等业务的基金服务机构；（5）影响基金运行和投资者利益的其他重大事项。私募基金备案信息发生变更，如果提供有虚假记载、误导性陈述或者重大遗漏的信息、材料，通过欺骗、贿赂或者以规避监管、自律管理为目的与中介机构违规合作等不正当手

---

① 《私募投资基金登记备案办法》（中基协发〔2023〕5 号）第 61 条第 1 款第（3）款。

② 《私募投资基金信息披露管理办法》第 18 条。

③ 《私募投资基金管理人登记和基金备案办法（试行）》（中基协发〔2014〕1 号）第 23 条。

段办理相关业务的情形的，或者变更后不符合规定要求的，中基协终止办理变更，退回变更材料并说明理由。① 如果是管理人的法定代表人、执行事务合伙人（委派代表）、实际控制人发生变更的，还会要求聘请律师事务所出具专项法律意见书，具体要求已在管理人部分分析，具体要求不再累述。从2023年5月1日起，有下列情形之一的，私募基金管理人应当在10个工作日内向中基协报告：（1）私募基金管理人管理的私募基金涉及重大诉讼、仲裁等法律纠纷，可能影响正常经营或者损害投资者利益；（2）出现重大负面舆情，可能对市场秩序或者投资者利益造成严重影响；（3）私募基金触发巨额赎回且不能满足赎回要求，或者投资金额占基金净资产50%以上的项目不能正常退出；（3）中国证监会、中基协规定的其他情形。②

如果管理人未按时通过中基协系统履行季度、年度和重大事项更新义务累计达2次或者管理人未按要求通过信披备份系统备份私募创投基金2018年及以后各期半年报和年报等信息披露报告累计达2次，将被认定为信息报送异常，并将对外公示。管理人一旦被列入信息报送异常机构，须自整改完毕之日起6个月后方可取消公示。为体现差异化管理，中基协将同步公示管理人信息报送异常的具体事项以及整改情况。③

为了规范私募基金的信息披露，落实投资者的知情权，监管部门制定了一系列的信息披露具体规范，涵盖从基金合同内容、信息披露义务人、信息披露具体要求到备份要求等具体要求，主要监管要求如下：

1. 信息披露依据。根据现有规定，信息披露义务人应当按照中基协的规定以及基金合同约定向投资者进行信息披露。同时，信息披露的相关内容是基金合同必备内容，即基金合同中应明确信息披露义务人向投资者进行信息披露的内容、披露频度、披露方式、披露责任以及信息披露渠道等事项。④也就说，如果基金合同约定信息披露的要求可以高于但不得低于相关法律法

① 《私募投资基金登记备案办法》（中基协发〔2023〕5号）第55条。

② 《私募投资基金登记备案办法》（中基协发〔2023〕5号）第62条。

③ 《关于加强私募基金信息报送自律管理与优化行业服务的通知》（中基协字〔2021〕107号）第5条。

④ 《私募投资基金信息披露管理办法》第3条和第15条。

规和自律规则的要求，信息义务披露人遵守两者中较高的标准。

2. 信息披露义务人。信息披露义务人即负有信息披露义务主体。根据现有规定，私募基金管理人、私募基金托管人、私募基金销售机构和其他私募基金服务机构应当按照规定和合同约定履行信息披露义务，保证信息披露的及时、真实、准确和完整。并且明确同一私募基金存在多个信息披露义务人时，应在相关协议中约定信息披露相关事项和责任义务。信息披露义务人可以委托第三方机构代为披露信息，不得免除信息披露义务人法定应承担的信息披露义务。同时，中基协要求基金管理人的股东、合伙人、实际控制人应当配合基金管理人履行信息披露义务，不得组织、指使或者配合基金管理人实施违反信息披露相关规定的行为。①

3. 信息披露要求。根据《私募投资基金信息披露管理办法》第 4 条的规定，信息披露义务人应当保证所披露信息的真实性、准确性和完整性。之后，监管部门进一步增加了“及时性”要求，因为披露信息及时性对维护投资者权利非常重要。监管部门是从正反两方面界定披露标准，即要求确保披露信息的“真实性、准确性、完整性和及时性，不存在虚假记载、误导性陈述或重大遗漏”。②

4. 信息披露的检查要求。为了提高信息披露的质量，监管部门还进一步明确了检查要求及信息义务人的配合义务。根据现有监管要求，中国证监会及其派出机构和中基协会对基金信息披露义务人进行定期或者不定期的检查，中基协可以对私募基金管理人及其从业人员实施非现场检查和现场检查，也可以委托地方行业协会、中介服务机构等协助开展自律检查工作。信息披露义务人应当予以配合，如实提供有关文件和材料，不得拒绝、阻碍和隐瞒。③

---

① 《关于加强私募投资基金监管的若干规定》（证监会公告〔2020〕71 号）第 12 条、《私募投资基金信息披露管理办法》第 2 条和《私募投资基金登记备案办法》（中基协发〔2023〕5 号）第 59 条。

② 《关于加强私募投资基金监管的若干规定》（证监会公告〔2020〕71 号）第 12 条和《私募投资基金管理人内部控制指引》第 25 条。

③ 《关于加强私募投资基金监管的若干规定》（证监会公告〔2020〕71 号）第 12 条、《私募投资基金登记备案办法》（中基协发〔2023〕5 号）第 64 条和《私募投资基金信息披露管理办法》第 23 条。

5. 信息披露备份要求。根据现有规定。基金管理人除了向投资者进行信息披露外，还需要将相关信息在中基协指定的私募基金信息披露备份平台备份。管理人可以通过该平台对投资者进行定向披露，投资者可以登录该平台进行信息查询。① 中基协已 2020 年 2 月 14 日开通定向披露功能模块。信披备份系统将仅向私募股权（含创业）投资基金的投资者提供 2019 年第四季度报告（如有）、2019 年年度报告及以后各期报告，并将定向披露作为信息披露的重要指标，并将投资者查询账号开立率及单只私募基金的投资者查询账号开立率对外公示。相关数据将被纳入私募基金管理人会员信用信息报告指标体系，并与私募基金备案分道制安排相关联。②

6. 信息披露的保密要求。因为基金的信息涉及相关主体的商业秘密，有保密需要。根据《私募投资基金信息披露管理办法》第 7 条的规定，信息披露义务人、投资者及其他相关机构应当依法对所获取的私募基金非公开披露的全部信息、商业秘密、个人隐私等信息负有保密义务。同时，中基协也对基金管理人和私募基金信息负有保密义务。除法律法规另有规定外，不得对外披露。

7. 信息披露的禁止性要求。为了规范信息披露行为，监管部门对基金信息披露提出了一系列禁止性要求，即信息披露义务人披露基金信息，不得存在以下行为：（1）公开披露或者变相公开披露；（2）虚假记载、误导性陈述或者重大遗漏；（3）对投资业绩进行预测；（4）违规承诺收益或者承担损失；（5）诋毁其他基金管理人、基金托管人或者基金销售机构；（6）登载任何自然人、法人或者其他组织的祝贺性、恭维性或推荐性的文字；（7）采用不具有可比性、公平性、准确性、权威性的数据来源和方法进行业绩比较，任意使用“业绩最佳”“规模最大”等相关措辞；（8）法律、行政法规、中国证监会和中基协禁止的其他行为。③ 该部分要求和基金募集禁止性要求有

---

① 《私募投资基金信息披露管理办法》第 5 条和第 6 条。

② 《关于私募基金信息披露备份系统定向披露功能上线相关事项的通知》（中基协字〔2019〕620 号）和《关于加强私募基金信息报送自律管理与优化行业服务的通知》（中基协字〔2021〕107 号）第 4 条。

③ 《私募投资基金信息披露管理办法》第 11 条。

很多重复之处。

8. 信息披露内部管理要求。根据现有监管要求，基金管理人、基金托管人、基金服务机构应当建立信息报送制度，明确负责信息报送的高级管理人员及相关人员职责，依法依规履行信息报送义务，加强信息报送质量复核，保证信息报送的及时、真实、准确和完整，并按要求在私募基金登记备案系统中上传信息披露相关制度文件。其中，信息披露事务管理制度应当至少包括以下事项：（1）信息披露义务人向投资者进行信息披露的内容、披露频度、披露方式、披露责任以及信息披露渠道等事项；（2）信息披露相关文件、资料的档案管理；（3）信息披露管理部门、流程、渠道、应急预案及责任；（4）未按规定披露信息的责任追究机制，对违反规定人员的处理措施。①

9. 信息披露文件保管期限要求。根据《私募投资基金信息披露管理办法》第21条的要求，信息披露义务人应当妥善保管私募基金信息披露的相关文件资料，保存期限自基金清算终止之日起不得少于10年。

第六节　基金估值的合规管理

根据中基协的要求，管理人在私募基金募集时，需要在宣传推介材料（如招募说明书）中向投资者披露基金估值政策、程序和定价模式，还要求私募基金的宣传推介材料（如招募说明书）内容应当如实披露基金产品的基本信息，与基金合同保持一致。如有不一致，应当向投资者特别说明。但是对创投基金主要投资标的为非上市股权，估值变动及估值难度非常大，并无公认易操作的估值方法。而且，从商业实质来看，对绝大多数创投基金而言，特别是按照基金分配的创投基金而言，其业绩报酬和管理费提取均与基金估值无关，因此估值对投资者利益并无直接影响，所以这往往并非创投基金的

① 《私募投资基金登记备案办法》（中基协发〔2023〕5号）第60条和《私募投资基金信息披露管理办法》第20条和第21条。

投资者关注重点。这是创投基金与私募证券投资基金以及公募基金的重大差异。因此，监管部门对创投基金估值监管强度较低，也赋予投资者和管理人较大自由约定的空间，即相关方可以在基金合同约定估值政策、频率和信息披露。

从实务来看，创投基金的资产一般可以分为非上市股权、上市流通受限股票（主要指非公开发行股票、首次公开发行股票前发售股份、通过大宗交易取得的带限售期的股票）、上市流通股票、可转股债权、现金类资产等种类。整个基金的估值是各类资产估值之和。因此，我们需要分类分析各类资产的估值，具体包括：

1. 非上市股权的估值。非上市股权的估值是很复杂的。根据中基协发布的《私募投资基金非上市股权投资估值指引（试行）》规定，如果创投基金在基金合同中对非上市股权估值有约定，从其约定。否则应当按照《私募投资基金非上市股权投资估值指引（试行）》的规定进行估值。其中，非上市股权投资，是指私募基金持有未上市企业股权或者已在全国中小企业股份转让系统挂牌但交易不活跃的企业的股权。同时，估值的第一责任人是基金管理人，其对估值方法和估值参数等承担最终责任，并定期对估值结论进行检验，防范可能出现的重大偏差。该指引还提出市场法、收益法和成本法三类估值法及五种具体估值方法、适用场景及应用指南（其中参考最近融资价格法、市场乘数法、行业指标法属于市场法，现金流折现法属于收益法，净资产法属于成本法）。

2. 上市流通受限股票的估值。根据现有规定，私募基金投资流通受限股票的，可根据基金合同约定，参考《证券投资基金投资流通受限股票估值指引（试行）》（中基协发〔2017〕6号）的规定，其基本原则是流通受限股票按照在该受限股票估值日在证券交易所上市交易的同一股票的公允价值扣除该流通受限股票剩余限售期对应的流动性折扣计算。①

3. 上市流通股票。根据现有规定，私募基金管理人管理的私募投资基金

① 《证券投资基金投资流通受限股票估值指引（试行）》（中基协发〔2017〕6号）第2条第1项。

可根据基金合同约定，参照执行《中国证监会关于证券投资基金估值业务的指导意见》（证监会公告〔2017〕13 号）对上市流通股票进行估值。根据该意见的规定，对存在活跃市场且能够获取相同资产的上市流通股票，在估值日有报价的，除会计准则规定的例外情况外，应将该报价不加调整地应用于该资产或负债的公允价值计量；估值日无报价且最近交易日后未发生影响公允价值计量的重大事件的，应采用最近交易日的报价确定公允价值；有充足证据表明估值日或最近交易日的报价不能真实反映公允价值的，应对报价进行调整，确定公允价值。[①]

4. 对可转股债权估值。从理论来看，对可转股债权估值是债权价值 + 转股权价值。转股权本质上是一种看涨期权，可以按照看张期权的估值方式进行估值。在其行权后，可以按照其转化后的非上市股权、上市流通受限股票和上市流通股票进行估值。

5. 现金流资产估值。现金流资产估值比较简单。如果是银行活期存款或者协议存款算上本金和对应利息即可。如果是低风险银行理财产品等，按照固定收益产品估值即可。

---

① 《中国证监会关于证券投资基金估值业务的指导意见》（证监会公告〔2017〕13 号）第 2 条第 1 项。

▶ 第五章 ◀

基金退出的合规管理

第一节　投资者退出基金的方式和特点

从不同主体的角度来看基金退出，基金退出内涵存在很大差异。具体到有限合伙型创投基金，从基金管理人、基金投资者（合伙人）和基金本身（有限合伙企业）来看基金退出，其具体内容、所涉及事项、主要影响均有差异。其中，从基金投资者角度来看基金退出是最全面的也是基金合规工作中最常遇见的。因此，我们在本书中以基金投资者的维度来分析基金退出。

对有限合伙型创投基金的投资者而言，其以有限合伙人身份而存在。从法律逻辑上来看，其可以通过以下方式全部或者部分退出基金，具体包括：

1. 有限合伙人全部或者部分转让其持有的财产份额。在该过程中，除其权利人发生变化外，财产份额本身并无变化。

对创投基金而言，在此情况下，该合伙人不从基金取回财产，而是从受让方获取财产份额转让价款，基金规模不会发生变化。基金合伙人人数会根据受让方是新合伙人还是现有合伙人而存在差异。如果是全部转让给现有合伙人，原合伙人因为不再持有财产份额而当然退伙，基金合伙人人数会减少；如果是全部转让给新合伙人，原合伙人因为不再持有财产份额而当然退伙，基金合伙人人数变动取决于新入伙的受让方人数。

对原合伙人而言，如果其是转让部分财产份额，则其持有基金剩余财产份额比例将下降，但是依然保留合伙人身份，并且可以从受让方获取财产份额转让款；如果其转让的是全部财产份额，则其持有基金剩余财产份额比例将归零，同时也会因为不再持有合伙人份额而当然丧失有限合伙人身份。当然其也可以从受让方获取财产份额转让款。

在这个过程中，主要涉及受让方资格审查、转让后合伙人数合规性及其他合伙人优先受让权等法律合规问题。

2. 有限合伙人全部或部分减少其对合伙企业出资额。在该种变化中，有限合伙人持有的全部或者财产份额因为减资而灭失，进而引起整个基金变化。

和财产份额转让相比，有限合伙人通过全部或者部分减资退出基金时，基金规模会随着减资而下降，其也会从基金中取回部分财产。如果是部分减资的，该合伙人的财产份额会减少，但是仍然将保留其合伙人身份；但如果是全部减资的，该合伙人的财产份额将归零，并丧失其合伙人身份。

在这个过程中，主要涉及基金的定向减资程序和有限合伙人取回财产后的责任问题。

3. 有限合伙人本身非交易性变动，如发生继承、合并、分立或者解散。这是有限合伙人自身主体资格变动而引起的变动，其主体资格变动导致其权利需转移到其继受方名下。在此过程中，基金的规模不变，也无需向该合伙人返还财产。

4. 合伙企业清算。有限合伙人的财产份额是基于合伙企业而存在的，合伙企业主体资格灭失后，有限合伙人的财产份额也随之灭失。在此过程中，基金主体资格灭失，所以原合伙人的财产份额均归零，也丧失合伙人身份，根据基金财产状况可能会取回财产。其中主要涉及基金清算和财产分配程序、清算后责任。

我们以投资者为维度对不同方式退出基金时，基金和原合伙人变化及主要法律事项归纳总结如表 5－1：

表5－1　基金和原合伙人所受到影响及主要法律事项

序号	分类		主要影响		主要法律事项
			对基金影响	对原合伙人影响	
1	财产份额转让	部分转让	1. 基金规模不变 2. 合伙人人数或变动 3. 基金不返还财产	1. 财产份额占比降低 2. 保留合伙人身份 3. 获得转让价款	1. 受让人资格 2. 合伙人人数限制 3. 优先受让权
2		全部转让		1. 财产份额占比归零 2. 丧失合伙人身份 3. 获得转让价款	
3	定向减资	部分减资	1. 基金规模下降 2. 合伙人人数不变 3. 基金或许返还财产	1. 财产份额占比降低 2. 保留合伙人身份 3. 或许取回基金财产	1. 定向减资程序 2. 取回财产确定和责任
4		全部减资	1. 基金规模下降 2. 合伙人人数减少 3. 基金或许返还财产	1. 财产份额占比归零 2. 丧失合伙人身份 3. 或许取回基金财产	
5	非交易变动	继承	1. 基金规模不变 2. 合伙人人数或变动 3. 基金不返还财产	1. 财产份额占比归零 2. 或丧失合伙人身份 3. 不取回基金财产	1. 受让人资格 2. 合伙人人数限制 3. 优先受让权
6		合并			
7		分立			
8		解散			
9	基金清算	强制清算	1. 需清算和分配财产 2. 基金主体资格丧失	1. 财产份额归零 2. 丧失合伙人身份 3. 或许取回基金财产	1. 基金清算后责任
10		自愿清算			

根据《合伙企业法》第49条的规定，合伙人有下列情形之一的，经其他合伙人一致同意，可以决议将其除名：（1）未履行出资义务；（2）因故意或者重大过失给合伙企业造成损失；（3）执行合伙事务时有不正当行为；（4）发生合伙协议约定的事由。对合伙人的除名决议应当书面通知被除名人。被除名人接到除名通知之日，除名生效，被除名人退伙。被除名人对除名决议有异议的，可以自接到除名通知之日起30日内，向人民法院起诉。其中最常见的有限合伙人因为未履行出资义务而被除名。我们需要注意以下要点：

1. 有限合伙人因为未履行出资义务的认定标准。在司法实务中，司法机关对有限合伙人因为未履行出资义务而被除名的认定标准非常严格。部分司法机关认为只有当有限合伙人未履行“全部出资义务”时才符合除名标准，即有限合伙人仅未履行“部分出资义务”不能满足除名标准。以刘某民、刘某瑛诉王某安合伙协议纠纷一案为例，陕西省镇安县人民法院认为，由于对合伙人的除名是一种身份上的解除，是在无其他缓和解决方式时才能使用，即在穷尽了其他救济途径后才采用的一种方法，本案被告已履行部分出资义务，如其他合伙人认为其未完全履行出资义务，可以要求其补缴出资予以救济。故原告以被告未履行出资义务为由，对其进行除名不符合合伙协议约定，故不支持其要求确认除名的诉讼请求。① 在该案的二审中，陕西省商洛市中级人民法院支持了一审法院的意见，其认为，所谓合伙人“未履行出资义务”是指合伙人拒绝或者不能履行出资义务的情形，如果合伙人履行了部分出资义务，则不属于未履行出资义务的情形。该案的被上诉人已经按照合伙协议约定履行了部分出资义务，故不符合因未出资而除名情形。② 因此，建议创投基金在基金合同中明确如果合伙人未履行全部或者部分出资义务，是否也满足除名条件。

2. “被除名人对除名决议有异议的，可以自接到除名通知之日起30日

① 陕西省镇安县人民法院民事判决书，(2017) 陕1025民初453号。

② 陕西省商洛市中级人民法院民事判决书，(2019) 陕10民终14号。

内，向人民法院起诉”中的“三十日内”的性质问题。实务中，对该期间是诉讼时效还是除斥期间存在争议。很多司法机关认为这是除斥期间。以上海上咏资产管理合伙企业与上海上投资产经营有限公司合伙协议纠纷上诉案为例，上海市第二中级人民法院认为，《合伙企业法》第49条对被除名人提起除名异议诉讼的期间作出了明确限定，这一期间为法定不变期间，不适用诉讼时效关于中止、中断和延长的规定，超过该法定期间，被除名人丧失提起除名异议诉讼的权利，该期限的规定有利于督促被除名合伙人及时行使权利以保持法律关系的稳定状态。① 上海市高级人民法院在该案的再审中明确支持了前述观点。②

3. 在除名纠纷中可否以约定仲裁排除法院管辖的问题。实务中，很多创投基金会概括约定关于基金合同的争议均提交仲裁，从而排除法院的管辖权。那么，该排除法院管辖的仲裁约定是否也适用于在除名纠纷呢？实务中，司法机关认为仲裁约定不能排除法院对除名纠纷的法定管辖权。以上海鼎汇通股权投资管理有限公司诉湖州共恒实业有限公司其他合伙企业纠纷一案为例。该案中，案涉《合伙协议》中约定争议由上海仲裁委员会仲裁解决，且《合伙企业法》也未禁止合伙协议各方约定管辖，上诉人认为该案应由上海仲裁委员会对该案进行仲裁。上海市第一中级人民法院认为，被上诉人起诉撤销由上诉人作出的除名决定按照《合伙企业法》第49条第3款规定，被除名人对除名决议有异议的，可以自接到除名通知之日起30日内，向人民法院起诉。因此，该类案件应由法院管辖，不可以约定仲裁条款的方式将其排除适用。③

我们发现，投资者通过基金清算退出基金和通过其他方式退出基金存在很大差异，我们将分类分析两者法律合规实务及要点。

---

① 上海市第二中级人民法院民事裁定书，（2017）沪02民终2989号。
② 上海市高级人民法院民事裁定书，（2017）沪民申2508号。
③ 上海市第一中级人民法院民事裁定书，（2016）沪01民辖终140号。

第二节　投资者退出基金相关实务

除了通过基金清算退出基金外，我们发现其他退出基金方式所涉及法律合规要点大体相似，主要包括受让人资格、合伙人人数限制、其他合伙人的优先受让权、取回财产确定和责任等问题。我们分别分析如下：

1. 受让方的资格问题。根据现有要求，受让创投基金财产份额的受让方也需要满足合格投资者的要求。其具体要求见本书第二篇第二章相关内容，在此不再累述。

根据《合伙企业法》第 80 条的规定，作为有限合伙人的自然人死亡、被依法宣告死亡或者作为有限合伙人的法人及其他组织终止时，其继承人或者权利承受人可以依法取得该有限合伙人在有限合伙企业中的资格。所以，原则上非交易性变动后继承人或者权利承受人是可以取得合伙人资格的。同时，原则上继承人或者权利承受人也需要符合合格投资者要求。需要注意的是根据《基金募集机构投资者适当性管理实施指引（试行）》第 46 条的规定，因遗产继承等特殊原因产生的基金份额转让等被动成为私募基金投资者，可以不受相关准入资格的限制。[①] 因为其中对遗产继承而言，继承人是纯获益方，成为投资者并不会增加其法律风险。对于通过合并、分离、解散后权利继受方是否能突破相关准入资格的限制尚不明确，因为涉及情况会很复杂，建议管理人在基金合同中约定明确继受方需要符合合格投资者要求，作为其继受财产份额的前提。

2. 合伙人人数合规性问题。对有限合伙性创投基金而言，无论是财产份额转让还是非交易性变动，变动后第一层的合伙人人数不得超过 50 人。[②] 如果根据相关规定需要穿透合并计算人数的，不得超过 200 人。具体要求见本书第二篇第二章相关内容，在此不再累述。我们同样建议通过基金合同约定

① 《基金募集机构投资者适当性管理实施指引（试行）》第 46 条。
② 《合伙企业法》第 61 条。

明确其变动后合伙人人数需要满足合规要求。在实务中，一般通过赋予管理人或者合伙人会议核实变动后人数合规性的权利，以决定是否接受前述变动。

3. 其他合伙人的优先受让权。根据《合伙企业法》的规定，除合伙协议另有约定外，合伙人向合伙人以外的人转让其在合伙企业中的全部或者部分财产份额时，须经其他合伙人一致同意，但应当提前30日通知其他合伙人；而且，在同等条件下，其他合伙人有优先购买权。合伙人之间转让在合伙企业中的全部或者部分财产份额时，应当通知其他合伙人。[①] 我们可以看到，合伙人可以通过基金合同约定优先受让权。从实务来看，创投基金的有限合伙人转让的优先受让权一般分为关联方转让和非关联方转让两类。其中，对关联方转让的，一般会明确约定排除其他合伙人的优先受让权；而对非关联方转让的，一般会授予其他合伙人的优先受让权。在此情况下，一般会约定非关联方转让决定机关、通知程序、优先受让权适用条件和程序等细节。

4. 取回财产的确认和责任问题。如果是减资退出的，还会涉及取回财产的金额确认问题。根据《合伙企业法》第21条、第51条、第52条和第81条的规定，合伙人在合伙企业清算前，不得请求分割合伙企业的财产。合伙人可以在基金合同中约定或者通过合伙人会议决定退伙人在合伙企业中财产份额的退还办法。合伙人退伙，其他合伙人应当与该退伙人按照退伙时的合伙企业财产状况进行结算，退还退伙人的财产份额。有限合伙人退伙后，对基于其退伙前的原因发生的有限合伙企业债务，以其退伙时从有限合伙企业中取回的财产承担责任。

我们需要注意到，在司法实践中，有司法机关认为，合伙人退伙时，对退伙时的合伙企业财产状况进行结算是退还退伙人财产份额的前提，未经结算，合伙人不能要求取回财产；合伙人对退伙财产达成一致可以视为其完成退伙财产的结算。以浙江犇宝实业投资有限公司、长沙泽洺创业投资合伙企业合伙协议纠纷一案为例，最高人民法院认为，根据《合伙企业法》第20条和第51条的规定，合伙人向合伙企业的出资，属于合伙企业的财产，合伙人要求退伙，应当按照法律的规定对合伙企业财产状况进行结算，如果存在

① 《合伙企业法》第22条、第23条和第73条。

未了结的合伙企业事务，可以待事务了结后进行结算。现合伙人并未就合伙企业的财产进行结算，其直接要求合伙企业向其返还出资，并按照12%的年利率支付收益，不符合法律规定。① 另外，在浙江贝泽集团有限公司（原浙江众义达投资有限公司）、上海长江财富资产管理有限公司借款合同纠纷一案中，最高人民法院认为，合伙人退伙，其他合伙人应当与该退伙人按照退伙时的合伙企业财产状况进行结算，退还退伙人的财产份额。经全体合伙人一致同意并签署退伙协议约定，合伙企业因原有限合伙人长江公司退伙而应向其返还的货币财产人民币6.7亿元。根据上述约定，退伙协议中合伙人内部已经就合伙财产进行了结算，其他合伙人主张合伙成员在有限合伙人长江公司退伙时未经结算，不能成立。②

我们还需要注意的是，合伙人退伙并不必然取回退伙合伙财产。例如，合伙人转让其全部财产份额而退伙的、合伙人只认缴出资而没有任何实缴出资之后退伙的或者合伙人的财产份额价值少于其对合伙企业赔偿责任的。例如，在厦门普升壹号投资合伙企业、厦门普升投资管理有限公司合同纠纷一案中，福建省高级人民法院认定，合伙人系通过转让合伙份额实现退伙，并未从合伙企业取回合伙财产，依法无须就退伙前发生的合伙企业的债务承担责任。③ 如果通过合伙企业取回财产的，其对基于其退伙前的原因发生的有限合伙企业债务，以其退伙时从有限合伙企业中取回的财产为限承担责任。

从实务来看，建议管理人在创投基金的基金合同中对合伙人退伙条件、退伙财产的价值确定和退伙程序予以详细约定。

第三节　基金清算的合规管理

对有限合伙型创投基金而言，基金清算的本质是创投基金的法律主体资

---

① 最高人民法院民事判决书，(2019) 最高法民终1574号。
② 最高人民法院民事判决书，(2019) 最高法民终1884号。
③ 福建省高级人民法院民事判决书，(2020) 闽民再146号。

格消失，进而其有限合伙人的财产份额随之消失，即所谓“皮之不存毛将焉附”。通常情况下，合伙企业清算需要经历解散、清算和注销程序三个主要过程。

一、解散

解散根据其性质可以分为自愿解散和强制解散。自愿解散是指基于企业或合伙人的意愿而导致的企业解散；而强制解散是指非依企业或合伙人自己的意愿，而是基于政府有关机关的决定命令或法院的裁决而发生的解散。[①]根据《合伙企业法》第85条的规定，合伙企业有下列情形之一的，应当解散：（1）合伙期限届满，合伙人决定不再经营；（2）合伙协议约定的解散事由出现；（3）全体合伙人决定解散；（4）合伙人已不具备法定人数满30天；（5）合伙协议约定的合伙目的已经实现或者无法实现；（6）依法被吊销营业执照、责令关闭或者被撤销；（7）法律、行政法规规定的其他原因。对创投基金而言，常见的解散事项是基金的期限届满或者全体合伙人决定解散。

二、清算

根据《合伙企业法》第86条的规定，合伙企业解散，应当由清算人进行清算，即合伙企业解散后应当进行清算。企业清算的重要内容是清理资产，清结各项债务，终结现存的各种法律关系。清算的目的在于保护合伙企业债权人的利益、合伙人的利益以及社会公共利益。清算主要包括以下步骤：

1. 确定清算组（人），即确立清算工作的权利主体和责任主体。根据《合伙企业法》第86条的规定，可以按照以下程序之一确定清算人，具体包括：（1）清算人由全体合伙人担任；（2）经全体合伙人过半数同意，可以自合伙企业解散事由出现后15日内指定一个或者数个合伙人担任清算人。（3）经全体合伙人过半数同意，可以自合伙企业解散事由出现后15日内委托第三人担任清算人。如果自合伙企业解散事由出现之日起15日内未确定清算人的，合伙人或者其他利害关系人可以申请人民法院指定清算人。从实务来看，创投基金的清算人往往是普通合伙人或者管理人。

---

① 参考《企业注销指引》（2021年修订）（市监督总局公告2021年第48号）第2条。

2. 发布清算组信息和债权人公告。清算组应当自成立之日起10日内将清算组成员、清算组负责人名单通过国家企业信用信息公示系统公告。[①] 同时，清算组自被确定之日起10日内将合伙企业解散事项通知债权人，并于60日内在报纸上或者通过国家企业信用信息公示系统公告。债权人应当自接到通知书之日起30日内，未接到通知书的自公告之日起45日内，向清算组申报债权。债权人申报债权，应当说明债权的有关事项，并提供证明材料。清算组应当对债权进行登记。[②] 关于司法机关对债权人的通知要求，见本书第三篇第四章对赌条款相关内容，在此不再累述。

3. 开展清算活动。根据《合伙企业法》第87条和第88条的规定，清算组在清算期间执行下列事务：（1）清理合伙企业财产，分别编制资产负债表和财产清单；（2）处理与清算有关的合伙企业未了结事务；（3）清缴所欠税款；（4）清理债权、债务；（5）处理合伙企业清偿债务后的剩余财产；（6）代表合伙企业参加诉讼或者仲裁活动。需要注意的是清算期间，合伙企业存续，但不得开展与清算无关的经营活动。

4. 分配合伙企业财产。清算组在清理企业财产、编制资产负债表和财产清单后，应当制定清算方案。根据《合伙企业法》第89条和第33条的规定，合伙企业财产在支付清算费用和职工工资、社会保险费用、法定补偿金以及缴纳所欠税款、清偿债务后的剩余财产，按照合伙协议的约定办理进行分配；合伙协议未约定或者约定不明确的，由合伙人协商决定；协商不成的，由合伙人按照实缴出资比例分配；无法确定出资比例的，由合伙人平均分配。

5. 制作清算报告。清算组在清算结束后应制作清算报告，经全体合伙人签名、盖章后，向企业登记机关报送清算报告，申请办理合伙企业注销登记。[③]

三、注销程序

从实务来看，注销程序根据其涵盖范围来看可以分为狭义上的注销程序

---

① 《市场主体登记管理条例》（国务院令第746号）第32条。

② 《合伙企业法》第68条和《市场主体登记管理条例》第32条。

③ 《合伙企业法》第90条。

和广义上的注销程序两类。前者主要是指注销在企业登记部门的登记，即我们常说的注销工商登记；而后者除了注销工商登记外，还包括注销税务登记、社会保险登记，银行账户注销，对创投基金而言，还包括基金产品备案登记。在本书中，我们讨论广义上的注销登记。

1. 注销税务登记。清算组向税务部门申请办理合伙企业的税务注销时，税务部门会进行税务注销预检，检查其是否存在未办结事项，并根据具体情况出具清税证明。需要特别注意的是，在人民法院裁定强制清算或者裁定宣告破产的，有关清算组、破产管理人可以持人民法院终结强制清算程序的裁定或者终结破产程序的裁定直接向登记机关申请办理注销登记，无需提供税务部门出具的清税证明。[①] 除此之外，在合伙企业申请办理注销登记时，税务部门出具的清税证明是必备文件之一。[②] 如果是符合市场监管部门简易注销条件，未办理过涉税事宜，办理过涉税事宜但未领用发票（含代开发票）、无欠税（滞纳金）及罚款且没有其他未办结涉税事项的纳税人，免予到税务部门办理清税证明，可直接向市场监管部门申请简易注销。[③] 前提是税务部门在简易注销公示期内不对其注销登记提出异议。[④] 也就是说，除了人民法院裁定强制清算或者裁定宣告破产外，税务登记注销或者税务部门不提异议是工商登记注销的前提条件。

2. 注销企业登记。注销登记本质上终结企业的法律主体。清算组应当自清算结束之日起 30 日内向登记机关申请注销登记。[⑤] 其前提是清算组成员、清算组负责人名单已通过国家企业信用信息公示系统公告，并且清算组通过国家企业信用信息公示系统或者报纸发布债权人公告达到法定期限。申请办理合伙企业注销登记，应当提交下列材料：[⑥]

---

① 《市场主体登记管理条例》第 34 条。

② 《市场主体登记管理条例实施细则》第 46 条。

③ 《企业注销指引》(2021 年修订) 第 4 条第 2 项。

④ 《市场主体登记管理条例》第 33 条；国家税务总局办公厅：《关于〈国家税务总局关于简化办理市场主体歇业和注销环节涉税事项的公告〉的解读》，载 http：//www. chinatax. gov. cn/chinatax/n810341/n810760/c5176917/content. html，最后访问日期：2022 年 9 月 27 日。

⑤ 《市场主体登记管理条例》第 32 条。

⑥ 《市场主体登记管理条例实施细则》第 46 条和国家市场监督管理总局：《市场主体登记提交材料规范》(2022 年版) 之“合伙企业注销登记提交材料规范”。

（1）《企业注销登记申请书》。

（2）合伙企业依照《合伙企业法》作出解散的决议或者决定，一般是根据合伙协议所作出的解散合伙企业进入清算的合伙人会议决议。如果是人民法院的破产裁定、解散裁判文书。被行政机关依法责令关闭的、依法被吊销营业执照或被撤销市场主体登记的，提交被责令关闭、被吊销营业执照或被撤销合伙企业登记的文件。

（3）人民法院指定清算人、破产管理人申请注销登记的，应提交人民法院指定其为清算人、破产管理人的证明。

（4）全体合伙人签署的清算报告。

（5）清税证明材料。

（6）仅通过报纸发布债权人公告的，需要提交依法刊登公告的报纸样张。

（7）法律、行政法规或者国务院规定注销合伙企业须经批准的，提交有关批准文件复印件。

（8）已领取纸质版营业执照的缴回营业执照正、副本。

（9）经人民法院裁定宣告破产并终结破产程序、强制清算程序终结后办理注销登记的，提交以上第一项、第三项、第八项以及人民法院宣告破产的裁定书和终结破产程序的裁定书原件、人民法院终结强制清算程序的裁定书原件。

在不存在法定不能办理简易注销程序情形的前提下，[①] 如果合伙企业未发生债权债务或者已将债权债务清偿完结，未发生或者已结清清偿费用、职工工资、社会保险费用、法定补偿金、应缴纳税款（滞纳金、罚款），并由全体合伙人书面承诺对上述情况的真实性承担法律责任的，可以按照简易程序办理注销登记。合伙企业应当将承诺书及注销登记申请通过国家企业信用

---

① 《市场主体登记管理条例实施细则》第48条规定，有下列情形之一的，市场主体不得申请办理简易注销登记：（1）在经营异常名录或者市场监督管理严重违法失信名单中的；（2）存在股权（财产份额）被冻结、出质或者动产抵押，或者对其他市场主体存在投资的；（3）正在被立案调查或者采取行政强制措施，正在诉讼或者仲裁程序中的；（4）被吊销营业执照、责令关闭、撤销的；（5）受到罚款等行政处罚尚未执行完毕的；（6）不符合《条例》第33条规定的其他情形。

信息公示系统公示，公示期为20日。在公示期内无相关部门、债权人及其他利害关系人提出异议的，合伙企业可以于公示期届满之日起20日内向登记机关申请注销登记。[①] 合伙企业申请办理简易注销登记时，应当提交下列材料：[②]

（1）《企业注销登记申请书》。

（2）已领取纸质版营业执照的缴回营业执照正、副本。

（3）《简易注销全体投资人承诺书》。由全体合伙人签署《简易注销全体投资人承诺书》，全体合伙人承诺，合伙企业申请注销登记前未发生债权债务或已将债权债务清算完结，未发生或已结清清偿费用、职工工资、社会保险费用、法定补偿金、应缴纳税款滞纳金、罚款）及其他未了结事务，清算工作已全面完结。全体合伙人对以上承诺的真实性负责，如果违法失信，则由全体投资人承担相应的法律后果和责任，并自愿接受相关行政执法部门的约束和惩戒。[③]

合伙企业申请注销后，不得从事与注销无关的生产经营活动。自登记机关予以注销登记之日起，合伙企业终止。[④]

3. 注销基金备案登记。对创投基金而言，除了前述税务登记和企业登记之外，还需要办理基金产品的备案登记。需要注意的是基金备案登记注销并不以企业登记注销为前提，可以在企业登记注销之前进行，也可以在其后进行。

私募基金合同终止的，私募基金管理人应当按照基金合同约定，及时对私募基金进行清算，自私募基金清算完成之日起10个工作日内向中基协报送清算报告等信息。一定期限内无法完成清算的，还应当自清算开始之日起10个工作日内向中基协报送清算承诺函、清算公告等信息。私募基金在开始清

---

① 《市场主体登记管理条例》第33条。

② 《市场主体登记管理条例实施细则》第47条和国家市场监督管理总局：《市场主体登记提交材料规范（2022年版）》之“合伙企业注销登记提交材料规范”。

③ 国家市场监督管理总局：《市场主体登记文书规范（2022年版）》第一部分“市场主体登记申请类文书规范”之“【15】简易注销全体投资人承诺书”。

④ 《市场主体登记管理条例》（国务院令第746号）第44条。

算后不得再进行募集，不得再以基金的名义和方式进行投资。[①] 根据现有实务操作，基金管理人应当在备案系统中先行提交基金开始清算时的有关信息。当然，如果基金清算开始后，管理人预计清算程序可在 20 个工作日内完结，则直接进行“清算结束”备案，提交基金清算的相关文件。在提交基金清算申请时，管理人需要提交以下文件：[②]

（1）《基金清算承诺函》，即由管理人就清算过程和清算后行为进行承诺，即管理人承诺在“本基金清算过程中，遵守《证券投资基金法》《公司法》《合伙企业法》等相关法律法规，合规处理清算相关事宜，切实保障投资者利益”及“承诺遵守《私募基金监督暂行办法》《基金募集行为管理办法》等部门规章和自律规则，在本基金清算后不违规宣传本基金投资运作情况、不以本基金名义进行基金投资活动、不再以本基金为载体另行募集投资者资金”。该承诺函应加盖管理人公章。

（2）基金发出的清算公告。

需要特别提醒注意的是，从现有操作实务来看，管理人提交的“清算开始”申请，均由备案系统自动办理通过。一经通过无法修改，管理人需要谨慎填报。待基金完成清算后，基金管理人需要在备案系统中申请基金清算，补充提交本基金其他清算信息，具体材料包括：

（1）基金清算报告。需要注意的是，清算报告需要包含基金财产分配情况。同时，该清算报告由管理人签章，并由托管人或投资者签章确认，即如果基金托管的，可以由托管人签章替代投资者签章。需要注意的是，在注销企业登记时提交给企业登记机关的清算报告只需要全体合伙人签章即可。

（2）如果基金聘请投资顾问的，还需要提交投顾关系解除文件，并由各方签章。

如果创投基金的产品备案登记注销手续办理完毕，中基协会在其官网信息公示界面将该基金信息公示的运作状态更新为已清算。

4. 银行账户注销。注销银行账户是基金清算中的关键环节之一，其与基

① 《私募投资基金登记备案办法》（中基协发〔2023〕5 号）第 57 条。
② 中基协：《登记备案事项服务指南－私募投资基金清算业务办理》。

金分配和清算紧密相关。根据现有规定，如果基金托管，银行账户注销涉及募集结算专用账户注销、托管账户的注销、基本户注销等。同时还需要和监管机构及托管人终止募集结算专用账户监督协议和托管协议，还需要托管人执行相关分配、并在清算报告上签章。如果基金未托管，主要涉及募集结算专用账户注销及终止募集结算专用账户监督协议，还需要执行相关分配。从实务来看，在基金清算中，银行账户注销也是值得重点关注的。

5. 其他事项的注销。如果创投基金开立过证券账户，办理过社会保险登记、对外投资登记的，还需要办理前述事项的注销手续。

实务中，在有限合伙型创投基金的清算过程中，有一系列问题值得关注，其中有合伙企业会共同面临的问题，也有创投基金所面临的特殊问题，主要的问题如下：

1. 有限合伙企业注销后的责任承担问题。有限合伙企业注销后，原普通合伙人对合伙企业存续期间的债务仍应承担无限连带责任。合伙企业不能清偿到期债务的，债权人可以依法向人民法院提出破产清算申请，也可以要求普通合伙人清偿。有限合伙企业的破产，参照《企业破产法》的程序进行。[①] 合伙企业依法被宣告破产的，普通合伙人对合伙企业债务仍应承担无限连带责任。[②] 同时，在执行程序中，作为被执行人的合伙企业，不能清偿生效法律文书确定的债务，申请执行人可以申请变更、追加普通合伙人为被执行人。申请执行人也可以申请变更、追加未按期足额缴纳出资的有限合伙人为被执行人，在未足额缴纳出资的范围内承担责任。[③]

2. 基金清算难问题。创投基金清算难是创投基金退出中遇到的典型问题之一。集中体现在其对外投资难以变现或者进行实物分配难等一系列问题：

（1）创投基金的清算程序复杂。根据现有规定，如果有限合伙型创投基金对其他市场主体存在投资，该基金不得申请简易注销登记。[④] 如果创投基金对外投资未退出，只能走普通企业注销登记程序。从实务来看，此时也不

---

① 《企业破产法》第 135 条。

② 《合伙企业法》第 91 条和 92 条。

③ 《最高人民法院关于民事执行中变更、追加当事人若干问题的规定》（2020 年修正）第 14 条。

④ 《市场主体登记管理条例实施细则》第 48 条。

满足企业登记机关关于清算前需对外投资进行清理的前提条件。同时，即使其完成注销，但未退出对外投资将失去依存的主体资格，也将直接影响所有合伙人权益。

（2）被投企业上市申报期间股权变动限制严格。从现有监管实务来看，发行人申报后，通过增资或者股权转让产生新股东的，原则上应当终止发行上市审核程序或者发行注册程序，重新申报上市。① 因此，在此过程中，创投基金的对外投资难以退出，进而难以完成基金清算。

（3）已上市股权的锁定期和减持限制严格，导致创投基金对已上市股权的退出时间很长。为完善创投基金非现金分配机制，拓宽其退出渠道，促进投资—退出—再投资良性循环，2022 年 7 月，中国证监会启动了创投基金向投资者实物分配股票试点工作。截至目前，该实物分配股票试点工作仅包括私募基金管理人与投资者约定，将创投基金持有的上市公司首次公开发行前的股份通过非交易过户方式向投资者进行分配。②

在实务中，还有个别基金管理人违反合同约定，依据法律法规及行业自律规则不能正常实现产品清算或退出，基金管理人与投资者之间无法有效化解纠纷，存在涉众风险的私募基金，即所谓的“问题私募基金”。这也是私募乱象主要表现，引发大量私募基金纠纷，也是监管部门重点监管对象。为了强化相关事项防范和处置，除了严格基金管理人的登记和基金备案要求之外，中基协还设定了一系列针对性规则，主要包括③：

（1）强制要求私募基金的基金合同应包含基金管理人因失联、注销私募基金管理人登记、破产等原因无法履行或者怠于履行管理职责等情况时，基金变更管理人、清算等相关决策机制、召集主体、表决方式、表决程序、表决比例等相关事项的内容，以为问题私募的处置提供合同依据。

---

① 《〈首次公开发行股票注册管理办法〉第十二条、第十三条、第三十一条、第四十四条、第四十五条和〈公开发行证券的公司信息披露内容与格式准则第 57 号——招股说明书〉第七条有关规定的适用意见——证券期货法律适用意见第 17 号》（证监会公告〔2023〕14 号）。

② 参见中国证监会：《证监会启动私募股权创投基金向投资者实物分配股票试点 支持私募基加大服务实体经济力度》，载 http：//www.csrc.gov.cn/csrc/c100028/c4277340/content.shtml，最后访问日期：2022 年 9 月 26 日。

③ 《私募投资基金登记备案办法》（中基协发〔2023〕5 号）第 29 条和第 58 条。

（2）基金管理人因失联、注销基金管理人登记或者出现重大风险等情形无法履行或者怠于履行职责导致私募基金无法正常退出的，基金管理人、基金托管人、合伙人大会或者持有一定份额比例以上的投资者，可以按照基金合同约定成立专项机构或者委托会计师事务所、律师事务所等中介服务机构，妥善处置基金财产，保护投资者合法权益，并行使下列职权：①清理核查私募基金资产情况；②制定、执行清算退出方案；③管理、处置、分配基金财产；④依法履行解散、清算、破产等法定程序；⑤代表私募基金进行纠纷解决；⑥中国证监会、中基协规定或者基金合同约定的其他职权。

（3）私募基金通过第 2 项规定的方式退出的，应当及时向中基协报送专项机构组成情况、相关会议决议、财产处置方案、基金清算报告和相关诉讼仲裁情况等。

我们也可以看到各地在积极探索问题私募基金处置机制。以深圳为例，2019 年 9 月，深圳市私募基金协会发布《深圳市问题私募投资基金退出操作参考（试行）》，以规范引导深圳市辖内问题私募投资基金有序退出，维护参与主体的合法权益，实现私募基金良性退出目标。毫无疑问，有效和高效处置问题私募基金可以有效促进私募行业规范发展。

自创投基金各项注销登记手续完成，创投基金的法律主体资格就终止了，创投基金才最终完成从成立至终止的全生命周期之路。从某种意义上讲，这是为基金管理人和投资者的一段合作关系画上句号；从另一种意义上讲，这也可以是基金管理人和投资者后续合作的开端，即所谓的“凡是过往，皆为序章”。

Chapter 03

第三篇

项目投资的风险控制篇

▶ 第一章 ◀

项目投资概况

在创投基金“募投管退”这一商业模式中，项目投资起着承上启下的重要作用。它是基金“募”的直接目的，也是“管”和“退”的载体。项目投资的成功或失败直接决定了创投基金的回报。因此，项目投资能力是创投基金管理人的核心竞争力，也是区分不同管理人的核心指标。一个优秀和成熟的创投基金管理人的核心能力就是其高水平的投资能力。项目投资的具体范畴有广义和狭义之分；从广义上讲，项目投资包含投资环节、投后管理及增值服务环节（合称投后服务）和投资退出环节三个核心环节；从狭义上讲，项目投资仅包含投资环节。在本书中，我们是指广义上项目投资。

从实务来看，创投基金管理人一般会建立一套投资流程以确保其投资能力长期、规范运行。不同管理人的具体投资流程会根据其各自情况不同而不同。但是，总体来看，创投基金的投资流程一般由以下主要环节组成：

1. 项目收集。项目收集即创投基金收集项目信息。创投基金一般会针对性收集符合其投资策略的项目信息，这是项目投资的起点。优秀的管理人会建立一个广泛的项目信息收集网络，这也是其核心竞争力的重要体现。能否及时获取到优质项目信息事关项目投资成败，对项目投资来说非常重要。

2. 项目立项。在获得项目信息之后，创投基金将进行初步分析和研究，从中筛选出符合其投资策略和标准的项目。项目立项是一个关键节点，这是项目进入正式投资流程的标志。从实务来看，管理人一般会有一个程序或者组织来审查项目是否符合立项标准。其中最常见的就是立项会。见本书第一篇第四章的相关内容，在此不再累述。

项目立项通过后，很多创投基金会与项目方签署不具法律约束力的投资意向书（Term Sheet），列明拟进行交易的核心投资条款及后续投资安排，以作为正式交易和后续谈判的基础。

3. 尽职调查。项目立项被批准后，项目就进入正式尽职调查程序。这是一个发现项目投资价值及投资风险的环节。从实务来看，创投基金的尽职调查一般会分为业务、法务和财务三个部分。其中本书主要涉及法务和财务尽职调查，见本篇第二章的相关内容。

4. 项目投资决策。在创投基金完成尽职调查之后，如果创投基金初步认为该项目可达到其投资标准会将其提交投资决策机构进行审议。从实务来看，管理人会有一个严格的程序或者组织来审查项目是否符合其投资标准及其投资条件是否合适。其中最常见的就是投委会，见本书第一篇第四章的相关内容，在此不再累述。对管理人而言，这是项目投资中最核心的环节。为了提高投资决策效率和效果，很多创投基金还会在投委会之前设置一些如预审会、讨论会等前置性程序。

5. 投资协议谈判和签署。项目通过投资决策程序之后，进入投资协议谈判和签署程序。当然，也有创投基金会要求投资协议的谈判程序在投资决策程序之前完成。其中的交易结构和投资条款相关内容见本篇第三章和第四章部分。在投资协议确定并通过各方审批和确认后，项目投资将进入协议签署阶段。

6. 投资交割。在投资协议按照约定生效，且交割条件根据约定满足后，项目投资将进入具体交割环节。交割环节一般包括两个部分：创投基金根据约定支付投资款；创投基金所获得的被投企业股权完成确权。创投基金将根据基金合同和托管协议的约定及其内部付款要求，在履行相应付款程序后支付投资款。与此同时，创投基金所获得被投企业股权也要根据约定完成确权手续。例如，在公司登记机关登记到创投基金名下。

7. 投后管理和增值服务。在投资交割完成后，项目就进入到投后管理和增值服务阶段。创投基金可以通过有效的投后管理和增值服务来提升被投企业价值，这是一个价值创造的环节。其具体内容见本篇第五章。

8. 项目退出。项目退出是项目价值实现环节。创投基金根据基金合同约定的决策程序审批后开始项目退出。从实务来看，主要的项目退出方式包括上市退出、并购退出、股权转让、公司回购和公司清算五种。每种方式都各有特点，各不相同。具体内容见本篇第六章。

至此，创投基金通过完成了单个项目从股权到现金的转化，再分配给其投资者，从而完成了“现金—股权—现金”的业务循环。此外，很多创投基金还会定期或不定期对退出项目进行复盘，对退出项目从投资到退出各个环节中的经验和教训进行分析和总结，以优化其投资策略、投资流程和风险控制策略，最终实现其投资能力的持续提升。

▶ 第二章 ◀

尽职调查

第一节　尽职调查简介

尽职调查也是一个舶来品，是 Due Diligence（简称 DD）的中文翻译。在成文法中使用“尽职调查”一词起源于美国《1933 年证券法》第 11 条的规定。① 尽职调查的范围非常宽泛，定义也很多样。基本上可以定位为对被投资企业相关情况进行了解和调查的一种程序。在不同交易中，尽职调查的范围和重点会有很大差异。具体到创业投资领域，根据主要关注点的差异，尽职调查大致可以分为业务尽职调查、财务尽职调查和法律尽职调查三类。在本书中，我们主要关注法律尽职调查，也兼顾财务尽职调查。

财务尽职调查和法律尽职调查的主要区别在于尽调目标差异：前者主要关注尽调对象的财务信息，后者主要关注尽调对象的法律信息。在实务中，两者通常由财务人员和法律人员分别完成。如果聘请第三方中介机构，一般是聘请会计师和律师来完成。两者最终工作成果一般体现为“财务尽职调查报告”和“法律尽职调查报告”。同时，财务尽职调查和法律尽职调查两者具有非常紧密的联系，是不可割裂的整体，两者可以相互验证和相互借鉴。

---

① See Linda S, Spedding: The Due Diligence Handbook: Corporate Governance, Risk Management and Business Planning (2009), p4.

第二节　法律和财务尽职调查的价值

创投基金对尽调对象进行尽调的逻辑在于通过“了解尽调对象过去和现在，去判断尽调对象的未来”。法律和财务信息作为记录企业以往经营的主要书面记录是开展尽调工作的主要工具。企业经营信息非常广泛，而收集、整理和记录特别是书面记录经营信息都需要发生相应成本，因此企业一般会选择将部分重要经营信息书面记录下来，其中基于相关法律法规和会计准则要求而被保存的法律和财务信息便是其中重要组成部分。此外，在实践中，由于公司股东享有有限责任制度保护，我国创投基金投资标的主要是公司制企业，具体包括有限责任公司和股份有限公司两类。① 创业投资的标的是被投资企业“股权”。股权的价值和风险涉及被投资企业的业务发展情况、资产、负债、股东权益、利润、对外担保、税收等方方面面的内容，而这些内容大部分以法务和财务信息的方式存在。因此，了解法律和财务信息变成创业投资基金尽职调查的主要工作之一。作为投资重要程序，法律和财务尽职调查具有多方面的价值。

一、法律和财务尽职调查是发现和验证企业价值的重要途径

从传统观念来看，被投资企业价值发现和验证是业务尽职调查的主要内容和核心目标，而法律和财务尽职调查则侧重于发现投资风险。因而行业内常常出现“重业务尽职调查，轻法律和财务尽职调查”的现象。对个别创投基金而言，法律和财务尽职调查甚至会沦为程序性要求。如果我们换个角度来审视法律和财务尽职调查，我们会发现两者可以成为发现和验证企业价值的利器。首先，财务信息可以视为一门以会计准则为“语法”，以“数字”为主要符号全面记录企业经营的“语言”，一门描述企业经营状况的语言。②

---

① 见《公司法》第 2 条和第 3 条的规定。

② 参见孙含晖、王苏颖、阎歌：《让数字说话：审计，就这么简单》，机械工业出版社 2020 年版，第 12 页。

由于复式记账法的发展和应用，企业经营的主要活动按照会计准则形成相应财务信息，记录在财务报表之中。更有企业家认为会计将成为“现代经营的中枢”。[①] 因为经营者可以通过会计报表来掌握企业活动的真实状态，带领企业长期持续地发展。不懂会计不能成为真正的经营者。[②]

其次，以合同为典型代表的企业法务信息更是企业获得和处置资产，对外发生交易的主要记录。由于往往涉及法律责任和交易参与方的博弈，法务信息往往更为客观。反过来看，这给我们提供了一个从财务和法务信息反向解码企业业务经营、进而发现和验证企业价值的有效途径。如果我们能结合企业所在行业和企业自身特点进行反向解码，我们就可能从中读出“企业在产业链地位”“企业的核心竞争力”“企业经营的主要风险”等关键信息。

例如，A 公司的采购合同约定，A 公司采购主要原材料时应在交货前 3 个月预付全部采购货款；同时 A 公司销售合同约定，A 公司的客户在收到 A 公司交付产品后以 6 个月商业承兑汇票付款。通过上述合同，我们可以看到 A 公司在采购和销售时均处于相对弱势地位，进一步解析上述事项，我们可以读出以下信息：

1. 从法律角度来看，A 公司承担了多重法律风险。A 公司既需要承担原材料采购预付款后不能按照约定收到货物的风险，也需要承担销售货款不能如期收回的信用风险。A 公司供应商和客户的信用将对 A 公司的经营产生重大影响。因此，A 公司的价值与其供应商和客户的信用变化息息相关。

2. 从财务角度来看，整个交易过程中，A 公司实质上承担了为客户垫付原材料采购款长达 9 个月的角色。反映在财务数据上，我们会发现 A 公司会存在大额应收账款或者应收票据发生额和余额。在此情况下，A 公司往往会发生大额财务费用。

我们可以看到，A 公司在整个产业链中处于相对弱势地位。一方面，A 公司的净利润中实质上包含上下游信用风险，包含为客户垫付至少 9 个月款

---

① 参见［日］稻盛和夫：《稻盛和夫的实学：经营和会计》，曹岫云译，东方出版社 2015 年版，第 3 页。

② 参见［日］稻盛和夫：《稻盛和夫的实学：经营和会计》，曹岫云译，东方出版社 2015 年版，第 23 页。

项的利息成本在内。因此，在分析和评估A公司的核心竞争力时，应将上述因素考虑在内。另一方面，资金将成为A公司现有业务发展的重要因素。A公司业务规模越大，需要垫付的资金将越多，对运营资本需求也就越大。因此，融资能力和融资成本是A公司未来发展的重要因素之一。这也是我们在评估A公司价值时不能忽略的因素。

二、法律和财务尽职调查是发现和应对投资风险的重要途径

创业投资主要是面对未来的，其核心在于发现和实现创业企业未来价值。但是对任何一个创业企业及其创业团队未来的预测都具有很大不确定性，而其过去和现在却是确定和客观存在的，并且是未来的基础。钱穆先生说："我们要知道明天将来的事，总该知道一些昨天过去的事。"① 还可以根据过去来了解现在。不仅如此，还要知道到将来，即远从过去、透过现在而直达未来。② 从这个意义上讲，法律和财务尽职调查就是一个充分了解和分析创业企业及其团队过去和现在的客观事实，从中发现其过去和现在的风险和发展趋势，作为预测创业企业未来价值创造和实现过程中潜在风险和发展趋势的基础。从逻辑上来看，预先了解现实和潜在风险，才能在投资评估时客观评估风险因素，也能预先通过交易方案设计、做好风险应对预案等方式应对相关投资风险。因此，通过法律和财务尽职调查也是发现和应对投资风险的重要途径。

如果管理人在尽职调查中不够审慎，甚至可能要承担法律责任。以满某与甲证券公司等财产损害赔偿纠纷案为例，甲证券公司为发起设立涉案资管计划出具了《尽职调查报告》，载明报告期内资管计划下的信托贷款的保证人开某无对外担保情况，但实际上开某存在多笔未履行完毕的担保债务，法院经审理后认定，甲证券公司的尽职调查不够审慎，未尽充分了解产品义务，应承担相应赔偿责任。③

---

① 钱穆：《中国历史精神》，贵州人民出版社2019年版，第3页。

② 参见钱穆：《中国历史精神》，贵州人民出版社2019年版，第5页。

③ 上海市浦东新区人民法院：《金融资产管理类案件审判情况通报（2021.8－2022.7）》，第10页。

三、相对业务尽职调查，法律和财务尽职调查的客观性往往更强

商业世界总是五彩缤纷和千变万化的，对于以创新为主要特征的创业企业来说这种变化更是多样、显著和不可或缺的，甚至长期处于快速变化过程中。因而，以快速变化甚至长期处于快速变化中的业务为调查对象的尽职调查往往会涉及大量主观判断，而且这些主观判断往往缺乏明确可量化的衡量标准，所以业务尽职调查的主观性往往较强。相对而言，法律事物是在统一的法律框架下将千变万化的商业抽象出一项项的权利义务关系或者法律事实；而企业财务处理是按照统一会计原则和会计准则将千变万化的商业抽象出一项项的财务数据，并编成财务报表。企业法律和财务均有统一和成熟的框架及规则体系，而且更关注商业背后具有共性的法律和财务实质。此外，法律和财务会涉及公司登记机关、债权人、银行、税务部门、社会保险部门、监管部门等大量第三方政府部门或者交易对手方书面文件往来，这些书面文件涉及股东权益、监管、法律责任等事项往往会留下完整的书面档案。因此，相对于业务尽调，法律和财务尽职调查的客观性更强。

第三节　法律和财务尽职调查的特性和核心点

为了实现前述价值，我们需要关注法律和财务尽职调查的核心点和特性，并在整个尽调过程中关注和贯彻到位。

一、法律和财务尽职调查应建立在投资者视角之上，而不仅仅是在合规者视角之上

法律和财务尽职调查执行者大多是专业人士，具有法律或者财务背景及相应工作经验，往往自觉或者不自觉仅从法律或者财务专业角度评价尽调对象，却忘了法律和财务尽调最根本的目的都在于还原尽调对象的经营本质，为创投基金的投资决策提供依据，而不仅仅是评估尽调对象的“合规性”。因此尽职调查工作的第一个原则应是避免“合规者心理”，而应采取“投资

者心理”,[1] 即以投资者视角而非合规者视角来审视尽调对象，即使是存在合规性问题，也不仅仅从合规性来评价其影响，而是关注该事项对公司经营现实或者潜在最终影响。因此，在尽职调查过程中，法律和财务尽职调查执行者要像投资者一样思考，并评估投资风险和收益。[2] 这是一个成熟法律和财务尽职调查执行者的必备素质，也是创投基金法律和财务尽职调查和第三方中介机构最重要的差异之所在。

二、法律和财务尽职调查只是投资风险管理的一部分，而非全部，不可偏颇

尽职调查是创投基金风险管理工具集合的组成部分。良好的操作和交易设计技术可以为其提供一系列风险管理策略，尽职调查只是是风险管理策略的一部分。尽职调查需要和其他风险管理策略结合使用，以（希望）达到相同的效果。[3] 同时，我们需要知道，虽然风险评估非常重要，但是它毕竟只是股东关注的风险和收益的一个方面，不能仅仅看风险，更重要的是追求风险和收益的均衡。因此，尽职调查作为交易中风险管理总体战略中的一环，应以整体风险管理策略为指引，根据尽调对象的具体情况，配套使用相应的风险管理工具，以实现风险和收益的均衡。常见的风险管理工具包括有利的合同保护、适当信用增进措施和交易定价的风险折价等。

三、法律和财务尽职调查应关注投资“重要信息”，平衡好细节和重要信息

在尽职调查中，对尽调对象细节和重要性判断是一个永恒话题。一方面，我们往往面对卷帙浩繁的细节信息。大家常说，魔鬼藏于细节中。1451 年，在奥斯曼帝国对拜占庭帝国最后一战中，拜占庭守卫者殊死搏斗，抵挡了敌人一次次攻击，却不可思议的忘记关上城墙上一扇名叫“凯尔卡门”的小

---

① ［美］罗伯特 · F. 布鲁纳:《应用兼并与收购（Applied Mergers and Acquisitions)》，张陶伟、彭永江译，中国人民大学出版社 2011 年版，第 215 页。

② ［美］罗伯特 · F · 布鲁纳:《应用兼并与收购（Applied Mergers and Acquisitions)》，张陶伟、彭永江译，中国人民大学出版社 2011 年 1 月第 1 版，第 215 页。

③ 参见［美］罗伯特 · F · 布鲁纳:《应用兼并与收购（Applied Mergers and Acquisitions)》，张陶伟、彭永江译，中国人民大学出版社 2011 年版，第 216 页。

门。这个号称当时世界上最坚固城市的城墙上一扇城门竟然毫无防备地向敌人敞开着。一个微小的疏忽，一扇被遗忘的门，就这样决定了世界历史，决定了拜占庭帝国的命运。[①] 另一方面，无论是时间压力还是尽调成本都要求尽职调查尽量集中关注重要问题。[②]

如何在有限时间和受限的成本中均衡好细节和重要性问题，既不能错失有价值细节，又不能迷失于细节之中。这很考验尽调执行者的能力，往往有赖于尽调执行者的经验积累及尽调程序和操作的规范性和科学性。面对同一尽调对象，对细节选择和重要性的判断可能会产生完全不同的结论。1963年，肯尼迪政府同时派出两个高级官员领导调查组去越南评估越南战争的形势。两个小组分别向肯尼迪做了汇报，一个小组的结论是越南战争对美国越来越有利，南越政府好极了；另一个的小组结论是南越政府已濒临崩溃边缘，糟糕透顶了。面对同一事项如此迥异的结论，肯尼迪惊讶到反问："你们这两个先生去的是同一个国家吗?"[③] 由此可见，面对同一事项，不同细节和重要性的取舍竟然会产生如此迥异的结论。因此，细节和重要性的取舍和均衡的重要性就不言而喻了。

第四节　法律和财务尽职调查的方式和方法

由于投资的要求，法律和财务尽职调查时间往往是有限的。如何在有限的时间内快速熟悉和理解项目，发现主要法律和财务风险并提出解决方案是对法律和财务尽职调查的挑战，也对法律和财务尽职调查的效率提出了很高要求。我们可以看到，充分做好事前准备工作对提高法律和财务尽职调查的效率和保证其效果非常重要。

---

① 参见［奥］斯蒂芬·茨威格：《人类群星闪耀时》，姜乙译，上海文艺出版社2019年版，第二章。

② 参见［美］罗伯特·F. 布鲁纳：《应用兼并与收购（Applied Mergers and Acquisitions）》，张陶伟、彭永江译，中国人民大学出版社2011年版，第214页。

③ ［美］威廉·曼切斯特：《光荣与梦想4》，四川外国语大学翻译学院翻译组译，中信出版社2015年版。

1. 了解尽调对象所在行业、熟悉行业情况。

任何尽调对象都在特定一个行业或者多个行业内经营。每个行业都有自身特点。作为法律尽调人员，往往缺乏行业经验。所以了解行业成为事前工作不可或缺的组成部分。如果尽调对象涉及多个行业，需要了解其涉及的各个行业。了解行业有利于提高后续沟通的效率和效果、明确后续尽调重点和提出针对性解决方案。

了解行业的主要目标是了解尽调对象所在行业的基本商业模式、主要竞争格局、主流产品特点、监管格局和“术语”等，从而了解相关行业竞争格局、主要监管政策、尽调对象上下游、相关“术语”等方面。这些基本信息是行业内人士沟通的基础。例如，互联网行业所谓的“流量”、“获客成本”和“流量变现”概念。不了解这些基本知识，后续沟通将难以顺畅进行。了解行业还有利于了解行业常见问题和相应解决方案。我们可以针对行业常见问题，拟定尽调需要关注的重点问题，从而提高尽调效率。了解行业常见问题的解决方案也给尽调工作提供了一个视角，从解决问题的角度来观察尽调对象。

2. 了解被尽调对象所在行业监管或者管理制度。

每个尽调对象都处在一个或者多个行业中。大部分行业或多或少都有一些监管制度、行业标准或者行业惯例。由于创投基金的投资退出方式以公开市场退出为主。这就要求尽调对象符合现有或者可预期的行业监管政策、行业标准或者行业管理，否则可能会对尽调对象公开市场退出产生重大影响。

在此之外，行业监管或者行业标准往往可以指引我们快速定位尽调对象核心关注点。行业监管或者行业标准一般是围绕行业发展和主要问题来展开。这些要点往往就是尽调关注重点，这对我们快速把握尽调要点很有裨益。此外，行业监管和行业标准的变化也可以帮助我们理解相关发展趋势。对于部分新兴行业尽调对象而言，行业监管或者行业标准往往不成熟甚至缺失。这不代表行业监管或者行业标准了解和研究工作可以省略。确保尽调对象不触碰基本法律或者伦理底线，这是尽职调查的基本要求。这反而是对尽调人员把握尽调对象商业实质，并从法律原则和法律理论进行的分析能力提出了更高要求。

例如，在2017年《网络安全法》及相关规定出台之前，个人信息收集和使用的监管要求一直很模糊。在此之前，关于互联网企业搜集和利用用户信息并无具体规定。我们在实务中发现部分互联网金融平台利用网路爬虫、APP等工具收集用户的通讯录、通讯记录、短消息、信用卡记录、移动位置轨迹甚至微信和电子邮件的账号密码等联系人信息、通讯信息、财产信息，来评估和监控用户信息及进行后续催收。毫无疑问，作为金融借贷或者中介服务企业，收集这些个人隐私已经明显超越了合理商业使用需求。在相关规定出台在前，虽无明确禁止性规定，其合法性和合理性也是值得关注和思考的事项。如果仅仅因为相关法律法规没有规定而不去主动关注和思考，这恰恰是尽调人员专业能力不足的体现。

3. 了解尽调对象经营情况和法律问题、确定尽调重点，制定尽调计划。

“了解企业的经营情况”既是尽调工作的起点，也是尽调工作的目的，还是投后管理和增值服务的基础，贯穿于尽调工作的始终。这也是法律和财务尽调的终极意义之一。法律和财务尽调与尽调对象业务的关系决定了法律和财务尽调并不是投资业务最终目的，而是验证尽调对象投资价值和进行尽调对象价值判断的重要工具。一个法律和财务上均完美无暇但在经营上毫无价值的尽调对象不是一个合格的投资标的；相反，一个经营业绩突出且潜力巨大但有一些非实质性法律和财务瑕疵的尽调对象却可能是一个好的投资标的。

第五节　尽职调查实务专题

一、怎么看创业团队

创业投资领域有一条金科玉律——投资就是投人，[①] 这是投资界为数不多的共识之一。基本逻辑在于创业企业一切都在变化中，创新本身就是以

① 参见吴军：《见识》，中信出版社2018年版，第119页。

“不同以往”的方式在创造和满足需求。创业团队需要面对大量可预测或者不可预测的变化或者事件，创业环境、市场一切均在变化中。唯一不变的就是人，也就是创业团队本身。因此，以管理团队确定性来面对其他一切不确定性。每一笔成功的投资背后往往都有一段“伯乐与千里马”传说，都可以落脚到“看对了人”；每一笔失败投资背后往往伴随着“农夫与蛇”悲剧，都以“看错了人”的叹息结尾。

但是“怎么看创业团队”这一难以量化的问题却是投资界只可“意会”不可“言传”的秘密，也一直是投资界一个经久不衰的话题。这也是很多人认为创业投资是一种“艺术”而非“科学”的主要原因之一。但是作为专业人士，我们希望有一些具体的客观标准或者观察角度可以来观察创业团队。以下便是笔者观察到的一些实务作法和经验教训的总结。

（一）从共同合作时间和经历看创业团队

一个稳定、团结的创业团队是创业公司走向成功的重要基础。因为创业之路并不平坦，创业团队需要面对和克服各式各样的问题。处理这些问题往往不仅是创业团队解决问题的过程，更是创业团队成员之间对各自做事风格、工作能力和品格相互认可的过程。因此，这个过程需要经过时间和事件的检验。一个好的创业团队往往是互补和多样性的。既需要具有行业洞察力和决策魄力的核心人员，也需要具有很强执行力的执行团队；既需要敢想敢干的“带头大哥”，也需要能在关键时候踩刹车的“老司机”。这样才能保证创业公司既能快速发展，又不至于发生系统性风险；既能快速大胆决策，又能高效执行。因而，历经风霜雪雨之后是在一起继续共同奋斗，还是各奔东西，本身就是创业团队之间相互认可和信任的直接体现。团队成员磨合不达预期的常见表现就是部分团队成员的“用脚投票”，离开团队。

进而，一个具有较长共同合作时间和合作经历创业团队是投资人希望看到的，背后往往显示的是创业团队的长时间磨合和信任关系。有趣的是，很多母基金考察基金管理人管理团队时就将管理团队的共同合作时间和经历作为重要评估参数之一。例如，国家中小企业发展基金就明确要求子基金申请机构说明基金管理团队成员之间的合作经历。[①] 深圳市政府投资引导基金也明确要求申请其出资子基金以图表配合文字详细说明其管理机构主要成员加入团队时间和共同合作经历等内容。[②]

在尽调实务中，共同合作时间和经历往往可以体现为共同共事时间长短和是否共同经历一些如共同学习经历、共同工作经历和共同创业经历等重大事件。尤其值得关注的是团队成员是否共同经历过艰难时刻和高光时刻。其中，艰难时刻往往考验团队成员的团结和奉献精神，“共患难”之时往往能见证团队真情；高光时刻往往带来了利益分配问题，在“共富贵”中可看到主要团队成员的胸怀和气度。无论是团队成员的真情还是气度都有利于团队成员之间信任的建立，这对团队成员的长期发展具有重要意义。从经济学上看，团队之间的充分信任有利于降低团队成员的管理成本和监督成本。

从实务中看，我们往往可以从创业团队简历和访谈中获取相关信息。对核心团队常见问题就是“为什么创业？为什么和老板创业？为什么加入团队？”。从笔者经验来看，绝大部分创业团队成员很乐于分享共同创业过程中的历史和故事。如果辅以一定的倾听技巧和适当引导提问，我们可以从这些故事中获取很多有用信息。这可以有效拉近与访谈对象之间的心理距离，并可有效的厘清团队之间关系和定位。

值得关注的是，未经磨合的全明星团队值得深入考察。在投资业务中，我们常常见到一种情况是创业团队为“全明星团队”，即团队成员都具有闪亮的学历和工作背景，为了伟大梦想走到一起，但是未能经过磨合，各自工作方式和性格差异很大。从逻辑上看，个人能力 + 组织能力 = 团队能力。在此情况下，主要团队成员的个人能力都很强，但因为磨合不佳，团队的组织能力尚未形成，甚至严重影响了个人能力的发挥。在创业过程中，这样的团

---

① 参见国家中小企业发展基金理事会办公室：参见《国家中小企业发展基金实体基金管理机构遴选指南》：载 http：//www. mof. gov. cn/gp/xxgkml/jjjss/201512/t20151210_2512180. html，最后访问时间：2019 年 11 月 3 日。

② 参见深圳市财政委员会、深圳市创新投资集团有限公司：《关于公开发布深圳市政府投资引导基金2018 年度拟参股子基金申报指南及管理机构遴选办法的通知》附件 3《深圳市政府投资引导基金拟参股子基金申请方案》：载 http：//www. sz. gov. cn/cn/xxgk/zfxxgj/tzgg/201807/t20180709_13545451. htm，最后访问日期：2019 年 11 月 3 日。

队因为发展不达预期、对重大事项难以达成一致、磨合不顺等原因分崩离析的情况屡见不鲜。

（二）从股权结构看团队成员的关系

创业团队成员之间关系也是创投基金主要关注点之一。在创业企业中，创业团队成员关系往往是微妙和难以精确界定的。因为创业企业的组织架构和职权设定往往并不清晰，而且还会常常根据业务发展需要而发生变化，创业团队成员工作分工和团队角色也需要随之变化。然而，这类变化会对创业团队成员之间的关系带来挑战——创业团队成员需要在不确定需求中持续扮演好自己角色。对创业团队而言，能否持有股权，持有多少股权不仅仅是收益的问题（因为创业企业股权早期股权价值很难估值），更是内部团队地位、团队成员认可、内部话语权等方面的重要表现。这也为创投基金提供了一个可以观察团队成员内部关系的视角。

1. 从团队成员现有的股权比例，我们可以看到现有团队成员在团队中的贡献和地位。一般来说，股权比例大小与团队成员的重要性或者对公司发展历史贡献成正比。从各团队成员的股权比例关系，创投基金可以快速定位公司核心团队以及各团队成员在团队中的地位和定位。如果在尽调过程中，发现有团队成员的股权比例与其团队地位不匹配，建议关注其形成原因和背景及其中是否存在激励和约束机制的错配情况。

2. 从核心人物与其他团队的股权占比关系看核心人员与其他团队成员的关系。一般来说，一个团队会有 1 位或者多位核心成员。其他核心团队成员的身份认同感可以通过是否持有股权或者有希望获得与其贡献或者重要性相匹配相应股权作为衡量指标之一。我们可以从中看到核心成员是否将其他成员视为与之可以分享公司未来收益的平等合作伙伴。

3. 从现有团队成员对股权现状态度看团队成员对现有团队成员关系是否认可，以及团队成员对后续成员进入开放性。从这个角度来看，团队成员持股是否保持一定灵活性和开放性也是非常重要的。从中可以反映团队成员对贡献和收获、过去和未来关系、团队开放性的心态或者文化。一个灵活和开放性机制对激励团队开拓进取和吸引更多优秀人才非常重要。

4. 从团队成员持股比例变化过程看团队成员贡献。团队成员及其持股情况变化是观察团队成员变动、团队成员内部地位或者贡献变化的一个窗口。这也是团队成员的激励和约束机制的开放性和弹性观察窗口之一。

从实务来看，一个好的激励和约束机制需要具有对应开放性和弹性，因为企业不同发展时期需要不同人才和资源，同一团队成员在企业不同发展时期做出的贡献可能是有变化的，所以一个好的激励和约束机制应当随之而动，以对同一团队成员在企业不同发展时期所做出不同贡献予以回应。

5. 从团队成员获得股权的方式和价格看团队成员价值认可。在实务中，既有实控人免费送股份给核心团队，也有核心团队按照公允价值的一定折扣购买股份，还有按照公允价值购买股份等情况。团队成员获得股权方式，特别是价格可以反映团队成员价值自我认可和相互认可。简单来说，我们可以将团队成员获得股权价值和公允价值之间差异看成团队成员对公司贡献的价值，这也是团队成员对公司贡献内心自我认可的一种标尺。

6. 从团队成员的股权退出机制看团队归属感。团队成员的变化是常见的，合理范围内的变化也是正常的。但是大规模变化，特别是核心创始团队主动离职则很值得关注。团队成员退出原因很多，既包括被动退出，如身体疾病不能继续工作、交通事故等意外伤害导致丧失工作能力、家庭生活变化导致不能继续工作等，也包括团队成员经营理念、内部管理不和等原因。从尽调角度来看，可以关注核心团队离职原因、离职比例、股权退出方式和退出价格等方面。其中退出机制尤为值得关注，它在一定程度上代表了创业企业和其他创始团队对该退出成员阶段性贡献价值的认可。一个合理的退出机制会区分不同情况给予差异化退出安排，例如，区分主动离职还是被动离职，往往会根据不同在职时间给予区别化的对待，尽量鼓励团队成员长时间共同奋斗。

笔者曾经见过创业企业给予团队成员一定比例股权，但是规定只要离职，无论何种原因均按照本金加上基本利息由大股东回购的案例。这种安排很大程度上会弱化股权激励的效果。员工通过持股来获得归属感将大打折扣，大股东股权激励的诚意可能会被质疑。从最终效果来看，通过这种安排来稳定和激励团队的预期并未实现。

（三）从内部决策机制看团队

根据《公司法》的规定，公司决策机制主要由股东会、董事会和管理层组成，虽然其各自的权限和决策机制可能存在差异，但是决策机制基本类似。但在实务中，公司的决策机制可能千差万别，民营中小企业的决策机制更是如此，因为大部分中小民营企业的股东会、董事会和管理层成员高度混同。所以，很多创业企业的实际决策机构与法律规定的机制差异巨大。常见操作模式是实际决策机构决策完之后，就直接进入执行程序或者再履行相应董事会或者股东会法定程序。这种实际决策机构可能是非规范性组织如实控人个人或者是实控人加上核心团队成员，也可能是一个相对固定组织如总经理办公会、董事长办公会、管理层经营会等。因此，从实际决策机构成员的组成和决策机制，可以看到团队成员定位、相互关系和最终决策权归属。其中，重大分歧事项的决策过程和决策机制尤其值得关注。从中可以看到团队成员关系的运作规范。除了目的和价值观，强大的团队还要制定规范，明示或暗示成员之间应该如何协作。例如，允许发生什么样的冲突，以及不允许什么样的冲突出现以及按照何种规则解决冲突。[①] 对重大事项决策认同是高效执行力的基础，只有团队成员心里认可才能心甘情愿去执行。

（四）从财务审批程序看团队

在企业发展过程中，一个重要问题就是如何分配有限资源。创业企业核心资源的分配机制是团队成员之间是否具有充分授权和信任关系的重要体现。其中财务审批权是其中典型体现之一。毕竟，资金是涉及创业企业直接经济利益事项。对一定规模企业来说，严谨可控、灵活高效的财务审批权设置是核心成员与其他团队分享企业核心资源的分配决策权重要体现之一，也是团队成员发挥主观能动性的基本前提之一。

笔者曾经见过一家年营业收入数十亿元创业企业的董事长逐笔审批每一笔费用支出，无论费用金额大小；而号称“核心团队”之一的财务总监未经

---

① 参见［美］尼克·摩根、罗伯特·西奥迪尼等：《影响力》，赵亚男、赵龙飞译，中信出版集团2020年版，第40页。

董事长同意任何费用支出都决定不了。这个核心团队很明显只有董事长一人，其他“高管”都只是董事长个人助理而已，他们也没有发挥其主观能动性的空间和资源支持，因为任何人在获得董事长认可之前均无权动用该公司最微小的财务资源。

二、怎么看历史沿革

创业投资的基本法律框架就是创投基金以资金换取被投企业的股权，创投企业的股权作为创投基金所有者权益的法律载体，产权清晰是其基本要求。因此，被投企业的股权情况就成为法律尽调调查的基础内容之一。确保被投企业的股权清晰，无法律瑕疵或者不负有额外义务，这是创业投资交易的基础。否则可能直接影响交易交割、股权价值和后期处置，甚至给创投基金带来额外法律风险。例如，如果被投企业的股权被冻结，可能会导致交易难以交割。

历史沿革是法律人在法律尽职调查中最为熟悉的部分。获取、梳理和审阅尽调对象的工商登记资料是法律人最基础，也是例行的尽调手段。相对其他资料，企业工商登记资料在资料完整性、内容完整性和内容严谨性上都有优势，因为工商登记资料由公司登记机关的保管、登记格式有严格要求并且登记内容需要经过严格审核。基于此，尽调对象的工商登记资料是法律尽调中不可或缺的部分。很多尽调执行者针对历史沿革尽调就是简单阅读和整理公司登记文件，而甚少关注股权历史形成过程、控制权变更及现状的背后可能蕴含的大量信息。

1. 从历史沿革中看实际控制权。在实务中，我们可以从企业历史沿革中看到企业的实际控制权获取、现状及变化过程。从法律角度来看，这往往是一个大比例股权变动。但是我们不能仅仅将实际控制权变化作为一个产权变化来看，还应探究这类产权变化背后背景、原因、交易结构及其对主要管理团队成员、尽调对象发展战略和经营等方面的影响。

在实务中，我们往往特别关注实际控制人变更的合规性，包括获取实际控制权方式的合规性特别是对从国有或者集体企业改制而来的企业、价格是否公允、程序是否完善、价款是否已支付、相关税务处理是否合规等。如果涉及国有或者企业企业改制尽调对象，其中会涉及国有产权交易作价公允性和交易程序合规性。我们还可以从中看到合法性之外事项。对存在实际控制人变化历史的尽调对象，我们可以关注其变化背景、原因和变更方式。从笔者实务经验来看，实际控制人变化背后往往附随着主要股东自身情况重大变化（如主要股东自身业务和财务情况变化）、主要股东对尽调对象发展预期变化、主要股东相互关系变化等重要事项，主要表现为股东及股权结构的大幅调整、业务和战略调整、主要团队成员的变化等。这对理解尽调对象团队及业务的背景具有非常重要的参考价值。这些信息往往可以通过团队访谈、审阅交易合同等方式获得。

2. 从历史沿革看公司主要资产来源和控制，包括主要分子公司来源、核心知识产权、核心技术、核心固定资产来源及其控制关系。在实务中，法律尽调更关注公司获取和持有相关资产的合法性基础。从法律上看，公司资产主要来源有股东出资和交易获得两种主要渠道。

对股东出资而言，可以审查股东会/董事会决议、财产权属转移文件、交割文件。值得关注的是，我们要关注该出资财产全部所有权是否已移交，包括占有、收益、使用和处分权利。我们应当关注公司是否已经实际占有、并有权使用该财产、该财产所产生的收益是否归属于公司，不能只关注其权属变更已办理。[①] 法律上权属的归属并不能当然等同于实际控制。尤其值得关注的是其对子公司的控制。根据会计准则，子公司是指被母公司控制的主体。[②] 母公司持有子公司控股权不等于其实际控制子公司。

在笔者亲身经历的案例中，出现了多个母公司不能实际控制控股子公司的案例。在一次尽调中，我们发现项目的核心技术由其控股子公司拥有，相关知识产权、研发和技术人员均归属于子公司，但是该子公司的人事、财务和销售均完全独立于母公司。我们发现子公司对母公司的销售按照成本加成方式定价，均收取预付款。综合来看，母公司主要由销售人员控制，而子公司由研发人员控制，母公司难以控制子公司，且母公司和子公司管理团队之

---

① 参见《最高人民法院关于适用〈中华人民共和国公司法〉若干问题的规定（三）》（2020年修正）第10条。

② 见《企业会计准则第33号——合并财务报表（2014）》第2条。

间存在严重信任缺失问题。事后来看，该公司的销售人员和研发人员最终分道扬镳，进而导致公司的分崩离析。

3. 从历史沿革中看业务发展节点。股权是企业引入外部资源和在内部资源分配的主要方式之一。我们可以从其股权变化中看到其对资金、人才、技术和业务资源等需求，而这些资源需求与其业务发展息息相关，往往是企业业务发展需求的直接反映。因此，企业股权的重大变化过程，往往可以反映企业发展的主要脉络，有利于增强尽调人员对企业商业模式及其核心竞争力的理解。

4. 从历史沿革中看投资者特殊权利。对已有外部投资者创业企业来说，历史上引进外部投资者的特殊权利也是很值得关注的。从公司治理的角度来看，部分投资人股东权利、遗留待处理事项、投资重大事项等会体现在公司章程、股东协议和股东会决议等文件中。因此，我们可以在梳理公司历史沿革的过程中关注外部股东的股东权利变化，遗留待处理事项及其后续处理进展、投资重大事项等。

我们在梳理尽调对象的历史沿革时，需要突破法律人员仅仅关注历史沿革中法律视角局限，多关注其历史沿革背后所隐藏的信息、其与公司业务经营、管理团队和核心资源的关系，从而在梳理清楚股权关系的基础上，深入了解公司业务经营、管理团队和核心资源等事项。

三、怎么做现场访谈

访谈是指尽调人员以口头方式，向尽调对象的内部或外部的知情人员获取业务信息、财务信息、法务信息和其他信息，并对答复进行评价的过程。[①] 访谈广泛运用于尽调的整个过程中，无论是尽调的前期准备还是在现场尽调过程中，无论是对内部人员尽调还是外部尽调都广泛运用。在财务报表审计中，为获取审计证据而实施的审计程序包括询问、检查、观察、函证、重新

① 参见福建省注册会计师协会：《专家提示第24号——访谈在财务报表审计中的应用》，载http：//cz. fjicpa. org. cn/zjts/zjts？ id = c24117f550aa42eb96f04d69fa710dd1，最后访问日期：2021年6月8日；中国注册会计师协会：《〈中国注册会计师审计准则第1301号——审计证据〉应用指南(2019修订)》第22段。

计算、重新执行和分析程序等。[①] 这已涵盖了我们在尽职调查中可以运用的主要手段。但相对于财务报表审计，我们法律和财务尽职调查工作调查程序、尽调对象配合程度和可以执行调查时间很可能会打折扣。例如，我们在尽调过程中往往会较小用到函证这一程序，尽调时间安排也往往会更为紧张一些。

访谈一般视为以口头形式进行的询问。现场访谈是现场调查过程中最为关键也是最容易发现问题的程序。[②] 所以，现场访谈很值得关注。

（一）现场访谈前的信息获取

现场访谈作为重要尽调手段之一，有的放矢方能事半功倍。因此，我们需要在执行之前明确通过现场访谈要达到的目标或解决的问题。这就要求尽调人员对尽调对象及其所在行业涉及典型业务、财务和法务特点有基本了解。这些了解是访谈人员与访谈对象进行交流的基础。双方具有相同“常识”是确保访谈效率和效果的前提，也是双方在访谈中进行互动的基础，更是访谈人判断访谈所获得信息真实性和准确性的基本标准。这可以通过研究相关公开信息和非公开信息来获得，主要信息和途径包括：

1. 公开信息。公开信息是我们研究尽调对象的重要信息来源之一，可以分为行业公开信息和尽调对象公开信息两类。

行业公开信息是指行业及同行业企业的公开信息，常见信息来源包括：(1) 同行业上市公司的招股说明书、同行业新三板挂牌企业的公开转让说明书、同行业企业的债权募集说明书及前述主体的法律意见书、审计报告、定期报告和临时报告、监管部门的问询及回复函件、证券研究报告等。我们可

---

① 参见中国注册会计师协会：《〈中国注册会计师审计准则第1301号——审计证据〉应用指南》(2019年修订) 第14~25段。从笔者的亲身经验来看，相对于律师对法律事实和逻辑的重视，审计师更看重于审计程序。在一定程序上审计就是“程序正义”。根据《最高人民法院关于审理涉及会计师事务所在审计业务活动中民事侵权赔偿案件的若干规定》(法释〔2007〕12号) 第7条的规定，即使会计师事务所在审计业务活动中出具不实报告并导致损失的，如果会计师事务所能证明其已经遵守执业准则、规则确定的工作程序并保持必要的职业谨慎，但仍未能发现被审计的会计资料错误，会计师事务所依然可以就此免于承担赔偿责任。基于此，审计师在长期执业实践中形成了一套完整、规范和行之有效的审计程序规则（《审计准则》)，并在审计实务作为其主要执业工具广泛运用和不断完善。这正是绝大部分的民商事律师所不擅长的，无论是法学院教育还是执业培训中，都没有像《审计准则》一样规范、系统、被广泛接受并广泛运用的操作规则以供使用。

② 北京注册会计师协会：《专业技术委员会专家提示〔2020〕第5号——注册会计师参与反舞弊调查》(京会协专〔2020〕11号)。

以通过这些公开信息迅速了解相应行业及其涉及普遍性行业、财务或者法务相关问题及其处理方案；（2）同行业企业与非同行上市公司、新三板挂牌企业等进行重大股权等交易及后续披露相关公开信息。例如，上市公司发行股份并购同行企业过程中及后期报告中披露同行企业的相关信息；（3）重大行业政策制定、修改或废止过程及其研究资料。我们需要关注尽调对象所在行业的重大政策，了解其出台背景、出台目的、主要内容及其主要影响。这对受到行业政策影响较大尽调对象来说尤为重要；（4）权威行业研究报告，具体包括权威行业协会和第三方咨询机构发布的行业研究报告、行业数据等，这也是了解行业及其动态途径之一；（5）媒体专题报道，在相关行业重大政策、事项发生时，往往会有媒体关注并报道，这些报道也可以给我们提供一个了解相关事项重要渠道或者方式。

尽调对象公开信息是指尽调对象本身的公开信息。这些信息大致可以分为第三方披露信息和尽调对象自行披露的信息。第三方披露信息包括：（1）政府或者司法机关公开信息如工商登记信息、知识产权信息、业务资质信息、涉诉信息、司法判决文书、执行人信息等。随着政府和司法机关信息公开范围越来越广泛、越来越规范，该类信息越来越多、获取也越来越便利。（2）尽调对象自行及其关联方披露信息，包括该尽调对象在历史上申报在A股上市的招股说明书、发行债券的债券募集说明书、在新三板挂牌的公开转让说明书、法律意见书、审计报告及其定期公告和临时公告；国有股东持有尽调对象股权进行招拍挂程序所披露信息、尽调对象在公开媒体披露的有关信息。该公司现有或者历史股东中有上市公司的，该上市公司在进行投资时、持有过程中或者处置股权所进行信息披露。

2. 非公开信息。非公开信息一般是尽调对象提供的关于其业务、财务和法务的信息，主要包括公司的历史沿革、股东会、董事会和监事会的三会资料、主要团队简历、主要资产情况、员工信息、财务报告、重大业务合同等。

访谈人需要在进行现场访谈前对已收集公开或者非公开信息进行梳理和整理，进行对比分析，以充分了解尽调对象的经营管理特点，确定访谈的方向和重点，拟定需要特别关注和确认的主要问题，以提高访谈的效率和效果。

（二）制定访谈计划和准备访谈问题

我们需要根据以前期获得信息为基础拟定访谈提纲，制定访谈计划，确定访谈对象，拟定主要的访谈问题。

对访谈而言，“问对人”很重要。访谈对象是访谈信息的来源，因此访谈人需要根据访谈目的选定合适的访谈对象。在这个过程中，尽调对象的组织架构图往往能提供比较好的指引。我们可以根据尽调对象的组织架构图或者对接人找到合适的访谈对象。比方说，如果想了解经营管理、重大方针计划的制定或决策，就需要对一定级别以上的人员进行访谈，如管理层、各部门负责人等；如果想了解具体业务的执行或操作等内容，那么选择具体经办人员就可能更为恰当。针对特别重要事项，可对不同部门人员、不同层级人员针对同一事项进行访谈，以相互验证。[①] 在这种情况下，基本思路是对参与该事项不同部门人员或者具有上下游业务关系人员访谈，如采购部门的采购人员和仓储部门的收货人员和检验部门的管理人员相互验证。需要注意的是，访谈对象的选择往往是动态的，可在访谈过程中根据新信息进行进一步调整。例如，在访谈过程中，既定访谈对象表示某一特定事项经办人另有其人或者原定负责事项有进行调整，这时我们往往需要增加访谈对象。

选定访谈对象后，从尽调对象的人力资源部门或其他同事等途径了解访谈对象教育经历、工作经历、性格特点、家庭背景、加入尽调对象时间、具体负责工作、与其他核心团队的关系、兴趣爱好等信息也是有必要的。这有利于在访谈时建立融洽的关系，提高访谈效率。[②] 从笔者经验来看，了解访谈对象的很多信息，访谈人往往可以从中寻找与访谈对象的某些共同点。例如，共同求学经历（校友关系）、共同工作经历（前同事关系或者同业关系）、老乡关系，共同的朋友，共同兴趣爱好等。这些共同点会让访谈对象

---

① 参见福建省注册会计师协会：《专家提示第24号——访谈在财务报表审计中的应用》，载 http：//cz. fjicpa. org. cn/zjts/zjts？ id＝c24117f550aa42eb96f04d69fa710dd1，最后访问日期：2021年6月8日。

② 参见福建省注册会计师协会：《专家提示第24号——访谈在财务报表审计中的应用》，载 http：//cz. fjicpa. org. cn/zjts/zjts？ id＝c24117f550aa42eb96f04d69fa710dd1，最后访问日期：2021年6月8日。

感受到“被尊重”和“被重视”，并且可以引出共同话题，迅速拉近双方关系，让访谈对象更愿意参与到访谈之中。①

我们需要注意尽调中内部访谈对象和外部访谈对象的差异，需要特别重视对独立第三方的访谈，特别是对尽调对象的客户、供应商和竞争对手的访谈。相对于尽调对象内部人员，他们的独立性更强，其访谈意见更值得重视。在访谈中，有一类人员值得重视，那就是尽调对象离职员工的访谈，他们兼顾内部人和外部人的特别，但常被忽视和低估。② 尽调对象的离职员工特别是离职中高层员工和核心岗位的员工曾经作为尽调对象的内部人员熟悉内情，同时又没有隐瞒真实情况的动机，关键在于如何找到合适离职人员并取得他们信任。从实践来看，我们可以通过同行朋友、猎头甚至在线简历系统找到他们。

对访谈而言，“问正确的问题”也很重要。以“问题导向”为原则在现场访谈中确定适当的访谈对象，并设计合适问题和确认需要核实的其他资料，如核实相关合同、财务数据、业务数据或第三方凭证等。如果能在访谈过程中运用适当的技巧，将有利于提高访谈的效率和效果。

（三）技巧性提问和倾听

在制定好访谈计划，落实好访谈对象和主要问题之后，接下来就是进行现场访谈了。现场访谈一般以“问答”方式进行。在这个过程中，访谈人员主要负责提问。提问是访谈过程中的重要环节。在提问中，我们需要注意以下事项：

1. 提问方式尽量是开放式的，避免采用封闭式问题提问。开放性问题既可以指引访谈对象回答问题，但是又未限制其回答问题方式和范围。因为不同人对同一问题的产生背景、理解深度及其解决方式等方面可能存在差异，所以相对于封闭式问题，开放性问题给访谈对象根据自己理解回答问题的可能。在这个过程中，访谈人可以从访谈对象的反馈中获得更多感兴趣和意料

① 参考［美］尼克·摩根、罗伯特·西奥迪尼等：《影响力》，赵亚男、赵龙飞译，中信出版集团2020年版，第12页。

② 参见［美］肯尼思·斯普林格、乔尔·斯科特：《投资尽职调查：安全投资第一课》，郭平译，机械工业出版社2020年版，第4页。

之外的信息，并可以对访谈对象的反馈进行后续提问，层层递进、进而获得更多信息，以将访谈人引向访谈人想要的答案。例如，在笔者经历的某个尽调现场，针对尽调对象的供应商分级和警示制度，有访谈人问，你们对供应商有没有实行“红黄牌”制度？访谈对象回答：没有。最后，经过很多解释才了解到尽调对象对供应商管理实行积分制管理，并非“红黄牌”制度，但可以达到同样效果。这是一个典型的封闭式问题。它不合理地将“供应商分级和警示制度”限制到“红黄牌”制度之内，严重影响了双方沟通的效率和效果。如果当时访谈人问的问题是“你们如何对供应商进行管理，是否有分级和警示制度?”，这样访谈效率和效果就会好很多。

2. 访谈问题应当先易后难，层层递进，具有逻辑性，不应漫无边际地提问。访谈首先可以从日常话题切入。当你做访谈时，可以先问一些关于访谈对象的个人经历、工作经历问题。这种策略会使受访者对访谈者和访谈过程对感到放松自在，同时还会为你预留时间，以评估受访者；更重要的是，还会令受访者愿意开口和你交谈。[①] 同时可以充分利用访谈对象的相关信息与之互动，充分关注双方共同点；访谈人访谈前对访谈对象背景信息了解可以体现访谈人对访谈对象的重视和尊重；同时有利于唤起被受访者和尽调对象、主要团队成员之间的故事，而这些故事往往带有一定感情。这些均有利于双方迅速建立更紧密情感纽带。

3. 在访谈中要注意倾听的技巧。倾听是访谈过程中获取信息的主要方式。倾听的过程中不轻易打断访谈对象的谈话，确保其提供完整的信息；关注访谈对象所传达的与问题无关的信息，该信息可能比访谈人员所寻找的信息更重要。

在访谈中，尽调人员要做一个好的倾听者。好的倾听者不只是在对方说话时保持沉默。相反的，人们心目中最好的倾听者，懂的偶尔提出一些问题，带来新发现和新见解。坐在那里静静点头听对方说话，无法证明你真的在听，但如果你提出好问题，就会让对方知道你不只是在听，还认真地理解他的谈

① 参见［美］肯尼思·斯普林格、乔尔·斯科特：《投资尽职调查：安全投资第一课》，郭平译，机械工业出版社2020年版，第72页。

话内容，并想要获取更多信息。好的倾听向来都是双向对话。好的倾听者会和谈话者进行一些互动，以帮助对方建立自信心。好的倾听者能为对方建立安全的情境，让对方觉得可以开诚布公地讨论各种话题和异见。好的倾听是一种合作的对话。好的倾听者可能会稍微针对对方的一些假设，提出不同意见，但对方觉得这是一种帮助，而不是想赢得辩论。好的倾听者往往会提出建议。研究表明，好的倾听者总是会用对方能接受的方式，提出一些反馈意见，告诉对方一些不同的做法以供参考。①

4. 在访谈中要留意相关业务、财务和法务数据和文档产生程序、流转过程和保存情况。在尽调过程中，业务流、资金流和信息流相互印证是尽调的基本思路。值得注意，我们可以通过访谈知悉某些业务中会有那些人员参与，业务过程会产生哪些信息和文档且这些信息和文档会经过怎样程序并由谁保管。这样能帮助我们快速找到能与访谈对象所提供信息相互印证的"内外部信息和文档"、掌握相关信息和信息的负责人或经办人。这有利于我们通过"内外部信息的相互印证""访谈和文件相互印证"来尽快掌握业务实际运作情况、其中存在的问题并实现相关信息互相印证，确保信息准确性。

5. 在访谈中保持职业怀疑。② 职业怀疑，是指一种采取质疑的思维方式态度，对可能表明由于错误或舞弊导致错误信息的迹象保持警觉，以及对所获得的尽调信息进行审慎评价。职业怀疑在本质上要求秉持一种质疑的理念。这种理念促使我们在考虑相关信息和得出结论时采取质疑的思维方式。在这种理念下，我们需要具有批判和质疑的精神，摒弃"存在即合理"的逻辑思维，寻求事物的真实情况。尽调人员不应不假思索全盘接受访谈对象提供的证据和解释，也不应轻易相信过分理想的结果或太多巧合的情况。职业怀疑要求对引起疑虑的情形保持警觉。以下事项值得关注：（1）访谈获得数据和信息与其他来源的数据和信息存在重大差异。其中，特别需要关注多个数据

① 参见［美］丹尼尔·戈尔曼、安妮·麦基等：《同理心》（哈佛商业评论情商系列），马欣约译，中信出版集团股份有限公司2020年版，第28～30页。

② 参见中国注册会计师协会：《中国注册会计师协会关于印发〈中国注册会计师审计准则问题解答第1号——职业怀疑〉等六项审计准则问题解答的通知》（会协〔2013〕77号）：《中国注册会计师审计准则问题解答第1号——职业怀疑》。

来源的业务数据、财务数据和法务数据的重大不一致，尤其是内部数据和外部第三方提供数据和文件差异。例如，公司财务报表上述应收账款数量与销售人员提到主要销售收款政策存在重大差异。（2）相互矛盾的访谈。特别是不同人员针对同一事项不同反馈。

当然，存在差异不必然是数据错误或者作弊，有可能是由于期间不一致或数据口径不同等原因所导致的。访谈人员应该对这些不一致的数据或者文件保持职业敏感性，通过进一步访谈、查阅相关文件等原因查清楚相关差异的原因。

6. 重视访谈中的相互验证。在访谈中，相互验证是非常重要的，可以通过“管理人员和具体经办人甚至不同级别经办人”“内部经办人和外部经办人”“不同业务环节经办人”等多个维度对不同访谈对象针对相同问题提出相同或类似问题来相互验证。尤其是针对重要问题，相互验证是重要的访谈技巧。如果在相互验证中发现难以解释的重大差异，这些差异应引起访谈人的重点关注。由其值得关注的是不同层级人员之间的相互验证。从笔者的经验来看，很多尽调人员很重视对尽调对象高管的访谈，忽视对具体经办人员的访谈。出于保密需要，通常舞弊行为的操作限于若干关键人员，大多数基层工作人员并不知情，各个部门串通舞弊的可能性也相对较低，因此对多个不同岗位的人员进行访谈，相互印证，或从多个部门取得相关资料，相互对比，可能是发现并调查舞弊的有效手段。[①] 我们常说“魔鬼常常藏在细节之中”，而在很多时候掌握这些细节的往往是具体经办人员。因为这些具体经办人员才掌握具体事务的各种细节，有利于我们了解该事务的方方面面，对事物本质做出准确判断。

7. 根据访谈进展，及时调整访谈安排、尽调重点和明确尽调资料需求。现场尽调本身就是一个动态过程，需要根据现场访谈的进展或者获取进一步信息进行动态调整。例如，访谈人员通过访谈发现在原有尽调计划中未关注的重点，这时就可以调整下一步的访谈安排、增加有利核实未关注到的重点

① 参见中国证券监督管理委员会会计部组织编写：《证券审计与评估行政处罚案例解析(2019)》，中国财政经济出版社2019年版，第44页。

的访谈、要求提供更多资料甚至调整原有尽调计划，增加或者更改访谈对象。另外，访谈人员通过访谈发现在原有尽调资料需求中重要资料的替代资料，应该及时变更资料需求，如果在访谈中能明确目标资料的存在形式、保管人和保存地点等具体信息，这类资料需求将更为明确和具体。

如果在访谈中，由于各种原因不能现场访谈而不得不采用电话形式访谈访谈对象的，尽调人员需要采取有效措施对访谈对象身份进行验证。例如，以快递人员的身份拨打电话，验证机主姓名、地址等信息。①

① 参见中国证券监督管理委员会会计部编写：《证券审计与评估行政处罚案例解析（2019）》，中国财政经济出版社2019年版，第13页。

第三章

交易结构

在实务中，创投基金所进行投资的对象基本都是公司，即创投基金是以被投企业的股东身份出现的。这是因为公司法赋予公司股东以有限责任保护。根据《公司法》（2018 年修正）第 3 条第 2 款的规定，有限责任公司的股东以其认缴的出资额为限对公司承担责任；股份有限公司的股东以其认购的股份为限对公司承担责任。所有发达经济体都将有限责任视为公司商业活动的模式规则，同时允许法律在有限的情况下否认公司的独立人格。①

值得注意的是，根据《公司法》（2018 年修正）第 2 条的约定，中国法上的公司分为有限责任公司和股份有限公司两类。其中，有限责任公司的股东自治空间更大一些，大部分以“公司章程另有约定除外”或者“全体股东约定……除外”等但书形式体现。② 最突出的一点，就在于中国《公司法》并未直接规定优先股。③ 鉴于创投基金的投资标的以非上市公司股权为主，优先股这一投资方式难以适用。其实，早在 2006 年就实施的《创业投资企业管理暂行办法》第 15 条就明确规定，创业投资企业可以以股权和优先股、可转换优先股等准股权方式对未上市企业进行投资。但是截至目前，该办法仅

① 参见［美］斯蒂芬·M. 班布里奇、［美］M. 托德·亨德森：《有限责任 – 法律与经济分析》，李诗鸿译，上海人民出版社 2019 年版，第 8 页。

② 参见《公司法》（2018 年修正）第 34 条、第 42 条等条款。第 34 条规定，股东按照实缴的出资比例分取红利；公司新增资本时，股东有权优先按照实缴的出资比例认缴出资。但是，全体股东约定不按照出资比例分取红利或者不按照出资比例优先认缴出资的除外。第 42 条规定，股东会会议由股东按照出资比例行使表决权；但是，公司章程另有规定的除外。

③ 参见李寿双：《中国式私募股权投资：基于中国法的本土化路径》，法律出版社 2008 年版，第 16 页。

限于部门规章，且缺乏具体可操作实施细则，所以一直难以落地实施。如果仔细对比人民币创投基金和美元基金的投资条款，我们会发现，人民币创投基金在投资中往往试图以中国公司法上普通股为基础，通过一系列的特殊条款来模拟出美国法上“优先股”的法律效果。

第一节　中国法下的投资方式

根据《私募基金监督暂行办法》第 34 条的规定，创投基金是指主要投资于未上市创业企业普通股或者依法可转换为普通股的优先股、可转换债券等权益的股权投资基金。从这个定义中，我们可以看到创投基金的主要投资方式可以分为股权、可转化普通股的优先股和可转换债券三类。

截至目前，根据《公司法》（2018 年修正）规定，同种类的每一股份应当具有同等权利。国务院可以对公司发行公司法规定以外的其他种类的股份，另行作出规定。[①] 2013 年 11 月，国务院发布《关于开展优先股试点的指导意见》（国发〔2013〕46 号）允许部分公司发行优先股。根据现有规定，能发行优先股的公司仅限于上市公司和非上市公众公司。[②] 其中上市公司可以公开发行或者非公开发行优先股，非上市公众公司可以非公开发行优先股。[③] 可见以未上市企业股权为主要投资标的的创投基金运用优先股投资是受到严格限制的。因此，在中国创业投资实践中，创投基金主要使用股权和可转化债权（券）方式进行投资。股权作为一项权利，可以按照其获得方式分为原始取得和继受取得两类，即增资和受让股权两类。进而，创投基金在实务中主要包括以下投资方式：

1. 增资，即通过认购被投资企业新增发股份或者注册资本方式进行投资。

2. 受让股权，即通过受让被投资企业原股东持有的股权进行投资。

---

① 《公司法》（2018 年修正）第 126 条和第 131 条。

② 《国务院关于开展优先股试点的指导意见》（国发〔2013〕46 号）第 3 条。

③ 《优先股试点管理办法》（2023 年修正）第 3 条。

3. 可转化债权，即通过给被投企业或者原股东提供借款，并且约定可将其转化被投企业股权的方式进行投资。从其本质来看，可转化债权是一种附加转股权的债权，并且需要通过增资或者受让股权的方式转化为被投企业的股权。

无论是从商业上还是从法律上来看，增资和受让股权存在很多差异。这些差异会带来很大影响，具体包括：[①]

1. 主体不同。受让股权属于转让方和受让方双方意思自治范畴，交易对手方是转让股权的原股东和受让股权的创投基金，获得转让价款的是转让股权的原股东而非被投企业；而认缴增资属于被投企业通过股东大会做出意思表示范畴，交易对手方是创投基金和被投企业，创投基金负有向被投企业缴纳出资的义务，获得增资款的是被投企业而非原股东。

2. 程序不同。受让股权仅需转让和受让双方达成合意，而认缴被投企业新增出资需经股东会决议通过增资方案，履行法定增资程序，是创投基金和被投企业的合意，而非和被投企业每一位股东的合意。

3. 取得标的股权方式不同。增资所获得股权是原始取得，是新创设的权利，不存在历史瑕疵问题；而受让股权是继受取得，可能继承历史法律瑕疵或者限制。这在受让股权交易中需要额外关注。

4. 法律责任不同。受让股权形式下，受让方未支付转让款，转让方有权依据转让协议向其主张违约责任。在认缴增资形式下，创投基金未按约履行出资义务，除了依据协议承担违约责任外，还需承担出资不实的法律责任。

相对于增资和受让股权而言，可转股债权更为复杂。可转股债权最终需要通过增资或者受让股权转化为被投企业的股权，但是其额外增加了借款和转股权安排两个环节，通常涉及借款安排、借款保障安排、转股条件、如何转股及不转股还款安排等一系列环节。而且现有监管政策对可转股债权投资提出了一系列要求。根据《关于加强私募投资基金监管的若干规定》第 8 条的规定，创投基金可以股权投资为目的，按照合同约定为被投企业提供 1 年期限以内借款；但借款到期日不得晚于股权投资退出日，且借款余额不得超

① 参考上海市第二中级人民法院：《2014－2018 年股权转让纠纷案件审判白皮书》。

过该创投基金实缴金额的20%。

在投资过程中，我们还需要关注投资过程中的一些特殊事项所带来的法律风险，并在交易中予以重点关注，这些典型的特殊事项主要包括：

1. 涉及国有股权投资的特殊要求。根据相关法律规定，国有股权交易需要符合国资监管要求。其中，国有股权转让应当遵循等价有偿和公开、公平、公正原则，防止国有资产流失和损害交易各方的合法利益。[①]（1）国有股权持有人转让全部股权或者转让部分股权导致不再具有控股地位的，应当履行报批手续；（2）依法评估并经认可，或者报经有关部门核准价格，合理确定最低转让价；（3）除国家规定可以直接协议转让的以外，一般应在依法设立的产权交易场所公开竞价交易；（4）向境外投资者转让股权，应当符合国家有关规定，不得危害国家安全和社会公共利益。国有企业增资也需要经过类似程序。因此，在涉及国有股权投资的过程中，创投基金需要重点关注交易程序合规风险，并且明确审批不通过的法律后果。

我们可以看到未能履行法定国有资产审批手续可能导致相关交易无效。以公报案例巴菲特投资有限公司诉上海自来水投资建设有限公司股权转让纠纷案为例，司法机关认为，根据《企业国有资产监督管理暂行条例》第13条的规定，国务院国有资产监督管理机构可以制定企业国有资产监督管理的规章、制度。根据国务院国资委、财政部制定实施的《企业国有产权转让管理暂行办法》[②] 第4条和第5条的规定，企业国有产权转让应当在依法设立的产交易机构中公开进行，企业国有产权转让可以采取拍卖、招投标、协议转让等方式进行。企业未按照上述规定在依法设立的产权交易机构中公开进行企业国有产权转让，而是进行场外交易的，其交易行为违反公开、公平、公正的交易原则，损害社会公共利益，应依法认定其交易行为无效。[③]

如果协议约定以审批通过作为生效要件，承诺方不履行报批义务会有承

① 参见茆荣华主编：《上海法院类案办案要件指南（第1册）》，人民法院出版社2020年版，第131页。

② 该办法现已失效。

③ 上海市高级人民法院民事判决书，（2009）沪高民二（商）终字第22号，载《最高人民法院公报》2010年第4期。

担缔约过失责任的风险。在公报案例深圳市标榜投资发展有限公司与鞍山市财政局股权转让纠纷案中，司法机关认为，合同约定生效要件为报批允准，承担报批义务方不履行报批义务的，应当承担缔约过失责任。缔约过失人获得利益以善意相对人丧失交易机会为代价，善意相对人要求缔约过失人赔偿的，人民法院应予支持。除直接损失外，缔约过失人对善意相对人的交易机会损失等间接损失，应予赔偿。间接损失数额应考虑缔约过失人过错程度及获得利益情况、善意相对人成本支出及预期利益等，综合衡量确定。①

2. 在股权转让交易中，还涉及需要审查自然人股东的股权是否属于夫妻共有财产，并获得其配偶同意问题。以艾某、张某田与刘某平、王某、武某雄、张某珍、折某刚股权转让纠纷一案为例。最高人民法院认为，股权作为一项特殊的财产权，除其具有的财产权益内容外，还具有与股东个人的社会属性及其特质、品格密不可分的人格权、身份权等内容。如无特别约定，对于自然人股东而言，股权仍属于商法规范内的私权范畴，其各项具体权能应由股东本人独立行使，不受他人干涉。在股权流转方面，我国《公司法》确认的合法转让主体也是股东本人，而不是其所在的家庭。也就是说，股东对外转让所持有的股权无需获得配偶的同意。②

3. 股权变更和股东变更登记效力，以及股东名册、公司章程和工商登记的效力问题。因为股权获得过程中还涉及不同程序和环节、内部权利凭证和外部登记的时间差。因此，建议相关方在投资协议中对权利和义务变更时点予以明确。司法机关在实践中基本明确工商登记为对外公示效力，相关各方可以自由约定权利变更时间节点，但不得对抗第三方的裁判规则。

以北京宝利达投资管理有限责任公司与上海浦之威投资有限公司、上海东方汽配城有限公司股权转让纠纷上诉案为例。在该案中，北京市高级人民法院认为，股权变更与股权变更登记是两个不同的概念。根据《公司法》及《公司登记管理条例》（已失效）的有关规定，受让人通过有效的股权转让合同取得股权后，有权要求公司进行股东变更登记，公司须根据《公司法》及

① 最高人民法院民事判决书，(2016) 最高法民终802号，载《最高人民法院公报》2017年第12期。

② 最高人民法院民事判决书，(2014) 民二终字第48号。

公司章程的规定进行审查，经审查股权的转让符合《公司法》及章程的规定，同意将受让人登记于股东名册后，受让人才取得公司股权，成为公司认可的股东，这就是股权变更。但股东名册是公司的内部资料，不具有对世性，不能产生对抗第三人的法律效果，只有在公司将其确认的股东依照《公司登记管理条例》的规定到工商管理部门办理完成股东变更登记后，才取得对抗第三人的法律效果，这就是股权变更登记。因此，股权变更与股权变更登记是两个不同的法定程序。此外，北京市高级人民法院还认为，公司股东的工商登记属于宣示性的登记，而不是设权性登记。因为公司将其确认的股东向工商管理部门办理登记，公司的确认已经实现，股东的身份已经确定，股东的权利也已经产生，股东的工商登记仅仅是一种宣示而已。因此，股东权利的获得与行使并不以工商登记程序的完成为条件。股东的工商登记来源于公司的登记，或者说股东的工商登记以公司股东名册为基础和根据。这不仅表现为程序上的时间顺序，更是由两种登记的不同性质决定的。公司股东名册的登记确定股权的归属，工商管理部门将其进行工商登记。公司股东名册的登记发生变动，工商登记的内容亦作相应的更改。两者之间的关系决定了在出现差异的时候，即工商登记的内容与公司股东名册登记内容不一致的时候，作为一般原则，公司股东名册的登记内容应作为确认股权归属的根据；在股权转让合同的当事人之间、股东之间、股东与公司之间因为股权归属问题发生纠纷时，当事人不得以工商登记的内容对抗公司股东名册的记录，除非有直接、明确的相反证明。[①] 我们关注到该案例已入选《人民法院案例选(2011年版)》。

第二节　被投企业估值

在投资行业内，估值（Valuation）即对企业的价值评估。对被投企业进行估值是创投基金投资决策的基础。估值能力，即资产定价能力是基金管理

① 北京市高级人民法院民事判决书，(2009) 高民终字第1824号。

人的核心竞争力之一，也是区分不同基金管理人资产管理能力的重要体现。[①] 创投基金的投资标的主要是未上市企业，而非上市公司股权估值存在估值方法选择较灵活、主观判断因素较多、结果不确定较强等特点，因此未上市企业的准确估值是全世界未解难题之一。2018 年 3 月，中基协发布《私募投资基金非上市股权投资估值指引（试行）》，提出了私募基金在对非上市股权进行估值时通常采用的五种估值方法、适用场景及应用指南，分别是参考最近融资价格法、市场乘数法、行业指标法、现金流折现法和净资产法。[②] 但估值并不属于合规风控人员工作的重点，所以在此不再详述。

从投资条款来看，估值条款是投资协议中最为重要的条款之一。它会直接影响创投基金的投资成本，即在融资额确定情况下直接影响其他股东的股权比例。因此这是各方最为关注的重点之一。从实务来看，估值有很多适用情境和适用口径。估值可以分为投前估值（Pre – money）和投后估值（Post – money）。顾名思义，投前估值是投资者在投资之前对被投企业价值的评估，而投后估值就是投资之后被投企业的价值评估，等于投前估值加上被投企业本次新增融资金额。[③] 还有综合估值，即投资者对某一被投企业多次或者多种投资方式之后加权平均估值额。在实务中，计算估值时，需要考虑投资方式（增资还是股权转让）、每一轮投资的具体金额和价格、股权激励和投资前利润归属等各种因素。我们举例说明。假设创业企业 A 公司为股份公司，[④] 注册资本为 1000 万元，总股数为 1000 万股。创投基金 B（B 基金）拟按照以下方案投资 A 公司，具体包括：（1）投资 2000 万元按照 10 元/股价格认购 A 公司新增发 200 万股；（2）以 900 万元的价格按照 9 元/股的价格受让 A 公司原有股东 100 万股。本次融资后 A 公司的股份数为 1200 万股。同时，A 公司计划在 B 基金本次融资完成后按照 5 元/股的价格向员工持

---

① 参见中国证券投资基金业协会托管与运营专业委员会估值工作小组编：《中国基金估值标准 2018》，中国金融出版社 2019 年版，第 241 页。

② 《私募投资基金非上市股权投资估值指引（试行）》第 3 条。

③ 参见［美］布拉德·菲尔德、［美］杰森·门德尔松：《风险投资交易》，桂曙光译，机械工业出版社 2020 年版，第 49 页。

④ 笔者在此提醒注意，我们以股份公司为例是为了简化表述，该案例对有限责任公司同样适用，将其中“股份数”或者“股”换成“注册资本”即可。

股企业增发 300 万股。股权激励完成后，A 公司股份数增加到 1500 万股。在本案例中，我们可以看到被投企业估值情况如下：

1. 投前估值 = 投资前股份数 × 增发股份的每股价格。在本案例中，A 公司的投前估值 = 1000 万股 × 10 元/股 = 1 亿元。

需要注意的是，如果本次融资中只有股份转让，没有新增发股份，就没有投前估值和投后估值差异。投资估值 = 投资前股数 × 股份转让的每股价格。

2. 投后估值可以有两者计算方式：（1）投后估值 = 投前估值 + 本次增发股份的的融资金额 = 投资前股份数 × 新增发股份的每股价格 + 本次增发股份的融资金额；（2）投后估值 = 本次认购增发股份金额 ÷ 其认购增发股份比例 = 本次认购增发股份金额 ÷ [本次新增股份数 ÷ (投资前股份数 + 本次新增股份数)]。

在本案例中，A 公司的投后估值 = 1000 万股 × 10 元/股 + 200 万股 × 10 元/股 = 1.2 亿元。也可以是，A 公司的投后估值 = 2000 万元 ÷ [200 万股 ÷ (1000 万股 + 200 万股)] = 1.2 亿元。

3. 特定投资者的综合估值 = 投资者总投资金额 ÷ 投资者总持股比例。投资者总投资金额是投资者在不同投资轮次投资金额或者多种投资方式投资金额之和。因此不同投资者可能会存在差异，所以综合估值是针对特定投资者而言的。

在本案例中，B 基金对 A 公司总投资金额为 2900 万元（增资款 2000 万元 + 股份转让款 900 万元），总持股数为 300 万股（认购新股 200 万股 + 受让股份 100 万股）。所以，B 基金投资 A 公司的综合估值 = 2900 万元 ÷ (300 万股 ÷ 1200 万股) = 1.16 亿元。其与投后估值的差异在于 B 基金通过受让部分价格较低的股份降低了其整体投资成本。

4. 股权激励后特定投资者的综合估值。如果是投资完成后，被投企业进行降价融资或者股权激励会稀释投资者股权价值。

在本案例中，股权激励完成后，B 基金对 A 公司总投资金额为仍然为 2900 万元，总持股数为 300 万股也不变，但是其持股比例由于 A 公司增发 300 万股股份而被稀释。所以，B 基金投资 A 公司的综合估值 = 2900 万元 ÷ [300 万股 ÷ (1200 万股 + 300 万股)] = 1.45 亿元，比股权激励前的综合估值提高了 2900 万元。其中，A 公司因股权激励而增加的现金为 1500 万元（300 万股 ×5 元/股），两者的差额 1400 万元就是 B 基金因为 A 公司股权激励而承担的估值损失。所以我们需要特别注意被投企业的股权激励对投资估值产生的影响。

对创业投资中的各方而言，尤其是创投基金的法务人员，需要准确理解各种估值的具体口径、计算方式及其影响因素以作为各方的权利和义务基础。

从商业角度来看，在创业投资中，被投企业的原股东和投资者是估值高低的直接博弈方。在融资金额一定的前提下，对被投企业的原股东而言，高估值意味着少稀释；对投资者而言，高估值就意味少股权比例和高投资风险。因此，估值高低一直是各方谈判焦点之一。需要注意的是，估值高低很可能会对其它经济类条款产生直接甚至根本性影响。例如，高估值和严格的对赌业绩及回购条款往往是紧密相连的，因为高估值往往建立在被投企业高成长性预期基础之上，也就意味着投资者需要承担高成长性不能实现风险。在此情况下，投资者往往会要求严格的对赌条款和反稀释条款，以控制高成长性不能实现的风险。而这些条款可能会在被投企业发展不达预期时给相关方带来相应法律责任，并影响其后续融资。因此，各方不能以“零和博弈”思维而应以被投企业长远和可持续发展的角度来看待估值条款，并充分评估和平衡其收益和风险。总体而言，合理的估值对被投企业、创投基金及其他相关各方来说都是至关重要的。这也是各方长期友好合作的基础之一。

第四章

投资条款

一般来说，在美国，创投基金在投资时只关注两件事，即经济因素和控制因素。[1] 创投基金的投资合同的目的是在创投基金和创业团队之间分配现金流和控制权，从而实现公司价值的最大化，为创业团队的努力提供激励，并充分保护投资者免受下行风险的影响。这些合同安排的起源可以追溯到19世纪初美国新英格兰捕鲸业和马萨诸塞州的棉纺织业融资实践。[2] 在中国，由于创投基金期限更短且项目退出更难，人民币创投基金还对项目退出因素非常关注。从实务来看，对人民币基金而言，项目投资条款大致可以分为经济类条款、控制类条款、退出类条款和其他类条款四大类。

经济类条款，是指与项目投资收益直接相关的条款，主要包括估值条款、对赌条款（价格调整条款）、反稀释权条款、优先清算权条款、优先购买权和优先受让权条款等条款。

控制类条款，是指使得创投基金可以直接对被投企业施加控制或者有权否决被投企业作出的特定决策相关条款，主要包括股东会一票否决权、董事会席位及一票否决权条款、限售权条款等条款。

退出类条款，是指与创投基金投资退出相关条款，主要包括回购权条款、领售权条款和共售权条款等条款。

---

① ［美］布拉德·菲尔德、［美］杰森·门德尔松：《风险投资交易》，桂曙光译，机械工业出版社2020年版，第45页。

② ［美］汤姆·尼古拉斯：《风投》（*VC: An American History*），田轩译，中信出版集团股份有限公司2020年版，引言部分和第51页。

其他类条款，是指除经济类条款、控制类条款、退出类条款之外的其他主要条款，主要包括通知送达条款、效力适用条款等条款。

第一节　经济类条款

参考国际同行分类，并结合中国实践和特定法律环境来看，估值条款、业绩承诺条款（对赌条款）、反稀释权条款、优先清算权条款、优先购买权和优先受让权条款等条款会对创投基金的收益产生直接影响，因此可以归入经济类条款。其中估值条款在本篇第三章已有分析，在此不再累述。

一、对赌条款（价格调整条款）

不知从何时起，“对赌协议”研究成为法学界热点，一时间这一领域的实务和学术研究成果已是“汗牛充栋”。还有人专门通过考证创投基金的圣地硅谷是否有对赌，煞有介事得出重要结论“硅谷无对赌”重大发现。[①] 其话外之音不言而喻——“对赌条款”是中国人的独特创造。

实际上，“对赌协议”这种机制在我国广泛使用，广泛到能黄河水质都可以成为“对赌”标的。根据媒体报道，2021 年黄河上游的河南省和下游的山东省经协商签订了《黄河流域（豫鲁段）横向生态保护补偿协议》。该协议的特别之处在于引入了“对赌协议”——它不只是单向约定生态保护的受益方要给保护方一定的补偿，还同时约定治理不达标的一方要给“受害方”对等补偿。如此一来，生态补偿变得更公平，确保了双方权责对等，同时也强化了保护方的生态修复动力和积极性。该协议约定，跨两省交界控断面水质年均值在Ⅲ类基础上，每改善一个水质类别，山东给予河南 6000 万补偿金；反之，每恶化一个水质类别，河南给予山东 6000 万。此外，如果断面 3 项关键污染物年度指数每下降 1 个百分点，山东要给予河南 100 万补偿金；反之，每上升 1 个百分点，河南要给予山东 100 万。“对赌”协议实施满 1 年

① 参见张巍：《资本的规则》，中国法制出版社 2017 年版，第 1 章第 1 节“硅谷无对赌”。

后，由于黄河入鲁水质始终保持在二类水质以上，山东作为生态利益的受益方，向河南支付了1.26亿元的生态补偿资金，但是没有输家。① 虽然对赌机制被广泛使用，但“对赌协议”的定义却长时间没有明确，一直未有权威定义。直到2019年11月，最高人民法院才在《九民纪要》（法〔2019〕254号）中第一次以司法解释的形式正式定义“对赌协议”的含义。根据该纪要，实践中俗称的“对赌协议”，又称估值调整协议，是指投资方与融资方在达成股权性融资协议时，为解决交易双方对目标公司未来发展的不确定性、信息不对称以及代理成本而设计的包含了股权回购、金钱补偿等对未来目标公司的估值进行调整的协议。笔者认为该定义有诸多可商榷之处。对赌条款本身并非一个法律概念，而是一个俗称。这一俗称有一定的误导性。因为这种条款与通常理解上的“赌”或“赌博”不存在任何关系。②

首先，所谓“对赌”不仅仅发生在“交易双方”之间，很有可能发生在多方之间，而且多方之间并非“交易对手方”。例如，在创投基金对目标公司进行增资，目标公司的控股股东承诺对创投基金在特定情形下进行补偿时，增资交易是发生在创投基金和目标公司之间，两者构成增资交易的交易对手方，而补偿交易发生在目标公司的控股股东和创投基金之间，两者并非增资交易的交易对手方。

其次，“股权回购”主要分为以目标公司为义务人的股权回购和其他股东为义务人的股权回购，其实只有前者才是中国公司法上的“股权回购”，后者可以视为一种看跌期权，即投资者作为权利人可以在未来按照规定价格和数量向义务人卖出目标公司股权的权利，其法律实质是“附条件的股权转让合同”，法律性质和实务已非常明确，无需再纳入所谓“对赌协议”范畴之中。

最后，“股权回购”并不能调整未来目标公司的估值，而是投资者

---

① 参见陈淑莲：《1.26亿，河南“赌”赢了山东，却没有输家》，载《中国新闻周刊》，https://mp.weixin.qq.com/s?src=11&timestamp=1658124336&ver=3927&signature=Chqq*ulrYvxAuFftnO6ODjoFYXp5o1ZSpzrUa*uV2dVYPGaDfzwlTnc2tzw4cBkg*0gIMvt01B7wMCRXUQMhJIJ25tjyxrMj3fH7s6JhhoqH7JNr1fejtHPPcDryF4K5&new=1，最后访问日期：2022年7月18日。

② 参见中国国际经济贸易仲裁委员会编：《股权转让仲裁案例精选（上下卷）》，法律出版社2020年版，第515页。

“投资退出”主要方式之一。在此情况下，投资者关心的是如何退出投资，而非如何调整公司的“估值”。因为在投资者的股权全部回购退出的情况下，目标公司“估值”已与投资者的经济利益无关。因此，股权回购和金钱补偿存在本质差异，不宜归于同类，不宜纳入所谓的“对赌条款”之中。

有学者认为，“对赌协议”在我国实践中主要有三种场景：一是PE/VC（创投基金）基金投资过程中的对赌；二是上市公司重大资产重组交易中的业绩补偿；三是中国企业（不限于上市公司）并购海外标的时或有对价（earnout）的安排。[①] 综合分析前述每一种情况都是对投资价格的调整。其中，第二种主要是通过注销作为对价的股票或者向上市公司支付现金补偿款调整投资对价，第三种主要是根据投资标的相关事项决定后续对价支付。所以，前述条款的本质都是对投资价格调整。相对于“对赌协议”这个名字所带来的“资本压迫感”，再叠加中国文化中“赌博”寓意，笔者认为，投资价格调整更能体现该条款的本质，而且能更为大众所接受，同时使用“价格调整条款”或者“价格调整机制”来描述估值调整机制更为准确。[②] 本书中的“价格调整条款”是指投资方与融资方在达成股权性融资协议时，为解决交易方对目标公司未来发展的不确定性、信息不对称以及代理成本而设计对股权投资价格进行调整的条款。从广义上来看，反稀释条款、具有强制分红权的优先股条款均可以纳入其中。需要说明的是，为了照顾读者的使用习惯，笔者在本书还是使用“对赌协议”，但我们使用的“对赌协议”不包含股权回购在内，股权回购将作为单独条款阐述。

（一）对赌协议的商业逻辑和价值

众所周知，标的的质量是交易最重要的因素之一，无论是货物买卖还是股权投资交易，标的物质量往往和其价格紧密相关。从我国的买卖合同纠纷案件审理的实际情况来看，标的物的质量是否合格几乎是每一起案件中当事

① 参见刘燕：《“对赌协议”的裁判路径及政策选择——基于PE/VC与公司对赌场景的分析》，载《法学研究》2020年第2期。

② 参见中国国际经济贸易仲裁委员会编：《股权转让仲裁案例精选（上下卷）》，法律出版社2020年版，第514页。

人争议的焦点问题。[①] 在货物买卖交易里，如果卖方对买方就有关货物在事实方面做出了确认或者许诺，并作为交易基础的组成部分，就构成一项明示担保，即保证他所出售的货物与他所做出的确认或者许诺相符。[②] 其基础就在于双务合同对价有偿性。一切有偿合同都存在等价关系，即一方取得标的物是给付对价的结果。在中国司法中，股权转让是可以参照买卖合同的相关规定的。[③] 如果我们对比货物买卖交易和股权投资交易，我们可以发现标的物差异决定了两者的差异。相对于实体货物，股权投资的标的——被投企业的股权是一个涉及团队、技术、管理、组织结构、资产、负债等多重因素的综合体，更为复杂、更长期限、具有更大不确定性。在此背景下，“对赌协议”可以发挥一定作用，具有相应价值：

1. 对赌条款可以促进交易发生，有利于增加中小企业融资。全世界中小企业的融资都很难。其中，中小企业的债权融资受制于其发展不确定性和债权对安全性需求；而创业投资是中小企业股权融资的有效方式。我们知道，投资价格是投资中最重要因素之一，也是交易能否达成的核心点之一。在绝大部分情况下，投资价格能否达成一致是交易能否达成的前提条件之一。对创业企业的准确估值却是世界性难题，人民币创投基金也概莫能外。对赌条款可以将交易前一次性博弈变成交易前确定预定价格，投资后根据具体情况进行调整的多次博弈，增加了博弈机会，可以有效提高第一次博弈达成一致的效率，进而可以有效促进交易达成。

2. 对赌条款可以降低监督成本。对赌条款把股东对目标公司的经营者或者大股东的监督机制从经营过程监督变更成结果考核，有利于提高监督机制效率。众所周知，我国中小企业的所有权和经营权分离并不普遍，很多股东同时也是企业经营者，直接控制和经营公司。为了确保目标公司实现特定目

---

① 参见最高人民法院民法典贯彻实施工作领导小组主编：《中华人民共和国民法典合同编理解与适用》，人民法院出版社2020年版，第953页。

② 参见黄薇主编：《中华人民共和国民法典释义》，法律出版社2020年版，第1189页。

③ 参照《最高人民法院关于审理买卖合同纠纷案件适用法律问题的解释》（2020年修正）第32条第1款的规定，“法律或者行政法规对债权转让、股权转让等权利转让合同有规定的，依照其规定；没有规定的，人民法院可以根据民法典第四百六十七条和第六百四十六条的规定，参照适用买卖合同的有关规定”。

标，创投基金作为外部股东可以选择以下两种方式对目标公司进行监督：第一种方式就是对目标公司经营进行全过程的监督，确保目标公司按照预定计划发展，这就要求其全面参与目标公司经营管理，并且需要对其经营管理具有相应决策权。但是这会产生很高的人力、物力、时间和决策成本等监督成本，而且还容易引发股东之间决策权冲突。第二种方式就是对经营结果或者特定事项是否实现进行考核。这就无需对目标公司经营进行全过程的监督，可以有效的降低监督成本并且降低股东之间决策权冲突风险和概率。

3. 对赌条款有助于均衡各方的投资风险和投资收益。固然，对赌条款可能会对目标公司和大股东会带来一定法律风险。我们知道创投基金投资往往高溢价投资，即使是增资交易中，创投基金投资款中的溢价增资部分进入目标公司资本公积也由各股东按照股权比例分享。因此，公司所有股东都是溢价增资的受益者。其中公司大股东即使不是直接交易对手方，也是其中最大受益者，在大股东是股权转让方时更不待言了。所以，这其中的风险和收益均衡是目标公司大股东能接受或者同意目标公司接受对赌条款的主要原因。

当然，对赌条款的负面作用也无需讳言。部分创投基金过于依赖对赌协议来进行投资，将对赌协议作为投资决策基础。以至于有司法机关都忍不住提示，投资者若盲目依赖“对赌协议”，甚至将“对赌协议”代替尽职调查而作为投资定价的主要工具，则会使“对赌协议”脱离目标公司的实际经营状况和真实价值，进一步加大投资风险，为“对赌”失败埋下隐患。[①]

（二）对赌协议在中国法下构造及其解决方案

对创投基金而言，“对赌条款”基于未来不确定事项且直接涉及其经济利益，而且既涉及合同法又涉及公司法，因此通常会比较复杂。如何在中国法律框架内设计一个科学、合理和可执行的对赌条款对创投基金而言至为重要。人民币创投基金实务看，责任主体、触发事项、补偿确定机制、补偿方式和责任条款是对赌协议的核心要素，也是各方的谈判焦点及各方法务人员的审核重点，更是司法纠纷争议焦点之所在。这些核心要素对对赌协议的责任确定、履行和执行至关重要。

---

① 上海市第二中级人民法院：《2015－2019 年涉“对赌”纠纷案件审判白皮书》，第 21 页。

1. 对赌条款的责任主体

对赌条款的责任主体就是指对赌义务人。在中国法下，这是对赌协议的最重要要素之一，会对赌协议的效力和履行产生重大影响。从实务来看，对赌义务人主要可以分为以下两类：

（1）被投企业（以下称“目标公司”）；

（2）目标公司股东及其实际控制人，在实务中往往是控股股东、实际控人及其关联方（以下合称“目标公司大股东”）。

从现有司法实践来看，有司法机关建议创投基金尽量选择目标公司的大股东、实际控制人或其关联方为对赌义务人，谨慎选择目标公司作为对赌义务人。《九民纪要》规定，在司法实践中，对于投资方与目标公司的股东或者实际控制人订立的“对赌协议”，如无其他无效事由，认定有效并支持实际履行，实践中并无争议。[①] 但对创投基金与目标公司订立的“对赌协议”不存在法定无效事由的情况下，目标公司仅以存在股权回购或者金钱补偿约定为由，主张“对赌协议”无效的，法院不予支持。虽然《九民纪要》肯定了创投基金与目标公司的“对赌协议”效力，但是创投基金主张实际履行存在很大障碍。创投基金主张目标公司回购股权的，目标公司必须依法先完成减资程序，法院方能支持创投基金的回购请求。《公司法》规定减资程序需经股东会决议通过。可想而知，在创投基金与目标公司因股权回购诉至法院的情形下，经股东会决议完成减资程序的可能性显然不容乐观。而公司召开股东会决议属于公司自治事项，司法不宜介入，故创投基金无法通过诉讼主张目标公司完成减资程序。创投基金主张目标公司进行金钱补偿的，司法机关也需从“股东不得抽逃出资”和公司法有关利润分配的强制性规定进行审查，创投基金只能从公司可分配利润中得到补偿，否则就会构成抽逃出资。如果金额补偿额超过其可分配金额的，其诉求也难以获得法院支持。因此，在与目标公司“对赌”实际履行困难重重的情况下，创投基金应慎重考虑将

① 最高人民法院：《最高人民法院关于印发〈全国法院民商事审判工作会议纪要〉的通知》（法〔2019〕254号）第2条“关于公司纠纷案件的审理”之“（一）关于“对赌协议”的效力及履行”。

目标公司作为“对赌”相对方。[①] 既然由目标公司直接作为补偿义务人面临各种公司法限制，那么是否可以采取其他解决方案呢？

从现有法律规定和法律实务来看，目标公司及其大股东作为责任主体关系可以分为三类；单独债务人；两者共同作为共同债务人；一方作为债务人，另一方作为保证人。根据《民法典》第 517 条和第 518 条的规定，共同债务可以分为按份债务和连带债务。根据《民法典》第 686 条和第 518 条的规定，保证方式可以分为一般保证和连带保证。通过组合债务主体关系和责任关系和责任主体，我们可以得到不同责任主体安排。实务中，一般涉及以下三大类责任主体安排：

（1）单独债务人，即目标公司和大股东分别作为单独对赌补偿义务主体承担对赌补偿义务。该大类可以细分为两小类：目标公司单独作为对赌义务人，即目标公司单独承担对赌补偿责任；目标公司大股东单独作为对赌义务人，即目标公司大股东单独承担对赌补偿责任。

（2）共同债务人，即目标公司和大股东以共同债务人的身份同时作为对赌补偿义务人，共同承担对赌补偿义务。两者为共同债务人。根据《民法典》第 517 条和第 518 条的规定，共同债务可以分为按份债务和连带债务。因此，两者可以为按份共同债务人或者连带共同债务人，即目标公司和目标公司大股东作为按份共同义务人，按照特定比例共同承担对赌补偿义务；或者目标公司和目标公司大股东作为共同连带义务人，对对赌补偿义务承担共同连带补偿责任。连带债务是对债权人最为可靠的数人承担义务的方式。在债务人中，哪怕只有一人具有给付能力，债权人就会得到清偿，原因是该个别债务人财产对债权人债权的全部金额向该债权人负责任。[②]

（3）一方作为债务人，另一方作为保证人。根据《民法典》第 686 条的规定，保证分为一般保证和连带责任保证。当事人在保证合同中对保证方式没有约定或者约定不明确的，推定为一般保证。这是民法典对担保法做出重

---

① 参见上海市第二中级人民法院：《2015－2019 年涉“对赌”纠纷案件审判白皮书》，第 21～22 页。

② 参见［德］迪特尔·梅迪库斯：《德国债法总论》，杜景林、卢谌译，法律出版社 2004 年版，第 607 页。

大修改之一。两种保证方式结合保证人和主债务人之间的两种关系，会产生四类关系，分别是目标公司作为对赌义务的主义务人，目标公司大股东对目标公司的对赌义务承担一般保证责任；目标公司作为对赌义务的主义务人，目标公司大股东对目标公司的对赌义务承担连带保证责任；目标公司大股东作为对赌义务的主义务人，目标公司对目标公司大股东的对赌义务承担一般保证责任；目标公司大股东作为对赌义务的主义务人，目标公司对目标公司大股东的对赌义务承担连带保证责任。

当然，如果保证人为多个，还会产生共同保证的问题。共同保证和一般保证及连带责任保证的本质差异在于共同保证处理的是多个保证人之间的关系，而后两者处理的是主债务人和保证人之间的关系。根据《民法典》第699条的规定，共同保证可以分为按份共同保证和连带共同保证两类。多个保证人之间的关系，结合保证人和主债务人之间的两种关系，会产生四种保证责任承担方式，分别为连带共同连带保证、连带共同一般保证、按份共同连带保证、按份共同一般保证四类。其中最常见的是连带共同连带保证，即债务人和保证人之间的关系为连带责任保证，多个保证人之间也为连带共同保证。[①] 在实务中应当注意连带共同保证与连带责任保证的区别。连带共同保证中的“连带”是对“共同保证”的修饰，不是对“保证”的修饰，换言之，在各保证人与债权人是连带共同保证关系的情况下，不排除各保证人对债权人承担保证责任的方式不是“连带”方式，而是一般保证的方式。[②] 为了简化起见，我们不对该种情形进行进一步分析。

既然由目标公司直接作为补偿义务人面临各种限制，结合目标公司及其大股东责任关系来看，目标公司单独作为对赌义务人和目标公司作为对赌义务的主义务人，目标公司大股东对目标公司的对赌义务承担一般保证责任这两种对赌安排均存在较大法律或者履行风险。对第二种而言，根据《民法典》第687条的规定，目标公司大股东作为一般保证人有权行使先诉抗辩权，在主合同纠纷未经审判或者仲裁，并就债务人财产依法强制执行仍不能履行

① 参见黄薇主编：《中华人民共和国民法典释义》，法律出版社2020年版，第1324页。

② 参见曹士兵：《中国担保制度与担保方法》（第3版），中国法制出版社2015年版，第138～139页。

债务前，有权拒绝履行对赌补偿义务。考虑到一般保证先诉抗辩权及按份责任的影响，实务中常见的是连带责任保证。因此，我们可以看到实务中可行对赌责任主体安排主要包括：

（1）目标公司大股东单独作为对赌义务人，即目标公司大股东单独承担对赌补偿责任。

（2）目标公司和目标公司大股东作为共同连带义务人，对对赌补偿义务承担共同连带补偿责任。目标公司和目标公司大股东作为连带债务人，不管其之间的内部份额如何划分，对赌义务权利人既可以请求全部债务人履行全部债务或者部分债务，也可以请求部分债务人履行全部债务或者部分债务。因此，即使目标公司作为共同连带义务人之一因为法律限制不能履行对赌补偿义务，这并不影响目标公司大股东作为共同连带义务人，承担其对赌补偿义务。

（3）目标公司作为对赌义务的主义务人，目标公司大股东对目标公司的对赌义务承担连带保证责任。根据《民法典》第682条的规定，目标公司大股东的担保义务是从合同义务，是附属于目标公司作为对赌义务的主义务合同义务的。主债权债务合同无效的，保证合同无效。但是，根据《九民纪要》规定，在司法实践中，对于投资方与目标公司的股东或者实际控制人订立的"对赌协议"，如无其他无效事由，认定有效并支持实际履行，实践中并无争议。[①] 所以，如无其他无效事由，对赌补偿协议并非无效，因此目标公司大股东不能以主合同无效主张其对连带保证责任无效，而且因为目标公司大股东并不享有一般保证项下先诉抗辩权，所以其既有权要求目标公司履行对赌补偿义务，也可以请求目标公司大股东在其保证范围内承担保证责任。但是，实务中依然存在主合同对担保合同的影响，而且根据《九民纪要》第54条的规定，除了银行或者非银行金融机构开立的独立保函外，其他人开立的独立保函以及其他当事人有关排除担保从属性的约定均为无效。也就是说除了银行或者非银行金融机构开立的独立保函，其他当事人无权以约定方式

---

① 最高人民法院：《最高人民法院关于印发〈全国法院民商事审判工作会议纪要〉的通知》（法〔2019〕254号）第2条"关于公司纠纷案件的审理"之"（一）关于"对赌协议"的效力及履行"。

排除担保从属性。

（4）目标公司大股东作为对赌义务的主义务人，目标公司对大股东的对赌义务承担连带保证责任。从法律性质来看，该交易已经变更为目标公司给大股东提供担保行为。从司法实践来看，只要履行必要的法定程序，这种思路则是可行的。该交易模式的要点如下：

①目标公司对股东的补偿义务提供担保的司法审查重点在于法定代表人对外签署担保协议是否已获得适当授权。根据《公司法》第 16 条的规定，公司为公司股东或者实际控制人提供担保的，必须经股东会或者股东大会决议。同时前款规定的股东或者受前款规定的实际控制人支配的股东，不得参加前款规定事项的表决。该项表决由出席会议的其他股东所持表决权的过半数通过。该条的目的在于为防止法定代表人随意代表公司为他人提供担保给公司造成损失，损害中小股东利益。根据该条规定，担保行为不是法定代表人所能单独决定的事项，而必须以公司股东（大）会、董事会等公司机关的决议作为授权的基础和来源。法定代表人未经授权擅自为他人提供担保的，构成越权代表，需要区分订立合同时债权人是否善意分别认定合同效力：债权人善意的，合同有效；反之，合同无效。[①]

②从法律后果上看，在目标公司履行其对股东的补偿义务的担保责任后，目标公司向作为股东的创投基金支付了补偿款，同时取得了对被担保方的相应债权，目标公司可以向被担保股东进行追偿，并不构成抽逃出资。在成都市棒棒娃实业有限公司、李某股权转让纠纷一案中，最高人民法院认为，目标公司承担担保责任后与债务人被担保股东形成新的债之关系，对被担保股东享有追偿权，故该担保并不损害目标公司的利益，案涉担保不构成抽逃出资的主张。[②] 虽然该案涉及的是目标公司为股东间股权转让的担保责任问题，按照举重明轻原则，在此也是可以适用的。

2021 年 5 月，最高人民法院在净雅食品集团有限公司诉临沂海诺置业有限公司、王某、章某某等股权转让合同纠纷案中再次明确，法律并未禁止目

① 《全国法院民商事审判工作会议纪要》（法〔2019〕254 号）第 17 条。

② 最高人民法院民事裁定书，（2019）最高法民申 4849 号。

标公司为支付其自身股权转让款提供担保的规定，本案不属于《最高人民法院关于适用〈中华人民共和国公司法〉若干问题的规定（三）》第12条所列举的股东抽逃出资的情形。在该案中，《公司法》并不禁止公司为股东或者实际控制人提供担保，而是要求必须经股东会或者股东大会决议。本案虽未有股东会或者股东大会决议，但王某、章某某作为股权受让人，在涉案股权转让后为海诺公司仅有的两名股东，二人在《协议书》上签字，以及海诺公司在《协议书》上盖章的行为，足以认定海诺公司为王某、章某某提供担保系公司的真实意思表示。故海诺公司的该担保行为是合法有效之担保，其应当就王某、章某某向净雅公司的付款义务承担连带责任。[①] 该案还作为典型案例入选《人民法院案例选（2022年第2辑）》。

③从经济实质上来看，在创投基金对目标公司增资的情况下，目标公司承担补偿担保责任也具有合理性，不违反公平原则。在强某延、曹某波股权转让纠纷一案中，最高人民法院认为，案涉担保条款虽系受让方股东兼法定代表人代表瀚霖公司与强某延签订，但是3000万元款项并未供法定代表人个人投资或消费使用，亦并非完全出于法定代表人个人需要，而是全部投入目标公司资金账户，供目标公司经营发展使用，有利于目标公司提升持续盈利能力。这不仅符合公司新股东的个人利益，也符合公司全体股东的利益，目标公司本身是最终的受益者。该担保行为有利于目标公司的自身经营发展需要，并未损害目标公司及中小股东权益，不违反《公司法》第16条之立法目的，符合一般公平原则。[②]

④目标公司担保需要履行相关履行程序，补偿权利人需要尽到基本的形式审查义务并负有相应举证责任。根据《全国法院民商事审判工作会议纪要》第18条、第19条和第22条的规定，在此情况下，创投基金负有举证责任，即有义务提供证据证明其在订立合同时对股东（大）会决议进行了审查，决议的表决程序符合《公司法》第16条的规定，即在排除被担保股东表决权的情况下，该项表决由出席会议的其他股东所持表决权的过半数通过，

① 最高人民法院民事裁定书，（2021）最高法民申2177号。
② 最高人民法院民事判决书，（2016）最高法民再128号。

签字人员也符合公司章程的规定。以通联资本管理有限公司、成都新方向科技发展有限公司与公司有关的纠纷案为例，最高人民法院在该案中认为，虽然目标公司在《增资扩股协议》中承诺对大股东进行股权回购义务承担连带责任，但并未向投资者提供相关的股东会决议，亦未得到股东会决议追认，而投资者未能尽到基本的形式审查义务，从而认定目标公司法定代表人代表目标公司在《增资扩股协议》上签字、盖章行为，对目标公司不发生法律效力。①

需要注意的是，创投基金对公司机关决议内容的审查一般限于形式审查，只要求尽到必要的注意义务即可，标准不宜太过严苛。公司以机关决议系法定代表人伪造或者变造、决议程序违法、签章（名）不实、担保金额超过法定限额等事由抗辩创投基金非善意的，人民法院一般不予支持。但是，公司有证据证明创投基金明知决议系伪造或者变造的除外。如果承担补偿义务担保人是上市公司的，创投基金还需要去审核上市公司公开披露的关于担保事项已经董事会或者股东大会决议通过的相关公告。当然，担保合同系由单独或者共同持有公司 2/3 以上有表决权的股东签字同意也可以视为履行相应股东会决策程序。

⑤如果担保合同有效，创投基金有权请求目标公司承担补偿义务的担保责任；担保合同无效，创投基金请求目标公司承担补偿义务担保责任的，人民法院不予支持，但可以按照担保法及有关司法解释关于担保无效的规定处理。② 在通联资本管理有限公司、成都新方向科技发展有限公司与公司有关的纠纷案中，最高人民法院认为，目标公司在公司章程中未规定公司对外担保及对公司股东、实际控制人提供担保议事规则，导致公司法定代表人使用公章的权限不明，其法定代表人未经股东会决议授权，越权代表公司承担对大股东的股权回购义务承担履约连带责任，其对该担保条款无效也应承担相应的过错责任。根据《最高人民法院关于适用〈中华人民共和国担保法〉若干问题的解释》（已失效）第 7 条的规定，投资者、目标公司对《增资扩股

① 最高人民法院民事判决书，（2017）最高法民再 258 号。

② 《全国法院民商事审判工作会议纪要》（法〔2019〕254 号）第 20 条。

协议》中约定的“连带责任”条款无效，双方均存在过错，目标公司对大股东承担的股权回购款及利息，就不能清偿部分承担1/2的赔偿责任。[①]

因此，综上所述，公司股东承担补偿义务，目标公司提供连带保证担保可以作为公司承担补偿义务的替代方式。但是，创投基金需要严格履行相应形式审查义务，并做好相应证据留存。我们可以看到，目标公司给股东回购承担连带保证担保的法律基础、司法实践和注意要点与此基本一致。

2. 对赌条款的考核指标

在确定了对赌条款责任主体后，考核指标的确定就很重要了。从实务来看，业绩对赌考核指标可以根据交易具体情况的不同而不同。考核指标一般可以分为财务类指标和非财务类指标两类。以上市公司深圳市汇川技术股份有限公司（以下简称汇川技术）收购上海贝思特电气有限公司（以下简称贝思特）100%股权的交易为例。在该交易中，交易双方同意将贝思特承诺期间内的跨国企业业务与海外业务累计毛利润；大配套中心；核心人员离职率作为考核指标，交易对方作出相应承诺。[②] 其中，第一个考核指标“跨国企业业务与海外业务累计毛利润”为财务类考核指标，剩余第二个和第三个考核指标分别为产品交易及时性和交付质量及核心员工稳定性，均为非财务考核指标。具体对赌考核指标如下：

考核指标一：跨国企业业务与海外业务累计毛利润。根据各年度电梯行业增长情况，以中国电梯行业协会发布的2018年度电梯产量以及贝思特经审计的2018年度跨国企业业务与海外业务毛利润为基数，考核贝思特2019年~2021年经审计的承诺年度跨国企业业务与海外业务累计毛利润，即贝思特2019年~2021年三年合计的跨国企业业务与海外业务经审计的毛利润要求。

考核指标二：大配套中心，交易对方承诺，自第二次交割日起6个月届满后的12个月内，贝思特成立大配套中心，并明确大配套中心具备以下能

---

① 最高人民法院民事判决书，(2017) 最高法民再258号。

② 参见深圳市汇川技术股份有限公司：《深圳市汇川技术股份有限公司发行股份及支付现金购买资产并募集配套资金报告书》，载 http://www.cninfo.com.cn/new/disclosure/detail?plate=szse&orgId=9900012527&stockCode=300124&announcementId=1207035988&announcementTime=2019-10-29 17:11，最后访问日期：2021年12月31日。

力：准时交付率：承诺期内准时交付的订单占承诺期内总订单的比例大于等于95%；平均交货质量：一次开箱合格率不低于95%。

考核指标三：核心人员离职率。交易对方承诺，自2019年1月1日起至36个月届满之日止，贝思特核心人员离职率低于10%。

我们可以看到该交易中，双方设置全面和严谨的考核指标，并且根据各项考核指标详细约定各类考核指标的核算口径和具体要求。

实务中，财务考核指标最为常见，其背后逻辑在于以财务指标反映目标公司的成长性及成长质量，主要包括主营业务收入、净利润（扣非后净利润）、净利润率等；非财务考核指标主要由构成公司核心竞争力的因素及价值来源组成，因为各目标公司具体情况而异。常见指标包括核心人员离职率、客户指标、业务发展里程碑、经销网络数量、用户数和用户质量等。因此，如何根据目标公司业务特点设置科学和严谨的考核指标就很关键。

3. 对赌条款的执行程序

对赌条款执行难一直是困扰创投行业的主要问题之一。从直接经济后果来看，对对赌条款的义务人来说，对赌条款执行后果是其支付补偿款或者股权减少，即义务人直接经济利益损失，所以对赌条款义务人履行的动力和意愿明显不足。因此，设置严谨和可行的执行程序对提高对赌条款的可执行性至关重要。在实务中，创投基金可以通过以下方式推动对赌条款的执行：

（1）优化交易方式，债转股和分期付款就是有利于提高创投基金在对赌条款执行中主动性的典型方式，进而促进对赌条款的执行。

（2）设置责任条款来敦促对赌条款的义务人主动履行对赌义务。典型责任条款包括连带责任条款、违约金条款和将对赌条款不履行作为回购的触发条件之一。连带责任条款即通过扩大义务人范围，以增大责任财产范围来提高执行的安全性，违约金条款是通过提高义务人违约成本来敦促义务人主动履行义务，将对赌条款不履行作为回购的触发条件之一是通过加重违约责任来敦促义务人主动履行义务。

（3）设置精准的对赌条款触发、衡量机制和执行机制，减少对赌条款执行过程不确定性。以目标公司净利润为衡量标准的对赌条款为例，需要设置逻辑严谨、可行性强的净利润确定和执行机制，实务中要点如下：

①需要定义净利润。在人民币基金实务中，一般会从净利润中扣除非经常性损益。非经常性损益是指与公司正常经营业务无直接关系，以及虽与正常经营业务相关，但由于其性质特殊和偶发性，影响报表使用人对公司经营业绩和盈利能力做出正常判断的各项交易和事项产生的损益。[①] 因为根据人民币基金最常见市盈率估值方法中，其以被投企业长期可持续扣除非经常性损益后的净利润为基础确定估值基数。但是非经常性损益的具体范畴需要明确，可以根据项目的不同而存在差异。在人民币基金实务中，一般以《公开发行证券的公司信息披露规范问答第1号——非经常性损益（2008）》（中国证监公告〔2008〕43号）为标准。如果各方在协议中不予明确，可能会产生争议。例如，在王某琴等与北京航天科工信息产业投资基金（有限合伙）等合同纠纷一案中，各方就对目标公司对外并购中所收到的业绩补偿款是否属于非经常性损益一事产生争议，最后法院根据《公开发行证券的公司信息披露解释性公告第1号－非经常性损益》做出了认定。[②]

②需要明确审计要求。在实务中，人民币创投基金一般倾向于选择以会计师事务所出具审计报告来确认相关财务数据。长期以来，中国存在大量中小会计师事务所，这些所的职业质量参差不齐，出具的审计报告缺乏公信力，甚至出现北京浩清会计师事务所（普通合伙）这类极端不负责任的会计师事务所。根据北京市财政局的调查，[③] 在该所出具的2632份审计业务报告中（其中审计报告2629份，验资报告3份），1532份审计业务报告仅有被审计单位提供的资产负债表、利润表、所有者权益变动表和营业执照，1100份审计业务报告无任何形式的审计工作底稿，也就是说该所在未履行必要的审计程序，未获取充分适当的审计证据的情况下就随意出具审计报告。毫无疑问，该类审计报告毫无公信力可言，不同会计师事务所出具的审计报告中相关数

---

① 中国证监会：《公开发行证券的公司信息披露规范问答第1号——非经常性损益（2008）》（中国证券监督管理委员会公告〔2008〕43号）。

② 北京市高级人民法院民事判决书，（2020）京民终475号。

③ 北京市财政局：《北京市财政局关于北京浩清会计师事务所（普通合伙）行政处罚决定书》（京财监督〔2021〕2551号）。

据可能差异巨大。例如，在深圳市前海平和防务科技产业股权投资企业、深圳市悦享恒丰创业投资企业与李某、刘某和的纠纷一案中，各方在投资时约定，本次股权转让交易完成后，以目标公司在2017年会计年度实际实现净利润数的9倍对目标公司估值进行调整，并调整各方的股权。并约定“投资方在2017年会计年度公司审计报告提交后的15个工作日内就补偿事宜的细节，书面通知出售方、公司股东、实际控制人，出售方及标的公司实际控制人应在收到书面通知后的15个工作人内完成相关补偿手续和工商变更手续，所引起的所有税费由原出售方承担”。但是没有详细约定目标公司审计报告出具程序。在诉讼中，投资方和原股东分别聘请的两家会计师事务所出具的目标公司2017年审计报告，该两份审计报告所载明的目标公司2017年会计年度实际实现净利润并不一致，而且根据两份报告提供的数据得出是否触发对赌条件的结论也正好相反。最后，常州市中级人民法院认为，双方因对标的公司2017会计年度利润审计结果持不同意见，导致未能确定捷音公司是否需要向上诉人无偿转让相应的股权，故而未支持投资人诉讼请求。① 而在泰尔重工股份有限公司、曹某斌、潘某等合同纠纷一案中，马鞍山市中级人民法院认为，因为案涉《购买资产及利润补偿协议》中明确约定是否补偿要由具有证券、期货业务资格的会计师事务所就目标公司承诺期内各年度业绩实现情况出具《专项审核报告》来确定，而投资方无证据证明出具上述相应审计报告的会计师事务所具有证券、期货业务资格。因此，投资者在无充分证据证明协议约定的补偿条件已成立，故对其主张不予支持。②

截至目前，财政部和中国证监会要求经过备案之后的会计师事务所才有资格从事证券服务。③ 证监会会在其官方网站上公布备案通过的会计师事务所的清单。④ 在实务中，很多创投基金会在协议中明确约定具以确认财务数据的审计报告必须由经财政部和证监会备案的从事证券服务业务会计师事务

① 常州市中级人民法院民事判决书，(2021) 苏04民终2210号。

② 马鞍山市中级人民法院民事判决书，(2019) 皖05民初336号。

③ 《会计师事务所从事证券服务业务备案管理办法》(财会〔2020〕11号) 第4条。

④ 参见中国证监会“政府信息公开栏目”，载 http：//www. csrc. gov. cn/csrc/c101793/zfxxgk_zdgk. shtml? channelid = 8241ace78d6d4b9794991b262ea3bdf3，最后访问日期：2021年12月29日。

所出具或者由创投基金指定会计师事务所出具。

③需要明确审计报告出具具体要求及目标公司和管理团队配合义务，否则可能出现目标公司和管理团队不配合审计工作，导致审计工作难以进行的问题。如果各方明确约定了目标公司的配合义务但其拒绝履行的，目标公司应承担违约所产生的不利后果。以贾某与杭州链反应投资合伙企业（有限合伙）股权转让纠纷一案为例。在该案中，各方约定，目标公司应聘任投资方认可的会计师事务所并促使合资格的会计师事务所在相应年度结束后的3个月内，完成对目标公司上一年度财务报表的审计工作，并出具正式的审计报告。如果某一年度净利润未达到特定金额的，投资方有权要求目标公司大股东回购其持有目标公司的股权。但是在投资完成后，投资方数次通过邮件敦促大股东签署业务约定书，以保证投资方认可的会计师事务所及时进场审计。大股东在明知签署业务约定书的目的和意图的情况下，依然以对签署业务约定书的意图和目的不清楚为由，拒绝签署业务约定书，导致投资方认可的会计师事务所不能进场审计。北京市高级人民法院认为，根据《合同法》第45条第2款规定，“当事人为自己的利益不正当地阻止条件成就的，视为条件已成就；不正当地促成条件成就的，视为条件不成就”。据此，目标公司大股东拒不配合投资方指定的会计师事务所进场审计，应当视为回购条件已经成就。①

综上所述，我们可以从对赌责任主体、考核指标和执行机制三个主要方面来分析和设计对赌条款。

（三）对赌协议在中国法下的适用

在中国法实务中，对赌补偿方式可以分为现金补偿和股权补偿两类；补偿主体可以分为目标公司和公司股东两类。根据补偿方式和补偿主体的不同，我们可以将对赌协议适用分为四小类。当然这四类可以单独适用，也可以两种或者多种组合适用。以下我们分类分析以下各类情形在中国法下适用。

① 北京市高级人民法院民事判决书，(2021) 京民终431号。

表 4－1 对赌协议分类

补偿主体＼补偿方式	现金补偿	股权补偿
目标公司	定向分红 返还投资款 定向减资	资本公积转增股本 低价增资
公司股东	支付补偿款 退还转让款	股权转让

1. 目标公司的现金补偿

根据中国传统公司法理论，公司股东以股东身份可以从公司获得两类现金——现金分红款和减资款（股权回购款）。股东从被投企业获得现金分红款在中国法理论和实务中均没有争议。其中容易引起争议的是返还投资款或者支付股权回购款，因为这可能会违反公司法下的资本维持原则。我们逐一进行分析。

（1）目标公司向创投基金定向分配现金红利

分红权是股东的主要权利。红利可以分为现金红利和股票红利两种。我们在此仅讨论现金红利情况。从法律性质上看，根据《公司法》第 34 条和第 166 条的规定，有限责任公司股东可以通过“全体股东约定不按照出资比例分取红利”，股份有限公司章程规定不按持股比例分配的，其股东可以不按持股比例分配红利。分红权是一种股东固有权利，不经过股东同意不能以多数决方式予以剥夺。当然，法律允许股东自愿放弃。所以从法律实质上，我们可以理解定向分红是部分股东自愿放弃获得红利的权利。从公司法原理上看，现金红利是公司未分配利润的一部分，而相应的未分配利润是内含在股权价值之中的。如果是按照股权比例进行分红，股东虽然获得了现金红利，但是其股权价值相应减少，并不能实现补偿的目的。所以能作为对创投基金进行补偿的现金分红一定是超过其持股比例的分红。

从上海清科共创投资合伙企业（有限合伙）（以下简称清科合伙企业）

投资北京麒麟网文化股份有限公司（以下简称麒麟网公司）的案例来看[①]，2011 年 12 月，清科合伙企业作为投资方之一向麒麟网公司支付增资款 9,770,000 元，持股比例为 1.9540%。2015 年 3 月，麒麟网公司投资方与原股东以及公司再次签署《协议书》明确“关于公司分红的方案”，鉴于公司未能在 2014 年 12 月 31 日前完成首次公开发行并上市，公司应在本协议签署后 30 日内以分红的形式向投资方和诚鑫同创、盛鑫同创派发总额为 2860 万元人民币的现金股利（定向分红）作为补偿。其中清科合伙企业所得利润分配金额为 2,966,667 元。在该案例中，我们可以看到：（1）本次定向分红的目的是对投资方进行补偿，即“鉴于公司未能在 2014 年 12 月 31 日前完成首次公开发行并上市，公司应在本协议签署后 30 日内以分红的形式向投资方和诚鑫同创、盛鑫同创派发总额为 2860 万元人民币的现金股利（定向分红）作为补偿”；（2）投资方在本次定向分红中所获得分红比例超过其持股比例。我们可以看到清科合伙企业的本次分红比例远高于其持股比例，相对于不到公司 2% 的持股比例，清科合伙企业在该次分红比例超过 10%。（3）通过本次定向分红，投资方的投资价格大幅下降。我们也可以看到，通过本次分红，清科合伙企业收回了超过 30% 的投资成本（2,966,667 元/9,770,000 元）。在不考虑其他事项的情况下，清科合伙企业持有股权不变的前提下，其投资成本下降了 30%。

从公司法规定和实务操作来看，定向现金分红是执行对赌协议的一种方式。根据《九民纪要》第 5 条的规定，投资方请求目标公司承担金钱补偿义务的，人民法院应当依据《公司法》第 35 条关于“股东不得抽逃出资”和第 166 条关于利润分配的强制性规定进行审查。经审查，目标公司有利润且虽足以补偿投资方的，可以获得人民法院的支持。其本质上将其该现金补偿视为公司对股东的定向现金分红，因此需要满足现金分红的强制性规定。从实务来看，通过现金分红需要同时满足以下条件，其中合规性条件和决策程序条件是强制性规定：

①合规性条件。目标公司可分配的税后利润需要满足要求。根据《公司

---

① 北京市第一中级人民法院民事判决书，（2021）京 01 民终 175 号。

法》第166条的规定，公司税后利润需要在提取法定公积金、弥补以前年度亏损之后才能用于现金分红，否则股东必须将违反规定分配的利润退还公司。但对创投基金投资的创业企业而言，很多创业企业并不能盈利或者产生充足税后利润，以满足定向现金分红需求。

②决策程序条件。根据《公司法》第34条和第166条的规定，有限责任公司股东可以通过“全体股东约定不按照出资比例分取红利”，股份有限公司章程规定不按持股比例分配的，其股东可以不按持股比例分配红利。也就是说，定向分红需要获得所有股东同意，也就是说其他不参与股东需要放弃参与分红的权利。因此，定向现金分红的决策要求很高。当然，这种要求可以通过事前约定来解决——通过一致同意协议或通过公司章程来明确。

③操作性条件。定向现金分红实施前提条件之一就是目标公司需要有充足现金。如果目标公司仅仅有税后利润，但是没有相应现金或者筹集相应现金能力，定向现金分红也往往会难以操作。从实务来看，对创投基金投资的创业企业而言，很多创业企业往往需要消耗大额现金资源满足其业务发展需求或者因从第三方筹集现金能力较差才寻求创投基金的投资。在此情况下，往往难以有足够现金以满足定向现金分红需求。

综上所述，我们可以看到定向现金分红是对赌协议执行的一种可行途径，也在实务中广泛运用。同时，我们也要看到该方式的运用受到合规性条件、操作性条件和决策条件等一系列条件的限制。

（2）目标公司向创投基金返还投资款

在实务中，创业投资一般为高溢价投资。在增资中，创投基金的增资款可以分成注册资本和资本公积两部分，其高溢价体现在目标公司的股权比例是以注册资本、更确切地说是认缴出资额比例来计算的。根据上海市第二中级人民法院的统计，该院近2015年~2019年5年审结的涉对赌纠纷案件中，60%的对赌纠纷发生于定向增资场合，且“对赌”涉及的定增一般为溢价增资，投资款的小部分计入目标公司的注册资本中，大部分计入目标公司的资本公积金之中。[①]

① 上海市第二中级人民法院：《2015－2019年涉“对赌”纠纷案件审判白皮书》，第4页。

在创投基金溢价增资情况下，能否在不改变被投企业的注册资本情况下，通过返还溢价出资部分形成的资本公积金来履行对现金补偿义务呢？因为在此情况下，目标公司注册资本并不发生变化。截至目前，并没有明确法律规定。从司法实践来看，司法机关对此持否定态度。在公报案例浙江新湖集团股份有限公司与浙江玻璃股份有限公司、董某华、冯某珍及一审第三人青海碱业有限公司公司增资纠纷一案中，最高人民法院明确表示，股东向公司已交纳的出资无论是计入注册资本还是计入资本公积金，都形成公司资产，股东不得请求返还。[①] 因此，一旦创投基金的投资款计入公司资本公积，非经法定减资程序就难以返还。如果通过高溢价定向减资创投基金持有公司的部分股权，即减资单价高于增资时的单价，这将降低创投基金剩余部分股权单价，实现补偿目的。如果目标公司股东会同意定向减资对创投基金进行补偿的，就会产生减资问题。其中所涉法律问题在减资回购部分有详细论述，在此不再累述。

我们知道公司增资涉及协议签署和生效、增资款支付、在公司登记机关登记备案等一系列的程序。那么从哪个时间点开始，公司就不得未经减资程序返还出资给股东，否则就损害公司债权人利益呢？从现有司法实践来看，基于公司登记的公示效力，公司增资在公司登记机关完成备案是债权人产生信赖利益的开始。在韩某丰、邬某远公司增资纠纷再审一案中，最高人民法院认为，公司法规定股东不得抽逃出资，以及公司减少注册资本应当履行相应的法定程序并依法向公司登记机关办理变更登记，主要目的之一在于保护公司债权人的利益。案涉增资款尚未在工商登记部门办理变更登记，该增资款对公司债权人尚未产生公示效力，公司债权人尚无需要保护的信赖利益。[②] 因此，公司增资在登记机关登记备案之前，各方可以根据具体情况调整增资方案，由创投基金减少增资款金额或者目标公司返还部分已支付增资款。但是实践中，从增资协议生效到登记机关登记备案的时间往往较短，所以实践中在此短暂时间段内发生对赌补偿案例很少。

---

① 最高人民法院民事裁定书，(2013) 民申字第326号。

② 最高人民法院民事裁定书，(2019) 最高法民申1738号。

2. 目标公司的股权补偿

从实务来看，目标公司的股权补偿方式主要包括对定向资本公积转增股本和创投基金低价增资两类。从法律形式上看，这两类都是公司注册资本增加。对全体股东而言，这两类体现的都是公司股权结构的调整。对创投基金而言，两者目的都是使创投基金以零对价或者象征性价格获得更多股权，从而实现摊薄其持有股权单位成本的目的。对目标公司其他股东而言，如果不能同比例增资，其股权比例将因为稀释而下降。

（1）定向资本公积转增股本

在目标公司向创投基金进行定向资本公积转增股本的情形下，反映在财务报表上只是公司资本公积科目的减少和注册资本（实缴出资额）增加，不涉及其他科目的调整，也不会导致目标公司现金流出。这会导致公司股权结构的调整，不会导致公司责任财产减少，因而不会侵害公司的债权人利益，也就不会有债务人保护问题。从法律实质上看，资本公积转增股本可以视为先由目标公司向股东进行现金分配，然后该股东再将分配款向目标公司进行增资，认购其新增注册资本。因此可以参照适用现金股利分配决策规则。但是与直接现金股利分配不同的是其对公司税后利润并无要求，也不需要在其税后利润提取法定公积金、弥补以前年度亏损为正，因为其并不会导致现金流出。从实务来看，通过定向资本公积转增股本需要同时满足以下条件，其中决策程序条件是强制性规定：

①决策程序条件。根据《公司法》第34条和第166条的规定，有限责任公司股东可以通过“全体股东约定不按照出资比例分取红利”，股份有限公司章程规定不按持股比例分配的，其股东可以不按持股比例分配红利。参照现金分红决策程序要求，也就是说，定向资本公积转增股本需要获得所有股东同意，即其他不参与股东需要放弃参与分红的权利，该项事项决策要求很高。当然，这种要求可以通过事前约定来解决——通过一致同意协议或通过公司章程来明确。如果股份公司并没有在其章程中规定不按持股比例分配的，也可以通过部分股东主动放弃获得转增股本的权利来实现定向分红。例如，上市公司永太科技（证券代码：002326）于2019年9月向除控股股东及其关联方之外其他股东进行了资本公积金定向转增股本，控股股东及其关联方主动放弃本次转增股份，以此作为控股股东因其对公司发行股份购买资产中所

做出的业绩承诺未实现而对其他股东的补偿。实施结果是除上市公司控股股东之外的其他股东无偿获得了更多的股份，其持股比例相应提高。①

②操作性条件。定向资本公积转增股本的实施前提条件之一就是目标公司需要有充足资本公积金，否则定向转增会难以操作。从实务来看，对创投基金投资的创业企业而言，因为创投基金往往是溢价增资的，所以其资本公积往往是比较充足的。当然，如果目标公司原有注册资本量很大，需要调整的股权比例又很大，可能会存在资本公积不够的情形。

综上所述，我们可以看到定向资本公积转增股本是执行对赌协议的一种可行途径，相对于目标公司进行现金补偿，由于不涉及债权人利益保护限制问题，也在实务中广泛运用。当然，我们也要看到该方式的运用受到决策程序条件和操作性条件等一系列条件的限制。

（2）低价增资摊薄价格

我们知道，创投基金股份购买单价 = 投资金额 ÷ 股份数。如果创投基金对目标公司进行二次投资，而且第二次股权购买单价更低。则从整体来看，创投基金购买股份平均价格将下降，从而达到降低股份购买平均单价的目的。假设创投基金 A 对 B 公司先后两次进行投资。其中：

第一次投资：创投基金 A 投资 1000 万元按照 10 元/股的价格购买 B 公司新发行股份 100 万股，即投资金额 = 1000 万元，股份购买单价 = 10 元/股，股份数 = 100 万股。

第二次投资：创投基金 A 再投资 500 万元按照 5 元/股的价格再购买 B 公司定向增发的股份 100 万股，即投资金额 = 500 万元，股份购买单价 = 5 元/股，股份数 = 100 万股。

在不考虑其他因素情况下，创投基金 A 平均投资单价为 7.5 元/股［（第一次投资金额 + 第二次投资金额）÷（第一次股份数 + 第二次股份数）=（1000 万元 + 500 万元）÷（100 万股 + 100 万股）］，比第一次的投资单价降到了 25%。

① 参见浙江永太科技股份有限公司：《关于以资本公积金定向转增股本的实施公告》，载巨潮资讯网，http://www.cninfo.com.cn/new/disclosure/detail?plate=szse&orgId=9900009510&stockCode=002326&announcementId=1206944067&announcementTime=2019-09-24。

从实务来看，通过定向低价增资摊薄价格需要同时满足以下条件，其中决策程序条件是强制性规定：

①决策程序条件。根据《公司法》第34条、第43条和第103条的规定，有限责任公司股东会会议作出增加注册资本的决议，必须经代表2/3以上表决权的股东通过，而且除非全体股东另有约定外，股东有权优先按照实缴的出资比例认缴新增出资；股份公司股东大会作出增加注册资本的决议必须经出席会议的股东所持表决权的2/3以上通过。因此对有限责任公司而言，如果公司章程没有明确约定，定向低价增资不仅需要股东会通过增资决议还需要其他股东放弃优先认购权。因为在低价增资时，不增资股东的权益将被摊薄，除非事先有约定，否则其他股东很可能会主张行使优先购买权，从而导致定向增资很难实现。我们关注到，最高人民法院在许某安、杨某兰等与曹某勇纠纷一案中，认为有限责任公司股东会有权对公司增加注册资本作出决议，但对股东是否认缴公司新增资本、认缴多少则不能作出决议。[①] 该项事项决策要求很高。当然，这种要求可以通过事前约定来解决——通过一致同意协议约定或通过公司章程来明确。

②操作性条件。和定向资本公积转增股本相比，创投基金在低价增资中需要支付认缴出资款，也就涉及认缴出资款来源的问题。从实务来看，该款项可以来自目标公司分红款（定向或者非定向分红）、目标公司大股东支付补偿金或者创投基金的可投资资金。也就是说，这可以和其他补偿方式结合起来使用。例如，目标公司先对创投基金进行定向分红，创投基金再将分红款用于认缴目标公司的新增出资或者目标公司大股东先对创投基金进行现金补偿，创投基金再将补偿款用于缴付目标公司的新增出资。

③合规性条件。对创投基金而言，对已投企业的再投资还可能面临合规性问题。从实务来看，主要涉及投资期结束后的对外投资、循环投资限制、资金来源等问题。如果创投基金的基金合同完全禁止循环投资，将目标公司的定向分红款或者大股东的现金补偿款用于第二次投资可能面临合规障碍。再者，如果第二次投资时，创投基金的投资期已经结束，原则上不能再对外

---

① 最高人民法院民事判决书，(2015) 民二终字第313号。

投资。这些合规性条件可以根据基金合同的约定获得合伙人会议或者咨询委员会同意、在基金合同中设置相应循环投资或投资期结束后投资限制的例外条款方式解决。

综上所述，我们可以看到通过定向低价增资摊薄价格是执行对赌协议的一种可行途径。我们也要看到这种方式的运用受到决策程序条件、操作性条件和合规性条件等一系列条件的限制。这会限制对定向低价增资摊薄价格这一方式的使用范围。

3. 公司股东的现金补偿

股东之间的补偿约定无论是现金补偿还是股权补偿，均以股东为交易对手方，不涉及目标公司。这些约定既不涉及公司资产的减少，也不构成抽逃公司资本，因而不会影响公司债权人的利益，所以不会违反公司法的规定，只要是当事人的真实、自愿的意思表示，原则上都是合法有效的。

在公司股东的现金补偿中，对创投基金而言，获得现金补偿可以在持有目标公司的股份数不变的前提下，降低其投资成本，进而其购买股份的单位成本也将随之降低，从而实现补偿目的。公司的现金补偿主要包括支付现金补偿和退还股权转让款两类，两者适用的情形不一样。前者主要适用于增资情形，后者主要适用于股权转让的情形。两者存在一定差异。在增资情况下，对创投基金而言，增资的交易对手方是目标公司而非公司股东（或者实际控制人，下同），因为创投基金所支付的增资款是作为目标公司新增注册资本的对价支付给目标公司。在此情况下，基于以下一项或者多项原因，很多大股东依然同意为此承担补偿义务：

（1）目标公司大股东是创投基金溢价增资的最大受益者。创投基金投资款中的溢价增资部分作为公司资本公积由各股东按照股权比例进行分享。因此，公司所有股东都是溢价增资的受益者。公司大股东是其中最大受益者。因此，其中收益和风险均衡也是大股东考虑主要因素。在张某、皖某文化产业投资（集团）有限公司合同纠纷案中，安徽省高级人民法院认为，从补充协议的内容来看，该补充协议有关业绩补偿条款，对投资者来说是其确保投资收益的合理预期，对目标公司来说是企业发展的契机和动力，对目标公司的实际控制人来说，表面上是其为所控制公司的融资行为向投资人提供无偿担保，但其作为公司实际控制人和控股股东，其在该投资行为可能给目标公司带来发展预期的同时，也会因目标公司业绩的预期增长获得相应的股权利益回报。因此，其签署该协议并非只承担风险，不享有利益。①

（2）目标公司大股东往往实际控制目标公司。这符合“谁控制谁负责”原则。对中国绝大多数的非上市公司而言，公司大股东、实际控制人、创始人往往是高度重合和混同的。在所有权和经营权高度重合的前提下，公司大股东或实际控制人作为公司主要经营团队经营公司、从公司经营中收益并为此负责符合基本激励和约束原则，也符合基本的商业逻辑。此外，在我国中小企业中，大股东和目标公司的边界并不十分清晰，因此创投基金往往将大股东补偿责任作为敦促目标公司履行相应义务的手段。这与我国商业银行对中小企业贷款时往往要求大股东和实控人对目标公司的还款义务承担连带保证责任非常类似。

（3）从信息不对称的角度而言，无论是作为公司的内部人还是从业者，相对于作为外部股东的创投基金，都往往更了解行业、目标公司情况和团队情况，具有更充分和更准确的信息来判断评估其补偿义务。从法律性质上讲，对赌条款是附条件的法律行为，其补偿义务并非必然发生。对大股东而言，更充分和更准确的信息有助于其作出更精准的判断。

（4）对赌协议作为典型的商事交易应当慎用“公平原则”。对赌协议是商主体之间相互博弈结果，是各方基于风险和收益均衡之后的结果，相关方不能仅从最终结果来评价其是否“公平”，而忽略了其最初目的和过程中各方承担的商业风险或者潜在收益。在翟某伟、青海国科创业投资基金合同纠纷一案中，最高人民法院认为，案涉的《补充协议》本质上是投资方与融资方达成的股权性融资协议，其目的是解决交易双方对目标公司未来发展的不确定性、信息不对称以及代理成本而设计的包含了股权回购、金钱补偿等对未来目标公司的估值进行调整的协议，系资本市场正常的激励竞争行为，双方约定的补偿金计算方式是以年度净利润在预定的利润目标中的占比作为计算系数，体现了该种投资模式对实际控制人经营的激励功能，符合股权投资

① 安徽省高级人民法院民事判决书，（2020）皖民终520号。

中股东之间对赌的一般商业惯例，不构成“明股实债”或显失公平的情形，依法不应适用《合同法》第5条的公平原则对当事人约定的权利义务进行干预调整。①

因此，无论是从风险和收益的均衡、从决策信息的充分和准确性还是从“谁控制谁负责”角度来看，大股东往往都有动力向创投基金做出相应的对赌承诺，承担相应法律风险。这也是市场上大量以大股东作为补偿主体的对赌交易能达成的主要原因。在股权转让时，如果转让方承诺目标公司达不到相应的目标则退还部分股权转让款，其法律性质就是交易对手方之间关于附条件调整股权转让价款的行为；在商业上，这就是典型根据标的物的情况进行二次结算甚至多次结算的交易。当然，在股权转让时，也有转让方和承诺方分离情况，常见情形是目标公司的原有创投基金退出，新受让股权的创投基金继承了转让方权利。

无论是增资中的现金补偿还是股权转让交易中的退还股权转让款，公司股东的现金补偿都可以认定为附条件的法律合同。在司法实践中，对于投资方与目标公司的股东或者实际控制人订立的“对赌协议”，如无其他无效事由，认定有效并支持实际履行，实践中并无争议。② 而且，现金补偿作为金钱债务，不存在法律上的履行不能。

4. 公司股东的股权补偿

在公司股东的股权补偿中，对创投基金而言，获得股权补偿可以在投资成本不变的前提下，创投基金所获得股份数增加，进而其购买股份的单位成本也将随之降低，从而实现补偿目的。和股东的现金补偿一样，对公司股东的股权补偿，在司法实践中，对于投资方与目标公司的股东或者实际控制人订立的“对赌协议”，如无其他无效事由，认定有效并支持实际履行，实践中并无争议。③ 因为其不涉及目标公司责任财产的减少，故不存在目标公司

---

① 最高人民法院民事裁定书，(2022) 最高法民申418号。

② 最高人民法院：《最高人民法院关于印发〈全国法院民商事审判工作会议纪要〉的通知》(法〔2019〕254号) 第2条“关于公司纠纷案件的审理”之 (一) 关于“对赌协议”的效力及履行。

③ 最高人民法院：《最高人民法院关于印发〈全国法院民商事审判工作会议纪要〉的通知》(法〔2019〕254号) 第2条“关于公司纠纷案件的审理”之“(一) 关于“对赌协议”的效力及履行。

债权人保护问题。目标公司股东的股权补偿也存在两种主要情形。第一种情形就是在目标公司增资时，大股东承诺的股权补偿。在此情况下，其商业逻辑和增资交易中公司股东的现金补偿基本一致，在此不再累述。第二种情形是大股东对外转让股权时大股东的股权补偿，这其实是在转让价款不变的情形下，通过零对价或者象征性价格转让部分股权，以实现补偿目的。但是，在此过程中，也有一系列的实务问题需要关注，特别是零对价或象征性价格转让时的所得税问题。同时，对创投基金而言，象征性价格资金来源和投资合规性也需要考虑，这与低价增资摊薄投资成本的相关事项基本一致，在此不再累述。

综上所述，我们可以看到，在典型的增资和股权转让情况下，无论是目标公司现金还是股权补偿，都面临资本维持原则限制，无论是大股东的现金还是股权补偿都面临税收等问题。因此，作为创投基金的专业风控人员，需要从投资前尽职调查、投资方案设计和协议签署及投后管理等各个阶段和方面关注和把控对赌法律风险。

（1）完善投资前尽职调查和行业研究，切忌以对赌条款作为投资决策的主要依据和投资定价的主要基础。

从实务来看，创投基金面临着“对赌困境”，创投基金签署“对赌协议”的最终目的是“不要”对赌协议，因为“对赌协议”的触发和执行对创投基金而言就意味着投资预期未能实现。这对创投基金而言已非“最佳选择”。从某种意义上讲，即使能完全执行，“对赌协议”对创投基金而言也只能算最不坏的选择，而非最佳选择。而“对赌协议”未触发，目标公司按照预期甚至超预期发展时，这才是各方乐见的“皆大欢喜”的结果。因此，如何预防对赌协议的触发和降低对赌协议触发概率才是“对赌协议”风险管控中的重中之重。

上海市第二中级人民法院在总结2015年~2019年审判的数十件涉“对赌”纠纷案件后，给包括创投基金在内的投资者首要建议就是完善前期尽职调查。“对赌协议”只是股权投资程序中的一个环节，其基于投融资双方信息不对称造成的估值困境而产生，能在一定程度上降低投资风险。但是投资者不可舍本逐末，将“对赌协议”作为投资决策的主要依据，况且即使签订了“对赌协议”，协议的履行也存在重重障碍。股权投资“十赌九输”，其失败率之高的原因之一在于投资者对目标公司尽职调查不够深入。投资者若盲目依赖“对赌协议”，甚至将“对赌协议”代替尽职调查而作为投资定价的主要工具，则会使“对赌协议”脱离目标公司的实际经营状况和真实价值，进一步加大投资风险，为“对赌”失败埋下隐患。因此，投资者投资成功的关键依然在于审慎筛选投资项目以及对于目标公司进行深入尽职调查。[①] 无独有偶，北京市第一中级人民法院和广州市中级人民法院在总结各自审判公司纠纷多年的经验和教训后，也给出了类似建议。[②] 结合笔者个人经历来看，笔者非常赞同前述法院的建议。创投基金作为专业投资者，只有通过严格的尽职调查和扎实的行业研究，尽最大努力将不确定性缩小到最小范围，而非把投资决策的基础建立在一纸协议之上。这样才能防范对赌风险于未然。

（2）把控对赌协议的核心风险点，设计好“对赌条款”，降低法律风险。

对创投基金而言，“对赌条款”基于未来不确定事项且直接涉及其经济利益，而且即涉及合同法又涉及公司法，因此通常会比较复杂。如何在中国法律框架内设计一个科学、合理和可执行的对赌条款对创投基金而言至关重要。从实务来看，对赌协议的主要核心要点包括：

①优化对赌的方式。既然传统对赌方式都会有各种限制，除了选择对赌义务人外，那能否通过交易结构方案设计解决相应问题呢？在实务中，我们常见的方案包括债转股方案和分期付款方案两类。

第一，债转股方式。债转股方式即创投基金先以债权方式进行投资，待转股条件成熟后再按照约定条件将债权转为目标公司的股权或者收回债权。如果涉及补偿情况时，在传统的增资模式下，目标公司支付补偿款需要满足很多前提条件，因为其法律基础为股权关系，涉及“资本维持原则”项下的债权人利益保护的问题，进而受到各种法定限制。如果是债转股交易模式，则上述限制均不存在，因为在债转股的模式下，目标公司支付补偿款项的法律基础是债权而非股权，不涉及第三方债权人利益保护问题，并且在时间成

① 上海市第二中级人民法院：《2015－2019年涉“对赌”纠纷案件审判白皮书》，第21页。

② 北京市第一中级人民法院：《公司类纠纷案件审判白皮书（2010－2019）》，第36页；广州市中级人民法院：《广州法院审理与公司有关的纠纷审判白皮书（2017－2019）》，第34～35页。

本和操作成本上具有极大优势。此外，相对于传统股权转让交易，债转股还可以从根本上解决税收问题。因为在传统的股权转让模式中，转让方退还相应款项涉及退税问题，需要负担退税不确定性和退税的时间成本。

第二，分期付款方式。分期付款方式即创投基金根据约定付款条件分期支付增资款或者股权转让款。如果触发相应补偿条款，投资者减少后期支付款项即可。在分期付款的情况下，其可以实现债转股相应优点。两者的主要差异是创投基金在后者中更有主动性。在债转股中，目标公司或者转让方掌握付款主动权，而在分期付款中则由创投基金掌握付款主动权。我们知道在交易中，付款主动权意味着交易安全性和享有相应的时间成本。

②设置科学和严谨的考核指标及执行程序。对对赌条款而言，对赌的考核指标很重要。如何根据交易的具体情况设立合理的对赌机制，既能激励目标公司完成重要里程牌，又尽量减少其负面作用，更是可以操作和执行的。这对创投基金的投资人员和法务人员来说是一个很大挑战。具体细节在前面章节已有论述，在此不再累述。我们可以看到，不严谨的考核指标可能产生严重后果。以张某、皖新文化产业投资（集团）有限公司合同纠纷案为例，目标公司实际控制人向投资者承诺并保证：目标公司 2016 年度～2018 年度的税后净利润分别不低于 1737. 64 万元、2359. 32 万元和 3108. 39 万元，否则实际控制人将进行现金补偿，现金补偿额计算方式：当年应现金补偿额 = 当年度承诺净利润值 - 当年度实际净利润值；若实际控制人未采取现金补偿方式或现金方式补偿不足的，实际控制人同意以所持目标公司的股份或者投资者可接受的其他方式向投资者补足。根据相关审计报告，目标公司相关年度的税后净利润均为负数。很明显该案并未约定净利润为负时是否依然按照前述公式计算补偿金额的问题。安徽省高级人民法院在该案中认为，案涉业绩利润补偿的合理区间应当为零至合同约定的年度利润指标之间，即补偿的起点应从净利润为零时起算，不足约定指标部分，按合同约定的计算方式予以补偿。主要理由如下：首先从双方签订补充协议的合同目的来看，利润补偿条款系确保其投资有一定比例的预期收入，而无论目标公司经营状况如何。按照合同约定的年度利润最高补偿额对投资者进行补偿，已经达到了投资者对投资补偿的最高预期，足以实现投资者订立合同的目的。从公平角度来看，

在目标公司年度利润为负数的情况下，如果按照双方约定的业绩补偿计算公式，可能的结果是企业亏损越多，投资者得到的业绩补偿越多。投资者虽出资约3400万元，但3年后主张业绩补偿款约1.3亿元，其投资收益比明显超过正常合理的水平。[①]

我们也必须承认以财务考核指标为主考核指标存在一定负面效应。实务中，业绩对赌执行难一直是困扰创投基金的主要问题之一，但是相关数据难以统计。我们从上市公司的相关公开数据中可窥一斑。根据对深圳证券交易所上市的上市公司在2016年~2018年期间实施的重大资产重组案例研究，[②]标的资产业绩“精准达标”现象显著，即标的资产业绩完成率［100%，110%］区间内。在完成业绩承诺的重组方案中，超过一半的标的资产业绩精准达标。以2017年实施的重组方案为例，2017年、2018年和2019年标的资产业绩精准达标占当期已完成业绩承诺的比例分别为53.85%、51.56%和62.75%。同时，还存在承诺期满业绩大幅下滑的现象。因为业绩承诺仅对标的资产一定期限内的盈利能力提出要求，且判断指标大多为扣非后净利润。为避免业绩补偿，标的公司存在利用财务技巧腾挪利润使得业绩精准达标的动力，而承诺期满后，业绩大幅下滑。2016年实施的重组方案中，承诺期满后净利润平均下滑59.42%，50余单下滑幅度在30%以上；在完成业绩承诺的标的资产中，净利润下滑的公司占比达61.84%。2017年实施的重组方案中，承诺期满后净利润平均下滑28.53%，50余单下滑幅度在30%以上；在完成业绩承诺的标的资产中，净利润下滑的公司占比达69.39%。更严重的是通过财务造假逃避补偿义务。通常表现为承诺期内业绩精准达标，期满后业绩断崖式下滑，并计提大额商誉减值。在山东新绿食品股份有限公司（以下简称新绿股份）财务造假一案中，中国证监会认定，新绿股份造假的直接动机是完成对赌协议约定的业绩。为此，该公司建立了长期的、系统的造假账务处理及考核流程。该公司形成造假工作指南，记录了完整的收入造假会计处理流程，在公司根据对赌协议上的业绩确定需要虚增的业绩后，财务部

① 安徽省高级人民法院民事判决书，（2020）皖民终520号。

② 参见罗振吉：《深市公司重组业绩承诺履行情况及监管建议》，载《证券市场导报》2021年第11期。

门需根据虚增目标进行造假，并按月度对财务人员造假完成情况进行考核。[①]

在实务中，我们也经常碰到对赌条款和回购条款同时触发的情况，因此两者关系也需要明确，投资者能否同时主张两项权利存在争议，特别将业绩不达标作为回购前提条件时尤为明显。因此建议在对赌条款设计时就明确对赌条款和回购条款的关系，以杜绝相关纠纷。在山东宏力艾尼维尔环境科技集团有限公司、天津普凯天吉股权投资基金合伙企业公司增资纠纷案中，最高人民法院认为，该案中的业绩补偿适用的条件是目标公司 2012 年净利润达不到 4500 万元的情形，而股权回购适用的条件是目标公司不能于 2014 年 12 月 31 日前在 A 股上市，两者适用条件和约定的行权时间并不相同。业绩补偿条件成就之时，案涉股权回购条件尚未成就，投资者仍为目标公司的股东，不存在目标公司大股东所主张的投资者不是股东不享有业绩补偿权利的问题，同时支持业绩补偿和股权回购权利不存在矛盾的问题。我们需要关注到，最高人民法院在该案中同时考虑支持业绩补偿和股权回购是否导致投资者的投资回报率过高问题，综合分析了投资者从分红款、补偿款和股权回购款作为一个整体精确计算其投资收益金额，最终得出投资者的综合投资回报率并不存在过高的问题。我们可以看到，最高人民法院是对投资者同时主张对赌补偿、股权回购及分红收益所达到的投资收益率进行了实质性审查，如果该投资收益率过高，有进行调整的可能性。[②] 值得关注的是徐某平、王某国等股权转让纠纷案。在该案中，在当事人引用最高人民法院的（2019）最高法民申 5691 号《民事裁定书》支持自身诉讼请求的前提下，深圳市中级人民法院驳回了当事人同时要求回购股权和对赌补偿的诉讼请求。该院认为，对赌协议作为估值调整机制，一方面是为了防控投资人的投资风险，但另一方面其并不是投资人规避风险、保证收益的工具。对赌协议防控的风险是对目标公司未来发展的不确定性、因不参与目标公司的经营而与目标公司信息不对称的风险，而不是为了让投资方获得确定的保障或者获取较高的投资回报。无论是股权回购，还是业绩补偿，均是估值调整的安排。当投资人同时主张

① 中国证券监督管理委员会行政处罚决定书，〔2019〕55 号。

② 最高人民法院民事裁定书，（2019）最高法民申 5691 号。

股权回购款和金钱补偿时，对投资人的司法保护应限定在其实际投资本金及适当的资金占用补偿之和范围内。本案中，原审已判决支持全额返还投资款以及按照年利率12%标准支付利息，该利息已远远高于中国人民银行同期贷款利率标准，若再同时支持现金补偿款（约为投资本金56%），则当事人所主张的综合投资回报率明显过高，有违对赌协议的初衷，也违背了创业投资的商业规律。①

（3）严格投后管理、及时行权

在投资完成后，创投基金一般会对目标公司进行严格的投后管理，其中一项重点就是对赌和回购协议的履行。在“对赌”目标未按约达成，“对赌”义务触发条件成就的情形下，创投基金应及时向义务方主张权利。在双方约定了超期行权即失权的情形下，创投基金未在约定期限内主张权利，其请求回购或补偿的权利将有得不到法律保护的风险。即使创投基金与目标公司未约定超期行权后果，甚至未明确约定权利主张期限的，为保护“对赌”义务方的合理信赖以及避免权利长期处于不稳定状态，创投基金也应在合理期限内及时行权，避免因自身懈怠行为而在诉讼中无法得到法院支持。② 以东华工程科技股份有限公司与安徽淮化集团有限公司合同纠纷一案为例，该案的核心争议之一投资者要求目标公司控股股东回购其持有的目标公司股份是否超出合理期限。控股股东承诺目标公司若在成立4年内不能成功上市，则投资者有权视其上市前景及经营状况自主选择股份退出时机。投资者据此认为其有权视目标公司的“上市前景及经营状况”的主观判断，自主决定股份退出时间。控股股东则认为，投资者在回购条件成就6年之后主张权利，已超过合理期限。该案历经合肥市中级人民法院初审、安徽省高级人民法院二审、最高人民法院的指定再审和安徽省高级人民法院再审，司法机关才最终确定该案的裁判结果。

初审和二审的司法机关都认为，为确保商事交易的稳定性，避免权利义务处于不确定状态，权利人亦应在合理期限内主张权利。投资者理应在回购

① 深圳市中级人民法院民事判决书，（2020）粤03民终19235号。

② 上海市第二中级人民法院：《2015－2019年涉“对赌”纠纷案件审判白皮书》，第22～23页。

条件成就后，依据目标公司的经营状况及上市前景及时主张权利。《股份回购协议》关于股份回购的条款合法有效，但东华科技在淮化股份股权回购条件成就时，未在合理期限内向淮化集团主张权利，故对其权利主张不予支持。①

之后，最高人民法院认为，当事人对合同条款理解有争议时，应当首先按照合同条款所使用的词句等字面意思进行解释。案涉《股份回购协议》第2条“控股股东承诺股份公司若在成立四年内不能成功上市，则投资者有权视其上市前景及经营状况自主选择股份退出时机”，从字面意思来看，对于要求回购股权的行使时间，双方约定的是由投资者自主选择时机。且投资者并未向控股股东明确表示过放弃案涉股权回购的权利。在此情况下，投资者主张权利虽与案涉股权回购条件成就时间相隔较长，但并不违反合同约定。同时指令安徽省高级人民法院再审本案。②

最后，安徽省高级人民法院根据最高人民法院的指令再审该案，并改判支持了投资者对控股股东所享有的股权回购请求权。安徽省高级人民法院认为，案涉股权回购协议对投资者要求控股股东回购目标公司股权并未约定履行期限，根据原《合同法》第62条第4项“履行期限不明确的，债务人可以随时履行，债权人也可随时履行，但应当给对方必要的准备时间”的规定，投资者在给控股股东留有必要准备时间的情况下，可以随时要求履行。本案不存在投资者对控股股东所享有的股权回购请求权超过期限或时效的法律问题，因此，其该项权利并不因股权回购条件成就6年内未行使而归于消灭。此外，民事权利的放弃须明示意思表示，默示意思表示只可在法律有明确规定及当事人有特别约定的情况下才能发生法律效力。在既无明确约定又无法律特别规定的情况下，不宜推定当事人对权利的放弃。投资者对控股股东所享有的股权回购请求权既未消灭，也未放弃，其在本案中的诉讼请求应予支持。③

---

① 合肥市中级人民法院民事判决书，(2018) 皖01民初1289号；安徽省高级人民法院民事判决书，(2019) 皖民终540号。

② 最高人民法院民事裁定书，(2020) 最高法民申1513号。

③ 安徽省高级人民法院民事判决书，(2020) 皖民再215号。

如果确实因为各种情况无法及时行权的，创投基金也应该及时发出要求行权的书面通知与义务人签署相应补偿计划等文件，并保存相应签收回执、电子邮件、经义务人签署的补偿计划或承诺函等及时主张权利的证据，以实现诉讼时效中断的法律效果。

除了及时行权，对赌协议的严格管理也是必要的。创投基金需要在投资完成后对涉及对赌条款的所有文件进行严格审查，以免引起纠纷。以王某军、许某股权转让纠纷一案为例。该案的争议焦点之一是《增资扩股协议书》中约定的上市及股权回购等条款是否已经解除。案涉《增资扩股协议书》第5条“业绩承诺与现金补偿”是公司实际控制人对投资方入股目标公司后目标公司业绩的要求及不能达到承诺的业绩时的现金补偿办法。该协议第6条名称为“上市承诺、股权回购”，约定目标公司如果未能在约定时间内完成上市，目标公司实控人承诺回购投资人股权。之后目标公司召开股东会，全体股东一致形成决议。该决议第2条中明确载明“补偿完毕后，原业绩对赌条款全部解除”。并且，该补偿也已履行。之后投资人以目标公司未能在约定时间内上市为由要求目标公司实控人回购其股权。双方对“业绩补偿条款”范围产生了争议。目标公司实控人主张，协议第6条的上市及回购条款亦属于业务对赌条款的一部分，已经被解除。投资方则主张上市及回购条款和业绩补偿条款是分立的。最终，该案被上诉到最高人民法院。最后，最高人民法院认为若要解除上市及股权回购条款，各方当事人必须签订书面的协议。本案中没有证据显示各方当事人签署了相关的书面协议解除《增资扩股协议书》中的有关上市和股权回购条款，放弃权利必须是权利人明示同意为原则支持了投资方的诉求。①

我们还需要关注自2020年年初以来的新冠肺炎疫情对对赌协议履行的影响，综合考虑新冠肺炎疫情对目标公司经营影响评估对赌协议的履行方案。从法律上来看，新冠肺炎疫情可以根据具体情况构成不可抗力，对赌协议的当事人可能会主张适用不可抗力部分或者全部免责。2020年4月和5月，最高人民法院先后印发了《关于依法妥善审理涉新冠肺炎疫情民事案件若干问

① 最高人民法院民事判决书，（2018）最高法民终645号。

题的指导意见（一）》（法发〔2020〕12号）和《关于依法妥善审理涉新冠肺炎疫情民事案件若干问题的指导意见（二）》（法发〔2020〕17号），明确各级人民法院依法妥善审理涉新冠肺炎疫情合同等民事案件的意见。该指导意见明确以下司法裁判规则：

（1）对于受疫情或者疫情防控措施直接影响而产生的民事纠纷，符合不可抗力法定要件的，适用《民法总则》第180条、《合同法》第117条和第118条等规定妥善处理；其他法律、行政法规另有规定的，依照其规定。① 当事人主张适用不可抗力部分或者全部免责的，应当就不可抗力直接导致民事义务部分或者全部不能履行的事实承担举证责任。如果目标公司经营相关事项因为新冠肺炎疫情影响巨大的，对赌协议义务人可主张不可抗力部分或者全部免责，同时其应对前述事项需要承担举证责任。

（2）除当事人另有约定外，在适用法律时，应当综合考量疫情对不同地区、不同行业、不同案件的影响，准确把握疫情或者疫情防控措施与合同不能履行之间的因果关系和原因力大小，按照以下规则处理：①疫情或者疫情防控措施直接导致合同不能履行的，依法适用不可抗力的规定，根据疫情或者疫情防控措施的影响程度部分或者全部免除责任。当事人对于合同不能履行或者损失扩大有可归责事由的，应当依法承担相应责任。因疫情或者疫情防控措施不能履行合同义务，当事人主张其尽到及时通知义务的，应当承担相应举证责任。②疫情或者疫情防控措施仅导致合同履行困难的，当事人可以重新协商；能够继续履行的，人民法院应当切实加强调解工作，积极引导当事人继续履行。当事人以合同履行困难为由请求解除合同的，人民法院不予支持。继续履行合同对于一方当事人明显不公平，其请求变更合同履行期限、履行方式、价款数额等的，人民法院应当结合案件实际情况决定是否予以支持。合同依法变更后，当事人仍然主张部分或者全部免除责任的，人民法院不予支持。因疫情或者疫情防控措施导致合同目的不能实现，当事人请求解除合同的，人民法院应予支持。③当事人存在因疫情或者疫情防控措施

① 《最高人民法院关于依法妥善审理涉新冠肺炎疫情民事案件若干问题的指导意见（一）》（法发〔2020〕12号）第2条。

得到政府部门补贴资助、税费减免或者他人资助、债务减免等情形的，人民法院可以作为认定合同能否继续履行等案件事实的参考因素。[①]

（3）对于批发零售、住宿餐饮、物流运输、文化旅游等受疫情或者疫情防控措施影响严重的公司或者其股东、实际控制人与投资方因履行“业绩对赌协议”引发的纠纷，人民法院应当充分考虑疫情或者疫情防控措施对目标公司业绩影响的实际情况，引导双方当事人协商变更或者解除合同。当事人协商不成，按约定的业绩标准或者业绩补偿数额继续履行对一方当事人明显不公平的，人民法院应当结合案件的实际情况，根据公平原则变更或者解除合同；解除合同的，应当依法合理分配因合同解除造成的损失。“业绩对赌协议”未明确约定公司中小股东与控股股东或者实际控制人就业绩补偿承担连带责任的，对投资方要求中小股东与公司、控制股东或实际控制人共同向其承担连带责任的诉讼请求，人民法院不予支持。[②]

以福建省爱迪尔珠宝实业股份有限公司并购成都蜀茂钻石有限公司案中对赌纠纷一案为例，2018 年 5 月 17 日，上市公司福建省爱迪尔珠宝实业股份有限公司（以下简称爱迪尔）因收购成都蜀茂钻石有限公司（以下简称蜀茂钻石）100% 股权事项，与蜀茂钻石的 9 名原股东签署了《发行股份及支付现金购买资产协议》及《利润补偿协议》。根据交易各方签署的《利润补偿协议》。业绩补偿方承诺，蜀茂钻石在 2017 年 ~ 2020 年利润承诺期间实现预定金额净利润。2021 年 8 月，业绩补偿方以“因 2020 年新冠疫情及爱迪尔负面经营情况的因素影响导致蜀茂钻石 2020 年度业绩未能达成预期”为由向成都市中级人民法院起诉爱迪尔，请求：请求判令变更《利润补偿协议》第 2 条第 1 项约定的“业绩承诺”内容，将蜀茂钻石截至 2020 年年末的累计承诺净利润数调减 2800. 74 万元；请求判令变更《利润补偿协议》第 2 条第 4（5）项约定的“期末减值额”内容，增加“在计算上述期末减值额时，需剔除新冠疫情影响及甲方的负面经营情况影响”的内容；请求判令被告承担

---

① 《最高人民法院关于依法妥善审理涉新冠肺炎疫情民事案件若干问题的指导意见（一）》（法发〔2020〕12 号）第 3 条。

② 《最高人民法院关于依法妥善审理涉新冠肺炎疫情民事案件若干问题的指导意见（二）》（法发〔2020〕17 号）第 2 条。

本案受理费、律师费等费用。①

2021年12月，成都市中级人民法院判决，支持了业绩补偿方第1项和第2项要求。2022年4月，根据四川省高级人民法院作出的〔2022〕川民终408号《民事裁定书》，成都市中级人民法院的判决已发生法律效力。

我们还可以看到，对赌条款——业绩补偿机制在A股上市公司重大资产重组中广泛适用。根据深圳证券交易所上市的上市公司在2016年~2018年期间实施的重大资产重组案例研究，2016年~2018年，深圳实施的重组方案中，签订业绩补偿承诺的方案占当期重组方案的比例分别为87.25%、87.21%和86.49%。其中，自愿性承诺方案占披露承诺方案的比例分别为74.62%、74.14%和78.13%，自愿性承诺占比较高。② 这种广泛适用是中国证监会大力推动和主导下形成中。从2008年开始，中国证监会及其下属机构将业绩补偿机制作为上市公司重大资产重组的监管重点，持续完善相关机制，并且构建了从交易协议中业绩补偿条款设置、行政审批过程、交易完成后条款变更、业绩承诺条款实施及事后监督和追责一整套完整规则。中国证监会及下属机构对上市公司对外收购资产或者股权的交易中未履行业绩补偿承诺业绩补偿义务人采取了一系列行政监管措施，以促使相关义务方履行其补偿义务，主要包括：

（1）对相关义务人予以公开谴责，并向社会公开。③

（2）采取出具警示函、④ 责令改正等监管措施，并将有关违反承诺的行

---

① 参见福建省爱迪尔珠宝实业股份有限公司：《关于重大资产重组业绩承诺事项的进展公告》，载巨潮资讯网，http：//www. cninfo. com. cn/new/disclosure/detail? plate = szse&orgId = 9900023258&stockCode = 002740&announcementId = 1211173065&announcementTime = 2021 - 09 - 29。

② 参见罗振吉：《深市公司重组业绩承诺履行情况及监管建议》，载《证券市场导报》2021年第11期。

③ 参见深圳证券交易所：《关于对厦门允能天成投资管理合伙企业（有限合伙）、厦门允能天宇投资管理合伙企业（有限合伙）给予公开谴责处分的决定》，载 http：//www. szse. cn/disclosure/supervision/measure/pushish/index. html，最后访问日期：2021年11月1日。

④ 参见天泽信息产业股份有限公司：《关于公司股东收到中国证券监督管理委员会湖南监管局警示函的公告》，载巨潮资讯网，http：//www. cninfo. com. cn/new/disclosure/detail? plate = szse&orgId = 9900018896&stockCode = 300209&announcementId = 1209983283&announcementTime = 2021 - 05 - 14 20：48。

为计入证券期货市场诚信档案，并要求限期履行承诺。[①]

（3）若限期未完成整改，根据《关于在一定期限内适当限制特定严重失信人乘坐火车和民用航空器实施细则》（证监会公告〔2018〕9号）规定限制相关责任人乘坐特定交通工具。[②]

在上市公司重大资产重组或者对外投资实施完成后，如果上市公司发现标的资产收购或投资过程中存在提供虚假财务资料、恶意隐瞒债务等方式“虚构事实、隐瞒真相”，骗取上市公司财物或者资金的，标的资产的实际控制人、高级管理人员等责任人还可能被司法机关以“合同诈骗罪”追究形式责任。例如，上市公司宜通世纪（证券代码：300310）并购深圳市倍泰健康测量分析技术有限公司案、[③] 宁波东力（证券代码：002164）并购深圳市年富供应链有限公司案、[④] 康尼机电（证券代码：603111）并购广东龙昕科技有限公司案、[⑤] ST天山（证券代码：300313）并购大象广告股份有限公司案[⑥]等案例。

尤其值得创投基金关注的案例是超华科技（证券代码：002288）投资深

---

① 参见天顺风能（苏州）股份有限公司：《关于江苏证监局对南通实业有限公司采取责令改正措施的公告》，载巨潮资讯网，http：//www. cninfo. com. cn/new/disclosure/detail? plate = szse&orgId = 9900016748&stockCode = 002531&announcementId = 1210291673&announcementTime = 2021 – 06 – 19；中国证监会四川监管局：《关于对厦门允能天成投资管理合伙企业采取责令改正措施的决定》，网址：http：//www. csrc. gov. cn/pub/sichuan/scjgcs/202101/t20210107_390361. htm，最后访问日期：2021年11月1日。

② 参见艾格拉斯股份有限公司：《关于股东及相关人员收到浙江证监局行政监管措施决定书的公告》，载巨潮资讯网，http：//www. cninfo. com. cn/new/disclosure/detail? plate = szse&orgId = 9900021474&stockCode = 002619&announcementId = 1209233521&announcementTime = 2021 – 02 – 03。

③ 参见宜通世纪科技股份有限公司：《关于收到刑事判决书的公告》，载巨潮资讯网，http：//www. cninfo. com. cn/new/disclosure/detail? plate = szse&orgId = 9900021892&stockCode = 300310&announcementId = 1209040024&announcementTime = 2021 – 01 – 04 15：56。

④ 参见宁波东力股份有限公司：《关于收到刑事判决书的公告》，载巨潮资讯网，http：//www. cninfo. com. cn/new/disclosure/detail? plate = szse&orgId = 9900003443&stockCode = 002164&announcementId = 1207283636&announcementTime = 2020 – 01 – 23 07：42。

⑤ 参见南京康尼机电股份有限公司：《关于收到刑事裁决书的公告》，载巨潮资讯网，http：//www. cninfo. com. cn/new/disclosure/detail? plate = sse&orgId = 9900022961&stockCode = 603111&announcementId = 1208810662&announcementTime = 2020 – 11 – 28。

⑥ 参见新疆天山畜牧生物工程股份有限公司：《新疆天山畜牧生物工程股份有限公司关于收到刑事判决书的公告》，载巨潮资讯网，http：//www. cninfo. com. cn/new/disclosure/detail? plate = szse&orgId = 9900021985&stockCode = 300313&announcementId = 1211218376&announcementTime = 2021 – 10 – 11。

圳市贝尔信智能系统有限公司案。2015年8月，上市公司超华科技深圳市智能系统有限公司（以下简称贝尔信）投资1.8亿元，持有其20%的股权。贝尔信的控股股东向上市公司进行利润承诺。投资完成后，上市公司发现贝尔信控股股东郑长春可能存在合同诈骗行为向公安机关报案。2020年12月，梅州市中级人民法院认为，“在上市公司洽谈投资贝尔信时，为了尽可能提高公司估值，获取公司高额的认购对价，被告人通过虚假业绩，制造贝尔信业绩和盈利均持续增长的假象，并在公司委托第三方中介机构进驻贝尔信进行尽职调查的过程中，向第三方中介机构提供虚假财务资料，致使中介机构出具了错误的报告。上市公司投资完成后，在贝尔信不具备合同履行能力的情况下，被告人继续采用编造虚假工程项目、虚开增值税专用发票等手段，虚增收入和利润，虚构2015年度和2016年度完成了承诺业绩的事实”构成合同诈骗罪，并判处贝尔信的控股股东及法定代表人无期徒刑，并处没收其个人全部财产，剥夺政治权利终身；而且还判处贝尔信董事会秘书和财务总监10年以上有期徒刑，并处罚金。[①] 这个案例发生在上市公司进行少数股权投资的情形，而且是通过增资方式进行投资，与创投基金对外投资非常相似。创投基金在对外投资遇到类似案例时能否以责任人构成“合同诈骗罪”为由启动相应司法程序来维护自身利益还尚未可知。

二、反稀释权条款

反稀释条款也是典型的舶来品，我们需要回到普通法下特别是英美法框架下理解该条款意义。在英美法下，反稀释条款（Anti－dilution provision）是指保证证券持有人享有的转换之特权不受股票再分类、拆股、股票红利或相似的未增加公司资本而增加发行在外股票数量的影响。[②] 这是针对以优先股投资的方式而言。既然是反稀释，那我们需要进一步明确“稀释”的具体

① 参见广东超华科技股份有限公司：《关于对深圳市贝尔信智能系统股份有限公司投资的公告》，载巨潮资讯网，http：//www. cninfo. com. cn/new/disclosure/detail？plate = szse&orgId = 9900007947& stockCode = 002288 &announcementId = 1201439529 &announcementTime = 2015 －08 －15；广东超华科技股份有限公司：《关于参股子公司相关事项进展暨收到〈刑事判决书〉的公告》，载巨潮资讯网，http：//www. cninfo. com. cn/new/disclosure/detail？plate = szse&orgId = 9900007947&stockCode = 002288 &announcementId = 1208875816 &announcementTime = 2020 －12 －10。

② 参见薛波主编、潘汉典总审定：《元照英美法词典》，北京大学出版社2017年版，第79页。

含义。稀释（dilution）是指减少某一事物的力量或价值的行为或情形。在传统英美公司法上，稀释指通过增加发行股份的方式而减少股票金钱价值或投票表决权。如果不按照现有股东的持股比例发行新股份或以低于在此前出售的股票市值或账面价值发行新股，则会淡化股票的金钱价值。[①] 我们可以看到，反稀释条款常见于公司以低于现有股东投资价格增发股份，进而导致公司价值减少的情形。在美国创投基金实务中，最近出现的一种现象是把反稀释条款的计算与投资人给公司设定的里程碑联系起来，当公司无法达到特定的收入，产品开发或者其他商业里程碑时，则进行一定的转换价格调整，使投资者获得更大比例的股权，从而达到降低公司估值目的。[②] 这和在创投基金常见的估值调整条款（股权补偿）非常类似，具有异曲同工之妙。无论是传统方式用法还是最新变化，都是对公司价值减少的应对，都是反"稀释"题中之意。

（一）反稀释条款的基本逻辑和作用

在中美两国的创业投资中，反稀释条款均广泛适用，基本上算是创投投资协议中的"不可或缺"条款，也是两国差异最小的主要条款。根据美国泛伟律师事务所（Fenwick & West）的统计，在硅谷的创业投资交易中，反稀释条款广泛使用，其使用比例长期超过 95%，甚至在某些特定时期达到 100%。[③] 根据汉坤律师事务所对其在 2020 年参与的超过 500 个 VC/PE 项目的统计，无论交易架构是境内架构还是境外架构，反稀释条款的使用比例均超过 90%，并且长达 4 年内的使用比例基本保持稳定。[④] 由此可见，无论是在中国还是硅谷，反稀释条款在创业投资中均广泛使用，并被创业团队所广泛接受。这是由其背后逻辑和所起到的作用所决定的。

---

① 参见薛波主编、潘汉典总审定：《元照英美法词典》，北京大学出版社 2017 年版，第 415 页。

② 参见［美］布拉德·菲尔德、［美］杰森·门德尔松：《风险投资交易》，桂曙光译，机械工业出版社 2020 年版，第 78 页。

③ 参见泛伟律师事务所（Fenwick & West）：《硅谷风险资本调查 2020 年第三季度》，第 15 页和第 26 页，载 https：//assets. fenwick. com/documents/Silicon – Valley – Venture – Capital – Survey – Third – Quarter – 2020 – CH. pdf，最后访问日期：2021 年 10 月 26 日。

④ 参见汉坤律师事务所：《汉坤 2020 年度 VC/PE 项目数据分析报告》，第 25 页，载 https：//www. hankunlaw. com/downloadfile/newsAndInsights/2a89a5d7ac10247d1c5ec07ca04409c2. pdf，最后访问日期：2021 年 10 月 26 日。

1. 反稀释条款是激励和约束机制的重要组成部分，激励创业团队做出更好业绩或成绩，以提高公司的价值。反稀释条款要求公司后续融资有更高估值，而更高估值是建立在更好业绩或者成绩之上的，也就是激励创业团队做的更好；从另一个角度来看，如果创业团队未达预期导致公司不得不进行降价融资的，创业团队或者公司需要对现有投资者进行股权或者现金补偿，也就是创业团队需要承担发展不达预期的不利后果。因此，反稀释条款是一种集激励和约束于一体的机制。

2. 反稀释条款具有很强合理性。在创业投资中，就单一项目而言，越早进行投资的投资者需要比后续投资者承担更高的时间成本和更大投资风险。因为一般而言，投资越早，投资风险越大。对创业团队而言，如果后续融资价格比之前原投资者价格更低，却没有补偿，原投资者比新投资者在承担更高时间成本和更高投资风险的情况下，还要付出更高的投资价格，这明显是不合理的。

3. 反稀释条款有利于创业团队推动后续融资。在被投企业后续发展不达预期，却需要进行降价后续融资时，创业团队可以根据反稀释条款准确预期后续降价融资对被投企业及创业团队影响，并通过反稀释条款快速解决融资价格差异所带来障碍，以提高后续融资的效率。

4. 反稀释条款可以有效防止投资者股权被恶意稀释。创业投资有一个基本特征——创投基金对外投资都是高溢价的少数股权投资，即创投基金是作为被投企业小股东而存在的。在中国公司法上，根据《公司法》第 43 条的规定，在公司股东或者章程没有特殊约定的情况下，股东会会议作出增加注册资本的决议经代表 2/3 以上表决权的股东通过即可，也就是说在没有特别约定的情况下，创投基金在绝大部分情况下是无法控制被投企业后续融资的。在公司多数决制度下，创投基金的股权在法律机制上存在被恶意稀释可能性，即被投企业可以通过融资后对特定对象低价融资从而大幅稀释创投基金的股权比例。反稀释条款的存在正好可以有效防止该种情形的出现。

正因为反稀释条款本身所具有的种种功能，这个条款才会广泛使用和被创业团队所接受。

（二）反稀释条款的分类

当创业团队和创投基金协商一致同意在交易中使用反稀释条款后，如何确定对创投基金补偿额。这一点在美国法上和中国法上差异很大。在美国法上，由于普遍使用优先股，在境外架构中，投资人的反稀释权一般是通过调整优先股转化为普通股的转股价格（Conversion Price）来实现。通过该调整，创投基金有权将其持有的优先股转换为更多的普通股。[①] 在人民币基金中，由于不能使用优先股，一般是由目标公司以名义价格向投资人增发新股，或者由控股股东以名义价格向投资人额外转让股权方式或者进行现金补偿的方式实现。也就是说美国法一般采用股权补偿，而中国法除了股权补偿之外还有现金补偿。

反稀释方式通常可以分为完全棘轮反稀释（Ratchet - based Anti - dilution）和加权平均反稀释（Weighted Average Anti - dilution）两种。[②] 完全棘轮反稀释条款是指如果目标公司后续发行股份的价格低于拥有完全棘轮反稀释条款保护的投资人的股份购买价格，那么受保护投资人的之前股份购买价格要全部降低到新的发行价格。加权平均反稀释条款指如果目标公司后续发行股份的价格低于拥有加权平均反稀释条款保护的投资人的股份购买价格，那么受保护投资人的之前股份购买价格也要按照加权平均方式降低到新的发行价格。两者差异主要是完全棘轮反稀释条款不考虑新发行股份数量，要将全部原有发行价格降低到新发行价格；而加权平均反稀释条款在价格差异外，需要考虑新发行股份数量因素。在实务中，在美国加权平均方式运用的更为广泛。[③] 在人民币基金而言，根据作者经验来看，完全棘轮反稀释条款更为常见。

---

① 参见汉坤律师事务所：《汉坤2020年度VC/PE项目数据分析报告》，第25页，载https：//www. hankunlaw. com/downloadfile/newsAndInsights/2a89a5d7ac10247d1c5ec07ca04409c2. pdf，最后访问日期：2021年10月26日。

② 参见［美］布拉德·菲尔德、［美］杰森·门德尔松：《风险投资交易》，桂曙光译，机械工业出版社2020年版，第76页。

③ 参见汉坤律师事务所：《汉坤2020年度VC/PE项目数据分析报告》，第25页，载https：//www. hankunlaw. com/downloadfile/newsAndInsights/2a89a5d7ac10247d1c5ec07ca04409c2. pdf，最后访问日期：2021年10月26日。

1. 完全棘轮反稀释条款。在中国法上，该条款会根据是现金补偿或者股权补偿的不同而有所差异。根据这个逻辑，可以参考以下公式计算投资人应当获得的现金补偿额或者股权比例。

投资人应获得的现金补偿额 = 投资人在最新一次股份发行前的投资总额 - 投资人在最新一次股份发行前持有目标公司的股份数 × 目标公司最新一次增发股份发行单价。[①]

投资者应获得的补偿股份 = 投资人在最新一次股份发行前的投资总额 ÷ 目标公司最新一次股份发行单价 - 投资人现持有目标公司的股份数。

2. 加权平均反稀释条款。在中国法上，该条款会也会因为现金补偿或者股权补偿的不同而有所差异。根据这个逻辑，可以按照以下公式计算投资人应当获得的现金补偿额或者股权比例。

投资人应获得的现金补偿额 = 投资人在最新一次股份发行前的投资总额 - 投资人在最新一次股份发行前持有目标公司的股份数 × 调整后股份发行单价。

投资者应获得的补偿股份 = 投资人在最新一次股份发行前的投资总额 ÷ 调整后的股份发行单价 - 投资人现持有目标公司的股份数。

其中，调整后股份发行单价 = 投资者投资目标公司股份单价 × [（目标公司最新一次股份发行前的股份数 + 目标公司最新一次股份发行融资总额 ÷ 目标公司最新一次股份发行前一次的股份发行单价）÷（目标公司最新一次股份发行前的股份数 + 目标公司最新一次股份发行数）]。

为了更加清晰的说明这两种方式的差异，我们以具体示例方式来进行说明。假设 A 公司股本为 600 万股，投前估值 6000 万元，不考虑其他因素，在此期间公司股本也未发生其他变动，也未进行现金分红的前提下进行了二次融资，具体情况如下：

第一次融资情况：A 公司以 10 元/股的价格向 B 创投基金融资 2000 万元，即 B 创投基金投资 2000 万元购买 A 公司 200 万股股份，并双方达成了

---

① 为了方便表述，该处统一使用中国公司法上“股份有限公司”所对应的“股份”“股份数”“股份发行单价”概念。如果是“有限责任公司”，对应的是“股权”“注册资本”“注册资本单位价格”概念，在本章中不再累述。

反稀释条款。该轮融资完成后，A 公司的股本增加到 800 万股（600 万股 + 200 万股），投后估值为 8000 万元。

第二次融资情况：第一次融资完成后，因为业绩不达预期，A 公司在 2021 年向 C 创投基金按照 5 元/股的价格发行新股 200 万股进行第二轮融资 1000 万元。该轮融资完成后，A 公司的股本增加到 1000 万股（800 万股 + 200 万股）。

如果 B 创投基金享有的是完全棘轮反稀释条款的保护，B 创投基金应当获得的现金补偿额 1000 万元（2000 万元 - 200 万股 × 5 元/股 = 1000 万元）或者补偿股份 200 万股（2000 万元 ÷ 5 元/股 - 200 万股 = 200 万股）。但如果 B 创投基金享有的是加权平均反稀释条款的保护，调整后股份发行单价为 9 元/股｛10 元/股 ×［（800 万股 + 1000 万元 ÷ 10 元/股）÷（800 万股 + 200 万股）］= 9 元/股｝，B 创投基金应当获得的现金补偿额 200 万元（2000 万元 - 200 万股 × 9 元/股 = 200 万元）或者补偿股份 22.2222 万股（2000 万元 ÷ 9 元/股 - 200 万股 = 22.2222 万股）。

对 B 创投基金而言，按照完全棘轮反稀释条款口径计算，A 公司投后估值为 5000 万元（1000 万股 × 5 元/股）；按照加权平均反稀释条款口径计算，A 公司投后估值为 9000 万元（第一轮投后估值 8000 万元 + 第二轮融资金额 1000 万元 = 9000 万元。我们可以看到不同反稀释条款保护，对投资人反稀释补偿差异很大。

（三）反稀释条款在中国法下的适用

在确定了反稀释条款具体计算公式之后，我们就需要明确其具体执行程序、例外情形和实施路径。实务中，相关方一般会在投资协议中会明确约定在触发后通知程序、执行路径和不执行后果。对其执行路径而言，无论是现金补偿还是股权补偿，其本质上都是对投资人补偿，其执行路径和方式与对赌协议的执行方式并无差异，在此不再赘述。我们需要关注反稀释条款的例外情形，即目标公司即使降价发行股份，也不触发反稀释条款的情形。在实务中，反稀释条款主要包括以下例外情形：

1. 目标公司为股权激励而发行股份。该股份发行主要是为了激励员工为公司创造更高价值，而非进行融资，这与向外部投资者进行融资存在本质差异，故经常作为反稀释条款例外。

2. 目标公司为并购而发行股份。该股份发行主要是为了公司扩张而以股份作为并购支付对价对第三方进行收购，这与向外部投资者进行融资存在本质差异，故可作为反稀释条款例外。

3. 目标公司对全体股东按照持股比例进行资本公积转增股本或者配股。在该情况下，目标公司股份发行价格高低对公司的股权结构并无实质性影响，故可作为反稀释条款例外。

4. 目标公司的首次公开发行并上市交易。因为在实务中，A 股市场历史上监管机构会对首次公开发行价格进行非市场化管控，为了不影响目标公司上市，很多人民币基金也会接受将其作为反稀释条款的例外。随着 A 股市场化改革不断深化，越来越多人民币基金逐渐对目标公司首次公开发行价格价格提出要求。

三、清算优先权条款

清算优先权（Liquidation Preference）是指公司清算发生时，清算优先权的权利人优先于其他股东获得分配的权利，即公司股东对剩余财产现金流的分配，主要涉及剩余财产的分配次序或者分配金额等事项。在传统公司法上，清算（Liquidation）是指在终止公司业务的情况下，变现资产、清抵债务、分配盈亏的程序，发生在公司将其净资产分配给股东、停止其法律存在之时。[①] 通常，创业团队认为清算是一件坏事，如破产或倒闭。[②] 但是在创业投资中的清算的范畴比传统公司法的范畴更为宽泛一些。

（一）清算优先权的适用范围

在中国法上，根据《公司法》第 180 条、第 182 条、第 183 条和第 187 条及《企业破产法》第 7 条的规定，公司清算可以分为解散清算和破产清算两类，当出现（1）公司章程规定的营业期限届满或者公司章程规定的其他解散事由出现；（2）公司股东会或者股东大会决议解散；（3）公司依法被吊

---

① 参见薛波主编：《元照英美法词典》，北京大学出版社 2017 年版，第 854 页。

② 参见［美］布拉德·菲尔德、［美］杰森·门德尔松：《风险投资交易》，桂曙光译，机械工业出版社 2020 年版，第 66 页。

销营业执照、责令关闭或者被撤销；（4）公司经营管理发生严重困难，继续存续会使股东利益受到重大损失，通过其他途径不能解决的，股东申请人民法院决定解散公司的，公司进入解散清算程序；当（1）公司在解散清算中发现资不抵债；（2）公司不能清偿到期债务；（3）资产不足以清偿全部债务；（4）明显缺乏清偿能力的，公司可以进入破产清算程序。对创投基金而言，除了前述情形之外，清算还包括公司资产变现事件，即公司的整体出售或者出售公司的大部分资产或者实缴控制人变更。① 也就是说，对创业投资基金而言，以下任一事项发生都将触发清算优先权：

（1）目标公司解散；

（2）目标公司破产；

（3）目标公司的整体出售、大部分资产出售或实控人发生变更。

清算优先权条款在中国的创业投资中广泛使用。根据汉坤律师事务所对其在 2017 年～2020 年 4 年中参与交易统计，引入清算优先权的交易占比均超过 90%。② 可见其应用的广泛性。这对现阶段只能使用普通股进行投资的人民币基金而言尤为重要。清算优先权广泛使用是由其底层逻辑、所具有的功能和合理性决定的。

创业投资的底层逻辑决定了清算优先权存在的合理性和必要性。创投基金的投资往往是高估值和高溢价的，并以此为基础按照“高出资、低股比”的原则承担风险和分配收益。这都是建立在目标公司及其管理团队长期可持续经营预期基础之上的，而无论是哪一种清算都会直接彻底打破长期可持续经营预期，所以其对应分配规则也要彻底变更。

清算优先权具有合理性。创投基金对外按照“高出资、低股比”的原则进行投资，即创投基金对目标公司资产占比远高于其股权比例。如果按照所有股东的股权比例进行分配，可能会出现公司其他股东不合理享有创投基金

① 参见［美］布拉德·菲尔德、［美］杰森·门德尔松：《风险投资交易》，桂曙光译，机械工业出版社 2020 年版，第 57 页、第 66 页。

② 参见汉坤律师事务所：《汉坤 2020 年度 VC/PE 项目数据分析报告》，第 6 页，载 https://www.hankunlaw.com/downloadfile/newsAndInsights/2a89a5d7ac10247d1c5ec07ca04409c2.pdf，最后访问日期：2021 年 10 月 26 日。

出资资产情况。我们通过以下案例来说明。

假设：A 公司股本 900 万元，全部由创始股东持有，A 公司净资产 1000 万元；投资情况：B 创投基金投资 2000 万元按照 2 亿元投后估值 A 公司。投资完成后：A 公司股本增加到 1000 万股，净资产增加到 3000 万元，B 创投基金贡献了 A 公司净资产的 2/3，持股比例 10%；并购退出情况：投资完成 2 年后，目标公司以 1 亿元的价格整体出售给第三方。我们对比 B 创投基金有清算优先权（先回本 + 按照股权比例参与后续分配）和没有清算优先权保护（按照股权比例分配）的情形如表 4 – 2 所示：

表 4 – 2

序号	分类	股东	出资情况		股权占比	清算分配情况			
			出资金额（万元）	出资金额占比		第一轮分配额（万元）	第二轮分配额（万元）	分配总额（万元）	总分配比例
1	无清算优先权	创始股东	1000	33.33%	90%	9000	–	9000	90%
2		B 创投基金	2000	66.67%	10%	1000	–	1000	10%
3		小计	3000	100%	100%	10,000	–	10,000	–
4	有清算优先权	创始股东	1000	33.33%	90%	0	7200	7200	72%
5		B 创投基金	2000	66.67%	10%	2000	800	2800	28%
6		小计	3000	100%	100%	2000	8000	10,000	–

对比两种情况，我们会发现，在 A 公司发展未达预期，其公司价值从 2 亿元降到 1 亿元的前提下，在没有优先清算权时，创始股东将获得 9000 万元的分配，较 B 创投基金投资时净资产 1000 万元的增值 800% [(9000 万元 – 1000 万元) ÷1000 万元 ×100%]。而 B 创投基金只获得了 1000 万元的分配款，投资亏损 50% [(1000 万元 – 2000 万元) ÷2000 万元 ×100%]。在目标公司发展未达预期的情况下，创始股东应对此承担责任的情况下，这个分配

结果明显是不公平和不合理的。对比而言，在有优先清算权时，分配结果将公平和合理得多。在此情况下，创始股东将获得7200万元的分配，较B创投基金时净资产1000万元的增值620%［（7200万元－1000万元）÷1000万元×100%］。而B创投基金获得了2800万元的分配款，增值了40%［（2800万元－2000万元）÷2000万元×100%］。在目标公司发展不达预期情况下，B创投基金还可分享部分收益，作为其承担投资风险的回报。

此外，清算优先权还有防范道德风险的作用。如果没有清算优先权，还可能诱发道德风险，出现创始团队通过清算恶意损害投资人的情况。还是以上述案例举例，除了退出情况之外，其他假设不变。我们假设投资完成之后第二天，创始团队决定清算公司。此时，目标公司的净资产是3，000万元。

我们对比B基金有清算优先权（先回本＋继续按照股权比例分配的优先清算权）和没有清算优先权保护（按照股权比例分配）的情形如表4－3所示：

表4－3

序号	分类	股东	出资情况		股权占比	清算分配情况			
			出资额（万元）	出资额占比		第一轮分配额（万元）	第二轮分配额（万元）	分配总额（万元）	总分配比例
1	无清算优先权	创始股东	1000	33.33%	90%	2700	–	2700	90%
2		B创投基金	2000	66.67%	10%	300	–	300	10%
3		小计	3000	100%	100%	3000	–	3000	–
4	有清算优先权	创始股东	1000	33.33%	90%	0	900	900	30%
5		B创投基金	2000	66.67%	10%	2000	100	2100	70%
6		小计	3000	100%	100%	2000	1000	3000	–

对比两种情况，我们会发现，在投资后公司没有任何变化时，在没有优

先清算权时，创始股东将获得2700万元的分配，较B创投基金投资时净资产1000万元的增值170% [（2700万元－1000万元）÷1000万元×100%]。而B创投基金只获得了300万元的分配款，投资亏损85% [（300万元－2000万元）÷2000万元×100%]。在此情况下，创始股东所获得收益正是B创投基金的损失。这明显是极为不公平和不合理。对比而言，在有优先清算权时，分配结果将公平和合理得多。在此情况下，创始股东将获得900万元的分配，较B创投基金时净资产1000万元的亏损10% [（900万元－1000万元）÷1000万元×100%]。而B创投基金获得了2100万元的分配款，增值了10% [（2100万元－2000万元）÷2000万元×100%]。在此情况下，正好可以有效杜绝创始团队出现通过恶意清算谋取不当利益的道德风险。

总而言之，正是清算优先权的其底层逻辑、所具有的功能和合理性决定了其能如此广泛被创投基金和创业团队所接受，从而在创投交易中广泛使用。

（二）清算优先权的分类和实务要点

从逻辑上看，清算优先权所对应的权益可以拆分为优先分配额和参与分配额两部分。其中，优先分配额是指投资者有权优先于其他股东获得的分配额，而参与分配额是指投资者在获得优先分配额后，参与剩余财产分配所获得的分配额。根据投资者能否同时获得优先分配额和参与分配额，可以将清算优先权分为参与型清算优先权和非参与型清算优先权。其中，参与型清算优先权是指在清算优先权条款触发后，投资者不仅有权获得优先分配额，还有参与剩余财产分配的权利，即投资者有权同时获得优先分配额和参与分配额；非参与型清算优先权是指在清算优先权条款触发后，投资者仅有权获得优先分配额，不再参与剩余财产分配。从实务来看，参与性清算优先权使用更为广泛。根据汉坤律师事务所对其在2017年~2020年4年中参与交易统计，参与性清算优先权占了绝大多数，占比一直在80%以上，非参与型清算优先权占比不到10%，还有少数项目未约定清算优先权。①

① 参见汉坤律师事务所：《汉坤2020年度VC/PE项目数据分析报告》，第7页，载https://www.hankunlaw.com/downloadfile/newsAndInsights/2a89a5d7ac10247d1c5ec07ca04409c2.pdf，最后访问日期：2021年10月26日。

从实务来看，常见的优先分配额主要有以下几类：（1）投资本金；（2）投资本金的一定倍数，如投资本金2倍；（3）投资本金加上按照一定收益率计算的投资收益，如投资本金加上投资本金按照8%/年（单利）计算的投资收益。这三类不同类型的优先分配额差异绝大，肉眼可见，无需累述。与此同时，我们可以看到常见的参与分配额主要有以下三类：（1）投资者不参与扣除优先分配额后剩余财产分配，即参与分配额为零；（2）扣除优先分配额后剩余财产由各股东按照投资金额比例进行分配；（3）扣除优先分配额后剩余财产由各股东按照股权比例进行分配。后两者的主要差异是扣除优先分配额后剩余财产是按照各方投资金额比例还是股权比例进行分配。由于各股东的投资估值可能差异很大，进而导致在同等投资金额之下的持股比例差异很大，因而不同条款选择可能会对参与分配额的分配产生巨大影响。我们可以看到，优先分配额和参与分配额在法律和逻辑上是可以分离的，其在商业世界中往往是组合在一起使用的，因为优先清算额是固定或者相对固定金额，代表的是投资安全保障；而参与分配额是代表潜在高收益分配权，两者一般会搭配使用以达到均衡。例如，以投资本金作为优先清算额，往往会匹配参与性优先清算权，即投资者有权在获得等于其投资本金的优先清算额后，有权按照投资金额或股权比例参与剩余财产的分配；以投资本金高倍数（如投资金额3倍）作为优先清算额的，可能就不参与分后续分配额了，即投资者获得等于其投资本金3倍的优先清算额后，不再参与剩余财产的分配。

我们还需要注意的是不同轮次之间投资者的利益分配。其中主要涉及两种情况：[①]（1）后轮投资者会将其优先权置于前轮投资者之前，按照次序获得各自清算优先额，即堆叠清算优先权（Stacked Preferences），即后轮投资者将优先于前轮投资者获得清算优先额，在后轮投资者获得足额清算优先额之前，前轮投资者不能参与分配。如果可分配金额不足以支付全部投资者的优先分配额，则优先支付后轮投资者的优先分配额。（2）所有投资者清算优先权不分次序，都平等参与优先额分配，即同等权利（Pari Passu）或混合优

① 参见［美］布拉德·菲尔德、［美］杰森·门德尔松：《风险投资交易》，桂曙光译，机械工业出版社2020年版，第64页。

先权（Blended Preferences）。在此情形下，后轮投资者和前轮投资者同时获得清算优先额，不分先后。如果可分配金额不足以支付全部投资者的优先分配额的，后轮投资者和前轮投资者按照比例进行分配。

需要特别提醒注意的是，在清算优先权的触发条件中需明确包含“目标公司的整体出售、大部分资产出售或实控人发生变更”这一情形，因为中国传统公司法上的清算只有解散清算和破产清算。例如，可以约定：公司合并、被收购、出售股权控制权从而导致公司现有股东持有存续公司已发行股份的比例不在占大多数，或者出售公司全部或主要资产、知识产权的，视为公司进入清算程序，投资者有权行使其清算优先权。

根据《财经》报道，[①] 在美团收购摩拜的交易中，因为根据摩拜的融资协议，清算优先权更有利于中后期投资者，他们先把本金和部分回报拿走，再按比例分配。比如 A 轮投资者的 A 序列优先股能在普通股股东之前拿到回报，而后续发行的 B、C、D 等序列优先股则优先于 A 序列优先股和普通股，这样从后往前的优先分配分配机制导致创始团队和早期投资者回报不如预期。以其中一个早期投资者为例，其在摩拜中持股约 7%，以最后一轮融资 36.7 亿美元估值来算，该投资者理论上股权价值约有 2.5 亿美元，但如果按照清算优先规则来算则只有几千万美元，差异巨大。最终，后期投资者对早期投资者做了部分妥协和让利，该早期投资者共投资了 1000 多万美元，回报在 8 倍~10 倍，远低于 2.5 亿美元。我们可以从这个案例中看到清算优先权条款在并购时的适用及其对利益分配的巨大影响。

（三）清算优先权在中国法下的适用

在中国公司法上，在被投企业发生清算事项时，创投基金作为股东能否依据投资协议行使其清算优先权尚无明确规定。公司股东的清算优先权的效力在司法上还存在争议。因为清算优先权条款不仅需要适用《合同法》，还需要适用《公司法》规定。

《公司法》第 186 条第 2 款规定，公司财产在分别支付清算费用、职工的

---

① 参见张珺、宋玮：《美团收购摩拜的幕后风云》（刊登在 2018 年 4 月 16 日出版《财经》），载 https：//mp. weixin. qq. com/s/Mwv1YLluTysW8dbXTDhrpQ，最后访问时间：20121 年 11 月 11 日。

工资、社会保险费用和法定补偿金，缴纳所欠税款，清偿公司债务后的剩余财产，有限责任公司按照股东的出资比例分配，股份有限公司按照股东持有的股份比例分配。该条并没有明确规定公司股东可以自由约定清算金额和清算顺序。2017 年 10 月生效的《民法总则》第 72 条第 2 款规定，法人清算后的剩余财产，按照法人章程的规定或者法人权力机构的决议处理。法律另有规定的，依照其规定。[1] 2021 年 1 月 1 日生效的《民法典》第 72 条第 2 款规定同样延续了前述规定。因此，清算优先权条款的效力就成了《公司法》第 186 条第 2 款规定和《民法典》第 72 条第 2 款规定效力关系解释问题。毫无疑问，《公司法》是《民法典》的特别法，而且《民法典》还明确规定“法律另有规定的，依照其规定”。因此，公司股东对公司剩余财产分配进行自由约定是否会因为违反《公司法》第 186 条第 2 款规定而无效就成为司法实践争议重点，即《公司法》第 186 条第 2 款规定是效力性强制性规定还是管理性强制性规定问题。在中国司法实践中，这是通过在个案的司法裁判来认定的。

北京市第三中级人民法院认为，股东之间关于股东可分配利润的内部顺序约定，属于公司内部自治范畴，并不必然无效。投资人与公司股东之间约定“投资公司在股东分配中优先于其他股东进行分配”属于股东之间对于分配顺序的一致意思表示，不违反《公司法》第 186 条的规定，应属有效。司法对合同领域的介入不是对原有关系的打破，而是尽可能体现对既有商业关系的尊重，对商业交易模式的鼓励和包容，维护当事人的意思自治、契约精神和市场秩序。[2]

在国广传媒发展有限公司与浙江华策影视股份有限公司合同纠纷一案中，浙江省海宁市人民法院认为，《全国法院民商事审判工作会议纪要》第 30 条“强制性规定涉及金融安全、市场秩序、国家宏观政策等公序良俗的；交易标的禁止买卖的……；交易方式严重违法的……；交易场所违法的……”应当认定为效力性强制性规定。有限公司清偿债务后的剩余财产性质上属于公司

---

① 《民法总则》于 2021 年 1 月 1 日起被《民法典》废止。

② 北京市第三中级人民法院：《公司类纠纷审判白皮书（2013－2020）》，第 118 页和第 121 页。

全体股东的共有财产，《公司法》第186条第2款规定的有限公司清算剩余财产分配方式不属于《九民纪要》第30条规定的情形，所以《公司法》第186条第2款规定的“剩余财产”分配方式不属于效力性强制性规定。该裁判得到了该法院的上级法院即嘉兴市中级人民法院认可。嘉兴市中级人民法院还认为，《民法总则》第72条第2款规定：“法人清算后的剩余财产，根据法人章程的规定或者法人权力机构的决议处理。法律另有规定的，依照其规定。”亦表明股东有权自行决定法人清算后的剩余财产分配问题。因此，《公司法》第186条第2款规定不属于效力性强制性规定，公司股东之间“清算优先权”有效。同时，该法院还明确，虽然合同条款清算优先权没有记载在公司章程，但因协议约定的股东清算优先权为公司全部股东之间的约定，且相关方也未举证该约定与公司章程的规定相悖。所以，就公司股东内部关系而言，协议约定与公司章程规定有同等法律效力。[①]

在沈某龙、程某、郭某等侵权责任纠纷一案中，四川省成都市中级人民法院认为，公司股东缴纳的出资既是构成公司财产的基础，也是股东得以向公司主张权益的合法性来源，但公司的有效经营还需要其他条件或资源，因此，对于股东剩余财产分配请求权的行使，我国法律并未禁止股东内部对分配顺序、方式作出特别约定，而且这样的约定并不损害公司债权人的合法权益，亦非规避法律的行为，应属于公司股东意思自治的范畴。公司全体股东达成的“清算优先权”条款，正是股东内部对公司剩余财产分配所作出的特别约定。这是股东各方对各自掌握的经营资源、投入成本及预期收入进行综合判断的结果，是全体股东的真实意思表示，并未损害他人合法权益，也不违反法律和行政法规的强制性规定，属有效约定，各方均应按照约定履行。[②]

总体来看，司法机关对优先清算权的态度总体是支持的，所以创业投资基金可以根据具体情况需要大胆使用该条款。

四、优先购买权条款

优先购买权（Right of First Refusal）是指在所有人接受邀约情况下，权

① 浙江省嘉兴市中级人民法院民事判决书，（2020）浙04民终2163号。
② 四川省成都市中级人民法院民事判决书，（2020）川01民终9209号。

利人选择以与第三人真诚提出的要约相同的价格和条件优先购买某物的权利。[①] 在公司法上，优先购买权一般是指公司股东转让股份时，公司股东以同等条件和条款优先于其他方受让拟转让股份的权利。优先购买权针对股权转让，其交易对手方是公司股东。对司法机关而言，股东优先购买权的目的在于通过保障其他股东优先受让股份而维护公司内部信赖关系。[②] 对以股权投资为主业的创投基金而言，除了前述目的之外，优先认购权还具有对被投企业增加投资的功能。因此，优先购买权在中国的创业投资中广泛使用。根据汉坤律师事务所对其在2020年中参与境内交易统计，引入优先购买权的交易占比超过95%，其中绝大部分是创始团队对外转让股权时，投资者具有优先购买权。[③]

综合各方面因素来看，优先购买权很复杂：其一，在主体上，它不是一般民商事案件所涉及的双方关系和利益冲突，而是转让人、受让人和其他股东之间的三方关系和利益冲突；其二，在性质上，它不是普通的民事权利，不是简单的请求权，而是以公司半数以上股东同意转让和同等条件作为前提条件的请求权；其三，在行使上，它不是优先权人可以主动行使权利的单独行为，而需要借助转让人的通知或催告，同时其权利行使亦受合理期限的限制。[④] 学术界对优先购买权性质有争议。有学者认为，从现行公司法的条文分析，股东优先购买权应当是形成权，即在转让条件已经确定情况下，只要其他股东单方表示以同等条件购买股权，就在其他股东与转让股东之间产生法律关系即股权转让合同，而无需得到转让股东的同意。[⑤] 也有学者认为，此种权利行使和实现的前提是股东自愿转让股权，在股东改变转让意愿、放

---

① 参见薛波主编、潘汉典总审定：《元照英美法词典》，北京大学出版社2017年版，第558页。

② 最高人民法院民事审判第二庭编著：《〈全国法院民商事审判工作会议纪要〉理解与适用》，人民法院出版社2019年版，第143页。

③ 参见汉坤律师事务所：《汉坤2020年度VC/PE项目数据分析报告》，第19页，载https：//www. hankunlaw. com/downloadfile/newsAndInsights/2a89a5d7ac10247d1c5ec07ca04409c2. pdf，最后访问日期：2021年10月26日。

④ 参见赵旭东：《股东优先购买权的裁判规范及其法理逻辑》，载《人民法院报》2017年9月4日，第2版。

⑤ 参见赵磊：《股东优先购买权的性质与效力——兼评〈公司法司法解释四〉第20条》，载http：//iolaw. cssn. cn/zxzp/202101/t20210119_5245743. shtml，最后访问时间：2022年1月19日。

弃转让时，不能硬性强求其转让，否则会背离民事行为自愿、合同自由的民商法基本原则。在性质上，它不是普通的民事权利，不是简单的请求权，而是以公司半数以上股东同意转让和同等条件作为前提条件的请求权。《最高人民法院关于适用〈中华人民共和国公司法〉若干问题的规定（四）》（以下简称《公司法司法解释（四）》）所作规定显然反映了后者的立场和学术判断，其明确规定："有限责任公司的转让股东，在其他股东主张优先购买后又不同意转让的，对其他股东优先购买的主张，人民法院不予支持。"①

在中国公司法上，优先购买权条款的适用因公司类型不同而不同。其中，有限责任公司因为更具有人合性，需要维护股东之间信任关系，所以股东的优先购买权作为默认条款明确规定。根据《公司法》第71条的规定，有限责任公司股东向股东以外的人转让股权，应当经其他股东过半数同意。经股东同意转让的股权，在同等条件下，其他股东有优先购买权。两个以上股东主张行使优先购买权的，协商确定各自的购买比例；协商不成的，按照转让时各自的出资比例行使优先购买权。公司章程对股权转让另有规定的，从其规定。我们可以看到，在有限责任公司中，优先购买权作为默认条件，同时也给股东通过公司章程或者股东约定自由约定的空间。相对于有限责任公司，股份有限公司因为其更具有资合性，以上市公司规则为蓝本制定，更强调资本流动性，所以股东可以自由转让其股份。根据《公司法》第137条的规定，股份有限公司的股东持有的股份可以依法转让。也没有优先认购权的规定，也没有明确约定股份公司是否可以通过公司章程或者股东约定设定优先购买权。从法理来看，如果各方通过公司章程或者股东约定设定优先购买权，可以视为该股东自愿在其股权之上创设了相应权利负担，是其处置其股东权利的表现之一。如果没有法定无效原因，股东行使股东权利的行为理应受到尊重。

（一）优先购买权的核心要素及其构造

从人民币基金实务来看，权利人范围、行权次序和行权范围是优先购买

① 赵旭东：《股东优先购买权的裁判规范及其法理逻辑》，载《人民法院报》2017年9月4日，第2版。

权的核心要素，我们可以根据这些因素的不同将其进行进一步划分和组合。

1. 优先购买权的权利人范围。一般看来，我们可以将公司股东划分为投资人股东和非投资人股东两类。根据优先购买权权利人范围的不同可以将优先购买权分为两大类，具体如下：

第一类优先购买权人是除转让股东以外的其他股东，即除转让股东以外的其他股东均有权按照其持股比例购买拟转让股份。在该类情况之下，优先认购权的权利人是除转让股东以外的全部股东，即包含投资人股东也包含非投资人股东。该类优先购买权的权利对象是公司股东以外第三方。在此情形下，投资人行使优先购买权可以增加其股权比例，并且阻碍公司股东以外第三方进入公司，以维持公司人合性。

第二类优先购买权权利人只包含投资人股东，不含非投资人股东。也就是说，非投资人股东不具有购买权或者其购买权劣后于投资人股东。在此情况下，投资人股东有权优先于非投资人股东购买拟转让股份。对投资人股东而言，该类优先购买权的权利对象不仅包含公司股东以外第三方，也包含非投资人股东在内。根据汉坤律师事务所对其在2020年参与交易统计，采取第二类优先购买权的交易占到所有有优先认购权交易的75%左右。①

2. 优先购买权的行权次序。从实务来看，优先购买权的行权次序主要涉及投资人与非投资人之间及不同轮次投资者之间的行权次序问题。投资人与非投资人之间优先购买权的关系已在前述段落者论述，不在此累述。在此主要论述投资者之间行权次序问题。投资者之间优先购买权行权次序主要可以分为两类，第一类就是所有投资人按照相对持股比例行使优先购买权，即投资人之间不再区分行权次序。第二类是投资人之间按照约定次序享有优先购买权，即排序在前投资人优先于排序在后投资人享有优先购买权，次序在前投资人优先购买权行使完或者放弃前，次序在后投资人不能行使其优先购买权。一般来说，该次序是按照投资轮次倒序排列。例如，C轮投资人优先购买权优先于B轮投资人，B轮投资人优先于A轮投资人。根据笔者经验，第

① 参见汉坤律师事务所：《汉坤2020年度VC/PE项目数据分析报告》，第20页，载https://www.hankunlaw.com/downloadfile/newsAndInsights/2a89a5d7ac10247d1c5ec07ca04409c2.pdf，最后访问日期：2021年10月26日。

一类优先认购权在人民币基金投资者中更为常见。

3. 优先购买权的行权范围，即权利人能否对其他权利人放弃的股权行使优先购买权问题。该机制目的是为了在部分股东不行使或者不充分行使其优先购买权的情况下，允许另一部分投资人增加可认购的股权份额。按照该机制，如果投资人未购买或者未全部购买其有权优先购买的股权时，则已经完全行权的投资人有权进一步认购该等剩余股权。该机制的商业本质在于创投基金保留其对被投企业增加投资，以提高股权比例的权利。根据 2020 年统计的项目数据，在汉坤参与的约定了优先购买权的项目中，有超过 70% 的项目约定了超额购买权。①

通过前述核心因素不同组合，投资者可根据实际情况设计出各类优先购买权，以满足不同需求。这些核心因素也是交易中相关人员的谈判及风控人员审核的重点。

（二）创投基金行使优先购买权限制及解决方案

从现有司法实务来看，股东行使优先购买权的主体严格限制为同一法律主体，也即股东无权指定关联方行使该项权利，除非各方就此有明确约定。在此前提下，作为股东的创投基金因为其自身所受到的限制，其行使优先购买权可能存在一系列的限制：

1. 基金投资期期限限制。从实务来看，绝大部分创投基金只能在投资期对外进行投资。如果标的公司的股权转让发生在创投基金投资期结束之后，创投基金很可能因为其投资期已过不能投资而难以行使该项权利，除非基金合同中对此另有约定或者履行基金合同要求的程序。

2. 基金资金来源的限制。在基金进入退出期后，创投基金行使优先购买权资金还会受到限制。在基金进入退出期后，可用于进行投资的资金来源主要有两个：一是其他项目退出所收回资金，但是该资金很可能受限于循环投资限制；二是另行募集资金，但是根据中基协最新要求，从 2020 年 4 月 1 日

---

① 参见汉坤律师事务所：《汉坤 2020 年度 VC/PE 项目数据分析报告》，第 20 页，载 https：//www.hankunlaw.com/downloadfile/newsAndInsights/2a89a5d7ac10247d1c5ec07ca04409c2.pdf，最后访问日期：2021 年 10 月 26 日。

起，“基金处在合同约定的投资期内”已备案的私募股权投资基金增加认缴出资的前提条件之一。[①] 也就是说，创投基金在退出期是不符合扩募条件的，不能通过扩大基金规模来获取额外资金。

3. “相同条件”限制。根据《公司法》第71条第3款的规定，股东行使优先购买权以同等条件为前提。根据《公司法司法解释（四）》第18条的规定，人民法院在判断是否符合《公司法》第71条第3款及本规定所称的“同等条件”时，应当考虑转让股权的数量、价格、支付方式及期限等因素。例如，在浙江环益资源利用有限公司因与被上诉人陈某君股权转让纠纷一案，宁波市中级人民法院就明确，在数名股东整体对外转让股权且转让价格是以整体转让为条件时，其他股东的优先购买权针对的是整体股权，不能针对单个股东的股权行使优先购买权。[②] 而创投基金往往有投资集中度限制，即对单一项目投资占比不能高于基金规模的10%或者20%。在此情况下，创投基金可能面临投资集中度限制。

从实务来看，由于创投基金行使优先购买权收到前述各种因素限制，所以其主动行使优先购买权的概率并不高。如果各方可以通过协议将创投基金享有优先购买权的主体范围拓展到管理人管理的其他基金，创投基金因其自身特性而导致的相关问题有望得到解决。我们也能看到，在实务中，创投基金往往和相关方协商解决优先认购权相关事项，而非仅依据协议强硬要求行使优先购买权。

（三）优先购买权条款在中国法下的适用

正是由于优先购买权的复杂性，从实务来看，优先购买权纠纷是股权转让纠纷中主要纠纷之一。以上海地区为例，根据上海法院的统计，在上海法院2014年~2019年审结的股权转让纠纷案件中，优先购买权案件是九种主要诉讼请求之一。[③] 在优先购买权法律适用中，我们需要关注以下事项。

---

① 《私募投资基金备案须知》（2019年版）第11条。

② 宁波市中级人民法院民事判决书，（2017）浙02民终1283号。

③ 参见茆荣华主编：《上海法院类案办案要件指南（第1册）》，人民法院出版社2020年版，第98页。

1. “同等条件”认定标准

根据《公司法》第71条第3款的规定，股东行使优先购买权以同等条件为前提。如何理解和把握同等条件，就成为司法实践中主要争议焦点之一。根据《公司法司法解释（四）》第18条的规定，人民法院在判断是否符合《公司法》第71条第3款及本规定所称的“同等条件”时，应当考虑转让股权的数量、价格、支付方式及期限等因素。其中，股权转让数量同等的含义，在于排除其他股东部分行使优先购买权的权利，以保障转让股东获取整体转让股权可能蕴含的经济价值，特别是控制权溢价。价格同等的含义，在于股东应当以高于或与第三人相同的价格条件行使优先购买权，对金钱以外的其他合同条件，能够折算成金钱计算的，亦可纳入价格因素考量。支付方式同等的含义，在于保障转让股东最终实际取得转让价金的权利，因此原则上应当肯定其他股东有权按照转让股东与第三人订立的支付方式行使优先购买权，但对转让股东与股东以外的人之间基于信任关系确定的支付方式，如分期付款、商业承兑汇票等，不能简单作为其他股东行使优先购买权的同等条件，而应当充分考虑对转让股东合法权益的保障。支付期限同等的含义，在于其他股东行使优先购买权时的支付期限应当不晚于股东以外的受让人的支付期限，但如果后者约定期限系明显不合理的较短期限时，人民法院可以根据转让价款的金额大小、其他股东的支付能力等因素确定合理期限。对于上述因素以外的其他因素，如股东以外的受让人的身份、作为合同对价的非公司经营所需的特定物等，一般不应作为衡量同等条件的因素。但对于公司经营发展所必需的技术秘密、销售渠道等合同条件，亦可作为同等条件予以考量，其他股东确实不能提供同等条件的，应当不允许其行使优先购买权。① 也就是说，《公司法司法解释（四）》对同等条件所作的列举规定仍是有限的，只是列举了数量、价格、支付方式与期限，但这一列举性规定是开放的，其在列举之后所用“等因素”的文字规定表明，同等条件不再限于特定的因素，只要被股权转让的当事人所看重、足以对股权交易的成立产生实质性影响的

① 参见贺小荣、曾宏伟：《关于适用〈中华人民共和国公司法〉若干问题的规定（四）》的理解与适用》，载《人民司法（应用）》2017年第28期。

各种因素，都可以认定为同等条件，如受让人是否承担目标公司的债务、以股权置换的方式转让、受让方对公司的员工安置和公司管理事项作出承诺等。[①]

在司法实践中，司法机关一般以个案方式认定和阐释“同等条件”，并往往将转让股东与第三人订立的股权转让协议中约定的条件作为判断同等条件的标准。[②] 例如，上海法院认为，对“同等条件”的构成判断，除转让股权的数量、价格、支付方式及期限条件外，在某些案件中还需要审查其他因素是否构成同等条件，进而影响转让股东实质利益的实现。例如，不可替代履行或不能以金钱作价的从给付义务，主张优先购买权股东的资信状况是否严重恶化、履约能力是否明显不足等。对真实“同等条件”的审查，应注意转让股东与外部受让人是否存在恶意串通，用虚拟高额价格、严苛的支付方式和支付期限规避其他股东行使优先购买权的情形。其他股东有权主张以真实的对外转让价格、支付方式和期限确定行使优先购买权的“同等条件”。[③]

在司法实践中，司法机关还在个案中明确了“同等条件”应包含那些具体信息及其披露要求。在丁某明、李某、冯某琴因与被申诉人瞿某建优先认购权纠纷一案中，最高人民法院认为，股东行使优先购买权的前提是拟出让股东与股东以外的人已经就股权转让达成合意，该合意不仅包括对外转让的意思表示，还应包括价款数额、付款时间、付款方式等在内的完整对价。[④]在楼某君诉方某荣、毛某财、王某明、陈某强、王某满、张某兴、徐某梅、吴某灯股权转让纠纷案中，最高人民法院认为，转让方在履行征求其他股东是否同意转让及是否行使优先购买权时，隐瞒了对外转让的条件，仅保留了转让价格，对合同约定的履行方式及转让股权后公司债务的承担等予以变更，其提出的转让条件与其对第三人合同约定的条件虽然价格一致，但增加了股

---

① 参见赵旭东：《股东优先购买权的裁判规范及其法理逻辑》，载《人民法院报》2017年9月4日，第2版。

② 参见茆荣华主编：《上海法院类案办案要件指南（第1册）》，人民法院出版社2020年版，第198~199页。

③ 参见茆荣华主编：《上海法院类案办案要件指南（第1册）》，人民法院出版社2020年版，第199页。

④ 最高人民法院民事判决书，（2012）民抗字第31号。

权受让方的合同义务和责任。该行为未如实向其他股东通报转让真实条件，采取内外有别的方式提高了转让条件，不符合《公司法》规定，有违诚实信用原则。[①] 该案曾被最高人民法院民事审判第二庭编入《最高人民法院商事审判指导案例》一书。

2. 侵犯优先购买权的股权转让合同的效力及行权时间限制

原股东一旦主张优先购买权，就面临侵犯优先购买权的股权转让合同的效力认定问题。根据《全国法院民商事审判工作会议纪要》的规定，审判实践中，部分人民法院对《公司法司法解释（四）》第21条规定的理解存在偏差，往往以保护其他股东的优先购买权为由认定股权转让合同无效。准确理解该条规定，既要注意保护其他股东的优先购买权，也要注意保护股东以外的股权受让人的合法权益，正确认定有限责任公司的股东与股东以外的股权受让人订立的股权转让合同的效力。一方面，其他股东依法享有优先购买权，在其主张按照股权转让合同约定的同等条件购买股权的情况下，应当支持其诉讼请求，除非出现该条第1款规定的情形，即有限责任公司的股东向股东以外的人转让股权，未就其股权转让事项征求其他股东意见，或者以欺诈、恶意串通等手段，损害其他股东优先购买权，且该股东及时主张权利的。另一方面，为保护股东以外的股权受让人的合法权益，股权转让合同如无其他影响合同效力的事由，应当认定有效。其他股东行使优先购买权的，虽然股东以外的股权受让人关于继续履行股权转让合同的请求不能得到支持，但不影响其依约请求转让股东承担相应的违约责任。[②] 从法律上看，这是区分了负担行为和处分行为。

由于优先购买权的行权直接影响拟转让股权的状态，因此需要尽快行权，以免公司的股权长期处于不确定状态。从逻辑上看，股东行使优先购买权是以其知悉拟进行交易为前提的，所以法律规定了转让股东的通知义务。根据《公司法司法解释（四）》第19条和第21条的规定，需要根据具体情况在特定时间段内行使优先购买权：

---

① 最高人民法院民事判决书，(2011) 民提字第113号。

② 《全国法院民商事审判工作会议纪要》(法〔2019〕254号) 第9条。

（1）收到转让通知的优先购买权人，需要在公司章程规定的行使期间内提出购买请求。公司章程没有规定行使期间或者规定不明确的，以通知确定的期间为准，通知确定的期间短于30日或者未明确行使期间的，行使期间为30日。

（2）未收到转让通知的和受欺诈、恶意串通损害的，根据在对外转让股权是否办理完变更登记而不同：①对外转让股权尚未在公司登记机关办理变更登记的，优先购买权人需要在知道或者应当知道行使优先购买权的同等条件之日起30日内提出行使优先购买权；②对外转让股权已在公司登记机关办理变更登记的，优先购买权人需要在知道或者应当知道行使优先购买权的同等条件之日起30日内要求行使优先购买权，且其要求行权的日期距离对外转让股权变更登记日不能超过1年。超过1年以后，不论是否在该30日内提出优先购买权主张，均难以获得司法机关支持。该规定的宗旨在于维护公司稳定经营。股权转让及股权变动以后如果达到一定期间，则新股东与其他股东的人合性和公司经营管理都进入了一个新的稳定状态，此时如果支持其他股东行使优先购买权，将破坏公司的稳定经营。①

因此，及时行使优先认购权非常重要。这就要求创投基金及时关注被投企业股东拟进行股权转让及被投企业的股东变化，防止出现其优先认购权因为未能在法定期间内行权而难以行使的情况。

3. 外商投资企业的优先购买权适用

涉及外商投资企业股权转让的有关程序和股东权利与内资公司不同。《公司法》第217条规定，外商投资的有限责任公司和股份有限公司适用本法；有关外商投资的法律另有规定的，适用其规定。也就是说，在外商投资领域，公司法是普通法，而外商投资法是特别法。根据《最高人民法院关于审理外商投资企业纠纷案件若干问题的规定（一）》（2022年修正）第11条和第12条的规定，外商投资企业一方股东将股权全部或部分转让给股东之外的第三人，其他股东可以该股权转让侵害了其优先购买权为由请求人民法院

① 参见贺小荣、曾宏伟：《关于适用〈中华人民共和国公司法〉若干问题的规定（四）》的理解与适用》，载《人民司法（应用）》2017年第28期。

撤销股权转让合同，但是需要满足以下要求：

（1）收到转让通知的，应在收到转让股东通知后30日内主张其优先购买权；

（2）未收到通知的，应在知道或者应当知道股权转让合同签订之日起1年内主张其优先购买权。

需要注意的是，该处规定与内资公司的规定存在本质差异。在内资公司，原股权转让协议的合同效力不受原股东行使优先购买权的影响，如果该协议因为原股东行使优先购买权而无法履行的，权利人可以主张违约损害赔偿。但在外商投资企业，原股权转让协议为可撤销合同，原股东依法行使优先购买权可以直接撤销原股权转让协议，以该协议为法律基础股权转让自始无效，并可要求返还已转让的股权；不能返还或者没有必要返还的，可以要求折价补偿。在转让方和第三方之间按照过错原则负担损失。①

4. 协议约定而未写入公司章程优先购买权条款效力

在实务中，由于很多地方公司登记机关的审查限制及股东之间对内部信息披露的担忧等原因，很多交易中优先认购权条款并未纳入公司章程，也未在公司登记机关备案，而只是以股东协议方式存在。因此就存在协议约定而未写入公司章程优先认购权条款效力问题。笔者认为，从法理上看，可以参考《最高人民法院关于适用〈中华人民共和国公司法〉若干问题的规定（三）》第25条的规定：当股东内部出资协议约定与对外登记公示的公司章程发生冲突时，如涉及公司以外的债权人利益，应当以公司章程规定为准；如涉及股东之间出资纠纷，应以股东之间内部出资协议约定为准。也就是说，只要不存在法定无效情形，即使没有登记在公司章程中，这些约定在股东之间依然是有效的，但是不能对抗善意第三人。

以上海宏胜物业有限公司与陈某某公司决议纠纷上诉案为例，该案的争议焦点在于，公司股东间的投资协议的效力在标的公司完成转制及相应公司章程制定后是否自然终止，未纳入其中的投资协议条款是否有效的问题。上海市第二中级人民法院认为，股东投资协议的本质应属于合同，依法受我国

① 参见《民法典》第155条和第157条。

《合同法》一般规则的规范和调整。至于在公司设立过程中，由认缴注册资本的股东签署的公司章程，则具有公司自治规范的性质，依法属于我国《公司法》所规制的范围，并对签署股东、公司以及公司董事、监事等人员具有规范和约束的效力。因此，股东投资协议与公司章程系由投资人形成的两种在本质存在不同的协议安排，两者之间应为相互平行而非前后承接的法律关系。基此，股东投资协议的效力存续与否，同公司章程的制定不存在效力上的关联性，依法只受限于该协议本身的约定条款内容以及我国《合同法》的相关调整规范。事实上，在投资人订立的股东投资协议中，既有调整公司设立完成之前的事项，同时又有调整公司成立后股东之间、公司与股东之间的权利义务关系，以及公司治理结构的内容。且基于各种原因，其中许多内容并未被纳入之后所订立的公司章程中。况且，有时股东投资协议中确实存在某些不便载入公司章程的约定内容。此外，往往还由于工商行政管理部门要求按照其统一制定的样本格式起草公司章程，造成许多股东间特别约定的协议内容无法被载入公司章程之中。在此情形下，股东投资协议实际承担了公司章程之外的规则性协议的功能。因此，由全体投资人共同参与订立的股东投资协议仍具有法律效力，其中涉及以公司成立后的股东之间、股东与公司之间的权利义务关系为调整对象的协议内容，只要未违反法律的强制性规定或与公司章程的规定相冲突，则对各缔约投资股东依法具有规范和约束的效力。①

五、优先认购权条款

优先认购权（preemptive right）是指公司股东为保持其股权比例而对公司新发行的股份享有的一种优先权，② 即公司增发股份或者注册资本时，现有股东有权以同等条件和条款优先于其他方认购新增股份或注册资本的权利。与优先购买权针对股权转让不同，优先认购权是针对公司发行新股或增加注册资本而言，其交易对手方是目标公司本身。从商业逻辑上看，对创投基金而言，与优先购买权作为一种增加投资的积极权利不同，优先认购权更多是

① 上海市第二中级人民法院民事判决书，(2012) 沪二中民四（商）终字第65号。

② 参见薛波主编、潘汉典总审定：《元照英美法词典》，北京大学出版社2017年版，第1077页。

一种防止其现有持股比例不被后续融资稀释的被动型权利。从实务来看，优先认购权条款也在中国的创业投资中广泛使用。根据汉坤律师事务所对其在2017年~2020年4年中参与交易统计，引入优先认购权的交易占比高达95%。[①] 可见其应用的广泛性。在美国，优先认购权也被称为Pro Rata Right，这也是几乎所有的创投基金都会坚持要求的权利。[②]

优先认购权的行权比例分为绝对比例和相对比例。前者指的是各投资人按照其在公司的持股比例计算其可以优先认购的股权份额，此时，全体投资人无法认购公司新增发的全部股权份额；后者指的是每位投资人按照各自之间持股的相对比例分配其各自可以认购的股权份额，此时，全体投资人可优先认购公司新增发的全部股权份额。

与股东优先购买权很相似，优先认购权很复杂：其一，在主体上，它不是一般民商事案件的双方关系和利益冲突，而是公司、权利人和其他股东（新股东或者原股东）之间的三方关系和利益冲突；其二，在性质上，它不是普通的民事权利，不是简单的请求权，而是以公司作出增加注册资本的决议作为前提条件的请求权；其三，在权利行使上，它不是优先权人可以主动行使权利的单独行为，而需要借助公司的通知，同时其权利行使亦受合理期限的限制。笔者认为优先认购权的性质与优先购买权性质类似，可参照相关司法裁判规则适用。

在中国公司法上，优先认购权的适用也因公司类型不同而不同。其中，有限责任公司因为其更具有人合性，需要维护股东之间信任关系，所以将股东的优先认购权作为默认条款明确规定。根据《公司法》第34条的规定，有限责任公司新增资本时，股东有权优先按照实缴的出资比例认缴出资。但是，全体股东约定不按照出资比例优先认缴出资的除外。我们可以看到，在有限责任公司中，优先认购权作为默认条件，同时也给股东通过公司章程或

① 参见汉坤律师事务所：《汉坤2020年度VC/PE项目数据分析报告》，第17页，载https://www.hankunlaw.com/downloadfile/newsAndInsights/2a89a5d7ac10247d1c5ec07ca04409c2.pdf，最后访问日期：2021年10月26日。

② 参见［美］布拉德·菲尔德、［美］杰森·门德尔松：《风险投资交易》，桂曙光译，机械工业出版社2020年版，第105页。

者股东约定自由约定的空间。相对于有限责任公司，股份有限公司因为其更具有资合性，以上市公司规则为蓝本制定，更强调资本流动性。《公司法》没有优先认购权的规定，也没有明确约定股份公司是否可以通过公司章程或者股东约定设定优先认购权。从法理来看，如果各方通过公司章程或者股东约定设定优先认购权，可以视为该股东自愿在其股权之上创设了相应权利负担，是其处置其股东权利的表现之一。如果没有法定无效原因，股东行使股东权利的行为应当受到尊重。

从广义上看，优先认购权是后续投资权利的一种。在实务中，投资者还可能会要求另一种后续投资权利，即在约定的时间按照约定的条件认购目标公司新增发股份的权利。该权利本质上是一种看涨期权，即赋予投资者在特定条件下对公司增加投资，以提高其股权比例的权利。从商业实践来看，这是创业投资中通过“分步投资”来控制投资风险的体现。这与优先认购权的差异在于后者不以同等条件为必要，而且也不按照股东比例认购为必要。需要注意的是，在硅谷的投资交易中，有一种类似的投资条款名为“继续参与条款”（Pay－to－Play），即投资人在投资时承诺其将继续按比例参与公司后续融资（financing），以避免其优先股转化为公司普通股（Play）。这项条款使得投资者在初始投资时就同意在公司运营周期内提供支持，确保投资者都事先同意继续参与公司的后续融资。[①] 由于英美普通法和中国公司法下的公司治理结构的差异，该条款在中国人民币基金的投资实践中很少出现。

（一）优先认购权的核心要素及其构造

从人民币基金实务来看，权利人范围、行权次序和行权范围是优先认购权的核心因素，我们可以根据这些因素的不同将其进行进一步划分和组合。

1. 优先认购权的权利人范围。一般看来，我们可以将公司股东划分为投资人股东和非投资人股东两类。根据优先认购权权利人范围的不同可以将优先认购权分为两大类，具体如下：

第一类的优先认购权利人是包含投资人在内全体股东，即公司所有股东

① 参见［美］布拉德·菲尔德、［美］杰森·门德尔松：《风险投资交易》，桂曙光译，机械工业出版社2020年版，第67～69页。

（含投资人股东在内）均有权按照其持股比例认购公司新增发股份。在该类情况之下，优先认购权的权利人是全部股东，包括投资人股东，即包含投资人股东也包含非投资人股东。该类优先认购权的权利对象是公司股东以外第三方。在此情形下，投资人行使优先认购权可以实现其股权比例不被稀释的目的。根据汉坤律师事务所对其在 2017 年～2020 年 4 年中参与交易统计，采取该类优先认购权的交易占到所有有优先认购权交易的比例保持在 73%～80% 左右，占到绝对优势。①

第二类的优先认购权利人只包含投资人股东，不含非投资人股东。也就是说，非投资人股东不具有优先认购权或者其认购权劣后于投资人股东。在此情况下，投资人股东有权优先于非投资人股东优先按照投资人的相对持股比例认购公司新增发股份。对投资人股东而言，该类优先认购权的权利对象不仅包含公司股东以外第三方，也包含非投资人股东在内。在此情形下，投资人行使优先认购权可以进一步增加其持股比例。因为在将部分股东排除在认购权之外后，投资人股东有权认购超过其自身持股比例新增发股份。

举例来说，假设一家目标公司投资人股东持有其 20% 的股权，非投资人股东持有 80% 的股权。其中，创投基金 A 持有目标公司 10% 的股权，该公司拟增发 20% 的股权，优先认购权权利人全额行权。在第一类优先认购时，创投基金 A 按照其与全体投资人股东相对比例（10%）新认购增发股份 2%（20%×10%），加上其稀释后原有股权 8%［10%×（1－20%）］，其最终持股比利为 10%，正好维持其增发前股权比例不被稀释。在第二类优先认购时，创投基金 A 按照其与其他投资人股东相对比例（10%÷20%）新认购增发股份 10%［20%×（10%÷20%）］，加上其稀释后原有股权 8%［10%×（1－20%）］，其最终持股比例是 18%，超过其增发前股权比例，不仅维持其增发前股权比例不被稀释，还增加了股权比例。

2. 优先认购权的行权次序。从实务来看，优先认购权的行权次序主要涉及投资人与非投资人之间及不同轮次投资者之间的行权次序问题。投资人与

---

① 参见汉坤律师事务所：《汉坤 2020 年度 VC/PE 项目数据分析报告》，第 17 页，载 https：//www. hankunlaw. com/downloadfile/newsAndInsights/2a89a5d7ac10247d1c5ec07ca04409c2. pdf，最后访问日期：2021 年 10 月 26 日。

非投资人之间优先认购权的关系已在前述段落中论述，不在此累述。在此主要论述投资者之间行权次序问题。投资者之间优先认购权行权次序主要可以分为两类，第一类就是所有投资人按照相对持股比例行使优先认购权，即投资人之间不再区分行权次序。第二类是投资人之间按照约定次序享有优先认购权，即排序在前投资人优先于排序在后投资人享有优先认购权，次序在前投资人优先认购权行使完或者放弃前，次序在后投资人不能行使其优先认购权。一般来说，该次序是按照投资轮次倒序排列。例如，C 轮投资人优先于 B 轮投资人，B 轮投资人优先于 A 轮投资人。根据笔者经验，第一类优先认购权在人民币基金中更为常见。

3. 优先认购权的行权范围，即涉及权利人能否对其他权利人放弃的股权行使认购权问题。该机制目的是为了在部分股东不行使或者不充分行使其优先认购权的情况下，允许另一部分投资人增加可认购的股权份额。按照该机制，如果部分股东未认购或者未全部认购其有权优先认购的股权份额，则已经完全行权的投资人有权进一步认购该等剩余份额。根据 2020 年统计的项目数据，在汉坤律师事务所参与的约定了优先认购权的项目中，有超过 2/3 的项目约定了超额认购权。①

通过前述核心因素不同组合，投资者可根据实际情况设计出各类优先认购权，以满足各类利益相关者的不同需求。

（二）创投基金行使优先认购权限制及解决方案

从现有司法实务来看，股东行使优先认购权的主体严格限制为同一法律主体，也即股东无权指定关联方行使该项权利，除非各方就此有明确约定。和优先购买权类似，作为股东的创投基金因为其自身所受到基金投资期限、资金来源、“相同条件”等一系列因素的限制。

从实务来看，由于创投基金行使优先认购权受到前述各种因素限制，所以其主动行使优先购买权的概率并不高。如果各方可以通过协议将创投基金

---

① 参见汉坤律师事务所：《汉坤 2020 年度 VC/PE 项目数据分析报告》，第 18 页，载 https://www.hankunlaw.com/downloadfile/newsAndInsights/2a89a5d7ac10247d1c5ec07ca04409c2.pdf，最后访问日期：2021 年 10 月 26 日。

享有优先认购权的主体范围拓展到管理人管理的其他基金，创投基金因其自身特性而导致的相关问题有望得到解决。我们也能看到，在实务中，创投基金往往通过和相关方通过协商的方式解决认购权相关事项，而非仅依据协议条款强硬要求行使优先认购权。

（三）优先认购权在中国法下的适用

在很多法律适用中，优先认购权与优先购买权非常相似，而且优先认购权相对而言更为简易。因此，在优先认购权适用中，我们可以参考适用相关优先购买权相关规则。其中，关于“同等条件”下认定标准就是其中一项，也可以公司与第三人订立的股份认购协议中约定的条件作为判断同等条件的标准。对于涉及协议约定而未写入公司章程优先认购权条款效力，也可以类推适用，只要不存在法定无效情形，即使没有登记在公司章程中，这些约定在股东之间依然是有效的，但是不能对抗善意第三人。

第二节　控制类条款

控制类条款是指创投基金可以直接对被投企业施加控制甚至否决特定决策的相关条款，主要包括限售权、股东会一票否决权、董事会席位及一票否决权等保护性条款。

一、限售权条款

在实践中，投资者往往会对创业团队在目标公司的持股约定一定锁定期。在该锁定期届满之前通常不允许创业团队在未经投资者同意的前提下向第三方转让股权。这是建立在创业投资领域的一条金科玉律——投资就是投人[①]基础之上。对投资者而言，找到好的创业团队，并且确保创业团队和投资者的利益一致性就是其当然之义，也是对创业团队最根本的激励和约束机制之一。在此前提下，创业团队持有股权是保持利益一致性的最重要体现也是创

① 参见吴军：《见识》，中信出版社2018年版，第119页。

业团队和投资者的一致利益的基础。因此，创业团队转让目标公司的部分股权甚至全部股权会直接减损创业团队和投资者的利益一致性。基于此，投资者会提出对创业团队转让其股权进行限制。同时，创业团队也需要通过长期持股表现其对目标公司的信心。因而，创业团队和投资者往往能很容易的在该点上达成一致。从实务来看，限售权条款得到广泛运用。例如，在上市公司方盛制药（证券代码：603998. SH）下属子公司湖南方盛恒景医药科技有限公司引入投资者的交易中，各方约定，未经投资方同意，创始股东不得出售股权。[①] 根据汉坤律师事务所对其在2020年参与的超过500个VC/PE项目的统计，约90%的项目规定了创始股东限制转股条款，即在上市或整体出售之前，未经投资人同意，创始股东不得出售或处置其持有的公司股权。[②]

（一）限售权条款的实务要点

在实务中，我们可以看到在限售权条款的运用中有一些常见情形值得关注，主要包括：

1. 限售权条款的例外情形。在部分项目中，创始股东会要求约定一定例外情况，主要包括：

（1）允许创业团队转让不超过一定比例的公司股权。一般是在不影响创业团队控股权前提下，创业团队保留转让小比例股权的自由。在实务中，常见的情形包括允许创业团队股东自由变现少量股权，以完成实缴出资义务、改善生活、引进业务发展资源等。从实务来看，具体比例一般与创业团队持股比例相关。例如，在上市公司中伟股份（证券代码：300919. SZ）子公司贵州中伟资源循环产业发展有限公司引进投资的交易中，各方约定，目标公司在上市或被整体并购前，未经投资方书面同意，控股股东不得向除投资方以外的第三方转让其所持有的较大比例的目标公司股权/股份（认定标准为

---

① 参见湖南方盛制药股份有限公司：《关于公司参与设立的产业基金对外投资暨全资子公司增资扩股的公告》，载巨潮资讯网，http：//www. cninfo. com. cn/new/disclosure/detail？plate = sse&orgId = 9900023772&stockCode = 603998&announcementId = 1210484281&announcementTime = 2021 – 07 – 15。

② 参见汉坤律师事务所：《汉坤2020年度VC/PE项目数据分析报告》，第29页，载https：//www. hankunlaw. com/downloadfile/newsAndInsights/2a89a5d7ac10247d1c5ec07ca04409c2. pdf，最后访问日期：2021年10月26日。

控股股东累计转让股权比例超过目标公司股权/股份的 10%），控股股东也不得向第三方转让股权使该第三方成为目标公司第一大股东，或发生导致目标公司实际控制人发生变化的其他行为。①

（2）允许创业团队向其 100% 持股的主体转让股权，即允许创业团队向其关联方转让股权。也就是说，允许创业团队变更其持股主体。例如，在山东创新金属科技有限公司在 2021 年 2 月引进投资者时，各方约定，除《股东协议》另有约定外，未经多数投资人股东事先书面同意，在合格上市前，实际控制人、现有股东不得转让其直接或间接持有的公司部分或全部股权。但是，实际控制人、现有股东在合理原因下，通过直接或间接方式向其关联方进行的转让比例累计不超过其在本次投资后直接或间接持有的公司 10% 的股权且不会导致公司的实际控制权发生变更的股权转让交易除外。②

（3）允许创业团队转让股权作为员工股权激励的股权来源，以引进人才和完善其利益共享机制。例如，在上市公司康隆达（证券代码：603665. SH）投资江西省丙戊天成环保科技有限公司的交易中，各方约定，各方一致同意，除非上市公司事先书面同意，在上市公司持有目标公司的股权或权益期间，控股股东不得出售、转让、清算或以其它方式处分其持有的全部或部分的目标公司股权/权益，且控股股东不得对其持有的全部或部分的目标公司股权/权益设置质押等任何权益负担，或允许上述权益负担存在。但是，经上市公司同意的员工持股计划或股权激励计划而向员工转让股权的除外。③

2. 限售权条款与优先受让权条款和共同出售权条款的链接使用，即在投

---

① 参见中伟新材料股份有限公司：《关于放弃全资子公司贵州中伟资源循环产业发展有限公司增资优先认购权暨关联交易的公告》，载：http：//www. cninfo. com. cn/new/disclosure/detail？plate = szse&orgId = nssc1000144&stockCode = 300919&announcementId = 1211672412&announcementTime = 2021 - 11 - 23，最后访问日期：2022 年 3 月 12 日。

② 参见北京华联综合超市股份有限公司：《北京华联综合超市股份有限公司重大资产出售及发行股份购买资产并募集配套资金暨关联交易预案（修订稿）》，载 http：//www. cninfo. com. cn/new/disclosure/detail？plate = sse&orgId = gssh0600361&stockCode = 600361&announcementId = 1211074365&announcementTime = 2021 - 09 - 17，最后访问日期：2022 年 3 月 12 日。

③ 参见浙江康隆达特种防护科技股份有限公司：《关于以增资及股权转让方式收购江西省丙戊天成环保科技有限公司 33. 33% 股权的公告》，载 http：//www. cninfo. com. cn/new/disclosure/detail？plate = sse&orgId = 9900030088&stockCode = 603665&announcementId = 1211324304&announcementTime = 2021 - 10 - 20，最后访问日期：2022 年 3 月 12 日。

资者同意创业团队出售股权时，投资者可以要求行使优先受让权，以增加目标公司持股比例；或者行使共同出售权和创业团队共同转让部分股权。例如，在上市公司纳思达（证券代码：002180. SZ）全资子公司珠海艾派克微电子有限公司引入战略投资者的交易中，各方约定：（1）未经全体投资人事先书面同意，纳思达不得直接或间接出售、转让、赠与、质押、设置其他权利负担或以其他方式处置其直接或间接持有的全部或者部分公司股权。（2）若纳思达经每一个投资人同意转让其所持公司股权，在同等条件下，各投资人有权优先于任何第三方购买纳思达拟转让的全部或部分股权。（3）如果纳思达作为转让方拟转让其在公司的股权，且某一或某些投资人没有行使优先购买权，则未行使优先购买权的投资人有权在优先购买权要约期内向纳思达发出一份书面通知（以下简称共同出售权通知），要求按照与纳思达向受让方进行股权转让相同的条件和条款向受让方出售其所持有的股权，并在共同出售权通知中列明拟转让的股权对应的注册资本金额。①

3. 限售权条款与清算优先权条款的链接使用。在投资方同意创业团队转让股权导致其实际控制人变化的，会其触发清算优先权。在此不再累述。

（二）限售权条款在中国法下的适用

在中国法上，限制股权转让的目的是协调股权自由转让与公司人合性的关系，防止股权自由转让而使公司内部的稳定关系遭到破坏。② 在我国公司法上，股份有限公司主要偏向资合性，而有限责任公司更偏向人合性。因此，股份有限公司和有限责任公司在限售权条款的使用上会存在差异。我们分别从有限责任公司和股份有限公司角度对限售权条款进行分析。

1. 有限责任公司的限售权条款

《公司法》第 71 条第 4 款对有限责任公司章程有授权性规定，即章程另

---

① 参见纳思达股份有限公司：《关于全资子公司珠海艾派克微电子有限公司引入国家集成电路产业投资基金二期股份有限公司等战略投资者暨关联交易的公告》，载 http：//www. cninfo. com. cn/new/disclosure/detail？ plate = szse&orgId = 9900003822&stockCode = 002180&announcementId = 1208864355& announcementTime = 2020 - 12 - 08，最后访问日期：2022 年 3 月 12 日。

② 参见王东敏：《公司法审判实务与疑难问题案例解析》（第 2 版），人民法院出版社 2021 年版，第 282 页。

有规定的，从其规定。对此一般认为，仅是从有限责任公司的人合性考虑，可对股权转让的条件、程序作出较法律规定或严或宽的规定；但从股东权利和投资自由考虑，公司章程无权绝对禁止股权转让。也就是说，“转让自由”仍是不可突破的基本原则。即公司章程可以对其限制但不能对其禁止。[①] 根据我国相关法律，股权系属于公民、法人等民事主体依法所有的财产权利，股东依法享有占有、处分、收益等权利，公司章程禁止股权转让，剥夺了民事主体对财产的处分权。如果绝对禁止股权转让，则违反民事主体有自己处分财产权利的原则，侵犯了所有权中的处分权，该内容应当属于无效内容。[②] 2016 年 4 月，最高人民法院就《关于适用〈中华人民共和国公司法〉若干问题的规定（四)》征求公众意见。该征求意见第 29 条规定，有限责任公司章程条款过度限制股东转让股权，导致股权实质上不能转让，股东请求确认该条款无效的，应予支持。[③] 但是在最终出台的《公司法解释四》中，该条被删除。有地方司法机关在其地方性司法政策中有类似规定。例如，根据学者对 2014 年 3 月至 2018 年 10 月间 214 个相关案例的统计分析显示，在全部 214 件样本案例中，认定股权转让限制措施无效的判决书仅有 2 份，无效率不足 1% 。[④]

2018 年 6 月，最高人民法院发布了第 96 号指导案例“宋某军诉西安市大华餐饮有限公司股东资格确认案”（以下简称指导案例 96 号）。法院认为，基于有限责任公司封闭性和人合性的特点，由公司章程对公司股东转让股权作出某些限制性规定，系公司自治的体现。大华公司章程将是否与公司具有劳动合同关系作为取得股东身份的依据继而作出“人走股留”的规定，符合有限责任公司封闭性和人合性的特点，亦系公司自治原则的体现，不违反

---

① 参见茆荣华主编：《上海法院类案办案要件指南（第 1 册)》，人民法院出版社 2020 年 7 月第 1 版，第 100 页和第 187 页。

② 参见王东敏：《公司法审判实务与疑难问题案例解析》（第 2 版)，人民法院出版社 2021 年版，第 281 页、第 283 页。

③ 参见《最高人民法院关于适用〈中华人民共和国公司法〉若干问题的规定（四)》（征求意见稿)，载 https：//www. court. gov. cn/zixun – xiangqing – 19342. html，最后访问日期：2022 年 3 月 6 日。

④ 参见楼秋然：《股权转让限制措施的合法性审查问题研究——以指导案例 96 号为切入点》，《政治与法律》2019 年第 2 期。

《公司法》的禁止性规定。大华公司章程第 14 条关于股权转让的规定，属于对股东转让股权的限制性规定而非禁止性规定，宋某军依法转让股权的权利没有被公司章程所禁止，大华公司章程不存在侵害宋某军股权转让权利的情形。有学者认为，指导案例 96 号指出，“大华公司章程第 14 条关于股权转让的规定，属于对股东转让股权的限制性规定而非禁止性规定……大华公司章程不存在侵害宋某军股权转让权利的情形”。此项裁判理由虽未明示，却暗含以下内容：尽管我国《公司法》第 71 条第 4 款授权公司章程“另有规定”，但是公司或股东借助章程实现的自治存在界限，在股权转让限制的语境下就是不得禁止股权转让，否则章程条款无效。①

此外，很多地方法院在司法政策或具体个案审判实践中也秉承类似观点。例如，山东省高级人民法院就认为，有限责任公司的章程可以限制股权转让但不得禁止股权转让。理由是《公司法》第 71 条第 4 款规定“公司章程对股权转让另有规定的，从其规定”。该项规定根据意思自治原则，赋予了公司股东自主决定股权转让事项的权利。公司章程可以约定，排除其他股东的优先购买权或者规定更为宽松的股权转让条件。关于公司章程对股权转让事项的限制比《公司法》规定更为严格是否合法的问题，基于有限责任公司的人合性，《公司法》认可根据公司利益对股东股权转让进行一定限制。但任何财产权皆具有处分权能，公司章程对股权转让的限制不得违反财产权的本质，比如约定“股权转让应经其他所有股东同意”，则属于无效条款。② 再以奇虎三六零软件（北京）有限公司与蒋某文、上海老友计网络科技有限公司、胡某请求变更公司登记纠纷一案为例，上海市第二中级人民法院认为，关于章程能否对股权转让设定限制条款问题，我国《公司法》对有限责任公司和股份有限公司作了不同规定，其中，涉及有限责任公司股权转让部分的原《公司法》第 72 条第 4 款规定，“公司章程对股权转让另有规定的，从其规定”，即有限责任公司的章程可以约定对股份转让的限制。为维护股东之

① 参见楼秋然：《股权转让限制措施的合法性审查问题研究——以指导案例 96 号为切入点》，载《政治与法律》2019 年第 2 期。

② 参见山东省高级人民法院民二庭：《关于审理公司纠纷案件若干问题的解答》，载 http：//www. sdcourt. gov. cn/nwglpt/2349373/2525901/2568799/index. html，最后访问日期：2022 年 3 月 9 日。

间的关系及公司自身的稳定性，章程可以对有限公司的股权转让作出相应的限制和要求，这是公司自治及人合性的重要体现，同时也是诚实信用原则和当事人意思自治原则的体现。故公司章程中对股权转让所作的特别规定，各方均应遵守。[①] 再如在周某桂与卢某泉股权转让纠纷一案中，浙江省建德市人民法院认为，流通是股权的自然属性，股东转让其股权的权利是应有之义。有限责任公司的章程条款或者全体股东协议限制股权转让必须符合立法目的和法律强制性规定，绝对禁止股权转让的规定无效。本案中，公司 4 名股东通过协议禁止股权对外转让的约定应属无效。[②] 同时，一审法院的上级法院即浙江省杭州市中级人民法院明确支持该判决，明确表示：一审法院关于绝对禁止股权对外转让的约定应属无效的认定无误，本院予以确认。[③]

因此，我们可以看到中国司法机关对有限责任公司限售权条款态度基本一致，即有限责任公司股东转让可以限制，但是不能禁止。因此，我们在起草有限责任公司的限售权条款是要注意避免被认定为“禁止转让”，从而导致该条款被认定为“无效”。

2. 股份有限公司的限售权条款

我们可以看到，和中国司法机关对有限责任公司限售权条款态度基本一致不同，中国司法机关对股份有限公司限售权条款态度差异很大。

有地方司法机关认为《公司法》第 137 条“股东持有的股份可以依法转让”的规定是强制性规定，股份有限公司章程限制或禁止股份转让直接违反该规定。例如，山东省高级人民法院就明确规定，股份有限公司章程不能限制或禁止股份转让。理由是关于股份有限公司的股份转让，《公司法》第 137 条规定“股东持有的股份可以依法转让”，没有规定公司章程可以对股份转让另行规定，因此股份有限公司章程不能限制股份转让。[④] 再如在上药控股江西上饶医药股份有限公司、上海医药分销控股有限公司股东资格确认纠纷

---

① 上海市第二中级人民法院民事判决书，(2014) 沪二中民四（商）终字第 330 号。

② 浙江省建德市人民法院民事判决书，(2020) 浙 0182 民初 159 号。

③ 浙江省杭州市中级人民法院：(2020) 浙 01 民终 3668 号 (2020) 浙 01 民终 3668 号。

④ 参见山东省高级人民法院民二庭：《关于审理公司纠纷案件若干问题的解答》，载 http://www.sdcourt.gov.cn/nwglpt/2349373/2525901/2568799/index.html，最后访问日期：2022 年 3 月 9 日。

一案中，江西省上饶市信州区人民法院认为，我国《公司法》就有限责任公司的股权转让与股份有限公司的股份转让作了不同的规定。我国《公司法》规定："股东持有的股份可以依法转让。"在现有的立法框架下该条规定应理解为两层含义：一是股份转让必须依法进行；二是只要依法进行，股份就可以转让。我国《公司法》就股份有限公司的股份转让，除了对公司董事、监事、高级管理人员转让股份作了限制性规定，并规定公司章程可以对公司董事、监事、高级管理人员转让股份作出其他限制性规定，没有作其他限制性规定和允许公司章程对股份转让作其他限制性规定。如果法律允许股份有限公司章程设限，《公司法》会明确作出规定，《公司法》没有明确规定，说明法律不允许股份有限公司章程设限。由于股份有限公司属于资合性公司，股份流通性是其生命，股份转让的自由度不仅直接影响公司自身利益和公司内部中小股东的利益，更涉及公司外部第三人利益。因此，不能通过公司章程变更《公司法》对股份有限公司股权转让所作的规定。否则，将构成对股份有限公司股份转让的变相禁止。从而不符合股份有限公司的资合性特征和立法精神。综上，案涉公司章程所作的股份转让须经出席会议的会议股东所持表决权的2/3以上通过的限制性规定因违背了《公司法》和立法精神无效。①而后，当事人提起上诉。核心理由是，案涉公司虽然是股份有限公司，但属于非上市的股份有限公司。并且，案涉公司采取的是发起设立而不是募集设立方式，即该公司的股份没有公开发行，公司内没有公众股东，其股东均为记名股东，故该公司属于人合性公司。《公司法》对有限责任公司的股份转让予以限制的主要原因在于其具有人合性，那么，对于具有人合性的公司，其在章程中对股份转让予以限制，符合《公司法》的立法本意，应认定为有效。另外，该公司章程是全体股东的协议，如果公司章程规定了对股份转让的特别限制，说明所有的股东均同意这样的设置。从意思自治的理念考量，这样的限制只要不违反法律的禁止性规范，就应被承认为有效。因此，一审判决没有对上市的股份有限公司与非上市的股份有限公司进行区分，简单地认为所有的股份有限公司均属于资合性公司，且作出"不能通过公司章程变

---

① 江西省上饶市信州区人民法院民事判决书，（2016）赣1102民初1349号。

更《公司法》对股份有限公司股权转让所作的规定”的认定，明显与《公司法》的立法精神相左，是错误的。但是，该理由没有被二审法院江西省上饶市中级人民法院接受。二审法院在该案的二审中支持了一审法院的判决意见。[①]

我们也看到地方司法机关不仅仅会根据其公司形式是股份有限公司，还会根据股份有限公司具体情况中进一步区分是公众公司还是非公众公司进行区别对待。对股份有限公司中的非公众公司因为不涉及公众利益，对限售权条款倾向于类似于有限责任公司的态度，即可以限制但不可以禁止的态度；而对于股份有限公司中的公众公司因为涉及不特定社会公众，对限售权条款倾向于认定为无效的态度。例如，在赵某芳、孟某娜与吴某昌、吴某灿等股权转让纠纷一案中，浙江省诸暨市人民法院认为，《公司法》第142条第2款规定的公司董事、监事、高级管理人员在任职期间每年转让的股份不得超过其所持有本公司股份总数的25%。从该条规定的立法目的考量，其目的在于防范公司董事、监事、高级管理人员在任职期间利用公司谋取不当利益，并通过转让股份逃避可能承担的法律责任。考虑到有些不当行为的法律后果和法律责任的滞后性，如果在后果实际发生前因转让股份退出了公司，就很难追究其责任，不利于保护他人或社会公众的合法权益，因此，需要在一定时期内禁止转让其持有的公司股份。从其内容分析，并没有明确规定违反该规定将导致合同无效或者不成立，而案涉公司系未上市的股份有限公司，股权转让前的股东人数也只有三人，公司管理层与股东并未实质性分离，公司治理结构仍为封闭性公司，并不涉及众多股民利益保护、证券市场秩序维护等公共利益问题。因此，该规定不属于效力性强制性规定，而是管理性强制性规定，《股份转让协议》不因违反该规定而无效。[②] 也就是说，一审法院在认定该条规定效力中将股份公司进行了进一步区分，分为公众公司和非公众公司。对非公众公司而言，《公司法》第142条规定为管理性规定。在该案的二审中，浙江省绍兴市中级人民法院认为，《公司法》第142条之规定只是

① 江西省上饶市（地区）中级人民法院：（2017）赣11民终1331号。

② 浙江省诸暨市人民法院民事判决书，（2012）绍诸商初字第3472号。

对公司董事、监事以及其他高级管理人员转让股份的限制，而非禁止，其目的在于防止公司董事、监事以及其他高级管理人员利用其身份谋取不当利益，并通过转让股份恶意逃避其所需承担的风险和责任，但该限制性规定并不影响股权转让合同的效力，而只影响其履行。因为只要不实际交付股份，就不会引起股东身份和股权关系的变更，即股权出让人仍然是公司的股东，其作为股东所应承担的法律责任并不会因签订股权转让协议而免除。因此，本案讼争的股权转让协议并不违反《公司法》142 条之规定，应认定为合法有效的合同。[①] 也就是说，二审法院没有认定该规定是效力性强制性规定还是管理性强制性规定，而是从负担行为和处分行为划分，论证案涉协议不因违反该规定而无效。在此之后，当事人向浙江省高级人民法院申请再审，最终被浙江省高级人民法院裁定提审。[②] 浙江省高级人民法院最终认为，《公司法》第 141 条第 2 款规定，公司董事、监事、高级管理人员应当向公司申报所持有的本公司的股份及其变动情况，在任职期间每年转让的股份不得超过其所持有本公司股份总数的 25%。本案股权转让之时，出让方系公司董事，其将持有股份全部转让显然违反了上述规定。但上述法条的立法意旨主要是为了完善公司治理，防止股份公司的董事、监事和高管通过违规的股权转让谋取不当利益，侵害广大投资者的权益。案涉公司虽为股份有限公司，但股东仅为三人，并非公众公司。案涉股权转让并不涉及公众利益的保护问题。在本案情形下，《公司法》上述规定当属管理性规定而非效力性规定，不影响股权转让合同的效力判断。[③] 也就是说，浙江省高级人民法院回到一审法院思路，将股份公司区分为公众公司和非公众公司，对非公众公司而言说，其股权转让不涉及公众利益的保护问题，所以《公司法》上述规定当属管理性规定而非效力性规定。

因此，我们可以看到不同司法机关可能在股份有限公司限售权条款上持完全不同的态度，这会给我们实践带来很大的不确定性。但是，我们可以有效的利用《公司法》第 141 条的规定在章程中设置限售权条款。该条第 2 款

① 浙江省绍兴市中级人民法院民事判决书，(2013) 浙绍商终字第 646 号。
② 浙江省高级人民法院民事裁定书，(2014) 浙民申字第 567 号。
③ 浙江省高级人民法院民事判决书，(2015) 浙商提字第 51 号。

规定，“公司章程可以对公司董事、监事、高级管理人员转让其所持有的本公司股份作出其他限制性规定”。实务中，核心创业团队往往担任目标公司的董事、监事、高级管理人员，因此给我们预留限制其股份转让的制度空间。在创业团队直接持股时，我们可以利用该款的约定。当然，在创业团队间接持股时，可以通过约定其持股性质，通过“实质重于形式”的方式争取司法机关的支持。

此外，我们可以从司法判例中看到原始章程和后续章程在限售权条款效力认定中的重要性。因为原始章程是所有股东一致同意的，具有合同属性，也代表限售权条款义务人自身处置其权利的意思表示，符合私权自由处置原则。而后续章程可能是多数决产物，能否通过多数决对股东转让权这一股东核心权利进行限制存在争议，特别是在义务人对此投反对票时。这可能会成为当事人的争议焦点。例如，在新疆泰昆集团有限责任公司与王某群公司盈余分配纠纷一案中，新疆维吾尔自治区昌吉市人民法院认为，《公司法》第72 条第 4 款“公司章程对股权转让另有规定的，从其规定”中“从其规定”的规定是对前三种股权转让情形的补充，也就是说，约定的范围仅限于前三种所述的“股东之间转让股权”、“股东向公司以外的第三人转让股权”及“股东优先权的行使”三个方面，公司章程仅能对股东主动转让股权时作出特殊规定，而不能强制股东在非自愿的情况下转让其股权。在 2020 年 5 月 12 日的股东会议纪要中，原告明确表明对要求其出让 50% 股份的内容不同意，但被告仍依据该会议决议修改了公司章程。被告对公司退休或离职股东在公司司龄满 15 年及以上者，强制转让全部或部分股份的约定在修改后的公司章程中，而并非在公司初始章程中。因公司初始章程需要全体股东一致同意，故其具有合同的性质。而本案中公司章程对强制转让股权的条款是在公司运营过程中通过修改章程而确立，虽然修订后的公司章程经过多数决得以通过，但公司章程多数决议的效力仅应当及于公司经营管理事项和股东共同利益事项，而不应及于股东个人利益，对股东分红权的变动，必须得到全体股东的一致同意，而不是实行多数决议，且在修改章程的表决中，股东即本案原告投的是反对票，其投反对票的行为，即表明了原告不同意这一条款，故该条款对原告不产生约束力。[①] 之后，其上级法院新疆维吾尔自治区昌吉回族自治州中级人民法院在二审中以公司依据资本多数决作出股东大会的内容和召集、表决程序未违反《公司法》的相关规定为由，认为该公司股东会通过的涉及修改对强制转让股权的条款和股东分红权的变动内容对投反对票的股东均具有法律约束力，从而推翻了一审法院的判决。[②] 之后，当事人向新疆维吾尔自治区高级人民法院申请再审。2021 年 12 月，新疆维吾尔自治区高级人民法院作出裁定，提审该案。[③] 2022 年 3 月，新疆维吾尔自治区高级人民法院作出终审判决，维持了一审法院的判决，撤销了二审法院的判决。[④]

最后，我们还需要注意限售权条款一定要精准，不能模糊，一定要在措辞上明确体现出需要获得投资者同意或者投资者的书面同意才行，否则可能会面临不利解释。以李某善、王某航合同纠纷一案为例。在该案中，目标公司的章程规定，股东会行使下列职权：……对股东转让出资作出决议。深圳市中级人民法院认为，根据《公司法》第 71 条的规定，有限公司的股东之间转让股权，原则上不受限制，除非公司章程对此作出限制性规定。本案中，公司章程在关于股东会行使职权的条款中列举表述"对股东转让出资作出决议"，这只是对股东会职权的概括性表述，不能当然得出该条款系对该公司的股东之间转让股权作出限制，须经股东会决议之意。[⑤]

二、一票否决权条款

一票否决权在 2018 年年底开始为很多人所关注。对于"谁杀死了 ofo"这一问题，2018 年 12 月月底，腾讯公司 CEO 马化腾在微信朋友圈评论称其真正的原因，是 veto right（一票否决权）。[⑥] 一票否决权条款是指投资者享有的可以否决被投企业某项决策的权利，也即常说的"说不的权利"。其实质就是创投基金对被投企业的某些行为具有否决权，但它并不是要禁止这些行

① 新疆维吾尔自治区昌吉市人民法院民事判决书，(2021) 新 2301 民初 2687 号。

② 新疆维吾尔自治区昌吉回族自治州中级人民法院民事判决书，(2021) 新 23 民终 1426 号。

③ 新疆维吾尔自治区高级人民法院民事裁定书，(2021) 新民申 2200 号。

④ 新疆维吾尔自治区高级人民法院民事判决书，(2022) 新民再 3 号。

⑤ 广东省深圳市中级人民法院民事判决书，(2019) 粤 03 民终 2636 号。

⑥ 参见屈丽丽：《ofo 溃败：资本虚火与公司僵局》，载 http：//www.cb.com.cn/index/show/gs/cv/cv12528324184，最后访问日期：2022 年 3 月 1 日。

为，而仅仅要求获得创投基金的同意。[①] 尽管只是作为小股东，但是创投基金通常会要求一定控制权，以便监督创业企业的发展，并影响其重大决策。[②] 这是创投基金作为被投企业股东监督权的体现，用于确保被投企业的重大决策和事项不偏离创投基金的预期规划。在创业投资中，该条款目的也包含保护作为小股东的创投基金，防止其利益受到大股东侵害。

一票否决权条款的广泛运用是基于我国绝大多数创业企业的所有权和经营权相统一的现实状况。也就是说，大部分创业企业的股东权、决策权和管理权的三权合一。根据深交所在 2012 年的统计，深市中小板和创业板公司的实际控制人几乎都是自己担任董事长或总经理的，中小板只有 10% 的实际控制人不担任董事长和总经理，而创业板更低，只有 4. 9% 。此外，就决策权和管理权重合的角度而言，56. 7% 的创业板公司和 47% 的中小板公司实际控制人都兼任董事长和总经理，实现了股东权、决策权和管理权的三权合一。[③] 时至今日，该种状况并未有实质性变化。中小板和创业板上市公司尚且如此，未上市创业企业的类似情况就更为普遍了。在一个股权相对集中的公司，公司治理的重点是如何防止控股股东或大股东侵占中小股东的利益，而在股东的众多权利之中，表决权又是股东权利的核心，所以合理限制大股东表决权就是限制大股东滥用权利最行之有效的方式。[④] 结合中国公司法所规定的公司治理结构来看，一票否决权可以分为董事会一票否决权和股东会一票否决权两类。

和股东会一票否决权不同，董事会一票否决权还涉及董事会席位问题。从逻辑上讲，拥有董事会席位是享有董事会一票否决权的前提条件。董事会席位条款的实质是对被投企业控制权分配的约定。通常，董事会条款会约定

---

① 参见［美］布拉德·菲尔德、［美］杰森·门德尔松：《风险投资交易》，桂曙光译，机械工业出版社 2020 年版，第 84 ~86 页。

② 参见［美］克劳迪娅·纪斯伯格、迈克尔·普拉尔、鲍文·怀特：《精通私募股权》，刘寅龙译，清华大学出版社 2018 年版，第 29 页。

③ 参见深交所公司治理研究中心：《2012 年深市上市公司治理情况报告》，载 https：//www. capco. org. cn/zxzx/jgxx/201909/20190901/j_20190901152203000156895917329353 65. html，最后访问日期：2022 年 8 月 30 日。

④ 中华全国律师协会：《律师承办公司治理业务操作指引》（2013 年 6 月汇编）。

董事会席位总数及其分配规则。[①] 从司法实务来看，股东之间关于董事席位分配约定一般会被司法机关所尊重。以湖南盛宇高新材料有限公司与湖南胜利湘钢钢管有限公司公司决议纠纷一案为例，在该案中，湖南胜利公司最初的公司章程，对公司董事候选人名额进行了分配。公司董事会由 7 名董事组成，董事由股东会选举产生。山东胜利公司 4 名、湘钢公司 2 名，盛宇公司 1 名，董事会任期 3 年。该条款的确定，也是盛宇公司达成与山东胜利公司、湘钢公司合资成立湖南胜利公司的最终合意。2013 年 6 月 25 日，湖南胜利公司召开股东会，第四次修改公司章程，以少数服从多数的原则将盛宇公司董事踢出董事局，其中盛宇公司投了反对票。湖南省高级人民法院认为，股东会决议是股东会就提请股东会会议审议的事项，依照法律或章程规定的程序表决形成的公司意思，这是股东行使其职权的法定方式。湖南胜利公司是通过“多数决”修改公司章程的行为，违反了《公司法》第 20 条第 1 款规定的“股东应当遵守法律、行政法规和公司章程，依法行使股东权利，不得滥用股东权利损害公司或者其他股东的利益，不得滥用公司法人独立地位和股东有限公司责任损害公司债权人的利益”实质要件及公司最初章程关于盛宇公司出任一名董事、董事会任期 3 年的诚实信用原则。故湖南胜利公司决议该系滥用“资本多数决”原则，变相侵犯了小股东利益。[②]

（一）一票表决权的表现形式

在创业投资中，在中国公司法框架下，根据不同项目的具体需求，创投基金一票否决票可以有多种表现形式。不同形式之间存在一定差异。其主要表现形式如下：

1. 将否决权人的事前认可作为启动相应程序的前置程序，只有相关事项获得否决权人事先认可后，方能提交被投企业董事会或者股东会审议。

2. 将否决权人作为单独类别进行表决。常见表述是，相关事项需要获得公司董事会通过（其中应当包含创投基金提名董事同意）。也就说将创投基金或其提名的董事单独作为一个类别，将所有股东或者董事作为另一个类别

---

① 参见中国证券投资基金业协会组编：《股权投资基金》，中国金融出版社 2017 年版，第 114 页。

② 湖南省高级人民法院民事裁定书，(2016) 湘民申 1612 号。

同时进行表决，两个类别均通过后方能作出决议。在上市公司艾艾精工（证券代码：603580. SH）投资金锋馥（滁州）输送机械有限公司的交易中，各方在协议中约定，目标公司的董事会由5名董事组成，艾艾精工有权委派1名董事（以下简称投资人董事）。目标公司董事会作出决议，需经出席董事的半数以上审议同意方可作出决议（法律规定更高标准的除外）。受限于本协议的约定，董事会作出涉及协议约定的重大事件的相关决议时，董事会决议的通过须包括投资人董事的同意。各方确认，根据协议和章程规定需经董目标公司事会审议通过的事项，若未经董事会审议而提交股东会表决通过的，则该股东会表决结果无效。①

3. 提高表决通过要求，直至没有否决权人同意，董事会或股东会无法做出决议，即使其他股东或者董事均同意。以浙江康隆达特种防护科技股份有限公司（以下简称康隆达）收购江西省丙戊天成环保科技有限公司（以下简称丙戊天成）33.33%股权交易为例。在该交易中，各方约定，交易完成后，丙戊天成设董事会，董事会由5名成员构成，其中康隆达提名2人，其他股东提名3人。《公司法》规定的董事会重大事项经全体董事4/5以上表决权审议通过。② 在此机制下，康隆达实质性上拥有董事会一票否决权。因为没有康隆达提名董事同意，丙戊天成董事会无法做出有效决议。

4. 要求全体一致决方能作出决议。也就说要求所有参与表决股东或者董事均同意方能作出决议，即任何一位具有表决权董事或者股东均具有否决权。如果作为股东之一的创投基金或者其委派的董事不同意，被投企业的股东会或者董事会不能作出决议。以杨池生与中审会计师事务所有限公司股东会决议撤销纠纷案为例。在该案中，中审公司章程第25条规定："对以下事项需经全体股东表决通过：（1）公司合并、分立、变更形式；（2）公司解散；

---

① 参见艾艾精密工业输送系统（上海）股份有限公司：《关于公司对外投资的公告》，载巨潮资讯网，http：//www. cninfo. com. cn/new/disclosure/detail？plate = sse&orgId = gfbj0430599&stockCode = 603580&announcementId = 1209013493&announcementTime = 2020 - 12 - 30。

② 参见浙江康隆达特种防护科技股份有限公司：《关于以增资及股权转让方式收购江西省丙戊天成环保科技有限公司33.33%股权的公告》，载巨潮资讯网，http：//www. cninfo. com. cn/new/disclosure/detail？plate = sse&orgId = 9900030088&stockCode = 603665&announcementId = 1211324304&announcementTime = 2021 - 10 - 20。

(3) 修改章程;(4) 股东退出或加入;(5) 应当由董事会提请股东大会作出决议的其他重要事项。”北京市海淀区人民法院通过文义解释和整体解释认定为“该全体股东表决通过”为“全体股东一致同意通过”,并且认定,“章程第25条规定事项均为公司重大事项,公司法规定必须经代表2/3以上表决权的股东通过,系对该类事项赞成票的最低限制,公司章程规定高于这一规定的,属当事人意思自治的范畴,应当具有法律效力”。①

(二) 一票否决权条款的具体内容

实务中,一票否决权的内容也是相关方重点关注对象,其基本原则是把控好被投企业的重大事项,但也不要影响被投企业日常运作。其具体范围是各方根据被投企业的日常经营情况协商定下来的,其内容可以参考“三重一大”,即重大事项决策、重要干部任免、重大项目投资决策、大额资金使用。以此为原则,一票否决权范围可以分为以下几类:

第一类,被投企业的重大事项决策,具体包括:(1) 公司法上的重大事项:具体包括修改公司章程、增加或者减少注册资本的决议,以及公司合并、分立、解散或者变更公司形式;(2) 涉及创投基金权利修改事项;(3) 被投企业上市计划、上市地选择、公司发行数字货币等;(4) 公司实际控制权变更;(5) 股权激励计划;(6) 公司对外担保;(7) 公司重大关联交易;(8) 公司购买和处置重要无形资产等。

第二类,被投企业的重大人士任免,具体可以包括高级管理人员的任免和薪酬方案等。

第三类,被投企业的重大项目投资决策,具体包括公司重大投资,公司收购和处置子公司、购置和处置大额固定资产、重大业务合同等。

第四类,被投企业的大额资金使用,具体包括:(1) 公司向非银行金融机构借款;(2) 公司购买大额理财产品、进行期货买卖、进行金融衍生品交易等。

在定义重大时,可以根据被投企业业务具体情况、事项性质和所涉及金额绝对数或者比例确定。例如,“公司向非银行金融机构借款”是根据其性

---

① 北京市海淀区人民法院民事判决书,(2008) 海民初字第10313号。

质界定，主要目的是防止其借高利贷，与金额无关；而购置“购置和处置大额固定资产”可以从金额上界定，如可以界定为“购置和处置价值超过人民币500万元的固定资产”。事实上，一票否决权的范围可以根据具体情况的不同而不同。

（三）一票否决权条款在中国法下的适用

在一票否决权适用的实务中，我们需要关注中国公司法下不同类型公司对一票否决权效力影响、行使一票否决权可能带来法律风险及一票否决权条款可能引发反垄断合规风险等问题，具体事项如下：

1. 公司类型对一票否决权效力影响

在实务中需要特别注意的是，在现有司法实践中，一票否决权的效力可能会因为公司类型的不同而存在差异。其中，对有限责任公司而言，基于股东人合性，《公司法》赋予了公司章程很多自主权。例如，有限责任公司股东会和董事会职权范围、议事方式和表决程序均预留了自治空间，明确赋予公司股东因地制宜，通过公司章程修改《公司法》默认规则的空间。[①] 相对有限责任公司而言，资合性更强的股份有限公司，《公司法》赋予了公司章程自主空间就少得多，除了股东大会和董事会的职权和有限责任公司一致外，并未明确规定股东可以通过章程修改法定的议事方式和表决程序。[②] 对股份公司而言，能否通过公司章程修改公司股东会和董事会的议事方式和表决程序就存在争议。因此，在司法实践中，司法机关可能因为公司类型不同而对一票否决权持有不同态度。

对于有限责任公司，以奇虎三六零软件（北京）有限公司与蒋某文、上海老友计网络科技有限公司、胡某请求变更公司登记纠纷一案为例，该案的主要争议之一为上海老友计网络科技有限公司章程中一票否决权效力问题，该公司为有限责任公司。在该案中，上海市第二中级人民法院认为，本案中，赋予投资者对一些事项，包括股权转让的一票否决权，系投资者认购新增资本的重要条件，这种限制是各方出于各自利益需求协商的结果，符合当时股

① 参见《公司法》（2018年修正）第37条、第41条、第42条、第46条和第48条。

② 参见《公司法》（2018年修正）第99条、第103条、第108条和第111条。

东的真实意思表示，未违反《公司法》的强制性规定，应认定符合公司股东意思自治的精神，其效力应得到认可。[①]

对于股份有限公司，以中证中小投资者服务中心有限责任公司与上海海利生物技术股份有限公司（以下简称海利生物）公司决议效力确认纠纷一案为例。海利生物是一家上市公司。上海市奉贤区人民法院认为，根据《公司法》规定，公司股东依法享有资产收益，参与重大决策和选择管理者等权利。在权利的具体行使方式上，单独或者合计持有公司3%以上股份的股东，可以在股东大会召开10日前提出临时提案并书面提交董事会。上述规定表明，只要具有公司股东身份，就有选择包括非独立董事候选人在内的管理者的权利，在权利的行使上并未附加任何的限制条件。分析海利生物在2015年第一次临时股东大会决议中有关内容，其中设定“连续90天以上”的条件，违反了《公司法》的规定，限制了部分股东就非独立董事候选人提出临时提案的权利，该决议内容应认定为无效。[②] 该案例还入选了《人民法院案例选》2019年第2辑。我们可以从本案中看到，司法机关对股份公司，特别是涉及社会公众投资者权利保护时，上市公司在无法律明确授权下修订法定规则是持有保留态度的。因为对上市公司和非上市公众公司而言，其中小股东高度分散，该行为可能成为剥夺中小股东法定权利的工具。我们也看到地方法院不仅仅会根据其公司形式是股份有限公司，还会根据股份有限公司具体情况中进一步区分是公众公司还是非公众公司进行区分相关条款的效力。对股份有限公司中的非公众公司因为不涉及公众利益，对相关条款倾向于类似于有限责任公司的态度，即可以限制但不可以禁止的态度。

2. 一票否决权后果

我们可以看到，创投基金或其委派的董事行使一票否决权，这可能会和创投基金或者董事的法定或者约定的权利和义务相互冲突，进而产生一定法律风险。其中最为典型的是，对创投基金委派董事而言，对公司的责任和对委派其担任董事的创投基金角色之间可能会存在冲突，甚至有董事不当履职

① 上海市第二中级人民法院民事判决书，(2014) 沪二中民四（商）终字第330号。

② 上海市奉贤区人民法院民事判决书，(2017) 沪0120民初13112号。

风险。

我们可以看到创投基金委派的董事作为被投企业的的董事，应遵守并履行《公司法》、公司章程及其他内部治理制度就董事身份所规定的忠实义务和勤勉义务，以目标公司的最大利益行事，并对被投企业的全体股东负责，而非仅对委派其出任董事的创投基金负责。我们需要探究董事和公司的法律关系的性质。我国《公司法》对董事与公司的关系并无明确的规定，但公司法理论研究与司法实践中已经基本统一认识，认为公司与董事之间实为委托关系，依股东会的选任决议和董事同意任职而成立《合同法》上的委托合同。[①] 在最高人民法院民二庭第 8 次法官会议纪要中，法官会议意见提出：《公司法》第 37 条、第 99 条明确规定由公司股东会或者股东大会选举和更换非由职工代表担任的董事，且没有任何法律规定公司可以强迫任何人担任董事，故公司与董事之间实为委托关系，依股东会的选任决议和董事答应任职而成立《合同法》上的委托合同。[②] 因此，创投基金委派董事需要向全部股东承担信义义务，而非仅仅对委派其出任董事的创投基金负责。特别是涉及与创投基金利益相关事项决策时尤为需要注意，如果涉及关联交易事项，需要严格履行回避义务。该还涉及委派董事不当履职时，委派股东是否需要对不当履职董事承担责任问题。实务中，尚无统一标准。在王某凡、党某、海航控股集团有限公司与赵某海及陕西海航海盛投资有限公司、陕西皇城海航酒店有限公司损害公司利益责任纠纷案中，陕西省高级人民法院认为，公司董事与公司股东之间不存在管理与被管理的关系，公司股东没有管理公司董事的法定职责，公司董事只对公司承担忠诚义务和勤勉义务。如董事违反法律、行政法规或者公司章程的规定，给公司造成损失的，该董事应当承担赔偿责任，但委派该董事的股东不承担连带赔偿责任。[③]

---

① 参见《依法保护股东权益、服务保障营商环境——最高人民法院民二庭相关负责人就〈关于适用若干问题的规定（五）〉答记者问》，载 https：//www. court. gov. cn/zixun - xiangqing - 155282. html，最后访问日期：2022 年 3 月 13 日。

② 参见《董事辞职何时生效 - 最高人民法院民二庭第 8 次法官会议纪要》，载贺小荣主编：《最高人民法院民事审判第二庭法官会议纪要——追寻裁判背后的法理》，人民法院出版社 2018 年版，第 256 ~ 257 页。

③ 陕西省高级人民法院民事判决书，（2016）陕民终 255 号。

如果一票否决权行权后果与创投基金的权利相关，创投基金需要谨慎考虑其中可能存在被认定为滥用权利的法律风险。例如，创投基金行使否决权否决被投企业上市计划，但是被投企业未能如期上市是触发回购义务前提条件之一。以宁波梅山保税港区嘉豪秉鸿创业投资合伙企业（有限合伙）与邹红伟等股权转让纠纷案为例。在该案中，投资者系一家私募基金，持有目标公司2%股权。投资协议约定了投资者对涉及目标公司经营的重大事项拥有一票否决权，还约定了业绩承诺、业绩补偿及回购条款。此后，目标公司未能实现业绩承诺，因此投资者将目标公司的控股股东和实际控制人诉至法院，要求其回购投资者所持有的目标公司全部股权。而目标公司大股东辩称，之所以会触发回购条款，完全系因投资者滥用一票否决权所致，并认为投资者滥用一票否决权的行为违反了《合同法》第45条的规定，应当视为回购条件不成熟，其不应对投资者股权进行回购。北京市海淀区人民法院在本案以没有证据证明投资者超出合同约定进行了恶意促成回购条款达成的行为为由驳回了目标公司大股东的主张，判决大股东回购投资者股权。① 在二审中，北京市第一中级人民法院认为，该案争议焦点就是投资者在目标公司经营管理过程中是否存在滥用一票否决权的问题。具体可以分为：（1）关于投资者在目标公司准备新三板挂牌召开的临时股东会上滥用一票否决权的问题。法院认为，大股东主张投资者在股东会上滥用一票否决权，首先需要证明投资者参加过该股东会并行使过一票否决权。但是股东会决议中并没有投资者签字、盖章且投资者否认参加过该次股东会。（2）关于投资者在目标公司增加天然气经营项目时，是否滥用一票否决权的问题。法院认为，在目标公司未就该事项召开过股东会或董事会的情形下，仅凭在案微信聊天记录不足以证明投资者在目标公司增加经营范围事项上滥用一票否决权，且聊天记录中并无投资者的工作人员行使一票否决权的明确表示。（3）投资者的邮件能否证明投资者在目标公司融资过程中滥用一票否决权。法院认为，案外人的陈述意见不足为凭。并且目标公司未就此召开过股东会或董事会，不存在投资者在会上行使过一票否决权的事实。退一步讲，即便投资者就目标公司融资事

① 北京市海淀区人民法院民事判决书，（2017）京0108民初38996号。

项提出过反对意见，也不能排除系基于正常的商业利益和商业风险的考虑而作出。最终，北京市第一中级人民法院以证据不足以证明投资者存在利用其股东身份而滥用一票否决权的问题，从而支持了初审法院的判决。[①] 我们需要注意，在本案中，虽然投资者最终在本案中胜诉。但如果当事人有证据证明投资者行使一票否决权导致目标公司无法实现承诺，从而触发回购条款，最终的判决结果就可能发生根本变化。

3. “一票否决权”引发反垄断申报义务风险

从实务看来，基于创投基金的少数股权投资属性，创投基金的投资和反垄断似乎很远。我国法定的垄断行为主要有三种，分别为经营者达成垄断协议；经营者滥用市场支配地位和具有或者可能具有排除、限制竞争效果的经营者集中。[②] 其中，与创投基金有关的主要是第三类，即经营者集中。根据《经营者集中审查规定》（2022 年修订）第 3 条的规定，我国《反垄断法》上的“经营者集中”主要包括以下三种情形：

（1）经营者合并；

（2）经营者通过取得股权或者资产的方式取得对其他经营者的控制权；

（3）经营者通过合同等方式取得对其他经营者的控制权或者能够对其他经营者施加决定性影响。

在创业投资中，基于少数股权投资属性，其中第一项和第二项一般并不适用于创投基金。虽然创投基金不涉及获得被投企业的控制权，但是有可能通过协议取得被投企业控制权或者能够对其施加决定性影响。其中一票否决权条款就是其中重要考虑因素。根据《经营者集中审查规定》（2022 年修订）第 4 条的规定，判断经营者是否通过交易取得对其他经营者的控制权或者能够对其他经营者施加决定性影响，应当考虑下列因素：

（1）交易的目的和未来的计划；

（2）交易前后其他经营者的股权结构及其变化；

（3）其他经营者股东大会的表决事项及其表决机制，以及其历史出席率

---

① 北京市第一中级人民法院民事判决书，（2019）京 01 民终 3192 号。

② 《反垄断法》（2022 年修订）第 3 条。

和表决情况；

（4）其他经营者董事会或者监事会的组成及其表决机制；

（5）其他经营者高级管理人员的任免等；

（6）其他经营者股东、董事之间的关系，是否存在委托行使投票权、一致行动人等；

（7）该经营者与其他经营者是否存在重大商业关系、合作协议等；

（8）其他应当考虑的因素。

两个以上经营者均拥有对其他经营者的控制权或者能够对其他经营者施加决定性影响的，构成对其他经营者的共同控制。

其中，创投基金持有的股东会或者董事会的一票否决权条款根据其具体条款的内容可能会落入前述第三至六项范围之内，从而被认定为“取得对被投资企业的控制权或者能够对其他经营者施加决定性影响”。

以腾讯控股有限公司（以下简称腾讯）、深圳市红杉煜辰股权投资合伙企业（有限合伙）（以下简称红杉煜辰）收购广西叫酒网络科技有限公司（以下简称酒小二）股权未依法申报违法实施经营者一案为例。2020 年 11 月，腾讯（通过广西腾讯创业投资有限公司，以下简称广西腾讯）、红杉煜辰与酒小二原股东签订《增资协议》、《股东协议》和《股权转让协议》。广西腾讯和红杉煜辰通过增资和收购股权方式，分别取得酒小二 10% 和 6% 股权，并取得共同控制权。此前，腾讯通过深圳市腾讯创业创新发展有限公司原持有酒小二的 2.5% 股权被稀释至 2.175%。交易后，腾讯共持有酒小二 12.175% 股权，红杉煜辰持有 6% 股权。2020 年 11 月 30 日，酒小二完成股权变更登记手续。国家市场监督管理总局认定，根据《股东协议》，虽然腾讯和红杉煜辰持有酒小二的股权比例仅为 12.175% 和 6%，但腾讯和红杉煜辰对酒小二享有共同控制权，属于《反垄断法》第 20 条规定的经营者集中。最终，国家市场监督管理总局认定该案构成未依法申报违法实施经营者集中，但不具有排除、限制竞争的效果，最终决定分别给予腾讯、红杉煜辰各 50 万元罚款的行政处罚。[①]

---

① 国家市场监督管理总局行政处罚决定书，（国市监处罚〔2021〕132 号）。

在腾讯收购森亿医疗股权涉嫌未依法申报违法实施经营者集中案，国家市场监督管理总局明确认定，腾讯只收购森亿医疗 12.2627% 的股权，并就财务预算、高管任免等重大事项获得否决权，从而获得森亿医疗的共同控制权，属于《反垄断法》第 20 条规定的经营者集中。[①] 在腾讯收购深圳市智能制造软件开发有限公司股权案中，国家市场监督管理总局也几乎做出了同样认定。[②]

因此，如果创投基金在投资过程中，创投基金、联合投资者和被投企业的营业收入达到经营者集中申报条件时，虽然是少数股权投资，需要特别注意反垄断合规要求。根据《国务院关于经营者集中申报标准的规定》（2018 年修订）第 3 条的规定，经营者集中达到下列标准之一的，经营者应当事先向国务院反垄断执法机构申报，未申报的不得实施集中：（1）参与集中的所有经营者上一会计年度在全球范围内的营业额合计超过 100 亿元人民币，并且其中至少两个经营者上一会计年度在中国境内的营业额均超过 4 亿元人民币；（2）参与集中的所有经营者上一会计年度在中国境内的营业额合计超过 20 亿元人民币，并且其中至少两个经营者上一会计年度在中国境内的营业额均超过 4 亿元人民币。需要注意的是，2022 年 6 月，为配合《反垄断法》修订，国家市场监管管理总局发布了《关于经营者集中申报标准的规定（修订草案征求意见稿）》，拟调整经营者集中申报标准。[③]

对创投基金而言，如果在投资时，相关方的营业额达到法定申报标准，

---

① 国家市场监督管理总局行政处罚决定书，（国市监处罚〔2022〕21 号）。

② 国家市场监督管理总局行政处罚决定书，（国市监处罚〔2022〕20 号）。

③ 根据该征求意见稿第 3 条和第 4 条的规定，经营者集中达到下列标准之一的，经营者应当事先向国务院反垄断执法机构申报，未申报的不得实施集中：（1）参与集中的所有经营者上一会计年度在全球范围内的营业额合计超过 120 亿元人民币，并且其中至少两个经营者上一会计年度在中国境内的营业额均超过 8 亿元人民币；（2）参与集中的所有经营者上一会计年度在中国境内的营业额合计超过 40 亿元人民币，并且其中至少两个经营者上一会计年度在中国境内的营业额均超过 8 亿元人民币。经营者集中未达到前述的申报标准，但同时满足下列条件的，经营者应当事先向国务院反垄断执法机构申报，未申报的不得实施集中：（1）其中一个参与集中的经营者上一会计年度在中国境内的营业额超过 1000 亿元人民币；（2）经营者合并中其他方或在经营者通过取得股权或者资产的方式取得对其他经营者的控制权及经营者通过合同等方式取得对其他经营者的控制权或者能够对其他经营者施加决定性影响中的其他经营者市值（或估值）不低于 8 亿元人民币，并且上一会计年度在中国境内的营业额占其在全球范围内的营业额比例超过 1/3。

可以采取以下应对策略：

（1）放弃一票否决权条款，以彻底规避被认定为通过协议约定取得对被投资企业的控制权或者能够对其他经营者施加决定性影响；

（2）精心设计相关条款内容、行权方式和行权程序，从而降低被认定为通过协议约定取得对被投资企业的控制权或者能够对其他经营者施加决定性影响的风险。

（3）在签署协议之后交易实施之前，及时履行反垄断申报义务。

第三节　退出类条款

从法律逻辑来看，股权作为一种权利，其投资退出路径可以分为消灭和转让两类。前者是股权本身灭失，而后者是股权依然存在，但其是所有权人变更。同时，股权作为附属于公司的权利，其消灭可以进一步分为减资回购和清算两类，前者是本身公司依然存在，但是股权因为回购后被注销而消灭，后者是公司主体灭失进而导致股权的灭失。因此，从法理来看，股权投资退出的方式可以分为以下三类：

（1）公司清算。

（2）公司减资回购。

（3）股权转让。根据中基协的统计口径，私募股权投资基金和创投基金的项目退出方式一共有 10 种，具体包括境内上市、境外上市、新三板挂牌、协议转让、整体收购、企业回购、清算、融资人还款、债权转让和被投企业分红。其中，“融资人还款”和“债权转让”两类仅适用于债权类项目，不适用于股权投资项目；“被投企业分红”是指基金作为被投企业股东而收到的现金分红，并非典型退出方式；“协议转让”是指未上市、未在新三板挂牌企业的股权协议转让；“新三板挂牌”是指新三板挂牌企业的协议转让或做市转让；从法律实质及创投基金作为股东的角色来看，无论是“境内上市”“境外上市”和“新三板挂牌”后转让退出还是“整体收购”均属于股权转让。根据退出流动性和统计的需要，股权转让可以分为“公开市场退出”（包括“境内上市”“境外上市”和“新三板挂牌”）和“非公开市场退出（即协议转让，包括整体收购在内）”。为了符合行内习惯，本书中“股权转让”主要是指未上市、未在新三板挂牌企业的股权协议转让。

根据中基协的统计，在已备案创投基金中，截止2020年年末，股权转让依然是创投基金最主要的退出方式，发生次数为6111次，占整体退出次数的35.20%，退出金额为1138.44亿元，约占整体实际退出金额的30.36%。[①]无论是退出次数还是退出金额，股权转让均能占到1/3左右，而且股权转让的整体回报倍数为1.78倍。因此，即使算上时间成本，股权转让对创投基金的收益率依然是正贡献。

根据中基协的统计，在中基协已备案创投基金中，截止2020年年末，公开市场退出（含境内上市、境外上市和新三板挂牌）依然使存续的创投基金收益率最高和退出金额的退出方式，总发生次数为3006次，占整体的17.31%，退出总额为1923.76亿元，约占整体实际退出金额的51.33%，整体回报倍数为4.8倍。也就是说公开市场退出以约1/6退出次数贡献了超过1/2的退出金额。其中境内上市发生次数为1086次，占整体退出次数的6.26%和公开市场退出次数36.13%，退出金额却高达1782.79亿元，约占整体实际退出金额的47.56%和公开市场退出金额92.67%，境内上市的整体回报倍数为5.23倍。也就是说境内上市以约1/16退出次数贡献了接近1/2的退出金额。毫无疑问，公开市场退出是创投基金的主要收益来源，尤其是境内上市退出是人民币基金的主要收益来源。[②]

创投基金退出主要涉及三个条款，分别是回购条款、领售权条款和共同

---

① 中国证券投资基金业协会编著：《中国私募股权投资基金行业发展报告（2021）》，中国财政经济出版社2021年版，第80~81页。此处的股权转让是指未上市、未在新三板挂牌企业的股权协议转让（不含整体收购）在内。需要注意的是根据中基协的统计口径，该“股权转让数据”采用“协议转让”数据，整体收购是独立退出方式之一，并不包含在“协议转让”中。此外，在本书中，中基协公开的报告分类口径和严格法律意义上分类会有差异。例如，“被投企业分红”和“整体收购”由于中基协并未披露其具体数据的组成，我们难以具体将其归入到其他种类之中，本书会直接引用的中基协报告数据或者基于其数据进行加工而成数据由于口径或者细分数据差异可能会有小量偏差，但是整体差异不大。

② 数据来源：中国证券投资基金业协会编著：《中国私募股权投资基金行业发展报告（2021）》，中国财政经济出版社2021年版，第80~81页。

出售权条款。严格意义上讲，以公司为回购义务人的回购是指公司减资回购，而领售权和共同出售权的条款均为股权转让。

项目退出的需求主要来源于创投基金的期限限制和基金分配制度约束。管理人需要在基金期限到期前退出投资、对投资者进行分配，以明确自身投资业绩，进而确定和分配最终业绩报酬。从另一个角度来看，这也是创投基金投资者对基金考核基础之一。所以，绝大部分创投基金对项目投资退出有明确的需求。当然，市场上也有少数的常青基金（Evergreen Fund），即长期持有项目权益并兼顾投资流动性的私募基金的运作模式。常青基金通常会设置 20 年以上的存续期限且其延期可由管理人自行决定，亦或不设置固定期限，因此可以进行超长期投资，而无短期退出压力。同时，常青基金通常不限制循环投资限制，回收资金原则上均可用于循环投资，分配与否取决于管理人的判断。因此，常青基金的投资者需要有承受资金长期锁定、无流动性的能力，当然很多常青基金一般会采取定期赎回方式以给投资者提供流动性。①

一、回购条款

根据中基协的统计，在中基协已备案创投基金中，截止 2020 年年末，公司回购也是创投基金主要退出途径之一，发生次数为 3670 次，占整体退出次数的 10. 36%，退出金额为 388. 25 亿元，对应的投资本金为 325. 25 亿元，整体回报倍数约为 1. 2 倍，也就说通过企业回购退出项目，平均只能收回投资本金 120% 左右。② 如果算上投资的时间成本，公司回购退出对创投基金而言基本上是保本退出。这会对创投基金投资收益产生负面影响。需要注意的是该处只包含公司回购，不包含公司大股东或其指定第三方的回购，后者很可能统计在“股权转让”数据中。根据汉坤律师事务所对其在 2020 年参与的超过 500 个 VC/PE 项目的统计，无论交易架构是境外架构还是境外架构，回购条款都普遍使用，其中在境内架构中的使用比例高达 92%，在境外架构中

---

① 参见汉坤律师事务所：《中国私募基金监管与实务蓝皮书》（第 4 版），第 120 ~ 121 页，载 https：//www. hankunlaw. com/downloadfile/newsAndInsights/5b28724d0660ab8572de7c3bc00f5fb3. pdf，最后访问日期：2022 年 1 月 13 日。

② 数据来源：中国证券投资基金业协会编著：《中国私募股权投资基金行业发展报告（2021）》，中国财政经济出版社 2021 年版，第 81 页。

的使用比例超过 86%。[①]

从义务主体来看，回购条款的义务人可以分为公司、大股东和其他人。从严格法律意义上讲，只有以公司为回购义务人的回购条款才构成公司减资回购，其他均可视为附条件的股权转让。但在中国创投行业实践中，一般将以公司为回购义务人回购条款和以公司大股东为回购义务人均称为回购条款。在《九民纪要》中，这两类均被包含在“对赌条款”之中。在本书中，除非有特别说明，本书中所说的回购条款包含以公司为回购义务人的回购条款和以公司大股东为回购义务人的回购条款在内。

（一）回购条款的商业逻辑和价值

从前面的数据来看，回购条款在创投基金投资中广泛使用。如果探究其背后原因，我们在实务中发现回购条款在交易中的主要作用如下：

首先，回购条款可以为创投基金提供一种退出渠道。如果被投企业虽然能够成功持续经营，但尚未成功到可以上市或被收购的，回购权的存在就为创投基金提供了一条退出渠道。由于创投基金存续期限的存在，通过该条款来保证创投基金清算时有退出渠道就变得非常重要了。[②]

其次，回购条款也可以作为创投基金控制被投企业下行风险手段之一。大部分回购价格是按照投资本金的一定倍数或者本金加上相应资金占有成本确定。在此情况下，可以在一定程度上将投资下行风险分配给回购义务人。需要注意的是，回购条款的可执行性与回购义务人的财务状况、诚信与否、法律限制等多方面有关，因此很多回购条款难以按照约定履行。

最后，回购条款还可以作为一种约束机制，从而实现创投基金掌握“和平分手”的主动性。在创投基金部分创业投资交易中，回购条款还承担了作为被投企业及其管理团队重大违约的最后救济途径的功能。也就是说，当被投企业及其管理团队存在重大违法或者违约行为严重损害中小股东利益但创

---

① 参见汉坤律师事务所：《汉坤 2020 年度 VC/PE 项目数据分析报告》，第 9 页，载 https://www.hankunlaw.com/downloadfile/newsAndInsights/2a89a5d7ac10247d1c5ec07ca04409c2.pdf，最后访问日期 2021 年 10 月 26 日。

② 参见［美］布拉德·菲尔德、［美］杰森·门德尔松：《风险投资交易》，桂曙光译，机械工业出版社 2020 年版，第 97 ~ 98 页。

投基金作为中小股东难以制约前述行为或者难以维护自身股东权利时，创投基金可以“以脚投票”，通过行使回购条款项下的权利从被投企业退出。

因此，无论是作为退出渠道、风险控制手段还是约束机制，回购条款都在创投基金投资中发挥重要作用。对创投基金来说，该条款就具有不菲价值，而且很难被其他条款所替代。

（二）回购条款在中国法下的适用

对创投基金而言，和“对赌条款”一样，回购条件涉及退出路径、风控手段和约束机制，在交易中扮演了非常重要的角色，而且回购条款即涉及合同法又涉及公司法，其复杂性不言而喻。因此，如何在中国法律框架内设计一个科学、合理和可执行的回购条款对创投基金而言非常重要。从人民币基金实务来看，回购责任人、回购价款的计算机制、回购触发条件、回购执行机制是回购条款的核心要素，更是司法纠纷争议焦点。这些核心要素对回购条款的责任确定、履行和执行具有非常重要影响。

1. 回购义务人

在中国法下，和对赌条款一样，回购义务人的选择会直接决定回购条款的法律性质，进而对回购条款的效力和履行产生很大影响。从实务来看，回购义务人主要可以分为目标公司和目标公司大股东两类。从现有司法实践来看，中国司法机关往往将回购条款纳入对赌条款之中，因此，司法机关关于创投基金尽量选择目标公司的大股东、实际控制人或其关联方为对赌协议人，谨慎选择目标公司作为对赌义务人的建议也适用于回购条款。从现有法律规定和法律实务来看，和“对赌条款”一样，作为回购义务人的目标公司及其大股东责任关系可以分为三类：单独债务人；两者共同作为共同债务人；一方作为债务人，另一方作为保证人。在中国法下，回购义务人背后的法律逻辑、面临法律困境与对赌条款一样，在此不再累述。和对赌条款一样，由目标公司直接作为回购义务人面临各种公司法限制，结合目标公司及其大股东责任关系来看，目标公司单独作为回购义务人和目标公司作为回购义务的主义务人或者目标公司大股东对目标公司的回购义务承担一般保证责任这两种对赌安排均存在较大法律或者履行风险。虽然目前中国司法实践对公司回购股东股权的效力持较为肯定的态度，并且《九民纪要》也明确了投资人与公司对赌的回购权条款若不存在法定无效事由则有效的原则，但是在投资人请求公司回购股权时，仍要求公司实际完成减资程序（包括但不限于股东会决议、编制资产负债表和财产清单、通知债权人、履行公告程序等）后，法院方可支持该回购请求。有鉴于此，在采用境内架构的VC/PE项目中投资人为确保能快速有效地行使回购权，通常会要求创始股东与公司承担连带回购义务。[①] 我们可以看到实务中回购义务人安排主要包括：

（1）目标公司大股东单独作为回购义务人，即目标公司大股东单独承担回购责任。从法律性质上看，这是附条件的股权转让合同。

（2）目标公司和目标公司大股东作为共同连带义务人，对回购义务承担共同连带补偿责任。因此，即使目标公司作为共同连带义务人之一因为法律限制不能履行回购义务，也并不影响目标公司大股东作为共同连带义务人，承担回购义务。

（3）目标公司作为回购的主义务人，目标公司大股东对目标公司的回购义务承担连带保证责任。

（4）目标公司大股东作为回购义务的主义务人，目标公司对目标公司大股东的回购义务承担连带保证责任。从法律性质来看，该交易主合同为附条件的股权转让合同，从合同为保证合同。从司法实践来看，只要履行必要的法定程序，这种思路可行。但是，创投基金需要严格履行相应形式审查义务，并做好相应证据留存。

我们可以看到，目标公司作为回购义务的主义务人及目标公司给股东回购承担连带保证担保的法律性质、司法实践和注意要点与对赌条款基本一致，详见本章“对赌条款”部分，在此不再累述。

从实务来看，根据汉坤律师事务所对其在2020年参与的超过500个VC/PE项目的统计，其中在境内架构中公司承担回购义务的比例只有约17%，而创始股东承担回购义务的比例约83%。[②] 值得注意的是，回购义务主体方

---

① 参见汉坤律师事务所：《汉坤2020年度VC/PE项目数据分析报告》，第10页，载https://www.hankunlaw.com/downloadfile/newsAndInsights/2a89a5d7ac10247d1c5ec07ca04409c2.pdf，最后访问日期：2021年10月26日。

② 参见汉坤律师事务所：《汉坤2020年度VC/PE项目数据分析报告》，第11页，载https://www.hankunlaw.com/downloadfile/newsAndInsights/2a89a5d7ac10247d1c5ec07ca04409c2.pdf，最后访问日期：2021年10月26日。

面，境内外架构下形成鲜明对比。采用境外架构的 VC/PE 项目中，大多约定仅由公司承担回购义务；而采用境内架构的 VC/PE 项目中，大多约定由创始股东和公司承担连带的回购义务，还有少数项目约定仅由创始股东承担回购义务。[①]

2. 回购触发条件

只有在事先约定的条件被触发时，投资人才有权行使回购权。因此，回购触发条件非常关键。从对赌条款的触发条件来看，由于不同的被投企业决定其企业价值的因素会因为所在行业、发展阶段等因素不同而不同，这导致对赌条款触发机制非常多样。于此不同的是，回购触发条件的类型化更强一些。以其实现商业目的为基础，大致可以分为以下三类。

（1）退出类触发条件

退出类触发条件是最常见的触发条件，主要目的是在创投基金不能按照预期在公开市场上市或者被收购的，为创投基金保留一条退出渠道。其中，最常见的回购权触发条件为目标公司未能在交割后规定的年限内完成符合条件的上市。根据汉坤律师事务所对其在 2020 年参与的超过 500 个 VC/PE 项目的统计，八成以上的项目约定公司在交割后的一定年限内未完成符合条件的上市的，投资人有权行使回购权；这个年限大部分情况下是 3 年～5 年，也有部分以早期投资为主的项目中规定的该年限超过 5 年，少部分以 Pre－IPO 投资为代表的项目中规定的该年限少于 3 年。[②] 当然，实务中一般会将目标公司被整体收购与上市并列为一种回购触发条件。

（2）约束类触发条件

作为约束机制的触发条件可以作为创投基金在被投企业及其管理团队重大违约的最后救济途径之一。也就是说，在此情况下，创投基金通过行使回购权“以脚投票”从而实现被投企业的退出。所以，该类触发条件一般是与

① 参见汉坤律师事务所：《汉坤 2020 年度 VC/PE 项目数据分析报告》，第 10 页，载 https://www.hankunlaw.com/downloadfile/newsAndInsights/2a89a5d7ac10247d1c5ec07ca04409c2.pdf，最后访问日期：2021 年 10 月 26 日。

② 参见汉坤律师事务所：《汉坤 2020 年度 VC/PE 项目数据分析报告》，第 14 页，载 https://www.hankunlaw.com/downloadfile/newsAndInsights/2a89a5d7ac10247d1c5ec07ca04409c2.pdf，最后访问日期：2021 年 10 月 26 日。

双方共同合作基础被侵蚀或者创投基金的核心权利被严重侵犯相关。该类的常见触发条件包括：

①大股东或者管理团队出现道德风险，比如重大个人诚信问题、通过关联交易等方式侵占公司资产、通过违法对外担保等方式掏空公司资产等；

②目标公司或者大股东严重违反约定，导致投资者主要权利落空。如不按照约定履行其对赌补偿义务、管理团队违反约定直接或者间接与公司开展同业竞争业务等；

③目标公司或者大股东严重侵犯股东权利的情况，如不按照约定对目标公司进行审计，严重侵犯股东知情权；侵犯投资者的优先认购权恶意稀释投资者股权；严重侵犯投资者的重大决策参与权或者表决权（如一票否决权）等。

（3）经营类触发条件

还有一类的触发条件与经营相关，主要是被投企业发生将导致交易基础丧失、估值基础、影响其持续经营等重大事项，导致投资者投资目的不能实现时，投资者可以要求行使回购权。该类的常见触发条件包括：

①目标公司的主要财务状况远低于投资者的估值基础或者预期，导致其交易目的无法实现的，例如，目标公司某年扣非后净利润低于预期50%；

②中国法律变化导致公司难以持续经营的，这往往出现在新兴行业。以互联网彩票业务为例，2015 年 4 月，财政部等八部委出台了《关于制止擅自利用互联网销售彩票、严厉查处非法彩票的公告》，要求坚决制止擅自利用互联网销售彩票的行为，凡是擅自利用互联网销售彩票的彩票机构和网络公司等相关单位（个人），应当立即停止互联网销售彩票业务。这直接导致了互联网彩票相关行业企业业务难以持续，直接陷入停顿。

综上所述，如何根据具体情况不同而设置针对性的回购触发条件非常重要。选择行使回购对创投基金而言往往算是最不坏的选择，而且其行权和结构均可能有不确定性，但也不能掩盖其重要作用。

3. 回购价款的确定机制

和对赌条款相比，回购条件的价格确定机制相对而言较为单一，其确定机制一般以投资成本加上一定收益为基础确定。回购价格一般由投资成本、投资收益和增减项三部分组成，即回购价格＝投资成本＋投资收益＋增减项。其中：

（1）投资成本，是指投资者获得相应股权的成本。如果投资者是增资获得股权的，其投资成本为增资款金额；如果投资者是受让股权的，其投资成本是其支付的股权转让款金额；如果是两者兼而有之，则其投资成本是增资款和股权转让款金额之和；如果是多轮投资获得股权，其投资成本为多轮投资成本之和。

（2）投资收益，一般是对投资者投资机会的补偿，一般按照投资成本的时间价值计算。常见的计算方式可以投资人原始投资额的一定倍数计算，也可以原始投资额（包括一定倍数）的单利或复利计算。根据汉坤律师事务所对其在2017年～2020年4年中参与交易统计，无论是境内架构还是境外架构的VC/PE项目，交易双方均更倾向于约定以一定利息作为计算回购价格的依据，这样的计算方式在所有约定回购价格的项目中占70%以上。其中，在仅约定投资额一定倍数作为回购价格的项目中，回购价格平均是投资额的1.3～1.4倍左右；在约定投资额（或一定倍数）加一定回报率作为回购价格的项目中，该等回报利率平均是9%～10%年单利或9%～10%年复利。[①] 需要注意的是单利和复利对最终金额影响很大，回购时间越长，差异越大。在实务中，也存在约定根据触发条件的不同而约定差异化的回购价款机制的情况。例如，对退出类触发条款适用5%/年（单利）回购利率，而对约束类触发条件适用10%/年（单利）回购利率，从而体现不同情况下不同利益机制安排。

（3）增减项。增减项可以分为增项和减项两类。常见增项是已宣布但尚未发放股利；常见减项有投资者在持股期间所获得现金分红款和对赌补偿款。这是各方根据项目具体情况通过谈判确定。

综合上述因素，我们看到的回购价格确定机制的类型化较强，一般通过回购价款计算公式表示。这些计算公式会根据回购利率是单利还是复利不同而不同，以下是常见两类回购价款确定公式。

---

① 参见汉坤律师事务所：《汉坤2020年度VC/PE项目数据分析报告》，第12～13页，载https：//www.hankunlaw.com/downloadfile/newsAndInsights/2a89a5d7ac10247d1c5ec07ca04409c2.pdf，最后访问日期：2021年10月26日。

（1）在回购利率是单利时，回购价款确定机制可以表述为：回购价格 = 投资者的投资成本 × （1 + N × T） + 截至回购日投资者应获得已宣告但是尚未发放的现金股利 – 投资者在持股期间所获得现金补偿金额 – 投资者在持股期间所获得现金红利。其中，T 是指从投资者支付投资款之日起至其收到全部回购款的天数 ÷ 365。

（2）在回购利率是复利时，回购价款确定机制可以表述为：回购价格 = 投资者的投资成本 × $(1+N)^t$ + 截至回购日投资者应获得已宣告但是尚未发放现金股利 – 投资者在持股期间所获得现金补偿金额 – 投资者在持股期间所获得现金红利。其中，t 是指从投资者支付投资款之日起至其收到全部回购款的天数 ÷ 365。

在前述公式中，N 是指特定年利率如 5% 或者 10%，由各方通过谈判而确定，回购利率可以是单一数值，也可以根据不同回购触发条件的不同而不同。例如，在特定回购触发条件时，N = 5%，而在其他触发条件时 N = 10%。增减项也是根据具体项目不同而不同，由各方谈判确定。

另外，如果投资者是要求回购其持有部分而非全部股权的，其投资成本和增减项都应按照相应比例进行折算。这也需要通过协议明确约定的。

4. 回购条款的执行机制

和对赌条款一样，回购条款的执行一直是困扰创投行业的主要问题之一。从直接经济后果来看，对大部分回购义务人来说，无论是被投企业还是其大股东，回购条款执行后果直接导致现金流出，所以其履行的动力和意愿往往不足。因此，设置严谨和可行的执行程序对提高回购条款的可执行就具有非常重要的意义。在实务中，创投基金主要通过以下方式提高回购条款的执行：

（1）优化交易方式，如果采用债转股的投资方式，在转股前收回债权，法律本质上就是直接收回债权，相对于减资回购或者转让股权给大股东，直接收回债权的权利义务更容易确定，而且对债权人保障更为有利。这有利于提高创投基金在回购条款执行中把控力。

（2）设置相应不履约的责任条款来敦促回购条款的义务人主动履行回购义务。典型责任条款包括连带责任条款和违约金条款。连带责任条款即通过扩大义务人范围，扩大义务责任财产来提高执行的安全性。常见的连带责任涉及被投企业和大股东及其持股主体之间的连带责任，也有大股东一致行动人之间的连带责任。违约金条款是通过提高义务人不履行义务成本来敦促回购义务人主动履行义务。常见的有滞纳金或者定额违约金，滞纳金一般以逾期支付款项为基数按照一定利率支付逾期期间内利息；而定额违约金一般是按照逾期支付款项的一定比例或者直接明确具体金额作为违约金。

（3）设置精准的回购触发和执行机制，减少回购条款执行过程不确定性。以净利润作为回购触发条件为例，这需要明确界定净利润定义、审计机构确定、明确审计报告出具具体要求及目标公司和管理团队配合义务及时间要求等，具体可见对赌条款相关内容。以在约定时间内上市为例，我们需要对上市进行明确界定，具体包括：

①“上市”定义。在A股市场，创投行业内的“上市”在法律上是指“首次公开发行股票并上市交易”，包括“首次公开发行股票”和“上市交易”两部分。[①] 只有前述两部分均完成后，被投企业的股票才能在证券交易所进行交易，创投基金才能在证券交易所出售其持有股票以完成退出。从实务来看，在A股市场上市主要包括证券交易所受理、证券交易所审核、上市委员会审核、中国证监会注册、公开发行股票和上市交易主要节点。只要被投企业的股票最终未能在证券交易所上市交易，其股东就不能在证券交易所出售股票。因此，一个精准和完整的“上市”定义就非常重要了。

在A股市场上，已出现过首次公开发行股票但未能上市交易的案例。蚂蚁集团就是其中典型案例之一。在蚂蚁集团首次公开发行股份并在科创板上市的申请经上海证券交易所审议通过，获得中国证监会会同意注册，并完成投资者缴款和股份登记后，蚂蚁集团及联席主承销商决定暂缓后续工作，并将投资者的认购款加算银行同期存款利息返还投资者，同时注销投资者认购的股份。[②] 也就是说，蚂蚁集团已经完成首次公开发行股份程序，但是未能

---

① 参见《证券法》第9条、第37条和第46条。

② 参见蚂蚁科技集团股份有限公司：《蚂蚁科技集团股份有限公司首次公开发行股票并在科创板上市暂缓发行的公告》，载巨潮资讯网，http：//www. cninfo. com. cn/new/disclosure/detail? plate = sse&orgId = 9900046315&stockCode = 688688&announcementId = 1208699256&announcementTime = 2020 - 11 - 06。

在证券交易所上市交易，其股东的股票并不能在证券交易所进行交易。

②“上市”场所选择。因为不同资本市场的估值水平、上市后融资和交易流动性可能存在很大差异，所以证券交易所的选择对上市公司估值、上市后融资和其股东股票流动性可能会有重大影响。因此，选择合适的证券交易所对上市公司及其股东而言非常重要。从实务来看，创投基金往往偏向于选择上海证券交易所、深圳证券交易所、香港联合交易所、纽约证券交易所等境内外主要交易所。其中，新设立的北京证券交易所和全国中小企业股份转让系统是否能被纳入各方认可的证券交易所会因为投资者不同而不同。在实务中，有些投资者会明确北京证券交易所和全国中小企业股份转让系统不属于其各方认可合格证券交易所之内或者需要另行获得投资者书面同意。

③大股东回购责任限制条件。由于回购责任往往较重，大股东可能会提出责任限制要求。根据汉坤律师事务所对其在2020年参与的超过500个VC/PE项目的统计，在约定大股东承担回购义务的项目中，为避免大股东以个人或家庭财产承担过大的回购义务，在部分项目中，创始股东会要求对其回购义务设定上限，一般以大股东持有的公司股权价值为上限，占到交易的30%。在与公司承担连带回购义务的情况下，大股东为了限制自己个人的责任范围，还可能要求采用以下变通方式：仅在特定的情况下与公司承担连带回购义务，或投资人需先要求公司承担回购义务，如果公司因法律障碍或资金不足等原因无法完成回购，再由大股东承担购股义务。[①] 需要提醒的是，大股东的股权价值本身是很模糊的，其股权价值确定和变现在实务中困难重重，也很容易引发争议。

综上所述，我们可以从回购义务人、回购触发条件和执行机制三个主要方面来设计回购条款。

二、领售权条款

领售权（Drag－along Right），也称拖带出售权，是指投资者要求其他股

---

① 参见汉坤律师事务所：《汉坤2020年度VC/PE项目数据分析报告》，第10～11页，载https：//www.hankunlaw.com/downloadfile/newsAndInsights/2a89a5d7ac10247d1c5ec07ca04409c2.pdf，最后访问日期：2021年10月26日。

东按照同等条件或者条款向第三方出售目标公司股权的权利，而无论被拖带股东对交易态度如何。[①] 从法律内容上看，可以视为义务人授予权利人一项要求其按照约定条件处分股权的请求权。如果该股权转让的过程还涉及股东会决议，同时还附加一项按照权利人要求以支持该股权转让为目的行使表决权的请求权。

领售权的主要目的在于保障创投基金通过被投资企业被第三方并购实现项目退出，主要针对控股权收购而言。从逻辑上看，领售权是通过扩大受让方的范围来增加其转让股权的概率。对拟在非公开市场转让股权而退出创投基金而言，由于其本身仅持有少数股权，所以其受让方也仅限于少数股权买方。但是通过领售权，创投基金可以将其受让方从少数股权买方拓展到控股权买方，从而大大拓展买方范围。从逻辑上来说，潜在受让方的范围与交易达成概率成正比，即潜在受让方的范围越大，交易达成概率就越高。

一般而言，投资者行使领售权大致有两种情形：被投企业经营情况良好，但是决定暂不上市或者不适合上市，投资者希望以公司整体出售的方式实现退出；或者被投企业经营状况不够好，不满足上市条件，投资者进而希望自行寻找买方收购被投企业。[②] 在并购市场上，很多并购方希望收购控股权而非少数股权，如果创投基金找到了并购意向方，但大股东或管理团队不认可，则并购方很可能会因为不能获得被投企业的控制权而退出交易，这将使得创投基金的退出难以实现。[③] 换言之，领售权赋予了创投基金作为小股东获得并购退出的主动权，即通过协议预先设置一个由创投基金发起交易并要求其他股东配合出售的机制，以保证目标公司在合适情况下可以被整体出售，而不仅限于出售少数股权。因此，领售权在创投交易中广泛使用，尤其是早期项目而言。根据汉坤律师事务所对其在2020年参与的超过500个VC/PE项目的统计，领售权条款在境内交易架构中使用比例超过60%，在境外交易架

---

① 参见［美］布拉德·菲尔德、［美］杰森·门德尔松：《风险投资交易》，桂曙光译，机械工业出版社2020年版，第89页。

② 参见汉坤律师事务所：《汉坤2020年度VC/PE项目数据分析报告》，第22页，载https://www.hankunlaw.com/downloadfile/newsAndInsights/2a89a5d7ac10247d1c5ec07ca04409c2.pdf，最后访问日期：2021年10月26日。

③ 参见中国证券投资基金业协会组编：《股权投资基金》，中国金融出版社2017年版，第116页。

构中使用比例接近 80% 。①

从人民币基金实务来看，领售权条款的触发条件及其关联机制是领售权条款的核心要素，也是各方的谈判焦点。

（一）领售权触发条件

从行权结果上看，领售权条款可能涉及被投企业实际控制权的变更，因此各方对此往往更为谨慎，对领售权的触发条件而言更是如此。领售权的触发条件与其目的紧密相关，创投基金领售权的触发条件大致可以分为以下三类：

1. 时间条件，即目标公司在特定期限内未能上市或者被收购的。对创投基金而言，如果目标公司能在特定期限内上市或者被收购，这将给创投基金提供退出渠道，领售权也就丧失了触发的必要；对目标公司而言，该特定期间实质上提供了一个安全期，在此期间内不用担心领售权被激活，从而保证目标公司能有一段稳定的运营期。

2. 估值条件，即目标公司的估值达到预先设定的特定数值。作为商业条款，目标公司的估值达到预先设定的特定数值事关所有人利益，也是各方能对领售权条款达成一致意见的经济基础。在目标公司整体估值达到特定估值后，投资者才能获得比较满意的投资回报，大股东和管理团队也可能获得良好的收益，即便触发清算优先权，按照投资人获得优先清算额后，也能保证大股东和管理团队有收益。例如，上市公司华大基因投资深圳市早知道科技有限公司的投资协议就约定，“投资方有权按协议约定书面要求控股股东与投资方同时按照同等价格向第三方转让其持有的目标公司股权，使所转让的股权比例达到或超过目标公司股权比例的百分之五十一，目标公司转让价格不得低于最后一轮融资后的公司估值”。②

① 参见汉坤律师事务所：《汉坤 2020 年度 VC/PE 项目数据分析报告》，第 22 页，载 https：//www.hankunlaw.com/downloadfile/newsAndInsights/2a89a5d7ac10247d1c5ec07ca04409c2.pdf，最后访问日期：2021 年 10 月 26 日。

② 深圳华大基因股份有限公司：《关于以债转股方式对深圳市早知道科技有限公司增资并受让其部分股权暨关联交易的公告》，载巨潮资讯网，http：//www.cninfo.com.cn/new/disclosure/detail?plate=szse&orgId=9900031781&stockCode=300676&announcementId=1211991076&announcementTime=2021-12-22%2019：23。

3. 决策条件，即需要经过怎样的决策程序才能启动领售权。从实务来看，常见的决策程序主要包括：（1）单一投资者的同意，该领售权的强制力范围是除该投资者以外的其他所有股东；（2）多个投资者多数同意，可以是投资者人数多数也可以是代表多数表决权的投资者同意，该领售权的强制力范围是非投资人股东加上投反对票的投资者。例如，获得半数以上投资者同意或者代表投资者所持表决权半数以上投资者同意；（3）包含投资者在内的多数股东同意，可以是股东人数多数也可以是代表多数表决权的股东同意，该领售权的强制力范围是所有投反对票的股东。例如，获得半数以上股东同意或者代表股东所持表决权半数以上股东同意。该种情形一般适用于股权比例分散的情形，往往是包括大股东在内的任何单一股东均难以单方做出出售控制权的决议，也就说投资者和大股东共同决定是否需要出售控股权。（4）一些项目中进行一项领售权交易同时也需要取得大股东或者其委派的董事同意，亦即大股东对领售交易也享有一票否决权。根据汉坤律师事务所对其在2020年参与的超过500个VC/PE项目的统计，仅持有一定股权比例的投资者即可发起领售交易，和必须通过大股东（或其委派的董事）同意方可发起领售交易，这两种情况的比例大约为0.9∶1。①

例如，在阿里巴巴收购“饿了么”的交易中，就有使用领售权，决策程序就是多数优先股股东以及多数普通股股东书面同意。根据上市公司华联股份（证券代码：000882.SZ）的披露，其投资饿了么的运营公司Rajax Holding的协议中有领售权条款，即若Rajax未来发生并购、重组、资产买卖、股权买卖、控制权变更等重大清算事件时，在阿里巴巴、Rajax多数优先股股东以及多数普通股股东书面同意的情况下，其它未书面同意的股东必须接受并执行交易安排，并且Rajax任何董事可以代表未书面同意的股东签署交易文件。2018年4月，华联股份收到Rajax通知，阿里巴巴、Rajax多数普通股以及优先股股东已书面同意将其所持有的Rajax股权转让给阿里巴巴的全资子公司，已达到领售权的条件。虽然华联股份未向Rajax发出书面同

---

① 参见汉坤律师事务所：《汉坤2020年度VC/PE项目数据分析报告》，第24页，载https://www.hankunlaw.com/downloadfile/newsAndInsights/2a89a5d7ac10247d1c5ec07ca04409c2.pdf，最后访问日期：2021年10月26日。

意意见，Rajax 的董事已代表其签署全部交易文件。华联股份必须接受本次交易安排，将所持有的全部股份转让给受让方。①

在实务中，时间条件、估值条件和决策条件可以根据项目具体情况由各方谈判而达成。需要注意的是，虽然在域外已经有不少关于领售权的案例，如广泛引用的是特拉华州最高法院 2003 年作出 Omnicare，Inc. vs. NCS Healthcare，Inc 的判决。而 2006 年的 Minnersota Invco of RSA ＃7，Inc. v. Midwest Wireless Holdings LLC 案一直被视为领售权条款里程碑式的案件。特拉华州法院在这一案件中正式承认了领售权条款的效力。相比之下，由于国内案例并不公开，鲜有关于领售权执行的公开案例。因此，在人民币基金投资中，领售权的最终执行是否能得到司法支持还存在一定不确定性。②

（二）领售权条款关联机制

领售权条件作为一种涉及实际控制权变更的条款。一旦行权，领售权就会对目标公司运营产生重大影响，甚至会改变投资者的投资基础，这也是大股东和管理团队核心利益之一。因此，在实务中往往会与其他条款关联在一起使用，如回购条款、清算优先权条款、优先受让权等。

1. 领售权条款和回购条款的关联使用。从实务来看，领售权条款和回购条款可以相互作为执行约束机制关联使用，相互配合，共同制约。也就是说，如果义务人不配合领售，领售权人就有权要求其按照领售条件和条款回购其股权；如果义务人不履行回购义务，回购权人就有权要求行使领售权，通过将控制权出售给第三方的方式获得退出机会。

前者是将领售权条款不能履行作为回购条款触发条件，也就是通过对违约方科以回购责任来敦促各方配合领售权的行使。这也能体现回购条款作为约束机制的功能。当然，我们可以看到最常见的机制还是违约金机制，也就是说通过增加其经济责任来敦促其遵守被领售义务。后者是将回购条款不能

---

① 参见北京华联商厦股份有限公司：《关于对外投资 Rajax Holding 的进展公告》，载巨潮资讯网，http：//www. cninfo. com. cn/new/disclosure/detail？plate = szse&orgId = gssz0000882&stockCode = 000882&announcementId = 1204574287&announcementTime = 2018 – 04 – 02% 2011：43。

② 参见陈芳、高欣、胡韵：《私募基金实务系列之解析领售权条款》，载中伦律师事务所官网，2022 年 2 月 27 日，http：//www. zhonglun. com/Content/2017/11 – 08/1752214181. html。

履行作为领售权条款的触发条件，也就是说以出售公司控制权作为约束敦促大股东积极履行回购义务，否则大股东将面临丧失控制权的风险。例如，在河南农投产业投资有限公司与方某功、孟州市鸿基农牧科技发展有限公司股权转让纠纷一案的交易中，各方就在投资协议中约定，“当丙方（大股东）不履行本协议约定的回购义务时（反稀释条款中的回购情形除外），甲方（投资者）有权强制丙、丁方与甲方（其他股东）一致行动，将股份以甲方与第三方约定的价格共同转让”。[①] 也就说，如果大股东不履行回购义务时，投资者就可以行使领售权。

2. 领售权条款和优先受让权条款的关联使用。在实务中，大股东往往会要求在领售权被触发时，其有权按照第三方提出的同等交易条件优先受让投资者的股权，从而避免丧失控制权。也就是说，可以将领售权条款作为优先受让权条款的触发条件。对投资者而言，即使大股东行使优先受让权，其股权亦能按照同等条件转让，从而实现自身投资退出目的，也未尝不可。例如，在程某龙等与北京互联创业投资合伙企业（有限合伙）合同纠纷一案的交易中，各方约定“自本协议签订且完成交割之日起且在公司合格 IPO 或在新三板挂牌前（以时间较早者为准），若有真实第三方愿意以本轮融资后估值的 5 倍以上的金额收购公司全部股权，或满足其他各方约定的领售条件时，投资人有权提议向第三方转让其持有的公司股权，并要求现有股东一起向第三方转让其持有的公司股权；现有股东有义务按照投资人与第三方协商确定的条款和条件，并按照投资人的转让比例向第三方转让股权。在此情况下，现有股东（或其寻找的投资人）对投资人所持公司股权有优先购买权，即现有股东（或其寻找的投资人）有权按照前述投资人与第三方协商确定的价格、条款和条件购买投资人所持公司全部股权”。[②]

3. 领售权条款和清算优先权条款的关联使用。投资者一旦行使领售权，往往会导致目标公司实际控制权的变化，进而触发投资者的清算优先权。也就是说，领售权往往会是清算优先权的触发条件之一。在此情况下，各方将

① 河南省郑州市中级人民法院民事判决书，（2019）豫 01 民初 1531 号。
② 北京市第三中级人民法院民事判决书，（2021）京 03 民终 11017 号。

面临清算优先权条款被触发的现实情况，这也是投资者在行使领售权之前需要考虑的。在实务中，投资者往往会事先按照清算优先权条款的约定对行权后的收益和分配进行测算，并以此作为决策基础。

因此，我们在设计领售权条款时不仅需要考虑其具体触发条件，还需要关注其与其他条款之间的关联和配合作用，特别是不同条款之间的衔接关系。投资者可以多个条款有效衔接为基础构建一个严密的保护性权利体系以维护自身的股东权益。

三、共同出售权条款

共同出售权（Co－Sale Agreement）是在创业团队、控股股东和实际控制人等（以下合称“创业股东”）转让其持有的公司股权时，投资人按比例参与该等转让，与创始股东一起出售其持有的目标公司股权的权利。共同出售权是常见的优先权，其目的是为了保证投资人在创始股东退出的情况下有共同退出的权利，以防止出现创始股东通过出售股权退出公司，而投资者却不能退出公司的情况。从背后逻辑来看，这是确保创始股东与投资者利益一致性。理论上来说，创始股东持有公司股权越多，其与投资者利益一致性就越高。如果创始股东大量对外转让股权变更，其与投资者的利益一致性就会降低。因此，就有必要限制创始股东对外大比例转让股权。在硅谷，共同出售权条款非常普遍。如果一位创始股东出售股权，那么投资者也有权出售相应比例的股份。在硅谷，从投资协议中删除该条款的可能性几乎为零。①

在创投基金实务中，共同出售权往往和大股东股权转让限制及优先购买权条款整合使用。一般的路径是未经投资方同意，创始股东不得转让其股权。如果投资方同意创始股东转让股权的，投资方可以行使优先购买权或者共同出售权。以上市公司昂利康（证券代码：002940）投资湖南新合新生物医药有限公司的交易为例。在该交易中，相关方约定，目标公司上市前，如果实际控制人拟转让其持有的目标公司股权（以下简称出售股权），在同等条件下，投资方有权按照其相对持股比例优先于第三方购买出售股权。如投资方

① 参见［美］布拉德·菲尔德、［美］杰森·门德尔松：《风险投资交易》，桂曙光译，机械工业出版社2020年版，第108页。

不行使前款所述优先购买权的，则投资方有权与实际控制人一起以同样的价格、条款和条件向买方按比例（按全体拟转让方的相对持股比例）出售其所持有的公司股权。实际控制人在转让股权前应通知投资方，投资方应在收到以通知后15个工作日内进行回复，如未回复，视为放弃优先购买权及共同出售权。实际控制人向其关联方转让股权及实际控制人、湖南醇投实业发展有限公司向第三方转让累计不超过5%股权的，投资方无优先购买权和共同出售权。① 再以在上市公司神州数码投资时普益智慧云科技（成都）有限公司的交易为例。在该交易中，各方约定，在投资方投资持股期间，未经投资方书面同意，控股股东不得对外转让其持有的公司股权。控股股东应保证未经投资方书面同意，员工持股平台公司亦不得对外转让其持有的公司股权。如控股股东及/或员工持股平台公司向公司现有股东之外的其他一方或几方转让其所持有的公司股权，须提前通知投资方并征得投资方同意，同时，控股股东应保证，投资方有权要求与控股公司及/或员工持股平台公司以同样的价格、条款和条件向预期买方共同出售其所持有的公司股权（以下简称共售股权），如预期买方不愿意购买共售股权部分，则控股公司及员工持股平台公司不得将其股权转让给预期买方，除非预期买方同意按共售通知中的价格、条款和条件购买共售股权。② 从前述案例来看，以下事项值得关注。

1. 共同出售权触发条件及其例外情形

顾名思义，共同出售权触发条件就是有股权转让发生。这是由该条的目的所决定。我们需要关注的是共同出售权触发条件的例外情形即通过约定明确特定股权转让不作为共同出售权的触发条件。在实务中，我们一般可以看到三类主要例外条款：

---

① 参见浙江昂利康制药股份有限公司：《关于受让湖南新合新生物医药有限公司部分股权暨对外投资的公告》，载巨潮资讯网，http://www.cninfo.com.cn/new/disclosure/detail?plate=szse&orgId=9900035538&stockCode=002940&announcementId=1212307202&announcementTime=2022-01-29。

② 参见神州数码信息服务股份有限公司：《关于与关联方共同投资暨关联交易的公告》，载巨潮资讯网，http://www.cninfo.com.cn/new/disclosure/detail?plate=szse&orgId=gssz0000555&stockCode=000555&announcementId=1212402581&announcementTime=2022-02-19。

（1）小比例股权转让。该类小比例股权不会影响目标公司实际控制权稳定性。具体比例一定根据创始股东持股比例结合实际情况协商而定。

（2）创始股东及其关联方之间的股权转让。该类股权转让不影响实际控制权，往往只是创始股东持股主体变化，并非出售其股权，因此并无限制必要。例如，在上市公司昂利康投资湖南新合新生物医药有限公司的交易中，相关方就约定实际控制人向其关联方转让股权及实际控制人向第三方转让累计不超过5%股权的，投资方无优先购买权和共同出售权。①

（3）因为股权激励而进行的股权转让。在实务中，大股东向员工持股主体转让股权是员工股权激励的主要股权来源之一。在该情况下，大股东虽然也是对外转让股权，但是该转让并不以变现而以激励员工为主要目的，因此无需加以严格限制。以上市公司神州数码投资时普益智慧云科技（成都）有限公司的交易为例。在该交易中，各方约定，在投资方投资持股期间，未经投资方书面同意，控股股东不得对外转让其持有的公司股权，但是，经双方共同认定的公司员工持股平台公司和控股股东之间因实施股权激励计划而进行的股权转让不受该条款约束。②

2. 可共同出售股权比例的计算规则

在可触发共同出售权范围明确之后，如何分配共同出售股权比例就变得很重要，直接决定了各方可以通过该条款向外出售的股权比例。其背后的商业本质在于如何分配股权变现的商业机会，在法律上表现为对外转让优先权及转让比例分配规则。从实务来看，可以分为以下两类：

（1）投资者优先于创始股东享有共同出售权。

投资者优先于创始股东享有共同出售权是指目标公司股东获得股权转让机会时，投资者有权优先将其持有目标公司的股权转让。在投资者拟出让股

① 参见浙江昂利康制药股份有限公司：《关于受让湖南新合新生物医药有限公司部分股权暨对外投资的公告》，载巨潮资讯网，http：//www. cninfo. com. cn/new/disclosure/detail? plate = szse&orgId = 9900035538&stockCode = 002940&announcementId = 1212307202&announcementTime = 2022 - 01 - 29。

② 参见神州数码信息服务股份有限公司：《关于与关联方共同投资暨关联交易的公告》，载巨潮资讯网，http：//www. cninfo. com. cn/new/disclosure/detail? plate = szse&orgId = gssz0000555&stockCode = 000555&announcementId = 1212402581&announcementTime = 2022 - 02 - 19。

权不足以满足受让方需求之前，创始股东不能对该第三方外转让股权。以上市公司云南锗业（证券代码：002428. SZ）下属控股子公司引进投资者哈勃科技投资有限公司（以下简称哈勃投资）的交易中为例。在该交易中，各方约定，就哈勃投资而言，若其收到鑫耀公司其他股东发出的转让通知，而在优先购买权期限内哈勃投资不行使优先购买权，则哈勃投资有权选择按照转让通知中载明的价格及条款和条件与该等转让股东一同向潜在受让方出售其所持有的全部或部分鑫耀公司股权。① 也就是说，在此情况下，哈勃投资无需考虑其他股东的出售意愿可以在受让方拟受让股权范围内自由决定其愿意出售的股权比例。

如果存在多个投资者，还存在投资者之间转让比例分配问题。在此情况下，一般通过协商或者按照投资者持股比例或者投资金额比例确定可转让股权比例。以上市公司南洋股份（证券代码：002212. SZ）在投资南京赛宁信息技术有限公司的交易为例。在该交易中，各方约定投资人股东在任何计划的目标公司股份/权交易之中拥有优先购买权和共同出售权。多名投资人股东主张优先购买权和共同出售权时，由投资人股东内部届时共同协商，如协商不成，则按照主张该等权利的投资人股东届时所持目标公司股权的相对比例分配。②

（2）投资者和其他股东按比例享有共同出售权。

投资者和其他股东按比例享有共同出售权是指投资者和其他股东按照约定规则所确定比例分配转让股权机会。在此情况下，如何确定其转让比例就至关重要了。从实务来看，投资者可转让的股权比例由两部分确定：总拟转让股权比例和各股东分配比例。常见的表现形式为共同出售权人可以出售的股份等于拟售股份总数乘以一个分数所获得的乘积，该分数的分子是在随售通知所载日期当日共同出售权人所拥有的股份数，其分母为按照约定所

① 参见云南临沧鑫圆锗业股份有限公司：《关于控股子公司增资扩股暨公司放弃优先认缴出资权的公告》，载巨潮资讯网，http：//www. cninfo. com. cn/new/disclosure/detail? plate = szse&orgId = 9900012834& stockCode = 002428 &announcementId = 1208886968 &announcementTime = 2020 - 12 - 11。

② 参见南洋天融信科技集团股份有限公司：《关于全资子公司出售参股公司部分股权的公告》，载巨潮资讯网，http：//www. cninfo. com. cn/new/disclosure/detail? plate = szse&orgId = 9900004142& stockCode = 002212 &announcementId = 1208521736 &announcementTime = 2020 - 10 - 09。

纳入共同出售范围股份数，即共同出售权人可以出售的股份数 = 拟售股份总数 × （随售通知所载日期当日该共同出售权人所拥有的股份数 ÷ 按照约定所纳入共同出售范围股份数）

其中，拟售股份总数是共同出售股份上限，在每次交易中都是确定的，共同出售权人所拥有的股份数在特定时间点也是确定的。那么，按照约定所纳入共同出售范围股份数就是影响结果的核心因素。从数学原理上说，作为分母，按照约定所纳入共同出售范围股份与共同出售权人可以出售的股份数成反比。也就是说，按照约定所纳入共同出售范围股份的范围越大，共同出售权人可以出售的股份数就越少。按照约定所纳入共同出售范围股份数一般可以分为以下三类：

①按照约定所纳入共同出售范围股份数 = 拟实际行使共同出售权人所持有股份数 + 转让股东所持有股份数。

②按照约定所纳入共同出售范围股份数 = 共同出售权人所持有股份数 + 转让股东所持有股份数。和第①项相比，第②项范围更大，增加了享有共同出售权但无意行使该权利股东所持有的股份数。以上市公司美力科技（证券代码：300611. SZ）对北京大圆亚细亚汽车科技有限公司和江苏大圆亚细亚汽车弹簧有限公司进行投资的交易为例，在该交易中，各方约定按照以下约定确定可共同出售的股权，现有股东可出售的股份等于拟售股份总数乘以一个分数所获得的乘积，该分数的分子是在随售通知所载日期当日现有股东所拥有的股权数，其分母是在随售通知所载当日投资者与现有股东所持股权总数。①

③按照约定所纳入共同出售范围股份数 = 所有股东持有股份数。和第②项相比，第③项范围更大，增加了不享有共同出售权股东（不含拟转让股东）所持有的股份数；和第①项相比，第③类范围大得多，除增加了虽享有共同出售权但无意行使该权利股东所持有的股份数，还增加不享有共同出售

① 参见浙江美力科技股份有限公司：《关于签署〈投资协议〉、〈股份认购协议〉》及〈股东协议〉的公告》，载巨潮资讯网，http：//www. cninfo. com. cn/new/disclosure/detail? plate = szse&orgId = 9900031448&stockCode = 300611&announcementId = 1210485756&announcementTime = 2021 - 07 - 14 20：43。

权股东（不含拟转让股东）所持有的股份数。整体来看，该项就是共同出售权人按照其持有公司股权比例计算其行权比例，其他股东是否具有共同出售权及是否实行共同出售权均与其无关。以上市公司苏州固锝（证券代码：002079. SZ）投资苏州捷兴凯机械配件有限公司的交易为例。在该交易中，各方约定，当控股股东向任何第三方出售其所持有的目标公司股权时，投资方均有权按照控股股东与第三方达成的价格和条件，按控股股东与投资方在目标公司中的股权比例，共同向该第三方转让股权。①

我们还需要注意的是，在股东转让导致目标公司实际控制人变更时，前述计算公式适用范围需要调整，一般会做特殊调整。以上市公司智明达（证券代码：688636）投资成都铭科思微电子技术有限责任公司的交易为例。在该交易中，各方约定，在不违反本协议有关规定的情况下，目标公司实际控制人拟转让其所持标的公司股权时，则投资方有权与其以相同的价格、条款和条件向意向受让方等比例地出售所持标的公司股权，且实际控制人有义务促使意向受让方购买投资方拟出售的股权。如投资方认为实际控制人对外转让股权会导致标的公司控股权/实际控制人变更的，则投资方有权与实际控制人以相同的价格、条款和条件向意向受让方优先出售所持标的公司全部股权，且实际控制人有义务促使意向受让方购买投资方拟出售的股权。②

从实务来看，准确确定共同出售权人可出售比例非常重要。根据汉坤律师事务所对其在2020年参与的超过500个VC/PE项目的统计。第①项计算公式在超过一半的项目中采纳，该种计算公式能确保投资人可以最大程度上出售其持有的公司股权；同时有超过85%的项目采纳第①项和第②项计算公式，可见其使用广泛性。③

---

① 参见苏州固锝电子股份有限公司：《关于对外投资暨签署增资协议的公告》，载巨潮资讯网，http：//www. cninfo. com. cn/new/disclosure/detail？plate = szse&orgId = 9900001221&stockCode = 002079&announcementId = 1210455122&announcementTime = 2021 - 07 - 10。

② 参见成都智明达电子股份有限公司：《对外投资的公告》，载巨潮资讯网，http：//www. cninfo. com. cn/new/disclosure/detail？plate = sse&orgId = 9900041815&stockCode = 688636&announcementId = 1211144304&announcementTime = 2021 - 09 - 25。

③ 参见汉坤律师事务所：《汉坤2020年度VC/PE项目数据分析报告》，第21页，载https：//www. hankunlaw. com/downloadfile/newsAndInsights/2a89a5d7ac10247d1c5ec07ca04409c2. pdf，最后访问日期：2021年10月26日。

3. 共同出售权的行权程序

作为一项跟随性权利，相关方之间的信息沟通和行权意思表示在确定各方行权意向、行权范围时就非常重要。因此，在实务中，各方往往会在协议中明确约定通知的时间和要素要求。这可以分为共同出售权的义务人对权利人可行权通知和共同出售权的权利人对义务人的行权通知两类。在部分权利人放弃权利时，可能还会存在多次通知的情形。因此，在很多协议中，行权程序占据共同出售权条款的很大篇幅。以上市公司美力科技（证券代码：300611. SZ）对北京大圆亚细亚汽车科技有限公司和江苏大圆亚细亚汽车弹簧有限公司进行投资的交易为例。在该交易中，各方约定，如果投资者希望将其股份转让给任何人，则现有股东将有权根据本条的规定参与该转让。（1）投资者应先将其股权转让意向书面通知（以下简称随售通知）现有股东，其中应包括善意受让人的名称、拟进行的转让的条款和条件、价格、拟出售的股权数量（以下简称拟出售股份）和拟完成的拟转让日期。此类通知应至少在拟完成的拟转让日期之前30个工作日前通知到现有股东。此外，投资者应向现有股东提供有关拟出售股份的受让人的财务、管理以及历史背景等信息，以及现有股东可能会合理地要求与拟进行的交易有关的任何其他信息。（2）现有股东将在收到随售通知后30个工作日内，通过向投资者发出通知，有权要求在拟出售股份数量内与投资者共同出售股权。①

4. 共同出售权的行权机制

共同出售权作为以其他股东转让股权为基础的跟随性权利还具有一个重要特点，即需要义务人的高度配合才能履行。因此，如何设计一个严谨和可执行的行权机制也是设计共同出售权所需要考虑的。除了惯常的违约金条款之外，实务中常见以下条款来敦促共同出售权的义务人来履行义务。

（1）将共同出售权与回购权关联使用，即将共同出售权不能按照约定行使作为回购条件的触发条件之一。也就是说，当共同出售权不能按照约定履行时，投资者有权要求共同出售权的义务人回购其相应股权。因为无论是回

① 参见浙江美力科技股份有限公司：《关于签署〈投资协议〉、〈股份认购协议〉〉及〈股东协议〉的公告》，载巨潮资讯网，http：//www. cninfo. com. cn/new/disclosure/detail？plate = szse&orgId = 9900031448&stockCode = 300611&announcementId = 1210485756&announcementTime = 2021 －07 －14 20：43。

购条款还是共同出售权条款，投资者均可以实现投资退出之目的。以在上市公司苏州固锝（证券代码：002079. SZ）投资苏州捷兴凯机械配件有限公司的交易为例。在该交易中，各方约定，当控股股东向任何第三方出售其所持有的目标公司股权时，投资方均有权按照控股股东与第三方达成的价格和条件，按控股股东与投资方在目标公司中的股权比例，共同向该第三方转让股权。控股股东应当保证第三方同意按照上述价格及条件受让投资方的股权，否则应当按照上述价格及条件收购投资方所持有的股权。①

（2）明确如果共同出售不能实现，义务人不能进行对外股权转让，从而倒逼义务人促成共同出售权的行使。以上市公司方盛制药（证券代码：603998. SH）下属子公司湖南方盛恒景医药科技有限公司引入投资者的交易为例。在该交易中，各方约定，如果标的公司创始股东拟将其全部或部份股权权益直接或间接地出让给任何第三方，投资方在同等的条件下享有优先受让权。如投资方决定在上述股权转让中不行使优先受让权，则有权但无义务在同等条件下按其股权比例将其持有的股权权益优先售出，若投资方未实现优先出售权，标的公司创始股东不得出让其全部或部分股权权益。②

综上所述，通过明确共同出售权条款的触发条件、计算规则、行权程序和行权规则等各方面安排，我们可以构建一个严谨、可执行性的共同出售权条款。

第四节　其他类条款

一、送达条款

从实务来看，送达条款在投后管理中发挥了重要作用，特别是重要条款

① 参见苏州固锝电子股份有限公司：《关于对外投资暨签署增资协议的公告》，载巨潮资讯网，http：//www. cninfo. com. cn/new/disclosure/detail? plate = szse&orgId = 9900001221&stockCode = 002079&announcementId = 1210455122&announcementTime = 2021 - 07 - 10。

② 参见湖南方盛制药股份有限公司：《关于公司参与设立的产业基金对外投资暨全资子公司增资扩股的公告》，载巨潮资讯网，http：//www. cninfo. com. cn/new/disclosure/detail? plate = sse&orgId = 9900023772&stockCode = 603998&announcementId = 1210484281&announcementTime = 2021 - 07 - 15。

触发和行权时尤为明显。无论是从法律理论还是实务操作来看，意思表示至送达义务人都是行使相应权利的前提。特别是相关事项进入到诉讼或者仲裁程序时更为明显，“送达难”已成为制约权利人行权的重要因素之一。因为一旦创投基金行权，不诚信的义务人可能会通过采取躲避态度，拒不配合相关法律文书的送达，进而影响相关权利行权及时性和有效性。但是，在投资实务中，送达条款却因为不直接涉及经济利益而常常被忽视。但在笔者看来，这是很值得大家重视的条款之一。

从民商事诉讼来看，近年来，“送达难”已成为制约民商事诉讼效率、影响当事人及时实现合法权益的主要因素之一。难以确定送达地址，是“送达难”的首要原因。[①] 许多“送达难”问题产生的根源是受送达人躲避诉讼、拒不配合法院送达。在此种情况下，依靠诉中填写送达地址确认书，显然无法解决“送达难”问题。诉前约定送达符合双方当事人利益，丰富送达地址确认制度形式，与诉中填写送达地址确认书相互补充，成为高效解决“送达难”的有效形式。[②] 也就是说，通过在投资协议中约定详细的送达条款也是司法机关所鼓励的。《最高人民法院关于进一步推进案件繁简分流优化司法资源配置的若干意见》（法发〔2016〕21 号）第 3 条规定，当事人在纠纷发生之前约定送达地址的，人民法院可以将该地址作为送达诉讼文书的确认地址。此外，《最高人民法院印发〈关于进一步加强民事送达工作的若干意见〉的通知》（法发〔2017〕19 号）第 8 条规定，当事人拒绝确认送达地址或以拒绝应诉、拒接电话、避而不见送达人员、搬离原住所等躲避、规避送达，人民法院不能或无法要求其确认送达地址的，如果当事人在诉讼所涉及的合同、往来函件中对送达地址有明确约定的，以约定的地址为送达地址。在金旺角实业发展集团有限公司、广西金旺角投资置业有限责任公司金融借款合同纠纷一案中，最高人民法院认为，当事人在《委托贷款质押合同》第 20 条明确其具体联系地址，并送达方式约定为“以邮政信函递交的，寄出后满

---

① 《重庆市高级人民法院关于在民商事合同中约定送达地址的司法建议书》（渝高法建〔2016〕5 号）

② 参见《最高人民法院发布第一批涉互联网典型案例》，载《人民法院报》2018 年 8 月 17 日，第 3 版。

七日视为送达”，在其递交的《民事上诉状》确认的地址也是前述联系地址。根据《最高人民法院印发〈关于进一步加强民事送达工作的若干意见〉的通知》第8条的规定，“当事人拒绝确认送达地址或以拒绝应诉、拒接电话、避而不见送达人员、搬离原住所等躲避、规避送达，人民法院不能或无法要求其确认送达地址的，可以分别以下列情形处理：（1）当事人在诉讼所涉及的合同，往来函件中对送达地址有明确约定的，以约定的地址为送达地址；（2）没有约定的，以当事人在诉讼中提交的书面材料中载明的自己的地址为送达地址……”。一审、二审法院按照当事人在《委托贷款质押合同》约定的送达地址送达诉讼文书，符合法律规定。也就是，当事人在合同中约定送达地址的，该约定送达地址既可以是合同双方因为合同履行而送达相关文书的地址，也可以是为将来发生诉讼、仲裁时，审判机关、仲裁机构为当事人送达法律文书的送达地址。[①]

我们可以进一步看到，通过明确约定送达条款可以有效防范当事人恶意拒绝配合送达问题，从而防止出现因为不能送达而难以行使权利的情况，甚至出现权利因为诉讼时效经过而不能得到法律强制执行保护的问题。例如，在夏某莲与叶某香房屋买卖合同纠纷一案中，各方买卖合同中约定：买方的联系地址为珠海市某区某房，该合同履行过程中所有文件及通知以快递或挂号信邮寄至上述地址即视为送达，收件人拒收或未签收导致退回的，仍视为送达。后来，原告律师先后三次向被告在合同中所附地址通过EMS方式发出律师函，催促其还清贷款，该函被退件，原因为“上门无人，电话无人听”“电话联系本人不在珠海”“收件人要求退”。原审法院也向被告上述地址通过EMS方式邮寄传票等应诉材料亦以“电话联系本人不在珠海，要求退回”的理由被退件。广东省中山市中级人民法院认为，合同所载的送达条款对各方均有约束力，不存在含义不清或减轻一方应负合同义务的情况，当事人均应依诚信原则善意履行。被告系因自身原因而未能亲自或指示他人及时代为收取上述原告送达的催促履行合同有关文件，应由其自行承担不利后果，视

① 最高人民法院民事裁定书，（2019）最高法民申1000号。

为被告已实际收取。①

结合司法实务来看，我们在设计、使用和后续管理送达条款时需要关注以下主要问题：

1. 送达条款需要明确、具体和具有可操作性，需要覆盖具体送达方式和具体要求、变更要求和法律后果。例如，在在重庆市阿里巴巴小额贷款有限公司诉陈某群小额借款合同纠纷案中，当事人在签订合同时经合意约定了因合同纠纷成讼后，可使用电子送达方式及电子送达地址、可适用的程序范围、地址变更方式、因过错导致文书未送达的法律后果等内容，内容明确、具体，双方对送达条款均能够预见诉讼后产生的法律后果，该约定具有《送达地址确认书》的实质要件，具有相当于《送达地址确认书》的效力。诉前约定送达条款虽然与在诉中由法院引导填写、统一的印制格式等形式不尽相符，但是因其满足了实质要件，能够在保障当事人诉权的前提下有效解决送达难题，是一种更便捷、高效的送达。因此，此案例确认，当事人在诉前相关合同中对电子送达方式、电子送达地址及法律后果作出明确、具体约定的，该约定具有相当于《送达地址确认书》的效力。该案作为第一批涉互联网典型案例被最高人民法院发布。②

我们需要关注的是电子送达方式的便利性。在实务中，通过电子邮箱送达因为其送达便利性和优势往往成为投资行业中送达条款的标准配置。根据《民法典》第137条第2款的约定，以非对话方式作出的采用数据电文形式的意思表示，相对人指定特定系统接收数据电文的，该数据电文进入该特定系统时生效；未指定特定系统的，相对人知道或者应当知道该数据电文进入其系统时生效。当事人对采用数据电文形式的意思表示的生效时间另有约定的，按照其约定。因此，通过电子邮件方式可以约定为“发出即到达”。和传统邮寄等方式向对比，电子邮件送达时效性和便利性均具有巨大优势。

2. 创投基金在投后管理中应高度重视送达地址的变更问题，在人员变动、办公地址变更时，应及时按照约定履行送达地址变更通知，防止相关权

① 广东省中山市中级人民法院民事判决书，（2014）中中法民一终字第1194号。

② 参见《最高人民法院发布第一批涉互联网典型案例》，载《人民法院报》2018年8月17日，第3版。

利因为未能及时变更送达信息而被影响。例如，在蒋某文与上海老友计网络科技有限公司、胡某请求变更公司登记纠纷案中，第三人主张因其办公地址变更，未收到被告寄交的《股权转让通知书》，被告未履行法定通知义务，通知程序存有瑕疵，未能有效保障第三人的优先购买权。但是上海市杨浦区人民法院认为，虽然第三人地址搬迁，但根据《投资协议书》之约定，各方如遇通讯地址变更，应提前7个工作日向对方发出书面通知，且任何以特快专递方式发出的通知在投邮后第3日视为送达。第三人未能举证证明其已就通讯地址变更事宜书面通知了其余股东，被告根据《投资协议书》中第三人披露的通信地址向其寄送了《股权转让通知书》，应属有效。① 在二审中，上海市第二中级人民法院认定被告已向第三人发出了行使优先购买权的通知，维持了一审法院的认定。②

3. 在相关案件的诉讼和仲裁过程中，创投基金应当关注送达的准确性，防止因为送达不合法定或者约定要求而影响其权利实现。例如，在广州虎牙信息科技有限公司、岑某林执行复议执行一案中，双方当事人没有在合同约定送达地址，仅在合同约定被申请人的联系地址为天津市武清区。在仲裁过程中，双方当事人没有向广州市仲裁委员会填写送达地址确认书，也没有在仲裁协议或合同约定送达地址。实际执行中，广州仲裁委员会邮寄本案仲裁通知书、仲裁规则等材料的地址均为被申请人身份证记载的地址，所邮寄本案仲裁法律文书却分别是黄某杰签收或黎某岑签收，并不是被申请人本人签收。广西壮族自治区梧州市中级人民法院认为，没有确实证据证实仲裁法律文书签收人是被申请人的诉讼代理人，或指定的代收人，或受送达人被申请人的同住并共同生活的成年家属，属于“仲裁机构在仲裁过程中未保障当事人申请仲裁员回避、提供证据、答辩等仲裁法规定的基本权利的”，应当认定为“仲裁庭的组成或者仲裁的程序违反法定程序”的情形，所以驳回了申请人提出强制执行广州仲裁委员会裁决书申请。③ 当事人提出上诉，广西壮

① 上海市杨浦区人民法院民事判决书，(2013) 杨民二（商）初字第996号。

② 上海市第二中级人民法院民事判决书，(2014) 沪二中民四（商）终字第330号。

③ 广西壮族自治区梧州市中级人民法院：《执行裁定书》(2021) 桂04执74号。

族自治区高级人民法院维持了一审法院的裁定。①

二、效力适用条款

在创业投资中，我们还常常会遇见文件适用问题。其中以股权协议和公司章程适用最为常见和典型。因为在投资过程中，由于各种原因限制，投资者的很多权利难以纳入公司章程。因此往往会出现股东协议和公司章程出现差异的现实情况。在此情况下，如何认定两者效力就成为重要法律问题。对此，司法机关对此裁判观点并不统一。我们看到有司法机关会区分两者的对内和对外效力。在对内效力上，股东协议应优先适用。以上海联合汽车大道开发建设有限公司、中国五冶集团有限公司与上海联合汽车（集团）有限公司公司决议撤销纠纷一案为例。在该案中，上海市第二中级人民法院认为，公司章程作为对公司重要和基本问题作出明确规定的公众法律文件，对公司股东以外的债权人以及其他社会公众而言是其赖以了解公司的基本依据，但对股东之间来说，公司章程仅是股东之间的一种契约，股东可以通过其他合意且在不违反强制性规定的情况下进一步明确各自的权利义务，甚至否定公司章程的约定，故在股东之间应以股东的真实意思合意为准。②

如果各方能对公司章程和股权效力的适用有明确约定，其司法适用将更为明确。以北京中证万融医药投资集团有限公司、曹某君公司决议纠纷一案为例。在该案中，各方在投资协议中约定，“该协议作为解释目标公司股东之间权利和义务的依据，长期有效，除非各方达成书面协议修改；本协议在不与目标公司章程明文冲突的情况下，视为对目标公司股东权利和义务的解释并具有最高法律效力”。最高人民法院认为，该协议由全体股东一致同意，并经股东签署。因此，该文件虽名为协议，但在主体上包括公司和全体股东、内容上属于公司章程的法定记载事项、效力上具有仅次于章程的最高效力，其法律性质应属目标公司对公司章程相关内容的具体解释。③

类似的还有股东协议和公司商事登记问题。在现有商事登记实践中，商

① 广西壮族自治区高级人民法院：《执行裁定书》（2021）桂执复180号。

② 上海市第二中级人民法院民事判决书，（2013）沪二中民四（商）终字第733号。

③ 最高人民法院民事判决书，（2017）最高法民再172号。

事登记机关往往会对登记文件提出制式要求，从而导致登记文件与股东协议可能存在差异。

因此，为了消除歧义，以明确股东协议和公司章程、公司登记文件不一致时的法律适用，笔者建议在投资协议中明确约定被投企业公司章程、商事登记文件和股权协议不一致时如何适用。

▶ 第五章 ◀

投后服务

在项目完成投资后，对创投基金而言，项目就进入投后服务阶段。从项目投资的主要过程来看，项目投资、投后服务和投资退出分别可以对应价值发现、价值创造和价值实现三个阶段。因此，投后服务在项目投资中发挥着非常重要作用。投后服务的基础和逻辑与项目投资存在本质差异。因为在项目投资完成后，无论是对被投企业还是对创投基金而言，双方关系会发生本质变化，即双方从投资时相互博弈转化为利益一致。对被投企业而言，随着投资完成，创投基金角色发生了实质性变化，从外部博弈者变成了内部股东，其利益与被投企业好坏直接相关，因此被投企业的管理团队更有动力和意愿向创投基金分享其信息和提出服务需求；对创投基金而言，创投基金也更有动力和意愿提供投后服务，协助被投企业提升其价值。

从实务来看，很多创投基金会因为“重投资、轻投后”被诟病。某知名创投基金合伙人曾公开表示：我们投资过的创始人都非常强，所以不需要投后管理；而那些需要投后管理的，我们不投。[①] 但是，随着中国资本越来越充裕，缺乏投后服务能力的创投基金往往会面临挑战，因为这类创投基金所能提供的资金是没有差异化的。实质上，投后服务是投资者可以建立差异化优势的核心领域之一。通过差异化的投后服务增加对创业团队吸引力、降低投资风险、提高被投企业价值是很多创投基金的选择。我们可以看到，很多

---

① 参见李弗洛：《中国式投后管理启示录：不做救世主、不当小保姆、更不能放羊，愿创投圈再无空空狐事件》，网址：https：//pe. pedaily. cn/201705/20170510413207. shtml，最后访问日期：2022 年 7 月 30 日。

创投基金越来越强调其投后服务体系，尤其是其增值服务体系。比较知名的有红杉资本的价值共创体系、[①] 高瓴资本的深度价值创造体系[②]等。

从实务来看，投后服务可以分为投后服务中的投后管理和增值服务两个部分。前者更强调风险监控、后者更侧重于价值提升，但两者无明显界限。我们可以看到，创投基金通过提供增值服务，项目价值得到提升，项目风险自然就会下降，因为项目价值下降本身就是项目最大风险之一；创投基金也可以通过投后管理降低项目风险，项目价值也会相应提升，因为风险本身就是项目价值核心衡量因素之一。两者相辅相成、密不可分，最好状态就是寓投后管理于增值服务之中。

第一节　投后服务的主要内容

在投后服务中，具体工作内容会根据投后管理和增值服务的不同而有所侧重。其中投后管理主要侧重于被投企业的日常监控、股东权利行使，以防范投资风险为主要目的；而增值服务主要侧重于提高被投企业价值。两者存在较大差异。

一、投后管理的主要内容

从实务来看，投资完成后的一段时期以及投资退出期间，往往是创投基金投后服务最为活跃的阶段。在投资交割之后，有些创投基金会深度参与被投企业的事务中，其会根据尽职调查及初步参与业务的情况实施所谓的“百日计划”。[③] 在这百日计划中，往往是投后管理居多，兼顾部分的增值服务内容。很多创投基金非常看中“百日计划”，因为这是建立和增强双方互信、解决尽职调查遗留问题和加快双方磨合的重要窗口期。从人民币基金实务来看，投后管理主要包括被投企业的财务报表定期收集和分析、参加被投企业

① 红杉中国、清科研究中心：《中国股权投资机构价值共创研究报告》。

② 高瓴资本、清科研究中心：《科技创新驱动的投后服务新模式——高瓴深度价值创造（DVC）研究报告》。

③ 参见［美］克劳迪娅·纪斯伯格、迈克尔·普拉尔、鲍文·怀特：《精通私募股权》，刘寅龙译，清华大学出版社2018年版，第150页。

的股东会、董事会和监事会会议、尽职调查遗留事项处理等主要事项。

1. 被投企业的财务报表和经营数据定期收集和分析是最常见和最基础的投后管理工作之一。该事项是如此常见和重要以至于很多创投基金会把被投企业向其提供财务报表和经营数据的具体要求、频率和时限等写入投资协议。通过定期收集和分析财务报表和经营数据、创投基金可以及时关注被投企业的财务状况和经营业绩变化，及时预警风险，并采取针对性措施。一般来说，很多创投基金会定期收集被投企业的季度、半年度和年度财务报表及审计报告及相应经营数据，部分项目甚至会要求提供月度财务报表和经营数据。

2. 参加被投企业的股东会、董事会和监事会会议。在实务中，股东会、董事会和监事会一般合称“三会”。很多创投基金会委派董事，部分项目还约定股东会和董事会的一票否决权。从实务来看，参与被投企业的三会是创投基金获取企业最新信息、参与其重大决策的主要渠道之一。

3. 尽职调查遗留事项处理也是常见的投后管理事项之一。在实务中，创投基金会在投资前尽职调查中发现一些需要处理的事项，但是由于时间等限制难以在投资交割前完成，所以往往约定在投资完成后指定时间内处理完毕。在此情况下，追踪和敦促被投企业及时按照约定处理尽职调查遗留事项也就成为投后管理重要内容之一。该类事项会因被投企业的不同而不同。

此外，对赌和回购条款等核心投资条款行权和被投企业异常情况处置等事项也是常见的投后管理事项。

二、增值服务的主要内容

根据中基协2020年对2097家私募股权投资基金管理人的问卷调研，在为被投企业提供的投后服务中，上下游客户推荐、开拓融资渠道、企业战略规划是最核心的三项内容。其中超过70%的私募股权基金管理人会帮助被投企业介绍上下游客户，超过60%的私募股权基金管理人会协助开拓融资渠道、制定战略规划。此外，人才引荐、退出方式指引、品牌推介、信息服务、企业制度搭建等也是主要增值服务内容。①

① 参见中国证券投资基金业协会编著：《中国私募股权投资基金行业发展报告2021》，中国财政经济出版社2021年版，第42页。

1. 产业资源对接是创投基金主要的增值服务内容之一，也是很多创业团队最为看中增值服务的内容。据清科研究中心调研显示，目前92.8%的机构已开展产业资源对接，大多通过引荐行业专家、搭建行业交流平台、对接产业领军企业三种方式实现。虽然开展产业资源对接的机构比例较高，但提供深层次服务的机构不多，如给予被投企业与产业领军企业深层次交流机会等的机构尚不多，大多数停留在简单的人脉引荐方面。[①] 值得一提的是，由于在特定产业领域内，CVC（“企业创投”）在产业资源对接尤为有优势。从动机和能力，CVC能做的很多事情，大多数的独立创投基金都做不到。当然，并不是所有的CVC都能够实现他们的增值服务承诺，但是如果实现了，这对创业企业来说是实现其加速发展的最有效途径。[②] 这也是很多中国创业团队在融资时特别看重CVC的主要原因之一。

2. 开拓融资渠道。相对于被投企业而言，融资是创投基金的强项。从融资性质而言，可以分为股权融资和债权融资两类。创投基金本身就是股权投资方，其对股权投资市场有更深入了解、能敏锐感知股权投资市场变化，并具有广泛投资者网络，可以帮助被投企业推荐和筛选投资者，协助被投企业提前做好融资计划，以在恰当的窗口期内完成融资。其中，由于股权投资市场是在动态变化中的，如果创投基金能协助被投企业制定和实施合理融资计划、选择适当融资窗口期、确定合理融资估值和协助进行融资条款谈判，这对被投企业是很有价值的。同时，很多创投基金与银行等债权人有“投贷联动”合作，也可以推荐其合作方为被投企业提供债权融资。

从实务来看，对后续投资者而言，已投资的创投基金身份不仅仅是投资者，还是被投企业的现有股东。这种身份变化直接会导致相应权利义务变化。因此，创投基金需要重点关注其在后续融资中身份属性变更并防范相应风险，特别关注其作为被投企业现有股东在新融资中的法律风险和责任。笔者曾经见过类似案例，前一轮投资者在后续融资中因为未关注到其从前一轮投资中的投资者到新一轮投资中现有股东的身份变化，加入对后续投资者承担回购

---

① 红杉中国、清科研究中心：《中国股权投资机构价值共创研究报告》。

② 参见［美］安德鲁·罗曼斯：《创投帝国：企业风险投资策略与最佳实践》，周宏亮、唐英凯译，中国人民大学出版社2018年版，第5页、第200页。

义务的责任主体范围之内。

3. 协助被投企业指定和完成战略规划。相对被投企业，创投基金可以接触到更多企业，特别是不同特点和不同发展阶段的企业，并且可以从其过往投资案例中吸收更多成功经验和失败教训，因此可以给被投企业一定战略规划建议。

4. 人力资源服务是常见的增值服务内容之一，也是创投基金可以体系化的增值服务之一。例如，某创投基金组织其被投企业组团招聘。该事项可以利用该创投基金品牌为被投资企业增信，还可以发挥规模优势提高招聘效率，降低招聘成本。更重要的是协助被投企业招聘高管，因为一个企业要想成功需要研产供销和内部管理等各类人才，而创业企业往往是在某一个方面具有优势。因此补全被投企业高管团队就成为创投基金增值服务的重要内容。很多创投基金在这方面具有一定优势，由其是专注某特定行业的基金和CVC，因为其长期关注和投资于某一行业，有机会接触到更多人才或者其本身就具备大量可输出人才。根据清科研究中心调研，目前，66.2%的样本机构已开展人力资源服务，多数机构会介绍猎头资源和参与组织架构搭建，提供具体CXO级别招聘服务、员工培训、薪酬绩效的机构约占调研总量的1/2，提供校园招聘服务的不及1/3。[①] 由此可见创投基金提供人力资源服务的广泛性。

创投基金可以在投后服务中针对被投企业的特点，基于其自身的优势资源，制定针对性投后服务方案，防控投资风险并增加被投企业的价值。

第二节　投后服务的主要模式

不同创投基金会采取不同架构来进行投后管理和增值服务。根据不同模式投资人员在投后服务中参与程度的不同，我们可以将创投基金投后管服务的架构分为四类，分别为投资经理负责制、“投资 + 投后”共同负责制、投后团队负责制和第三方外包制。不同架构的主要特点及优劣势如表5－1：

① 红杉中国、清科研究中心：《中国股权投资机构价值共创研究报告》。

表 5－1　不同架构的主要特点及优劣势

分类	投资经理负责制	“投资＋投后”共同负责制	投后团队负责制	第三方外包制
特点	“谁投资谁负责”，投资经理全权负责投后服务，不配置专职投后团队	配置专职投后团队，其与投资经理相互配合，共同提供投后服务	专职投后团队负责投后服务，投资经理不再参与	投后服务全部委托给外部第三方机构
优势	责任主体明确、沟通成本低	灵活度高、各取所长	体系化、专业化强	专业性强、灵活性高
劣势	精力有限、体系化差	权责不清，跨部门协作效率低，体系化和专业化低	沟通成本高、组织成本高、磨合时间长	针对性弱、成本高、协同效应低

从人民币基金投后管理的现实状况来看，投后服务模式以“投资＋投后”共同负责制为主，但是总体投后服务力量较为薄弱。根据中基协 2020 年对 2097 家私募股权投资基金管理人的问卷调研，56.70% 的受访私募股权基金管理人已经设立专门投后管理部门，且在投后管理模式上，有 64.14% 采用投资团队与投后团队共同负责管理的模式，8.87% 采用专职投后管理团队模式。投资经理负责制占到 24.23%；外部管理咨询制占到 0.57%；没有专门投后管理安排的占到 2.19%。在设立专门投后服务部门的机构中，有 87.47% 的机构投后团队仅有 1 人～5 人。① 可见投后服务力量较为薄弱，大部分机构的投后服务还在起步阶段，这也是和人民币基金整体发展阶段紧密相关的。我们也可以看到，在本次调研中超过 70% 的受访私募股权基金管理人表示将进一步强化投后服务工作。② 需要注意的是，一套完善的投后服务机制需要创投基金投入大量资源、耗费大量时间的，并非一蹴而就的事情。

因此，创投基金可以基于现有资源，特别是投后服务团队的专业能力和资源，投入必要资源，针对自身特点建立一套符合自身特点和发展阶段的投后服务体系和一支专业的投后服务团队。

---

① 参见中国证券投资基金业协会编著：《中国私募股权投资基金行业发展报告 2021》，中国财政经济出版社 2021 年版，第 41～42 页。

② 参见中国证券投资基金业协会编著：《中国私募股权投资基金行业发展报告 2021》，中国财政经济出版社 2021 年版，第 43 页。

▶ 第六章 ◀

项目退出

从法律性质来看，项目股权退出即股东不再持有股权。作为一项权利，股权退出可以分为转让和消灭两类。前者是指股权依然存在，但是权利人发生变化；后者是指股权本身不再存在，也就无所谓权利人了，也就是所谓的“皮之不存毛将焉附”。从广义上讲，股权退出可以分为以下两类：

1. 股权转让，主要包括股权协议转让，被投企业上市后转让退出（以下简称上市退出）、上市公司并购换股之后转让退出（以下简称并购退出）。从法律性质上看，无论是上市退出还是并购退出，都是转让上市公司股票，其与其他股权转让的主要差异就是转让标的对应的是上市公司还是非上市公司股权。只是根据证券市场交易规则、收款机制和交易情况，上市公司股票转让（集中竞价交易）是基于标准合同下的转让、潜在转让方更多，交易机会更多，交易风险极低。所以，该类转让效率更高，流动性更好。更进一步，更好流动性可以提高资产价值。当然，两者转让后风险、转让合规风险等也存在差异。因此，上市退出、并购退出往往会从股权转让中单列出来，单独分析。

2. 股权消灭，包括公司回购、破产清算、解散清算等在内。其中公司回购是股权被公司回购后注销，即公司法律主体依然存在，但是被注销股权消灭；破产清算和解散清算均为公司法律主体消灭，进而导致其全部股权消灭。因此，两者在法律后果上存在较大差异，所以往往也会将其单列出来，分别分析。

结合现实情况，考虑到每种退出方式的过程差异、退出要求、和退出后风险等因素，我们在本书中将退出方式分为上市退出、并购退出、股权转让、公司回购和公司清算五类来分析。

第一节　上市退出

上市退出是指在被投企业实现首次公开发行并上市交易后，创投基金出售其持有被投企业的股票，包括境内上市和境外上市在内。根据中基协的统计，在中基协已备案创投基金中，截至2020年年末，上市退出是投资退出最主要途径之一，发生次数为1151次，占整体退出次数的6.63%，退出金额为1845.41亿元，对应的投资本金为352.46亿元，增值率为423.58%。[①] 同时，上市退出是创投基金实际退出金额和退出回报最高的退出方式，也是创投基金最倾向于选择的退出路径。[②] 所以，上市退出是人民币创投基金最主要的退出方式。对人民币基金而言，境内上市占了上市退出的绝大部分。这是创投基金“长尾收益”收益结构的直接体现。在实务操作中，创投基金在上市退出中需要关注特殊权利条款清理、锁定期等承诺和减持合规等相关事项。

一、股东资格的合规要求

自2015年开始，在境内上市时，对于创投基金，中国证监会要求发行人保荐机构和发行人律师（以下称中介机构）对拟上市企业股东是否属于《证券投资基金法》、《私募基金监督暂行办法》和《私募投资基金管理人登记和基金备案办法》规范的私募投资基金以及是否按规定履行备案程序进行核查并发表意见，包含创投基金在内私募投资基金等金融产品持有发行人股份的，发行人应当披露金融产品纳入监管情况。[③] 也就是说，创业基金在中基协完成备案是其作为拟上市企业股东强制性要求。更进一步，从2018年1月起，

---

① 数据来源：中国证券投资基金业协会编著：《中国私募股权投资基金行业发展报告(2021)》，中国财政经济出版社2021年版，第81页。

② 参见中国证券投资基金业协会编著：《中国私募股权投资基金行业发展报告（2021)》，中国财政经济出版社2021年版，第79~81页。

③ 中国证监会：《发行监管问答—关于与发行监管工作相关的私募投资基金备案问题的解答》[该规定从2023年2月17日起被废止]、《监管规则适用指引—关于申请首发上市企业股东信息披露》第6条。

中国证券登记结算有限责任公司要求私募基金管理人严格按照中基协有关要求履行备案手续，在办理证券账户开户时须提供中基协出具的备案证明和产品编码。[①] 也就是说，如果创投基金不能完成备案，将不具备在中国境内开具证券账户的前提条件，其在被投企业于 A 股上市就面临股票因难以开立证券账户而无法登记的问题。

2021 年 2 月，为了防止出现利用上市进行利益输送、违法违规“造富”等行为，中国证监会发布《监管规则适用指引——关于申请首发上市企业股东信息披露》。该指引对拟上市企业的股东提出穿透核查要求，即发行人股东的股权架构为两层以上且为无实际经营业务的公司或有限合伙企业的，如该股东入股交易价格明显异常，中介机构应当对该股东层层穿透核查到最终持有人，说明是否存在该指引第一项、第二项的情形。最终持有人为自然人的，发行人应当说明自然人基本情况。[②] 在实际操作中，创投基金往往面临无差别的创投核查要求，给创投基金增加了大量穿透核查工作。由于需要核查到最终持有人，“最终持有人”的定义就成为穿透核查重点。之后，监管部门进一步明确“最终持有人”包括：（1）自然人；（2）上市公司（含境外上市公司）；（3）新三板挂牌公司等公众公司；（4）国有控股或管理主体（含事业单位、国有主体控制的产业基金等）；（5）集体所有制企业；（6）境外政府投资基金；（7）大学捐赠基金；（8）养老基金；（9）公益基金；（10）公募资产管理产品；（11）除此之外的外资股东，如果中介机构能以适当核查方式确认外资股东的出资人不存在境内主体，并充分认证该外资股东入股发行人的价格不存在明显异常，可将该外资股东视为“最终持有人”。此外，监管部门还明确对于持股较少、不涉及违法违规“造富”等情

① 《关于加强私募投资基金等产品账户管理有关事项的通知》（中国结算发字〔2018〕10 号）。

② 《监管规则适用指引——关于申请首发上市企业股东信息披露》第 1 条和第 2 条规定，申请首次公开发行股票或存托凭证的发行人应当按照本指引，充分做好股东信息披露等相关工作。一、发行人应当真实、准确、完整地披露股东信息，发行人历史沿革中存在股份代持等情形的，应当在提交申请前依法解除，并在招股说明书中披露形成原因、演变情况、解除过程、是否存在纠纷或潜在纠纷等。二、发行人在提交申报材料时应当出具专项承诺，说明发行人股东是否存在以下情形，并将该承诺对外披露：（1）法律法规规定禁止持股的主体直接或间接持有发行人股份；（2）本次发行的中介机构或其负责人、高级管理人员、经办人员直接或间接持有发行人股份；（3）以发行人股权进行不当利益输送。

形的，保荐机构会同发行人律师实事求是发表意见后，可不穿透核查。其中，持股较少可结合持股数量、比例等因素综合判断。原则上，直接或间接持有发行人股份数量少于 10 万股或持股比例低于 0.01% 的，可认定为持股较少。①

如果创投基金是在被投企业申请上市前一年内投资的，监管部门还会对创投基金信息披露和核查提出更高要求。监管部门要求发行人保荐机构、发行人律师应主要考察申报前一年新增的股东，全面核查发行人新股东的基本情况、产生新股东的原因、股权转让或增资的价格及定价依据，有关股权变动是否是双方真实意思表示，是否存在争议或潜在纠纷，新股东与发行人其他股东、董事、监事、高级管理人员、本次发行中介机构及其负责人、高级管理人员、经办人员是否存在亲属关系、关联关系、委托持股、信托持股或其他利益输送安排，新股东是否具备法律、法规规定的股东资格。发行人在招股说明书信息披露时，除满足招股说明书信息披露准则的要求外，如果创投基金为合伙企业，应披露合伙企业的普通合伙人及其实际控制人、有限合伙人的基本信息。最近一年末资产负债表日后增资扩股引入创投基金的，被投企业申报前须增加一期审计。② 另外，创投基金还需要配合相关中介机构进行中国证监会系统离职人员（以下简称离职人员）入股的核查工作。发行人及中介机构在提交上市申请文件时，应当提交专项说明，专项说明包括以下内容：（1）是否存在离职人员入股的情形；（2）如果存在离职人员入股但不属于不当入股情形的，应当说明离职人员基本信息、入股原因、入股价格及定价依据、入股资金来源等；离职人员关于不存在不当入股情形的承诺；（3）如果存在离职人员不当入股情形的，应当予以清理，并说明离职人员基本信息、入股原因、入股价格及定价依据、清理过程、是否存在相关利益安排等。③

---

① 参见上海证券交易所科创板上市审核中心：《关于股东信息核查中“最终持有人”的理解与适用》；深圳证券交易所上市审核中心：《关于进一步规范股东穿透核查的通知》。

② 中国证监会：《监管规则适用指引——发行类第 4 号》4－2“申报前引入新股东的相关要求”。

③ 中国证监会：《监管规则适用指引——发行类第 2 号》。

此外，创投基金还面临三类股东问题。三类股东是指契约型私募基金、资产管理计划和信托计划。鉴于“三类股东”具有一定的特殊性，可能存在层层嵌套和高杠杆，以及股东身份不透明、无法穿透等问题。因此，监管部门在被投企业上市退出发行审核过程中予以重点关注。[①] 对创投基金而言，其本身或者其直接或者间接投资者可能是三类股东。此前，为了满足监管要求，绝大部分拟上市企业对“三类股东”采取了主动清理的办法。在实务中，很多拟投资企业在引进创投基金作为股东时，会明确要求其本身及其直接或间接投资者都不是三类股东。截至目前，中国证监会对“三类股东”问题处理意见已拓展到银行非保本理财产品，资金信托，证券公司、证券公司子公司、基金管理公司、基金管理子公司、期货公司、期货公司子公司、保险资产管理机构、金融资产投资公司发行的资产管理产品等《关于规范金融机构资产管理业务的指导意见》（银发〔2018〕106 号）规定的产品（以下统称资产管理产品），以及契约型私募投资基金。根据现有规定，资产管理产品和契约型私募投资基金直接持有发行人股份的，满足以下条件的，可以不清理，但要求中介机构和发行人从以下方面核查披露相关信息：[②]

1. 中介机构应核查确认公司控股股东、实际控制人、第一大股东不属于资产管理产品、契约型私募投资基金。

2. 资产管理产品、契约型私募投资基金为发行人股东的，中介机构应核查确认该股东依法设立并有效存续，已纳入国家金融监管部门有效监管，并已按照规定履行审批、备案或报告程序，其管理人也已依法注册登记。

3. 发行人应当按照首发信息披露准则的要求对资产管理产品、契约型私募投资基金股东进行信息披露。通过协议转让、特定事项协议转让和大宗交易方式形成的资产管理产品、契约型私募投资基金股东，中介机构应对控股股东、实际控制人、董事、监事、高级管理人员及其近亲属，本次发行的中介机构及其负责人、高级管理人员、经办人员是否直接或间接在该等资产管

---

① 参见中国证监会：《2018 年 1 月 12 日新闻发布会》，载 http：//www. csrc. gov. cn/csrc/c100029/c1000116/content. shtml，最后访问日期：2022 年 8 月 11 日。

② 中国证监会：《监管规则适用指引——发行类第 4 号》4－4“资产管理产品、契约型私募投资基金投资发行人的核查及披露要求”。

理产品、契约型私募投资基金中持有权益进行核查并发表明确意见。

4. 中介机构应核查确认资产管理产品、契约型私募投资基金已作出合理安排，可确保符合现行锁定期和减持规则要求。

二、特殊权利条款的合规要求

如果创投基金在投资时与被投企业或其股东约定了对赌条款、回购条款、优先清算权等特殊权利条款的，保荐机构及发行人律师、申报会计师应当重点就以下事项核查并发表明确核查意见：一是发行人是否为对赌协议当事人；二是对赌协议是否存在可能导致公司控制权变化的约定；三是对赌协议是否与市值挂钩；四是对赌协议是否存在严重影响发行人持续经营能力或者其他严重影响投资者权益的情形。存在上述情形的，保荐机构、发行人律师、申报会计师应当审慎论证是否符合股权清晰稳定、会计处理规范等方面的要求，不符合相关要求的对赌协议原则上应在申报前清理。发行人应当在招股说明书中披露对赌协议的具体内容、对发行人可能存在的影响等，并进行风险提示。[①②]

特殊权利条款的清理是一个复杂和敏感话题，因为需要创投基金同意放弃或者修改其核心投资条款。从实务来看，有部分发行人及其股东会选择按照要求规范而非清理特殊权利条款。以博众精工为例，该公司于2021年5月在科创板成功完成首次公开发行股票并挂牌交易。博众精工其招股说明书就有披露“对赌条款的风险”，即2020年6月，公司股东之间签署了《博众精工科技股份有限公司股东权利安排协议》，约定若截至2024年1月1日发行人未实现合格上市，8家机构股东有权要求控股股东回购其所持股份。上述对赌条款仅限于股东之间，虽不涉及发行人的利益，但是如果未能在约定时间完成上述对赌约定，触发回购条款，现有股东持股比例存在可能变化的风险。[③]

此外，也会有部分拟上市企业会在上市申报前按照要求清理特殊权利条

---

① 中国证监会《监管规则适用指引——发行类第4号》4-3“对赌协议”。

② 参见《首发业务若干问题解答（2020年6月修订）》问题5、《深圳证券交易所创业板股票首次公开发行上市审核问答》问题13和《上海证券交易所科创板股票发行上市审核问答（二）》问题10。

③ 参见博众精工科技股份有限公司：《首次公开发行股票并在科创板上市招股说明书》，载巨潮资讯网，http：//www. cninfo. com. cn/new/disclosure/detail? plate = sse&orgId = 9900039003&stockCode = 688097&announcementId = 1209925757&announcementTime = 2021 – 05 – 06。

款，即彻底终止特殊权利条款。当然也有部分发行人在终止前述特殊权利条款时选择与相关权利人签署附条件恢复特殊权利协议，即在特定条件下，恢复特殊权利条款的效力。这一类条款往往是不予披露的，因此会形成实务中“抽屉协议”问题。对待该类抽屉协议的效力，司法实务中存在争议，并无统一裁判标准。值得关注的是，最高人民法院已在个案中明确其对“抽屉协议”效力的态度。以胡某芳、成都中铁高端交通装备产业创业投资合伙企业股权转让纠纷一案为例，该案的核心就是各方在上市过程中清理股东特殊权利条款之后，另行签署附条件恢复被终止条款效力的“抽屉协议”效力认定问题。该案历经天津市第一中级人民法院初审、天津市高级人民法院二审，并向最高人民法院申请再审。[①] 最终，最高人民法院认为，关于股份回购条款是否有效的问题。申请人申请再审认为，《补充协议二》已经明确终止了股份赎回权的约定，而《补充协议三》没有约定“恢复”已经终止的股份赎回权。根据原审查明事实，虽然《补充协议二》明确约定终止《补充协议一》第二条“赎回权利（回购）并退出”条款，但在其后签署的《补充协议三》中，各方一致同意就《补充协议二》中的相关事项作出进一步约定，其具体约定内容实质上就是恢复前述股份回购条款，系对《补充协议二》的有效变更，代表了协议各方的最新意思表示，各方均应依约履行。

三、相关承诺要求

在被投企业上市过程中，创投基金作为拟上市公司的股东，需要做出锁定期、按照相关监管要求减持等承诺。其中锁定期和合规减持承诺是其中最为重要的部分，具体内容如下：

（一）锁定期承诺

在被投企业上市过程中，创投基金作为拟上市公司的股东需要承诺一定锁定期，即在一定周期内不减持其持有上市公司的股票。从监管实务来看，监管部门会根据拟上市企业实际控制人状态、股东入股时间和持股数量等因素对拟上市企业的股东锁定期提出具体要求。笔者对创投基金在境内资本市

---

① 参见天津市第一中级人民法院民事判决书，（2018）津01民初165号；天津市高级人民法院民事判决书，（2019）津民终2号和最高人民法院民事裁定书，（2019）最高法民申1982号。

场上市退出相关锁定期进行了整理，具体情况见表6－1：

表6－1　创投基金在境内资本市场上市退出相关锁定期汇总①

序号	适用前提	具体适用范围	具体要求	实务要点	规则来源
1	发行人有实际控制人	发行人有实际控制人的，创投基金非实际控制人或其一致行动人	公司公开发行股份前已发行的股份，自公司股票在证券交易所上市交易之日起1年内不得转让	－	1.《公司法》第141条 2.《〈首次公开发行股票注册管理办法〉第十二条、第十三条、第三十一条、第四十四条、第四十五条和〈公开发行证券的公司信息披露内容与格式准则第57号——招股说明书〉第七条有关规定的适用意见——证券期货法律适用意见第17号》
2	发行人无实际控制人	发行人无实际控制人，创投基金为发行人第一大股东	创投基金应承诺其所持股份自上市之日起锁定36个月	－	《〈首次公开发行股票注册管理办法〉第十二条、第十三条、第三十一条、第四十四条、第四十五条和〈公开发行证券的公司信息披露内容与格式准则第57号——招股说明书〉第七条有关规定的适用意见——证券期货法律适用意见第17号》第2条

① 该表统计的是截至2023年8月月底相关政策要求。如果相关政策发生变化的，以变化后要求为准。

续表

序号	适用前提	具体适用范围		具体要求	实务要点	规则来源
3	发行人无实际控制人	发行人无实际控制人，创投基金非发行人第一大股东	发行人无实际控制人，创投基金非发行人第一大股东但位列合计持股51%以上股东，但不符合一定条件	创投基金应承诺其所持股份自上市之日起锁定36个月	“符合一定条件的创业投资基金”是指符合下列全部条件的创投基金：（1）创投基金首次投资该首发企业时，该首发企业成立不满60个月；（2）创投基金首次投资该首发企业时，该首发企业同时符合以下条件：经企业所在地县级主管单位核定，职工人数不超过500人；根据会计师事务所审计的年度合并会计报表，年销售额和资产总额均不超过2亿元；（3）截至首发企业发行申请材料接收日，创投基金投资该企业已满36个月；（4）创投基金已在中基协备案为“创业投资基金”；（5）该创投基金的基金管理人已在中基协协会登记，规范运作并成为中基协会员	1.《〈首次公开发行股票注册管理办法〉第十二条、第十三条、第三十一条、第四十四条、第四十五条和〈公开发行证券的公司信息披露内容与格式准则第57号——招股说明书〉第七条有关规定的适用意见——证券期货法律适用意见第17号》第2条 2.《私募基金监管问答——关于首发企业中创业投资基金股东的认定标准》 3.《首发业务若干问题解答》（2020年6月修订）
4			发行人无实际控制人的，创投基金非发行人第一大股东但位列合计持股51%以上股东之内，符合一定条件或者持股比例低于5%	创投基金需要自公司股票在证券交易所上市交易之日起一年内不得转让		
5			发行人无实际控制人，创投基金非发行人第一大股东且为位列合计持股51%之外的股东			

续表

序号	适用前提	具体适用范围	具体要求	实务要点	规则来源
6	无论发行人是否有实际控制人	创投基金是发行人提交申请前 12 个月内新增股东	发行人提交申请前 12 个月内新增股东的，新增股东应当承诺所持新增股份自取得之日起 36 个月内不得转让	1. 锁定期起算点：取得股份之日（工商登记完成之日）起算，而非发行人上市之日起算； 2. 发行人在全国中小企业股份转让系统挂牌、境外证券交易所上市交易期间通过集合竞价、连续竞价交易方式增加的股东，以及因继承、执行法院判决或仲裁裁决、执行国家法规政策要求或由省级及以上人民政府主导取得发行人股份的股东，可以申请豁免股份锁定要求	《监管规则适用指引——关于申请首发上市企业股东信息披露》
7		创投基金是在发行人申报前六个月内通过增资扩股获得股份的新股东	发行人申报前六个月内进行增资扩股的，新增股份的持有人应当承诺新增股份自发行人完成增资扩股工商变更登记手续之日起锁定三十六个月		《〈首次公开发行股票注册管理办法〉第十二条、第十三条、第三十一条、第四十四条、第四十五条和〈公开发行证券的公司信息披露内容与格式准则第 57 号——招股说明书〉第七条有关规定的适用意见——证券期货法律适用意见第 17 号》第 2 条

续表

序号	适用前提	具体适用范围	具体要求	实务要点	规则来源
8	无论发行人是否有实际控制人	创投基金是在发行人申报前六个月内从控股股东或者实际控制人处受让的股份的新股东	在申报前六个月内从控股股东或者实际控制人处受让的股份，应当比照控股股东或者实际控制人所持股份进行锁定（创投基金应承诺其所持股份自上市之日起锁定36个月）		《〈首次公开发行股票注册管理办法〉第十二条、第十三条、第三十一条、第四十四条、第四十五条和〈公开发行证券的公司信息披露内容与格式准则第57号——招股说明书〉第七条有关规定的适用意见——证券期货法律适用意见第17号》第2条

（二）合规减持承诺

在拟上市企业的股东承诺中，合规减持承诺是其中重要组成部分。合规减持承诺主要内容一般包括：（1）减持前按照规定或者承诺进行信息披露的要求；（2）减持时间和比例符合法律或者相关规则要求；（3）违反承诺之后的法律责任。

需要注意的是，创投基金合规减持的承诺可以高于法律法规的要求。因此，创投基金需要密切跟踪相关政策要求、关注相关合规减持承诺尤其是其中的责任条款是否超过法定要求，避免作出过于严苛的减持承诺，从而过度限制后续减持及带来不必要的法律风险。

四、减持合规要求

根据现有监管要求，为了确保拟上市企业的股权稳定性，拟上市企业申报上市后，其股权原则上不得变动，不得进行增资或股权转让。所以，拟上市企业申报上市后，包括创投基金在内的所有股东原则上不得转让股权，也不得通过增资或股权转让产生新股东的，否则发行人应当撤回发行申请，重新申报。但股权变动未造成实际控制人变更，未对发行人股权结构的稳定性和持续盈利能力造成不利影响，且符合下列情形的除外：新股东产生系因继承、离婚、执行法院判决或仲裁裁决、执行国家法规政策要求或由省级及以上人民政府主导，且新股东承诺其所持股份上市后 36 个月之内不转让、不上市交易（继承、离婚原因除外）。在核查和信息披露方面，发行人申报后产生新股东且符合上述要求无需重新申报的，应比照申报前 12 个月内新增股东的核查和信息披露要求处理。除此之外，保荐机构和发行人律师还应对股权转让事项是否造成发行人实际控制人变更，是否对发行人股权结构的稳定性和持续盈利能力造成不利影响进行核查并发表意见。①

在被投企业成功上市之后，创投基金持有的被投企业股权就转化为上市公司股票，锁定期过后就可以在证券交易所出售。上市公司股份减持制度是资本市场重要的基础性制度，对于稳定上市公司治理、维护二级市场稳定、保护投资者特别是中小投资者合法权益具有十分重要的作用。② 监管部门认为持股 5% 以上股东对公司业务经营和管理决策具有较大影响；担任上市公司董监高的股东直接参与公司经营管理，具有信息优势；而持有公司上市前股份、定增股份等特定股份的股东，取得股份的价格通常较低具有持股成本优势，需要对其减持做必要的、有效的特别规范，否则极易影响上市公司稳健经营，破坏市场公平，损害中小投资者利益。③ 为此，2017 年 5 月，中国证监会出台了《上市公司股东、董监高减持股份的若干规定》（证监会公告〔2017〕9 号），对以下主体减持上市公司股份行为提出了一系列要求：

① 《〈首次公开发行股票注册管理办法〉第十二条、第十三条、第三十一条、第四十四条、第四十五条和〈公开发行证券的公司信息披露内容与格式准则第 57 号——招股说明书〉第七条有关规定的适用意见——证券期货法律适用意见第 17 号》第 4 条。

② 参见中国证监会：《证监会就进一步规范上市公司有关股东减持股份行为答问》，载 http://www.scio.gov.cn/xwfbh/gbwxwfbh/xwfbh/zjh/Document/1553916/1553916.htm，最后访问日期：2022 年 8 月 25 日。

③ 深圳证券交易所：《深交所就〈深圳证券交易所上市公司股东及董事、监事、高级管理人员减持股份实施细则〉答记者问》。

1. 上市公司控股股东和持股5%以上股东（以下统称大股东）；

2. 上市公司董监高减持股份；

3. 股东减持其持有的公司上市前发行的股份；

4. 股东减持其持有上市公司非公开发行的股份。其中，2020年2月14日，中国证监会发布《证监会关于修改〈上市公司证券发行管理办法〉的决定》（证监会令第163号），决定通过非公开发行股票取得的上市公司股份，其减持不适用《上市公司股东、董监高减持股份的若干规定》的有关规定。①

同时，沪深交易所同时出台了配套规则。其中，对创投基金主要适用两种情形，一是创投基金作为持有持股5%以上股东；二创投基金减持其持有的公司首次公开发行前发行的股份。需要注意的是，该处创投基金不是上市公司的实际控制人或其一致行动人。笔者对创投基金减持公司上市前发行的股份相关合规要求进行整理，具体如表6-2：

表6-2 创投基金减持公司上市前发行的股份合规要求简表②

序号	分类	合规要求	减持方式		
			集中竞价	大宗交易	协议转让
1	创投基金持有公司上市前发	信息披露要求	无	无	不适用

① 2023年2月17日，中国证监会发布《上市公司证券发行注册管理办法》（中国证监会令206号），废止了前述规定。但是改办法第88条规定，依据本办法通过向特定对象发行股票取得的上市公司股份，其减持不适用《上市公司股东、董监高减持股份的若干规定》的有关规定。

② 参见《证券法》（2022年修订）第63条、《监管规则适用指引——发行类第4号》4-19"首发相关承诺"、《上市公司股东、董监高减持股份的若干规定》、《深圳证券交易所上市公司股东及董事、监事、高级管理人员减持股份实施细则》、《上海证券交易所上市公司股东及董事、监事、高级管理人员减持股份实施细则》、《〈上海证券交易所上市公司股东及董事、监事、高级管理人员减持股份实施细则〉问题解答（一）》、《关于就〈深圳证券交易所上市公司股东及董事、监事、高级管理人员减持股份实施细则〉有关事项答投资者问》、《关于就〈深圳证券交易所上市公司股东及董事、监事、高级管理人员减持股份实施细则〉有关事项答投资者问（二）》、《上市公司收购管理办法》（2020年修订）第13条~第19条、《监管规则适用指引——上市类第1号》1-15"上市公司收购相关事项"之第4条。需要注意的是，该创投基金不能是上市公司的实际控制人或其一致行动人。此外，该规范并非专门适用于创投基金，所有持有公司IPO前发行的股份的股东均适用，如果是实际控制人或其一致行动人的，相关监管要求更严格。

续表

序号	分类	合规要求	减持方式		
			集中竞价	大宗交易	协议转让
	行的股份，且持股比例<5%	减持限制	在任意连续90个自然日内，减持股份总数≤公司股份总数的1%	在任意连续90个自然日内，减持股份总数≤公司股份总数的2%	不适用
2	创投基金持有公司上市前发行的股份，且持股比例≥5%	信息披露要求	1. 创投基金应当在首次卖出的15个交易日前向交易所报告减持计划（每次披露的减持时间区间不超过6个月），在交易所备案并予以公告。 2. 在减持时间区间内，创投基金在减持数量过半或减持时间过半时，应当披露减持进展情况。如果上市公司在该期间内发生高送转、并购重组等重大事项的，应当同步披露减持进展情况，并说明两者关联性。 3. 创投基金应当在股份减持计划实施完毕后的2个交易日内予以公告；如果在预先披露的股份减持时间区间内未实施股份减持或者股份减持计划未实施完毕的，应当在股份减持时间区间届满后的2个交易日内予以公告。 4. 创投基金每减持1%，应当在该事实发生的次日通知该上市公司并予公告。 5. 创投基金每次减持比例达到5%或者降至5%以下时，需要披露权益变动书（简式和详式）	1. 创投基金应遵守在减持前3个交易日予以公告的承诺（如有）。 2. 创投基金每减持1%，应当在该事实发生的次日通知该上市公司并予公告。 3. 创投基金每次减持比例达到5%或者降至5%以下时，需要披露权益变动书（简式和详式）	1. 创投基金应遵守在减持前3个交易日予以公告的承诺（如有）。 2. 创投基金每次减持比例达到5%或者降至5%以下时，需要披露权益变动书（简式和详式）

续表

<table>
<tr><th rowspan="2">序号</th><th rowspan="2">分类</th><th rowspan="2">合规要求</th><th colspan="3">减持方式</th></tr>
<tr><th>集中竞价</th><th>大宗交易</th><th>协议转让</th></tr>
<tr><td rowspan="2"></td><td rowspan="2"></td><td rowspan="2">减持限制</td><td>1. 在任意连续 90 个自然日内，减持股份总数≤公司股份总数的 1%</td><td>1. 在任意连续 90 个自然日内，减持股份总数≤公司股份总数的 2%。
2. 受让方在受让后 6 个月内不得转让其受让的股份，但该创投基金的投资满足《上市公司创业投资基金股东减持股份的特别规定》（2020 年修订）的要求并完成认证的除外</td><td>1. 协议转让的单个受让方的受让比例不得低于公司股份总数 5%，转让价格下限比照大宗交易的规定执行。
2. 创投基金通过协议转让减持的，创投基金及其交易对手方在 6 个月内应继续遵守集中竞价减持比例限制</td></tr>
<tr><td colspan="3">共同监管要求：
1. 创投基金每次减持比例达到 5% 或者降至 5% 以下时，在该事实发生之日起至权益变动书（简式和详式）披露后 3 日内，不得再行买卖该上市公司的股票。
2. 创投基金自持股比例减持至低于 5% 之日起 90 日内，通过集中竞价交易、大宗交易继续减持的，仍应遵守相应减持的规定。
3. 持有 5% 以上股份的创投基金不得将其持有的该公司的股票或者其他具有股权性质的证券在买入后 6 个月内卖出，或者在卖出后 6 个月内又买入，否则由此所得收益归该上市公司所有</td></tr>
</table>

需要提醒注意的是，2020 年 2 月 14 日，在 2020 年 2 月 14 日中国证监会发布《证监会关于修改〈上市公司证券发行管理办法〉的决定》[①]（证监会令第 163 号）之前参与非公开发行获得的股份减持还需要满足《上市公司股东、董监高减持股份的若干规定》的要求。

① 证监会关于修改《上市公司证券发行管理办法》的决定，本篇法规被《上市公司证券发行注册管理办法》（2023 年 2 月 17 日发布；2023 年 2 月 17 日实施）废止。

此外，2020 年 7 月，上海证券交易所发布了《上海证券交易所科创板上市公司股东以向特定机构投资者询价转让和配售方式减持股份实施细则》（上证发〔2022〕139 号），就科创板上市公司股东以向特定机构投资者询价转让和配售方式减持股份提出了明确的监管要求。由于该减持方式适用面较窄，在此不再详述。

为贯彻落实“创投国十条”精神，落实“研究建立所投资企业上市解禁期与上市前投资期限长短反向挂钩的制度安排”，以更好地调动创投基金进行长期投资和价值投资的积极性，便利投资退出和形成“投资、退出、再投资”良性循环，对符合一定条件的创投基金在市场化退出方面给予适当政策支持,[①] 2018 年 3 月，中国证监会发布《上市公司创业投资基金股东减持股份的特别规定》（证监会公告〔2018〕4 号），放松了符合一定条件的创投基金减持限制。2020 年 3 月，中国证监会出台了《上市公司创业投资基金股东减持股份的特别规定》（2020 年修订）（证监会公告〔2020〕17 号）（以下简称《创投基金减持特别规定（2020）》）对前述制度进行了完善。笔者对该规定及相关配套规则要点整理如表 6－3：

表 6－3　创投基金投资符合条件的企业上市后减持规则[②]

序号	前提条件	投资期限（T）	减持方式	连续计算段	减持比例上限	其他
1	适用时需同时满足以下两个条件： 一：投资者是在中基协备案的创业投资基金或者私募股权投资基金；	T < 36 个月	集中竞价	任意连续 90 日内	≤1%	1. 投资期限从投资者投资该发行人金额累计达到 300 万元或投资金额累计达到
2			大宗交易		≤2%	

① 参见中国证监会：《证监会就〈上市公司创业投资基金股东减持股份特别规定〉答问》，载 http：//www. scio. gov. cn/xwfbh/gbwxwfbh/xwfbh/zjh/document/1624572/1624572. htm，最后访问日期：2022 年 8 月 25 日。

② 参见《上市公司创业投资基金股东减持股份的特别规定》（2020 年修订）（证监会公告〔2020〕17 号）、《上海证券交易所上市公司创业投资基金股东减持股份实施细则》（2020 年修订）（上证发〔2020〕14 号）和《深圳证券交易所上市公司创业投资基金股东减持股份实施细则（2020 年修订）》（深证上〔2020〕143 号）。

续表

序号	前提条件	投资期限（T）	减持方式	连续计算段	减持比例上限	其他
3	二：被投企业满足下列情形之一： （1）首次接受投资时，企业成立不满60个月； （2）首次接受投资时，企业职工人数不超过500人，根据经审计年度合并会计报表，年销售额和资产总额均不超过2亿元； （3）截至发行申请材料受理日，企业依据《高新技术企业认定管理办法》（国科发火〔2016〕32号）已取得高新技术企业证书	36个月≤T<48个月	集中竞价	任意连续60日内	≤1%	投资该发行人总投资额50%之日起算至其首次公开发行上市日止； 2. 通过大宗交易受让前述股份的受让方受让后不受“6个月内不得转让其受让股份”的限制； 3. 每个被投企业单独认证是否符合要求
4			大宗交易		≤2%	
5		48个月≤T<60个月	集中竞价	任意连续30日内	≤1%	
6			大宗交易		≤2%	
7		60个月≤T	集中竞价	-	-	
8			大宗交易			

创投基金的管理人可以通过中基协的资产管理业务综合报送平台（https：//ambers. amac. org. cn）申请适用《创投基金减持特别规定（2020）》。中基协为此出台了《〈上市公司创业投资基金股东减持股份的特别规定（2020年修订）〉系统操作指南》。创投基金申请反向挂钩政策通过后，中基协将在其官网信息公示界面公示的该基金名称上方添加“适用《上市公司创业投资基金股东减持股份的特别规定》（2020年修订）”标识。① 在申请该政策时需要注意以下事项：②

1. 同一基金持有的多家标的均满足《创投基金减持特别规定（2020）》要求的，应对不同标的分别提起申请。

① 参见中基协：《登记备案事项服务指南－私募投资基金反向挂钩政策申请业务办理》，载 https：//www. amac. org. cn/businessservices_2025/privatefundbusiness/registrationandfiling/bszn/202206/t20220624_13902. html，最后访问日期：2022年8月21日。

② 参见中基协：《〈上市公司创业投资基金股东减持股份的特别规定（2020年修订）〉系统操作指南》，载 https：//www. amac. org. cn/businessservices_2025/smzgjsmzqhyw/smzgyw/smzgywbl/fxgg/202010/t20201015_10304. html，最后访问日期：2022年8月21日。

2. 股东身份确权日期参考招股说明书中披露的股东身份确权日期。以可转债方式投资的，按转股日期计算股东身份确权日期；初始投资企业被并购整合之后整体上市的，按对初始投资企业的投资日期计算股东身份确权日期。

3. 享受《创投基金减持特别规定（2020）》加速减持优惠的范围仅限成功申请政策的基金和被投企业。管理人对其管理的其他基金、其他被投企业及不符合前述政策适用条件股份的减持，仍应符合《上市公司股东、董监高减持股份的若干规定》（证监会公告〔2017〕9号）及其他有关规定的要求。

4. 创投基金通过特殊目的载体（SPV）等方式间接投资的，该创投基金不适用《创投基金减持特别规定（2020）》。

5. 对于私募证券投资基金、其他私募投资基金和私募资产配置基金，所投项目满足《创投基金减持特别规定（2020）》要求的，产品的基金类型更改为“创业投资基金”“股权投资基金”后，适用《创投基金减持特别规定（2020）》减持，并承诺后续投资将持续符合有关要求。也就是说，私募证券投资基金、其他私募投资基金和私募资产配置基金可以将其基金产品类型变更为“创业投资基金”“股权投资基金”后，申请适用创业投资基金减持政策。

由于现有减持规则的操作细节要求很高、非常复杂，而且其具体操作口径一直在动态变化中，笔者建议具体操作时关注最新监管标准。这也对创投基金合规管理的专业性提出了更高要求。从实务来看，部分创投基金违规减持的案例层出不穷。从实务来看，典型违规减持案例如下：

1. 投资者未按照监管要求进行信息披露就开始减持。其中典型的就是上市公司无锡药明康德新药开发股份有限公司（以下简称药明康德）的股东上海瀛翊投资中心（有限合伙）（以下简称上海瀛翊）违规减持案。在该案中，上海瀛翊是一支专项私募股权基金，其在药明康德于2018年5月上市时持有药明康德药明康德1.0056%的股份。上海瀛翊在2018年药明康德上市以及2018年~2020年年报中都做出有关股份减持的承诺，即通过集中竞价交易减持股份的，应履行在首次卖出股份的15个交易日前向交易所报告备案减持计划、公告等相关程序，并保证合并计算在任意连续90日内减持股份的总数不超过公司届时股份总数的1%。2022年5月~6月，上海瀛翊减持药明康德股份，但未在减持前履行“在首次卖出股份的15个交易日前向交易所报告备案减持计划、公告等相关程序”的承诺。上海瀛翊未按承诺进行披露即进行股票减持的行为被中国证监会认定为未及时依法履行信息披露义务，因此被责令改正，被给予警告，并被处以2亿元的罚款。① 中国证监会认为，上市公司大股东、董监高通过集中竞价交易减持股份的，应当在首次卖出15个交易日前预先披露减持计划等。这是保护中小投资者权益的的重要制度性安排，也是境外成熟市场的普遍做法。在减持股份过程中违反信息披露要求的，属于典型的违规减持行为。②

2. 投资者超过法定比例进行减持。以黑龙江红土科力创业投资有限公司（以下简称红土科力）违规减持案为例，截至2017年2月9日，红土科力”及一致行动人合计持有哈尔滨中飞技术股份有限公司（以下简称中飞股份）6.82%股份。红土科力于2017年2月至5月期间通过深交所证券交易系统以集中竞价交易方式减持中飞股份股票1.52%的股份。上述行为违反了《上市公司股东、董监高减持股份的若干规定》第9条第1款“上市公司大股东在3个月内通过证券交易所集中竞价交易减持股份的总数，不得超过公司股份总数的1%”的规定。红土科力因此被深交所通报批评。③

3. 投资者信息披露后未到法定时间就减持。以江苏华泰战略新兴产业投资基金（有限合伙）（以下简称华泰基金）违规减持案为例，华泰基金是上市公司亿嘉和科技股份有限公司（以下简称亿嘉和）股东。该基金于2021年6月4日预先披露减持计划，计划通过集中竞价、大宗交易方式减持公司股份。2021年6月8日至11日期间，该基金通过集中竞价方式减持公司股份，减持时间距离预先披露减持计划时间不满15个交易日，违反了其在亿嘉

---

① 参见无锡药明康德新药开发股份有限公司：《关于公司股东上海瀛翊收到行政处罚决定书的公告》，载巨潮资讯网，http：//www.cninfo.com.cn/new/disclosure/detail? plate = sse&orgId = 9900035584&stockCode = 603259&announcementId = 1213530548&announcementTime = 2022 - 05 - 28。

② 参见中国证监会：《证监会有关部门负责人答记者问》，载 http：//www.csrc.gov.cn/csrc/c100028/c2570635/content.shtml，最后访问日期：2022年8月10日。

③ 参见深圳证券交易所：《关于对黑龙江红土科力创业投资有限公司给予通报批评处分的决定》，载深圳证券交易所官网2022年8月21日：http：//reportdocs.static.szse.cn/UpFiles/cfwj/2017 - 09 - 08_300489282.pdf? random = 0.3951897075772228。

和上市时作出的公开承诺。因此，江苏证监局对华泰基金采取出具警示函的行政监管措施，并将相关情况记入证券期货市场诚信档案。①

我们可以看到创投基金的违规减持可能会给其带来巨大声誉或者经济损失，因此创投基金需要高度关注和防范其中的合规风险。从实践来看，可以通过以下措施防范和降低减持风险：

1. 加强流程管控，对重点事项和环节进行双重甚至多重审核和确认，例如对减持公告的时间和内容由减持人员和风控人员进行双重审核和确认；

2. 引入专业减持操作系统，从程序上控制超比例减持情况和风险，提醒履行相应信息披露义务。

3. 加强内部人员的培训和学习，掌握相应监管规则，跟进监管口径变化，并与上市公司和监管部门保持良好沟通。

第二节　并购退出

根据中基协的统计，在中基协已备案创投基金中，截至2020年年末，并购退出也是创投基金投资退出主要途径之一，发生次数为405次，占整体退出次数的2.33%，退出金额为138.17亿元，对应的投资本金为60.17亿元，增值率为129.63%。② 需要注意的是，中基协的数据和本书所说的并购退出存在口径上差异。

我们在本书中所述的并购退出只限于创投基金将其持有被投企业的股权与上市公司换股，并在锁定期结束后出售情形。需要注意的是，如果创投基金将其持有被投企业的股权出售给上市公司且股权转让款以现金支付的，或者是创投基金将其持有被投企业的股权与非上市公司换股并出售的情形与其他股权转让并无实质差异。

---

① 江苏证监局：《江苏证监局关于对江苏华泰战略新兴产业投资基金（有限合伙）采取出具警示函措施的决定》[（2022）23号]。

② 数据来源：中国证券投资基金业协会编著：《中国私募股权投资基金行业发展报告（2021）》，中国财政经济出版社2021年版，第81页。

在被投企业与上市公司换股过程中，创投基金作为上市公司非公开发行股份的对方也需要满足一定资格要求，这一要求和创投基金作为拟上市公司的股东资格要求是一致的，在此不再累述。此外，在被投企业与上市公司换股过程中，创投基金作为拟上市公司的股东，也需要做出锁定期等承诺。其中锁定期和合规减持承诺是其中最重要部分。笔者整理锁定期的相关规则如表6－4：

表6－4　创投基金参与境内上市公司换股交易锁定期汇总①

序号	适用前提	具体适用范围	具体要求	规则来源
1	本次交易构成借壳上市	创投基金为上市公司原控股股东、原实际控制人及其控制的关联人或者在交易过程中从该等主体直接或间接受让该上市公司股份	创投基金以资产认购而取得的上市公司股份自股份发行结束之日起36个月内不得转让	《上市公司重大资产重组管理办法》（2023年修正）第46条
2		创投基金非上市公司原控股股东、原实际控制人及其控制的关联人并且未在交易过程中从该等主体直接或间接受让该上市公司股份	创投基金以资产认购而取得的上市公司股份自股份发行结束之日起24个月内不得转让	
3	本次交易不构成借壳上市	创投基金为上市公司控股股东、实际控制人或者其控制的关联人或者其取得本次发行的股份时，对其用于认购股份的资产持续拥有权益的时间不足12个月	创投基金以资产认购而取得的上市公司股份自股份发行结束之日起36个月内不得转让	
4		创投基金非上市公司控股股东、实际控制人或者其控制的关联人且其取得本次发行的股份时，对其用于认购股份的资产持续拥有权益的时间超过12个月	创投基金以资产认购而取得的上市公司股份自股份发行结束之日起12个月内不得转让	

① 该表统计的是截至2023年8月月底的相关政策要求，之后相关政策发生变化的，以变化后要求为准。

相对于被投企业上市前获得股份限制和合规要求，创投基金在换股交易获得股份的减持合规要求要少的多，因为2020年2月14日，中国证监会发布《证监会关于修改〈上市公司证券发行管理办法〉的决定》（证监会令第163号），决定通过非公开发行股票取得的上市公司股份，其减持不适用《上市公司股东、董监高减持股份的若干规定》的有关规定。[①] 在此情况下，只有换股交易后持有上市公司5%以上创投基金需要满足一定减持合规要求，主要合规要求包括：

1. 创投基金每减持1%，应当在该事实发生的次日通知该上市公司并予公告。

2. 创投基金每次减持比例达到5%或者降至5%以下时，在该事实发生之日起至权益变动书（简式权益变动书和详式权益变动书）披露后3日内，不得再行买卖该上市公司的股票。

3. 持有5%以上股份的创投基金不得发生短线交易行为，即将其持有的该公司的股票或者其他具有股权性质的证券在买入后6个月内卖出，或者在卖出后6个月内又买入。否则，由此所得收益归该上市公司所有。

从实务上看，在上市公司换股交易中，换股交易对手方需要被投企业的经营情况、财务情况、相关信息披露、交易本身等事项作出一系列的陈述、保证及承诺。从风险控制的角度来看，除了商业风险外，我们还需要关注换股交易中的或有风险及内幕交易风险，具体包括：

1. 在一系列的陈述、保证及承诺中，我们需要重点关注换股交易的或有风险，其中最为典型的就是换股交易后，被投企业的业绩风险，即创投基金作为被投企业业绩承诺人所承担的风险。从实务来看，在大部分换股交易中，创投基金作为外部股东不作为业绩承诺人，也不承担相应业绩补偿风险，该承诺及其风险一般由被投企业的实际控制人及其管理团队承担，因为被投企业由其实际控制人控制，并由管理团队实际经营，而创投基金作为外部股东一般不参与被投企业的实际经营。基于此，创投基金在交易中的承诺仅限于

① 2023年2月17日，中国证监会发布《上市公司证券发行注册管理办法》（中国证监会令206号），废止了前述规定。但是该办法第88条规定，依据本办法通过向特定对象发行股票取得的上市公司股份，其减持不适用《上市公司股东、董监高减持股份的若干规定》的有关规定。

其持有股权的出资已全部实缴，且不存在未披露法律负担，创投基金一般也不会对被投企业经营情况、财务情况和相关披露信息做出承诺和保证。

当然也有创投基金作为被投企业业绩承诺人之一的案例。以广东爱旭科技有限公司（以下简称爱旭科技）借壳上市为例。① 爱旭科技的股东义乌奇光股权投资合伙企业（有限合伙）（以下简称义乌奇光基金）是一支私募股权基金（中基协会备案编号 SW4780）。从 2016 年～2017 年，义乌奇光基金先后出资 9.53 亿元通过受让股权和增资的方式取得了爱旭科技 41.34% 的股权。2019 年 9 月，经过中国证监会核准，爱旭科技借壳上海新梅置业股份有限公司（证券简称：ST 新梅）上市。在本次交易中，ST 新梅发行股份购买包括义乌奇光基金在内的爱旭科技股东持有爱旭科技 100% 的股权，并置出其原有资产。包括义乌奇光基金在内的爱旭科技全部股东作为业绩承诺方（补偿义务主体）与 ST 新梅先后签署了业绩承诺补偿协议及补充协议，承诺广东爱旭在 2019 年～2021 年度实现的净利润分别不低于 4.75 亿元、5.38 亿元和 9.3 亿元，连续 3 个年度承诺实现的业绩总额 19.43 亿元，否则业绩承诺方同意先以股份补偿，不足部分由补偿义务主体以现金补偿。之后，ST 新梅更名为爱旭股份。最后，经会计师事务所核验，广东爱旭业绩承诺实现率为 40.82%。业绩承诺方同意由爱旭股份以总价 1 元人民币回购相应股份进行业绩补偿。其中，义乌奇光基金持有的 368,976,897 股股份（占其换股所得股份总数的 64.87%）以象征性价格被回购注销。由此可见，创投基金承担业绩承诺的风险。

2. 内幕交易管理风险。由于上市公司大额资产性交易，特别是重大资产

---

① 参见上海新梅置业股份有限公司：《重大资产置换及发行股份购买资产暨关联交易报告书（修订稿）》，载巨潮资讯网，http://www.cninfo.com.cn/new/disclosure/detail?plate=sse&orgId=gssh0600732&stockCode=600732&announcementId=1206914284&announcementTime=2019-09-11；上海新梅置业股份有限公司：《重大资产置换及发行股份购买资产暨关联交易之实施情况暨新增股份上市公告书》，载巨潮资讯网，http://www.cninfo.com.cn/new/disclosure/detail?plate=sse&orgId=gssh0600732&stockCode=600732&announcementId=1206952540&announcementTime=2019-09-27；上海爱旭新能源股份有限公司：《关于重大资产重组业绩承诺方 2021 年度业绩补偿方案及回购并注销股份相关事项的公告》，载巨潮资讯网，http://www.cninfo.com.cn/new/disclosure/detail?plate=sse&orgId=gssh0600732&stockCode=600732&announcementId=1213285657&announcementTime=2022-05-06。

重组可能会对上市股价产生影响，其中的内幕交易一直是监管部门重点打击的对象。从实务来看，大量被查处的内幕交易案例发生在上市公司重大资产交易过程中。

该类事项会对创投基金的声誉和业务产生重大不利影响。以浙江天堂硅谷资产管理集团有限公司（以下简称天堂硅谷）和厦门市建筑科学研究院集团股份有限公司（以下简称建研集团）的交易为例。在该交易中，天堂硅谷的多位员工（其中包括本次交易的具体经办人、核心管理人员）作为内幕信息知情人在内幕信息敏感期内买入建研集团股票，构成了“内部交易”，被监管部门处罚。① 该事项对天堂硅谷“公司的品牌造成严重的负面影响”。② 因此，如何防范上市公司换股交易中的内幕交易也是创投基金内部合规控制重要工作。从实务来看，我们可从以下方面控制内部内幕交易风险：

第一，建立专属审批流程、完善相关交易信息内部管理制度，并严格控制内幕知情人范围。

第二，协助被投企业尽量缩短内幕信息敏感期的期间，如利用非交易日谈判、及时敦促上市公司披露相关交易初步信息、及时停牌等。

第三，加强内部培训，宣贯内幕交易法律责任和严重后果，提高员工内幕交易防范意识。

第三节　股权转让

根据中基协的统计，在中基协已备案创投基金中，截至2020年年末，股权转让是创投基金最主要退出途径，发生次数为6111次，占整体退出次数的35.20%，退出金额为1138.44亿元，对应的投资本金为639.12亿元，增值

---

① 中国证券监督管理委员会广东监管局行政处罚决定书（〔2015〕13号）、《行政处罚决定书》（〔2015〕14号）和《行政处罚决定书》（〔2015〕15号）。

② 硅谷天堂资产管理集团股份有限公司：《关于控股子公司员工吕国忠受到证监会处罚的说明公告》，载巨潮资讯网，http://www.cninfo.com.cn/new/disclosure/detail?plate=neeq&orgId=gfbj0833044&stockCode=833044&announcementId=1201938451&announcementTime=2016-01-20。

率为78.07%。[1] 同时，股权转让也是创投基金退出次数最多，退出金额仅次于上市退出的退出方式。也就是说，股权转让是创投基金最常见的退出方式。在实务中，我们可以看到，很多被投企业大股东会直接或者指定第三方“回购”创投基金持有被投企业的股权，其在交易形式上也会体现为创投基金转让股权，也会包含在本分类之中。

和并购退出一样，被投企业的股东作为交易对手方也需要做出在一系列的陈述、保证及承诺。其中最为典型的陈述、保证及承诺就是交易后被投企业的业绩情况。创投基金是否需要作为被投企业业绩承诺人之一。这一点和并购退出并无差异，在此不再累述。由于非上市公司的股权转让不涉及上市公司，也就没有内幕交易合规风险。相对于上市公司并购退出，非上市公司股权转让的交易过程并无明细操作规范和标准。因此，我们还需要重点关注交易过程中的操作风险。其中核心风险是收款风险，这也是各方核心谈判点之一。从实务来看，控制收款风险的风控手段主要包括：

1. 对交易对手方的资产和信用情况进行调查和评估；

2. 控制交易节奏，在转让被投企业股权前要求收到大部分甚至全部价款；

3. 要求交易对手方采取增信措施，如要求有付款实力第三方提供担保、开立共管账户等。

第四节　公司回购

根据中基协的统计，在中基协已备案创投基金中，截至2020年年末，回购也是创投基金主要退出途径之一，发生次数为3670次，占整体退出次数的10.36%，退出金额为388.25亿元，对应的投资本金为325.25亿元，整体回报倍数约为1.2倍，也就说通过企业回购退出项目，平均只能收回投资本金

---

① 数据来源：中国证券投资基金业协会编著：《中国私募股权投资基金行业发展报告(2021)》，中国财政经济出版社2021年版，第81页。

120%左右。①

在中国公司法上，由于资本制度限制，以被投企业作为回购义务人的回购存在诸多法律限制，也是其适用难点之一。根据《九民纪要》第5条的规定，投资方与目标公司订立的“对赌协议”在不存在法定无效事由的情况下，目标公司仅以存在股权回购或者金钱补偿约定为由，主张“对赌协议”无效的，人民法院不予支持，但投资方主张实际履行的，目标公司未完成减资程序的，人民法院应当驳回其诉讼请求。因此，从最新的司法实践来看，减资程序成为创投基金定向减资退出的前提条件和前置性程序。

根据《公司法》第43条、第103条、第177条和第179条的规定，公司减资需要履行以下程序：（1）公司股东会（股东大会）做出减少注册资本的决议，有限公司必须经代表2/3以上表决权的股东通过，股份有限公司必须经出席会议的股东所持表决权的2/3以上通过；（2）公司必须编制资产负债表及财产清单；（3）公司应当自作出减少注册资本决议之日起10日内通知债权人，并于30日内在报纸上公告。债权人自接到通知书之日起30日内，未接到通知书的自公告之日起45日内，有权要求公司清偿债务或者提供相应的担保；（4）公司应当依法向公司登记机关办理变更登记。在此过程中，以下事项值得关注。

一、定向减资退出的决策机制

如果是通过定向减资回购，就涉及减资程序问题。如果需要公司股东会同意定向减资回购，该程序需要获得全体股东一致同意还是根据公司章程要求多数（2/3以上表决权）股东同意即可呢？截至目前，法律规定尚不明确。在现有司法实践中，部分法院认为经“资本特别多数决”的定向减资协议有效，部分法院认为定向减资须经全体股东一致同意。②

典型案例是陈某和与江阴联通实业有限公司公司决议效力确认纠纷案。在该案例中，江苏省无锡市中级人民法院认为，《公司法》规定，股东会会

① 数据来源：中国证券投资基金业协会编著：《中国私募股权投资基金行业发展报告（2021）》，中国财政经济出版社2021年版，第81页。

② 参见秦政、胡波：《〈九民纪要〉背景下“与公司对赌”发生定向减资的法律分析与建议》，载https://www.allbrightlaw.com/cn/10475/89eced58b292b21b.aspx，最后访问日期：2021年11月2日。

议作出减少注册资本的决议，必须经代表 2/3 以上表决权的股东通过。该规定中“减少注册资本”仅指公司减少注册资本，而并非涵括减资在股东之间的分配。由于减资存在同比减资和不同比减资两种情况，不同比减资会直接突破公司设立时的股权分配情况，如果只要经 2/3 以上表决权的股东通过就可以作出不同比减资的决议，实际上是以多数决的形式改变公司设立时经发起人一致决所形成的股权架构，故对于不同比减资，应由全体股东一致同意，除非全体股东另有约定。[①] 该判决还得到了江苏省高级人民法院支持。[②] 同时，该案被编入《人民法院案例选》2018 年第 1 辑。

我们还关注到，最高人民法院在许某安、杨某兰等与曹某勇纠纷一案中，认为公司股东会有权对公司增加注册资本作出决议，但对股东是否认缴公司新增资本、认缴多少则不能作出决议。后者本质上属于股东间对新增资本优先认缴权的约定，属于股东之间的协议，而非股东会作为公司的权力机构行使职权作出的决议，应当适用《合同法》的相关规定。[③] 否则就可能会出现控股股东或者多数股东以多数决股东会决议剥夺小股东依法、依据公司章程或者股东协议所享有优先认购权的问题。虽然该案是关于公司增资而非减资的，但法律逻辑和原理是一致的。

所以，创投基金如果希望通过被投企业定向减资方式从被投企业退出，建议在被投企业的公司章程或者股东协议中明确其有要求定向减资的权利及其他股东配合义务，否则有不能获得司法机关支持的风险。

二、定向减资退出的程序

《公司法》要求公司应当自作出减少注册资本决议之日起 10 日内通知债权人，并于 30 日内在报纸上公告。而在实务中，公司可能仅发布减资公告，而未一一通知债权人。这就会产生一个问题，即已公告但未获通知的债权人减资是否对债权人有效的问题。从实务来看，司法机关对此持有否定意见。

2017 年，最高人民法院在公报案例上海德力西集团有限公司诉江苏博

---

① 无锡市中级人民法院民事判决书，(2017) 苏 02 民终 1313 号。

② 江苏省高级人民法院民事裁定书，(2019) 苏民申 1370 号。

③ 最高人民法院民事判决书，(2015) 民二终字第 313 号。

恩世通高科有限公司、冯某、上海博恩世通光电股份有限公司买卖合同纠纷案的裁判摘要中明确指出，（1）公司减资时对已知或应知的债权人应履行通知义务，不能在未先行通知的情况下直接以登报公告形式代替通知义务。（2）公司减资时未依法履行通知已知或应知的债权人的义务，公司股东不能证明其在减资过程中对怠于通知的行为无过错的，当公司减资后不能偿付减资前的债务时，公司股东应就该债务对债权人承担补充赔偿责任。①

2018 年，最高人民法院在公报案例江苏万丰光伏有限公司诉上海广力投资管理有限公司、丁某焜等买卖合同纠纷案的裁判摘要中再次明确指出，注册资本作为公司资产的重要组成部分，既是公司从事生产经营活动的经济基础，亦是公司对外承担民事责任的担保。注册资本的不当减少将直接影响公司对外偿债能力，危及债权人的利益。公司在股东认缴的出资期限届满前，作出减资决议而未依法通知债权人，免除了股东认缴但尚未履行的出资义务，损害了债权人利益。债权人起诉请求股东对公司债务在减资范围内承担补充责任的，人民法院应予支持。②

因此，在创投基金在被投企业减资回购中需要特别关注通知债权人这一程序，建议在协议中明确要求被投企业通知所有债权人，而不仅仅是公告减资了事，并对通知程序进行必要监督和控制，以确保在减资前的债权人获得通知，从而最大限度降低因为被投企业未能通知债权人而导致其被债权人要求对在减资范围内承担补充责任的风险。

第五节　公司清算

一般来说，清算退出是创投基金投资失败后的退出方式之一。根据中基协的统计，在中基协已备案创投基金中，截至 2020 年年末，清算也是投资退

① 上海德力西集团有限公司诉江苏博恩世通高科有限公司、冯某、上海博恩世通光电股份有限公司买卖合同纠纷案，载《最高人民法院公报》2017 年第 11 期。

② 江苏万丰光伏有限公司诉上海广力投资管理有限公司、丁某焜等买卖合同纠纷案，载《最高人民法院公报》2018 年第 12 期。

出途径之一，发生次数为931次，占整体退出次数的5.36%，退出金额为17.35亿元，对应的投资本金为52.35亿元，整体亏损比例为66.86%，也就是说，通过清算退出项目，平均只能收回投资本金的1/3左右。[①] 所以，清算退出对创投基金而言是很糟糕的退出方式。我们需要关注清算退出的流程及其实务操作，并且重点关注创投基金在其中的责任和风险。其中优先清算权条款相关内容在此不再累述。我们重点关注公司清算的流程及其中涉及股东责任问题。

一、公司清算程序

在中国公司法上，已经形成了一套关于企业清算注销的完整制度。通常情况下，企业终止经营活动退出市场，需要经历决议解散、清算分配和注销登记三个主要过程。以公司为例，按照《公司法》规定，公司在退出市场正式终止前，须依法宣告解散、成立清算组进行清算，清理公司财产、清缴税款、清理债权债务，支付职工工资、社会保险费用等，待公司清算结束后，应制作清算报告并办理注销公司登记，公告公司终止。[②]

第一步：公司解散。

公司解散是公司因出现法定解散事由时，停止其经营活动，并开始进入清算程序直至终止法人资格的法律行为。企业解散可以分为自愿解散和强制解散两类。前者是指基于股东的意愿而导致的公司解散。主要包括公司章程规定的营业期限届满或者公司章程规定的其他解散事由出现、股东会或者股东大会决议解散、因公司合并或者分立需要解散等。其中，有限责任公司股东会对公司解散作出决议，必须经代表2/3以上具有表决权的股东通过；股份公司股东大会对公司解散作出决议，必须经出席会议的股东所持表决权的2/3以上通过。国有企业的解散还需要履行相应的国资监管审批程序。后者指非依公司或股东的意愿，而是基于政府有关机关的决定命令或法院的裁决而发生的解散，通常分为行政决定解散与司法判决解散，主要包括依法被吊

① 数据来源：中国证券投资基金业协会编著：《中国私募股权投资基金行业发展报告（2021）》，中国财政经济出版社2021年版，第81页。

② 参见《企业注销指引》（2021年修订）（国家市场监督管理总局公告2021年第48号）。

销营业执照、责令关闭或者被撤销和被人民法院判决解散。

第二步：清算。

公司作出解散决议后，应当进行清算。公司清算的重要内容是清理公司资产，清结各项债务，终结现存的各种法律关系。清算的目的在于保护公司债权人的利益、公司股东的利益以及社会公共利益。除因合并、分立而解散外，公司解散时都应当进行清算。清算需要按照以下程序进行：

1. 成立清算组。公司在解散事由出现之日起 15 日内成立清算组，负责清理公司的财产和债权债务。有限责任公司的清算组由公司股东组成，股份有限公司的清算组由董事或者股东大会确定的人员组成。逾期不成立清算组进行清算的，债权人可以申请人民法院指定有关人员组成清算组进行清算。

2. 发布清算组信息和债权人公告。

3. 开展清算活动。

4. 分配公司财产。

5. 制作清算报告。

其中第 2 ~ 5 步内容与合伙型创投基金的清算基本一致，见本书第二篇第五章相关内容，在此不再累述。

第三步：注销登记。

根据相关规定，现有注销登记可以分为普通注销流程和简易注销流程两类。普通注销流程适用于各类企业。企业在完成清算后，需要分别注销税务登记、企业登记、社会保险登记等相关登记事宜。这些事项与合伙型创投基金的清算基本一致，见本书第二篇第五章相关内容，在此不再累述。

对未发生债权债务或已将债权债务清偿完结，并符合法定条件的公司可以申请简易注销。市场主体在申请简易注销登记时，不应存在未结清清偿费用、职工工资、社会保险费用、法定补偿金、应缴纳税款（滞纳金、罚款）等债权债务。符合适用条件的企业登录注销“一网”服务平台或国家企业信用信息公示系统《简易注销公告》专栏主动向社会公告拟申请简易注销登记及全体投资人承诺等信息，公示期为 20 日。公示期届满后，在公示期内无异议的，企业应当在公示期满之日起 20 日内向登记机关办理简易注销登记。期满未办理的，登记机关可根据实际情况予以延长时限，宽展期最长不超过 30

日。企业在公示后，不得从事与注销无关的生产经营活动。

二、股东清算责任

创投基金作为公司小股东的清算责任是值得特别关注的。2008 年 5 月 12 日，最高人民法院发布《关于适用〈中华人民共和国公司法〉若干问题的规定（二）》（法释〔2008〕6 号），该司法解释自自 2008 年 5 月 19 日起施行，并于 2014 年和 2020 年先后两次被修订。该司法解释第 18 条规定，有限责任公司的股东、股份有限公司的董事和控股股东未在法定期限内成立清算组开始清算，导致公司财产贬值、流失、毁损或者灭失，债权人主张其在造成损失范围内对公司债务承担赔偿责任的，人民法院应依法予以支持。有限责任公司的股东、股份有限公司的董事和控股股东因怠于履行义务，导致公司主要财产、账册、重要文件等灭失，无法进行清算，债权人主张其对公司债务承担连带清偿责任的，人民法院应依法予以支持。该司法解释未区分小股东和控股股东清算责任差异，并且很多细节尚不明确，如履行清算义务的具体标准等。

2012 年 9 月，最高人民法院发布了《关于发布第三批指导性案例的通知》（法〔2012〕227 号），公布了第三批指导性案例，包括上海存亮贸易有限公司诉蒋某东、王某明等买卖合同纠纷案等四个案例（指导案例 9 – 12 号）。其中指导案例 9 号为上海存亮贸易有限公司诉蒋某东、王某明等买卖合同纠纷案。该案的裁判要点："有限责任公司的股东、股份有限公司的董事和控股股东，应当依法在公司被吊销营业执照后履行清算义务，不能以其不是实际控制人或者未实际参加公司经营管理为由，免除清算义务。"该案例还明确：（1）无论股东在公司中所占的股份为多少，是否实际参与了公司的经营管理，公司股东在公司被吊销营业执照后，都有义务在法定期限内依法对公司进行清算，未参与过公司的经营管理和公司实际由大股东控制，小股东无法对其进行清算，不能构成《公司法》及其相关司法解释规定的例外条款。（2）小股东委托律师进行清算的委托代理合同及律师的证明，仅能证明小股东欲对公司进行清算，但事实上对公司的清算并未进行，不能认定小股东依法履行了清算义务。所以，股东清算义务是以清算结果是否达成为标准的。根据最高人民法院于 2010 年 11 月发布的《关于案例指导工作的规定》

（法发〔2010〕51 号）第 7 条的规定，最高人民法院发布的指导性案例，各级人民法院审判类似案例时应当参照。通过该案例，创投基金作为被投企业小股东的清算责任风险大为增加：

1. 创投基金作为有限责任公司的股东、或者其委派股份有限公司的董事未在法定期限内成立清算组开始清算，导致公司财产贬值、流失、毁损或者灭失，可能会被要求对损失承担赔偿责任，即使创投基金作为有限责任公司的小股东或者其委派股份有限公司的董事一般仅为多位董事中一位，在没有其他股东或者董事配合前提下，创投基金很难在法定期限内成立清算组。

2. 创投基金作为有限责任公司的股东或者其委派股份有限公司的董事被认定怠于履行清算义务，导致公司主要财产、账册、重要文件等灭失，无法进行清算的，有被要求对公司债务承担连带责任的风险，即使创投基金作为小股东或者其委派的董事在实务中不是实际控制人或者未实际参加公司经营管理，往往并不控制公司的主要财产、账册和重要文件。

3. 更重要的是，在被投企业陷入困境之后，创业团队个人的清偿能力往往较低，而相对应的是创投基金作为金融机构，往往清偿能力较好，成为被投企业债权人追究清偿清算责任的主要目标。更要命的是，合伙型创投基金的管理人或其关联方作为其普通合伙人需要对创投基金的债务承担连带责任，进而对被投企业的债务承担连带责任。

这直接动摇了创投基金通过“组合投资分散风险”底层逻辑，一个项目的失败，不仅将导致创投基金投资本金损失，甚至需要为项目未清偿债务承担连带责任，也就是说，单个项目失败可能将使整个基金面临“无上限”法律风险。有的法院对上述规定理解存在偏差，有的案件处理结果不适当地扩大了股东的清算责任，出现了极端案例，如出资几百万的小股东，最后承担了上亿元的债务。特别是实践中出现了一些职业债权人，利用该条规定使小股东对公司债务承担远超过其出资数额的责任，导致出现利益明显失衡的现象，曾有人向最高人民法院、全国人大和统战部等部门反映过这个问题。①

---

① 参见最高人民法院民事审判第二庭编著：《〈全国法院民商事审判工作会议纪要〉理解与适用》，人民法院出版社 2019 年版，第 162 页。

2019年11月，最高人民法院发布《全国法院民商事审判工作会议纪要》，明确进一步明确了关于有限责任公司股东清算责任的界定，即《最高人民法院关于适用〈中华人民共和国公司法〉若干问题的规定（二）》第18条第2款规定的“怠于履行义务”，是指有限责任公司的股东在法定清算事由出现后，在能够履行清算义务的情况下，故意拖延、拒绝履行清算义务，或者因过失导致无法进行清算的消极行为。审判实践中，“怠于履行义务”主要是指没有按照要求启动清算程序，成立清算组。至于清算组成立后，则是指怠于履行清理公司主要财产以及管理好公司账册、重要文件等义务。[①]该纪要明确规定，发生以下情况之一的，有限责任公司股东可以主张其不应对公司债务承担连带清偿责任：

1. 股东举证证明其已经为履行清算义务采取了积极措施，或者小股东举证证明其既不是公司董事会或者监事会成员，也没有选派人员担任该机关成员，且从未参与公司经营管理，不构成“怠于履行义务”。如何理解积极措施？例如，请求控股股东或其他股东进行清算，但后者没有启动。又如股东作为清算组成员，请求清算组其他成员清理公司主要采取管理好公司账册、重要文件，但是清算组其他成员没有积极作为。[②]

2. 有限责任公司的股东举证证明其“怠于履行义务”的消极不作为与“公司主要财产、账册、重要文件等灭失，无法进行清算”的结果之间没有因果关系。在因果关系认定时，我们需要注意的是该因果关系从逻辑上由三层组成，层层递进：一是“怠于履行清算义务的行为”与“公司主要、财产、重要文件等灭失”之间存在因果关系，如公司账务因为失火被损失，且有报警记录可以证明；二是“公司主要财产、账册、重要文件等灭失”与“公司无法清算”之间存在因果关系；三是“公司无法清算”与“债权人权益受严重损害”之间存在因果关系。[③] 任何一层因果关系无法成立的，整个

---

① 参见最高人民法院民事审判第二庭编著：《〈全国法院民商事审判工作会议纪要〉理解与适用》，人民法院出版社2019年版，第166页。

② 参见最高人民法院民事审判第二庭编著：《〈全国法院民商事审判工作会议纪要〉理解与适用》，人民法院出版社2019年版，第166页。

③ 北京市第三中级人民法院：《公司类纠纷审判白皮书（2013－2020）》，第57页。

因果关系就不能成立。例如，小股东有证据证明，公司主要财产、账册、重要文件均由大股东及所派人员掌握、控制、即使其“怠于履行义务”，也与“公司主要财产、账册、重要文件等灭失，无法进行清算”的结果无关。[①]

3. 股东主张公司债权人对公司的债权已经超过诉讼时效期间，经查证属实的。关于诉讼时效问题，司法机关的多数意见认为，清算发起责任不适用诉讼时效，其主要意义和价值更多的在于赋予债权人对公司清算的启动权，促使公司进入清算从而间接保护债权人利益。因此，债权人要求清算义务人承担清算责任的权利不属于债权请求权，不能适用诉讼时效制度。而清算赔偿责任和清算清偿责任属于债权请求权，应适用诉讼时效。[②]

同时，2020 年 12 月 29 日，最高人民法院发布《关于部分指导性案例不再参照的通知》（法〔2020〕343 号），决定自 2021 年 1 月 1 日起，9 号指导性案例不再参照，从而正式终止了该案例指导效力。我们可以看到，在此之后，中国司法机关在该类案件中裁判发生了根本性的明显变化。以机电公司诉工业公司、吴某、刘某买卖合同和清算责任纠纷案为例。在该案中，工业公司注册资本为 500 万元，吴某、刘某分别出资 300 万元、200 万元，刘某担任经理。刘某于 2011 年 6 月辞职离开公司。之后，工业公司一直由吴某经营。2014 年 3 月，工业公司被吊销营业执照，但一直未办理注销手续。至诉讼发生时，工业公司无实际经营场所，公章、财务账册等资料均去向不明。2020 年，工业公司的债权人机电公司向法院起诉，主张工业公司清偿 2012 年期间结欠的货款，同时主张吴某、刘某未及时履行清算义务，导致公司债务未能及时得以清偿，应当承担连带赔偿责任。一审法院认为，工业公司被吊销营业执照后，吴某、刘某并未及时组成清算组，怠于履行清算义务，导致公司债务未能及时清偿，故判决支持了机电公司对刘某的诉请。二审法院认为，工业公司被吊销营业执照，出现法定解散事由时，刘某已离职多年，且案涉债务亦发生在刘某离职之后，现有证据不足以证明系刘某怠于履行清算义务而导致公司债务无法清偿，遂改判驳回机电公司对刘某的诉讼请求。

---

① 参见最高人民法院民事审判第二庭编著：《〈全国法院民商事审判工作会议纪要〉理解与适用》，人民法院出版社 2019 年版，第 169 页。

② 北京市第三中级人民法院：《公司类纠纷审判白皮书（2013－2020）》，第 56 页。

该案二审改判驳回债权人对小股东刘某的诉请，避免了清算责任的不当扩大，保护了中小股东投资兴业的积极性。我们关注到，该案被江苏省高级人民法院选为典型案例。①

在此情况下，创投基金作为小股东的清算责任可以通过主张不参与实际管理、相关文件或者资料由大股东及其委派人员控制等理由免除被承担连带责任风险。创投基金也可以通过在投资协议中明确“公司主要财产、账册、重要文件均由公司或者管理团队控制”，谨慎委派董事或者监事或者在必要时候及时辞去董事或者监事职务等方式降低相应清算责任风险。

至此，项目完成了退出。创投基金从项目中收获的或许是不菲的收益、或许是平庸的收益、或许是亏损甚至血本无归。对基金管理人而言，比收益或者亏损更为重要的是，基金管理人可以通过科学和反复的复盘从中吸取昂贵且重要的经验和教训，从而不断提升自身投资能力和风险控制能力，进而为投资者创造更好的收益。

---

① 江苏省高级人民法院：《2020－2021 年江苏法院公司审判典型案例》。

后　记

据说法律人是最喜欢追踪溯源的，作为法大人，我亦未能免俗。

这本书最早可以追溯到我研究生导师高祥教授负责的一个立法课题，即如何从制度上解决科技型中小企业的融资难问题。我参与其中美国小企业投资公司（Small Business Investment Company，SBIC）部分研究。SBIC 正是国内引导基金的源头和模仿对象。该课题让我对创投投资有了初步认识。

2012 年 6 月底，我研究生毕业，机缘巧合跟随金杜律师事务所合伙人宋萍萍律师加入深圳市东方富海投资管理有限公司（“东方富海”），误打误撞成为了人民币基金第一批专职风控人。彼时，创投基金还处在“发改委时代”，“中基协”尚未成立。2012 年，IPO 暂停加上大批的项目管理压力促使头部人民币基金开始建立自己专职风控团队，百亿管理规模的东方富海就是其中之一。正是东方富海的百亿基金和数百个项目给我提供了充分的实践和学习机会。在这里，我从法务助理走上了法务总监岗位，刚 30 岁出头就有幸成为头部人民币基金最年轻的风控负责人；也是在这里，财务风控的工作需求坚定我学习财务知识决心，最终通过注册会计师考试；还是在这里，我还兼任了多只基金的投委会委员，参与其投资决策，这要求我在风控角度之外还要以投资视角思考项目价值，学习如何在投资决策中均衡收益和风险。

2015 年，为了推进注册制，深交所专门招聘了一批法律和财务专业人士，计划作为“预审员”。本着亲身体验上市审核目的，我也申请了该职位。结果，我有幸被深交所录用。正是这段工作让我深入了解上市公司信息披露，并有机会从监管者视角从看待资本市场，让我可以从上市公司公开信息中高效整理出大量典型基金和项目案例。更为重要的是，作为局中人，2015 年的股灾和亲身经办的退市案例让我对金融风险有了切身体会，对人性有了更深刻认识。

2019 年初，出于拓展产业基金经验的目的，我加入了世界五百强企业美的集团新成立的美的资本。作为创业团队中的一员，我以首席风控官身份从零开始搭建基金的风控体系和团队，以投委会委员身份参与基金投资决策，并以美的资本董事身份参与公司的战略决策。这段工作经历让我有机会从内部观察和参与制造业企业及其产业基金的运作，也让我可以从产业资本的视角去看待投资和风险管理，促使我深入思考产业资本背后的投资逻辑和特点。

本书断断续续写了两三年，期间我所获得的支持和帮助是本书能最终完成的重要原因。首先需要感谢的就是我的家人，包括我父母、岳父母、太太、大川和小泽兄弟俩、姐姐及其家人。多亏了我家人多年如一日的帮衬和扶持，我才能坚持在繁忙工作中挤出时间完成本书写作。可以说，没有家人支持，就不会有这本书的面市。有幸生在一个世代教师家庭，你们不仅给了我一个温馨的家，还以身作则教育我该如何去做一个善良、正直、感恩和上进的人。时至今日，父亲当年送我离家去法大求学时饱含希望的眼神依然清晰可见，一直都在激励我前行。感谢我的太太，从大学同学一直走到现在，你在 2012 年夏天北京西站和我一起登上南下深圳列车时的情景依然历历在目。十多年来，我们在深圳成家立业，有了川泽兄弟俩。为了这个小家，你耗费了大量心血，还一如既往支持我的写作。可以说，本书是我们共同努力结果。感谢川泽兄弟俩，你们的出现给我带来了很多快乐，也让我体会到作为父亲的责任，还坚定了我和你们一起成长的决心。我知道，对年幼的你们而言，一句“爸爸周末要写书”的答复就让你们控制自己尽量不来打扰并不容易。

感谢我的导师高祥教授，您无论是在学习还是在工作中都给了我谆谆教导、无微不至的关怀和一如既往支持。求学遇良师，实乃人生一大幸事。感谢我的公司法老师赵旭东教授，在百忙之中拨冗为本书写序以及在专业上给予的指导。还要感谢高门的刘斌博士、王荣芳博士、李红润博士、尹明博士等师兄姐们，他们在工作上、本书写作和出版过程中都给予我很大帮助和支持。感谢东方富海、远致富海和美的资本等单位的陈玮先生、程厚博先生、宋萍萍女士、黄静女士、黄天飞先生、钟汉新先生、陆朝阳先生、裴少漫女士、林晓燕女士、王丽媛女士、刘成思先生等领导和同事。特别是宋萍萍女士、黄静女士和黄天飞先生在专业上给予细致指导、工作上给与最大信任和支持、在生活上给与无私关心和帮助。职场遇到贵人，莫过于此。感谢晓燕、丽媛和成思在本书出版中给予大力支持。还要感谢美的集团陈敏先生、达晨创投的舒保华先生、同创伟业的唐忠诚先生、前海母基金林良先生、松禾资本赵亮博士等深圳各大创投基金的领导和同仁们，他们给与了大量专业意见和支持，还拨冗写下评论。我还要感谢法律出版社谢瑞忠编辑，为本书出版耗费大量心血。

最后还要说一句不是套话的套话，由于时间和能力所限，本书中错误在所难免，均由作者负责。各位读者如有任何意见和建议，请发邮件到 lchcupl @ sina. com。由于本人能力所限，一字千金肯定是做不到，但是送本书或者请吃顿饭还是可以的。如果本书能为人民币基金合规风控水平提升做出一点微小贡献，我将倍感荣幸。最后，以此作为本人过去十多年合规风控职业生涯的总结，所谓凡为过往，皆为序章。

是以为记。

龙 超

2023 年 4 月于深圳